T0353998

EL NECIO Y EL SABIO

EL NECIO Y EL SABIO

JULIO CÉSAR IDROBO RENDÓN

Número de Control de la Biblioteca del Congreso de EE. UU.:   2022908334
ISBN: Tapa Blanda   978-1-4633-7045-9
             Libro Electrónico   978-1-4633-7046-6

Información de la imprenta disponible en la última página.

Fecha de revisión: 30/04/2022

Para realizar pedidos de este libro, contacte con:
Palibrio
1663 Liberty Drive
Suite 200
Bloomington, IN 47403
Gratis desde EE. UU. al 877.407.5847
Gratis desde México al 01.800.288.2243
Gratis desde España al 900.866.949
Desde otro país al +1.812.671.9757
Fax: 01.812.355.1576
ventas@palibrio.com
484749

ÍNDICE

AGRADECIMIENTOS

A mi Padre Celestial, que se ha preocupado por mi progreso eterno y bienestar, a su hijo Jesucristo que me enseño a ser mejor, expió mis pecados y además me dio el derecho a resucitar algún día, y al Espíritu Santo quien me ha revelado, susurrado y exhortado de muchas maneras, para que yo percibiera como ser menos necio.

A mi madre Graciela Rendón Parra, la que le toco el peso de educarme, levantarme, y alimentarme en compañía de mi Padre Carlos Alberto Idrobo Muñoz, a fin de que yo pudiera tener las mejoras oportunidades posibles, para ser una persona de bien, y que nunca podré pagar lo que hicieron por mí.

A mi esposa Carol Yaneth Paz Cruz, que permanece a mi lado, a pesar de mis limitaciones.

A mis hijos, a los cuales amo y han dado aliento y brillo a mis ojos.

A mis Hermanos Luis Carlos, German y Fernando con los cuales crecí y que no he podido expresarles la gratitud que les amerita por ayudarme de miles formas.

Al Joven pero sabio y útil amigo Felipe Valencia Clavijo, quien supo interpretar el propósito del presente escrito, haciendo la portada y contraportada, con los colores e ideas que reflejaran lo opaco de la necedad y el brillo que le corresponde al sabio.

A Carlos A Abella M, quien me reviso el escrito, y dio sus magníficas e importantes impresiones sobre lo bueno y lo malo.

No puedo desconocer a Jaime de la Torre y su esposa que también revisaron los primeros borradores del escrito dándome ánimo a continuar y finalizarlo.

A mi profesor de primero de primaria Martínez que me enseñó a leer y escribir, y demás educadores en la primaria, bachillerato y universidad que aportaron su grano de arena para que de alguna manera yo fuera mejor de lo que era.

A mis magníficos: patrones, clientes, compañeros de estudio y trabajo, vecinos, alumnos y todo aquel que me acepto con las incomodidades que les ocasioné.

También a aquellos hermanos y líderes de la Iglesia de Jesucristo de los S.U.D., que han contribuido tantas veces, para que yo aprendiera a ser mejor soldado del Reino de Dios sobre la tierra, especialmente a Miguel Ángel López, quien me presento a los misioneros, Noel Díaz, Elder Santos, Cristiansen, que terminaron por ayudarme a llegar a puerto seguro.

Y a tantos, pero tantos hijos (as) de mi padre Celestial que no puedo enumerarlos y a los cuales pido disculpas por los errores de comisión y omisión, que han sido víctimas de mis necedades a través del tiempo, y que también me han ayudado a crecer en conocimiento.

INTRODUCCIÓN

Este libro reúne los conceptos o definiciones de palabras relativas al comportamiento del hombre en sociedad. Se han escogido palabras para describir acciones o actitudes humanas; las cuales reconocemos como las malas o buenas jugadas que hacemos en la vida y que al comprenderlas, contribuyen en el desarrollo de algunos aspectos.

Por lo anterior mediante: definiciones, proverbios, escrituras sagradas, frases, refranes, chistes, historias, anécdotas o comentarios, deseamos redescubrirlas y así tratar de identificar y entender que muchas veces nos hemos visto envueltas en ellas.

Las definiciones o ampliaciones de las palabras sirven y se enfocan solo en actitudes humanas. Las escrituras sagradas, proverbios y salmos, se colocan porque en ellas encontramos los consejos de nuestro creador por intermedio de sus voceros los profetas; las frases o refranes porque son los recuentos y consejos de nuestros antepasados que aprendieron de la experiencia y nos dejaron un legado; los cuentos o chistes se exponen porque deseamos pasar un rato ameno y si alguno os saca una sonrisa, a semejanza de Cervantes con el Quijote, quizás de allí aprendamos un poco, y por último los comentarios e historias son solo para ampliar el entendimiento de los propósitos del porque salirnos de tales costumbres, si no nos contribuyen, o si son buenas pues mejorarlas.

Algunas de las historias son sacadas de mis diarios personales, otras de mis vivencias no escritas, otras de las enseñanzas de muchos autores, que plasmaron registros para bien de todos, construyéndonos puentes, para que nuestro trayecto por la vida fuera más seguro, feliz y exitoso.

Las experiencias vividas me han enseñado que todo lo malo que haga, tarde o temprano se me devuelve, me afecta en el momento más inoportuno, o quizás cuando menos me lo esperaba, o por lo cual tendré que dar cuenta algún día.

Una vez que he identificado mis muchos momentos malos y buenos me siento comprometido conmigo mismo a procurar seguir cambiando, mejorando y reconocer que no soy perfecto, pero que debo esforzarme por serlo.

Si pudiera volver a nacer me alegraría y esforzaría por evitar caer en los errores del pasado y en este caso lo que puedo hacer es extraer de la experiencia, el conocimiento acumulado, para aconsejar a los que deseen creerme y leer, a fin de que los conozcan y así estén prevenidos, para evitar resbalar y cometer errores.

Ahora estoy apenado por los cientos de errores cometidos a causa de los momentos de necedad en que me he sumergido y es mi deseo ayudar a la población emergente, a los amigos, parientes, y a todo el que desee evitar innecesariamente caer en problemas buscados o encontrados por casualidad, donde muchas veces no nos enteramos de ser parte de ellos.

De la misma manera, no deseo en particular señalar, juzgar o enjuiciar a nadie en absoluto, sino que el ánimo sincero, es presentar al lector como nos comportamos ocasionalmente como necios trayendo como consecuencias dificultades a propios y extraños, pues por: ignorar, por orgullo, vanidad, mala información, mala interpretación, falta de perspectiva apropiada, o exagerada relajación o de bromas, caemos o dejamos de actuar consideradamente o sabiamente.

Incluso sea esta la oportunidad para presentar disculpas a los tantos coterráneos que por palabras o mis actuaciones u omisiones, se hayan sentido ofendido en el pasado y presente.

Si al lector le puede ayudar a prevenir, discernir o interpretar cuando estemos expuestos a caer en comportamientos necios mediante: frases, ejemplos o comentarios, y ello le sirva para reorientar su caminar, podre sentirme complacido con el propósito de este escrito.

Saber diferenciar entre el necio y el sabio es una forma de ayudar a reconocer como tan cotidianamente nos comportamos: mal o regular, trayendo como consecuencia desilusión o tristeza a **otros.**

No todas las referencias se dan a conocer, pues hay dichos, frases que me cautivaron y los refiero como admiración y aplicación al objetivo propuesto, y son meritorias y desconozco su autor y procedencia, por lo cual me disculpo si alguien se ofende por no hacer mención de su autoría.

Para concluir también hago énfasis que la codificación de los términos buscan facilitar la ayuda, para que el libro sirva de medio de entretenimiento familiar y oportunidad, para enriquecerse en conocimiento, mediante el juego "El Necio y el Sabio", como se hace con el parques u otros juegos tradicionales, solo que ésta vez se pretende que él juego, no sea un mero pasatiempo.

Este juego se ha de emprender teniendo tres dados, ojala de tamaños o colores diferentes, a fin de que el más grande o el color escogido determinen el primer digito del código de las palabras, el de tamaño intermedio indicará el digito segundo del código y el de tamaño inferior el último digito del código. Si nuestro caso es de colores diferentes, hemos de asignar un color para el primer digito del código, otro color para el segundo digito y el restante color del dado al último digito del código. Si solo disponemos de uno, también lo usamos jugando tres veces por cada digito.

Si no se dispone de dados, pues se deberán ingeniárselas, para hacer que los participantes escojan un número de tres dígitos que no supere el número seis, en cada posición del código asignado, pues los códigos no incluyen dígitos, 7 al 9 y 0.

Antes de iniciar el juego se ha de escoger el papel de necio o sabio, estableciendo las letras N o S. Ello para definir qué palabra de necio o sabio se ha de encontrar por medio de la suerte.

De igual forma dejo constancia que no soy un escritor, ni un letrado, por lo cual pido disculpas porque se habrán de encontrar errores: ortográficos, de interpretación, o incluso términos parcialmente definidos, pues en el español hay muchas definiciones, para una palabra, pero reitero que se pretende dar a conocer información sobre cosas y casos de la vida cotidiana que cumplan con el objetivo de dejar entrever como algunas vivencias perjudican o benefician a los demás, queriendo con ello invitarle a que reflexionemos a fin de que nuestra convivencia sea más llevadera entre unos y otros.

También hago exposición del conocimiento adquirido por experiencia propia o de otros, a fin de que ese conocimiento permite a las personas lectoras conocer circunstancias, que le pueden invitar a profundizar, sobre temas que muchas veces consideró, poco importantes, o producto terminado, pero que en realidad justifica y se necesita ahondar, pues le marcarán la vida futura de él y de sus seres queridos.

CAPITULO I

El Necio Y El Sabio.

Las palabras escogidas refieren o hacenalusióna comportamientos humanos y como a pesar de ser laexpresión máxima de la creación, padecemos de los atributos de la perfección, porque aún los animales, las plantas y los materiales del entorno no acarrean tantos problemas al universo y así mismo, como si lo hacemos los hijos del hombre. Esta reflexión me motivo a indagar sobre lo que criticaba y supe por mí mismo que había mucha necedad en lo que opinaba, algunas adquiridas en las aulas delcolegio y universidad.

El necio en síntesis es quien la embarra con: su hablar, actuar, pensar, o decidir, pues ignora o antepone su orgullo ante los demás.

El sabio es aquel que: viendo, escuchando, observando, y conociendo prefiere tomar de esas experiencias, para no cometer los errores expuestos o por que usa el conocimiento adquirido para tomar correctas decisiones.

Descomponiendo la palabra en letras nos queda más fácil explicar las diferencias.

La palabra **necio** inicia con la: <u>N</u> de la cual podemos expresar varias ideas precedidas del *no*para hacer cosas importantes, pero si para favorecer otras interesantes, pero que solo dan satisfacciones efímeras.

El **No** es la palabra preferida de los necios, porque él se cree sabio a sus propios ojos, y aceptado en su entorno, pues no ve más allá de ese panorama, o parcial visión, a causa de que piensa que todo lo conoce, todo lo sabe, solo él tiene la razón, es la autoridad, el número uno (1), el único capaz.

Con la **E** el necio:

No **escucha** ni sugerencias, ni advertencias, ni observaciones, ni llamados de atención; no se da cuenta de que todo es relativo al ángulo que se le observe, a la distancia, a la velocidad, al tiempo, al espacio en que se encuentre. Condición, o estación.

Con la **C** se forman otras palabras propias del necio, el cual generalmente:

No **cree** en Dios, solo piensa en su criterio. Es corto de pensamiento. Es enemigo de su creador, solo porque no le ha visto, descubierto o simplemente porque otros que consideraron ser sus maestros lo negaron, pero no lo comprueba por sí mismo. Afirma que el creer en un Dios en el siglo XXI le estará condicionando a leyes, mandamientos; no es libre, porque es un pobre iluso, alienado por tradiciones malsanas, impuestas por otros para mantener retraída la mente, sin embargo él es el esclavo, pues no da cabida a saber e identificar su espíritu, y no sabe que el cuerpo es solo un vehículo del espíritu.

Para si, él único Dios es su dinero, posesiones, trabajo, experiencia, coche, equipo de futbol, país, ciudad, profesión, etc. Sus razones son adventicias como algunas raíces, es decir superficiales, no se esfuerza por penetrar la tierra, pues está acostumbrado a tomar lo que está por encima, pues lo halla fácil, y cuando soplan los vientos con fuerza le generan desagradables sorpresas.

No **confía** en su creador o su Padre Celestial. Se cree autosuficiente para opinar, investigar, conocer, sobre lo que no sabe. No conoce de donde viene, ni porque está aquí, ni para donde va, sin embargo es un experto en opinar.

Cree que es hijo de un gorila, chimpancé, o de una criatura inferior, y que como tal no es un preciado hijo de Dios, pues solo la ciencia, lo científico, es lo real. Mejor dicho piensa como mono, aunque no le es, en ingratitud lo expresa. Es uno más con las otras cosas del entorno, como las plantas, animales, tierra y sus elementos del orden del espacio. Cree que las cosas que le rodean salieron de una gran explosión, y salieron de la evolución de la nada, a través de millones de años, se están formando y mutando., etc...., se considera libre de pensamiento, para imaginar cosas sin enterarse de que las fuerzas de los espíritus del mal son las que le susurran a su oído, ya que las fuerzas del bien dejaron de susurrar a los suyos desde hace un tiempo, a causa de sus obras de ingratitud, e indiferencia.

La **I**de las palabras siguientes, precedidas del no es su deleite. Su abundancia es que antepone los prefijos in o im, para denotar lo contrario.

No **Indaga, no investiga,** no **inicia** procesos de verificación, la **ingratitud** es una de sus principales aristas; para él ya todo es producto terminado, por lo tanto no se requiere más conocimiento, a no ser que él sea quien determine si vale la pena algún cambio. De estos la tierra y el mundo hay varios ejemplares tales como: Stalin, Amín, Gadafi, Hitler, etc…, pero lo peor es que hay otros que les creen o siguen.

Interpreta mal lo que sea religioso, pues se rige por los malos ejemplos de líderes del mal, del pasado y presente, que hicieron el papel de confundir la claridad del plan de Dios. **Indispone** a sus vecinos y entorno, por su actuar. Solo ondea sus criterios, su opinión, ostentación, de conocimiento, sus observaciones son palabra definitiva, y por supuesto, sus opositores son tontos e ignorantes.

Influyenegativamente en sus familias, y entorno, pues con su bien hablar aparenta un vasto conocimiento de las ciencias, pero solo confunde las mentes de los que solo se dejan influir sin darse la oportunidad a pensar, repensar, meditar, escuchar los susurros del Espíritu, y así arrastra a inocentes criaturas que como hojas de árboles, el viento lleva según su voluntad, hasta que caen para completar su proceso de deterioro, y terminación de ciclo, negándose así una oportunidad de conocer lo que es por su potencial, que como hijo de Dios tiene.

Esinsensato, porque muchas de las siguientes características las posee: imprudencia, inactividad, irresponsabilidad, ignorancia, irritación, indiferencia, individualismo, inapetencia, insubordinación, incoherencia, inseguridad, indignidad, irreverente, incapaz, inoportuno, inconstante, infiel, intratable, incorregible, improcedente, impreciso, impío, implacable, insufrible, irreconciliable, interesado, insostenible, impredecible, indisciplinado, incrédulo, inestable, impulsivo, inmaduro, iluso, imperfecto, inepto, etc…., pero a ellas se les agregan otras como abusivo, adulador, ambicioso, amenazador, avaro, bebedor, calumniador, celoso, hablador, contencioso, chismoso, cobarde, codicioso, cómodo, aparentador, dormilón, juzgador, presumido, desordenado, torpe, malcriado, cándido, corrupto, amante al dinero, egoísta, entrometido, engañador, envidioso, falso, desleal, mezquino, ocioso, oportunista, ruin, supersticioso, sobornador, soberbio, altivo, homicida, vacío vicioso, violento villano, etc., ..

En parte de estos me he caído y aun me caigo cada vez, que pierdo la compostura. En síntesis muchos pueden resumirlo como Imbécil, sin embargo, es un término bastante duro, pues aún Jesucristo, recomendó no juzgar o llamar a nadie Raca, o usar estos términos para describir a nadie, sin embargo el término aplica, pues es nuestro comportamiento usual en muchas fases de la vida..

También la **O** es una letra que lo rodea, pues:

No **observa**, no **Or**ani hay cabida a más **Opciones**. El **orgullo** es su fortaleza, pues se vasta así mismo, y por lo tanto, el día que muera (que es lo más seguro que nos sucederá), llegará con las manos vacías, porque nunca investigó, sobre su principal componente: su espíritu, o el origen de este. Para él, su materia inmaterial (Espíritu) es un absurdo, algo que no le ve, o puede palpar, medir, por lo tanto hay que negarlo, sin embargo miles de millones ya lo han experimentado, comprobado, percibido, aceptado, y otros miles, también se han enterado de su realidad. No entiende que no solo lo que se ve es lo existente, pues al igual que el aire, el espíritu, es tan real y no se entera de que un ejemplo de un globo se eleva con algo que no vemos, pero que está dentro como el gas, el aire, etc... y que si lo pinchamos pues desaparece, y se cae. El cuerpo material es solo el vehículo, del cuerpo espiritual, y que hemos venido a la tierra a recibirlo, para continuar con nuestro estado de probación, y progreso. Cree en la gravedad, aunque no la puede ver, sin embargo niega el espíritu **porque no lo puede observar** con sus ojos naturales.

Odia a quien **opine** diferente a él. Es presa fácil de las debilidades como el alcohol, el tabaco, las drogas, las armas, las velocidades extremas, pues la prudencia está ausente en su mente, etc., pues no sabe que la mayor gloria que le rodea son sus familias, antepasados y sucesores y el privilegio de ser un hijo de Dios. Esa es su mayor riqueza, a ellos menosprecia con sus actos de indiferencia continua. Se deleita de la pornografía que pueda encontrar en otros, pero si observara a su hija, madre, hermana, nieta, o esposa estallaría de furia contra todo. No se entera que la desgracia ajena es su deleite, pero si le llega a sus puertas se ruboriza. Falsamente expresa que es libertad.

Pero cuando debe deambular por los lugares donde otros han caído en desgracia por la droga, la prostitución, o el abandono, pasa indiferente, con desprecio y arrogancia, sin enterarse que ha sido parte del problema y no ha hecho su parte para contribuir en la solución.

En el transcurso del libro daremos claros ejemplos de cómo necios, nos hemos comportado, sin enterarnos de que en el plan de probación a todos y cada uno nos tocarán algunas desgracias a las puertas de una u otra manera, especialmente de aquellas cosas en las cuales nos hemos jactado de que de esta agua no beberé, o hemos ridiculizado, sin que nos enteremos que tales males llegaran, para hacernos reflexionar, a no ser de que tomemos las precauciones por y a favor de los desfavorecidos, aprendamos a identificar los orígenes de ellas, actuemos para: evadirlos, corregirlos, apoyar la salida, y nos deleitemos en su recuperación y la indiferencia no nos arrope desprevenidamente.

También daremos a conocer cómo podríamos actuar, a fin de que tales problemas se puedan evitar a través del conocimiento, que se obtiene con la: identificación, la observación, la meditación y la solución, y el mantenimiento de las tareas.

Con lo anterior hemos explicado como la palabra necio tiene muchas aplicaciones y a continuación procedemos a referir los términos que aplican para homologar al sabio.

El **Sabio** es palabra que define a quien sabe utilizar el conocimiento para bien, propio y de los demás.

Con sus letras lo definimos más claramente así:

Con la **s** expresamos que es quien: **Sabe** por comprobación, confirmación, por convicción, ha llegado a conocer las verdades sobre su espíritu. Es capaz de demostrar la hipótesis a aquellos que se han aventurado a conocer la tesis del teorema. Es aquel quien ha despertado los oídos, a los susurros del Espíritu de Dios. Han utilizado las tres premisas del método Roer 7*4: Observar + Escuchar + Investigar o indagar a quien lo sabe. (Texto del autor)

La **a** le contribuye para demostrar que:

Es **apto** para compartir opiniones, pues partiendo de la duda, le agrega la investigación analítica, Roer los problemas es su pasión.

La **A** le ayuda, pues mantiene una **actitud apropiada,** para escuchar, observar, y analizar, las posibilidades, alternativas, inspecciona, no anda por criterios ajenos, sin comprobarlos. Antes de **actuar conecta su cerebro y su espíritu** al de Su creador. Otros refieren a conectar lengua y cerebro pero yo le agrego espíritu.

No actúa por reflejo, no se limita a la lógica, sino que le agrega: escuchar, observar, y preguntar a quién lo sabe de la fuente confiable y real, pues hay fuentes de todo tipo, las hay contaminadas, no autorizadas, disfrazadas, equivocadas, distorsionadas, bien intencionadas, pero no reales, al servicio del enemigo, etc. **No se rige por lógica**, pues los caminos de Dios son diferentes a los del hombre, de tal suerte que lo espiritual se entiende en otra dimensión, que no viene por lógica.

Ante todo **anda** y registra, los patrones de comportamiento, es prudente. **Acepta** criterios diferentes, sin polemizar o enfrascarse en discusiones insulsas, pues invita a que se compruebe por la experimentación.

Se **adapta** a los cambios aunque le incomoden, si son para el bien común.

Con la **b** definimos a quien: **Busca Beneficiar** a todos; es una de sus primeras consideraciones. No es egocéntrico. **Buen** criterio aplica, pues trata con **bondad** a los demás, y sabe que tarde o temprano necesitara de buen trato de otros. **Bien** sirve a su prójimo, también sabe que en ello crece. **Bien** responde a preguntas, **bien** se esfuerza por hacer su trabajo, o cumplir con sus responsabilidades, **Bien** piensa y se proyecta.

La **i** lo complementa ya que:

De **investigar** se empeña, para ampliar la idea de lo que sabe. Es **Ideal para ser** un líder, porque piensa en la seguridad de todos, aprovecha el tiempo, de todos.

No es un mal informante. Sabe que si en un salón hay 10 alumnos y se pierden 15 minutos estará robando 150 minutos, pero es peor si difunde una verdad a medias o una cosa que no le consta y la propaga como verdad, habrá generado confusión, irradiado mentiras, y habrá contaminado las mentes de sus alumnos por la pereza, egoísmo, e incapacidad de no saber buscar la verdad. Inclusive a sus seres queridos habrá transmitido su incapacidad de descubrir que tiene un espíritu, que es hijo de su Padre Celestial, no sabe de dónde viene, para donde va ni porque está aquí, en síntesis: **es un contaminante** de las mentes.

La I de **incorruptible**, es otra de sus características, pues el soborno no lo contamina, ni traspasa. No se deja influenciar ni gobernar por los entuertos, corruptos, etc.; por ello es libre.

Es indiferente a los colores, sabores, olores, o pensamientos, pues priman los principios aprendidos del bien, sentido común, el bien de todos, no se deja llevar por caprichos, gustos, apariencias, ni el corazón, gustos, percibe la revelación que viene por derecho a ser hijo de Dios. Lo que otros llaman corazonada, sentimientos, etc. Hacen caso al consejo del grillo que guiaba a Pinocho, en la fábula del muñeco de madera.

Es **Integro,** pues, sabe que hay que ser generoso, honrado, servicial, esforzado, diligente, leal, sobrio, prudente, y determinante. Es hacedor, no solo oidor.

No es **imprudente** al actuar, hablar, pues la cordura y consideración es una de sus fortalezas, pues sabe que todos tenemos errores, y que mal haría en juzgar, sabiendo que estamos en proceso de perfección.

No es **indeciso**, pues aunque demore para actuar, solo da los pasos, si este lleva a puerto seguro.

Busca la **inspiración** que tiene derecho al comunicarse en oración, no en rezos, pues rezar es repetir como un loro las cosas consciente o inconscientemente, pues cuando tenemos una necesidad específica no pedimos pan, cuando nuestra urgencia es apoyo para nuestros hijos, esposa o padres o prójimo, como lo enseña el Padre Nuestro. La oración del "padre nuestro" se dio como modelo no como un recital, pues debe ser harto para Dios escuchar a sus hijos pedir las mismas cosas en recitaciones y rosarios, cuando El desea es escuchar sus necesidades reales desde el corazón.

Es firme ante las críticas, persecuciones, barreras, ignorancia, e incluso a las amenazas, de tal suerte que ello le es **intrascendente**.

Con la **O** complementamos parte de la definición de sabio así:

Observa, medita, utiliza su **olfato** como el perro de caza a fin de multiplicar su **orientación** pues, sabe lo que quiere, no **olvida** su experiencia, pues de aquí se retroalimenta para evitar los errores del pasado; al observar se posiciona en velocidad 0 y de allí se proyecta hacia una dirección, con la velocidad requerida y tiempo necesario para llegar al lugar o espacio deseado.

En síntesis el sabio es aquel que hace de sus oportunidades de vivir en la tierra una estancia productiva, pues agrega a los talentos heredados otros a través del conocimiento adquirido, para que por medio de ese conocimiento sus: decisiones, hablar, actuar, le sirvan para mantener el curso del progreso hacia la eternidad, beneficiando a sus seres queridos, el entorno, su patria y la humanidad.

El sabio hace uso de la:

Inventiva, intuición, inteligencia, piensa, reflexiona, no se queda en limitaciones de edad, peso, altura, siempre intenta vencer las barreras sin atajos improcedentes, es entusiasta en sus empresas.

Genera: empatía, buena energía, escucha consejos, estudia con esfuerzo, es paciente en las tribulaciones, no da pie al cerebro holgazán, profundiza en sus investigaciones, pues sus conocimientos no los adquiere en lo superficial, pues sus raíces penetran el suelo duro, hasta encontrar el agua. Puntual, diligente no es holgazán.

Transmite compasión a su prójimo, pues sus entrañas se llenan de misericordia cuando éste está en la mala, se mete en los zapatos del prójimo para sentir y percibir las necesidades y poder apoyarlo en la medida que lo requiere. Apoya al necesitado aunque no lo pida, es generoso, bien hace, es bondadoso, caritativo.

Vuelca el corazón a su Dios para suplicar por y a favor de si, los sus suyos, su prójimo y sus enemigos, también pide por el progreso de empresa donde está su trabajo; cuando pide no exige a Dios, sino que solicita lo que es posible, se merece, y es apropiado, y además lo deja en manos de su Padre Celestial, a su voluntad, en su tiempo, y su forma.

Si se equivoca procura recomponer el curso, es decir se arrepiente y solicita perdón si es que ha afectado a otros, disimula cuando hay que pasar tragos amargos o momentos difíciles, no se ríe de los defectos o limitaciones de su prójimo.

Es verídico, pues no miente, ni expresa mentiras piadosas, ni es parcial, y mucho menos engaña aunque que le cueste la muerte. Calla cuando es apropiado, no habla del prójimo, es honrado en sus tratos.

Utiliza el dialogo para zanjar diferencias, es cortes, manifiesta humildad, pero no la expresa sino que la práctica, es laborioso, se rige por el código de honor. No se vale del orgullo, sino que se complace en las cosas buenas, obtenidas de su familia, trabajo, amigos.

Multiplica los talentos recibidos, Es cuerdo en su actuar, constante en la solución de los problemas y caminar, se convierte en hábil gracias a su diligencia, buenas maneras de actuar, es decir es juicioso, laborioso. No es ocioso.

Es limpio, ordenado, pulcro tanto en sus conversaciones como es su presentación, ni descuidado.

Procura formar una familia conforme a los dictados de Dios.

Es equitativo, no fomenta la envidia, No es ofensivo. Es leal.

No maldice en sus expresiones, ni murmura. Solicita favores, no exige.

No es amante de los pleitos, pues sabe que en una pelea, todos pierden, nadie gana, y además: yéndole bien le va mal.

Ante lo desconocido anda con precaución, previene los problemas es decir piensa en las posibilidades y se prepara para ellas, lo que promete lo cumple.

No es supersticioso, ni vicioso, y procura las virtudes para aplicarlas en su actuar.

Es integro, intachable, pues no da oportunidad a las dudas sobre su honradez, justicia, sobriedad, hablar, o dar su mejor esfuerzo, resalta por su rectitud.

CAPITULO II

Que experiencias se derivan de las necedades.

La vida se rige por causas y efectos, actos y consecuencias, polos positivos y negativos, comisiones y omisiones, luz y oscuridad, etc...., es decir aciertos y equivocaciones, y podemos emular a las necedades como nuestros desaciertos y los aciertos como las decisiones sabias.

Muchas oportunidades se pierden a causa de pequeñas fallas, omisiones, imprudencias, y tomas de decisiones que terminan por afectar nuestra vida, y el futuro de nuestras familias, unas en forma apropiada y otras se convierten en desgracias.

Todos los éxitos y problemas como guerras, explosiones, accidentes, pérdidas de: carreras, campeonatos, títulos, trabajos, éxitos, etc., provienen de nuestras decisiones o porque hemos actuado (comisiones) o dejado de actuar (omisiones).

Obviamente muchos éxitos se han logrado con atajos, sin embargo tarde o temprano se recibe el castigo por ello, y se descubre, pues nada hay oculto entre cielo y tierra.

Todo tiene un precio que pagar, cuando nuestras decisiones son malas, el precio lo pagaremos a regañadientes. Sí, los resultados podrían haber sido mejores, el precio que pagamos es de frustración, pues sabíamos que podía ser mejor el resultado con un poco de más esfuerzo, y si es bueno, o excelente, sabemos que ello se alcanzó como consecuencia de esfuerzo o una decisión bien consultada.

CAPITULO III

¿Que esperamos del futuro?

Según lo que proyectemos, eso mismo alcanzaremos, pues nuestras esperanzas, se direccionan hacia lo que hagamos. Por el contrariosi dejamos de hacer, los resultados serán peores de donde estoy, pues todo está en movimiento, y si no hay avance, será retroceso, pues nada se estanca, ya que el mundo muerto es muy pasajero, y rápidamente se pasa de la velocidad 0, a la velocidad negativa, donde todo es retroceso, perdidas, oportunidades desaprovechadas, envejecimiento, pérdida de cualidades, etc.

Egoísta seria si viendo, sabiendo, y conociendo, que un amigo, ser querido, o persona incluso desconocida (aún animales, o cosas) se fuere a caer a un hueco, yo no actuara, incluso, estrujara (impidiera) a esa persona para que no cayera al hueco.

Las omisiones tienen desenlaces felices o infelices.

No me perdonarían mis coterráneos, (sean personas o animales), si yo pudiendo, no evitara un desenlace infeliz, sabiendo que podía haber hecho algo para impedirlo, incluso, en contraposición de la gratitud o no de ella. Ejemplo:

Caso 1

Hace pocos años (verano de 2.014), una anciana estaba sentada en el metro junto a mí, iba yo con mí: esposa, hijo su esposa y su suegra. La anciana entre tanto leía, observe que se fue quedando dormida paulatinamente, comencé a preocuparme por ella, pues las estaciones pasaban y no sabía, si ella debía bajarse, solo ella conocía su destino. Además estaba a punto, de golpearse con la barra de sostén entre el piso y el techo, del vagón y por si fuera poco había dejado su cartera abierta y estaba a punto de que se le cayeran y expandieran en el suelo sus pertenecías, con las consecuentes pérdidas o robos que ello le podría ocasionar.

Procedí a despertarle, suavemente, para que mirara si estaba próxima su parada, sin embargo, ella me inquirió: ¡y a usted que le importa!,......., bueno, no le dije nada, sin embargo otra señora, y los que estaban a su alrededor, se sorprendieron, y los míos me miraron, para expresarme que ello me pasaba por intruso. Me quede tranquilo meditando sobre el asunto, y sabía que había hecho lo correcto, a pesar de la ingratitud que la anciana había manifestado. Yo no perdí nada, ella tampoco perdió nada, pensaría una persona sin embargo observemos las consecuencias de los que podría causar el no actuar (omisión):

Si la anciana se pasa tendría que devolverse, perder tiempo, ubicación, etc. Podría haber ocurrido que se golpeara y cayera al suelo, en movimiento con otras consecuencias peores, o hubiere extraviado sus pertenencias en el suelo con otras consecuencias adicionales.

Cualquiera de los efectos podría haber ocurrido, pero se previno, yo me sentí en paz conmigo mismo, a pesar de las recriminaciones de mi hijo y esposa, pues ellos me manifestaron que es común aquí, no todas las personas agradecen por el interés en ayudar.

Caso 2

Hace 20 años en mi trabajo, en el concesionario de vehículos Automotora de Occidente "Toyota", Pereira, Colombia, se presentó un problema de registro contable de unos impuestos a las ventas pagados doblemente, lo cual implicaba, solicitar una devolución a la oficina de impuestos (DIAN), en el monto de $22.400.000.

Cualquier reclamación a tal oficina en mi país se vuelve tediosa, complicada, y además puede generar rechazos de forma por requisitos que involuntariamente se podrían haber omitido, en otros procedimientos, trayendo como consecuencia que los empresarios no se aventuren en realizar reclamaciones al fisco, dado que podrían atraeryoriginarpeores problemas; ya que en la mente de los funcionarios fiscalizadores nunca estaba la posibilidad de perder, a causa de las jugosas comisiones, premios y avances que obtienen en sus labores fiscalizadoras. Ello hizo que mi jefe, Don Álvaro Montoya se negara a reclamar, razón por la cual en tres veces y momentos diferentes procure persuadirle a realizar la reclamación.

El con respeto, pero ya ofuscado en la tercera vez me dijo que le permitiera regalar esos valores al presidente de turno, para que cumpliera su deber de gobernar. A lo cual yo le respondí que si me tocaba meterle un empujón, para que no se cayera a un agujero, yo se lo daría, no importando que ello fuera causa de ira contra mí y sus consecuencias, pues no le dejaría equivocarse, al fin y al cabo por ello me pagaba. Su respuesta fue cordial y me dio vía libre para efectuar la reclamación. Con esa decisión procedimos a reclamar a hacienda el valor respectivo. Tal reclamación se efectuó sin ningún tipo de sanción, rechazo o inconveniente, es decir la devolución fue efectiva en su totalidad. A causa de ello sentí paz interior, por la convicción que tenía y sabíamos que hacíamos nuestro trabajo lo mejor posible, pues tanto los métodos, políticas, y pensamientos eran honrados desde el gerente, dueño, hasta más humilde de los trabajadores.

CAPITULO IV

Las causas y efectos:

Explicar la diferencia entre el necio y el sabio puede ser hecho por medio de varias circunstancias, y la mayoría de ellas no son entendidas, sino hasta después de vivir las consecuencias.

Hemos aprendido que todos nuestros actos tienen y traen consecuencias buenas, regulares o malas, sin embargo, todos deseamos que estos sean excelentes o buenos, solo que cotidianamente las consecuencias o efectos son difíciles de controlar, pues se salen de nuestras manos, o porque no salen según lo planeado.

Algunos efectos son a causa de: imprudencias, omisiones, olvidos, irresponsabilidad, ignorancia, estados de irritación, indiferencia, individualismo, etc.

Los efectos pueden ser producto de nuestros errores de omisión o comisión.

CAPITULO V

Definiciones, proverbios, frases, refranes, chistes e historias, anécdotas y comentarios que aplican.

Las experiencias propias y ajenas, recomiendan no pasar por la misma dificultad dos o más veces, en el caso que podemos evitar; insistir nos hace necios, especialmente cuando hemos sido prevenidos sobre ello.

Definiciones, proverbios, frases, refranes, chistese historias, anécdotas o comentarios o enseñanzas de antecesores se han resumido para prevenirnos sobre casos y cosas, a lo cual merece la pena poner atención y analizar la aplicación, pues sirven de analogías **para conocer, aprender de otros**, y aplicar en lo que nos queda de vida, y así **aprovechar la historia, experiencia y conocimiento**, pues hemos de recordar que **la sabiduría es la aplicación del conocimiento en forma apropiada, en la toma de decisiones.**

Recuerdo a mi padre cuando se enojaba con uno de sus hijos, caminaba impaciente de un lugar a otro repitiendo refranes de aplicación del caso, para realzar su desaprobación de cualquiera de nuestros actos o imprudencias. Muchos los memorice y hoy los valoro.

A través de: definiciones, proverbios, escrituras, refranes, frases, chistes ehistoriasprocuraré aplicar a las palabras que definen los necios y los sabios. No con el ánimo de jactarme, pues es lo que menos deseo, y que reconociendo que cotidianamente me he comportado neciamente, mi propósito es ayudar a identificar, cuando nos caemos en un comportamiento semejante, para que rápidamente nos salgamos de él, así podríamos retomar un camino más fructífero para todos, especialmente porque hacemos daño a otros injustamente al exagerar nuestras acciones, e incluso quedamos mal, decepcionando a otros y consigo mismo sintiéndonos mal.

CAPITULO VI

¿Qué somos; cuando sabiendo, y habiendo experimentado fracasos, repetimos indiferentemente los mismos errores,….?

Ello indica que no tenemos intención de cambiar el rumbo, vivimos alejados del proceso de arrepentimiento, a pesar de que sabemos que lo que hacemos es malo tanto para mí como para el ambiente. Tarde o temprano nos cobrará el precio la persistencia de tales errores.

"tonto es el resultado de repetir errores con conocimiento".

Aquí caben los fumadores, los viciosos, los ultrahinchas, sean los que sean, etc….

Cuando fumé cigarrillos por diez años, eso era lo que hacía, pues yo mismo hacía daño a los demás, al medio y a mí mismo. También cuando me he dejado arrastrar por el fanatismo de un color político o de un equipo con el cual simpatizo, no dándome cuenta que ser hincha es algo que viene por casualidad, por pertenecer a una región, o razón o circunstancia que no debe ser excluyente.

Porque al descomponer la palabra vemos lo siguiente:

20

Ton x 2 = **tontón**.

T = es **tardo** en:

O = obedecer, **obrar** correctamente, **optar** por el camino seguro, **optimizar** sus reacciones a los peligros o hacer de sus decisiones algo **óptimo**.

N= No

No **T** = **tiene** intención, deseo, capacidad de reacción, o simplemente se deleita en lo que cree que no le perjudica. No tiene en cuenta consejos, no toma precauciones y por lo tanto se convierte en un **TORPE** intencionalmente.

No **O** = **observa** su condición o su obra justamente, o no controla sus reacciones, pues piensa que no hay tiempo, se echa al dolor, se da por vencido, o se define como "yo soy así", pero es su salida para justificar la persistencia en los errores. Nunca se arrepiente de su mal proceder.

Oye los sonidos de amonestación, exhortación, y llamados de atención, pesadamente, pero no escucha.

Ondea su bandera de orgullo, o narcisismo, o de opresión.

Ora para agradecer por sus "bendiciones", pero estas son para lo malo, pues pide protección antes de atracar, matar, robar, o infringir cualquier mandamiento. Esas oraciones proceden de espíritus satánicos y engañadores.

N = **nada** es comparable con alguien que sabiendo, repite sus acciones, para que los efectos y consecuencias lo cobijen o perjudiquen a otros sean familia, amigos, conocidos o desconocidos.

CAPITULO VII

Ampliaciones de los términos necio y sabio.

La necedad es una desgracia acogida, para lastimar a otros y a nosotros mismos.

La sabiduría es un don de Dios, y es el resultado de los estudios, la experiencia y saber seguir los consejos de Dios.

Los proverbios son dichos profundos de los sabios.

Cronológicaygeográficamente es demostrable que Jesucristo vivió; ello es un punto de partida, para comenzar a creer, y una vez crea investigue sus hechos, analice sus pensamientos y pregunte a Dios si en verdad existió, a fin de que no se detenga en simplemente creer sino que lo compruebe, para que por sí mismo y no por otros; sepa sobre sus verdades.

Es igual que un científico de la medicina, es saludable que investigue sobre: física, química, geografía, historia, idiomas, etc., pues aunque estas no son su fuerte, le son necesarios para desarrollar su intelecto, percibir verdades existentes, y no debería negarlas, porque las desconoce.

Que es una verdad: Es el conocimiento de las cosas como son, como fueron y como han de ser.

El hombre descubre las verdades en: sus investigaciones, parte de la suposición, y a medida que se sumerge en la investigación, descubre el agua tibia, pero el hecho de que las descubra, no significa que no han estado allí. El hecho de descubrirlas ahora, no le da el derecho de suponer que antes no existieron, o simplemente que debamos hacer eco de los susurros de los espíritus rebeldes, (legiones de opositores a su progreso eterno) que le pueden confundir.

Hay espíritus que ayudan a descubrir parte de las verdades (Aquellos que están para ayudar a progresar, y otros para confundir, desviar, enredar, retrasar. ¿A cuales obedecemos nosotros?), pues una verdad a medias es una mentira.

Algunos hijos de mi Padre, Dios; mis hermanos, piensan que por el hecho de no saber de la existencia de espíritus, estos no existen. Tales personas nunca se han desdoblado, (Separado su espíritu de su cuerpo, algo no recomendable premeditadamente, pero que sucede accidentalmente, al menos a mí me ha sucedido y a infinidad de otras personas), y por no saber, o tenido experiencias así: ello les da derecho a negar. Es igual que yo negara de la existencia de la China, por el hecho de no haber ido allá. Solo se requiere un poco de voluntad (fe), para comprobar que la vida espiritual es una realidad, comprobada científicamente, y manifestada por millones de personas, que ya lo han vivido o comprobado por levitaciones, en el quirófano durante una intervención quirúrgica sueños, etc.

Las experiencias espirituales pueden ser buenas o malas. Ello es que pueden provenir de la deidad, o por la vía contraria a ella, es decir no provenir de Dios, nuestro Padre Celestial. Hay personas que buscan experiencias espirituales con las que han muerto, pensando que se pueden invocar espíritus de los difuntos, para conocer cosas no resueltas por ellos en vida. (Esto no es recomendable por lo que juegan con espíritus engañadores muchas veces, los cuales les traen apoderamientos temporales, pues tales espíritus de los difuntos no están autorizados, para efectuar o participar de sesiones semejantes, pues desde el principio de los tiempos se estableció que no era lopropuesto en el plan de Dios), sin embargo debido a que los espíritus rebeldes y seguidores de Satanás, si participan de ello: imitan las voces, dan información, y pueden dar la apariencia de efectuar obras de bondad, sin embargo reitero, no son ellos, sino los espíritus de la tercera parte o legión de Lucifer, que fue expulsada de los cielos en la vidapre mortal,(Isaías 14:12-14, Apocalipsis 12:4, 7-9);

Isaías 14:12-14 /12 ¡Cómo caíste del cielo, oh Lucifer, hijo de la mañana! Derribado fuiste a tierra, tú que debilitabas a las naciones.
13 Tú que decías en tu corazón: Subiré al cielo. Levantaré mi trono por encima de las estrellas de Dios y me sentaré sobre el monte de la congregación, hacia los lados del norte;
14 sobre las alturas de las nubes subiré; seré semejante al Altísimo.

Apocalipsis 12:4, 7-9 / 4 Y su cola arrastraba la tercera parte de las estrellas del cielo, y las arrojó sobre la tierra. Y el dragón se paró delante de la mujer que había dado a luz, a fin de devorar a su hijo en cuanto naciese.
7 Y hubo una gran batalla en el cielo: Miguel y sus ángelesluchaban contra el dragón; y luchaban el dragón y sus ángeles,
8 pero no prevalecieron, ni fue hallado más su lugar en el cielo.
9 Y fue lanzado fuera aquel gran dragón, la serpiente antigua, que se llama Diablo y Satanás, quien engaña a todo el mundo; fue arrojado a la tierra, y sus ángeles fueron arrojados con él.
Estos espíritusposteriormente les crearan problemaspermanentes, que les hacen daño a los invocadores.

Cada palabra usada en el libro para definir necios o sabios, es explicada desde el punto de vista del comportamiento humano y no hace referencia a todos los conceptos o situaciones, sino más bien en nuestro caso aplicativo.

En el trayecto de la lectura se encontraran muchos dichos, que son comentarios de los sabios respecto de actuaciones que el hombre prudente debe utilizar, haciendo que sus decisiones sean fructíferas para él y para los demás, es decir sabias.

Los refranes, proverbios, etc., Son palabras profundas de los sabios, analogías, resultantes de los maestros, unos porque conocen la ley de Dios, y otros porque aprovechan de la experiencia de la vida, para compartir enseñanzas a los que vienen, es decir creando puentes, para las nuevas generaciones, y ellos pasen en seguridad sin tener que arriesgarse a mojarse en los turbulentas aguas de los ríos de las desgracias y peligros que ofrece lo desconocido.

Son, pues, aplicaciones para la vida, de los maestros traídos antes de mí, y de los cuales algunas veces tardíamente me enteré, otras veces no aplique, y otras me olvidé, por actuar por reflejo en vez de conectar mi **cerebro, espíritu y conocimiento**.

Debemos recordar o saber, que:

En las culturas orientales se simboliza a los centros de entendimiento y de los sentimientos los siguientes órganos:

Con el corazón se entienden las cosas.
Con las entrañas se siente.

En el Occidente el hombre se expresa que es con:
La cabeza, o con la mente que se entiende.

Se siente con el corazón.

En las escrituras, o escritos sagrados (Biblia y otras revelaciones modernas) se emplean tales aseveraciones para denotar lo mismo. Ejemplos:

Prov. 2:10 Cuando la sabiduría entre en tu corazón y el conocimiento sea grato a tu alma.

Prov. 22:17 El corazón alegre hace bien como una buena medicina, pero el espíritu triste seca los huesos.

Se utilizan escrituras refranes, frases, cuentos, historias y anécdotas, para referir ejemplos de aplicación a las palabras que tenemos como propósito definir o explicar.

También hemos de entender que espíritu es nuestra materia inmaterial, el componente dos (2) de nosotros, pues es un cuerpo semejante al cuerpo material, pero que no podemos ver con los ojos naturales. El cuerpo material (carne, huesos, sangre, etc.)es el componente uno (1).

Los dos cuerpos (materia) y (espíritu) constituyen un alma. Lo anterior porque algunos interpretan que el alma es el espíritu.

El cuerpo inmaterial (espíritu), siempre lo tuvimos, pero con el no podíamos tener progenie, progresar en otros aspectos, y por ello hemos venido temporalmente a la tierra a aprender, y demostrar nuestra capacidad de avanzar y progresar.

Con la muerte nuestros dos cuerpos se separan: cuerpouno (1) se descompone y el cuerpo dos (2) espíritu pasará al paraíso (o lugar merecido) a seguir progresando, hasta que se nos dé la oportunidad de resucitar, es decir retomar nuestro cuerpo uno (1), (material), y con él, ser perfeccionados y continuar nuestro progreso.

Muchos sabios, pensaran que es fanatismo hacer uso de las escrituras, pero de todas formas este libro solo pretende poner en evidencia comportamientos del hombre desde su infancia hasta su vejez. Algunas lecciones las habremos vivido unos, y otras indistintamente otros, pero son de aplicación, para ayudar en la construcción de los puentes a nuestros hijos, nietos, y nuestra posteridad.

También hay quienes creen que las escrituras (escritos religiosos) no sirven de mucho; así lo pensé de joven hasta los 24 años, hasta que los leí, y cambie de actitud. En ellos se encuentra parte de la historia de la humanidad desde los tiempos 4.000 años A.C. hasta el año 96 d.C., tiempo en que terminó los escritos Juan el apóstol, para el caso de la Biblia. Este libro contiene datos escritos por los profetas en forma histórica, poesía, profecías, e información desde antes, durante y después de la creación. Curiosamente muchas profecías tienen que ver con nuestros días, parte de las cuales se han cumplido y otras se están cumpliendo.

Nota:

Las definiciones de los términos están direccionadas a calificar a personas según su carácter y no hace alusión a otras cosas, condiciones o expresiones de profesiones. Aquí se procura utilizar la palabra o calificaciónrespecto de actitudes de comportamiento.

Como verán no todas las necedades inician con i, pues las hay también y muchas con las otras letras, sin embargo primero esbozaremos los términos con letra i en su comienzo y después las otras letras con que inician otras palabras, a fin de mantener el objetivo de demostrar que la mayoría de los actos de los necios inician con i.

1.1.1 Idolatra

Es quien desmedidamente adora, ama, o venera imágenes, símbolos, ídolos, o rinde culto a dioses falsos, o imágenes que simbolizan personas representativas de la Deidad, pero que por disposición expresa prohíbe a sus hijos hacerlo.

Es la adoración y rendición de cultos a imágenes de cualquier material que representen: personas, animales, objetos, astros, etc., e incluso algunos llegando a sacrificar animales y personas.

Una de las sutiles formas de confundir a la humanidad fue cuando los espíritus de Lucifer susurraron a los oídos de los hijos de Dios, para que hicieran imágenes de él, para representarle, seguidamente ello se convirtió en altares, con cultos, desobedeciendo así el mandato de no hacer imágenes de nada con propósitos de venerarles o adorarlas.

No es malo tener imágenes para recordarles, pero lo malo es adorarle, alumbrarles, pensando que ella es.

Tampoco adorar personas, por nobles, ejemplares, o extraordinarias que hayan sido, toda vez que ellos no pueden interferir o mediar por nadie, por cuanto el único que media entre el Padre es Jesucristo, su hijo, cualquier otra persona no es el medio, pues ese no es el orden establecido por Dios.

Cualquier culto que se rinda a objeto, persona, o símbolo no es ordenado por Dios, ¿y si no lo es de él de quien entonces es? o ¿a quién se pretende satisfacer?, pues, Dios el Padre lo ha prohibido expresamente. No tener o hacer amuletos, ni imágenes, medallas, tatuajes, escapularios, etc.

Éxodo 20:3-6 /3 No tendrás dioses ajenos delante de mí.
4 No te harás imagen, ni ninguna semejanza de cosa alguna que esté arriba en el cielo, ni abajo n la tierra, ni en las aguas debajo de la tierra.
5 No te inclinarás a ellas, ni las honrarás, porque yo soy Jehová tu Dios, fuerte, celoso, que visito la maldad de los padres sobre los hijos hasta la tercera y la cuarta generación de los que me aborrecen,
6 y que hago misericordia a millares, a los que me aman y guardan mis mandamientos.

- o Los cinco primeros mandamientos son una reiteración del amor primordial que debemos tener de nuestro creador y Padre de los espíritus.
- o Quien ama más a padre, madre, hijo, esposa, que a Dios, también le tiene a él por segundo.
- o Quien a Dios recurre en oración, pero no obedece, o por lo menos no tiene intención de cambiar, tampoco le tiene por su Dios.

Cuento

El juez le dice a la abogada defensora
-¿Cómo se declara su cliente?

-Es un inocente, señoría.

-Juez: Lo pilló la policía con las manos en la masa.

¿Por qué es un inocente?

-Abogada: Por ponerse en mis manos, señoría.

Anécdota

Cuando mi ex esposa enseñaba los principios del evangelio a uno de sus investigadores, esta persona le preguntó porque ellos no llevaban ningún símbolo de la cruz que los identificara como cristianos. Ella le explicó amablemente que no se venera la cruz, pues antes y después de la muerte de Jesucristo, miles murieron así, pero no debemos reverenciar el instrumento de la muerte, pues este se ha convertido más bien en objeto de comercio y con ello algunos se confunden en cuanto a quien han de buscar, convirtiendo ello en un amuleto, de buena suerte.

Indicó además que sería igual si ella venerara el cuchillo, con que hubieron sacrificado o dado muerte a un ser querido, y lo guardáramos por siempre y cada vez que nos acordáramos de ésa persona acudiéramos a recordarlo con el cuchillo, máxime cuando Jesucristoestá vivo y ya resucito, y está esperando que nos arrepintamos de nuestros errores, aprendamos cuál es su voluntad en vez de estar lamentándonos de lo que le pasó.

En una ocasión miré a un buen hombre que decía amar mucho a su madre, llorando mostrando su foto, le colocaba delante de quienes tomaban sus copas, sin embargo su viejecita, añoraba que él no se emborrachara, pues su salario lo desperdiciaba y dejaba sus hijos y esposa con las necesidades sin cubrir. Este hijo, amaba mucho a sus seres queridos, pero de una forma muy peculiar, pues no hacia lo que con sencillez ella añoraba.

Cuando el Salvador Jesucristo enseño, expreso que él que le ama, es quien hace su voluntad.

Lucas 6:46-49

46 ¿Por qué me llamáis: Señor, Señor, y no hacéis lo que yo digo?

47 Todo aquel que viene a mí y oye mis palabras y las hace, os enseñaré a quién es semejante:

48 Semejante es al hombre que, al edificar una casa, cavó y ahondó y puso el fundamento sobre la roca; y cuando vino una inundación, el río dio con ímpetu contra aquella casa, pero no la pudo mover, porque estaba fundada sobre la roca.

49 Pero el que las oyó y no las obedeció es semejante al hombre que edificó su casa sobre tierra, sin fundamento; contra ella el río dio con ímpetu, y luego cayó, y fue grande la ruina de aquella casa.

1.1.2 Ignorancia

La falta de conocimientos sobre un tema nos hace ignorantes, sin embargo cuando iniciamos la investigación descubrimos poco a poco lo mucho que no sabemos.

Prov.5:5-9 /5Entended, oh ingenuos, prudencia; y vosotros, necios, sed de corazón entendido.

6 Escuchad, porque hablaré cosas excelentes, y abriré mis labios para decir cosas rectas.

7 Porque mi boca hablará la verdad, y la impiedad es abominación a mis labios.

8 Justas son todas las razones de mi boca; no hay en ellas cosa perversa ni torcida.

9 Todas ellas son rectas para el que entiende, y razonables para los que han hallado conocimiento.

- o No me avergüenza confesar la ignorancia de lo que no sé.
- o Nadie debe aprovecharse de la ignorancia ajena. Marco Tulio Cicerón
- o Nada hay tan común en el mundo como la ignorancia y los charlatanes. CléobuloGracián
- o El primer paso de la ignorancia es presumir de saber, y muchos sabrían si no pensasen que saben.

o   Aún el ignorante, será tenido por sabio, y pasará por entendido si no despliega sus labios. Salomón
o   Nada en el mundo es más peligroso que la ignorancia sincera y la estupidez concienzuda. M. Luter King
o   Nadie se salva en la ignorancia. José Smith

Cuento.

¿Cómo te ha ido en los exámenes? Pregunto el papá a Carlitos.
Y esté muy pausadamente le contestó. ¡Como en el polo norte! …..
Su padre extrañado le miró
Y Carlitos le explicó: todo bajo cero.

<u>Anécdota</u>

A la edad de 8 años recuerdo que mi padre me llevo al centro de la ciudad y en tanto el hacía unas diligencias, me pidió que me quedara esperándole en el portal del edificio Tascón en la ciudad de Buga Valle, Colombia en 1.962. Yo procedí a recorrer algunos negocios de llamativas mercancías que se exhibían en los puestos móviles que se colocaban en los andenes, pues la espera se me hacía eterna. A medida que recorría los mercados pensaba cuantas cosas llamativas y bonitas podría comprar, pero en mi bolsillo solo había un billete de un peso y unas escasas monedas que recibí de mi padre aquel día, el cual constituía un capital, pero esta vez yo no quería comprar golosinas, sino algo que de verdad necesitara y me gustara mucho.

Al observar las canicas, peines, tijeras, cortaúñas, espejos, navajas, etc., me dije ¡tantas cosas que yo verdaderamente necesitaba! Al recorrer los andenes observe un corrillo de personas, y allí en medio había un hombre promocionando un juego. Observe detenidamente y me entere que se trataba de tirar de un cordón una punta por la parte de encima y si acertaba podía llevarse los billetes amarrados de 5, 10 o 20 pesos, además habían otros objetos interesantes que colgaban del otro extremo de los cordones que pasaban porun orificio de una tablilla dispuestos en la parte inferior.

Para los hábiles, colgaban los premios, allí amarraditos; era muy fácil. El hombre demostraba halando una y otra vez las puntas de los cordones superiores y rápidamente se veía como los billetes subían con facilidad. El concursar significaba un peso, pero te podías llevar 5, o 10 o algún llamativo regalo que también pendían de los extremos de los cordones. ¿Cuántos artículos podría comprar si me sacara el billete de 10 pesos, o por lo menos el de 5 pesos? Observe con mucho cuidado el procedimiento y le clave el ojo a unapunta de color café, justo la que llevaba el billete de 10, y efectivamente cuando el hombre, halo ese era el que yo había escogido. Habiendo descubierto cual era el cordón que amarraba el billete que me interesaba y lo fácil que era, procedí a pedir el turno para participar. Me pidieron el dinero para tener el derecho y rápidamente entregue mi dinero, el peso que tenía en mi bolsillo. Ahora tendría 10 pesos. Hale el cordón, sin perderlo de vista y efectivamente subió el cordón café, pero no el billete sino otro elemento de una estampa de la virgen. No lo podía creer, estaba seguro de cuál era el cordón escogido. Ahora había perdido mi dinero y los 10 pesos seguían allí campantes esperándome. No sé qué pasó.

Al comprender que los trucos son muchos, para llamar la atención en estos juegos, podemos aplicar el refrán de que "La ignorancia es atrevida".

1.1.3 Iluso

Quien sueña con cosas irreales, o piensa que con el solo deseo se obtienen las cosas. Piensa en cristalizar las fantasías.

Prov. 28: 19 El que labra su tierra se saciará de pan, pero el que sigue a los ociosos se llenará de pobreza.
No se pueden dejar los principios, abandonar y esperar la perfección.

Hebreos 6:4-6 / 4 Porque es imposible que los que una vez fueron iluminados y gustaron del don celestial, y fueron hechos partícipes del Espíritu Santo,

5 y asimismo gustaron de la buena palabra de Dios, y de los poderes del mundo venidero,

6 y cayeron, sean otra vez renovados para arrepentimiento, puesto que crucifican de nuevo para sí mismos al Hijo de Dios y le exponen a vituperio.

o   Donde esperáis la suerte, viene la muerte.
o   Sueña el ciego que veía y soñaba lo que quería.
o   Quien deja lo que tiene por lo que espera, o se humilla o desespera.
o   Los sueños humanos suelen ser tan leves e ilusos, que a veces no pasan de ronquidos. José Luis Rodríguez Jiménez
o   Cuentas galanas casi siempre salen vanas

Cuento.

Un estudiante le dice a otro: tengo envidia de los ríos.
¿Por qué? Le pregunta intrigado al otro.
Porque siempre siguen su curso sin abandonar el lecho.

<u>Historia</u>

Un líder cristiano, Kimball en uno de sus libros narro una historia de un examen para contratar a un conductor. A la hora de la entrevista había tres hombres listos para confirmar lo que podría ser la vacante de uno de los conductores de camiones.

El entrevistador hizo muchas preguntas, pero había una que me causó bastante expectación, por las respuestas de los candidatos a conductores. Ante la pregunta de cómo maniobrar el volante al tomar una curva cerrada en una carretera estrecha, las respuestas fueron las siguientes:

El primero afirmo que él tenía tanta confianza, en su forma de conducir que ello simplemente se hacía con velocidad sin mirar el abismo, y así se evitaban los nervios.

El segundo de ellos afirmo que el sentía tanta confianza que cuando lo hacía, una de las llantas del vehículo, incluso podía oscilar en el vacío, mientras el camión pasaba a gran velocidad.

Bastante sorprendido y preocupado por las destrezas y experiencia mostradas por los anteriores candidatos, cabizbajo y preocupado, el tercero se limitó a indicar que cuando a él le tocaba tales casos procuraba ir muy despacio y se retiraba lo que más pudiera del borde, pues pensaba en su familia, y sus responsabilidades.

Antes tales respuestas obviamente el candidato a escoger sería el tercero, pues quien no es capaz de ser cauto con lo personal, mucho menos con lo ajeno. Algunas personas ilusamente creen que la velocidad, la destreza, experiencia son suficientes para superar los peligros de la vida, sin considerar los riesgos a que somete a los demás simplemente porque creen que los problemas de los demás no cuentan.

1.1.4 Imitación

Refiere a las acciones de producir copias semejantes a las del autor principal, o actuar de manera similar. Tal vez no es problema ello, pero si usas el nombre de marca original, para comercializar tales copias, dañando el mercado y aprovechándose del autor para menoscabar las posibilidades comerciales originales o del autor.

Lucas 5:39 Y ninguno que haya bebido del añejo quiere luego el nuevo, porque dice: El añejo es mejor.

- o   La gallina pone donde ve un huevo.
- o   La imitación es la más sincera forma de adulación.
- o   Las cosas originales dan la satisfacción que no traen las copias.

Cuento

Encolerizado refunfuño el jefe.
Sino durmieras tanto en el trabajo, usted podría llegar a ser encargado.
Contestó el empleado tranquilamente. ¡No se preocupe por mí,...
cuando duermo, sueño que soy jefe!

Anécdota

Por el año 2.000 coloque un negocio a mi ex esposa en el que ella
expendía pollos que criábamos y engordábamos en una pequeña granja,
además en el vendíamospescado, fracciones de pollo congelado, pulpas
de frutas, y huevos.

Una tarde, un amigo estaba realizando en casa un ajuste de un armario,
el cual tenía una puerta descarrilada. Al mostrador de ventas se arrimó
un joven de 25 años para comprar una porción de pollo con un billete de
$20.000. Mi esposa le despacho y pasado un breve tiempo arrimó otro
joven otro con otro billete de 20.000 para hacer la misma operación.
Esta vez mi esposa quiso confirmar si el billete estaba bueno, con el
amigo que realizaba el trabajo, (Rubirio Mapura q.e.p.d.) quien depués
de examinarlo, indicó que estaba bueno y de esa forma ella procedió
a devolver los dineros restantes de la compra y entregar la mercancía.

Al examinar con detenimiento los dos billetes de $20.000 detectamos
que eran falsos, lo cual produjo una terrible decepción a mi ex esposa,
pues tanto ella como el carpintero habían pasado por alto detalles que
no tenían las magníficas imitaciones.

Al igual que las imitaciones de billetes las falsedades de Iglesias, doctrinas,
sacerdotes, etc., han estado presentes desde cuando los apóstoles del
Salvador Jesucristo fueron perseguidos y exterminados, quedando la
dirección de la Iglesia de Jesucristo establecida inicialmente, en poder de
líderes que cambiaron la sana doctrina, y así se mantuvo en su periodo
de apostasía, hasta que en 1.820 se inició la etapa de la restauración

anunciada en Hechos de los apóstoles 3:20-21/ 20 Y enviará a Jesucristo, cual fue antes anunciado:

21 a quien el cielo debe recibir hasta los tiempos de la restauración de todas las cosas, de que habló Dios por boca de todos sus santos profetas, desde el principio del mundo.

Y que posteriormente con la restauración de la doctrina (libro de José, Ezequiel 37:15-20) 15 La palabra del SEÑOR volvió a mí, diciendo:

16 Además, hijo de hombre, tómate un palo y escribe en él: Para Judá y para los hijos de Israel sus compañeros; luegtoma otro palo y en él: Para, José, el palo de Efraín, y *para* toda la casa de Israel sus compañeros;

17 Y únelos el uno al otro en un solo palo; y serán uno en tu mano.

18 Y cuando los hijos de tu pueblo te hablen, diciendo: ¿No nos mostrarás que decir *con* esto?

19 Diles: Así ha dicho Jehová el SEÑOR; He aquí, tomaré el palo de José, que *está* en la mano de Efraín, y en las tribus de Israel sus compañeros, y los pondré con él, sí, *con* el palo de Judá, y los haré un solo palo, y serán sé uno en mi mano.

20 Y los palos en que escribas, estarán en tu mano delante de sus ojos.

La autoridad del sacerdocio de Aarón y de Melquisedec el 15 de mayo de 1.829 y agosto del mismo año respectivamente, se dio.

Además en abril 6 de 1.830 se restaura el Reino de Dios sobre la tierra como: La Iglesia de Jesucristo de los Santos de los Últimos Días, y después se reciben las llaves de las ordenanzas eternas, el recogimiento de Israel y la predicación del evangelio, con la visita de Jesucristo, Moisés, Elías, y Elías el profeta el 3 abril de 1.836, para que así todas las llaves, autoridades, poderes y bendiciones estuvieran en la tierra una vez más y preparar la II venida de Jesucristo, algo muy semejante a lo acontecido en el monte de la transfiguración donde estos personajes entregan tales llaves a Pedro, Santiago y Juan. (Mateo 17:1-13) 1 Y después de seis días, Jesús toma Pedro, a Santiago y a Juan su hermano, y los lleva aparte a un monte alto,

2 y se transfiguró delante de ellos; y su rostro resplandeció como el sol, y sus vestidos se hicieron blancos como la luz.

3 Y he aquí, se les aparecieron Moisés y Elías, hablando con él.

4 Entonces respondió Pedro, y dijo a Jesús: Señor, bueno es que estemos aquí; si quieres, hagamos aquí tres tabernáculos; uno para ti, otro para Moisés y otro para Elías.

5 Mientras él aún hablaba, he aquí, nube brillante los cubrió; y he aquí una voz desde la nube, que decía: Este es mí hijo en tengo complacencia; oídlo.

6 Y cuando los discípulos lo oyeron, se postraron sobre su rostro, y sintieron gran temor.

7 Y acercándose Jesús, los tocó, y dijo: Levantaos, y no temáis.

8 Y cuando hubieron alzado los ojos, no vieron a nadie, sino a Jesús solo.

9 Y cuando descendieron del monte, Jesús les mandó, diciendo: No digáis a nadie la visión, hasta que el Hijo del hombre resucite de entre los muertos.

10 Y sus discípulos le preguntaron, diciendo: ¿Por qué, pues, dicen los escribas que es necesario que Elías venga primero?

11 Respondiendo Jesús les dijo a la verdad, Elías vendrá primero y restaurará todas las cosas.

12 Pero yo os digo que Elías ya vino, y ellos no lo conocieron, pero le hicieron todo lo que dijeron. Así también el Hijo del hombre sufrirá por ellos.

13 Entonces los discípulos entendieron que les hablaba de Juan el Bautista.

Si hay alguna persona franca consigo mismo, y dispuesta a investigar si su Iglesia o líderes tienen la autoridad de Dios, tendrá que preguntarse el origen de tal autoridad, y si no coincide con acontecimientos de la restauración del sacerdocio por Juan el Bautista, ni por Pedro, Santiago y Juan el apóstol, y que haya tenido visitas de Moisés, Elías, y Elías el profeta, y con visitas de Jesucristo y el Padre Celestial, de seguro son copias. Para salir de dudas, podrá confirmarlo mediante oración y mucho ayuno (Santiago 1:5). 5 Si alguno de vosotros tiene falta de sabiduría, pídala a Dios, el cual da todos abundantemente *y sin reproches*; y se le dará.

1.1.5 Impaciente

Aquella persona que no sabe esperar, sino que por el contrario se angustia, por no obtener las cosas en el tiempo que el pretende o desea. A causa de la impaciencia muchas cosas se estropean, pues como todo cada cosa tiene su hora, como el pan, pues debe estar en su tiempo de sazón, así también son muchas de las cosas de la vida.

Prov.14:29 El que tarda en airarse es grande de entendimiento, pero el impaciente de espíritu engrandece la necedad.

- o   Dale tiempo al tiempo.
- o   No confundas la paciencia, coraje de la virtud, con la estúpida indolencia del que se da por vencido. Mariano Aguiló
- o   El tiempo es el mejor amigo del hombre.

Cuento

El conejo entra en una lavandería y pide una zanahoria.
¡No vendemos zanahorias!... contesta el dueño… mire en la verdulería más próxima.
Al día siguiente ocurre lo mismo.
Esto es una lavandería Contesta el propietario..., algo irritado.
Al día siguiente, el conejo vuelve y pregunta lo mismo. ¿Hay zanahorias?
¡Ya le he dicho que no!.... ¡Cómo me pregunte otra vez cojo una cuerda, te ato y te entrego al carnicero!
Al día siguiente. Entra el conejo, cauteloso, mirando al propietario a los ojos, le pregunta. ¿Hay una cuerda?
No contesto el dueño, algo intrigado.
¿Y zanahorias?

Anécdota e historia

La mayoría de mis equivocaciones han sido producto de mi impaciencia y ello me ha restado a través del tiempo progreso, pues cada decisión lleva a un camino y tras ese camino vienen otras, y así, sin poder volver atrás, ya nos encontramos en rumbos diferentes y no deseados.

Las decisiones no repensadas o acaloradas o con la mente en frío siempre nos traerán angustias seguramente. Veamos un ejemplo de ello:

Frente a Curtiembres Progreso había una fonda que tenía un señor que nos narró la siguiente historia, que le aconteció cuando él trabajaba en la Hacienda la Reina, donde tenían una industria panelera o producto de caña de azúcar sin refinar.

Dijo él, que llegó a la hacienda un joven de unos 26 o 28 años aproximadamente, por cierto muy callado y que poca amistad hizo con los demás, pero con él, al menos compartieron algunas cosas.

Al cabo de los días un sábado en la tarde el joven se dirigió a una tienda, donde expendían abarrotes (alimentos no preparados) además de licor, para comprar algo, pero además solicito al tendero fuego, para encender un cigarro. En tal lugar se encontraban cuatro (4) hombres que estaban departiendo licor y uno de ellos jocosamente le ofreció en son de charla encender el cigarro con fuego de su revólver. Ello causo una reacción poco común en el joven, pues de forma precipitada desenvaino su machete y lo paso por el cuello de tal hombre, cortándole la cabeza fulminantemente, la cual cayó al suelo con los ojos bailando, en tanto su cuerpo seguía sentado procurando mantener el equilibrio.

Los machetes que usan los campesinos suelen mantenerse con filos muy finos, ya que a mayor filo mejor corte de rastrojos o de cañas con menos esfuerzo.

Dice el narrador que cuando la cabeza rodo por el suelo sus compañeros quedaron petrificados e inmóviles ante tamaña destreza y rapidez de la acción. El hombre salió del establecimiento calladamente sin mediar palabra alguna, y nadie de los compañeros se atrevió a seguirle, desapareciendo del entorno y región.

Tal acción de impaciencia, le ocasiono y privó a un ser humano de la vida, de su trabajo, de su paz interior y además, al actor, de tener que responder ante el tribunal de Dios por violación a uno de los mandamientos más comprometedores.

1.1.6 Impenetrable

Denota algo que no se deja persuadir o influenciar (penetrar) con facilidad. Algunos individuos endurecen el carácter de tal suerte que no permiten ideas contrarias a las suyas, o que vayan en contra de sus pensamientos.

Prov.29: 1 El hombre que, al ser reprendido, endurece la cerviz, de repente será quebrantado, y no habrá remedio para él.

- o Duro de cocer, duro de comer.
- o Más duro que un remordimiento.
- o Más duro que ver morir la madre de hambre.

Cuento

El médico le repite muchas veces a ʹPepito…. Saca la lengua.
No.,,, no. Doctor, ayer se la saque a la profesora y me dio un tirón de orejas.

Anécdota

La semana anterior estuve nueve (9) días interno en el Hospital Severo Ochoa de Leganés Madrid, a raíz de fuertes dolores en el corazón que hicieron pensar en otro ataque cardiaco, y donde me realizaron otro cateterismo.

Compartí allí una habitación de recuperación con otro paciente, quien estaba en tratamiento de sus pulmones a raíz de líquidos que habían penetrado los mismos. El señor era un anciano de unos 82 años y al que frecuentaban todos los días con visitas permanentes de sus cuatro hijas, nietas y yernos. Un día que los observe bastante preocupados y atribulados por las condiciones de su ser querido y les quise compartir paz indicándoles el plan de salvación el cual resume nuestra vida anterior como espíritus, nuestra probación temporal, el paso al mundo de los espíritus al morir, sin embargo en un momento de tanto dolor y angustia se mostraron muy seguros de su incredulidad.

Las personas del viejo mundo suelen ser bastante cerradas para aceptar leer cosas de Dios, pero si abren su corazón a cuentos y novelas. La desconfianza a abrir un poco sus corazones, a raíz de que sus tradiciones y desengaños por los líderes eclesiásticos de donde provienen sus credos, son a causa de su triste historia, lo cual los hace impenetrables, pero ante las evidencias prefieren seguir en la inapetencia con orgullo.

1.2.1 Impenitente

Aplicado a quien no se esfuerza o le es difícil superar o abandonar un hábito o costumbre mala, o perjudicial. Los fumadores son un claro ejemplo, pues su obstinación de fumar, a sabiendas de que se matan, y lo hace con los demás, contamina el medio, porfiadamente insisten en creer que no hay forma de cambiar, y que los demás tienen que aceptarlo. Ecles.6:1-2 / 1 HAY un mal que he visto debajo del sol, y que es muy común entre los hombres:

2 El del hombre a quien Dios ha dado riquezas, y bienes y honra, y nada le falta de todo lo que su alma desea; pero Dios no le ha dado facultad para disfrutar de ello, sino que lo disfrutan los extraños. Esto es vanidad y penosa enfermedad

- o   Mientras el mal persevera, sufre y espera.
- o   A quien que le pique, que se rasque.
- o   Si no quieres lentejas o las comes o las dejas.

Cuento

Dos locos hablan durante el baño. Uno de ellos dice: ¿A que no subes nadando por la ducha?
Yo no.
¿Y por qué no?..
Porque cuando llegue arriba, tú apagas la ducha y yo me caigo.

<u>Historia repetidas en mí y en otros.</u>

Solo para quien ha recibido el Espíritu Santo a través del convenio del bautismo, puede resultar comprensible el estado de impenitencia que puede vivir una persona que ha perdido tal influencia. Una vez uno se bautiza en la Iglesia de Jesucristo y se compromete a guardar los mandamientos, mediante los procesos de: desarrollar el conocimiento y fe en los principios del evangelio, el conocimiento y aceptación del plan de salvación, comprender elplan de redención y las ordenanzas básicas, y realizado el convenio y aceptar permanecer digno y arrepentirse por los fallos durante su vida nueva, siendo y procurando ser mejor, cumplir los mandamientos hasta donde le sea posible esforzarse, más las vivencias espirituales que le significan prestar servicio en la obra de Dios, lo que le ayuda a aumentar su testimonio de la autenticidad de la obra.

Cuando se quebrantan tales leyes y mandamientos, la percepción de abandono del Espíritu Santo es innegable, lo cual le trae a la persona sensación de soledad, inseguridad, tristeza, mal humor, desilusión consigo mismo, apatía, y por supuesto inapetencia de las cosas que antes le hacían feliz.

En tal condición solo hay un camino seguro y es iniciar el proceso de arrepentimiento, y dependiendo de la gravedad, será necesario retomar el camino confesando a su líder autorizado por Dios (obispo o presidente de rama), a fin de que él lo oriente y de esa forma entonces se inicie el proceso de recuperación de la influencia del Espíritu Santo, y vuelvan las aguas a su curso normal.

En la vida de miembro de la Iglesia se viven muchas veces estas condiciones unas con mayor intensidad que otras dependiendo obviamente del grado de la falta y por supuesto del mandamiento, pues hay algunos que generan más problemas que otros, pues a unos se les puede hacer restitución y a otros no.

Todos los mandamientos se dieron para vivirlos, y al infringirlos, cada uno trae pérdida del Espíritu Santo, unos más que otros, pero a ello se agrega el conocimiento, entendimiento, y por supuesto grado de responsabilidad que se tenga en él, y otros factores que se conjugan para redondear la capacidad de responsabilidad.

Ya sea que ejerzas injusto dominio, injusticia o mal trato a otro semejante, o ignores el apoyo a otra persona, o que violes el día de reposo, o no seas honrado en tus tratos con tus semejantes, no seas verídico etc. Podrás así perder el Espíritu, y tú misma conciencia, conocimiento, tus ángeles guardianes, y el Espíritu Santo te lo harán saber.

Cuando violas la ley de castidad la angustia viene; no se hace esperar, el abandono del Espíritu Santo es inminente y tendrás que enderezar tus caminos conforme al grado de sanción, que se te imparte, haciendo lo correcto a fin de que puedas estar en condiciones de retomar esa luz.

Quien no ha vivido un Bautismo por agua a semejanza de la muerte y por fuego jamás podrá experimentar tal condición, por lo tanto le es difícil entender. Para los asesinos con el primero de ellos (primer asesinato) pierde la luz de influencia parcial del Espíritu que eventualmente recibe, por ser hijo de Dios.

Tan pronto se bautiza una persona sabe de tal influencia y es permanente, y solo se pierde al transgredir y romper los convenios. Así de simple, pero hay camino de regreso y cambio de la condición, pues ello hace parte del plan de salvación y aplica si está dispuesto a hacer uso de la expiación ofrecida por Jesucristo, que le concede el derecho de ser limpio por gracia, solo si ejerce el derecho: Mateo 12 43-45

43 Cuando el espíritu sale del hombre, anda por lugares secos buscando descanso, y no lo encuentra.

44 Entonces dice: Volveré a mi casa de donde salí; y cuando llega, la encuentra *vacía*, barrida y adornada.

45 Entonces va él y consigo otros siete a espíritus peores que él, y entrados en el, moran allí; y el postrer estado de aquel hombre es peor que el primero. Así será también a esta generación perversa.

Quien pierde tal influencia, puede caer entonces en un estado de impenitencia total o parcial.

1.2.2 Imperfectos

Que como todos los mortales, aún le faltan depurar cosas. Es el propósito de la probación en la tierra, ser probados con lo amargo, y después saborear lo dulce, para después aprender de los errores, y evitar volver a caer en ellos, o simplemente siendo avistados por otros con consejos, etc., y así evitar que caigamos en ellos.

Prov.24: 23 También éstos son dichos de los sabios: Hacer acepción de personas en el juicio no es bueno.

Prov.6:20-23 / 20 Guarda, hijo mío, el mandamiento de tu padre, y no abandones la enseñanza de tu madre;

21 átalos siempre en tu corazón, enlázalos a tu cuello.

22 Te guiarán cuando camines, cuando duermas te guardarán, y hablarán contigo cuando despiertes.

23 Porque el mandamiento es lámpara, y la enseñanza es luz; y camino de vida son las correcciones de la disciplina.

o   Cosa o persona sin pero no hay en el mundo entero.

o   Cual más, cual menos todos por callar tenemos.

o   Nadie es perfecto.

Cuento

¡Parece que mi pregunta le resulta un poco confusa!.. Exclama un profesor, dirigiéndose al alumno.
No exactamente profesor, lo que me parece confuso es la respuesta que voy a dar a la misma.

<u>Anécdota</u>

En 1.995 tenía en compañía una oficina de asesoría tributaria y contable. Un buen día me enoje con una de las secretarias, por haber hecho caso omiso a digitar una documentación, que se precisaba con antelación y por lo tanto mi labor de revisión se vio truncada. Durante la discusión la secretaria me indico que había recibido instrucción de mi socio de realizar prioritariamente otra labor. Ello me llevó a comentar que era difícil trabajar así. La otra secretaria se mostró desengañada de mí, pues desde tiempo atrás me había visto y valorado como un hombre perfecto y me expreso: ¡Ya decía que era imposible encontrar tanta perfección!, con lo cual entendí que había decepcionado a alguien, que me admiraba por la capacidad de resolver problemas complejos sabiamente y además de no comportarme como miembro de la Iglesia de JESUCRISTO DE LOS S.U.D. convirtiéndome en hombre natural, pues no me exprese con el respeto que ameritaba la ocasión, ya que había levantado la voz al hacer un reclamo responsable.

No había dicho malas palabras, tampoco fui violento, pero no converse a solas con la joven, para darle oportunidad a ella de que manifestara las condiciones incomodas de tal suceso.

No me perdone después, por haber dejado de brillar como las otras personas esperaban que lo hiciera, y además, generé mal ambiente ante los principios que había enseñado, con el solo hecho de juzgar antes de investigar apropiadamente.

1.2.3 Impertinente

Dícese de aquel cuya intervención es para cortar el hilo de una conversación con otro tema, o asunto que no viene al caso. Que fastidia a los demás por sus interrupciones sin sentido.

Prov.15:2 La lengua del sabio emplea bien el conocimiento, más la boca de los necios profiere sandeces.

- o La chata, mil planes desbarata.
- o El discreto, cada día hace un yerro; el sandio cien.
- o El que mucho habla, mucho yerra

Cuento

Oye, ¡que horrible máscara te has puesto, mejor: quítatela!
Pero sino llevo ninguna máscara.
¿No? ...... Jolines...... Grave la cosa,........Pues entonces ponte una.

<u>Anécdota</u>

En muchas reuniones de políticos observe como los intereses de desprestigiarse unos a otros son el tema principal, haciendo perder el horizonte y el plan de los propósitos de las reuniones, pues siempre hay personas que suelen intervenir con asuntos y criticas de cosas del pasado.

En nov.,de 2.007 en una cumbre de mandatarios de Iberoamérica, celebrada en Chile, se presentó este incidente que fue reportado por la prensa de la siguiente manera:

El ex presidente de Venezuela, Hugo Chávez, había colmado un sábado la paciencia del Rey don Juan Carlos. Mientras José Luis Rodríguez Zapatero intervenía en la Sesión Plenaria de la XVII Cumbre Iberoamericana, el presidente venezolano trataba de interrumpirle, insistiendo en sus descalificaciones al ex presidente José María Aznar, al que ha vuelto a llamar "fascista". Al ver que Chávez no callaba, el Rey, visiblemente enojado, ha mirado a Chávez, señalándole con la mano: "¿Por qué no te callas?".

Lo ideal cuando esto ocurre no es lo recomendable mandar a callarlo delante de todo mundo, sino con palabras escritas en un papel y en forma reservada, notificárselo y las que deberían de ser cordiales y respetuosas, sin embargo ello no garantiza, que quien importuna se calle.

Recuerdo a dos amigos que en una situación semejante quedaron de enemigos, por cuanto no guardaron la compostura en una intervención política de una congregación, pues uno periodista y el otro vendedor de medicinas, expusieron su tema defendiendo cada uno una postura, pero calentaron el ambiente de tal forma que yo no supe finalmente quien tenía razón, pues con sus expresiones todos dudamos de uno y de otro.

1.2.4 Impío

Se refiere a los que desprecian lo sagrado. No siente respeto por símbolos doctrinales.

No siente compasión o piedad. Aquel que no respeta los derechos ajenos.

Prov.28:3 El hombre pobre que oprime a los débileses como lluvia torrencial que deja sin pan.
Prov.11:5 La justicia del íntegro endereza su camino, pero el malvado caerá por su impiedad.
Prov.22:5 Espinas y trampas hay en el camino del perverso; el que guarda su alma se alejará de ellos.
Prov.28:9-10/ 9 El que aparta su oído para no oír la ley, aun su oración es abominación.
10 El que hace errar a los rectos por el mal camino, caerá en su propia fosa, pero los íntegros heredarán el bien.
11 Prov.28: 28 Cuando los malvados se levantan, se esconden los hombres; pero cuando perecen, los justos se multiplican.

o   Sarna con gusto no pica, pero mortifica.

o   De mala masa, con un bollo basta.

o   Quien desea mal a su vecino, el suyo viene de camino.

Cuento

Yo debo toda mi fortuna a los errores ajenos.
Entonces debe ser usted abogado.
No, que va: soy fabricante de gomas de borrar. (Borradores)

Anécdota

Conocí a un hombre que acumulo no pocas riquezas y poseía una sutil forma de multiplicarlas, de lo cual se jactaba. Yo trabajé con él por el espacio de nueve (9) meses, tiempo después del cual percibí que me era sano y conveniente romper los lazos laborales, pues iba en contravía con los principios aprendidos en la Iglesia.

Para retirarme de tal cargo fue necesario acudir al señor en oración y ayuno durante tres meses, obviamente no todos los días, pero si por lo menos dos a la semana, y donde solicitaba pudiera dejar tal trabajo, sin que ello generara dificultados con el hombre referido, pues a causa de la confianza y responsabilidades que él me había depositado, tal vez él no estaría fácilmente convencido de ello. Para bien mío, el Hotel donde yo me desenvolvía como contador, fue requerido por unos inversionistas para ser rentado. Al ser consultado y efectuado varios cálculos sobre lo conveniente o no, di mi punto de vista con argumentos financieros sólidos indicando que era viable esa oportunidad.

Personalmente vi ello, como la respuesta de Dios, para que yo me retirara de allí, sin que causara contratiempos a nadie, lo cual se confirmó con el poco entendimiento con los nuevos inversionistas.

El retirarme de allí, genero tropiezos económicos significativos en mis finanzas, pero los cambios eran apropiados para ambas partes, puesto que así quedó la vía libre, para que otra profesional ocupara mi posición, de acuerdo a la gran ambición que alguien ya tenía.

Al cabo de tres años supe que mi sucesora le había inducido en problemas tributarios haciéndole multar por $100.000.000, al igual que con otro comerciante como él se denominabapor $50.000.000 y que se negó a reconocerme los servicios por varios meses de trabajo. Este último se sintió muy contento por no sufragar mi trabajo, pues prudentemente preferí que no presentara la declaración de su renta, puesto que no habían reunido la documentación pertinente que asegurara la transparencia requerida.

Ocasionalmente era preferible sufragar (En ese entonces) $2.300 de multa por extemporaneidad de un mes, y presentar las cosas bien sustentadas, sin embargo mi colega le hizo ver un horizonte distinto y aprovecho en tanto yo regresaba de un viaje de trabajo que se alargó dos días más de lo previsto, motivándolo a hacerlo sin todos los documento que le justificaran la seguridad. No me alegre por ello, pero si comprendí que algunas actuaciones inapropiadas no las cobra la vida tarde o temprano.

1.2.5 Implacable

Que no puede ser contenido, tranquilizado o aplacado. Que no se deja ablandar en su rigor.

Prov.28:15-16/ 15 Cual león rugiente y oso hambrientoes el gobernante malvado sobre el pueblo pobre.16 El príncipe falto de entendimiento multiplicará los agravios, pero el que aborrece la avaricia prolongará sus días.

- o   Quien a hierro mata, a hierro muere.
- o   Quien siembra odio, recoge venganza.
- o   Venganzas justas no hay ninguna.

Cuento

En un diminuto poblado de Suecia había un leñador extraordinario; bajito, menudito, delgadito, pero decían que era capaz de derribar diez árboles en diez minutos. Su fama, como era de esperar, se extendió por todo el mundo. Los mejores periódicos enviaron reporteros para hacerle entrevistas. Durante una rueda de prensa, le preguntaron:
¿Es cierto que usted puede derribar diez árboles en diez minutos?
Si en ocasiones incluso más. ¿Dígame, cuál fue su primer empleo?
Mi primer empleo fue en el desierto del Sahara.
Un momento, si en el Sahara no hay bosques. …..
Exacto. Lo convertí en desierto.
(Cualquier parecido con los cazadores furtivos es pura coincidencia)

Historia

El famoso rey del narcotráfico Pablo Escobar Gaviria en una de sus escenas procedió a quitarle la vida a una buena mujer que le salvó de morir de una neumonía, adquirida a raíz de la huida por entre las montañas de una de las cordilleras y llegar a zonas del bajo Cauca y del Magdalena Medio (Ríos de caudal considerable que atraviesan buena parte del territorio).

La mujer fue obligada a atenderle con los remedios caseros y logró rehabilitarle no con facilidad, pues no podía conseguir antibióticos y medicinas apropiadas, pero logró su objetivo.

Al final se le pagó con una buena propina, que no pudo disfrutar en vida más de tres minutos, pues se dio orden de matarle, a fin de evitar que delatara la posición del perseguido.

Además de ser implacable demostró una alta dosis de ingratitud, sobre todo a quien le salva la vida, puesto habría podido dejarle amarrada y así habría podido escapar sin necesidad de asesinarle.

Es de recordar que estamos de paso por la tierra, este es nuestro segundo estado de progresión, y aquí debemos sumar para poder llegar a heredar todo lo que se nos prometió en el tercer estado, de lo contrario nuestros puntos en la línea de proyección tendrá una tendencia a la baja, es decir en vez de mejorar, iremos en decadencia. Una prueba de haber sumado puntos positivos en el primer estado es precisamente haber tenido derecho a recibir un cuerpo, y venir aquí a la tierra, algo que lucifer y sus seguidores no pudieron recibir, en el primer estado, pues estando allí se revelaron. Por lo tanto es hora de sumar no de decrecer.

Para confirmar lo explicado podemos verlo en apocalipsis 12:9 cuando es lanzado lucifer con sus seguidores, por no haber guardado su estado, y ahora en la tierra ellos nos susurran cosas contrarias a los mandamientos, para hacernos caer, y perder puntos en nuestro estado terrenal.

9 Y fue arrojado fuerael gran dragón, la serpiente antigua, que se llamadiablo y satanás, el cual engaña al mundo entero; fue arrojado a la tierra, y sus ángeles fueron arrojados con él.

1.2.6 Impostor

Quien suplanta la identidad de alguien. Es aquel que mostrando ropas, documentos, voz, etc., procura identificarse como otra persona.
Con el engaño, hace creer a los demás que representa o es ese alguien.

Efesios 5:6 Nadie os engañe con palabras vanas, porque por estas cosas viene la ira de Dios sobre los hijos de la desobediencia.

- o El juego destruye más que el fuego
- o El libro malo es ganzúa del diablo.
- o El litigio solo beneficia a los que no litigan.

Cuento

Dos ganaderos comentan observando las vacas de uno de ellos:
Pues sí, dice uno,…..: Mis vacas son muy eficientes y prácticas.

¡Pues como todas, don Jorge! Replica el otro.

No, mire usted, ¿ve esa vaca blanca? Pues, ésa solo da leche.

¡Pues como todas, don Jorge! Replica el otro.

Espere un momento. ¿Ve la negra de al lado? Pues esa me da café.

¡Ja,...ja,...,...ja! Entonces si quiere café con leche, tendrá que ordeñarlas a la vez.

Pues no, ...no....no, si deseo café con leche, ordeño a esa blanca con manchas cafés.

Anécdota

Cuando laboraba en una pequeña industria arrimó un hombre bien vestido en un vehículo campero Nissan, representando a la Hacienda la Francia. El deseaba algunos de los productos y pagaría con cheque la compra, pero ello implicaba que había que devolverles más o menos cuatro veces el valor de la compra. Traía un cheque en apariencia con todos los honores, sin embargo de aquella operación se encargó la gerencia, y no verificaron inmediatamente sobre el cheque, pues el hombre dio datos de un compinche quien dio las referencias de la hacienda, pero del banco y su capacidad de pago solo se pudo establecer la llamada una hora después, tiempo en el cual ya se le había devuelto el dinero en efectivo, y entregado los productos.

El cheque resulto ser de chequera robada. Hay personas que son capaces de engañar, porque tienen gran capacidad e ingenio para suplantar a los demás, algo de lo cual yo me asombro.

Se requiere estomago para emprender un engaño de tal magnitud, pues ello implica riesgos innecesarios, y peligrosos, pues no se sabe cómo puede reaccionar la potencial víctima. Este tipo de atajos al trabajo honrado, pueden desencadenar en tragedia, lo cual puede traer: la cárcel, pérdida de capacidad corporal, por una bala o herida causada por algunos de los dos el impostor o la víctima. Si se hubieren dado cuenta se habría expuesto a una paliza, etc., pues he visto muchos casos en que a los ladrones se le descubre y terminan en la cárcel aporreados, o muy mal heridos, además de que el escarnio público le recae. Es decir yéndole bien le va mal.

1.3.1 Impreciso

Cuando algo no concuerda en tamaño, espesor, diámetro, etc. No alcanza a encajar en el espacio establecido, o no quedo en la sazón esperada.

Prov.29:11 El necio da rienda suelta a todo su espíritu, pero el sabio, al fin conteniéndose, lo apacigua

- o   Por falta de un gramo de sal, queda mal el mejor guisado.
- o   No todos los que llevan espuela tienen caballo.
- o   Dar gato por liebre, no solo en las ventas suele verse.

Cuento

La madre le dice al hijo: Doña Eulalia ha venido a quejarse de que les has roto los cristales, ¿Es verdad?....
Fue un accidente mamá.
¿Pero cómo?
Es que estaba limpiando el tirachinas (Caucheras) y se disparó.

Cuento

En el discurso de Cantinflas ante el honorable cuerpo de legisladores de la ONU, este con mucha claridad expreso:
Estamos peor pero estamos mejor, porque antes estábamos bien, pero era mentira.
No como ahora, que estamos mal pero es verdad.

Anécdota

En los primeros años de mi vida laboral tuve el privilegio de trabajar en una empresa metalmecánica automotriz donde se fabricaban partes eléctricas. Allí se producían casi todas las piezas de los 11 aparatos en línea de venta que se comercializaban, más otras piezas del motor de arranque. La complejidad era alta, pues los núcleos, bobinas, reóstatos, cuerpos metálicos, etc., por la variedad de aparatos, modelos, y aplicaciones lo hacían más complicados, pues tales partes debían sincronizar y permitir que los relojes, amperímetros, voltímetros, funcionaran conforme a los circuitos que se distribuían entre el fuselaje.

En tal industria se realizaban ventas a todo el país, Ecuador y Venezuela, y se abastecía el mercado con propiedad, alta calidad y satisfacción de los usuarios.

No había lugar para imprecisiones, pues ello generaba devoluciones y garantías que solían causar molestias, especialmente porque manejábamos un programa de incentivos que se fastidiaba si había devoluciones de productos, a nivel de grupo e individuales. Todo se procuraba hacer lo mejor posible, pues nadie deseaba que los puntos de premios e incentivos se vieran afectados y especialmente donde afectaban el grupo de trabajo.

La calidad se mejoró notablemente y gracias a que los éxitos y las derrotas se compartían a nivel de grupo, por ello la producción era cosa de precisión.

La imprecisión puede causar varios tipos de rozamientos que más tarde traerán cortos circuitos y daños que pueden acabar con el equipo si no funcionan los fusibles de seguridad y si se continúa con la corriente alimentada. Al igual que tales aparatos y piezas, podemos actuar de forma imprecisa en las oportunidades de la vida, por no hacer nuestras tareas y así producir movimientos que ponen en riesgo la vida de otros con daños colaterales

Los mandamientos, las ordenanzas y las instrucciones fueron diseñados en forma precisa, desde antes de la creación terrenal, pero los descuidos de traductores y líderes eclesiásticos que siguieron a los apóstoles legítimos de la Iglesia de Jesucristo de los años 34 a 90 D.C., terminaron por deformar la sana doctrina y generaron un mar de confusiones. Este periodo de apostasía la cual refieren los profetas del antiguo Israel como Daniel, Ezequiel, Isaías, Oseas, etc., fueron parte de la oposición a la obra de Dios, para que su plan de redención fuera pleno. Sin embargo para gloria de Dios, el previó esta condición y preparó un plan de restauración de todas las cosas, para los últimos días.

Corresponde a sus hijos orar, ayunar, investigar con mucha seriedad y cumplir sus mandamientos, a fin de saber a cuál de sus Iglesias debe unirse, no sea que lo haga a la no autorizada y establecida para este tiempo, y se posicione en lid contra el Reino de Dios, tal como lo estuvieron Nicodemo y Saulo de Tarso, en un principio.

1.3.2 Impredecible

Una persona cuyo actuar no siempre es el mismo. Unas veces bien y otras mal; tal vez sin criterio definido.

Prov.28: 18 El que en integridad camina será salvo, pero el de perversos caminos caerá en alguno de ellos.

- o El necio es malicioso, y de todo sospechoso.
- o El hombre y la mujer, peros tienen que tener
- o Cosa cumplida, solo en la otra vida.

Cuento

Un individuo llega a una empresa para pedir empleo.
El gerente le pregunta. ¿Qué cargo desea usted?
El de presidente contesta el individuo.
¿Está usted loco?
No. ¿Acaso es un requisito indispensable? Contesta el individuo.

Anécdota

Una mañana en que mi ex esposa viajo desde Cartago a Pereira (Colombia) con sus tres niños y debía atravesar la peligrosa avenida 30 de Agosto, la cual solía ser muy transitada por vehículos a gran velocidad en los años 1.995, se encontró con un caso bien peligroso:

Al bajar del autobús cerca de casa en la calle 30, como siempre hacíamos, se topó con una señora, la cual estallaba a rabiar por causa de unos trabajadores de mecánica automotriz, quienes le hacían algunas ofensas y bromas, dado su estado mental anormal. Ella era una pordiosera de tez oscura, algo robusta y con unos 35 años de edad, pero no sabemos el estado de sus problemas y angustias que le causaron el vivir en la calle, especialmente, porque el estado colombiano no dispone para el trato y atención de personas con este tipo de comportamientos.

La mujer enfurecida tomo una porción de un ladrillo, el cual descargo, menos mal en la espalda de mi ex esposa, que llevaba en brazos a Alejandra con algunos meses de nacida, a Ana María con 4.5 años y Víctor Daniel con 6, nuestros tres hijos. Cuenta mi ex esposa que con el afán de pasar rápidamente en huida de la mujer, no miró el riesgo de los vehículos que venían de un lado y de otro, pero que por fortuna algunos conductores se percataron disminuyeron la marcha, para posibilitar el paso de ella.

Al analizar estos casos veo que como jóvenes, podemos caer tontamente en errores de burlarnos de los más desfavorecidos, en este caso de mendigos, o locos, etc., que podrían fácilmente realizar faenas peligrosas en contra de los que encuentre a su alrededor, y tomarlos por sorpresa. Una persona en tales condiciones no controla su cuerpo, pues su espíritu lucha en desventaja contra otros que le influyen, abordan y se lanzan en un frenesí como si fuera un deporte de alto riesgo, pues su espíritu no siente dolor, ya que el dolor lo siente es el cuerpo ajeno que han abordado. Cuando una persona es presa de espíritus, que le atormentan fácilmente estos, pueden impulsarle a realizar cosas inverosímiles e impredecibles.

1.3.3 Improcedente

Lo que contraviene los procedimientos establecidos, convenidos. Es decir: hace mal.

Prov. 28:18-23

18 El que en integridad camina será salvo, pero el de perversos caminos caerá en alguno de ellos.

19 El que labra su tierra se saciará de pan, pero el que sigue a los ociosos se llenará de pobreza.

20 El hombre fiel tendrá muchas bendiciones, pero el que se apresura a enriquecerse no quedará sin culpa.

21 Hacer acepción de personas no es bueno; hasta por un bocado de pan transgredirá el hombre.

22 Se apresura a ser rico el hombre maligno de ojo, y no sabe que le ha de venir la pobreza.

23 El que reprende al hombre hallará después mayor gracia que el que lisonjea con la lengua.

- o Muchos ajos en el mortero, mal los maja el majadero.
- o Poco ama el que trae a la memoria la ira pasada.
- o Más duele la palabra del amigo, que la cuchillada del enemigo.

Cuento

Un hombre y un chiquillo entran en una barbería. El hombre se corta el pelo y se hace la barba. Después le dice al barbero: Vaya cortando el pelo al niño, que voy a merendar y vuelvo enseguida.

Después de dos horas, el barbero impaciente, le pregunta al niño: ¿Dónde se ha ido tu padre, que no vuelve?

Es que no es mi padre. Yo estaba vendiendo chicles en la esquina y él me dijo que iba a llevarme a cortar el pelo gratis.

Anécdota

A los pocos días de iniciar labores en Curtiembres Progreso Ltda., tuvimos una visita de un funcionario de la Dian o impuestos nacionales, el cual después de revisar documentos por varios días concluyo que había un procedimiento de liquidación y categorización inadecuado, lo cual lo hacía meritorio para ser sancionable.

El asunto en cuestión se le explicó al funcionario, pero no satisfizo las expectativas del mismo, empeñándose en que debía ser según su interpretación.

El asunto era que una parte de las piltrajas, bordes, orillos y demás carnosidades que se cortaban y retiraban de las pieles después del proceso de pelambre (o retirada del pelo y antes del proceso de curtición), se realiza con el propósito de dar forma y facilidad, para el trabajo en los procesos siguientes. Se acumulaban en un depósito contiguo a la sección de pelambre, para un posterior embarque en camión con destino a la fábrica de Magel, fábrica de Gelatinas

Las pieles frescas o saladas se someten por inmersión en productos químicos dentro de fulones, o tambores que mediante movimientos circulares de varias horas, se les retira el pelaje, y se hidratan permitiendo facilitar la labor de separación de la piel (parte exterior donde estaba el pelo) y carnaza aquella parte que separa las vísceras y carne de la piel. Tal hidratación permite que mediante una maquina se pueda separar lo que es carnaza y cuero, los cuales por supuesto tienen consistencia y destino diferente.

De una piel o cuero salen 2 productos: 1-la piel a procesar para calzado, bolsos, etc. y 2-las carnazas para uso de tenis o partes internas de calzados como plantillas, o juguetes, huesos y galletas para caninos. Aquellos desperdicios que se retiran en estos procesos se llaman también carnazas, pero no se procesan sino que solo sirven para otros procesos industriales y se vendían en bruto a una fábrica de gelatinas y chicles.

Retomando, después de esta explicación, las carnazas con destino a curtido o proceso industrial se procesan y sufren transformación y como tal han de llevar liquidación de impuestos a las ventas, sin embargo aquellos desperdicios que se venden por kilos en brutos se les llama también carnazas y así las facturábamos sin el impuesto a las ventas, porque son desperdicios o residuos y por ley no llevaban tal gravamen.

El funcionario inspector formuló la correspondiente liquidación de corrección a todas las declaraciones de impuestos de ventas y nosotros iniciamos el proceso de respuesta con el recurso de reposición, desde nuestro departamento jurídico y demás trámites, los cuales finalmente no prosperaron, pues no hubo buena disposición para entenderlo, confirmándose en el tiempo la sanción, que para evitar desgaste según instrucciones del departamento jurídico del grupo empresarial, se prefirió cancelar debido al poco monto.

Lo curioso fue que al cabo del tiempo el funcionariopúblico en una charla confirmó que la defensa se orientó mal, pues ese caso era fácil ganarlo, ya que ello noera gravable. Ello me sorprendió aún más, pues nos preguntamos ¿Qué buscaba el funcionario?

Estos son casos improcedentes de ejercicio de la autoridad y labores públicas.

1.3.4 Impropio

Indica que algo no es de su propiedad, o parentesco, o clase. También denota un mal proceder.

Prov. 28:24-28 / 18 El que en integridad camina será salvo, pero el de perversos caminos caerá en alguno de ellos.
24 El que roba a su padre o a su madre, y dice que no es maldad, compañero es del hombre destructor.
25 El altivo de ánimo suscita contiendas, pero el que confía en Jehová prosperará.
26 El que confía en su corazón es necio, pero el que camina con sabiduría será salvo.
27 El que da al pobre no tendrá pobreza, pero el que aparta de él sus ojos tendrá muchas maldiciones.
28 Cuando los malvados se levantan, se esconden los hombres; pero cuando perecen, los justos se multiplican.

o   El encomendero, en su encomienda; y el tendero, en su tienda. O lo que es lo mismo: cada cual a lo suyo, y andará bien el mundo.

o   Si no te equivocas de cuando en cuando, es que no te arriesgas. Woody Allen

o   Tan solo el hombre íntegramente educado es capaz de confesar sus faltas y de reconocer errores.

Cuento

¡Pero, será posible, Joselito! ¿No te avergüenzas de enseñarle palabras indebidas al loro?
Calma mamá, de eso nada, solo le estoy enseñando las que no puede decir. Allá él si pone atención.

Anécdota

Me gané algunos enemigos gratuitos por expresar la verdad, amonestación y desaprobación de algunas acciones impropias. Cuando cursaba el curso quinto de secundaria reprendí a un compañero de curso por tomar dos libros de nuestro amigo común Mazuera. Quién los tomó y que obviaré su nombre, los entregó a otro amigo del curso 6°, durante el descanso intermedio entre clases.

La búsqueda de sus pertenencias no se hizo esperar por el propietario y debí advertir a mi compañero sustractor que si no devolvía las pertenencias yo revelaría su nombre al afectado, lo cual finalmente lo persuadió e intimidó, trayendo como consecuencia la devolución de lo sustraído a su compañero. La firmeza con que le hice el reclamo a mi amigo y compañero quizás, lo hizo recapacitar y así evitar que peores cosas le sobrevinieran, pues si revelaba ello quedaría mal posicionado ante sus profesores, rector, compañeros, etc.

Si no hacía ello, conociendo el suceso, me convertiría en cómplice, en cobarde y además acciones como esa no eran propias entre compañeros.

1.3.5 Imprudencias

Actuar o hablar con insensatez, o sin cautela. Es propio de los irresponsables, ante el peligro, por exceso de velocidad, o menospreciar señales de peligro, poniendo en riesgo la vida de otros.

El imprudente hace caso omiso a los derechos del prójimo, ya que no le interesa si éste, desprevenidamente cae en peligro, por estar desprevenido ante el riesgo que le somete quien actúa indiferentemente.

Prov.: 28:9 El que aparta su oído para no oír la ley, desprecia a su prójimo, más el hombre prudente calla.

Prov.11: 29 El que perturba su casa heredará viento, y el necio será siervo del sabio de corazón.

- o En el juego, en la mesa y en la caza, el hombre mal criado descubre su hilanza.
- o Entre bomberos no nos pisamos la manguera.
- o Cada persona es dueña de su silencio y esclavo de su palabra.

Cuento

La vecina va a casa de Joselito y pregunta:
¿Quién me ha roto el cristal? ....
¡Fue mi hermano!.... contesta Joselito.
Y ¿cómo lo ha hecho?
Se agacho en el momento en que le tiré la piedra.

Historia

Imprudencias cometemos muchos en diferentes etapas de la vida, y ellas tienen diferentes, colores y matices, y por supuesto los efectos también nos traerán consecuencias de diferentes tonos.

En uno de los muchos discursos del Obispo Robert D. Hales, narro como dos amigos de juventud y preparación académica vivieron experiencias en la escuela de pilotos; uno aprendió la lección de los errores anteriores y consejos del instructor en tanto el otro obvió esas enseñanzas de la vida, pues todo le era indiferente. Ante una pregunta de uno de ellos:

- ¿Qué vas a hacer cuando haya una emergencia?

A lo que contestaba:

- Nunca voy a tener que saltar del avión; nunca voy a tener una emergencia.

Nunca se molestó en aprender las maniobras de emergencia que debió haber llegado a dominar durante la I capacitación.

Unos meses después, por la tarde, estando en un vuelo sobre el estado de Tejas, el avión se incendió; la luz de advertencia de fuego se encendió, y cuando el avión perdió altura, cayendo a menos de mil quinientos metros de altura, el joven piloto que estaba con él le dijo: "Saltemos". Y luchando en contra de la fuerza centrífuga, el joven que tomó en serio su capacitación saltó del avión. El paracaídas se abrió de inmediato y el piloto aterrizó; tuvo heridas graves, pero se salvó.

Mi amigo, el que pensó que no era necesario prepararse, no pudo salir del avión y se mató. Pagó con la vida el no haber aprendido la lección que le habría salvado.

Si en la vida hacemos caso omiso de las luces de advertencia, es muy posible que el precio que tengamos que pagar sea el detener nuestro progreso eterno; si no les prestamos atención, es probable que no regresemos con honor.

En la vida contamos con muchas luces de advertencia. Por ejemplo, el uso del alcohol, el tabaco y otras drogas debe activar las luces de advertencia, porque cuando decidimos tomar estas substancias, nos esclavizamos y limitamos nuestro libre albedrío. Debemos estar preparados para reaccionar en forma automática en contra de esas substancias dañinas, o de lo contrario arriesgamos el derecho que tenemos de contar con la guía del Espíritu así como la posibilidad de regresar a nuestro Padre Celestial con honor.

A veces no es fácil escoger buenos amigos; ellos influyen en las decisiones importantes que tomemos en la vida, pero no podemos justificar nuestra conducta por lo que ellos hagan o por la presión que hayan puesto en nosotros.

1.3.6 Impulsivo

Quien se deja llevar por sus emociones, sin considerar las consecuencias.

Prov.18:13 Al que responde a un asunto antes de haber oído, le es necedad y oprobio.

Prov. 20:3 Honra es del hombre dejar la contienda, pero todo insensato se enreda en ella.

- o   La mitad de nuestras equivocaciones nacen de que cuando debemos pensar, sentimos, y cuando debemos sentir, pensamos.
- o   Sin tigres en el monte, el mico es rey.
- o   No abras los labios sino estas seguro de lo que vas a decir, es más hermoso el silencio.

Cuento

Un chiquillo, completamente enfadado con su padre;
Así es como quieres ¿No? Pues muy bien: me vuelvo a casa de la cigüeña.

Anécdota

En una ocasión en que termine mi almuerzo en el restaurante, procedí a regresar a las instalaciones del trabajo, pues como vivía en una ciudad y trabajaba en otra, no tenía oportunidad para ir a casa, de tal forma que lo mejor era ir hasta el trabajo y continuar mi jornada después de un breve descanso.

Caminaba con rumbo a la planta, y me faltaban unos 70 metros, en tanto en la otra acera de enfrente, paralelamente caminaba un hombre que no me perdía de vista, y me miraba con cierta desaprobación, de lo cual me percaté. Procuré desviar mi mirada, sin perder de vista sus movimientos, pero el hombre no me paraba de observar. Al doblar la esquina, el hombre también lo hizo y cruzo la calle, para buscar el contacto conmigo, pero yo alcance a llegar a la entrada, la cual siempre permanecía abierta en ese horario, pues el vigilante de la planta estaba presto a cualquier asunto. Yo procedí a entrar y me senté en una silla que daba al frente de la entrada y el hombre estaba allí. De tal suceso se enteró Dídimo Paredes, quien era el jefe de producción de uno de los departamentos, sin embargo, no pronunció ninguna palabra, al igual que yo. El hombre quería ponerme problema gratuitamente, o aspiraba a robarme o no sécuál era su intención. Yo mantuve la calma, pero sabíadónde estaba el revólver del vigilante y justo estaba en el escritorio donde yo me senté a unos escasos 60 centímetros dentro de una gaveta. El hombre llegó hasta laentrada y me observó con desaprobación total y finalmente se fue, quizás cuando vio que había más personas.

Para fortuna mía mi padre nos enseñóconsuejemplo evitar las armas, pues ellas nos podrían traer problemas; en cambio si no las cargábamos, tendríamos menos opciones de reaccionar ante cualquier calentura y meternos en dificultades innecesarias. El trasegó durante 27 años las montañas de mi país, donde en la época de la violencia siempre había sucesos de encuentros con bandoleros tanto del color liberal como del color conservador, pero aun así nunca llevó armas. Sus únicas armas eran una pequeña navaja que usaba para limpiar sus uñas, cortar cuerdas, o rasgar bolsas y una lupa que utilizaba para observar larvas, y diagnosticar enfermedades en las plantas y animales. Ninguno de sus cuatro hijos fuimos amantes a manejar armas y utilizarlas dentro de nuestras pertenencias favoritas. Ello nos ha traído protección de Dios, y evitar calenturas en la mente de parte de insinuaciones satánicas, para reaccionar ante la menor ofensa.

A mi padre terrenal agradezco su ejemplo de andar desprovisto de ellas, y así evitarme problemas através del tiempo, pues en un país violento de por sí, siempre habrán oportunidades, para reaccionar precipitadamente y hacer daño a otra persona por una breve ofensa o desacuerdo, máxime cuando si nuestro temperamento en ocasiones se puede dejar llevar por los impulsos.

1.4.1 Inactividad, pereza, Inapetencia

Aquel que prefiere la holgazanería, en vez de emprender acciones que le conduzcan a usar sabiamente su precioso tiempo.

Prov.5:6-11/ 6 No considera el camino de la vida; sus caminos son inestables, y no lo sabe.
7 Ahora pues, hijos, oídme y no os apartéis de las palabras de mi boca.
8 Aleja de ella tu camino, y no te acerques a la puerta de su casa,
9 para que no des a otras personas tu honor, y tus años al cruel;
10 no sea que se sacien los extraños de tu fuerza, y el fruto de tus trabajos esté en casa del extranjero,
11 y que gimas al final, cuando se hayan consumido tu carne y tu cuerpo,

- o   Al que de trabajo no es ducho, poco le hace mucho.
- o   No dejes para mañana lo que puedes hacer hoy.
- o   ¿Cuándo harás esto? Mañana; bueno, así estarás preparado para trabajar en la sociedad del futuro, pues, todo es para mañana.

Cuento

Un patrón le dice a su empleado:
¡Está usted despedido¡
¿Peropor qué? ¡Si yo no he hecho nada!
Ya lo sé., por eso mismo le estoy despidiendo.

Anécdota

En 1986 cuando era el Presidente de la rama, El Lago Pereira, Colombia de la iglesia de Jesucristo de los S.U.D, me encontré con mi amigo Henry, el cual compartimos en la juventud. Él tenía algunas preocupaciones, las cuales debido a mis ocupaciones, en ese momento no las pudimos abordar. Me pidió que pasara por su casa, lo cual acepté, sin embargo pasaron dos días y no pude hacer el ejercicio de darle importancia a mi amigo.

Al cabo del tercer día, un día sábado en la tarde, sentí que debía visitarle, sin embargo lo deje para la noche cuando terminara unas tareas que requería atender en la capilla. Tomé un taxi, y procedí a hacer lo que creía era más importante. Cuando regresé a eso de las 4.30 de la tarde, en la entrada de la Urbanización las gaviotas, donde residía, desde el taxi observe un cuerpo que había sido arrollado por un autobús, recientemente, pues apenas se estaba bajando el conductor del autobús, el cual no llevaba pasajeros.

Entre en casa y estuve unas pocas horas y quise indagar qué había ocurrido con lo del suceso y se me informó de que Henry, mi amigo se había lanzado a las llantas del pequeño autobús a causa de sus problemas.

Ello me dejó atónito, y comprendí que debí haber atendido lo importante primero, pues mi amigo me necesitaba, y el confiaba en que yo le podría aconsejar.

Aquel día entendí que los susurros y revelaciones es mejor no desatenderlas, porque nos convertimos en perezosos e inapetentes espirituales.

1.4.2 Inadecuado

Se refiere al plan de trabajo, o la acción establecida que no es apropiada para la tarea a ejecutar.

Ecles:10:20 Ni aun en tu pensamiento hables mal del rey, ni en tu dormitorio hables mal del rico, porque las aves del cielo llevarán la voz, y las que tienen alas harán saber la palabra.

- o   Donde no hago falta, estorbo.
- o   En todas partes se cuecen habas, y en mi casa a calderadas.
- o   Quien fía o promete, en deuda se mete.
- o   Quien mucho promete, poco da.

Cuento

El alcalde va a visitar el manicomio de la ciudad. Al llegar a la biblioteca nota que hay un loco boca abajo colgado en el techo. Preocupado, comenta con el director del manicomio:
¿Qué hace ese loco ahí en el techo?
Piensa que es una lámpara.
Pero es muy peligroso, puede caerse y hacerse daño. ¿Y porque no lo bajáis?
¡Es que si lo bajamos, después, por la noche no podremos, leer a oscuras!

Anécdota

En una ocasión en que viajaba en un autobús, observe detrás de mí un joven de unos 20 años con actitud sospechosa según mi parecer. Procedí a correrme un poco más, pero él también se corrió, lo cual me puso más alerta.

Al bajarme del autobús, me percaté que no tenía la billetera con mis documentos e inmediatamente llame a casa, por el celular, para saber si se habían quedado en el pantalón o encima de la mesa donde solía dejarlos con mis pertenencias de bolsillo.

Mi ex esposa me dijo que no estaban allí, por lo cual aborde un taxi y le pedí al chofer que siguiera la ruta del autobús, el cual aspiraba abordar rápidamente y donde estuviera el joven sospechoso. Efectivamente lo alcanzamos, pague el servicio del taxi y me subí rápidamente al autobús sin cancelar la entrada y me dirigí rápidamente al joven quien todavía estaba en el autobús. Él se sorprendió y asusto, pues le requerí la billetera que me había sustraído y el accedió a que le esculcara. No se la hallé, pero le hice saber que seguramente la había tirado por la ventana. Salí frustrado del autobús, y el joven quedó peor, ante las personas que le miraron con desaprobación.

Enseguida regrese a casa después de una concienzuda búsqueda encontré la billetera, que había caído debajo de la mesa, en una parte poco visible.

Aquella rápida reacción fue incomoda e inadecuada, especialmente, porque arme un alboroto al joven inocente, quien debe recordar tal suceso como una de sus experiencias tristes e injustas. Al repensar me gustaría tener la oportunidad para reencontrarme con tal joven y hacer algo por él, a fin de pagar el mal rato que injustamente le hice pasar.

1.4.3 Inadvertido.

Es algún suceso que pasa sin ser anunciado, percibido por los demás, o porque se entra encubiertamente.

Ecles.6:12 Porque, ¿quién sabe cuál es el bien del hombre en la vida, todos los días de su vana vida, los cuales él pasa como sombra? Porque, ¿quién le dirá al hombre lo que acontecerá después de él debajo del sol?

- o Mucho ojo, que la vista engaña.
- o Más vale un "por si acaso" que un "pensé que".
- o No te metas donde salir no puedes.

Cuento

Un pastuso que se va de viaje a Roma en clase económica, pero al subirse en el avión, se sienta en el primer puesto que consigue, que era primera clase; llega la persona que tenía que ocupar el puesto y le dice que se mueva, pero el pastuso no se mueve, llega la azafata y le pide que se mueva y el pastuso no se mueve y dice que él encontró primero ese puesto y que de allí no se mueve.

Después de media hora de retraso y furioso, llega el capitán a ver qué estaba pasando, le cuentan la situación y cuando nota que el pasajero es pastuso, les pide permiso y le habla al pastuso al oído, cuando termina el pastuso se va y le agradece al capitán. Todos los demás pasajeros sorprendidos le preguntan al capitán ¿qué le dijo?,

El capitán respondió:

Sólo le dije que ése puesto no iba para Roma.

<u>Anécdota</u>

Cuando era niño, quizás de once (11) años vivía en la ciudad de Buga, Valle. Colombia, algunos de los chicos de las cuadras adyacentes a mi residencia, y en unas vacaciones fuimos de campo una tarde.

En tanto caminábamos por una carretera observamos que traían una novilla, tres vaqueros cada uno con sus sogas de cuero, al cuello de la res. Ellos a caballo, sin embargo la res no daba tregua y con una furia desaforada tiraba a todo lo que encontraba en el camino, de tal suerte que los vaqueros aún no lograban dominarla. Tan pronto observamos el riesgo todos los chicos corrimos a treparnos a un árbol que estaba cerca y al borde de un gran barranco que daba con el rio Guadalajara.

A dos metros se había levantado una caseta para guardar materiales de construcción, quepermitía el paso de solo una persona por detrás, pues el resto era el abismo o barranco que daba al rio o ribera del mismo con una altura entre 5 a 7 metros. Mis compañeros treparon muy rápido al árbol y los dos que quedamos éramos Guillermo, (el gordo que demoro) y yo, quien por el exceso de confianza en manejo de ganado, no le di mucha importancia al asunto.

La novilla recorrió el perímetro de la caseta no obstante lo difícil que era el paso por detrás, en fracciones de segundos y cuando Guillermo observo que venía hacia él y no alcanzaba a subir al árbol decidió tirarse por el barranco. El susto debió ser muy grande, pues de buenas a primeras no lo hubiere hecho, sin embargo yo estaba mirando a otro lado y todo fue tan rápido que solo me enteré que estaba en el aire y caí encima de Guillermo.

Al recobrarme en el piso me enteré que la novilla me había levantado algunos metros con su cabeza, con tal fuerza que volé por los aires, y todos mis amigos, vaqueros y personas de alrededor se reían a carcajadas sobre el suceso.

Aquel díacomprendí que ante el peligro debía estar menos confiado, pues el factor sorpresa te puede tomar inadvertidamente.

1.4.4 Inaguantable

Que dificulta a los demás las cosas por su actitud beligerante, ruidosa, o sarcástica,

Prov.28:5 Los hombres malos no entienden de justicia, pero los que buscan a Jehová entienden todas las cosas.

Prov.28:25 El altivo de ánimo suscita contiendas, pero el que confía en Jehová prosperará.

Prov.28:9 El que aparta su oído para no oír la ley, aun su oración es abominación.

- o   Una gravedad continua no es sino una máscara de la mediocridad.
- o   Para ciertas naturalezas tan dulces son las lágrimas como la risa.
- o   Todos los hombres que no tienen nada importante que decir hablan a gritos.

Cuento

No me gusta que nadie meta las narices en mis negocios.
¿Ah sí? Pues en cambio a mí me gusta.

¿Es que usted no tiene amor propio?

Claro que lo tengo, lo que sucede es que soy fabricante de pañuelos.

Comentario

Las personas inaguantables son comunes entre nosotros, especialmente, porque suelen tener poder o dominar los grupos, creer que los demás se deben sujetar a sus burlas, opiniones despectivas, e incluso ser despojados de sus pertenencias por el solo hecho de que ellos deben llamar la atención. Los seguidores de ellos, son iguales o peores, puesto que no tienen el carácter y valor de decidir qué es lo más conveniente, por miedo a perder aceptación del grupo. Esto es común entre los jóvenes, niños y algunos grupos de adultos.

Anécdota

Recuerdo en el colegio donde curse el cuarto de secundaria a mis 15 años, había un estudiante de otro curso inferior, que asesino a sangre fría con una carabina a otro joven, incluso mayor que él, de un colegio diferente, solo por el hecho de que tardo en arrodillársele, cuando este fue sorprendido pescando en la rivera del rio la vieja, en los contornos de la propiedad del padre del agresor. Las riberas de los ríos son propiedad del Municipio, sin embargo para el agresor ello no contó y lo que le hizo suponer tener la razón, para someterlo y ajusticiarlo. Algunos con las armas esgrimen todo su carácter violento, orgullo, vanidad, injusto dominio y por supuesto su falsa hombría.

Cuando tales personas no son corregidas desde sus hogares, sino que son alimentados por una mala crianza, seguramente serán desdichados aquí y en la vida futura, pues daremos cuenta de nuestras acciones por medio de una balanza donde sopesaran las cosas que hacemos: malas y buenas.

Recuerdo que aquel joven pago solamente tres meses de cárcel, más los honorarios a varios abogados más la fianza con la cual se distorsionó la justicia.

En el curso de la vida de estudiante conocí jóvenes de este tipo, que eran muy populares especialmente, porque querían someter a los más débiles o los que no aceptaban sus procederes, convirtiéndose así en compañeros inaguantables.

1.4.5 Incapaz

Que no tiene posibilidades de realizar la tarea asignada. Nos hacemos incapaces cuando no estamos capacitados apropiadamente para hacer alguna tarea, y por lo tanto inexpertos y nuestros frutos en ello no son lo esperado.

Prov. 27:22 Aunque majes al necio en un mortero entre granos de trigo molidos con el pisón, no se apartará de él su necedad.

o   Uno que no se gobernase a sí mismo, ¿Cómo sabría gobernar a los demás? Confucio.
o   Aprendiz de mucho, maestro de nada.
o   Mal obrador, mal pagador.

Cuento

Un joven le dice a un anciano:
Cuando tenga su edad, sabré mucho más de lo que usted sabe.
El anciano le contesta: Le deseo mucho más que eso, querido joven. Espero que cuando usted llegue a mi edad, sepa aquello que cree saber ahora.

Anécdota

En la vida nos sentimos muchas veces en estas condiciones, y creemos que nuestra capacidad, fuerza, entendimiento son insuficientes ante las adversidades, ante los desafíos, e incluso ante el peligro; sin embargo, es cuando debemos aprender a echar mano de la mejor herramienta de ayuda que jamás hayamos conocido. Esta viene justamente de aquel que nos tiene presentes, a pesar de nuestras rebeliones, pues él sí que nos quiere tanto o más que una madre. Tal herramienta es la oración y el ayuno a nuestro Padre Celestial, con verdadera intención, sin repeticiones vanas, sino pensando, en lo expresado con gratitud, esperanza y aceptando su voluntad.

En mi niñez y juventud muchas veces me sentí solo, impávido y por desconocimiento sufrí, me deje vencer, y abandone mi lucha, y me sometí a la derrota, sin embargo una vez que experimente que efectivamente ante la angustia y mi propia incapacidad, clamé a mi Dios, y él estuvo allí para auxiliarme. Muchas veces después de ello, su protección se hizo evidente, no podría enumerar o narrar las tantas veces que mi Padre Celestial acudió a mi auxilio. He sido librado de robos, secuestros, peleas, accidentes de muerte, juicios, persecuciones, tantas veces, que pasan de 31, y mucho más, por ello es que no puedo narrarlas todas, pues os aburriría.

La tristeza que me da es que fue tarde, ya que si yo hubiere aprendido la lección y conocido a mi Creador y Salvador, quizás habría tenido la oportunidad de servir en una misión, pues de verdad que si lo hubiera hecho con gozo, con esperanza de ser mejorado, y aún de devolver a mi creador todos los sacrificios que el hizo por mí, por mis padres terrenales, mi esposa, hijos, hermanos, maestros y amigos, y aún mis enemigos que no hay en mi corazón, pero que ellos tal vez me consideren.

1.4.6 Incauto

Que es desprevenido, fácil de engañar, demasiado confiado, o falto de prudencia.

Prov. 27:12 El prudente ve el mal y se esconde, pero los incautos pasan y reciben el daño.
Prov.27:6 Fieles son las heridas del que ama, pero engañosos los besos del que aborrece.

- o Nacer es empezar a morir, y morir es empezar a vivir.
- o Ni saltes por barranco, ni firmes en blanco.

o   Solo los hombres grandes pueden tener grandes defectos.
François de la Rochefoucauld.

Cuento

Fui al dentista a que me arrancase una muela y me arranco tres.
¿Tenías los dientes picados?
No, lo que sucede es que el dentista, me dijo: de todas maneras algún día
tiene que volver acá, pues esos dientes tarde o temprano se le dañaran,
así estén buenos ahora y como no tenía cambio, me hizo una rebaja.

Anécdota

Cuando tenía doce años por inexperiencia y no haber aprendido la
lección de niño, me deje creer en mi capacidad y habilidad. Con mi
hermano Germán habíamos recibido de mi padre el dinero, para pagar
la entrada al estadio, sin embargo caminamos y cambiamos de planes,
pensando que aquel sábado estarían presentando unas buenas películas
de cine continuo, pero cuando llegamos al teatro nos desinflamos, pues
no nos gustaron los anuncios.

Alrededor del teatro habían dos (2) jóvenes adultos de 25 o más años
que invitaban a encontrar la bolita en uno de los juegos que anunciaban.

Estuvimos observando que éramos capaces de dar con el lugar y
multiplicar nuestras monedas. Después de estar seguros de que
podríamos hacerlo, me decidí a jugar, el valor de las monedas y así
aumentar lo que tenía.

Levante una de las tapitas después de que había clavado el ojo inquisidor
en una de las tres tapitas y donde yo tenía la certeza de que estaba la
bolita. Efectivamente, allí no estaba, ni en ninguna de las otras dos,
pues el hombre la llevaba en su uña y allí la escondía, de tal suerte
que la soltaba justo en el lugar donde él quería con tal sutiliza que no
adivinaba nadie.

Uno de los dos jóvenes invito al que manipulaba el juego a que me devolviera el dinero, pero él hizo caso omiso. Aquella tarde perdí inocentemente mi dinero por incauto. Los juegos se han hecho para enriquecerse unos a costillas de los otros más tontos.

1.5.1. Incoherencia

Cuando las acciones, ideas, o decisiones no concuerdan con lo esperado, o establecido.

Prov. 17: 5 El que escarnece al pobre afrenta a su Hacedor; y el que se alegra de la calamidad no quedará sin castigo. Prov.23:29-30 / 29 ¿Para quién será el ay? ¿Para quién el pesar? ¿Para quién las rencillas? ¿Para quién las quejas? ¿Para quién las heridas en balde? ¿Para quién lo enrojecido de los ojos?
30 Para los que se detienen mucho en el vino; para los que van buscando vinos mezclados.

- o Aconseja al ignorante, te tomara por su enemigo
- o Quien mete el hocico en todo, alguna vez se llena de lodo.
- o Lo que es bueno para el hígado, es malo para el bazo.

Cuento

El Policía le dice a su comisario jefe:
Comisario, el ladrón acaba de huir.
El Comisario enfatiza: imposible, ¿no di orden de vigilar todas las salidas?
El Policía simplemente indica: cierto, señor comisario, pero ha huido por la entrada.

Anécdota

Mi profesor de ciencias era un hombre algo robusto, un poco entrado en años y como a la mayoría de los hombres había perdido parte de la cabellera. Estábamos haciendo las filas para escuchar un discurso de la rectoría y algunas instrucciones. Tal profesor ya me había enseñado durante el curso anterior, pero esta vez el procuraba que los alumnos estuviéramos organizados en las filas, por curso.

En tanto mis compañeros se alineaban en la fila, me sumí en los pensamientos y deje que mi ojo desobediente izquierdo se fuera para otro lado, generando la distorsión de la visión que muchas veces experimente, y causo burla entre otros. Tal desvío aparentaba que yo los estuviera observando, sin embargo sino había concentración mis ojos no percibían imágenes de lo de enfrente, lo cual causó que muchas personas pensaran que yo les observara y me saludaran, pero yo en realidad no estaba consciente de ello, razón por la cual a muchos no les devolví el saludo; ahora me disculpo, pues no les percibí en su momento.

En mis pensamientos vinieron recuerdos no sé de qué cosa, eso me causo una sonrisa, en tanto que yo disfrutaba de mis recuerdos. Sin embargo mi profesor interpreto que yo me estaba burlando de él, por lo cual me reprendió y reclamó haciéndome sentir culpable.

Mis imperfecciones se sumaron a las de él, pero el pensando en sí, creyó que me burlaba de su busto o no sé qué. Generalmente no me acuerdo jamás burlarme de los defectos o limitaciones ajenas, pues suficientes tengo yo, para hacerlo de mi prójimo y hermano.

1.5.2 Incomprensión

Es interpretar, entender, o percibir ideas diferentes a lo que se esperaba, trayendo como consecuencias acciones contrarias a lo que se pretendía a lo correcto. Los mensajes llegan parcialmente y no se forman ideas plenas de la verdad.

El Salvador no fue comprendido porloslíderesJudíos, pues hablaba del cuerpo, cual es un templo.

Juan 2:19-22/19 Respondió Jesús y les dijo: Destruid este templo, y en tres días lo levantaré.

20 Entonces dijeron los judíos: En cuarenta y seis años fue edificado este templo, ¿y tú en tres días lo levantarás?

21 Pero él hablaba del templo de su cuerpo.

22 Por tanto, cuando resucitó de entre los muertos, sus discípulos se acordaron de que había dicho esto, y creyeron en la Escritura y en las palabras que Jesús había dicho.

o   Lo comprensible no es buscar el grado de comprensión en los jóvenes, sino aceptar que son jóvenes y han de vivir sus propias experiencias sin temor a equivocarse. André Maurois.

o   Los dictadores pueden reformar las leyes, pero no las costumbres. Jacinto Benavente

o   El caballo conoce por la brida al que lo conduce. Proverbio turco.

Cuento

Doctor, mi marido cojea porque tiene una pierna más larga que la otra. ¿Qué haría usted? Querida señora,......
Probablemente yo también cojearía.

Historias y analogía.

El Elder Charles Didier, un hombre al que conocí hace muchos, cuando nos visitó en Pereira, Colombia, expreso en un discurso de Octubre de 2.001 que la incomprensión de las murallas es lo contrario a los puentes. El expresaba que el muro de Berlín separaba dos ideologías o naciones en Alemania. En cambio los puentes son la extensión de la comunicación y sirven para beneficiar a los habitantes de un lado y del otro.

Igualmente comparo la expiación de Jesucristo con el puente, ya que él tomó tal analogía como la obra maestra que permite volver a los hijos de Dios a morar con él, una vez se nos termine la vida de probación.

En sus palabras expreso además: El amor de Dios, el otro lado del puente, es la recompensa de nuestra fe en Su Hijo Jesucristo. "Porque de tal manera amó Dios al mundo, que ha dado a su Hijo unigénito" (Juan 3:16). La mayor de las dádivas de Dios es el supremo sacrificio de Su Hijo, Su Expiación, que nos brinda no sólo la inmortalidad sino también la vida eterna si guardamos sus mandamientos y perseveramos hasta el fin (D. y C. 14:7).

Por lo tanto, al intentar edificar el puente de fe, debemos edificar en nuestra vida un firme testimonio del Padre y del Hijo y su expiación. Ese puente de fe constituirá el factor que cristalizará la realidad de la reunión eterna con nuestro Padre Celestial o de la separación eterna de él si edificamos muros de pecados que nos alejen de Su amor y misericordia.

La incomprensión a los designios de Dios impide al igual que las murallas, beneficiarnos de obtener comunicación y disfrutar de su guía espiritual, su protección, de la esperanza y por supuesto de la felicidad de tener paz interior.

1.5.3 Inconstante

Quien no tiene el deseo de permanecer en sus proyectos, pues se desanima ante los primeros problemas. Quien cambia constantemente de rumbo o planes porque es de doble ánimo.
Parábola de las diez vírgenes:

Mateo 25:1-13 / 1 ENTONCES el reino de los cielos será semejante a diezvírgenes que, tomando sus lámparas, salieron a recibir alnovio.
2Y cinco de ellas eran prudentes y cinco insensatas.
3 Las insensatas, tomando sus lámparas, no tomaron consigo aceite;
4 más las prudentes tomaron aceite en sus vasijas, *juntamente* con sus lámparas.
5 Y tardándose el novio, cabecearon todas y se durmieron.
6Y a la medianoche se oyó un clamor: He aquí el novio viene; salid a recibirle.
7 Entonces todas aquellas vírgenes se levantaron y arreglaron sus lámparas.

8 Y las insensatas dijeron a las prudentes: Dadnos de vuestro aceite, porque nuestras lámparas se apagan.

9 Pero las prudentes respondieron, diciendo: Para que no nos falte a nosotras y a vosotras, id más bien a los que venden y comprad para vosotras mismas.

10 Y mientras ellas iban a comprar, vino el novio; y las que estaban preparadas entraron con él a las bodas; y se cerró la puerta.

11 Y después vinieron también las otras vírgenes, diciendo: ¡Señor, Señor, ábrenos!

12 Más respondiendo él, dijo: De cierto os digo que no os conozco.

13 Velad, pues, porque no sabéis el día ni la hora en que el Hijo del Hombre ha de venir.

Ecles.9: 4 Aún hay esperanza para todo aquel que está entre los vivos, pues mejor es perro vivo que león muerto.

- o   ¿De qué nos sirve gritar que es de noche? Al otro lado de la ventana todos los días sale el sol. Alejandro Casona.
- o   Loco es el hombre que ha perdido todo menos la razón. Gilbert K. Chesterton.
- o   lo que no es conocido, mal puede ser querido.

Cuento

Un vaquero le pregunta a otro vaquero:
¿Por qué usas solo una espuela?
Porque estoy convencido de que cuando un lado del caballo empieza a correr el otro también lo hace.

Historia

La semana anterior quedé impresionado a causa de que un chico de 11 años se lanzó al vacío por la ventana de su apartamento desde un tercer o quinta planta. Dejo una nota a sus padres donde les daba las gracias por los cuidados y esmero que le dieron y el buen trato que recibió de ellos. En la carta parece que refirió que el motivo se debió al maltrato que recibía de parte de algunos compañeros de curso.

Ello es común en los colegios, sean privados o públicos, pues alguien se cree con más fuerza y asume tener derecho para imponer, subyugar y robar si sonnecesarias las pertenencias de los demás.

Los profesores y autoridades del colegio, se ponen a la defensiva y toman el testimonio de otros que juraran inclusive que jamás vieron maltrato a tal joven, pues habrá cobardes o partes del problema que callaran y encubrirán a los culpables.

Recuerdo cuando estudiaba en un colegió privado también sufrí de parte de algunos cierta desaprobación, pero procuré defenderme personalmente, pero no siempre se logran los cometidos. Algunos mucho más humildes procuran mantener en silencio tal problema y no lo comunican a nadie de confianza, pero las cosas se pueden poner difíciles sino hay comunicación con sus profesores, padres, líderes, etc.

Siempre habrá quien abuse, ultraje, y ponga en ridículo a los más callados, los menores en estatura o menor popularidad. Se ve en todas partes, por ello es necesario en los hogares enseñar a sus hijos buscar por medio de la oración pedir apoyo al Padre Celestial, pues con la ayuda de él, nada habrá que sea insalvable, todo podrá ser resuelto; de ello no me cabe duda, pues sé que esas alternativas de buscar ayuda de quien todo lo ve, la ayuda no se hará esperar.

Este chico, abdico, es decir renunció a luchar, porque no tuvo un amigo que le defendiera, le comprendiera y guiara. Fallaron sus amigos, padres, profesores, pues de seguro habría compañeros que lo sabían y hoy son cómplices. El ser inconstante puede ser causado por este tipo de problemas, el chico renunció a vivir más y soportarlo.

1.5.4 Inconsciente

Que ha perdido la capacidad de: percibir la ubicación, sentido, o actuar. También quien de forma irreflexiva e imprudente sin mirar consecuencias de sus actos, y riesgos que genera.

Las personas así no están en condiciones de vivir en comunidad, pues traen incomodidades, riesgos y problemas a otros.

Prov.20:1 El vino es escarnecedor, la bebida fuerte, alborotadora;y cualquiera que por su causa yerre no es sabio.

- o No tanto estirar que se quiebre la cuerda.
- o Cuanto mayor es la subida, mayor es la descendida.
- o La mucha conciencia es locura, si el buen seso no la cura.

Cuento

Un médico llega con los resultados del examen que acaba de realizar a su paciente:

Lo siento, pero solo le quedan tres meses de vida…

No puede ser… lamenta el paciente… con tan poco tiempo no podré pagarle los honorarios.

Bueno responde el médico, en ese caso le doy tres meses más de vida.

Anécdota

En el curso de segundo de primaria había conmigo muchos pequeños alumnos, unos más capacitados que otros, porque tal vez las oportunidades no eran iguales, las capacidades, la formación, e incluso la percepción de las cosas no es comparable. Recuerdo a Usma, un compañero del curso que era un chico mayor que todos, muy callado, retraído, y con algunos grados de autismo. Nuestro profesor se esforzaba por enseñarnos a los 55 o más chicos usando sus métodos lo mejor que podía, sin embargo eran tiempos donde no había diferencia, para los limitados, para los más incomprendidos o quizás porque eran las condiciones del tiempo.

En una ocasión en que mi profesor procuraba enseñar a aquel joven algo, y él no le comprendió, el profesor perdió la paciencia y lo tomo con las palmas de la mano por los costados de la cabeza y lo levanto, procurando borrar el tablero o pizarra con su frente, lo que el joven escribió y que el profesor en señales de desaprobación no aceptó. Ese es un mal recuerdo y por el cual entiendo, las miles injusticias, incomprensiones que manifestamos a nuestro prójimo, porque nos limitamos a desaprobar, pero no nos cuestionamos hasta donde yo le comprendí y hasta donde el me comprendió.

No usamos el lenguaje apropiado del entendimiento, el cual debe ser común para ambas partes, pues al igual que una carrilera no debe haber lugar a desvíos, a menos que haya bifurcaciones, punto en el cual ambos debemos precisar el rumbo. Mi profesor era un buen maestro, pero no conocía el método del maestro, cuál era el del amor. Aquellas escenas no se me borraron de la mente jamás, y sé que este mi compañero era incomprendido en clase, pues era limitado, y él no estaba en condiciones de asimilar las instrucciones igual que los otros, o porque tal vez no supo su maestro estar en la dirección y canal de comunicación que este pequeño hijo de Dios requería para su aprendizaje.

De verdad que se ven muchas injusticias entre: jueces, maestros, militares, jefes, padres, amigos, líderes, etc., que rayan en el maltrato por la incomprensión del canal de comunicación, que son producto de nuestra inconsciencia. Aquí ambos eran inconscientes, pero el mayor de ellos era mi profesor.

1.5.5 Incorrecto

Término empleado para referir algo que no procede, pues es contrario a los principios, leyes, o instrucciones.

Prov.26:17-19/17 El que al pasar se entremete en contienda ajena es como el que toma al perro por las orejas.
18 Como el que enloquece y arroja chispas, saetas y muerte,

19 tal es el hombre que engaña a su amigo y dice: ¿Acaso no bromeaba yo? Prov.28:17-19/17 El hombre cargado con culpa de sangre de otra persona huirá hasta el sepulcro sin que nadie le apoye.

18El que en integridad camina será salvo, pero el de perversos caminos caerá en alguno de ellos.

19 El que labra su tierra se saciará de pan, pero el que sigue a los ociosos se llenará de pobreza.

o   Algunos equivocadamente se la creen: Una gran parte del arte del bien hablar consiste en saber mentir con gracia.

o   El cinismo es una manera desagradable de decir la verdad. LillianHellman.

o   ¡Qué gran credulidad la de los embusteros! Incluso creen que son creídos. Madame de Knorr.

Cuento

En un restaurante hay una pareja.
Él dice. ¡Ahora que estamos casados, somos un único ser!
A lo que ella contesta. ¡Maravilloso, pero no te olvides de pedir cena para dos!

Comentario

Algunas personas por causa de su desconocimiento, emiten por prejuicios críticas, desaprueban la voluntad que otros manifestamos de aceptar los convenios de servir y vivir con ciertos sacrificios al lado de la Iglesia del Salvador. Si ellos supieran con la certeza que sabemos de seguro comprenderían lo incorrecto de sus opiniones.

Tengo que reconocer que antes de profundizar en el conocimiento, que hoy tengo, acerca de estas cosas yo también emitía juicios, los cuales daba por sentado, que eran verdades, y que lo que provenía de religión eran sofismas para distraer y confundir a los incautos.

Ante la evidencia y ante las pruebas de las existencias de los espíritus, de que aún la historia dejo un legado sobre muchos hechos referidos en la Biblia, y ante las muchas respuestas a mis oraciones y además muchos hechos en la vida, no puedo dejar de aceptar que no es coincidencia.

El proceso de conversión de una persona, a la verdad es una secuencia de pasos tales como: meditar, investigar, ejercer el derecho de la oración, reconocer los errores, arrepentirse de los hechos malos, emprender una sincera investigación en busca de la verdad; todo ello lo ayudaran a adquirir una comunicación genuina con el Padre de los Espíritus, y descubrir que él no es una simple idea, y que su hijo Jesucristo son una realidad.

Historia para tener en cuenta, pues fue un hecho Verifico ocurrido en 1.892

Un hombre de 75 años viajaba en tren y aprovechaba el tiempo leyendo un libro…

A su lado, viajaba un joven universitario que también leía un voluminoso libro de ciencias…

De repente, el joven percibe que él, libro que va leyendo el anciano es una Biblia y sin mucha ceremonia, le pregunta:

¿Usted todavía cree en ese libro lleno de fabulas y de cuentos?

Si por supuesto, le respondió el viejo, pero este no es un libro ni de fabulas y cuentos, es la palabra de Dios…

¿Usted cree que estoy equivocado?

Claro que está equivocado…

Creo que usted señor, debería de dedicarse a estudiar Ciencias, e historia Universal….

Vería como l Revolución Francesa, ocurrida hace más de 100 años mostro la miopía, la estupidez y las mentiras de la religión.…

Solo personas sin cultura o fanáticas, todavía creen en esas tonterías.…..

Usted señor debería conocer un poco más de lo que dicen los Científicos de esas cosas.…

Y dígame Joven, ¿es eso lo que nuestros científicos dicen sobre la Biblia?

Mire cómo voy a bajarme en la próxima estación, no tengo tiempo de explicarle, pero déjeme su tarjeta con su dirección, para que le pueda mandar algún material científico por correo, así se ilustra un poco, sobre los temas que realmente importan al mundo.…

El anciano entonces, con mucha paciencia, abrió con cuidado el bolsillo de su abrigo y le dio su tarjeta al joven universitario…

Cuando el joven leyó lo que allí decía, salido con la cabeza baja y la mirada perdida sintiéndose peor que una ameba…

En la tarjeta decía:

Profesor doctor Louis Pasteur.

Director general Instituto Nacional Investigaciones Científicas Universidad Nacional de Francia.

Un poco de ciencia nos aparta de Dios. Mucha nos aproxima.

Dr. Luis Pasteur.

Moraleja:

El mayor placer de una persona inteligente es aparentar ser idiota delante de un idiota que aparenta ser inteligente.

1.5.6 Incorregible

Aquel individuo, que persiste en sus errores, y no percibe que con su actuar perjudica a quienes le aman, como padres, amigos, familia (esposa e hijos). Sucede muy a menudo con quien cede a los vicios.

Prov. 26:11 Como perro que vuelve a su vómito, así es el necio que repite su necedad.
Prov.28:**5** Los hombres malos no entienden de justicia, pero los que buscan a Jehová entienden todas las cosas.
Prov.: 30:17 El ojo que escarnece a su padrey menosprecia el obedecer a la madre, lo sacarán los cuervos de la cañaday las crías del águila lo devorarán.

  o   Quien no oye consejo, no llega a viejo.
  o   ¿Qué ve el ciego, aunque le ponga una lámpara en la mano?
  o   Quien mala cuchara escoge, con mala cuchara come.

Cuento

Un loco le pregunta a otro loco:
¿tienes horas?
Sí.
El otro contesta:
¡gracias!

Cuento

Dos pequeños se roban un bulto (saco) de limones del vecindario y optan por dividirlos en un lugar callado y apartado.
Uno sugiere... ¡vamos al cementerio que a esta hora no hay nadie!
Al saltar la cerca del cementerio, dos limones se salen del saco y no le dieron mayor importancia, pues el saco tenía muchos más limones.
Al cabo de un rato un borracho que salía de una cantina, paso cerca de la puerta de entrada del cementerioy escucha una voz que decía: uno para ti uno para mi.....

Inmediatamente se le fue la borrachera y corrió tan rápido que cae en la escalera de la iglesia…. Padre, padre, Padre, despierte, repetidamente, hasta que finalmente El padre abre la puerta….

Padre venga conmigo, he sido testigo que Pedro y el diablo se están repartiendo lo muertos del cementerio…

Ambos corrieron de regreso al cementerio y al llegar aún la voz continuaba: uno para ti y uno para mí, uno para ti y uno para mí.

Repentinamente, la voz se detuvo y dice: ¿Que hacemos con los dos que están en la entrada?

Debieron ver aquella maratón entre el Padre y el borracho…..huuuufff El Padre casi se pasa la puerta de la entrada a la iglesia gritando: Aun no nos cuenten, que no estamos muertos.

Historia

En la vida muchas veces me he comportado como el profeta Balaán, y por ello he traído tristeza a los míos, y este es un claro ejemplo de cómo debemos no provocar a ira a Dios. La historia de este profeta no es fábula, es real y se repite en nuestras vidas muchas veces.

Números22: 1-42 / 1 Y partieron los hijos de Israel y acamparon en los campos de Moab, de este lado del Jordán, frente a Jericó. 2 Y vio Balac hijo de Zipor todo lo que Israel había hecho al amorreo.

3 Y Moab temió mucho a causa del pueblo, porque era numeroso; y se angustió Moab a causa de los hijos de Israel.

4 Y dijo Moab a los ancianos de Madián: Ahora lamerá esta gente todos nuestros contornos, como lame el buey la grama del campo. Y Balac hijo de Zipor era entonces rey de Moab.

5 Por tanto, envió mensajeros a Balaam hijo de Beor, a Petor, que está junto al río en la tierra de los hijos de su pueblo, para que lo llamasen, diciendo: Un pueblo ha salido de Egipto, y he aquí, cubre la faz de la tierra, y habita delante de mí.

6 Ven pues, ahora, te ruego, y maldíceme a este pueblo, porque es más fuerte que yo; quizá yo pueda herirlo y echarlo de la tierra; porque yo sé

que al que tú bendigas quedará bendito, y al que tú maldigas quedará maldito.

7 Y fueron los ancianos de Moab y los ancianos de Madián con las dádivas de adivinación en su mano, y llegaron a Balaam y le dijeron las palabras de Balac.

8 Y él les dijo: Reposad aquí esta noche, y yo os daré palabra según lo que Jehová me hable. Así los príncipes de Moab se quedaron con Balaam.

9 Y vino Dios a Balaam y le dijo: ¿Qué hombres son éstos que están contigo?

10 Y Balaam respondió a Dios: Balac hijo de Zipor, rey de Moab, ha enviado a decirme:

11 He aquí, este pueblo que ha salido de Egipto cubre la faz de la tierra; ven pues, ahora, y maldícemelo; quizá pueda pelear contra él y echarlo.

12 Entonces dijo Dios a Balaam: No vayas con ellos ni maldigas al pueblo, porque es bendito.

13 Así Balaam se levantó por la mañana y dijo a los príncipes de Balac: Volveos a vuestra tierra, porque Jehová no quiere dejarme ir con vosotros.

14 Y los príncipes de Moab se levantaron y regresaron a Balac, y dijeron: Balaam no quiso venir con nosotros.

15 Y volvió Balac a enviar otra vez príncipes, más numerosos y más honorables que los otros,

16 los cuales fueron a Balaam y le dijeron: Así dice Balac hijo de Zipor: Te ruego que no dejes de venir a mí,

17 porque sin duda te honraré mucho y haré todo lo que me digas; ven pues, ahora, y maldíceme a este pueblo.

18 Y Balaam respondió y dijo a los siervos de Balac: Aunque Balac me diese su casa llena de plata y oro, no puedo traspasar la palabra de Jehová, mi Dios, para hacer cosa chica ni grande.

19 Os ruego, por tanto, ahora, que reposéis aquí esta noche, para que yo sepa qué más me dirá Jehová.

20 Y vino Dios a Balaam de noche y le dijo: Si han venido a llamarte estos hombres, levántate y ve con ellos, pero harás lo que yo te diga.

21 Así Balaam se levantó por la mañana, y ensilló su asna y se fue con los príncipes de Moab.

22 Y el furor de Dios se encendió porque él iba, y el ángel de Jehová se puso en el camino como adversario suyo. Iba, pues, él montado sobre su asna, y con él dos criados suyos.

23 Y el asna vio al ángel de Jehová, que estaba en el camino con su espada desnuda en la mano; y se apartó el asna del camino e iba por el campo. Entonces golpeó Balaam a la asna para hacerla volver al camino.

24 Pero el ángel de Jehová se puso en una senda de viñas que tenía pared a un lado y pared al otro.

25 Y al ver el asna al ángel de Jehová, se pegó a la pared, y apretó contra la pared el pie de Balaam; y él volvió a golpearla.

26 Y el ángel de Jehová pasó más allá, y se puso en una angostura, donde no había camino para apartarse ni a la derecha ni a la izquierda.

27 Y cuando vio la asna al ángel de Jehová, se echó debajo de Balaam; y se enojó Balaam y golpeó al asna con el palo.

28 Entonces Jehová abrió la boca a la asna, la cual dijo a Balaam: ¿Qué te he hecho que me has golpeado estas tres veces?

29 Y Balaam respondió al asna: Porque te has burlado de mí. ¡Ojalá tuviera una espada en mi mano, pues ahora te mataría!

30 Y la asna dijo a Balaam: ¿No soy yo tu asna? Sobre mí has cabalgado desde que tú me tienes hasta este día. ¿He acostumbrado hacer esto contigo? Y él respondió: No.

31 Entonces Jehová abrió los ojos de Balaam, y vio al ángel de Jehová que estaba en el camino, con su espada desnuda en su mano. Y Balaam hizo reverencia y se postró sobre su rostro.

32 Y el ángel de Jehová le dijo: ¿Por qué has golpeado a tu asna estas tres veces? He aquí, yo he salido para resistirte, porque tu camino es perverso delante de mí.

33 El asna me ha visto y se ha apartado de delante de mí estas tres veces; y si de mí no se hubiera apartado, yo también ahora te habría matado a ti, y a ella la habría dejado viva.

34 Entonces Balaam dijo al ángel de Jehová: He pecado, porque no sabía que tú te ponías delante de mí en el camino; pero ahora, si te parece mal, yo me volveré.

35 Y el ángel de Jehová dijo a Balaam: Ve con esos hombres, pero la palabra que yo te diga, ésa hablarás. Así Balaam fue con los príncipes de Balac.

36 Y oyendo Balac que Balaam venía, salió a recibirlo a la ciudad de Moab, que está junto al límite del Arnón, que está en los confines de su territorio.

37 Y Balac dijo a Balaam: ¿No envié yo a llamarte? ¿Por qué no has venido a mí? ¿Acaso no puedo yo honrarte?

38 Y Balaam respondió a Balac: He aquí, yo he venido a ti; mas, ¿podré ahora hablar alguna cosa? La palabra que Dios ponga en mi boca, ésa hablaré.

39 Y fue Balaam con Balac, y llegaron a Quiriat-huzot.

40 Y Balac hizo matar bueyes y ovejas, y envió para Balaam y para los príncipes que estaban con él.

41 Y al día siguiente Balac tomó a Balaam, y lo hizo subir a los lugares altos de Baal, y desde allí vio hasta la última parte del pueblo.

Finalmente este profeta en el capítulos 23 y 24 procura a regañadientes cumplir la voluntad de Dios, pues los ofrecimientos de la riquezas le hicieron hueco en su corazón, lo que termino después por hacerle caer en desgracia y ser aniquilado. ¿Cuántas veces, lo malo nos arrastra y no recapitulamos para evitar tales desgracias?

1.6.1 Incrédulo

Es no dar crédito a lo que se rumora, expresa, pública o se le manifiesta.

Corresponde a personajes abundantes de la humanidad, de antes, ahora y después, que prefieren cerrar las puertas a su comprensión y entendimiento, para comprobar y conocer las verdades. Aplican parcialmente, el método de Descartes, (la duda metódica) pues inician bien, es decir desde la duda, pero cierran el ciclo, al dar el segundo paso cual es investigar, comprobar por sí mismo, para llegar al sendero de la búsqueda de las verdades, para obtener la convicción (preguntar en oración a quien lo sabe: Santiago. 1:5 "Y si alguno de vosotros tiene falta de sabiduría, pídala a Dios, quien da a todos abundantemente y sin reproche, y le será dada")

Lo del espíritu se percibe por el espíritu, y lo material, por lo que se ve con ojos naturales. Es igual que pretender visualizar las células sin ayuda de microscopios apropiados. Podrá ver los tejidos de gran tamaño, etc., pero no más.

Se limitan a creer lo que otros sin saberlo opinan, pues a estos les estiman y confían e incluso, sobreestiman por encima de su creador. Quedan ciegos a mediodía, al cerrar sus ojos, pues al igual que Nicodemo, siendo un maestro de la ley Judía, percibía la divinidad de Cristo, pero no lo aceptaba como el Mesías. (Juan 3:1-21)/ 1 Y había un hombre de los fariseos que se llamaba Nicodemo, un principal entre los judíos.

2 Éste vino a Jesús de noche y le dijo: Rabí, sabemos que eres maestro que ha venido de Dios, porque nadie puede hacer estos milagros que tú haces si no está Dios con él.
3 Respondió Jesús y le dijo: De cierto, de cierto te digo que el que no naciere de nuevo no puede ver el reino de Dios.
4 Nicodemo le dijo: ¿Cómo puede el hombre nacer siendo viejo? ¿Acaso puede entrar por segunda vez en el vientre de su madre y nacer?
5 Respondió Jesús: De cierto, de cierto te digo que el que no naciere de agua y del Espíritu no puede entrar en el reino de Dios.
6 Lo que es nacido de la carne, carne es; y lo que es nacido del Espíritu, espíritu es.
7 No te maravilles de que te dije: Os es necesario nacer de nuevo.
8 El viento sopla por donde quiere, y oyes su sonido; pero no sabes de dónde viene ni a dónde va; así es todo aquel que es nacido del Espíritu.
9 Respondió Nicodemo y le dijo: ¿Cómo puede hacerse esto?
10 Respondió Jesús y le dijo: ¿Eres tú maestro de Israel y no sabes esto?
11 De cierto, de cierto te digo que de lo que sabemos, hablamos, y de lo que hemos visto, testificamos; pero no recibís nuestro testimonio.
12 Si os he dicho cosas terrenales y no creéis, ¿cómo creeréis si os digo las celestiales?

13 Y nadie ha subido al cielo sino el que descendió del cielo, el Hijo del Hombre que está en el cielo.

14 Y como Moisés levantó la serpiente en el desierto, así es necesario que el Hijo del Hombre sea levantado,

15 para que todo aquel que en él cree no se pierda, más tenga vida eterna.

16 Porque de tal manera amó Dios al mundo que ha dado a su Hijo Unigénito, para que todo aquel que en él cree no se pierda, más tenga vida eterna.

17 Porque no envió Dios a su Hijo al mundo para condenar al mundo, sino para que el mundo sea salvo por él.

18 El que en él cree no es condenado; pero el que no cree, ya ha sido condenado, porque no ha creído en el nombre del unigénito Hijo de Dios.

19 Y ésta es la condenación: que la luz vino al mundo, pero los hombres amaron más las tinieblas que la luz, porque sus obras eran malas.

20 Pues todo aquel que hace lo malo aborrece la luz y no viene a la luz, para que sus obras no sean reprendidas.

21 Pero el que vive conforme a la verdad viene a la luz, para que se ponga de manifiesto que sus obras son hechas en Dios.

Pese a todas las enseñanzas de Jesús, Nicodemo no entendía y creía que la necesidad de nacer de nuevo era volver a ser un bebito, pues la simbología del bautismo por agua, en edad de uso de razón, la sepultura del hombre antiguo y levantarse limpio era extraño; tampoco percibía los propósitos, cuáles eran:

1-Hacer convenio de guardar sus mandamientos, mediante el desarrollo de la fe.

2-Arrepentirse de sus pecados

3-Ser limpios de sus fallos anteriores, mediante la ordenanza de bautismo por inmersión.

Estar preparados para recibir el Espíritu Santo, el cual se le confiere por quienes tienen la autoridad, de la fuente correcta, y no de quienes entraron por la ventana.

Los que vinieron después tampoco lo entendieron, y privaron a la humanidad de conocer a Dios, pues nunca estuvieron ni bautizados, ni hicieron convenios, ni recibieron el Espíritu Santo, de tal forma, que han vivido engañados, sin ser bautizados, creyendo estar, y sir conocer a Dios en su plenitud, y recibiendo lo que El anhelosamente estaría dispuesto a darles. Esa situación se denomina: oportunidades perdidas, por falta de investigar; es simple de entender. De ello un alto muy alto % de la humanidad está compuesta, solo que podrán heredar reinos inferiores a lo que su Padre preparó para darles como herencia, pero a causa de cerrar su corazón al igual que los judíos, pierden privilegios de mejorar.

También sucedió y aún ocurre el no entender las siguientes escrituras:

En la Biblia dice: Juan 10:16 / También tengo otras ovejas que no son de este redil; a aquellas también debo traer, y oirán mi voz, y habrá un rebaño y un pastor.

El libro de Mormón aclara y expresa lo referido por Jesucristo:

3Nefi 15:11-24/ 11 Y sucedió que cuando Jesús hubo hablado estas palabras, dijo a aquellos doce que él había escogido:
12 Vosotros sois mis discípulos; y sois una luz a este pueblo, que es un resto de la casa de José.
13 Y he aquí, esta es la tierra de vuestra herencia; y el Padre os la ha dado.
14 Y en ninguna ocasión me ha dado mandamiento el Padre de que lo revelase a vuestros hermanos en Jerusalén.
15 Ni en ningún tiempo me ha dado mandamiento el Padre de que les hablara concerniente a las otras tribus de la casa de Israel, que el Padre ha conducido fuera de su tierra.
16 Solo esto me mandó el Padre que les dijera:
17 Que tengo otras ovejas que no son de este redil; aquellas también debo yo traer, y oirán mi voz; y habrá un rebaño y un pastor.
18 Ahora bien, por motivo de la obstinación y la incredulidad, no comprendieron mi palabra; por tanto, me mandó el Padre que no les dijese más tocante a esto.

19 Pero de cierto os digo que el Padre me ha mandado, y yo os lo digo, que fuisteis separados de entre ellos por motivo de su iniquidad; por tanto, es debido a su iniquidad que no saben de vosotros.

20 Y en verdad, os digo, además, que el Padre ha separado de ellos a las otras tribus; y es a causa de su iniquidad que no saben de ellas.

21 Y de cierto os digo que vosotros sois aquellos de quienes dije: Tengo otras ovejas que no son de este redil; aquellas también debo yo traer, y oirán mi voz; y habrá un rebaño y un pastor.

22 Y no me comprendieron, porque pensaron que eran los gentiles; porque no entendieron que, por medio de su predicación, los gentiles se convertirían.

23 Ni me entendieron que dije que oirán mi voz; ni me comprendieron que los gentiles en ningún tiempo habrían de oír mi voz; que no me manifestaría a ellos sino por el Espíritu Santo.

24 Mas he aquí, vosotros habéis oído mi voz, y también me habéis visto; y sois mis ovejas, y contados sois entre los que el Padre me ha dado.

Complementado en esta otra cita, donde se habla que incluso visitaría a los otras tribus que no eran la de Judá y tampoco la de José:A causa de la incredulidad de Israel, los judíos, no saben nada de la tribu de José que se estableció en América

3 Nefi 16:1-3/ 1 Y en verdad, en verdad os digo que tengo otras ovejas que no son de esta tierra, ni de la tierra de Jerusalén, ni de ninguna de las partes de esa tierra circundante donde he estado para ejercer mi ministerio.

2 Porque aquellos de quienes hablo son los que todavía no han oído mi voz; ni en ningún tiempo me he manifestado a ellos.

3 Más he recibido el mandamiento del Padre de que vaya a ellos, para que oigan mi voz y sean contados entre mis ovejas, a fin de que haya un rebaño y un pastor; por tanto, voy para manifestarme a ellos.

o   La duda ofende
o   Solo creo lo que veo, y no todo. Mateo.
o   Del santo me espanto, del pillo no tanto.

Cuento

En el pueblo, un aldeano paso una temporada ingresado en un manicomio porque se empeñó en que él era un grano de Maíz.

Fue tratado médicamente, le dieron de alta y un buen día, cuando paseando por un camino de tierra, vio una gallina en medio del camino. Su mujer se sorprendió: ¿Por qué te has detenido? Ahora ya sabes que no eres un grano de maíz.

Yo lo sé. Pero, ¿la gallina, lo sabrá?

Anécdota

Los corazones de los hombres se endurecen a causa del éxito profesional, o terrenal, y ello me da la oportunidad de comentar de alguien con quien compartí algunas verdades, pero que cayeron en terreno estéril y endurecido. Recibió la semilla, pero no disponía de humedad o agua y el terreno no era fértil, pues los afanes del mundo no le dieron oportunidad, para labrarlo y abonarlo y finalmente la semilla fue expuesta al calor del día y se quemó.

A este hombre de quien hablo le compartí varias cosas de carácter espiritual, incluso del testimonio en video por internet de una científica Sueca, que constató la existencia del espíritu, y de la realidad de la composición de cuerpo terrenal y cuerpo material.

Al cabo de un año me pregunto por mi hijo, le conté que estaba bien y trabajando. El refirió jocosamente que le habían comentado que estaba en Venezuela prestando una misión, y agregó que perdería dos años de su vida si lo hacía.

Me di cuenta que este hombre Ingeniero Eléctrico, que estaba a cargo de la gerencia de la clínica donde antes trabajé, durante diez (10) años, ahora su orgullo y comodidad financiera le habían hecho dejar de creer en Dios, y que la idea sobre lo espiritual era una idea distorsionada.

Suele ser común que las personas pierdan la percepción de lo eterno, a causa de los descubrimientos científicos; para algunos, estos los llenan de motivos, y no dan cabida en su mente sobre el plan de Dios.

1.6.2 Incumplido

Corresponde a quien no ejecuta o entrega las cosas conforme a la oportunidad comprometida, es decir que los compromisos los adquiere, pero le es indiferente cumplirlos, además no se toma la molestia, para indicar que no va a estar en el lugar acordado, sino que espera a que le recuerden de su compromiso y cita fallida.

Eclesiastés 7:29 He aquí, solamente esto he hallado: que Dios hizo recto al hombre, pero los hombres buscaron muchas artimañas.

o   Quien no cumple lo que dice, toda credibilidad pierde.
o   Buenas acciones, valen más que mil razones.
o   Antes que emprendas, mide tus fuerzas.

Cuento

La esposa le dice al marido:
Antes de casarnos me prometiste que no volverías a beber y que serías otro hombre.
Y lo hice, Pepita, y lo hice. Pero es que al nuevo hombre le gusta más la bebida que al anterior.

Anécdota

Conocí un hombre que se ganó la titulación de sus amigos como aquel que no cumplía sus compromisos y de quien nunca se esperaba una respuesta, para afirmar si vendría o no, a pesar de haber prometido a su receptor que efectivamente lo haría.

Su madre siempre le decía que él no cumplía ni años; pues en tantas veces le había hecho esperar, que ya no le creía absolutamente nada.

Un buen día creyó que todas las personas podrían soportarle tal decidía, y termino por encontrase con uno que era mala gente y le remató su casa a raíz de un préstamo que recibió. Esta lamentable situación ocurrió, por cuanto no reacciono oportunamente a vender algunas de sus pertenencias o quizás albergo la esperanza de que podría hacerlo, y no llegaría ese día de perder. Las personas incumplidas tienen la buena intención de hacer que sus compromisos se ejecutaran conforme a lo acordado, pero desafortunadamente, en su mente hay la idea de que el futuro nunca llegara, que esa fecha está siempre muy lejana aún para llegar, y aunque este a las puertas, sigue creyendo que sin hacer nada, se cumplirán los hechos a su favor.

1.6.3 Indeciso

Estado de incertidumbre en que se cae antes de escoger una alternativa, para ejecutar o precisar su preferencia. Quien no toma la determinación de efectuar lo que debe hacer prontamente, sino que espera hasta obtener la seguridad de que no fallara.

El apóstol Santiago dijo: "El hombre de doble animo es inconstante en todos sus caminos" (Santiago 1:8).

Un antiguo adagio suizo describe la indecisión diciendo:

o   Con un pie dentro y otro fuera no se está dentro ni se está fuera; no se es frío ni caliente, ni redondo ni cuadrado.
o   Pobre, muy pobre y siempre limitado es el indeciso, que no sabe dónde comenzar ni a dónde ir.
o   Antes yo era muy indeciso,…...Ahora yo ni se.
o   ¿Qué hay más mudable que el viento? De la mujer el pensamiento.

Cuento

Una mujer fue al médico:
Doctor, mi marido está completamente loco. De vez en cuando habla con la lámpara.

¿Y qué le dice?

No lo sé.

¿Cómo que no lo sabe? Usted ha dicho que lo ha visto hablando con la lámpara.

No, yo no he dicho eso. Yo he dicho que habla con la lámpara.

Pero entonces ¿cómo lo sabe usted?

Me lo ha dicho la lámpara.

Anécdota

Cuando cursaba el curso de 5° de bachillerato, en la clase de trigonometría nos colocaron veinte (20) identidades para resolver como tarea; algunas eran difíciles en apariencia, entre ellas había una que ninguno pudo hacer. El profesor quiso resolverla en el tablero o pizarra que tenía aproximadamente Seis (6) metros de anchura. Llenó de soluciones posibles, en tres veces la pizarra, pero no se le veía solución a la vista.

Mi compañero de pupitre "Victoria", que había pedido apoyo, en la noche anterior a su hermano que estudiaba en la Universidad la trajo resuelta, pero él no entendía la solución. Así que procedió a mostrármela y yo la comprendí rápidamente. Su hermano utilizó el método de la racionalización y así en cuatro pasos la solución estaba lista.

Al ver que él no se decidía, me aventuré y la explique, quedando como un rey ante mis compañeros y por supuesto ante el profesor. Al principio tuve indecisión, pero es normal y es algo que si se percibe que hay razón para hacer lo correcto, no se puede dudar. La primera impresión que sentimos seguramente es la correcta, después vendrán dudas y suelen indicarnos que no seremos capaces, e impiden que hagamos lo correcto en el momento preciso, por lo cual debemos valorar rápidamente y ponderar, para que ello nos dé ánimo.

Hoy por hoy aplico y enseño el método de "tomar decisiones por ponderación equivalente" que expuse en el Libro "El método Roer 7*4, y ello ayuda a que las personas se decidan a cristalizar las cosas más rápidamente y sin temor.

1.6.4 Indecente

Aquel que no suele respetar la audiencia o las personas presentes, para expresar palabras ofensivas, o grotescas. Aquel que en su vocabulario siempre usa palabras de grueso calibre, para realizar exclamaciones o porque se ha enseñado a usarlas tan a menudo que se le sueltan con facilidad.

Prov.18:2 No se deleita el necio en el entendimiento, sino en lo que su corazón exteriorice.

o   Hombre de voz hueca, cántaro vacío.
o   Hombre envinado, hombre desatinado.
o   Habladas o escritas las palabras, sobran las que no hacen falta.

Cuento

Un hombre demostrando que su loro habla varios idiomas procura a la audiencia presentar al loro:
Mi loro es genial. Habla idiomas. Si levanta la pata izquierda habla inglés; si levanta la pata derecha habla francés.
Alguien de la audiencia pregunta: ¿Si levanta las dos patas?
El loro contesta en español: ¡Me caigo, pedazo de idiota!

Anécdota

Cuando laboraba en Curtiembres Progreso, una industria de cueros bastante grande y muy organizada en cuanto a los procedimientos administrativos y técnicos, laboraban conmigo en el departamento de contabilidad un buen asistente y una señora muy respetuosa que digitaba los documentos. Una mañana después de muchos años, no sé porque se me soltó una palabra liviana, e inmediatamente sobresaltaron las alarmas a los dos colaboradores, llamándome la atención, pues ellos jamás me habían escuchado referir un término grosero, aunque no era la palabra mayor o cualquier parecida, si era una palabra cuestionable.

Ellos utilizaban sus palabras gruesas, pero les alarmo que yo lo hiciera. Aquel día comprendí que no había seguido siendo el ejemplo que siempre escucharon de mis palabras, por lo cual me llamaron la atención y recordaron quien era.

Cuando se suelen expresar palabras indebidas, también se pierde un poco de la positiva influencia del espíritu, así de simple, y difícilmente se recupera la confianza que se pierde entre los demás, pues ellos te catalogaran igual que el mundo.

1.6.5 Indeseable

Alguien que no es aceptado por la comunidad debido a su: condición, vestimenta, la desconfianza o incertidumbre que ofrece en cuanto al poco conocimiento, o porque ante las autoridades no ha cumplido con documentos en regla, o por comportamiento grotesco y ofensivo. No es digno de trato.

Jeremías 2:21-23/ 21 Y yo te planté, vid escogida, simiente verdadera toda ella; ¿cómo, pues, te me has convertido en sarmiento de vid extraña? 22 Aunque te laves con lejía y amontones jabón sobre ti, la mancha de tu iniquidad está delante de mí, dice Jehová el Señor. 23 ¿Cómo dices: No soy impura; nunca anduve tras los baales? Mira tú proceder en el valle; reconoce lo que has hecho, dromedaria ligera que tuerce sus caminos;

- o   Quien mala cuchara escoge, con mala cuchara come.
- o   Mal hace quien no hace bien, aunque mal no haga.
- o   Malo el rey, mala la grey.

Cuento

Una conversación típica entre dos actrices:
Cuando aparezco en escena todos se los espectadores se quedan
boquiabiertos.
Pero será posible que sean tan mezquinos, bostezar en público.

Anécdota

Me sentí como un indeseable cuando referí, en la parada de autobús
a una señora mi queja por otra señora me que había hecho salir del
recinto a causa de no soportar el humo que ella expelía de su cigarro.
Ella tan pronto notó que mi voz era del extranjero, y pudo identificar mi
nacionalidad, procedió a indicar que la señora estaba en su país y podía
hacer lo que deseaba. Que yo era un extranjero, y que solo veníamos
a estar pendientes de las carteras de los demás. Además manifestó,
en tono muy fuerte, que pretendíamos cambiar las costumbres de los
coterráneos. Ello me sorprendió, y para hacerle notar su equivocación,
quise regalarle una revista Liahona; la miró despectivamente y dijo:
¡ello es propaganda evangélica! Le había referido mi incomodidad,
pues estaba cayendo agua nieve, y todos pretendíamos refugiarnos en
la parada del autobús, y la señora estaba fumando en un recinto donde
había público, quizás ella también era fumadora; para ella no resultó
nada indeseable el humo, no obstante estar prohibido hacerlo en tales
lugares.

1.6.6 Indiferencia

A quien se le denota como persona poca colaboradora, porque no actúa
con positivismo, ni con negativismo, pues no participa de las decisiones,
no obstante que se espera su apoyo.
En cierta forma hay porción de cobardía en la indiferencia.

Prov.24:11-12/11 Si dejas de librar a los que son llevados a la muerte y a
los que son llevados al degolladero,

12 si dices: He aquí, no lo supimos,¿acaso no lo entenderá el que pesa los corazones? El que mira por tu alma, él lo conocerá y recompensará al hombre según sus obras.

Prov.29: 24 El cómplice del ladrón aborrece su propia alma; oye la maldición y no dice nada.

Pro.29: 15 La vara y la corrección dan sabiduría, pero el muchacho que se deja suelto avergüenza a su madre.

Prov.29:18 Sin profecía, el pueblo se desenfrena, pero el que guarda la ley es bienaventurado

Prov21:13 El que cierra su oído al clamor del pobretambién clamará y no será oído.

o   Me importa un comino.
o   Me da igual
o   Me da lo mismo ocho que ochenta
o   Por un oído le entra y por otro le sale.
o   Malas o buenas, mira todas las cosas como ajenas.

Cuento

Dos locos juegan como si fueran médicos:
Doctor ¡estoy desesperado! Creo que soy un tres. ¿Ya no sé qué hacer?
No se preocupe, los siete vamos a resolver su caso.

Anécdota

En el año 2.013 procure contactar a muchos de los líderes políticos de la región, para buscar apoyo con el programa de comercialización de los frutos tropicales en la comunidad europea. También lo hice desde Madrid en las oficinas de la embajada y Proexport, una entidad que se dedica a apoyar proyectos de comercio de los productos colombianos en el extranjero. Pero me sentí impotente; presente un proyecto de 110 páginas en un Cd., también, realice varias entregas de apoyo para el emprendimiento con el método Roer 7*4, y me fue imposible encontrar eco entre los políticos, y líderes, pues yo no representaba nada, y no venía avalado por alguien. Ni el Ministerio de Agricultura, ni otros funcionarios a nivel intermedio se entusiasmaron con ello. Quizás porque ofrezco poco o nada para que ello les entusiasme. No pude encontrar la tecla a tocar para que el interés se despertara.

Sé que una de las salidas para muchos de los conflictos internos como el paramilitarismo, guerrillas, delincuencia común, falta de empleo y hacinamientos en las ciudades, es volver a llevar a los campesinos al campo, para producir alimentos ante la amenaza de la hambruna mundial que se prevé para dentro de 11 o 12 años, sin embargo poco o nada motiva a los líderes políticos, y la indiferencia que transmiten es sencillamente desgarradora.

Si no hay proyectos bien expuestos con alta dosis de participaciones entre ellos, las teclas no suenan, en tanto los problemas se van acrecentando y la indiferencia de ellos por el bien común poco o nada importa.

Definitivamente al compartir estos proyectos o ideas con otros líderes sobre el manejos de los asuntos de justicia, tasación de los impuestos y reintegro de los mismos entre la gente, recibí el consejo sabio de un hombre al que admiro mucho: "solo las cosas que deseo tal vez tendrán aplicación cuando se inicie el gobierno de Jesucristo entre su pueblo, pues los hombres naturales, solo se interesan por robar, sacar tajada, comisiones, etc., y ahora ello es lo que impera".

2.1.1 Indignidad

Término para describir a quien rompe las reglas establecidas, sea por voluntad o por conveniencia relativa; sin temor de Dios, a sus jueces, sus padres, maestro, patrones, o esposa, pues es indiferente a lo que le puedan hacer. Quizás si teme, pero no lo suficiente para evitar caer en errores. Se hace indigno uno de portar algo cuando no obedece, cuando, conociendo imprudentemente falla, o porque no hace méritos de respeto por lo que podría recibir o representar.

Mucho cuesta ganar la dignidad y el respeto de los demás, y poco cuesta perderlo y convertirse en un sujeto al que todos cierran las puertas.

Prov15:32-33 El que tiene en poco la disciplina menosprecia su alma, pero el que escucha la reprensión adquiere entendimiento.
33 El temor de Jehová es enseñanza de sabiduría, y a la honra precede la humildad.

Prov21:10 El alma del malvado desea el mal; su prójimo no halla favor ante sus ojos.

Prov.21:12 Considera el justo la casa del malvado, *cómo* los malvados son trastornados por el mal.

- o Con la vara que midas serás medido.
- o Cada uno lleva su cruz con buen o mal al aire; pero sin cruz no hay nadie.
- o Quien la hizo la espere, porque quien a cuchillo mata a cuchillo muere.

Cuento

Eh, oiga, ¿no sabe que está prohibido escupir en el suelo?
Si, lo sé, ya he intentado escupir en el techo, y siempre me cae en el ojo.

Comentario:

Al analizar la vida de Jesucristo nos damos cuenta que él fue donde: los pobres, los desamparados, y no cerró las puertas a las prostitutas, ni a los ladrones, pues para Él el único requisito era, el deseo de cambiar, de emprender una nueva vida mediante la aceptación de su evangelio. Así se lo hizo saber en una charla muy corta con el ladrón que colgaba de la cruz, junto El, en el momento de su crucifixión. Lucas 23:39-43
39 Yuno de los malhechores que estaban colgados le injuriaba, diciendo: Si tú eres el Cristo, sálvate a ti y a nosotros.

40 Pero respondiendo el otro, le reprendió, diciendo: ¿No temes tú a Dios, estando en la misma condenación?

41 Y nosotros a la verdad con justicia; porque recibimos la recompensa debida por nuestras obras; pero este hombre no ha hecho nada malo.

42 Y dijo a Jesús: Señor, acuérdate de mí cuando vengas en tu reino.

43 Y Jesús le dijo: De cierto te digo, que hoy estarás conmigo en paraíso.

Yo invito sinceramente, a toda persona a que conozca la condescendencia de nuestro Padre Celestial y de Jesucristo, pues todos tienen la posibilidad de ser redimidos, aunque se sientan muy distantes y sus pecados les atormenten, aun así hay esperanza, solo se requiere, el deseo, el reconocimiento de sus pecados y la voluntad para cambiar.

2.1.2 Indisciplinado

Individuo que no se somete ni a justicia, ni leyes, ni pactos, pues prefiere el libertinaje. La principal ley de los cielos es la obediencia y quien no es capaz de vivir las leyes terrenales, no está capacitado para vivir leyes superiores, por lo tanto su destino será el vivir en reinos inferiores, allí donde no hay ni paz, ni orden, ni respeto, ni mucho menos libertad.

Prov. 29:1 El hombre que, al ser reprendido, endurece la cerviz, de repente será quebrantado, y no habrá remedio para él.

Prov. 13:18 Pobreza y vergüenza tendrá el que menosprecia la disciplina, pero el que acepta la corrección será honrado.

- o Aprende a no manifestar aquello que puede volverse en contra de ti. Epíteto.
- o Con sacrificio puede ser que logres poco, pero sin sacrificio es seguro que no lograrás nada.
- o Puede ser un héroe lo mismo el que triunfa que el que sucumbe, pero jamás el que abandona el combate. Thomas Carlyle.

Cuento

Un loco le pregunta a otro:
¿Qué hora es?
Falta un cuarto de hora.
¿Para qué? …..
Yo que sé. He perdido la aguja de las horas.

Anécdota

Cuando cursaba tercero de primaria había un chico en cuarto curso que todas las mañanas procuraba comprar el favor del director de la escuela y que además era su profesor, con frutas como: papayas, mangos, y otras que sustraía de la tienda de su padre, o quizás su padre las enviaba. Su profesor tenía en la escuela varios pájaros y animales que cuidaba tanto como a sus alumnos.

El chico en mención en verdad era bastante indisciplinado, y al menos una vez por semana no iba a clase en las tardes, pero su maestro mandaba a los alumnos a rastrearlo en el rio una vez que indagaba entre sus compañeros que terminaban por delatarlo. A nosotros nos agradaba bastante su comportamiento, pues al fin y al cabo cuando él se ausentaba, nosotros disfrutábamos de no clases por un tiempo en tanto le traían. El jovencito no aprendía con las castigos que recibía de su profesor una vez le traían, pues a nadie perdonaba nada. El castigo eran 5 o más golpes con una vara flexible que mantenía en la mano lista, para castigar a cualquier alumno que infringiera o dañara algo.

A pesar de todo, los graduados aprendieron a agradecer y quererle, a ese profesor, pues sabíamos que él tenía razón, aunque no fuera el método más apropiado.

2.1.3 Indispensable / Imprescindible

A quien se considera irremplazable, o que no se le puede excluir o dejar de considerar. También es el requisito básico para que sea aceptado en la obtención de un logro. Ejemplo: para entrar a estudiar en la universidad se requiere haber cursado la secundaria o bachillerato.

Muchos dicen conocer a Jesucristo, pero para ello se precisa algo más que creer conocerle, pues es necesario haber descubierto su bondad, haber pactado con el por el bautismo autentico con la autoridad correcta, perseverado, haber recibido su nombre y además conocer su voz.
Parábola del buen pastor:

Juan 10; 1-18/1 DE cierto, de cierto os digo: El que no entra por la puerta en el redil de las ovejas, sino que sube por otra parte, ése es ladrón y salteador.

2 Pero el que entra por la puerta, el pastor de las ovejas es.

3 A éste abre el portero, y las ovejas oyen su voz; y a sus ovejas llama por nombre y las saca.

4 Y cuando ha sacado fuera todas las propias, va delante de ellas; y las ovejas le siguen, porque conocen su voz.

5 Pero al extraño no seguirán, sino que huirán de él, porque no conocen la voz de los extraños

6 Esta parábola les dijo Jesús, pero ellos no entendieron qué era lo que les decía.

7 Volvió, pues, Jesús a decirles: De cierto, de cierto os digo: Yo soy la puerta de las ovejas.

8 Todos los que vinieron antes de mí eran ladrones y salteadores, mas no los oyeron las ovejas.

9 Yo soy la puerta; el que por mí entrare será salvo; y entrará, y saldrá y hallará pastos.

10 El ladrón no viene sino para hurtar, y matar y destruir. Yo he venido para que tengan vida, y para que *la* tengan en abundancia.

11 Yo soy el buen pastor; el buen pastor da su vida por las ovejas.

12 Pero el asalariado, y que no es el pastor, de quien no son propias las ovejas, ve venir al lobo, y deja las ovejas y huye; y el lobo arrebata y dispersa las ovejas.

13 Así que el asalariado huye, porque es asalariado, y no le importan las ovejas.

14 Yo soy el buen pastor y conozco mis *ovejas,* y las mías me conocen,
15 así como el Padre me conoce, y yo conozco al Padre; y pongo mi
vida por las ovejas.
16 También tengo otras ovejas que no son de este redil; a aquéllas
también debo traer, y oirán mi voz, y habrá un rebaño y un pastor.
17 Por eso me ama el Padre, porque yo pongo mi vida, para volverla a
tomar.
18 Nadie me la quita, sino que yo la pongo de mí mismo. Tengo poder
para ponerla, y tengo poder para volverla a tomar. Este mandamiento
recibí de mi Padre.

o Yegua parada, prado haya.
o La necesidad es madre de la inventiva.
o No soy Seneca ni Merlín, más entiendo ese latín.

Cuento

Un empleado le pregunta a su compañero de trabajo:
¿tú nunca coges vacaciones?
No, yo no puedo dejar la empresa.
¿Por qué? ¿Acaso la empresa no puede funcionar sin ti?
Claro que puede, precisamente eso es lo que no quiero que descubran.

Comentario

Para alcanzar el máximo don y la aprobación de Dios en la vida venidera
es indispensable, que creamos, pero además, desarrollemos cambios en el
corazón, nuestros hechos sean los que hablen por nosotros y además de
ello hacer convenios mediante el bautismo, pero también permanecer.
Para no vivir sin la familia, es imprescindible sellarnos con ella por la
eternidad en su santo templo.

Quizás parezca fastidioso reiterar tanto en ello, pero una vez alcanzamos
conocimiento de estas verdades, me obliga la responsabilidad en reiterar

muchas veces sobre lo mismo, porque efectivamente serán nuestros méritos los que inclinaran la balanza para darnos lo que merecemos.

Mosiah 15:11-12 /11 He aquí, os digo que quien ha oído las palabras de los profetas, sí, todos los santos profetas que han profetizado concerniente a la venida del Señor, os digo que todos aquellos que han escuchado sus palabras y creído que el Señor redimirá a su pueblo, y han esperado anhelosamente ese día para la remisión de sus pecados, os digo que estos son su posteridad, o sea, son los herederos del reino de Dios.

12 Porque estos son aquellos cuyos pecados él ha tomado sobre sí; estos son aquellos por quienes ha muerto, para redimirlos de sus transgresiones. Y bien, ¿no son ellos su posteridad?

2.1.4 Individualismo, Egoísmo

Se refiere a quien se preocupa por sí mismo, no importando el bien común, su entorno, o semejantes. Sus actuaciones van encaminadas a despreciar los derechos ajenos.

Prov.: 21: 26 El codicioso codicia todo el día, pero el justo da y no retiene.
Prov.:23:10-11/10 No muevas el lindero antiguo, ni entres en los campos de los huérfanos, 11 porque el redentor de ellos es el Fuerte; él defenderá la causa de ellos contra ti.

- o Primero yo, segundo yo, y si queda algo para ti.
- o No hay cálculos más errados que los del egoísmo. El único egoísmo aceptable es el de procurar que todos estén bien, para uno estar mejor.
- o El alcalde de mi pueblo me lo enseño: quítate tú para que me ponga yo.
- o La caridad bien entendida comienza por uno mismo,
- o Mal vivió quien solo para sí vivió.
- o Cada cual pasa sus penas y no siente las ajenas.

o   Cada gallo en su gallinero y cada ratón en su agujero.

o   En cada casa y en cada convento, unos barren para afuera y otros para adentro

o   El que solo vive para sí, está muerto para los demás.

o   Cada uno se labra su fortuna.

o   Cada uno hace lo que puede.

o   Cada palo aguante su vela.

o   Cada uno habla de la feria según le va en ella.

o   Cada uno es quien es, aunque no sea conde ni marqués.

o   La regla del tío Camuñas que cada uno se rasque con sus uñas.

Cuento

Un loco llega al manicomio atado con la camisa de fuerza. Lo meten en una celda con otro loco, que enseguida le pregunta: ¿Cómo te llamas? Lo he olvidado…. Contesta el loco.
Entonces somos tocayos

Anécdota

Conocí a un hombre que compro dos de los cinco (5) predios rurales donde nosotros pretendimos primeramente establecer una granja, para abastecer un mini mercado de la comunidad a la que pertenecíamos los cinco (5) compradores iníciales. Por causas ajenas a la voluntad de a poco debimos vender y solo quedo uno de los hijos de los compradores iníciales, para ejecutar y disfrutarlo, ya que él se pudo establecer con su familia allí, por cierto fue mi buen amigo Uriel, el compro lo mío y administro lo de su padre, los otros tres lotes se vendieron a particulares. Yo viaje con mi familia fuera del país, pero quise dejar mi parte a mi amigo, para que el progresara con su familia, y lo negociamos con su trabajo y dinero a satisfacción de ambas partes.

Un buen día la esposa de mi amigo me comento que el señor comprador de la parte superior (Señor X) que había adquirido los dos (2) predios que quedaban encima de ellos había tenido una actitud desconsiderada con ellos, por el asunto de no querer permitir que el estanque que habíamos construido, para suministro del agua de los otros tres predios siguiera funcionando, por lo cual lo desbarato sin consulta ni razón justificada.

Aquel estanque en común acuerdo lo construimos entre todos, y buscaba el servicio de los otros que no disponíamos de agua. Para conservar el agua procuramos mantener en el entorno siembra de guadua arboles de quiebrabarrigo y otras plantas para proteger el nacimiento de agua.

Cuando la esposa de mi amigo observo el corte del agua, fue a la fuente y se enteró de la destrucción del estanque que quedaba ahora en propiedad del nuevo comprador, pero no causaba ningún perjuicio, porque se había construido en el lecho del nacimiento. Al requerírsele la razón de ello, expuso (El señor X) que esa era su propiedad, lo cual nadie le negaba, sin embargo que si alguien deseaba agua debía conseguirla a una distancia de unos 800 metros con la respectiva cantidad de instalación de mangueras y otros gastos, y que si querían agua además la buscaran más abajo, pues él no le permitiría que alguien la tomara de lo suyo. Tal agua él no la usaba para nada, pues estaba en un cañón que distaba de escasos 10 metros del lindero de los otros dueños.

Al meditar sobre ello, procuro encontrar la razón de como una persona entra en un conflicto innecesario y egoísta sobre algo que no usa, pero que tampoco quiere que otros usen.

Tal suceso termino por deteriorar las relaciones entre los dos frentes, y observé a mi amigo tener ideas contrarias a lo aprendido, por lo cual lo invite a orar por su enemigo y buscar la solución según la manera de Dios. Con el tiempo el hombre (Señor X) volvió a cortar el agua y la señora procedió a hablar con el propietario (Señor Y) del predio que quedaba encima del hombre (Señor X) y el cual permitía que él se abasteciera de agua de su finca. Cuando aquel hombre (Señor Y) se enteró de ello se indignó de tal manera que procedió a cortarle el agua al señor X, lo cual lo motivo a indagar la causa del asunto y cuando observo que se la habían cortado pregunto el porqué. Se le respondió que ello era igual a lo había hecho con su vecina del predio inferior y solo la restauraría cuando el hiciera igual y no fastidiara a los demás con tal proceder.

La vida nos da la oportunidad de recibir el bien o el mal que hagamos en doble proporción.

2.1.5 Indolente

Que no se conmueve con nada, que no le duele nada de lo que ocurre a los demás, o que es flojo para ejercitar las tareas asignadas.

Proverbios 10:23 El hacer maldad es como una diversión para el insensato, pero el hombre entendido tiene sabiduría.

- o Manda y haz; y a los torpes enseñarás.
- o Malas o buenas, mira todas las cosas como ajenas.
- o Mal ladra el perro, cuando ladra de miedo.

Cuento

Dos amigos de profesión comerciantes.
-perdona. .. ¿Me quieres decir por qué cuando escribes a tu mujer, sacas copia a la carta? ¿Es que temes repetirla?
¡No, no, ni más faltaba! Lo que temo es contradecirme.

Cuento

Ante las nuevas sanciones a Rusia, de nuevo se forman largas colas en los supermercados en Moscú; luego de cinco horas en fila para hacer sus compras, un hombre se exaspera y se sale de la fila diciendo:
"Que se joda todo, voy a ir a matar a Putin"
Todo el mundo piensa que no va a volver nunca, pero al cabo de treinta minutos vuelve y retoma su puesto en la fila, los otros de la fila le preguntan:
¿No disque ibas a ir a matar a Putin?
Y él contesta "si pero la fila allá era más larga que esta"

Anécdota

Cuando era chico e iba a la finca de mi padre, me gustaba utilizar los caballos para montar, sin embargo no me acordaba de que era sensato cuando se iba utilizar una bestia proveer comida, cascaras de plátano, miel o cualquier forraje de que se dispusiera. Solo me preocupaba de que la bestia estuviera con su silla puesta, para lo más pronto yo pudiera montarla. Una mañana en tanto una yegua se le ponía la montura, me dio un mordisco en un brazo. Los animales conocen y saben muy bien quien se preocupa por ellos, y saben quiénes poco o nada les interesa su bienestar.

Es costumbre que en el momento de colocar los aperos a tales animales, se les trate con bondad, se les suministre alimentos abundantes que les motive a ser utilizados en un paseo. Igual sucede si se va a ordeñar vacas, resulta muy apropiado disponer de pienso, pasto de corte, miel y otros elementos para que entre tanto se ordeñe, las vacas estén entretenidas comiendo para dar más y mejor leche y no la escondan.

Mi padre tenía un macho (mulo) viejo y muy astuto cual llamaba "confite"; a él le era difícil abandonar los buenos pastos de la propiedad, para irse de allí y someterse a tener que estar buen tiempo esperando que los demás le dejaran amarrado en un poste en tanto alguien se acordaba de que el existía. A causa de ello, algunas veces cuando le lanzábamos el lazo sobre el cuello y nos acercábamos, para ajustar la rienda, el esperaba a que estuviéramos cercanos, volteaba el rabo y mandaba las patadas, saliendo precipitadamente en carrera y relinchando, en son de burla. Si uno no le conocía las mañas, él le podría fácilmente asestar las patadas en la cara.

Solo hasta que aprendí que ellos tienen carácter y agradecen cualquier cosa en bien, y así te aprenderán a respetar.

2.1.6 Ineptitud.

Es el estado en que solemos caer, cuando se nos presentan cosas en que no tenemos experiencias. Es la incapacidad para efectuar una tarea apropiadamente. Condición ante lo desconocido, o actividades en que pretendemos incursionar, sin antes capacitarnos.

Prov.24:10 Si flaqueas en el día de angustia, tu fuerza es limitada.

o   Si los burros hablaran cuantos hombres rebuznarían.
o   Entre burros no valen razones sino rebuznos.
o   En la puerta del establo había una foto de los dos burros, que indicaba: Por fin nos encontramos los tres.

Cuento

¿Qué hace amigo?
Estoy escribiendo una carta para mi enamorada.
¿Cómo? ¡Si usted no sabe escribir
No importa. Ella no sabe leer.

Anécdota

Cuando ingrese a trabajar a Curtiembres Progreso en 1.984, todo me parecía diferente dado que las cosas había que hacerlas conforme a los procedimientos y métodos establecidos por los auditores y postulados de la casa matriz Racafe, la cual establecía las políticas para las 62 compañías del grupo Espinosa.

Al cabo de cinco (5) días sacaron el auditor que estaba haciendo el empalme conmigo, y a los 10 días sacaron al gerente administrativo, quien debía darme la instrucción de los costos que yo debía calcular. Para empeorar el conflicto mi asistente era una secretaria que llevaba mucho tiempo trabajando, para ellos, no le alcanzaban las manos, para realizar las tareas, además era el filtro de todas las cosas a registrar, pero tenía mal genio, impaciencia e intereses enormes de desacreditarme.

También disponía de la asistente de costos y proveedores, pero tal joven no sabía mucho de los problemas; aunque se limitaba a mantener al día los kardex de los productos químicos y suministros, para producción y emitir el informe de los consumos.

Yo había llegado allí para trabajar como jefe del departamento de contabilidad y revisor fiscal de la antigua Nacional de Curtidos S.A. Ante la falta de inducción apropiada me dedique a estudiar los procedimientos, para poder ponerme al tanto de las cosas, para que la documentación fluyera lo antes posible, como se esperaba; debido a ello rápidamente caí en desgracia con el personal que me debía asistir, y tal como había sucedido a los tres anteriores contadores, yo no pintaba para mantenerme más de un mes.

Un domingo debí irme en la tarde después de las reuniones de la iglesia, para procurar en frio y sin interrupciones estudiar detenidamente los procedimientos de: costeo, cálculo, registro, etc., que se requerían para pasar los datos del mes que terminó recientemente y donde yo con los escasos veinte (20) días trabajando sin ninguna inducción debía generarlos.

Mi tiempo, se había empleado en preparar los informes preparatorios para las juntas de la junta de socios, por los cierres de fin del año anterior en el cual yo no había participado, de tal suerte que todas las cosas me tocaba asimilarlas en el camino. Para mí fue posible gracias a la experiencia adquirida en las empresas precedentes, donde estuve laborando.

El día lunes terminé los informes de costos de acuerdo a los procedimientos establecidos y siguiendo las mismas rutas de los meses anteriores. Cuando se procesaron los datos y se obtuvieron los resultados del mes todos pegaron el grito en el cielo, pues había reflejado una pérdida operativa de $2.000.000 aproximadamente, lo cual hizo presumir que los costos estaban mal determinados, quedé como el nuevo maldito. Ello hizo que enviaran dos auditores adicionales de mucho temple y disposición para investigar lo registrado. Con toda la paciencia se demostró a los auditores, con cada uno de los cuadros, los nueve procesos o cuadros de costeo, elaborados por mí, que todo correspondía a la realidad y ellos terminaron por aprender y aceptar que lo que se registró estaba bien.

Parece que intencionalmente el responsable de los registros de costos había venido represando datos para evitar alarmar a las directivas de los sucesos de las perdidas sucesivas de operación en los meses precedentes. Cuando yo registre todo lo que había sido consumido, sereflejó la verdad financiera.

A la suma de los problemas de aceleración en asimilación se sumaron los de dos secretarias: una en ventas y cartera y otra en tesorería que sustraían dineros de la empresa. Pero ellas, especialmente una, inicio una guerra sucia contra mí, debido a que yo le exigía unos informes de reportes de documentación que desvelaban las posibilidades de hurto. Ella en vez de prepararlos, ponía las quejas a su nuevo protector, el auditor externo enviado de la central, quien direccionaba su predisposición contra mí.

Los primeros meses fueron muy difíciles, y de no haber sido por el apoyo continuo de mí Padre Celestial difícilmente habría podido sortear las dificultades a que me enfrentaba cada día. Para fortuna mía, todas las cosas se desvelaron y atemperaron cuando se retiró la asistente y se cambió por una señora que se dispuso a trabajar unidamente y ante todo pudo recibir la instrucción apropiada de la asistente. También conté con el cambio de la secretaria de costos, para dar paso a un joven que se responsabilizó de la liquidación de los costos de insumos y yo de los cuadros y cálculos de los procesos productivos. Al cabo de seis meses todo el personal contable era nuevo. Salimos adelante y allí serví por siete (7) años. Los auditores asignados se dejaron enredar de las secretarias de ventas y tesorería y sufrieron el desprestigio al revelarse los desmanes de sus protegidas.

La ineptitud en que me vi sumergido en los primeros días fue sorteada con ayuno y oración, además del esfuerzo, paciencia con que el creador me dotó para la comprensión, para que yo hubiere podido flotar en semejante difícil inicio.

2.2.1 Inestable

Persona que por su carácter, condición económica, o manera de pensar, no es de confiar en sus decisiones, comportamientos o actos. Que es ambigua en la forma de actuar o quizás indecisa.

Prov. 24:21-22 /21 Teme a Jehová, hijo mío, y al rey; no te asocies con los inestables,
22 porque su desgracia llegará de repente; y la ruina de ambos, ¿quién puede saberla?

o   Observando las falsedades de un hombre, llegamos a conocer sus virtudes.
o   Vuestra fama es como la flor, que tan pronto como brota muere, y la marchita el mismo sol que la hizo nacer de la tierra ingrata.
o   Lo bueno de ser celebridad es que cuando la gente se aburre contigo piensa que la culpa es tuya.
o   El mal está en cometer falsedad, y no en tratar de enmendarla.

Cuento

Dos psiquiatras charlan sobre su caso raro:
Un paciente con doble personalidad.
Los dos se empeñaban en pagar la cuenta….

Comentario

Una persona inestable es aquel que no mantiene el curso correcto en su: caminar, actuar, hablar, pensar o decidir, pero algunos de esos problemas pueden ser corregidos, en cambio a otros les es más difícil la prueba.

Algunos de los preciados hijos de Dios y hermanos nuestros vinieron a la tierra para ser probados en circunstancias limitadas de percepción, audición, expresión, locomoción e incluso niveles de entendimiento inferior a lo normal. Tales personas quizás fueron más valientes que nosotros, pues escogieron y aceptaron su probación aquí en la tierra en forma difícil para ellos, pues cuando no se conoce el plan de Dios, los afectados y sus familias se preguntan ¿Por qué a mí me toco esta prueba? Las razones ahora no las sabemos, pero son claras para Dios, y si pudiéramos retomar nuestros recuerdos de la vida anterior, sabríamos porqueescogieron ser probados así aquí.

Al buscar una explicación me conformo con creer que eran espíritus elegidos más valientes que nosotros o Dios los quiso exonerar de otras pruebas y vinieron a recibir un cuerpo físico, porque eran excelentes hijos y no requerían de exámenes de otras pruebas, o porque su valentía excedió la nuestra, la de los supuestos normales.

Los designios de Dios no los entendemos, sabemos, y por lo tanto aunque algunos jocosamente los llamen subnormales, para Dios esos espíritus selectos ya tienen asegurada la eternidad. Si, pues no me cabe duda de que estén a su diestra.

Recuerdo a mi amigo el trasportista que estuvo en la guerra de Corea, quientenía dos hijos parapléjicos y de extrema limitación de vocalización, audición, locomoción, etc., Pero sus padres vivían felices y agradecidos. Ellos la tenían clara, y se esforzaban por hacerlos sentir lo mejor posible. Ya viejos, los padres, disfrutaban de la compañía de esos dos ángeles, lo cual yo comprobé, pues cuando iba a visitar a la familia para dar un mensaje, mi espíritu se fortalecía, ya que cuando tomaba sus manos o les saludaba era como llenar mis baterías de uranio.

2.2.2 Infiel

Cuando no respetamos los convenios establecidos, con la pareja, con Dios, o con quien nos hemos comprometido a mantener.

Mateo 24:42-51 / 42 Velad, pues, porque no sabéis a qué hora ha de venir vuestro Señor.

43 Pero sabed esto, que si el padre de familia supiese a qué hora el ladrón habría de venir, velaría y no dejaría minar su casa.

44 Por tanto, también vosotros estad preparados, porque el Hijo del Hombre vendrá a la hora que no pensáis.

45 ¿Quién es, pues, el siervo fiel y prudente, a quien puso su señor sobre su casa para que les diese alimento a tiempo?

46 Bienaventurado aquel siervo al que, cuando su señor venga, le halle haciendoasí.

47 De cierto os digo que sobre todos sus bienes le pondrá.

48 Más si aquel siervo malo dijere en su corazón: Mi señor se tarda en venir,

49 y comenzare a golpear a sus consiervos, y aun a comer y a beber con los borrachos,

50 vendrá el señor de aquel siervo en el día que no le espera y a la hora que no sabe,

51 y lo cortará por en medio y pondrá su parte con los hipócritas; allí será el llanto y el crujir de dientes.

Prov.30:20Tal es el camino de la mujer adúltera: Come, y limpia su bocay dice: No he hecho maldad.

Prov. 12:4 La mujer virtuosa es corona de su marido, pero la que lo avergüenza es como podredumbre en sus huesos.

Prov.28:13 El que encubre sus pecados no prosperará, pero el que los confiesa y los abandona alcanzará misericordia.

Prov.29:3 El hombre que ama la sabiduría alegra a su padre, pero el que frecuenta rameras perderá los bienes.

o La infidelidad de muchos sirvientes hizo rodar las cabezas de sus amos. Vicky Baúm

o No es gallina buena la que come en su casa y pone los huevos en la ajena.

o Se olvida una buena acción y no un buen bofetón.

Cuento

¿Estas son horas de llegar a casa, cariño? ¿Qué has estado haciendo hasta ahora?

Trabajando horas extras.

Entonces explícame ¿porque pareces mareado?

Porque…. hemos estado haciendo balance.

Historia

Cuando se procuró enseñar como era de necesario, para los esposos mantener los pensamientos puros, lo entendí mejor si seguíamos el consejo de evitar la segunda mirada, que nos enseñó nuestro líder de distrito de ese entonces José Luis González, q. e. p.d. Que el observar una mujer no era el problema, sino la reiteración de ello, lo que multiplicaba nuestros pensamientos indignos.

Este líder enseño mediante una analogía de los peligros a que nos enfrentamos por permitirnos tener confianzas con mujeres diferentes a la nuestra, y expuso la historia de otro líder sobre como en los pantanos del África, los cocodrilos se esconden sutilmente entre el pantano, y así pueden capturar a los incautos que se atrevan a beber agua en esos lugares.

Los riesgos no se deben correr, pues tan pronto te dejes inquietar por una segunda mirada, ya vendrá la codicia, el deseo, y más cosas y cuando menos pienses abras perdido el Espíritu, así las cosas vendrán las maquinaciones, y ya después estarás a merced de los susurros de los espíritus del mal, que te llevaran al pecado.

2.2.3 Infundado

Expresa algo que no está bien sustentado, o no corresponde en su plenitud con la verdad. Es aquello cuyo fundamento o cimientos no son firmes, o no existen.

Prov.25:18 Mazo, y espada y saeta agudaes el hombre que habla contra su prójimo falso testimonio.

- o El destino de todos los grandes hombres es ser calumniados durante su vida, y admirados después de su muerte. Paul Morand.
- o Siempre nos teme el que está seguro de que no puede engañarnos. Jacinto Benavente.
- o Trata con tus amigos en la plaza, y no los lleves a tu casa.

Cuento

Un niño le pregunta a una mujer embarazada: ¿Qué tiene usted en esa barriga, que es tan grande?
Y la mujer cariñosamente le responde: Tengo a mi hijito, al que quiero y cuido mucho.
No sea mentirosa. Y si lo quiere tanto. ¿Por qué se lo ha comido, eh?

Historia y comentario

La construcción del Muro de Berlín, no fue otra cosa que una absurda estrategia para privar de la libertad a un pueblo que sostuvo dos guerras de destrucción masivas innecesarias, torpes e infundadas, pues después de la devastación habría que preguntarles a los autores o líderes de tal decisión ¿Cuál fue el fruto justificante?

Recuerden que las leyes solo sirven si son apoyadas por la justicia o justificación, de lo contrario solo serán meros manifiestos de intolerancia y formas de coartar los gustos, libertades, y esclavizar a los pueblos. Muchas leyes se han decretado para favorecer los intereses de algunos políticos, etc., en detrimento de otros y siempre apoyados por documentos que se legalizan mediante leyes fundadas en la injusticia y la inequidad. Para fortuna de todos existen promesas de que en el gobierno de Jesucristo no habrá leyes de hombres naturales sino de la justicia eterna y divina.

Alemania sufrió la destrucción que motivaron sus líderes y sus seguidores, que ciegos en el entendimiento, solo atinaron a tomar como propósito de crecimiento invadir o buscar en el rio revuelto las ganancias.

Ni para el uno ni para el otro, solo dejaron miseria, a diestra y siniestra, y lo triste es que aún se sigan levantando líderes entre los pueblos, que buscan por medio del poder, la bota militar, la opresión, etc., los mismos rumbos que desgraciaron vez tras vez a la humanidad. Razón tenía Albert Einstein en decir que el peor engendro de los hombres han sido los ejércitos, pues estos fácilmente son presas de los locos que se creen dueños del mundo para emprender: guerras, invasiones, conquistas, por medio de las armas, en vez de conquistar el hambre, la miseria, el egoísmo, la ignorancia, los vicios, la holgazanería, el robo, el ocio, la vulgaridad, la prostitución, la corrupción, la inseguridad, el maltrato, el homosexualismo, con los principios de rectitud y las armas de la: justicia, trabajo, amor, perdón, el conocimiento de las verdades tanto temporales como espirituales, etc.

2.2.4 Ingenuo

Que no piensa en engaño, ni maldad, lo cual lo hace fácil presa de los burladores, ladrones, etc. También somos ingenuos por creer en la mala suerte y que las cosas vienen por casualidad, al hacer caso omiso a las profecías, sus causas y efectos.

Prov. 1:22 ¿Hasta cuándo, oh ingenuos, amaréis la ingenuidad, y los burladores se deleitarán en hacer burla, y los insensatos aborrecerán el conocimiento?
Prov.14: 15 El ingenuo cree toda palabra, pero el prudente mide bien sus pasos.
Prov.14: 18 Los ingenuos heredan necedad, pero los prudentes se coronarán de conocimiento
Prov. 19:25 Golpea al escarnecedor, y el ingenuo se hará astuto; pero reprende al entendido, y éste discernirá el conocimiento.

Prov.21:11 Cuando el escarnecedor es castigado, el ingenuo se hace sabio; y cuando se instruye al sabio, éste adquiere conocimiento.

Prov.22: 3 El prudente ve el mal y se esconde, pero los ingenuos pasan y reciben el daño

- o   Errar es humano; perseverar en el error es diabólico.
- o   En este triste país, si a un zapatero se le antoja hacer una botella y le sale mal, después ya no le dejan hacer zapatos. Mariano José de Larra
- o   Todos los hombres pueden caer en un error; pero solo los necios perseveran en él.

Cuento

Psiquiatra:
¿Dígame a veces, usted oye una voz, sin saber de quién es, ni de dónde viene ni qué dice? ......
Si doctor.
Justamente lo que imaginaba. ¿Y cuándo le sucede eso?
Cuando cojo el teléfono.

Cuento

Un hombre muy, pero muy ingenuo, escucho una voz cerca del cementerio, cuando transitaba, cerca de las 12 de la noche.
Amigo ¡esto es un atraco. La plata o la vida!
Si es del más allá, vengase más paca, porque no le escucho bien.

Historia y comentarios.

Varios pueblos han sido destruidos por motivo de la depravación en que terminaron viviendo y que por esa causa los espíritus que nacerían no tendrían esperanzas de tener condiciones óptimas de ser probados en cuanto a posibilidades de progreso. De tal suerte que antes de ser enviados a tales sitios a ser probados renunciaron a ello y pidieron en justicia sitios diferentes.

Dios y todos sus seguidores aprobaron mejor la destrucción, pues no había esperanzas, para los nuevos espíritus que nacieran en la tierra dentro de esos pueblos como Sodoma, Gomorra, parte de los Israelitas, parte de los egipcios, gran parte de los cananeos, pero hay otros que gozaron inicialmente del favor de Dios. Estos rompieron sus convenios y finalmente fueron raídos de su presencia tales como los Jareditas, los Nefitas; de tal suerte que por ingenuidad podemos ser excluidos de los favores de Dios, arrastrando por egoísmo, orgullo, pereza, ignorancia, ahijos etc., la oportunidad de estar mejor en la vida venidera, la cual vendrá gustemos o no, pues efectivamente vendrá, ya que nuestros espíritus son eternos, y también nuestros premios: felicidad o miseria podrían serlos, de tal suerte que está en nuestras manos investigar, preguntar al creador si ello es verdad, de la misma forma que los títulos se le dan a los que terminen todos los requisitos de graduación, también vendrán la reprobación y sus consecuencias a los malos estudiantes o aquellos que no permanecieron fundados en los esfuerzos, para meritoriamente ganar un galardón donde solo se exigía la obediencia y trabajo continuo y ordenado

En conclusión: No podemos ser ingenuos;la vida eterna llegara, y todos seremos valorados y premiados conforme a nuestras andanzas en la tierra de probación, entonces debemos ahora reconsiderar nuestro curso.

2.2.5 Ingobernable

Refiere a aquellos que no se someten a ninguna ley, principio, o mandamiento. A causa del desordenseestablecenlas leyes, para mantener el orden, pero a estas personas no les gusta sujetarse a ninguno.

Prov.: 28:4-5/4: Los que dejan la ley alaban a los malvados, pero los que guardan la ley contienden contra ellos.
5 Los hombres malos no entienden de justicia, pero los que buscan a Jehová entienden todas las cosas.
Prov.: 28:9 El que aparta su oído para no oír la ley, aun su oración es abominación.

o El villano es corto de razones y largo de malas intenciones.
o Cuando el villano tiene camisa blanca, nadie lo aguanta.
o El miserable, por no dar, no quiere tomar.

Cuento.

El chico iba a estudiar en una facultad del exterior. Al subir al autobús, el padre le dijo:
Voy a hacer lo posible y lo imposible para mantenerte durante todo el año, pero que sepas que como pierdas el semestre te mato.
Allí, el chico siempre estaba de juerga y bailes, y cosas, y, finalmente, suspendió el curso. Desesperado, mando un telegrama a su madre: "Mama, prepara a papá, me han suspendido".
Y la madre le contesta: "Papa preparado; prepárate tú".

<u>Anécdota</u>

Una pareja que tenía cinco hijos le fue difícil levantar especialmente uno de ellos, el menor de todos, el cual era un mellizo. Desde muy pequeño recuerdo como el difícilmente atendía las correcciones de sus padres, maestros y líderes; su madre sufría lo suficiente con tan semejante dificultad.

Al cabo del tiempo cuando estaba joven, recuerdo en un partido de futbol sala, que al árbitro le fue complicadísimo mantenerlo a la raya, pues se hacía incomodo dirigir el partido con el cómo jugador.

Un poco tiempo después supe que estaba en el ejército y me dije: por fin va a ser domado, sin embargo al cabo del tiempo me entere que lo habían expulsado del ejército, pues ni calabozo, ni castigos, ni nada pudo hacerle entrar en razón, para que corrigiera su temperamento.

Tristemente después murió asesinado en extrañas circunstancias, pues se hizo ingobernable a leyes, familias amigos, etc.

2.2.6 Ingratitud

Es quien después de recibir un bien o servicio, olvida con facilidad y cuando tiene la oportunidad de corresponder a una acción semejante, actúa con indiferencia, soberbia, indiscreción y egoísmo.

Prov. 17:13 Al que da mal por bien, el mal no se apartará de su casa

Prov.30: 11 Hay generación que maldice a su padre y a su madre no bendice.

Prov.30:17 El ojo que escarnece a su padre y menosprecia el obedecer a la madre, lo sacarán los cuervos de la cañada y las crías del águila lo devorarán.

Prob.9:7-9/7 El que corrige al escarnecedor se acarrea ignominia; el que reprende al malvado atrae mancha sobre sí.

8 No reprendas al escarnecedor, para que no te aborrezca; reprende al sabio, y te amará.

9 Da al sabio, y será más sabio; enseña al justo, y aumentará su saber.

- o La ingratitud proviene, tal vez de la imposibilidad de pagar.
- o No tires piedras en el manantial donde has bebido.
- o Ingrato es quien niega el beneficio recibido; ingrato, quien no lo restituye; pero de todos, el más ingrato es quien lo olvida.
- o Siembra favores y recogerás sin sabores.
- o Día de favor, víspera de ingratitud.

Cuento

Pepito llega a casa y le entrega al padre el recibo de la mensualidad escolar:

¡Madre mía, que caro sale estudiar en ese colegio!

El niño expresa, con razón eh: ¡Y mire padre que yo hago mi parte, pues soy el que menos estudia de mi clase!

<u>Anécdota</u>

Llevéa trabajar a la fábrica, a un conocido, para que ayudara en tareas contables, le tuve en casa algunos días mientras se organizaba en alguna habitación u hotel y compartimos de nuestros alimentos. Al cabo de dos años cuando me retiré me entere por otro compañero, que él menciono que algunas veces nuestros almuerzos no eran lo que él esperaba, pues quizás él estaba enseñado a comer con más gourmet, no obstante que de verdad mi ex esposa hacia las comidas bien agradables y confirmadas por otras personas que tuvieron el privilegio de saborearlas.

También escuche a otro amigo que aquel hombre se había referido descortésmente de quienes en otro tiempo le recibieron con amabilidad, y por supuesto con el único interés en que sintiera la mano amiga en la ciudad, en la cual era un extraño. A él, como a todas las personas se les trataba lo mejor posible y como si fuera un respetado hijo de Dios.

No recuerdo haberle ofendido, y tampoco me enteré de que tuviera motivos para desacreditar a quienes lo trataron como su hermano, pero si me lástima es que alguien a quien le das la mano sea tan ingrato, no porque esperáramos algo de él, sino porque no guardó sus sentimientos y los propagó quedando él mismo mal, y recibiendo desaprobación inmediata de quienes nos conocieron a ambos.

2.3.1 Iniquidad

Refiere a los que violan las leyes, de Dios, y no perciben que lo malo hecho, tendrá un precio o consecuencia, o efecto contrario tarde o temprano.

Prov.21:15 Alegría es al justo hacer juicio, pero destrucción a los que hacen iniquidad.

Prov. 22:8 El que siembra iniquidad, iniquidad segará, y perecerá la vara de su ira.

Prov.29: 16 Cuando aumentan los malvados, aumenta la transgresión; pero los justos verán la ruina de ellos.

o   No hay más realidad que la imagen ni más vida que la conciencia.
o   Mucho cuesta ganar la dignidad y el respeto de los demás, y poco cuesta perderlo y convertirse en un sujeto al que todos cierran puertas.
o   La cualidad de la conducta moral varía en razón inversa al número de seres humanos involucrados.

Cuento

Dos chiquillos se estaban peleando en la calle.
Pasa un señor y los aparta. ¿No te da vergüenza? Dice dirigiéndose al mayor de los dos chicos. ¡Pegarle a un chico menor que tú. Cobarde!
¿Y qué quería? ¿Qué esperara a que creciera?

Anécdota

En la vida de miembro de la Iglesia de Jesucristo de los S.U.D. se aprende a comprender lo que significa tener el Espíritu Santo y no tenerlo. Antes de ser miembro de la Iglesia no es perceptible esa sensación y comprensión, ya que es necesario vivirlo para describirlo. Cuando me bautice pude sentirme limpio, y además con la compañía del Espíritu Santo, el cual muchas veces me ayudo en las difíciles batallas que debí afrontar en mis trabajos como: catedrático de la universidad, de Contador General de empresas exigentes como Papeles Nacionales S.A., Curtiembres progreso Ltda., Toyota Automotora de Occidente S.A., Cedicaf S.A., y otras pequeñas a las cuales serví y que no voy a enumerar porque las apoye alternamente. Estas meofrecieron la oportunidad de tener cargos donde antes de mí ya habían pasado doso más, como no aptos, por causa de su desaprobación ante las exigencias y conocimientos.

Yo pude superar los desafíos a causa de las revelaciones y continua ayuda de mi Padre Celestial y el Espíritu Santo que día a día y vez tras vez pelearon mis batallas, por medio de la protección, revelación, paciencia, y consideración hacia mí a pesar de que también habían otros intereses de parte de mi enemigo espiritual interno que hacia oposiciónpara hacerme tropezar y quedar en desgracia ante mis compañeros y superiores.

Siempre mi padre Celestial estuvo pendiente y cuando hubo oportunidades de que cayera en peligro de iniquidad, por confianzas exageradas de secretarias, el buscaba la manera de sacarme de ese trabajo, pues si las hubo y antes de ello el preparaba el terreno para mi salida, pues a causa de que era poseedor del sacerdocio y mi servicio a la Iglesia quizás el veía una correspondencia hacia mí en ello.

Recuerdo estando en Papeles Nacionales con 27 años y jefe del departamento contable estando sacando unas fotocopias, se me acerco una de las secretarias y pego su busto a mi espalda de forma insinuante, a lo cual debí solicitarle que no hiciera ello, pues yo era poseedor del sacerdocio de Dios y ello no permitiría estar armonía con sus bendiciones. Ella avergonzada se retiró, yo no comenté con nadie tal suceso y todo quedó zanjado, para bien mío de tal suerte que aprendió que debía mantener las distancias. En las otras empresas tuve experiencias en las cuales dos secretarias más conocieron respetuosamente mi desaprobación, sin embargo donde yo no me hubiere mantenido firme habría perdido el poder en el sacerdocio, pues la autoridad la tenía. Para entenderlo debo explicar que:

"…los derechos del sacerdocio están inseparablemente unidos a los poderes del cielo, y… éstos no pueden ser gobernados ni manejados sino conforme a los principios de la rectitud.

"Es cierto que se nos pueden conferir; pero cuando intentamos encubrir nuestros pecados, o satisfacer nuestro orgullo, nuestra vana ambición, o ejercer mando, dominio o compulsión sobre las almas de los hijos de los hombres, en cualquier grado de injusticia, he aquí, los cielos se retiran, el Espíritu del Señor es ofendido, y cuando se aparta, se acabó el sacerdocio o autoridad de tal hombre" (D. y C. 121:36–37).

La dignidad personal para ejercer el sacerdocio Presidente Gordon B. Hinckley Liahona julio 2.002

Esa es la palabra inequívoca del Señor en cuanto a Su divina autoridad. ¡Qué enorme obligación impone esto en cada uno de nosotros! Los que poseemos el sacerdocio de Dios debemos seguir normas más elevadas que las del mundo. Debemos disciplinarnos; no debemos considerarnos mejores que los demás, pero podemos y debemos ser hombres decentes y honorables.

Nuestra conducta en público debe ser intachable; nuestra conducta en privado es aún más importante; debe aprobar la norma establecida por el Señor. No podemos ceder al pecado, y mucho menos tratar de encubrir nuestros pecados; no podemos satisfacer nuestro orgullo; no podemos ser partícipes de la vana ambición; no podemos ejercer mando, dominio ni compulsión sobre nuestras esposas e hijos, ni en otras personas, en cualquier grado de injusticia.

Si hacemos cualquiera de esas cosas, los poderes del cielo se retiran; el espíritu del Señor es ofendido y el poder mismo de nuestro sacerdocio queda nulo; además se pierde su autoridad.

Nuestro modo de vivir, las palabras que enunciemos, y nuestra conducta cotidiana, afectan nuestra eficiencia como hombres y jóvenes que poseen el sacerdocio.

Nuestro quinto Artículo de Fe dice: "Creemos que el hombre debe ser llamado por Dios, por profecía y la imposición de manos, por aquellos que tienen la autoridad, a fin de que pueda predicar el evangelio y administrar sus ordenanzas".

Aunque aquellos que tienen la autoridad pongan las manos sobre nuestra cabeza y seamos ordenados, es posible que debido a nuestro comportamiento invalidemos y perdamos cualquier derecho a ejercer esa autoridad divina.

En la Sección 121 dice también: "Ningún poder o influencia se puede ni se debe mantener en virtud del sacerdocio, sino por persuasión, por longanimidad, benignidad, mansedumbre y por amor sincero;

"por bondad y por conocimiento puro, lo cual ennoblecerá grandemente el alma sin hipocresía y sin malicia" (D. y C. 121:41–42).

2.3.2 Injuria

Ofensa a otra persona o palabras que desprestigian a otra o ponen en entredicho su buen nombre.

Prov.15:4 La sana lengua es árbol de vida, pero la perversidad de ella es quebrantamiento de espíritu.

- o La injuria que busca herir, no siempre da en el blanco; pero siempre ennegrece la boca del que la ha proferido.
- o Es más glorioso y honorable huir de una injuria callando, que vencerla respondiendo.
- o El mejor remedio en las injurias es despreciarlas.
- o Contestar injuria con injuria es lavar el barro con el barro.
- o Las injurias son las razones de los que no tienen razón.

Cuento

¿Desea el reo entregar algo a este juzgado antes de que comience la sesión?
No, excelencia; mi abogado me ha quitado hasta el último céntimo.

Anécdota

Cuando era un niño de 11 años, tuve la imprudencia de preguntar a un señor de unos 35 años que llevaba una guitarra" ¿para dónde te lleva esa guitarra?, por lo cual el hombre se encolerizo, a tal grado que se dispuso a cogerme y darme no sé qué castigo, sin embargo como era hábil con facilidad escape. Desde aquel día tuve mi primer enemigo, pues cada vez que me veía se disponía a tomarme. En una ocasión después de tres o más meses me divisó cuandojugábamos pelota en la calle con mis amigos, y él se dispuso a echarle mano a la pelota, sin embargo yo no sécómo lo aviste y rápidamente puse de sobre aviso a mis compañeros, sin que él me pudiera tomar a mí ni a la pelota; en aquellos días era ágil y trepaba casi todos los árboles. Cada vez se intensificaba el odio hacia mí, pues seguramente hubiere tomado una pelota que no era mía, y así procurar vengarse de mí.

A los pocos días un hermano mayor de uno de los chicos amigos Fabio Hernández me refirió que yo le había robado un reloj, al hombre que el señalo. Extrañado pregunte ¿a cuál?, y él lo señalo y rápidamente lo identifique como el hombre de unos 35 años y alto que llevaba la guitarra. Ello se lo contó su tío don Ramón un hombre de uno 50 años robusto y que siempre fue mi amigo. Ahora tenía ya dos enemigos. Ello lo comprobé, pues al cabo de los días don Ramón estaba tan ofendido que me procuro tomar e invito a que trajera a mi padre, para que pelearan.

Hoy me sorprendo como un hombre es capaz de inventar semejante difamación e injuria a un chico, que no era ladrón, ni tampoco yo había golpeado, a nadie, y que presumo no valía la pena levantar semejante ruido, por preguntar ¿para dónde te lleva la guitarra? Menos mal que al cabo de un año a mi padre le trasladaron de ciudad de trabajo desde Buga Valle para Cartago, pues de lo contrario no sé cuántas más personas me hubieren declarado antisocial, ladrón o no sé qué más.

2.3.3 Injusto

Que juzga u obra sin rectitud, sin responsabilidad, o a cabalidad. Que hace acepción de personas.

Prov.10:2-3/ 2 Los tesoros de la maldad no serán de provecho, más la justicia libra de la muerte.

Prov.10: 3 Jehová no dejará padecer hambre al alma del justo, más rechazará la codicia de los malvados

Prov10:28-32: 28La esperanza de los justos es alegría, pero la esperanza de los malvados perecerá.

29 El camino de Jehová es fortaleza para el íntegro, pero destrucción para los que cometen maldad.

30 El justo jamás será removido, pero los malvados no habitarán la tierra.

31 La boca del justo produce sabiduría, pero la lengua perversa será cortada.

32 Los labios del justo saben decir lo que agrada, pero la boca de los malvados habla perversidades.

o   A veces sucede así en la vida, cuando son los caballos los que han trabajado, es el cochero el que recibe la propina.

o   Desgraciados los que miden mal y pesan mal; los que cuando otros miden, exigen la medida llena, y cuando miden ellos, disminuyen la medida y el peso de los otros.

o   Si sufres injusticias, consuélate, porque la verdadera desgracia es cometerlas. Pitágoras.

Cuento

El juez:

¿No le da vergüenza? Usted un hombre grande, robusto, abusando de este hombre pequeño y flaco.

El acusado: ¿No dicen que ante la ley, todos somos iguales?

Anécdota

Hace no mucho debí viajar a Pereira, para continuar con la obtención de la documentación y acreditar el derecho a la jubilación tan pronto cumpliera los 60 años de edad. Me alojaba en un hotel, pero como el abogado me dijo que debía estar pendiente de la firma de los papeles tan pronto se cumpliera un día después de mi cumpleaños y aún faltaban algunos documentos, me pareció apropiado aceptar la oferta de una habitación por un mes en una casa que me ofrecieron cerca de allí, y donde podría contar con la habitación durante un mes por el valor de lo que me constaba una semana en el hotel, además de la oportunidad de contar con lavadero, cocina, e independencia relativa y llevar algunas pertenencias sin preocuparme del riesgo de los hoteles.

Al cabo de 15 días se presentó un robo de un computador en el edificio, y la persona del segundo piso sospecho de mí, porque dos días atrás le pregunté si podía aceptar darme la clave, para acceder a internet y yo pagaría la mitad de la factura. A él le pareció incorrecto y no permitió. A causa del robo él llamó la policía y cuando eran las 7:30 a.m. yo regresaba del parque de hacer una sección de ejercicios o gimnasia, pues al menos dos veces por semana procuraba que tal costumbre no se interrumpiera.

Entre al edificio y me abordaron dos policías para hacerme preguntas, yo les presente mis documentos y me entere del robo. Lo lamente de veras, pues la información que se mantiene en un ordenador siempre es, más costosa e importante que el precio del equipo. Parece que ello era lo que más desconsolado tenía al propietario.

Finalmente todo apuntaba a que fuera yo el sospechoso, dado que recién había llegado allí, y nadie en el edificio me conocía. El jefe de los uniformados se mostró dispuesto a señalarme como sospechoso ignorando mi invitación a investigar entre los conocidos míos. Incluso alcanzó a referir que yo me hacía pasar por contador, como estrategia para mantenerme de incognito y hacer las proezas de robos. No me arrestaron, pero los invite a buscar en mi habitación, lo cual hicieron los policías sin encontrar nada que me comprometiera.

Estar como sospechoso de ello, me marcó e indignó, lo que hizo que me fuera mejor para el hotel y preferí perder los quince días que me restaban de arrendamiento o contrato.

Me sentí injustamente tratado y además quien me subarrendó la habitación, parece que tenía sus dudas sobre mí. Ore a Dios para que el computador apareciera, pues ante una pérdida de información, lo dejan sentado a uno y el tiempo empleado se dará por perdido.

Al recordar como en Colombia me salve muchas veces de robos, agradezco a Dios por las muchas veces que él me bendijo, para que algo parecido no me hubiere ocurrido, pues el equipo informático que me obsequiaron el hijo y mi esposa, para un día del padre, se convirtieron en la herramienta de trabajo apreciada por mí y que aún poseo y uso, valorándolo doblemente.

2.3.4 Inmaduro

Que no ha alcanzado la edad, ni estabilizado su carácter, ni tampoco sus criterios, porque le falta formación, experiencia o percepción.

Prov. 19:13 El hijo necio es la ruina de su padre; y gotera continua, las contiendas de la esposa.

- o   Malas o buenas, mira todas las cosas como ajenas.
- o   Acorta tus deseos y alargarás tu salud.
- o   Palabras vanas, ruidos de campanas.

Cuento

Usted insiste en negar que haya robado, pero yo tengo seis testigos que han visto el robo.
Bueno señor juez. Pues, yo tengo más de mil que no lo vieron.

Cuento

Un día me insinuó un amigo que madurara, porque le había devuelto una broma que ya me había hecho.
Yo le dije: lo pensaré bien,......pero me da miedo.

El quedo intrigado, y el al cabo del rato, sin poder saber la razón indagó:
¿Por qué te da miedo madurar?
Bueno, es que despúes me pudro y me tiran a la basura.

Historia

Muchas veces por falta de madurez, perdí oportunidades valiosas que
me habrían llevado a más éxito en la vida, profesional. Una de ellas fue
cuando me decidí retirar de trabajar en Cencoa, una empresa de Cali,
Colombia, donde me desempeñaba como asistente del auditor interno,
asignado a la Cooperativa de cafetaleros del Norte del Valle, donde
debíamos atender 11 poblaciones, en cuanto almacenes, droguerías,
compras de café, y más cosas. Ello fue un error pues lo hice sin antes
haber asegurado el estudio ni un próximo trabajo en el lugar donde
deseaba estudiar.

Simplemente no comente con mi Jefe Norman Muriel, sobre las
intenciones de seguir estudiando, y decidí retirarme y pasar la carta de
renuncia al trabajo, justo cuando él estaba de vacaciones. Yo tenía en
aquel tiempo 21 años o menos. Era apreciado y respetado en el trabajo,
pero la falta de orientación y el desespero por seguir estudiando hicieron
que la inmadurez me limitara otras posibilidades, como las hizo saber
mi Jefe. No debí precipitarme, y con ello perdí dinero, oportunidades
de continuidad en una buena empresa, y además había podido ser
trasladado a las oficinas de Sevilla, Valle Colombia, desde donde podría
haber viajado hasta Armenia, para continuarlos estudios.

Lo que más me dolió, fue la imposibilidad de ayudar a mi padre ante
la ayuda que el requirió de nosotros, para el pago de las cuotas de
la lavadora que el adquirió para casa. Yo no pude hacerlo, pues los
ingresos escaseaban, aunque el sorteó la situación como pudo. Con el
tiempo termine por viajar desde Cartago, hasta Armenia para terminar
los estudios, algo mucho más incómodo, lejos, y por supuesto menos
efectivo.

2.3.5 Inoportuno

Aquel que interrumpe una actividad, por una acción fuera de tiempo, o expresa algo que no era prudente expresar ante los presentes. Es inoportuno abandonar nuestras responsabilidades y dejarnos carcomer por la indiferencia o pereza.

Prov.25:8-10 / 8 No entres apresuradamente en pleito, no sea que no sepas qué hacer al final, después que tu prójimo te haya avergonzado.
9Trata tu causa con tu prójimo y no descubras el secreto a otro,
10no sea que te avergüence el que lo oiga, y tu infamia no pueda repararse.
Prov.25:20El que canta canciones al corazón afligido *es como* el que quita la ropa en tiempo de frío o el que sobre el jabón *echa* vinagre.

o   Al hombre afligido no le des más ruido.
o   Como soy paleto, aquí me meto.
o   Quien mete el hocico en todo, alguna vez se llena de lodo.

Cuento

El delegado no se conforma con el hallazgo de la alianza o (esclava) y pregunta:
Si usted vio quien la perdió, ¿Por qué no la ha devuelto?
Porque en ella ponía: "Tuya para siempre".

Anécdota:

Cuando tenía 15 años, cursaba el año 5º de bachiller; la gran mayoría de mis compañeros ingresábamos al teatro Cervantes en Cartago, por el patio trasero de la casa de Lalo Bohórquez. Él no nos cobraba y su familia permitía que ingresáramos a su casa, para iniciar la escalada al techo contiguo del teatro. Desde allí teníamos que lanzarnos desde la tapia, descolgándonos a una altura de unos cinco metros, cayendo a un patio del teatro donde se almacenaban varios escombros, y después abrir una puerta que siempre permanecía cerrada, pero uno podía abrirla con facilidad desde adentro. Una noche fui con mi hermano Germán, y Adolfo Pérez. Procedimos a ingresar, pero esta vez habían colocado una escalera, y alguien olvido retirarla, o la pusieron como trampa, para que los responsables del teatro pudieran capturarnos. No sé qué pasó pero, descendimos cada uno por los peldaños de la misma, y después llegar a una puerta; teníamos que mirar por el cerrojo de la chapa antigua de la puerta de madera, si había alguien vigilando, y después abrir la puerta y caminar a los baños del teatro, donde allí se podía uno mezclar con los cineastas que hubieran buscado el cuarto de aseo para hombres. Procedimos a abrir la puerta, e ingrese de primero, y me escurrí por el baño. Parece que Adolfo observo que alguien venia y corrió con prisa para abordar la escalera con tanta prisa que piso uno de los peldaños (barrotes) y lo quebró, pero mi hermano solo atinó ir detrás, corriendo indagando que pasaba, hasta que se le indicó en la carrera que alguien venía. Se abrió la puerta, y confirmo que estaban pillados. Germán procuro subir la escalera como pudo a pesar de la falta de un peldaño, pero lo hizo con rapidez, y el hombre le invito a que bajara, en medio de la oscuridad, pues el patio y el recorrido se hacía en un corredor oscuro. Aquel día nuestro ingreso al teatro, era en un momento inoportuno, pues ya nos esperaban; para fortuna de todos, a ninguno se nos cogió, y solo yo logre la hazaña de ver cine gratis, pero desde entonces nuestros ratos de cine gratis cesaron. Así como nos salvamos por fortuna; había podido suceder lo contrario, y hubiéramos podido ir a parar a la cárcel, y ser acusados de daños y perjuicios en techo ajeno, e ingresar al recinto privado para ver cine sin pago. Debimos percibir que la escalera podía ser una trampa o haber sido sobre avisados los responsables de la vigilancia o administración, pues cuando nos descolgábamos de un brinco, aunque era largo el descenso, era más seguro, pero ya con una escalera descaradamente, puesta para el ingreso nuestra ingenuidad nos arriesgó a cosas peores.

2.3.6 Insaciable

A quien es difícil satisfacer en los apetitos, por la gula, vino, pornografía, chismes, etc.

Prov.28: 15 Cual león rugiente y oso hambrientoes el gobernante malvado sobre el pueblo pobre.

Prov.30:15-16/15 La sanguijuela tiene dos hijas *que dicen:* ¡Dame!, ¡dame! Tres cosas hay que nunca se sacian, *y aun* cuatro que nunca dicen: ¡Basta! 16 El Seol, y la matriz estéril, la tierra que no se sacia de aguas y el fuego que jamás dice: ¡Basta!

- o   Curiosamente los votantes no se sienten responsables de los fracasos del gobierno que han votado. Alberto Moravia.
- o   La paciencia es un árbol de raíz muy amarga, pero de frutos muy dulces, dulcísimos. Aforismo Persa.
- o   Más hondo que un barril sin fondo.

Cuento

Jaimito va a una pescadería con su padre:
¿Papá como consiguen los peces respirar bajo el agua?
No sé, hijo mío.
Al poco rato vuelve a preguntar: Papá, ¿Por qué los barcos no se hunden?
No sé, hijo mío.
Papá, ¿porque el cielo es azul?
Eso tampoco lo sé, hijo mío.
Papá, ¿no te importa si sigo haciéndote preguntas?
Claro que no, hijo mío: si no preguntas nunca vas aprender nada.

Historia

Las personas muertas en vida son muy comunes en muchos de los países del mundo actual, todo por causa de que muchos caen en los vicios del consumo de coca, marihuana o sustancias psicoactivas.

El personaje que se deje arrastrar en ello, perderá, la dignidad, y con ella la familia, las oportunidades de progreso, y se sumergirá, en una condición de la cual le será casi imposible salir.

Las trampas de la droga son muchas, y sus tentáculos no lo dejaran tranquilo hasta que lo sumerjan en otros problemas como el robo, asesinato, pérdida de la razón, etc…, es decir los efectos son insaciables, como son los deseos del consumo, pues la adición lo lleva al desenfreno.

No entiendo porque se dejó de presentar en la televisión, una propaganda que indicaba los efectos nocivos en la fisonomía de los rostros de todos aquellos que comenzaban en ese proceso del consumo, pues era una forma muy clara, directa de influir y mostrar como una persona era fácilmente detectada que estaba en esa condición del consumo. Los intereses particulares de algunos terminaron por facilitar, corromper las mentes de otros que podían capacitar a la juventud, para no caer en esos problemas, pues curiosamente era una magnifica campaña, para contrarrestar la drogadicción. No sécuántodinero recibieron los que se propusieron eliminar esas campañas.

Ahora quizás lamentaran haber participado, pues ello arrasa con la juventud, y con todo lo que se deje envolver. Y no hay vuelta atrás, a no ser que se tenga mucha decisión y carácter. Es triste pues la vida les mostrara en sus seres queridos esos efectos de lo que ellos propagaron con sus ventas.

2.4.1 Insatisfacción

Cuando lo recibido no corresponde a lo esperado. Sentimiento de frustración a causa de que se esperaba un desenlace diferente o más satisfactorio

Prov.27:20 El Seol y el Abadón nunca se sacian, así los ojos del hombre nunca están satisfechos.
Prov.28:**3** El hombre pobre que oprime a los débiles es como lluvia torrencial que deja sin pan.

o   La sabiduría mediocre solo se diferencia de la tontería en que da mucho trabajo o Dos medidas tengo: con la grande compro y con la chica vendo.

o No vendas a tu amigo y compres a tu enemigo.

Cuento

Señor juez, yo robé porque no tenía que comer, ni donde dormir, ni ningún amigo.

No se preocupe, no me olvidare de eso. Tendrá comida gratis durante cinco años, alojamiento y muchos compañeros.

<u>Historia</u>

Mi padre era un hombre que usaba muchos refranes, cada vez que observaba que cometíamos errores, por lo tanto se valía de esas frases para ejemplificar los desaciertos de nosotros.

Sus enseñanzas taladraron nuestras mentes, y aunque no siempre somos perfectos, esos refranes nos sirvieron para aprender de otros.

Cuando no somos enseñables de verdad vendrá la insatisfacción, la cual traerá retroceso, pues nos limita el avanzar hacia cosas mayores.

El presidente Brigham Young enseñó que nuestro "primer y primordial deber [consiste en] buscar al Señor hasta que podamos abrir una vía de comunicación desde Dios a nuestra propia alma". Poco después de su muerte, el profeta José Smith se apareció en un sueño a Brigham Young y le dio algunas instrucciones: "Diga a la gente que sea humilde y fiel y se asegure de conservar el espíritu del Señor, el cual le guiará con justicia. Que tengan cuidado y no se alejen de la voz apacible; ésta les enseñará lo que deben hacer y adónde ir; les proveerá los frutos del Reino...".

Quizás podríamos en algunos pasos tener en cuenta estos derroteros:

1-Primeramente, debemos estar dispuestos a recibir instrucción, venga de quien venga, especialmente si esta es confirmada por el espíritu que es para nuestro bien.

Dios tiene leyesque gobiernan y que Su sabiduría es más grande que la nuestra.

2- Seguidamente, debemos cultivar una actitud y un espíritu apropiados. Eso se logra al meditar con espíritu de oración y al esforzarse en el espíritu. Ser proactivos y no reactivos; dar oídos a las Escrituras y estudiarlas. Nuestro corazón se enternece si nos humillamos y dejamos de lado el orgullo, y entonces podemos centrar la atención en los consejos y las instrucciones celestiales

3-Perseverar, debemos ser obedientes a las instrucciones que recibamos.

El Dios creador espera, ansia nuestro razonamiento; nuestra acción; nuestro trabajo, para extender finalmente su mano como premio

El llegar a ser enseñables es una secuencia de pasos para convertir los sentimientos, pensamientos en actos a fin de que la fe produzca obras.

2.4.2 Inseguridad

Cuando no hay confianza en permanecer apropiadamente protegido. Percepción de intranquilidad.

Prov. 25:26 Como fuente turbia y manantial corrompido es el justo que vacila ante el malvado.

- o   Los bolsillos de los gobernantes deben ser de cristal. Enrique Tierno Galván
- o   Si el cántaro da en la piedra, o la piedra da en el cántaro, mal para el cántaro. Ramón J. Sender.
- o   Donde esperáis la suerte, viene la muerte.

Cuento

El chiquillo al cobrador: ...No espere a mi padre señor,... porque no va a volver.

¿Y cómo sabes que no va a volver?

Bueno,… porque aún no ha salido.

Anécdota

Cuando transitaba en las noches por las calles solía hacerlo al borde delandén o a la mitad de la calle, dado que después de las doce de la noche se podría esperar algún intento de atraco. Generalmente los ladrones podrían utilizar cualquier entrante de las fachadas y allí esconderse o detrás de algún auto estacionado.

Si uno recorría las calles, muy apegado a la pared y lo hacía desprevenido, muy seguramente daba oportunidad a que le atracaran.

A las mujeres se les amenazaba con cuchillos, y con un atracador bastaba, sin embargo a los hombre los maleantes propinaban una puñalada al estómago sin dilaciones, pues ellos no daban así oportunidad a la reacción normal que uno pudiera tener.

Recuerdo como a mi hijo cuando él iba camino de la universidad a las 6:30 am., y faltando solo unos 80 metros para llegar fue abordado por un maleante que con un gran vidrio le amenazó con cortar su rostro si no se despojaba de los zapatos, sin embargo, para fortuna de él, un señor pasaba en una moto y se enteró del suceso y le auxilió, evitando que le cortarán y sustrajeran sus pertenencias.

Cuando vives en una sociedad donde la inseguridad es el pan de todos los días, terminas por desconfiadamente trasegar cualquier calle y a cualquier hora, pero en especial en las horas de la noche.

De igual forma una persona que no tiene el espíritu, siente zozobra e inseguridad, dado que no le acompaña la paz que éste transmite. La guía del Espíritu le previene de peligros, le protege y también le ayuda a tomar decisiones apropiadas.

Muchas veces fui preservado de peligros inminentes de atracos, y otros riesgos. También me enteré de amigos que fueron apuñalados y unos murieron y otros lograron contar el asunto.

Aunque si eres llamado, es decir es tu día, no habrá nada que impida que te quiten la vida, así como sucedió con un misionero de Republica Dominicana que enseñaba en Cali a las tres de la tarde, y según la policía se trató de una bala perdida que le pegó en la cabeza al joven misionero y le privó de seguir viviendo. Lo curioso fue que no hubo sino un disparo, no hubo tiroteos y nadie vio nada. Todo quedó en la impunidad, excepto para Dios. Algún ocioso fue persuadido a hacer ello.

En un país donde se pagan altos impuestos, se supone que debe existir la seguridad, pero donde las empresas y tú tienes que pagar tu vigilancia privada, las medicinas son casi, las más caras del mundo, y donde si tienes un negocio te expones a tener que pagar vacunas, extorsiones, etc., no sé qué esperanza te queda.

Si no hay reglas, leyes, que prevengan, castiguen, o eviten que se propague la delincuencia, pues esta se vuelve cada vez peor, entonces ocurrirá lo que sucede en muchos estados donde lo que predomina es la inseguridad, donde no habrá turismo porque nadie quiere ir allá, porque si alguien es referido como turista o de otra parte, los maleantes se te ponen al acecho. Donde la delincuencia obtiene lo que quiere con o sin la complacencia de los gobiernos, pues, cierre y vámonos. Así de simple.

Mi país es un gran país, hay mucha gente buena pero unos pocos dominan a punta de: entuertos, prebendas, comisiones, ajíes, participaciones, amenazas, etc., lo que la justicia con buenas leyes podría hacer, pero es común que la impunidad salga triunfante y solo los más tontos sean los que paguen en cárceles, pues ni funcionarios públicos, ni la fuerza pública ni los pagados por abogados ni muchos muy favorecidos por la corrupción pagan y la justicia anda escondida de huida de tanto maleante público y privado. Te preguntan ¿quieres plata o plomo?

2.4.3 Insensato

Aquel que hace caso omiso a los consejos, derechos ajenos, enseñanzas de la vida, leyes, y amonestaciones de padres, maestros, amigos, etc.

Prov. 6:12-15/12 El hombre malo, el hombre inicuo, anda en perversidad de boca;
13 guiña los ojos, habla con sus pies, indica con sus dedos.
14 Perversidades hay en su corazón, anda pensando el mal en todo tiempo, siembra la discordia.
15 Por tanto, su calamidad vendrá de repente; súbitamente será quebrantado, y no habrá remedio.
Prov. 10: 23 El hacer maldad es como una diversión para el insensato, pero el hombre entendido tiene sabiduría.

- o   Palabra y piedra suelta no tienen vuelta.
- o   ¿Quieres decir al necio lo que es? Dile bestia de dos pies.
- o   Hay más capullos que flores.

Cuento

¿Y tu hijo qué?,.. ¿Ya ha aprendido a hablar?
Si…. Ahora estamos intentando enseñarle a quedarse callado.

Historia

Las historias repetidas en muchos, pueden producirse en nosotros si somos insensatos.
No somos invencibles, nadie lo es, siempre habrá uno que nos sacara los colores, aunque creamos que no sucederá. También puede ocurrir si nos creemos perfectos o que de esta agua no beberemos, pues no sabemos las circunstancias, aunque eso sí debemos esforzarnos al máximo por evitarlo.

Los ejemplos son muchos: La caída de Goliat, los Espartanos, los Nefitas, los Israelitas, el mismísimo constructor y dueño del Titanic, el cual el 15 de abril de 1.912, fue hundido por un gran hielo sumergido en el océano, haciendo que la naviera Whitestar perdiera una gran monumento a la destreza del hombre, choco con un iceberg, y de las 2.244 personas a bordo, perecieran 1.500. El más lujoso, transatlántico del mundo en ese entonces; también paso con el poderoso ejército alemán, en 1.944 y el claro ejemplo de Coriantumr, el último de los sobrevivientes de los Jareditas quien vivió solo para ver la destrucción de su pueblo, algo que pudo evitar cuando éter el profeta lo invito a cambiar. Éter13:20-23

20 Y en el segundo año, la palabra del Señor vino a Éter, que debía ir y *ª* profetizar a Coriantumr que, si él y toda su casa se arrepentían, el Señor le daría su reino y perdonaría al pueblo:

21 De lo contrario, serían destruidos, y toda su casa excepto él mismo. Y sólo viviría para ver el cumplimiento de las profecías que se habían hablado acerca que otro pueblo recibiría la tierra como herencia; y Coriantumr debería recibir un entierro por ellos; y toda alma sería destruida excepto si fuera Coriantumr.

22 Y aconteció que Coriantumr no se arrepintió, ni su casa, ni el pueblo; y las guerras no cesaron; y trataron de matar a Éter, pero él huyó de ellos y se escondió de nuevo en la cavidad de la roca.

23 Y aconteció que Shared se levantó, y también dio batalla a Coriantumr; y lo azotó, de tal manera que al tercer año lo llevó cautivo. Después fue liberado y vivió para ver su pueblo destruido

La historia es la maestra de la vida y la luz de la verdad, pero seremos insensatos si los errores de las cosas del pasado las repetimos, por hacer caso omiso al rastro de los escritos y enseñanzas de los antepasados.

2.4.4 Inservible

Que poco provecho hará el usarlo. Algo que solo sirve para desecho o proveer materiales para reciclado, o simplemente para tirar a la basura.

Prov.25: 14 Como nubes y vientos sin lluvia, así es el hombre que se jacta de falsos dones o   El error largamente acariciado es como la rueda clavada en el hoyo. La carroza del amor propio obstinase en salvarlo, pero solo consigue hacer más honda la rodada y más grave el atasco. Santiago Ramón y Cajal.

o   Un fracasado es un hombre que ha cometido un error, pero no es capaz de convertirlo en experiencia. Elbert Hurbard

o   Las quejas son el lenguaje de la derrota. Sir James R, G. Graham.

Cuento

El jefe pregunta;
¿usted no se cansa de pasar tanto tiempo sin hacer nada?
Contesta el trabajador:
Claro a veces me canso….
¿Y entonces qué hace?
Me acuesto para descansar, hasta que se me pase.

Anécdota

Quedaremos como inservibles si perdemos el horizonte para lo cual fuimos creados.

Hemos por lo tanto cultivar buenas obras a fin de merecer la vida eterna. No podemos hacer caso omiso a la luz de Cristo que nos dice que es lo bueno y lo malo. Cuando conocemos y hacemos convenios, el conocimiento y el testimonio se engrandecen solo si perseveramos.

El Salvador nos enseñó: "Así alumbre vuestra luz delante de los hombres, para que vean vuestras buenas obras, y glorifiquen a vuestro Padre que está en los cielos".

Las personas que han venido a la tierra desde el año 4.000 antes de Cristo y los 2.022 de lo que han transcurrido hasta ahora de la era Cristiana, han recibido la luz de Cristo, pero muchos no se han enterado y los susurros de tal espíritu ocasionalmente han pasado desapercibidos, pues piensan que son corazonadas o meros pensamientos. Tal luz es semejante a una antorcha y si no hacemos caso a las impresiones, seguramente la antorcha será inservible, si no utiliza o enciende, en medio de la oscuridad y las dificultades de la vida. Es así de simple, recorriendo la vida a oscuras, pues la antorcha no la alimentamos con fuego.

Los hombres que han venido a la tierra tienen el derecho, oportunidad, y el deber de buscar las bendiciones prometidas a todos sus hijos como se le dijo a la descendencia de Abrahán, y además el privilegios de recibir el sacerdocio para bendecir a otras personas, oficiar en la obra de Dios y con tal poder y autoridad servir de algo en la tierra, y se espera que no pase desapercibida la oportunidad, a fin de que sirva de algo su estadía en la tierra.

2.4.5 Insignificante

Describe a quien se es considerado como poco peligroso, o que su fuerza o capacidad de reacción no es contundente. Los hombres naturales consideran a los siervos de Dios o sus fieles como insignificante, debido a que por principios no devuelven mal por mal.

Término que indica a quien se le minoriza en capacidad, o se le considera poco peligroso, pequeño, con poco valor o importancia.

Ecles.3: 19-20 /19 Porque lo que sucede a los hijos de los hombres y lo que sucede a las bestias es lo mismo: como mueren los unos, así mueren las otras, y un mismo aliento tienen todos; no tiene preeminencia el hombre sobre la bestia, porque todo es vanidad.
20: Todo va a un mismo lugar; todo es hecho del polvo, y todo al polvo volverá.

o   Se llama valientes a los hombres que carecen de sentido común suficiente, para ampararse en una fecunda cobardía. Bernard Shaw.

o   Es propio de la naturaleza humana abusar de todo, incluso de la virtud. Teófilo Gautier.

o Hay que estudiar mucho para saber poco. Charles de
   Montesquieu

Cuento

Pablito entra corriendo y llorando en casa.
¿Qué te pasa? Le pregunta el abuelito.
Es que he perdido 20 céntimos.
¡Calma! Le dice el abuelito. Aquí los tienes.
En cuanto recibe la moneda, se pone a llorar más duro aún.
¿Y ahora qué te pasa?
Es que debía haber dicho que perdí un euro.

Anécdota

Muchos hemos admirado a las insignificantes abejas, zumbar a nuestro
alrededor, especialmente cuando ellas perciben aromas de dulce, y
por supuesto aunque siendo tan pequeñas y nosotros en porte muy
superiores no se amilanan ante cualquier intento nuestro de agredirles,
o espantarles.

Los niños, y las mujeres especialmente suelen entrar en pánico ante la
presencia de una de ellas, y procuran matarles sin enterarse que ellas
mantienen un sistema de comunicación potente, pues expelen una
sustancia con olor semejante al banano, con el que llamaran a otras para
unirse ante alguna agresión y seguramente en pocos segundos estará
rodeada y asediada la persona de varias de ellas para cobrar venganza.

¿Qué hacer? Pues simplemente ignorarlas y procurar cuidadosamente
retirar los objetos o productos que ellas esté persiguiendo, a fin de que
no trasmitan miedo a los chicos y así unos y otros estén tranquilos.

Muchas veces he escuchado de historias de ataques de enjambres de ellas
a causa de que hemos iniciado ofensivos ataques por miedo, protección,
o intolerancia, lo cual ha causado verdaderas dificultades a familias o

comunidades, pues ellas se defenderán de los gigantes humanos, siendo ellas tan insignificantes en tamaño, inteligencia, capacidad, etc.

Lo ideal es conocer su comportamiento y más aún saber que no debemos hacer ruidos, perturbar sus colmenas, expandir olores fuertes, fragancias artificiales, objetos brillantes, ropas oscuras, o usar herramientas, y que en caso de riesgo llamar a los bomberos, para que la retiren.

En caso de ataque cubrirnos con sábanas, ropa, correr a proteger a los niños cubriendo toda la piel, refugiarnos, eso si no gritar, o pretender atacarles,

Una persona normal puede resistir hasta más o menos 1.100 picaduras y joven o niño hasta 500, pero si es alérgico debe evitar una picadura.

Las abejas suelen expandirse en primavera y otoño, pero lo ideal es evitar atacarles, pues serás víctima de muchas picaduras.

Cuando era niño solíamos tirar piedras a los nidos de las avispas, las cuales son un tanto más grande que las abejas, y de verdad picaban muy duro, pero nosotros disfrutábamos destruyendo los nidos en tanto ellas venían por nosotros y nosotros nos defendíamos con ramas que batíamos con toda fuerza a nuestro alrededor. Obviamente algunas penetraban nuestra tierna piel y vaya hinchazón que nos propinaban, sin embargo éramos niños, a quienesnos gustaban las aventuras, como a todos niños.

Esta es una razón para andar con algunos cuidados en el campo o los patios, pues ellas están presentes cuando menos lo creas.

Las abejas cumplen un importante papel de polinización en las flores y son necesarias para que existan las frutas, y otras plantas a fin de que se reproduzcan. Hay que aprender de ellas, y tienen propósitos como todo lo que Dios creo, pero ocasionalmente por nuestra ignorancia o las usamos equivocadamente como el tabaco y otras cosas o las desechamos privándonos de los beneficios que ellas representan.

Es curioso que los animales conocen y saben que les beneficia y que no, y pocas veces se equivocan y aprenden la lección, pero nosotros la mayor creación de Dios obramos neciamente muchas veces.

2.4.6 Insolente

Aquella persona que falta al respeto o es atrevida indecorosamente y arrogante. Actuar despectivamente con otros.

Prov.13:1 El hijo sabio acepta la disciplina del padre, pero el insolente no escucha la reprensión.

- o   Sin tragar mucha saliva no llegaras arriba.
- o   Arrastrando, arrastrando, el caracol se va encaramando.
- o   Quien sube más arriba de lo que debía, cae más debajo de lo que creía.

Cuento

Un dentista del manicomio atiende a un interno al que se le había extraído un diente el día anterior:
¿Y su diente, ha dejado de doler?
¡Yo que sé! ...... Usted se quedó con él.

Anécdota

No sé si todas las personas han caído en estas prácticas, al menos yo equivocadamente en mi juventud y pubertad me comporte mal, ante mis padres, lo cual causó mucha decepción, en algunas ocasiones, las cuales trajeron castigos y otras veces simple tristeza.

Tal condición puede tener varias tonalidades, o matices, y desde luego seguramente muchos solemos haber incurrido en tales necedades, tal vez algunas más fuertes o intensas que otras, ante: padres, maestros, amigos, vecinos, mayores, ancianos, líderes, etc.,

Ello no está bien, y por demás, hoy por hoy, se observa más a menudo entre los jóvenes, cosa que denota la decadencia en la sociabilidad.

Tuve un buen amigo. El mono Vélez, un chico que se comportaba bastante insolente con sus buenos padres, los cuales sufrían seguramente mucho, a causa de que él contestaba algunas de sus invitaciones a entrar en casa, pues le agradaba bastante trasegar las calles con nosotros que éramos más libertinos. Pero lo que más recuerdo era el don de gente de su buen padre, un maestro de escuela, que con su rostro transmitía paz, y por supuesto buenas maneras de actuar.

Con el mono Vélez, viví una de mis más rápidas carreras de 800 metros planos, pues nos juntamos con un joven suizo que llego para pasar vacaciones con unos vecinos y él era muy alto, y lo utilizamos para que nos ayudara a coger los mangos que sobresalían de las ramas de un árbol muy frondoso y cargado de frutos, que por encima de la alambrada te invitaban a tomarlos. Nosotros éramos chicos y como era de noche, seguramente 8.00 p.m. nadie nos vería. En tanto nuestro entusiasmo nos permitió coger varios mangos, salió un hombre e hizo al aire tres disparos con una escopeta, y corrimos despavoridos sin mirar hacia atrás, y con tanta velocidad que no retuvimos ni un solo mango. Aquel día fue la primera vez que escuche un disparo para persuadirme de una falta. No sé si el suizo o el mono Vélez corrieron más aprisa, pero de lo que si estoy seguro es que ninguno se quedó atrás. Que susto, que carrera, aquel día no escuchamos palabras, solo los disparos de un hombre que quiso asustarnos para disuadirnos de que tomar esos mangos que salían a la calle y no eran nuestros. Tendría yo nueve o diez años aproximadamente.

He aprendido de la vida que tales comportamientos manifestados los volveremos a vivir, para vergüenza nuestra a través de los hijos, o nietos, quienes nos recordaran los hechos y aprenderemos y recordaremos como debemos actuar, ya con la experiencia y donde precisamente debemos buscar la conciliación y mantener la calma a fin de evitar caer en errores peores.

El orgullo, la falta de espíritu, generalmente son las causas, pero se combate con evitar caer en la trampa de arreglar las cosas en momentos de ira. Pues los corazones agitados con ira traerán solo más problemas de lo cual nos arrepentiremos haber dicho o realizado.

2.5.1 Insostenible

A quien demanda más de la cuenta, o consume más de lo merecido, apropiado o abusa de la confianza.

Prov.25:28 Como ciudad derribada y sin muroes el hombre cuyo espíritu no tiene rienda.

- o Busca la profundidad de las cosas; hasta allí nunca logra descender la ironía.
- o Los seres mezquinos toman actitudes mezquinas, para beneficiarse de los demás. Honoré Balzac.
- o Quien todo lo quiere, todo lo pierde.

Cuento

El profesor alterado con el alumno:
Me habías prometido que ibas a portarte bien, y yo he prometido que si no te portabas bien, te pondría un cero. Y no has cumplido tu promesa.
El alumno responde:
No hay problema profesor; tampoco usted tiene que cumplir la promesa.

Anécdota

Hubo un tiempo en el cual con mis ingresos yo sostenía la casa, y una finca holgadamente, sin embargo vino un terremoto y averió la casa de tal forma que debí invertir mucho dinero, para reparar y asegurar la misma ante el riesgo de otros sismos de igual o mayor magnitud.
Al procurar la indemnización del seguro por la cobertura de terremoto solo recibí el 13, 5% de lo gastado realmente, que sumo $28.000.000, y solo indemnizado por $3.500.000, fue todo lo que recibí.

Recuerdo que presente la reclamación y se me dijo que la casa estaba asegurada por $9.000.000, valor con el que inicialmente es decir 15 años atrás la había adquirido, y a la cual le había realizado tres modificaciones y arreglos con valor superior a los $20.000.000, pero no contaban en la escritura de compra.

Con ese inocente argumento se me negó la indemnización.

A lo anterior se sumó que tuve que derribar la casa de la finca, pues presentaba daños estructurales que amenazaban con la destrucción, y tragedia.

Emprendíla reconstrucción de la casa familiar con 2 préstamos bancarios y particulares, y el apoyo del estado, los cuales, curiosamente me podían dar solo el 50% del posible auxilio, porque la propiedad estaba asegurada.

La casa de la finca la levante con recursos propios debido a que, los documentos de los cinco predios en que se había dividido, aún figuraba a nombre del antiguo dueño ya que por disposición oficial no era permitido que propiedades rurales fueran menores de tres hectáreas, y al dividirse entre 5 tales predios, quedarían por debajo de la norma establecida; de tal suerte que para buscar recursos bancarios o auxilio del estado no fui favorecido, en cambio sí me entere de cantidad de personas que recibieron auxilios sin haber tenido propiedades ni daños de ninguna naturaleza.

Cuando inicie la reconstrucción los dineros eran absorbidos tan rápidamente entre materiales y mano de obra que pronto me quede sin recursos y sin aliento, y la pasé mal.

Además debido a que en la empresa donde laboraba también pasaba por crisis económica, a causa de que la guerrilla de las Farc habían iniciado una persecución, para secuestro a todos los que tuvieran vehículos camperos Toyota, es decir nuestra línea de venta principal, en el concesionario, lo que trajo como consecuencia que en la empresa se debiera reducir la planta de personal al 50% para resistir las dificultades. Estos vehículos de esta marca eran apetecidos a causa de la adaptación y facilidad con que se podían desplazar por las trochas y barriales del campo, lo que indujo a la guerrilla a obtenerlos mediante secuestro y robo, lo que motivó a quenadieen aquel tiempo deseaba adquirir ese tipo de vehículos y los que los tenían procuraban venderlos a precios bajos, pues los propietarios eran declarados objetivo militar de la guerrilla.

Tal situación me dio la oportunidad a mí de buscar un ingreso o recurso económico adicional, para afrontar los déficits económicos puntuales que vivía. La empresa valoro con que gente se quedaría y aunque no fui nominada, para salir yo me sume ante las posibilidades de la indemnización y también ante la conveniencia, para la entidad que me había ayudado con trabajo durante 6 años y donde yo ahora podía también ser parte de la solución a la empresa.

Para finalmente terminar los trabajos debí igualmente vender parte de la finca y así destinar las inversiones a las reparaciones y pagos de los préstamos recientemente adquiridos.

Llegó un momento en que la situación se volvió insostenible, pues ya mi trabajo principal no lo tenía, y debí hablar con el trabajador de la finca y expresarle la no posibilidad de seguirle sosteniendo con el sueldo. Fue una de las cosas difíciles de hacer, pues aquel hombre de nombre Fernando era sumamente honrado, laborioso, comprensivo, y buena gente, lo cual fue una de las mayores pérdidas tenida en la vida.

2.5.2 Insubordinación

A quien deliberadamente desobedece las leyes, mandatos, o ley establecida, o no respeta la autoridad legal.

Ecles.10: 20 Ni aun en tu pensamiento hables mal del rey, ni en tu dormitorio hables mal del rico, porque las aves del cielo llevarán la voz, y las que tienen alas harán saber la palabra.

Prov. 22:10 Echa fuera al escarnecedor, y saldrá la contienda, y cesarán el pleito y la afrenta.

- o Sigue la senda aunque des rodeos, sigue al jefe aunque sea viejo.
- o Quien aspire a mandar aprenda primero a obedecer. (Samuel Smiles)

o   Es tan ligera la lengua como el pensamiento, y si son malas las
preñeces de los pensamientos, las empeoran los partos de la
lengua.

Cuento

El médico sé queja al paciente:
¡El cheque que me has dado, para pagar el tratamiento, ha vuelto!
Mi...Artritis también.

Anécdota

Cuando estudiaba en segundo de bachillerato en el colegio, se hizo
una huelga, no sé por qué razón y además hubo varias manifestaciones.
Recuerdo haber participado en una de ellas, donde muchos de los
estudiantes nos enloquecimos y la emprendimos con todos los recipientes
de basuras o desechos orgánicos e inorgánicos dispuestos por las familias
que residían en las calles por donde pasaba la manifestación.

Tal atropello nos causó mucha satisfacción, pero en verdad dejó mucha
desilusión y perdidas a las familias inocentes que vieron como sus botes
de basuras fueron destruidos o averiados.

Las masas al ser equivocadamente dirigidas suelen emprender actos
violentos fácilmente, llevando a la cabeza de los jóvenes la destrucción
indiscriminada de lo que ve, se atraviesa, o se interponga en su camino.
No obedecen a la justicia, ni razonamiento, y mucho menos respeto.

Al caer en insubordinación no se miden consecuencias y van camino
de lo imprevisto, con las consecuencias y efectos inesperados de
enfrentamientos de la fuerza pública, que también se deja arrastrar
fácilmente por su condición defensiva y represiva.

2.5.3 Insuficiente

Indica que hace falta algo para completar la unidad, y por lo tanto no está completo. Que no queda satisfecho porque la cantidad no le llenó.

Ecles.1:7-8 / 7 Los ríos todos van al mar, y el mar no se llena; al lugar de donde los ríos vinieron, allí vuelven para correr de nuevo.
8 Todas las cosas son fatigosas, más de lo que el hombre puede expresar. Nunca se sacia el ojo de ver, ni el oído de oír.

> o   No basta investigar lo material en profundidad, pues lo espiritual existe, aunque lo neguemos y no lo veamos, no dejará de ser real. J.C.I.R
> o   Ni te abatas por pobreza, ni te ensalces por riqueza.
> o   La pobreza Dios la amó; pero la porquería no.

Cuento

Paquito va hacia su casa y comenta con su hermanito: vamos enseguida… ¡tengo hambre!, seguro que son las doce.
Y echándose a correr: anda rápido; i el estómago es el reloj más seguro que existe.
Cuando llegan a casa: ¡Mamá! Mí comida….
¿Ahora Paquito? Pero si son las once.
¡Virgen santa! Mi estómago se ha adelantado otra vez.

Historia

En julio 30 de 1.908 en los Olímpicos el atleta Italiano, Dorando Pietri domino la carrera de principio a fin, y al entrar al estadio de White-City en Londres se tambaleo 4 o 5 veces después de hacer el recorrido a la inversa, cayendo al suelo finalmente. Gano la copa especial, pero para él y para los italianos y el mundo fue el legítimo ganador, pero para las reglas y los jueces no fue suficiente.

Puede sucedernos a nosotros si no perseveramos hasta el final. Hay que estar en guardia, pues el enemigo siempre estará al acecho. Hay que esforzarse para hacer las tareas, que nos comprometimos a ejecutar antes de venir a la tierra.

Cada uno tenemos la oportunidad de conocer por medio de la bendición patriarcal aquellas cosas que nos asignaron a llevar a cabo en la tierra, a fin de ser instrumentos en las manos de Dios, por y a favor de otros.

Muchos no saben a que vinieron a la tierra y resulta una decepción que por un pelín de búsqueda sincera del propósito de la vida, se vayan con las manos vacías.

2.5.4 Insufrible

A quien se le considera pesado de soportar, escuchar, o sostener como amigo.

Prov.27: 3 Pesada es la piedra, y la arena pesa, pero la ira del necio es más pesada que ambas.

Prov.28:12 Cuando los justos se alegran, grande es la gloria;pero cuando los malvados se levantan, se esconden los hombres.

- o La sobrada risa, de la cordura no es hija.
- o No estés mucho en la plaza, ni te rías de quien pasa.
- o Al dinero no se le pega el mal olor del usurero.

Cuento

Por la mañana, colocan la botella de leche al lado de otra botella en la escalera.
La primera saluda a la otra: ¡Buenos días!
Silencio….
La amable botella repite: Te he dicho buenos días.
¡Calla, que estoy ácida!

<u>Anécdota</u>

En la época de estudiante muchas veces se da el caso de que alguien suele acosarte, simplemente porque no le simpatizas. Cuando esa persona percibe que tú no apruebas o te molestas por tales actitudes hacia ti, suele generar más problemas, de tal suerte que te convierten en punto de mira de su grupo de dominio. Cuando ese alguien es quien domina los grupos, aterroriza a los demás y ellos se limitan a estimular su ego, es cuando te enteras de que no encajas.

Ello es común en la época de estudios, pero hay que aprender a convivir en esos casos, y el consejo que puedo darles es el que Jesucristo les daría: orar por ellos, pidiendo para que cesen las persecuciones, malos entendidos. Cuando cursaba aquellos años no sabía ni tenía idea de que la mejor forma de eliminar tales casos era orar por los que uno creía que eran sus enemigos.

También alguna vez alguien me considero su enemigo a causa de enemistades de parientes de mi ex esposa, lo cual me convirtió a mí también como objeto de desaprobación, pues estando descuidado intentaron estrellar contra mi cuerpo balonazos, o realizar jugadas peligrosas y mal intencionadas, hacer críticas de opiniones, o ser excluidos de conversaciones sin darme oportunidades de indagar razones. Aunque ocasionalmente intentaron mostrar sus dientes, yo preferí ignorarles y así no tuve que pasar por contencioso o devolver mal por mal.

Creo que los consejos del maestro son los mejores que podemos aplicar, cual es: orar por nuestros enemigos e ignorarlos y así nuestra paz interior se fortalece.

2.5.5 Insultante

Dícese de aquel que usa palabras ofensivas, para expresar su opinión, o comunicar algo. A veces se acompaña con gritos, o palabras fuertes que hacen sentir mal a su receptor.

Prov. 13:10 Ciertamente la soberbia producirá contienda, pero con los bien aconsejados está la sabiduría.

- o	Ladridos de perro no llegan al cielo.
- o	La caridad y el amor no quieren tambor.
- o	La campana dice lo que nos da la gana.

Cuento

Un veterinario enfermó, fue a su médico y este le pregunta:
¿Qué es lo que le duele?
Entonces el veterinario le dijo:
¡A no colega, así es demasiado fácil!, a mis pacientes yo no les puedo preguntar nada. Eso es profesionalismo.

Anécdota

En una ocasión en un partido de futbol que fuimos a jugar a otra ciudad, acordamos pagar el servicio de arbitraje entre los dos equipos.

Durante el encuentro notamos que el árbitro se había parcializado con el equipo contrario, quizás debido a que quien lo contrato era justo el entrenador de aquel equipo.

En un momento en que disputaba la bola con un contrario noté que el árbitro espero el desenlace de la jugada a pesar que me habían cometido una falta notoria junto a nuestra portería. Tan pronto él se aseguró que ellos habían perdido la oportunidad de meternos gol, a pesar de la falta cometida, pito la falta a favor de nosotros; yo me levante del piso enfadado y le reclamé diciéndole: arbitro, pite bien, o no le pagamos.

Ello le causó tanta molestia que sin mediar palabra alguna no me sacó la tarjeta amarilla sino roja ipsofacto.

Aquello nos causaría muchos problemas, pues en un partido de futbol de 11 no se nota, pero nuestro encuentro era de microfútbol o de futbol sala, donde solo hay cinco jugadores por bando, y no se reemplazan.

Fue la única y primera vez que me expulsaron de campo de futbol por conducta indebida. Íbamos ganando 9 a 3, sin embargo después de mi expulsión ellos se aproximaron de 11 a 9, pero finalmente ganamos.

2.5.6 Intenso

Persona que por su manera de ser se sobrepasa, en cuanto a la confianza depositada y ocasionalmente terminan por fastidiar a las otras personas por su grado de exagerar, de atosigar, de ir al límite, y que consiguen con ello que otros lo consideren poco amigable. Que demuestra un afecto demasiado exagerado, que puede terminar por estropearlo todo.

Prov.10:12 El odio despierta rencillas, pero el amor cubrirá todas las transgresiones.

- o Sé flexible como un junco, no tieso como un ciprés.
- o Solo por el respeto de sí mismo, se logra el respeto de los demás.
- o El juego y la muerte en no distinguir de categorías se parecen.

Cuento

En el restaurante elegante: Camarero, le falta una pata a esta langosta.
Es que las langostas son tan frescas que se han peleado.
Pues entonces llévese ésta y tráigame a la vencedora.

Anécdota

El viernes 23 de septiembre de 1.982 a las 3:30 P.M. me encontraba en la fábrica de Papeles Nacionales, empresa que estaba entre las 100 empresas más grandes del país, y los días de reuniones se volvían difíciles, pues eran tiempos en que los ordenadores o computadores existían, pero eran equipos grandes con software muy especializados como el RPG, el Cobol, etc., donde solo en un lugar se digitaba y se editaban los informes. Buscar información con la facilidad que se hace hoy día y acondicionarla en hojas electrónicas era imposible; y sin embargo había que tabular, consultar, y agrupar, organizar, y trasladar información, a mano, era nuestra tarea, pues los programas estaban condicionados a que todo estuviere digitado, a voluntad y disponibilidad del departamento de sistemas. De tal suerte que la mayoría de los informes se debían hacer a mano. Lo que se requiriera se debía hacer y hacerlo pronto, y en cualquier reunión financiera, administrativa o de ventas se requería que tu como contador estuvieras pendiente de ella, pues siempre te llamaban para indagarte cosas que solo consolidando datos podrías contestar. De tal suerte que una reunión financiera, para ti era sumamente intensa, pues todas las preguntas que los informes reflejaran alarmas, tu debías investigarlas sin las herramientas de hoy. Todo era a base de calculadora, fotocopias, y demás apoyo de tu personal, pero el personal mantenía una buena carga de trabajo.

Al cabo de la reunión el Dr. Vallejo me requería y justo en ese momento yo estaba en otro bloque diferente de las instalaciones administrativas. No había beeper, ni celulares, todo era más complejo. Se debía informar sobre la justificación de los altos cambios en los gastos financieros y administrativos por el mes de agosto, suma que reflejaban aumentos de $7.000.000; para ese tiempo era mucho dinero cuando el salario mínimo rondaba los $9.000. Ello era motivo de desesperación, y venían preguntas de todo tipo. Previamente yo había preparado un informe detallado que justificaba y explicaba cada rubro y con ello se habían contestado las preguntas en otra reunión tres días antes, sin embargo esta segunda reunión se realizó y no se me notifico previamente por lo cual no estaba alerta y preparado.

Al localizarme uno de mis asistentes, baje rápidamente y me traslade al lugar de mi escritorio donde estaba el Dr. Vallejo y me solicito copia del informe que yo les había dado ya, pero que no recuerdo si de mí borrador. Inicie la búsqueda pero no lo halle en el legajador (Carpeta) que debía estar en "Informes financieros reuniones", lo cual suponía haber sido guardado en otra parte. Por equivocación, pues tú debías ser muy organizado para mantener respuestas de todo tipo y con el pasado especialmente. El contador es el trompo quiñador de todos los problemas en una gran empresa, y todo debe estar disponible y en el momento requerido. Buscar en otros archivos casi no era frecuente, pues tu memoria, habilidad, y capacidad de entendimiento apuntan a que todo debe estar en un solo sitio, de resto es difícil operar. Así eran las cosas con rapidez, debes desenvolverte y aquel día no me estaba sucediendo. Me turbe y se me nubló la mente, me puse nervioso. Era la primera vez en tres años que sucedía. Yo daba cuenta rápido de todo, porque era muy estricto con el orden, aunque manejaba mucha información sabia de cada cosa, pues la tenía bien clasificada.

Las palabras del Dr. Vallejo eran; ¡me los votó, como se le ocurre,…. Unos documentos tan importantes,….! Él era el subgerente. A las reuniones acudíamos, el gerente general, el contralor (mi jefe), el gerente administrativo, el auditor interno, El jefe de planeación, y el contador más el jefe de impuestos cuando era invitado.

Transcurrieron tal vez 10 minutos y el Dr. Vallejo regreso a mi lado, pero le exprese que podía explicarles en la sala de junta más o menos y él me invitó a reconstruir lo que pudiera, con el apoyo de otros papeles, pero me sería imposible reconstruir y hacerlo a cabalidad. Sentí que debía orar, y rápidamente me encamine al baño para arrodillarme y suplicar en oración para encontrar los papeles, regrese al escritorio y allí estaba Beatriz (Asistente de bancos) quien los encontró no sé dónde y así hubo mucho alivio para todos.

Me encaminé a la reunión y todo se aclaró, pero sino hubiere acudido en oración a Dios no los hubiere encontrado nadie. De eso estoy seguro. La paz y respuestas de mi Dios no se hicieron esperar, porque acudí a él en oración. Aquel día el Subgerente se puso intenso.

2.6.1 Interesado

Se refiere a las personas que solo ejecutan labores si ven de por medio un beneficio.

Prov.22:16 El que oprime al pobre para enriquecerse, y que da al rico, ciertamente será pobre.

- o Si quieres que te cante, el dinero por delante.
- o Por interés, este mundo es lo que es.
- o Por el interés, lo más feo, bello es.
- o El cariño y el pan, como hermanos, y el dinero como gitanos.
- o Bien me quieres, bien te quiero, no me toques el dinero.
- o Manos que no dais ¿qué esperáis?
- o Dame mi parte que el quererte y amarte eso es aparte.
- o Serás querido, hasta verte perdido, y olvidado cuando te vean arruinado.
- o Por el interés te quiere Andrés.
- o Comida hecha, compañía deshecha.

Cuento

¡Papá! ¿Es verdad que todos los cuentos empiezan con "erase una vez"? No siempre hijo; algunos empiezan: "Cuando sea elegido".

Historia

Cuando se levantan líderes con ideas expansionistas de acrecentar sus territorios hemos de temer, pues ello desatara guerras entre los vecinos. Igual sucedió con Hitler, lo peor es que existan personas que les crean y los apoyen, en sus acciones de agresión a los demás justificándolo. Esos fines maquiavélicos "del fin justifica los medios", han generado millones de muertes.

El 7 de marzo de 1.936 Hitler invadió Renania, región controlada por Francia desde la I guerra mundial. Tal acto fue osado, aunque sus propios generales le aconsejaron no arriesgarse, incluso su ministro de guerra el general Werner, ordenó a las tropas que se retiraran si había reacción de los franceses y británicos.

Los políticos, franceses deseaban respuesta militar, pero los mandos mayores pidieron moderación. Inglaterra, su aliado, suplicó no responder hasta analizar las condiciones, total que nadie respondió sus provocaciones. El dictador alemán propone cambios en tratado de paz para los próximos 25 años. Para Hitler era recuperar lo que era suyo.

Ya Hitler comenzó a mostrar el interés en usar la fuerza militar, razón tenía Albert Einstein, al definir como el peor engendro hecho por el hombre a los ejércitos.

En los entornos alemanes se comenzó una cacería de brujas a todo el científico, escritor, pensador, líder o personaje que se opusiera a las ideas expansionistas, haciendo que muchos emigraran para proteger sus vidas.

Firme a los intereses de su partido, en España, seguramente pacto Franco anticipadamente y así fue como en abril de 1937 la aviación alemana arrasó la villa vasca de Gernika, pero el general Franco lo consistió, aunque fue en territorio español.

Este país había entrado en guerra civil desde 1.936, y esa región era liderada por la oposición. La oportunidad y el interés de su líder golpista militar vislumbro una sutil forma de acallar a sus enemigos.

En Austria se presenta Hitler con su ejército, país natal, y la convierte en una provincia alemana, y desde las calles mucha gente lo ovaciona, y desde sus balcón en el hotel, arenga a la población, refiriéndoles que la nación alemana jamás volverá a desgarrarse.

Ya en mayo de 1938 Mussolini, el líder italiano, se reúne en Roma y se prometen con Hitler amistad eterna en una inusual ceremonia y festejada de intereses comunes. Fue como se dieron los pasos base para la guerra mundial segunda, concluyamos entonces como los intereses de líderes peligrosos y maquiavélicos convierte en muerte de miles sus intereses.

Ahora la historia se repite con el sr Putin invadiendo a Ucrania, con justificaciones infundadas. Lo peor es que hay algunos que se convencen de que está bien, acabar con el hogar de otros, que no tienen nada que ver con los desacuerdos de sus líderes y tienen que abandonar sus posesiones, escuelas, trabajos, países, etc., para proteger sus vidas.

2.6.2 Intimidante

Quienes para alcanzar sus objetivos procuran mediante su aspecto o apariencia, transmitir miedo, temor, o ideas de terror, a fin de subyugar a otros, o impedir oposición. Generalmente los cobardes utilizan estas tretas. Propio de los maltratadores.

1 Samuel 17:42-44/42 Y cuando el filisteo miró y vio a David, le tuvo en poco, porque era muchacho, y rubio y de hermoso parecer.
43 Y dijo el filisteo a David: ¿Soy yo un perro para que vengas a mí con palos? Y maldijo a David por sus dioses.
44 Dijo luego el filisteo a David: Ven a mí, y daré tu carne a las aves del cielo y a las bestias del campo.

o   Que me odien con tal que me teman. Lucio Acci.
o   El lobo no teme al perro pastor, sino a su collar de clavos.
o   El miedo es el más peligroso de los sentimientos colectivos.

Cuento

Si no tomas esta sopa, te mando a llamar el lobo malo.
¡Qué bien mamá! ¡A ver si él se atreve a tomarla!

<u>Historia</u>

David enfrento el gigante Goliat, que medía aproximadamente 6 codos y un palmo es decir si mi codo mide 47 cms * 6 =2.82 + 0,23 de mi palmo tenemos 3.05 metros. El libro de 1 de Samuel17:4-11, lo describe así:

4 Salió entonces un paladín del campamento de los filisteos, el cual se llamaba Goliat, de Gat, y tenía de altura seis codos y un palmo.

5 Y traía un casco de bronce en su cabeza e iba vestido con una cota de malla; y era el peso de la cota cinco mil siclos de bronce.

7 El asta de su lanza era como un rodillo de telar, y tenía el hierro de su lanza seiscientos siclos de hierro; e iba su escudero delante de él.

8 Y se detuvo y dio voces a los escuadrones de Israel, diciéndoles: ¿Para qué salís a dar batalla? ¿No soy yo el filisteo, y vosotros los siervos de Saúl? Escoged de entre vosotros un hombre que venga contra mí.

9 Si él puede pelear conmigo y me mata, nosotros seremos vuestros siervos; y si yo puedo más que él y lo mato, vosotros seréis nuestros siervos y nos serviréis.

10 Y añadió el filisteo: Hoy yo desafío a los escuadrones de Israel; dadme un hombre que pelee conmigo.

11 Y oyendo Saúl y todo Israel estas palabras del filisteo, se turbaron y tuvieron gran miedo.

Como podemos observar era algo intimidante, aterrorizador, y enfrentar a un hombre así es como pelear con un oso a mano limpia, es una pelea de toche con una guayaba madura (Al primer picotazo la troza a la, mitad, no hay posibilidad de más nada).

Cuarenta días hizo los desafíos y ofensas al Dios de Israel, y nadie se atrevía a salir al enfrentar a tal gigante.

Hasta que David se enteró y no dudó defender con lo que tenía, su honda y la confianza en su Dios. Él pudo y nosotros también; si obramos conforme a lo que debemos hacer, sin temor ni temblor, y si no tenemos el Espíritu, pues con ayuno y oración, y una gran determinación de cambiar y dejar los prejuicios, temores, y buscar la reconciliación con

Dios, una vez hecho lo anterior, todo será posible, estoy seguro, porque lo he probado una y otra vez.

2.6.3 Intolerante

Es el que no acepta (notolera) ningún error, consejo, respirar, palabra, o presencia de otros.

Prov.29: 9 Si el hombre sabio contiende con el necio, ya sea que se enoje o que se ría, no tendrá reposo.

Ecles.10;12-15/12 Las palabras de la boca del sabio están llenas de gracia, más los labios del necio causan su propia ruina.

13 El principio de las palabras de su boca es necedad, y el final de su charla es locura nociva.

14 El necio multiplica las palabras. No sabe el hombre lo que ha de acontecer, ¿y quién le hará saber lo que después de él acontecerá?

15 El trabajo de los necios tanto les fatiga, que ni aun saben por dónde ir a la ciudad.

- o A los niños los engaño con juguetes, y a los mayores con prejuicios.
- o La intolerancia puede ser definida aproximadamente como la indignación de los hombres que no tienen opiniones.
- o En el rico mesón, no falta ladrón.

Cuento

En un restaurante, el cliente llama al camarero:
Camarero, hay una mosca en mi plato.
Es el dibujo del plato, señor.
¡Pero si se está moviendo!
¡Ah! ¡Es un dibujo animado!,

Anécdota

Hace tiempo que me he enterado que al igual que unos alimentos no son tolerados en algunos estómagos, también lo somos los miembros de la Iglesia de Jesucristo de los S.U.D., para algunos representantes y miembros de Iglesias Cristianas.

Recuerdo que mi ex esposa a raíz de su juventud adquirió cierta sensibilidad a algunas sustancias que rápidamente le enfermaban y por supuesto algunos compuestos medicinales, que en condiciones normales le serían útiles, pero que hoy por hoy le predisponen sus vías digestivas y le causan nauseas, vómitos y gran malestar.

Generalmente la predisposición en contra de los miembros de la Iglesia de Jesucristo, son causados por ignorancia, pues de saber la verdad jamás se les ocurriría rechazar sus mensajes.

Al igual que al Salvador Jesucristo, algunos de los líderes de los saduceos, fariseos, y escribas, se molestaban y desaprobaban tanto los mensajes, doctrinas, presencia, o incluso el hecho de creer en otro libro diferente a la Biblia; eso sonaba a traición. La verdad es que poco podemos hacer para evitarlo. Lo que si podemos hacer es esperar que sus estómagos nos resistan, y ojalá tal desaprobación no se extienda al más allá. De ser así les limitará su progreso y el de sus seres queridos, pues somos responsables, por tener altas tecnologías, ya que ellas nos abren puertas para probar, investigar, profundizar, extrayendo lo bueno. Además podemos pedir en oración para saber que es la verdad y lo correcto. Si dejamos perniciosamente pasar estas oportunidades, llevaremos a la desdicha a multitudes de nuestros seres amados y amigos que confiaron en que tendríamos la valentía de buscar la verdad hasta encontrarla, compartirla con ellos y esa misión es la que tenemos.

Por prejuicios, al igual que los tenían con Jesucristo, no podemos condenar a menores grados de gloria a aquellos que dependen de nosotros; ya sea por simple orgullo, vanidad, o abandono personal. Sea cual sea el motivo, todos sin ninguna excepción daremos cuenta de ello. Seguro afectaremos con daños o beneficios colaterales, por nuestras actitudes de intolerancia semejantes a la lactosa, u otras sustancias, a las cuales debemos conocer antes de rechazar, sin darle la oportunidad a los orígenes de cada asunto.

2.6.4 Intranquilidad

Es el término utilizado para describir a quien está sin paz, sin calma, muy angustiado, y apenado por problemas que le ocupan permanentemente su mente, llevándolo a la desesperación, o quizás un estado de ausencia de quietud, armonía, o miedo.

Salmos 20:1-4/1 JEHOVÁ te oiga en el día de tribulación; el nombre del Dios de Jacob te defienda.
2 Te envíe ayuda desde el santuario, y desde Sión te sostenga.
3 Tenga él memoria de todas tus ofrendas y acepte tu holocausto.
4 Te dé conforme al deseo de tu corazón, y cumpla todos tus propósitos.

o   A gran rio pasar de último.
o   Al amigo que no es cierto, con un ojo cerrado y el otro abierto.
o   Anda con tiento y trabaja con aliento.

Cuento

Al momento de partir la torta, un invitado familiar le dice al agasajado.
Tío, ¿Tus gafas son de aumento?
Sí. ¿Por qué?
Entonces no te las pongas cuando cortes mi trozo de torta.

Anécdota

En 1.994 viví un tiempo difícil e intranquilo a causa de que los ingresos no eran suficientes para sostener mi familia, y los gastos de la oficina, pues debí prescindir de dos trabajos importantes que llenaban el 60%

de mi tiempo disponible, todo motivado a que era imperativo hacerlo en vista de que descubrí que parte de la fuente provenían del narcotráfico.

Un buen día entre en la oficina de mi jefe y encontré a él y dos de sus subalternos con el escritorio lleno de esmeraldas, pero yo me devolví y salí y ellos no se enteraron. Comprendí que lo mejor era alejarme de tal trabajo, pues alguien me avisto e informó que él era uno de los narcos más importantes de la ciudad. Decidí entonces retirarme, pero no encontraba la razón, para excusarme, pues me tenían mucha confianza y se trabajaba con buen ambiente.

Debí iniciar un proceso de oración y ayuno muy cotidiano, entre 2 y 3 veces a la semana, y al tercer mes finalmente se presentó la oportunidad, pues me llamó e indagó sobre cómo saber sobre la posibilidad de mejor éxito financiero ya que le ofrecían alquilar el hotel donde yo estaba asignado laborando. Prontamente en una hoja de Excel proyecte las cifras de las dos alternativas de: 1- Alquilar el hotel o 2-Seguir explotándolo personalmente. Los resultados reflejaron favorablemente el arrendar. Los interesados eran unos empresarios de la costa atlántica, a los cuales no les agrade de entrada y ello generó un impase que favoreció mi disculpa para retirarme, y que yo veía como la ayuda y respuesta de Dios a mis tres meses de ayuno y oración.

Para fortuna mía, alguien se interesó en ese cargo y a los seis o pocos meses, después de mi retiro finalmente el jefe decidió aceptar tal reemplazo. Tal persona desde días atrás estaba moviéndome el piso con otro allegado a él comercialmente, y que tenía mucho interés en desprestigiarme a raíz de la imposibilidad de presentar una declaración de impuestos sin el lleno de los requisitos y a lo cual yo preferí esperar hasta que los documentos le sustentaran bien; sin embargo, él prefirió escoger a aquella persona que estaba detrás de ello, quien le convenció que era más prudente hacerlo inmediatamente.

Finalmente el jefe ante la negativa de seguir ayudándole en los otros negocios y en el manejo de sus propios impuestos, se resintió, ya que días atrás ya había rechazado dos invitaciones de agasajos con sus empleados, pues procuraba distanciarme lo que más pudiera. El día de mi retiro le prometí que si me necesitaba yo le ayudaría, en mi tiempo libre, pero ya había conseguido trabajo en otra ciudad; algo que no era cierto, pero que me servía para acelerar mi marcha.

Antes de terminar mi contrato me tomé la precaución de escribir en tres páginas un informe minucioso de todas las tareas ejecutadas durante los once meses de mi permanencia y del estado y recomendaciones de lo que faltaba y debían ejecutar para que se continuaran los objetivos.

Poco después percibí que el ánimo y la aceptación de mi jefe ya no eran igual y ahora me veía como un enemigo. Al momento de la liquidación y el pago de mis honorarios observe que me faltaban $200.000. Procedí sin vacilar referir al jefe el error, él se negó, y yo le expresé que como hombres habíamos llegado a ese acuerdo y yo había cumplido con mis obligaciones. El me miró por un buen rato y posteriormente abrió uno de los cajones de abajo y extrajo de allí el dinero que me faltaba y me lo entregó.

Esa situación trajo a mí y a mi familia sentimientos de intranquilidad, pues una noche toco a la puerta de mi residencia buscándome y yo no estaba. Claramente le indico a mi esposa que me esperaba a las 9 en su oficina de lo contrario me liquidaría a mí y a todos. Mi familia fue amenazada (mi esposa concretamente en casa por el empresario) sino acudía a una cita de trabajo, para resolverle un asunto de una visita de impuestos, no obstante haber conseguido ya mí reemplazo, pero que intranquilizo mucho al empresario, quien quedó insatisfecho con mi retiro de la empresa. Finalmente acudí a la cita como yo le había prometido que le ayudaría si me requería, pero en medio de tal condición estaba la nueva contadora que había sembrado cizaña entre los supuestos errores de la declaración y lo reclamado por la oficina de impuestos.

Para crédito mío pregunte e indague por los anexos a la declaración presentada, pero las personas no daban razón y menos la contadora. Por apoyo de Dios, el asistente que ella había conseguido fue mi compañero de trabajo 20 años atrás, en otra compañía de auditorías Cencoa de Cali. El procedió a buscar y encontró los anexos u 80 folios y el informe de tres páginas que no deseaba mi reemplazante se localizaran. Con tales papeles se les pudo demostrar a los funcionarios de impuestos ítem por ítem y cifra por cifra la razonabilidad de la información. Fueron aceptados todos los argumentos sin problemas. Además el asistente leyó el informe de mis sugerencias y comprendió las malas intenciones con que se había ocultado tal informe. Aquel día me protegió y apoyo El Señor en respuesta a mis oraciones y ayunos.

A Causa de mi forzado retiro me vi en problemas financieros, pero me había quitado un problema peor, para mí y toda mi familia. También él se quitó un problema, pues había temor de que yo lo delatara, pero yo no lo haría pues cada cual juzga como ganar su sustento, y a mí no me constaba nada. Esos días fueron difíciles, pues los gastos eran mayores, por los contratos previamente formalizados antes del retiro del trabajo; me cogieron algo insolvente, ya que el iniciar un emprendimiento en una ciudad diferente a la tuya es complicado.

Recuerdo que una noche soñé que me envolvía una enorme serpiente boa y casualmente aquella vez mi hijo se había pasado, para nuestra cama, como solían hacerlo algunas veces nuestros tres hijos. Pero yo en medio de mi sueño percibí la angustia del grave peligro y medio desperté y tome una de las piernas del chico y la asimilé con la serpiente por lo cual exclame ¡oh está en nuestra cama! Y me tiré de un salto largo después de avisar a mi esposa de semejante peligro.

Caí al suelo duro de baldosas golpeándome fuertemente la rodilla, pero al fin me había quitado tal serpiente constrictora. Cuan intranquilo me sentía por todos aquellos problemas.

2.6.5 Intratable

Define a quien no acepta: consejos, diálogos, disculpas, o no acepta ningún llamado de atención, pues los toma equivocadamente, y como ofensa.

Prov.10:18 El que encubre el odio es de labios mentirosos, y el que difama es insensato.

- o   Ni dinero pido, ni consejo quiero.
- o   Consejos ciertos los que a los vivos dan los muertos.
- o   No hay mejor consejo que el del amigo viejo.

Cuento

Tengo que serle sincero,......su caso no tiene cura. ¿Desea que avise a alguien?
Si...... Me gustaría que avise a otro médico.
Bueno,.... Pues si no tiene cura, consiga en cuando sea una monja, replicó alguien.

Comentario

Algunas actitudes suelen ser parte del carácter de las personas, el cual puede rayar en el maltrato a sus seres queridos, esposa, hijos, compañeros de trabajo, compañeros de estudio, vecinos, etc. Son aquellos que si se toman unos tragos o sustancias aditivas, adquieren una dosis de violencia en su interior que les hace creer equivocadamente que son valientes, estrellando contra las paredes los frascos vacíos de sus amos "el vicio", y/o destruyendo las cosas que se les antoja a su alrededor.

Es muy popular ver como en los programas de tv "el hermano mayor", de España, se presentan allí jóvenes mal tratadores de los padres y hermanos, que se convierten en víctimas de aquel que con su fuerte carácter procura despojar de la paz, libertad, pertenencias, a sus padres y seres queridos, pues les exigen dineros para financiar sus vicios. La verdad es que se sorprende uno de que alguien alcance tan altos niveles degradantes, todo a causa de la incapacidad, para ser autosuficiente; incapacidad para producir buenas obras y autodominio. Todo ello como consecuencia del libertinaje y falta de corrección de la vida.

En tales programas se muestran los sufrimientos, sentimientos de impotencia de los padres por tener que soportar cosas y casos que hacen estremecer y enloquecer a cualquiera.

2.6.6 Intrigante

Es aquel que con su forma de actuar o hablar incita a los demás a pelear, discutir. Quien siempre está formando rencillas, o acaloradamente reclama a los demás. Aquel que fastidia con sus intervenciones, pues siempre siembra discordia.

Prov. 13:2/3 / 2 Del fruto de su boca el hombre comerá el bien, pero el alma de los prevaricadores hallará la violencia.
3 El que guarda su boca guarda su alma, pero el que mucho abre sus labios acaba en desastre.

- o A quien hiere con la boca, curar con ella le toca.
- o De ninguno has de decir lo que de ti no quisieras oír.
- o Es más glorioso y honorable huir de una injuria callando, que vencerla respondiendo.

Cuento

El sargento, que siempre presume de una gran cultura, grita a los soldados:
¡Cuidado con echar cerillas encendidas en el suelo! Pensad en el incendio de Pompeya
Un recluta, harto de tanta cursilería, dice:
Y sobre todo, no escupir en el suelo. Acordaos del diluvio universal.

Anécdota

Cuando laboré en la fábrica de Metálicas del Norte de Jesús Velázquez, recuerdo que el jefe de producción se sintió inquieto a causa de los procedimientos de control que estábamos instituyendo, lo cual iba contra sus planes. Una tarde sin mediar conversación alguna indicó al responsable de la bodega de materiales delante de mí que yo había referido que él usaba materiales para su bicicleta. Yo me sorprendí, e incluso el mismo almacenista también se sorprendió, sin embargo yo no le hice mucho caso, debido a que cuando las personas se oponían a cambios en los procedimientos de control algunos se sentían coartados en sus intereses, pero éste en realidad había decidido abiertamente dejar entrever que algo no le convenía.

Otra tarde delante de algunos obreros, expresó cosas que yo jamás había referido, algo semejante a lo dicho al almacenista, y lo que pretendía era desacreditarme delante de los obreros y buscar la oportunidad, para mediante la discordia hacer que yo me aburriera.

Otra tarde tales discordias las sembró delante de don Jesús, el propietario, quien interpreto el asunto como algo personal de él conmigo.

Para fortuna mía en los días siguientes me resultó la oportunidad de trabajar en Papeles Nacionales como contador general, cargo que acepte inmediatamente, gracias a las recomendaciones del decano de la Facultad de Contaduría, quien me propuso como alguien muy circunspecto. Aquel trabajo lo desee desde meses atrás y fue uno de los premios que Dios me dio por mi fidelidad con la ley del Diezmo y las ofrendas.

Al retirarme de la fábrica recomendé a alguien para que se encargará de las asesorías que tenía, pero no llegó a ningún acuerdo con él, pero si le recalque y muy claro al propietario que debía ponerle atención al jefe de producción, pues generalmente cuando alguien como él se oponía a la determinación de los costos de producción y al control de producción, era porque tenía intereses que las cosas siguieran con el desorden imperante. En rio revuelto hay muchos que suelen pescar bastante bien y ampararse con tal desorden. El orden y control es algo necesario, deseable, e indispensable para saber dónde estoy, y que estoy haciendo, por cuanto debo vender, que produzco, conocer lo que sale y que entra y si ello coincide en realidad entre unidades, físicas y los valores, y además equivale a lo que se reporta a contabilidad. Todo ello ha de ser una sola verdad, pero cuando hay otras cosas encubiertas, hay algunos que procuraran evitar que te las destapen.

Te colocaran trampas, invitaran a pelear, buscarán fingir accidentes, etc. Conocí y por el espíritu entendí las situaciones, algunas veces más rápidas que otras pero las percibí.

3.1.1 Inútil

Término empleado para calificar a alguien que no está en condiciones de efectuar una tarea, por incapacidad física, intelectual o mental. En la vida pública algunos funcionarios públicos carecen de iniciativa y no escuchan las sugerencias o la voz de los gobernados. Son tan inútiles como los borrachos. A veces se comportan como autómatas o máquinas pues se someten a una regla, (la cual si rompen si se trata de beneficios o influencias). Supuestamente se los coloca para resolver problemas, pero son semejantes a los computadores que solo actúan conforme a un procedimiento señalado y si se presenta algo no referido en la norma, son incapaces de actuar con destreza. Solo dicen no, sin comprender que tienen potestad para resolver problemas, pues son funcionarios públicos, están para resolver actos públicos y cosas justas dentro de la ley.

Prov.26: 7-9/7 Como las piernas débiles del cojo, así es el proverbio en la boca del necio
8 Como quien ata la piedra a la honda, así *hace* el que al necio da honra.
9 Espinas clavadas en mano del embriagado, tal es el proverbio en la boca de los necios.

o   No te quejes de la nieve en el techo del vecino cuando también cubre el umbral de tu casa. Confucio.

o   Riqueza parió a soberbia, y soberbia parió pobreza.

o   Presumir y valer poco, tema de loco.

Cuento

Dos amigos charlan:
Nadar es uno de los mejores ejercicios para mantener la figura delgada y esbelta.
¡Qué gracioso! Yo nunca he visto una ballena esbelta.

Anécdota

Desde la semana anterior estoy procurando obtener la apostilla de un documento sencillo. Un registro civil de matrimonio. Solicite a un amigo que lo sacara, para lo cual debía ir hasta una ciudad en Colombia y mandarlo hasta España. Esa diligencia costo $100.000 entre transportes y envíos. Recibí el documento, se llevó al consulado para la apostilla; previamente haber pagado los derechos de apostilla, lo escanearon y al día siguiente me informaron que no era legible. Pase por el consulado a los dos días. Indague y se me informo que debía mandar otro, yo me había provisto de una copia del mismo, pero del año 2.012 para simplemente ayudar a aclarar los datos, pero con la determinación de que fuere apostillado el documento del 2.015. Le solicite a la funcionaria que colocara una nota o informara que efectivamente el documento original si era del 2.015 pero que al enviarlo por el escáner no resultaba tan legible. La funcionaria me dijo que ella no podía alterar el documento, sin embargo escaneo el del 2.012. Al día siguiente recibí notificación por correo de que revisara el documento y era ok excepto, porque la apostilla saldría con el año 2.012 cosa que no me serviría.

Conteste el correo informando el caso de los costos, la necesidad de que fuera el del 2.015 el apostillado y que el segundo era para ayudar a dar claridad en los datos. Supuse que todo quedaría claro en la respuesta, pero cuando volví al consulado por tercera vez la apostilla a emitir era el del 2.012 a pesar de la claridad en la respuesta. Le exprese con documentos, facturas de costos lo que había sucedido, a lo cual la funcionaria me dijo que me entendía, pero no podía hacer nada. La respuesta fue peor, pues si entendió y es funcionario público y está para resolver casos tan simples y lo entienden, pero no actúan ¿cómo será con cosas difíciles? pues entendiendo no se atreven a resolver las cosas, no sé qué trampas les ponen a ellos para sancionarles por cosas tan simples, pues ese debe ser el propósito" de funcionar públicamente". "Qué bueno que vieran la película de Cantinflas "El diputado".

La solución fue que me tocaba volver a sacar la apostilla, por la que ya pague los derechos, pagar nuevamente, enviarla independientemente y volver a pagar y dejarles tranquilos, pues entendiendo no da el paso para funcionar. Estoy en espera de ello. Al cabo del poco tiempo, observé cambios de actitud en los funcionarios de la embajada, pues la atención, disposición, la manera de atender al público eran extraordinarios, haciendo que los ciudadanos se sintieran como en casa. El consulado de España se convirtió en una excelente referencia de atención al público, constatado por todos los compatriotas que suelen hacer uso de los servicios allí. Así da gusto ser atendido, que grandes cambios.

3.1.2 Invasor

Quien se apropia de terrenos, locales, o casas ajenas. Algunas personas suelen penetrar en propiedades ajenas, al percatarse de que se encuentran temporalmente desocupadas o disponibles para la venta. También es común esta práctica entre los gitanos, quienes de esta forma acondicionan viviendas para sus familias en terrenos del estado o que ofrecen riesgos de inundaciones, etc.

La esperanza que se promete a los pobres y necesitados es que cuando el Reino de Dios sobre la tierra sea dirigido por Jesús el Cristo, no habrá pobres ni ricos, pues todos serán iguales, y será establecido Sion. Ni corruptos, ni ladrones, ni asesinos, y mucho menos hombres de maldad, pues no habrá lugar para ellos.

Se vivirá tal cual vivieron los Nefitas en las Américas, desde el año 34 D.C. hasta el 200 D.C. (4nefi1:15-17).**15** Y aconteció que no hubo contiendas en la tierra a causa del amor de Dios que moraba en el corazón del pueblo.

16 Y no hubo envidias, ni contiendas, ni tumultos, ni fornicaciones, ni mentiras, ni asesinatos, ni ninguna clase de lascivias; y ciertamente no podía haber un más feliz entre todas las personas que habían sido creadas por la mano de Dios.

17 No hubo ladrones, ni asesinos, ni hubo lamanitas, ni ningún tipo de -itas; pero eran en uno, hijos de Cristo, y herederos del reino de Dios.

- o   La ocasión hace el ladrón.
- o   el ausente, más es muerto que viviente.
- o   El desdichado paga por todos.

Cuento

Llega un tipo con un ataque de nervios al psiquiatra y le dice:
Llevo tres semanas soñando que mi suegra viene a comerme cabalgando sobre un cocodrilo...
¿Sí? Contesta el psiquiatra.
Si, doctor.... Esos ojos amarillos, esa piel escamosa, esos diente afilados...
¡Qué visión tan terrible!... Dice el psiquiatra.
Y el hombre le contesta: ¡Y espere que le describa el cocodrilo!

Comentario

Algunos hombres se han visto tan fustigados por las condiciones de miseria y pobreza que se han llegado a la necesidad de ocupar lotes, espacios, etc., muchos de ellos cerca del rio y en condiciones muy limitadas. Algunos han sido causados por la desobediencia, la prostitución la caída en las drogas, y otros motivados por las tragedias de la guerra, donde muchos se tienen que refugiar donde pueden.

Algunos de estos problemas son causados por las malas decisiones de los líderes de los estados quienes poco o nada se preocupan por los más desfavorecidos.

Muchos viajan para buscar mejores oportunidades.

Hace poco en uno de los estados de USA, se realizaba una manifestación por parte de los habitantes de una ciudad quienes protestaban, porque había personas de tez mestiza, y negros en la ciudad y que para ellos, estaban siendo invadidos, sin embargo al mirar retrospectivamente los invasores fueron los del continente antiguo, pues ellos poblaron las praderas donde se asentaban las civilizaciones del indio americano, y pocos años les fueron llevados como esclavos a los negros, a quienes muchos blancos tomaron como mercancíay los sometieron a ser esclavos, hasta que por fin algunos valientes y honrados hombres vieron ello como algo inaceptable y se rebelaron contra esa práctica.

Blancos, negros, mestizos, etc., hemos de vivir en armonía y condiciones igualitarias, pues él único dueño es Dios, los demás somos pasajeros y deudores de los bienes que nos provee. Ello tampoco da derecho a invadir terrenos ajenos, pues hay necesidad de que el estado le busque soluciones reales, para ello los han colocado allí. En eso se encuentran casos de vivos, que ven en ello oportunidades, para invadir y luego vender derechos de posesión a otros que si son necesitados y desposeídos.

3.1.3 Ira, irritación, iracundo

Caer en esta condición no es favorable, para nuestras, conversaciones, o actuaciones y posiblesdecisiones, porque de seguro no resultaran según lo esperado.

Prov. 11: 4 De nada sirven las riquezas en el día de la ira, pero la justicia libra de la muerte.

Prov. 11:22 El hombre iracundo provoca contiendas, y el furioso abunda en transgresiones.

Prov.14:29 El que tarda en airarse es grande de entendimiento, pero el impaciente de espíritu engrandece la necedad.

Prov. 15:1 La blanda respuesta quita la ira, más la palabra áspera hace subir el furor.

Prov.: 15:18 El hombre iracundo promueve contiendas, pero el que tarda en airarse apacigua la rencilla.

Prov. 16: 14 La ira del rey es como mensajero de muerte, pero el hombre sabio la apaciguará.

Prov.16:32 Mejor es el que tarda en airarse que el poderoso, y el que se enseñorea de su espíritu que el que toma una ciudad.

Prov. 21: 19 Mejor es morar en tierra desierta que con mujer rencillosa e iracunda.

Prov. 27:3 Pesada es la piedra, y la arena pesa, pero la ira del necio es más pesada que ambas.

Prov. 27: 4 Cruel es la ira e impetuoso el furor, pero, ¿quién podrá sostenerse delante de la envidia?

Prov.29:8 Los hombres escarnecedores alborotan la ciudad, pero los sabios apartan la ira.

Eclesiastés. 7: 9 No te apresures en tu espíritu a enojarte, porque el enojo reposa en el seno de los necios.

- o   De airado a loco va muy poco.
- o   Si tanto fuego tenéis, sopla y no reventéis.
- o   La ira no obra justicia.
- o   Dice la ira más de lo que debía.
- o   De un hombre iracundo se ríe todo mundo.
- o   Ira de mujer. Trueno y rayo es.

Cuento

¿Tú te crees que todos los hombres son ángeles?
Por lo menos todos los novios que tuviste, sí.

Sí. Eso crees tú.

¿Entonces, como te explicas el hecho de que los has mandado a volar?

<u>Anécdota</u>

Recuerdo también a una prima que con su esposo adoptaron una niña de doce años y después de darle todo lo que podían: estudio, ropa, buena comida, comodidad, protección. A los 16 años se convirtió iracunda e irritable joven, pues no estaba dispuesta a colaborar con nada en casa, o cuando le coartaban la libertad de hacer lo indebido. Llegó, no sé por influencia de quien, a arribar al colegio donde su padre adoptivo laboraba, para procurar desprestigiarle incluso a tratar de envenenar a su madre adoptiva, a causa de que sus padres adoptivos le devolvieron a la institución que previamente les había legalizado la adopción

Ellos descansaron cuando finalmente prefirieron sucumbir ante tal responsabilidad de la crianza y adopción; pues en vez de que te agradezcan te echas un grave problema y castigo. Cualquiera pensaría que aquel padre adoptivo tal vez hizo algo malo con ella, sin embargo aquel hombre era demasiado bueno, un hombre culto, altamente preparado, bien educado, cortes, y por cierto de nobles principios. Quizás ello hizo que fuera víctima de chantajes por parte de aquella criatura.

Razón tenían los profetas de la antigüedad cuando refirieron que en los últimos días se iban a levantar generaciones de incrédulos, mal tratador, impío, calumniador, ingrato, y hacedores de maldad de todo tipo, solo hay que escuchar a los amigos comentar de los miles casos en que nos rodean y viven muchos de nuestros vecinos.

En otra ocasión me refirió un amigo que solicito al ICBF la posibilidad de adoptar un niño, pero siempre le salían con chicos mayores de 10 a 12 años, ya formados y el con su esposa se negó, pues el expresaba que no lo haría, pues sería como domar leones, debido a las malas costumbres adquiridas y con dificultad para reencaminarles.

3.1.4 Irreconciliable

A quien le es difícil perdonar las ofensas de su prójimo, o malos entendidos.

Prov.28: 4 Los que dejan la ley alaban a los malvados, pero los que guardan la ley contienden contra ellos

- o   Con el aire se hincha el odre, y con la vanidad, el hombre.
- o   Orgullo, riqueza y hermosura son nada en la sepultura.
- o   Ofensa recibida, nunca se olvida.

Cuento

En el restaurante: Camarero, este plato está intragable. …..Llame al gerente.
No va a solucionar nada. …. Él tampoco lo va a querer.
Cuento
¿Esta es la carretera que va para buenos aires?
No, la carretera se queda, el que va es usted.

Historia

Los partidos políticos, seguidores de fanáticos extremos de futbol, etc., ocasionalmente parecen irreconciliables, y muchas veces se trenzan en disputas innecesarias que arrastran a los demás con guerras. Así fue Hitler con el odio que manifestó, a los judíos, y sucede entre estos con los árabes, y viceversa en oposición mucho más radical.

Si aprendiéramos de Jesucristo cuando tuviéramos motivos para estar ofendidos todo sería más fácil. En Mateo 18:15–17aprendemos. **15** Además, si tu hermano peca contra ti, ve y repréndele entre ti y él solos; si te oyere, has ganado a tu hermano.
16 Pero si no *te oyere,* toma aún contigo uno o dos, para que en boca de dos o tres testigos conste toda palabra.

17 Y si no los oyere, dilo *a la* iglesia ; pero si no oyere a la iglesia, tenlo como a un pagano y a un publicano.

A Pedro no se le dio limite fácil para dar perdón al prójimo.: "... Señor, ¿cuántas veces perdonaré a mi hermano que peque contra mí? ¿Hasta siete?" (Mateo 18:21). Probablemente Pedro fuera consciente del requisito rabínico de que el ofensor diera el primer paso para resolver la ofensa y que el ofendido perdonara dos o tres veces solamente.

Jesús contestó claramente: "...No te digo hasta siete, sino aun hasta setenta veces siete" (Mateo 18:22). Ello significa que no hay límite, para que perdonemos a los demás.

". Jesús añadió: "Así también mi Padre Celestial hará con vosotros si no perdonáis de todo corazón cada uno a su hermano sus ofensas" (Mateo 18:35).

De tal suerte que ni los judíos del tiempo de Jesús especialmente los lideres, y los de ahora ni tampoco los demás entendieron la doctrina del perdón, tampoco hemos de esperar que hoy día en los días de más iniquidad, y donde los poderes del Satanás están más desatados, podamos esperar mucho, sin embargo entre los creyentes, hemos de practicar ello, pues de lo contrario no seremos justificados.

3.1.5 Irrespetuoso

Es el individuo que manifiesta una marcada tendencia a infringir las leyes, a no considerar los derechos de los demás, a querer omitir las normas de convivencia, o burlescamente hacer las cosas contrarias a lo establecido, para llamar la atención, o porque simplemente es mal educado.

Prov.1:22 ¿Hasta cuándo, oh ingenuos, amaréis la ingenuidad, y los burladores se deleitarán en hacer burla, y los insensatos aborrecerán el conocimiento?

Prov.4:24-27 /24 Aparta de ti la perversidad de la boca, y aleja de ti la iniquidad de los labios.

25 Miren tus ojos al frente, y diríjanse tus párpados hacia lo que está delante de ti.

26 Examina la senda de tus pies, y sean establecidos todos tus caminos.

27 No te desvíes ni a la derecha ni a la izquierda; aparta tu pie del mal.

- o   De malas palabras a peores hechos, hay poco trecho.
- o   Más hiere mala palabra que espada afilada.
- o   Fantasía y agua bendita cada uno toma lo que necesita.

Cuento

La mamá pregunta, enfadada: ¿Quién se comió el pastel que estaba aquí?

Anita, la hermana adolescente, contesta: ¡fue Carlitos, mamá!

¡No es cierto! ¡No es cierto, mentirosa! ¡Si tú no me viste cuando me lo comí!

Cuento

Dos novios hablan y de pronto ella le da un tremendo bofetón.

¿Es que no sabes que yo soy una dama? Dice disgustada

Ya lo sé. … sino supiera que eres una dama, habría salido con tu hermano.

Anécdota

En mi pubertad, estudiaba en una escuela llamada Manuel Antonio San Clemente, y cuando estaba en cuarto de primaria con 10 años de edad, recorrí el trayecto de la escuela a casa con el profesor Delgado muy majo de segundo de primaria, un señor de unos setenta años, algo bajo. Emprendimos una charla sobre el tema de la izada de la bandera y los discursos dados en esa ceremonia. El me preguntó acerca del tema del discurso que un chico había ofrecido, pero yo estaba distraído y no puse cuidado a ese discurso de tal suerte que lo confundí con otro que dio alguien esa mañana. El profesor me corrigió y expreso que el tema de él había sido algo sobre la patria. Entonces recordé más o menos, pero yo creyéndome muy listo, le dije al profesor que yo lo sabía, pero que había contestado lo que dije, para cogerle la caña, es decir tomarle el pelo. Ante tales palabras, el profesor me tomo de la oreja, y llevo por toda la cuadra donde solíamos reunirnos y donde me conocían mis vecinos, con la oreja en su mano en señales de reprimenda.

Eso fue una salida desatinada, que me valió para aprender a recordar la autoridad de los mayores y de no creerme más listo que ellos.

3.1.6 Irresponsabilidad

El actuar con indiferencia ante las consecuencias que pueda acarrear; el hacer algo mal o a medias, o no hacerlo, sabiendo y mostrando poca consideración a quienes le confiaron algo.

Prov. 10:9 El que camina en integridad anda seguro, pero el que pervierte sus caminos será descubierto.
Prov.15: 5 El necio menosprecia la disciplina de su padre, pero el que acepta la corrección es prudente.
Prov. 8 El que siembra iniquidad, iniquidad segará, y perecerá la vara de su ira.
Prov.26: 23 Como escoria de plata echada sobre un tiestoson los labios enardecidos y el corazón malo

- o   Siembra vientos y recogerás tempestades.
- o   A la culpabilidad sigue la disculpa
- o   Excusa no pedida acusa

Cuento

La profesora les pregunta a los alumnos: Si yo como 3 peras, 7 plátanos, 15 naranjas, y 1 sandía, ¿cuál será el resultado?
Y una voz que viene del fondo de la clase: una indigestión ¡Bomba! de 23 horas, profesora.

Anécdota

A la edad de 11 años en una noche en que caminábamos por el centro de la ciudad, con mi hermano Germán, cerca de las nueve p.m., una hora en que deberíamos estar en casa, decidimos jugar al futbol con una semilla de aguacate la cual alguien había tirado al suelo. Norecuerdo quien de los dos la golpeamos con el pie por debajo y la pusimos en dirección a una enorme ventana de cristal de uno de los almacenes. Ella se estrelló causando un enorme estruendo, y del que solo pudimos quedar absortos con el resultado. No se había reventado, pero los que estaban circulando por allí, estarían listos para tomarnos (Si es que lo hubieren logrado) para hacernos pagar por los daños.

Aquel día supimos que era peligroso e irresponsable jugar al balón de futbol en el sitio, la hora, y con los elementos inadecuados, pues posiblemente al reventar los vidrios podríamos echarnos a correr, pero también nos podrían haber tomado los adultos y meternos a la cárcel por los daños causados en propiedad ajena, con el riesgo de que alguien robara los objetos exhibidos en el almacén y con las trágicas consecuencias para los dueños y para nosotros por un acto irreflexivo.

3.2.1 Irreverente

Quien no respeta lo sagrado, la autoridad, o la tranquilidad ajena.

Prov.26:1 Como la nieve en el verano y la lluvia en la siega, así no le sienta bien al necio la honra.
Prov.25: 20 El que canta canciones al corazón afligido, es como el que quita la ropa en tiempo de frío el que sobre el jabón echa vinagre.

- o   La educación es un seguro para la vida y un pasaporte para la eternidad.
- o   Como a un campo, aunque sea fértil, no puede dar frutos si no se cultiva, así sucede a nuestro espíritu sin el estudio. Marco Tulio Cicerón.

o   Todos nacemos locos. Algunos siguen siéndolo toda la vida.
    Samuel Beckett.

Cuento

Entonces ¿sufre usted de artritis?
¡Pues claro que sufro! ¿Qué quería? ¿Qué disfrutase de la artritis, que
gozase de la artritis, que me beneficiara de la artritis?

Anécdota

Cuando cursaba el tercero de bachillerato en una mañana en que nuestro
profesor demoraba, para arribar al salón de clases muchos de nosotros
hicimos ruido más de lo acostumbrado, y sobre el piso de madera se
perpetuó más, pero como nuestro salón quedaba en la segunda planta,
encima de la rectoría, no se hicieron esperar las reacciones del rector
quien decidió venir en persona para reprendernos.

El colegio era una gran edificación de dos plantas en madera situada
en el centro de la ciudad, y tan pronto alguien divisó la figura a lo lejos
del rector, gritó: ¡Ahí viene el ovejo!, pues era el apodo que le tenían a
nuestro rector.

El entró al salón y se dirigió a mí a causa de que yo era quien interrumpía
el absoluto silencio, pues tan pronto ingresó, entre en ataque de risa, no
sé por qué, pero él se paró frente a mí, cual largo y alto era. Yo procuraba
tapar mi rostro con las manos y brazos sobre el pupitre.

El rector era un hombre tranquilo y respetuoso, sin embargo no pude
parar de reír mientras el lanzaba amenazas a mí, para que terminara
mi risa, la cual finalmente termino por contagiar a muchos otros y al
profesor de turno que con dificultad procuraba detenerla.

Silvio Arizabaleta, quien estaba detrás de mí, tenía una risa muy peculiar,
entro en ataque de risa, y yo me reía por él y el de mí, y los otros se
contagiaron.

Finalmente el rector a causa de no poder detener nuestras risas de nervios se retiró y solicitó mi nombre, para rebajar mi conducta, la cual me afecto notablemente. Aquel año trasladaron a mi padre a trabajar en otra ciudad, la cual implicaba cambio de colegio.

Cuando mi padre me llevo para matricularme en el colegio oficial de la ciudad, no me aceptaron por tener conducta regular.
Esa fue la única falta que cometí, pero fue suficiente, para afectarme al procurar el ingreso en otro colegio, y por lo cual debí ir a estudiar donde yo no quería, pero que después de ruegos y promesas de mi padre, me aceptaron en un colegio privado.

Los hechos son causas que traen efectos y consecuencias que desconocemos, pero vienen y no sabemos los finales, pero si vale la pena que los sospechemos. Igual sucederá si menospreciamos las oportunidades de conocer y aceptar las enseñanzas de Jesucristo, sus profetas y apóstoles, así nos marcarán. Ojalá tengamos oportunidades de recomponer nuestras acciones, para bien en la próxima vida, no sea que tengamos que aceptar vivir con quien no deseamos o en el lugar que no queríamos.

CAPITULO VIII

Otras necedades con principios de letras distintas a la i:

Como ven no todas las palabras que definen las necedades que solemos cometer los humanos comienzan por i, pues ahora veremos parte de las muchas que inician con las otras letras:

3.2.2 Abogados

Profesión u oficio que se da a quien se encomienda defender los derechos, de alguien. Tristemente hay ocasiones donde se da el caso que tus derechos están condicionados a tu capacidad económica, lo cual hace que no seas libre, sino esclavo de tus posesiones, pues entre más tengas podrás decir eres libre, pues tendrás a muchos que pelearan a cambio de un precio tus derechos, o incluso te harán pasar por inocente siendo culpable.

Prov.17: 15 El que justifica al malvado y el que condena al justo, ambos son igualmente abominación a Jehová.
Prov.17:26 Tampoco es bueno condenar al justo ni golpear a los nobles por su rectitud.
Prov. 18:5 Tener respeto a la persona del malvado, para hacer caer al justo en el juicio no es bueno.

Prov.24:23-24 / 23 También éstos son dichos de los sabios: Hacer acepción de personas en el juicio no es bueno.

24 Al que diga al malo: Justo eres, los pueblos le maldecirán y le detestarán las naciones.

o   Con necios y porfiados, se enriquecen los letrados.
o   Justicia sin benignidad, no es justicia, es crueldad.
o   Un abogado listo te hará creer que viste lo que nunca has visto.

Cuento

Una vez preguntaron en un juicio a tres testigos en su orden:
1- Una ama de casa, 2- un contador y 3- un abogado:
¿Cuánto es 2 x 2?
A lo cual respondieron así:
El ama de casa rápidamente dijo: 4
El contador después de algunos cálculos y un tiempo: más o menos 4.
Ante la pregunta al abogado, éste contesto pausadamente: ¿Cuánto quiere que sea?

Comentarios

En tema de abogados los hay de todos los colores, sabores y olores, sin embargo no debemos olvidar que hay un abogado, el que intercede ante el Padre Celestial por nosotros, pues el pagó nuestro rescate con creces en el Jardín del Getsemaní, y allí realizó la mayor obra sobre la tierra. Un muy alto % de la población mundial no le entiende, no hace uso de ese derecho del rescate pagado, porque desconoce, que surte solo efecto el derecho y pago solo si nos limpiamos por el convenio del bautismo por inmersión, pues el que recibimos de niño en iglesias diferentes a la Iglesia de Jesucristo de los S.U.D., no es válido porque:

1-No tenían autoridad los actores.
2-No había nada que limpiar a un infante.
3-No estaba tal infante en condiciones de hacer convenios.

4-No fue realizado a semejanza de la muerte del hombre viejo.

5-No se realizó para nacer de nuevo dejándolos pecados en las aguas y emergiendo un hombre limpio.

6-No conoce el infante lo que va a hacer, ni lo hace a voluntad, ni se sabe de las cosas de la fe, ni del arrepentimiento, ni del bautismo para remisión de pecados y mucho menos del Espíritu Santo.

¿Qué clase de bautismos tuviste, pues de Dios no fue, entonces de quien fue?

¿Entiendes tu esto? Juan 3:1-12 /1 Y había un hombre de los fariseos que se llamaba Nicodemo, un principal entre los judíos.

2 Éste vino a Jesús de noche y le dijo: Rabí, sabemos que eres maestro que ha venido de Dios, porque nadie puede hacer estos milagros que tú haces si no está Dios con él.

3 Respondió Jesús y le dijo: De cierto, de cierto te digo que el que no naciere de nuevo no puede ver el reino de Dios.

4 Nicodemo le dijo: ¿Cómo puede el hombre nacer siendo viejo? ¿Acaso puede entrar por segunda vez en el vientre de su madre y nacer?

5 Respondió Jesús: De cierto, de cierto te digo que el que no naciere de agua y del Espíritu no puede entrar en el reino de Dios.

6 Lo que es nacido de la carne, carne es; y lo que es nacido del Espíritu, espíritu es.

7 No te maravilles de que te dije: Os es necesario nacer de nuevo.

8 El viento sopla por donde quiere, y oyes su sonido; pero no sabes de dónde viene ni a dónde va; así es todo aquel que es nacido del Espíritu.

9 Respondió Nicodemo y le dijo: ¿Cómo puede hacerse esto?

10 Respondió Jesús y le dijo: ¿Eres tú maestro de Israel y no sabes esto?

11 De cierto, de cierto te digo que de lo que sabemos, hablamos, y de lo que hemos visto, testificamos; pero no recibís nuestro testimonio.

12 Si os he dicho cosas terrenales y no creéis, ¿cómo creeréis si os digo las celestiales?

Continuando con los temas de calificar a los profesionales del derecho, creo que como en todas los oficios los hay de todos los tonos:

Esta es una frase de alguien, la cual no la comparto, pues he tenido amigos abogados que muchas veces me demostraron ser verdaderos profesionales y con justicia y honradez me demostraron su honesta forma de trabajar: "Los abogados son los letrados que te quitan el dinero a cambio de reclamar tus derechos y que por no conocerlos, o estar impedido, no los puedes ejercer". Tengo que confesar que hay muy buenos y hacen su papel lo mejor que pueden, aunque algunos los juzguemos en forma general mal.

En las democracias y gobiernos de los hombres ante un robo, etc., Todos ganan menos el afectado, pues si logran inclusive tomar preso al ladrón después de muchas vueltas y revueltas. El ladrón puede poner un abogado y si tiene éxito, este gana sus honorarios. Si gana el pleito, gana el ladrón lo hurtado, pues no lo devuelve; gana el Estado que pone una fianza, o multa, y gana tu abogado. Aunque pierdas, ganan honorarios los jueces, pero tú no recuperas la inversión y tal vez ni lo robado. ¿Dónde está la democracia?, la cual dice: Demos (igual) Kratos (gobierno) para todos.

Nunca fui capaz de entender porque mantenemos estos tipos de sistemas, aunque son lo menos malos, pues hay que ver como sufren los que viven en gobiernos de monarquías, y dictaduras, que se disfrazan de gobiernos comunes para todo, pero solo se recibe injusto dominio de la bota militar, quienes creen que son los dueños del mundo, y los demás somos sus lacayos.

3.2.3 Abandonar, Ausencia

Acción de desistir de continuar con algo: carrera, proyecto, o crianza de familia. Abandonar es también hacer caso omiso del compromiso moral de apoyar a quien pide la ayuda.

La ausencia es la condición de alejamiento cuando se le requería; no estar presente en el momento y lugar exigido; privaciones o falta de algo temporalmente.

Prov.27:8 Cual ave que se va de su nido, tal es el hombre que se va de su lugar.

Ecles.8:2-4/4 Yo *te aconsejo* que guardes el mandato del rey y ello por causa del juramento de Dios.

3 No te apresures a irte de su presencia, ni persistas en cosa mala, porque él hará todo lo que quiera.

4 Pues la palabra del rey *es con* potestad, ¿y quién le dirá: Qué haces?

o El que abandona a un semejante suyo que está en peligro, se hace cómplice de la desgracia que le acontezca. Anónimo.

o Abandonarse al dolor sin resistir, suicidarse para sustraerse a él, es abandonar el campo de batalla sin haber luchado. Napoleón Bonaparte.

o Puede ser un héroe lo mismo el que triunfa que el que sucumbe, pero jamás el que abandona el combate. Thomas Carlyle.

o Abandonar puede tener justificación; abandonarse, no la tiene jamás. Ralph Waldo Emerson.

o Brilla por su ausencia.

o Más vale solo que mal acompañado.

o El hombre ausente pierde la belleza que le rodea. Henri Barbuse

Cuento

En la clase de ciencias, la profesora pregunta:
Pepito, ¿Qué va a pasar con un pedazo de hierro que se deja mucho tiempo al aire libre?
Se oxida profesora.
¿Y con un trozo de oro?
Desaparece enseguida….

Cuento

Sabía usted que mi mujer y yo estuvimos seis años sin una pelea, ni discusión, sin tener el más mínimo altercado.

Oiga, eso me parece maravilloso.

A mí también, por ese motivo decidí dejar París y volver a Madrid.

<u>Historia</u>

Al observar las noticias de hoy día ve uno en la televisión: infante abandonado en un contenedor de basuras, en un portal, en un campo, etc. ¿Cómo hace una persona para tomar una decisión de esa magnitud? Y vienen las respuestas con más preguntas, ¿es tan difícil adoptar un niño o darlo en adopción? ¿Qué es lo que pasa con la gente que abandonan a otros en medio de cosas y casos inverosímiles? No sé, pero las palabras se me retuercen de incredulidad sobre lo que leemos, escuchamos y vemos.

La semana pasada un perro encontró un bebe recién nacido en un contenedor de basuras y lo llevo a su amo, pues se enterneció su corazón y procuro salvarle la vida. Ello nos deja sin palabras, los animales muestran mejor sentido de solidaridad, y más méritos para heredar lo que Dios ha preparado para todos. Me quedo sin palabras.

3.2.4 Abismo, vacío

Llámese a los límites entre dos o más superficies de tierra firme; denotase como el vacío, profundidad, grande y peligrosa.

Quien por dentro tiene poco y por fuera muestra mucho. Son calificativos para quienes abusando de su condición de buena apariencia, despistan a quienes no observan las demás cualidades interiores.

Ecles.3:16-17 / 16 Vi más debajo del sol: en el lugar del juicio, allí está la maldad; y en el lugar de la justicia, allí está la iniquidad.
17 Dije yo en mi corazón: Al justo y al malvado juzgará Dios, porque hay un tiempo para todo lo que se quiere y para todo lo que se hace.
Prov. 28: 10 El que hace errar a los rectos por el mal camino, caerá en su propia fosa, pero los íntegros heredarán el bien.

o   Como el dinero es redondo, rueda y se va pronto.

o   Dos andares tiene el dinero: viene despacio y se va ligero.

o   Rio que corre callado, rio atraidorado y con muchos hombres comparado.

o   Mucha fachada, poco fondo.

o   No hay mayor tonto que el que cree tontos a los otros.

o   Hace mal quien no hace bien.

Cuento

¿Qué dijo un pez que se cayó de un octavo piso?
¡Aaaaaaaa……. Tun………!
Cuento
¿Cuál es el estado con la tierra más improductiva del mundo?
El vaticano, porque solo ha producido 28 papas en todo el tiempo.

Anécdota

De camino a la finca de mi padre solíamos dirigirnos por un desvió diferente al recorrido de la carretera y así reducir la distancia entre unos 15 a 20 minutos, sin embargo había que recorrer en ese trayecto de unos dos kilómetros a través del camino entre las peñas, de tal manera que se podía divisar el abismo de 150 metros más o menos. Al caminar tal recorrido ofrecía sus propias dificultades, riesgos, peligros y además era un lugar para mantenerse totalmente concentrado en cada paso que se daba, pues un breve descuido podría multiplicar los problemas. No se podía correr, incluso había partes donde había que bajar del caballo, para guiarlo al mismo, pues eran unos 70 metros de camino cascajoso con residuos de peñas, y muy estrecho donde debías apoyarte preferiblemente a la peña. Casi siempre uno lo recorría portando cosas en la mano: como utensilios, bolsas, ropas, alimentos, etc.

Se recomendaba no mirar hacia abajo, ya que podrías marearte y rodar por causa del vértigo. Sin embargo de muchacho uno poco ponía cuidado a ello, y en cambio disfrutaba tirando piedras y observando cómo ellas cogían velocidad y arrastraban otros residuos sin considerar que ello podría causar problemas a los que transitaban en la parte baja de la carretera y desprevenidamente ser golpeados por una de ellas.

Igual sucede con el camino de la vida, no es prudente detenerse a observar el abismo, pues existen trampas, como factores sorpresa, ya que entre más tiempo permanezcas allí, más posibilidades de riesgos tienes; también pueden venir piedras desde arriba y el factor sorpresa te puede llenar tu espacio o reducir tus posibilidades de defensa. Si vas en una bestia montado, ella podría o encontrar una culebra o serpiente, asustar el animal y este no tendrá espacio ni para devolverse ni para pasar sino que levantará las patas delanteras. En fin lo mejor es evitar estar atrapado en lugares donde tu actuar se condiciona. Mi hermano encontró una culebra cascabel en ese trayecto, muerta. Pero igual los animales se asustan. Y en ese sitio la bestia se asusta y genera una desgracia.

3.2.5 Aborrecer, odio

Sentimiento de antipatía y rechazo a las personas o cosas.

Prov.10:12 El odio despierta rencillas, pero el amor cubrirá todas las transgresiones.
Prov.27: 6 Fieles son las heridas del que ama, pero engañosos los besos del que aborrece.

- o El odio es una tendencia a aprovechar todas las ocasiones, para perjudicar a los demás. Plutarco.
- o El odiar a alguien es sentir irritación por su simple existencia. José Ortega y Gasset.
- o Odia al delito y compadece al delincuente.

Cuento

¡Pero hombre! vuelves a estar sin trabajo. ¿Por qué dejaste tu último empleo?

Porque me hicieron una mala pasada.
¡Ah! ¿Qué te hicieron?
Me despidieron.

Comentario

Muchas veces en este país (España) me pasan cosas inverosímiles. Con algunos ciudadanos, justo aquí donde vivo, en el mismo edificio, hay una señora a la que saludo, cordialmente, pero ella nunca se digna contestarme; sin embargo lo olvido y después vuelvo y le saludo, pero ella no me responde. No sé qué ha visto en mí, o que le motiva para no tolerarme. Pensé que era solo a mí, sin embargo un día subía con mi hija Alejandra y ella le saludo cordialmente, pero la señora no se dignó contestar, por lo cual le dije a mi hija: que para que saludaba a esa señora que nunca contestaba. Entiendo que hay muchos inmigrantes en este país, sin embargo he venido por propósitos no conocidos por ella y si por los de mi Dios. He venido para apoyar el Reino de Dios en esta parte. Y son muchos los nativos de aquí que me aceptan y agradecen que lo haga, pues bien por ellos, pero lo cortés no quita lo valiente, me enseño mi padre.

En Latinoamérica siemprehanestado las puertas abiertas a todos los emigrantes de los demás países especialmente de Europa a quienes siempre reciben con buena disposición, y amabilidad, pues en mi tierra Colombia, por ejemplo, sí que les reciben con cordialidad, les ayudan y además les favorecen si es posible. Curiosamente allí se les hace sentir mejor que en casa.

Prov.26:24-26/24 El que odia disimula con sus labios, pero en su interior maquina engaño;
25 cuando hable amigablemente, no le creas, porque siete abominaciones hay en su corazón.
26 Aunque su odio encubra con disimulo, su maldad será descubierta en la congregación.

3.2.6 Aborto, asesino

Es la terminación de un embarazo, el cual puede ser causado mediante actos voluntarios o involuntarios. Los provocados pueden sobrevenir por vergüenza familiar, bajo interés en crianza de la criatura o presión familiar o condiciones del entorno. Este tipo de decisión se convierte en un asesinato de sangre inocente. Ocasionalmente puede ser necesario para conservar la vida de la madre, lo cual si es aceptable.

Asesino es quien quita la vida a otra persona con asechanza, premeditación o ventaja por destreza o incapacidad para defenderse en condiciones.

Prov.28:17 El hombre cargado con *culpa de* sangre, de otra persona, huirá hasta el sepulcro.

Éxodo 20:13 No mataras.

- o Si no te traté, como eres no sé.
- o Lo que no se es conocido, mal puede ser querido.
- o Quien poco sabe, poco teme.
- o A Manchas de corazón no vale ningún jabón.
- o Lo malo viene volando, y lo bueno viene cojeando.
- o Del monte sale, quien el monte quema.
- o No hagas lo que no debes, y no deberás lo que no debes.
- o El que miente, roba, y el que roba, mata.

Cuento

Un hijo le dice a su madre durante su comida;
¡Mamá, mamá! No me gusta mi hermanito.
La mamá contesta:
Está bien, déjalo a un lado; pero te comes las patatas.

Historia

Mi primera esposa quedó en embarazo, pero nunca supe que le motivó a abortar, si es que no era mi hijo, si es que le causaría restricciones o qué tipo de temor infundía en ella, que la llevó a cometer tal error. Un buen día sin expresarme que estaba en embarazo decidió hacerse aplicar una inyección por una prima enfermera que trabajaba en un hospital y someterse a tal riesgo. El hecho es que organizo las cosas en una clínica de otra ciudad que distaba 270 kilómetros donde residían mis padres y gran parte de su familia.

Tan pronto ella se vio en peligro confesó parcialmente a mi madre y ella le llevó a la clínica, pero allí le extrajeron el feto, el cual estaba muerto.

Nunca me dijo las razones para hacerlo. Sin embargo lo que si percibí es que desde aquel día perdió su interés en la Iglesia, a la cual yo asistía. Lo que antes era empatía, se volvió en odio, resentimiento y además comenzaron las críticas hacia mí y cualquier persona que fuere miembro de la Iglesia a la cual pertenecía y finalmente nunca se bautizó en la Iglesia.

En aquella mañana mi madre me llamó y me refirió que mandara urgentemente una buena cantidad de dinero, para pagar los gastos de un accidente que ella había tenido en un autobús y por la cual había tenido que ser sometida a tal operación de aborto. Todo era una trama, pero yo me enteré a los cuatro años y hable con ella para establecer la verdad, que nunca contó, pero que si comprobó su interés en no ser madre de hijos ni adoptados, ni propios, lo cual nos llevó a buscar el divorcio de común y favorable acuerdo para ambas partes. Yo no quería seguir casado soltero después de siete años, sin embargo le amaba mucho, por la cual llore muchas noches, pero era más sabio para ambas partes dejarlo así.

Como consecuencia de ello, dos años después, me case con una sencilla y humilde joven que me dio tres hijos y con la cual después de 30 años seguimos batallando juntos la jornada de la vida terrenal, pero felices.

3.3.1 Abusivo, Atrevido

Se refiere a quienes se sobrepasan de la confianza depositada en ellos, tomándose atribuciones no concedidas.

Dícese de alguien que abusa de la confianza ajena, o condición de descuido de otros.

Prov.12.6-7 /6 Las palabras de los malvados son acechanzas para derramar sangre, pero la boca de los rectos los librará.
7 Los malvados son derribados y ya no existen, pero la casa de los justos permanecerá firme.

- o   Dar la mano y tomar el pie.
- o   Abusar no es usar, sino mal gastar
- o   No des ni un dedo al villano que se tomará la mano.
- o   Del amigo, usar; pero no abusar.
- o   Quien juega con fuego; se quema los dedos.
- o   Quien a Dios escupe, en la cara le cae.
- o   El necio es atrevido y el sabio es comedido.
- o   Cual más, cual menos, a abusar todos propendemos.
- o   No se ha de exprimir tanto la naranja que amargue el sumo.

Cuento

Va el niño y le dice al padre:
Papá, me quiero casar con la abuela.
Y el padre le dice: ¿Cómo te vas a casar con mi mamá?
El niño le responde: ¿y cómo tú te casaste con la mía, y yo no dije nada?

Comentario

Recuerdo a un hombre que solía tocar la puerta y ventana de casa, pues había intimidado a mi ex esposa en la calle, y después se enteró donde vivía. Ella no me había dicho nada, pero un día llegó y le abrí y descubrí que de malas maneras solía pedir comida. Aquel día debí enfrentarle, y aunque no reñimos, le hice saber que estaba dispuesto a defender mi familia a cualquier precio.

Quizás mi ex esposa mantuvo en silencio tal situación, para impedir problemas peores, sin embargo mi obligación era no dejar pasar tal tipo de problemas, pues había que enfrentarlo, y así lo hice y efectivamente el asunto acabo felizmente.

Ecles.4:1-3/ 1 Y ME volví y vi todas las opresiones que se hacen debajo del sol: y he aquí, las lágrimas de los oprimidos, sin tener quien los consolara; y el poder estaba en manos de sus opresores, y para ellos no había consolador.
2 Y alabé yo a los finados, los que ya habían muerto, más que a los vivientes, los que hasta ahora viven.
3Y mejor que unos y otros es el que no ha sido aún, que no ha visto las malas obras que se hacen debajo del sol.

3.3.2 Acaparador, ambicioso

El que aprovechando las circunstancias esconde los productos almacenados y no los vende sino que se aprovecha de la urgencia y necesidad ajena, para cobrar más de lo justo en condiciones de escases.

Expresión para calificar a quien se excede en los deseos y tendencia a conseguir dinero por encima de las necesidades básicas, o menoscabando los derechos de otros.

Suele pasarnos a muchos, que ambicionando cosas interesantes, perdemos las importantes.

Prov.11:26 Al que acapara el grano, el pueblo le maldecirá;pero bendición habrá sobre la cabeza del que lo vende.

Prov.28:8 El que aumenta sus riquezas con usura y crecido interés, las acumula para el que se apiada de los pobres.

o La avaricia rompe el saco.

o Quien todo lo quiere, todo lo pierde.

o Mucho en el suelo y nada en el cielo.

o Hombre ambicioso, hombre temeroso.

o Cuanto más poseo, más deseo.

o No es pobre el que quiere, sino el que mucho quiere.

o Del árbol caído todos hacen leña.

o La ambición es el estiércol de los miserables. Ajuste JCIR

o Por alcanzar lo mucho, deje lo poco, y me quede sin lo uno y sin lo otro.

Cuento

Un hombre va paseando por la calle cuando los gritos de una mujer llaman su atención y decide acudir rápidamente en ayuda de la misma. Al llegar, la mujer le informa que su hijo acaba de atragantarse con una moneda.

El desconocido decide agarrar al chiquillo por los tobillos, ponerlo boca abajo y sacudirlo violentamente, para que expulse la moneda.

El niño escupe la moneda y la mujer, aliviada, exclama: Gracias doctor, ha sido usted un milagro que pasase por aquí.

A lo que el desconocido responde:

Señora mía, lamento decirle que no soy médico, soy inspector de hacienda.

Cuento

Hijo mío, como te has portado bien toda la semana, toma un billete bien nuevecito, limpiecito, y bonito de diez euros.

Papá, prefiero un billete viejecito suciecito y rotito de cincuenta euros.

Comentario

He visto algunas personas un poco ambiciosas hacerse ricas y a causa de sus procederes, tener que lamentarse de sus hechos, pues tales casos finalmente terminaron por abrazar a sus seres queridos. Es el caso de los narcotraficantes, los cuales pretenden acortar distancias y hacer sus fortunas en pocos años, y con el deseo de retirarse pronto, pero sus ambiciones son tantas que nunca lo hacen. También le sucedían a muchos guerrilleros, pues en sus jugosas ganancias por narcotráfico, secuestros, extorsiones, vacunas, atracos, finalmente no lo hacían. Estas personas suelen enamorarse de un bien o una mujer y a toda costa van por ellas, y no les importa a quien hay que eliminar, con tal de conseguir satisfacer sus caprichos.

En la época de la violencia de mi país, Colombia era común que un gamonal se impresionaba por una paraje, finca o propiedad de otro, y mandaba a quemar su casa, enviaban notas extorsivas (mandar emisarios o cartas de desalojo) con amenazas de muerte en dos o tres días de plazo, cuando les daban tiempo, pero otras veces iban por ellos y les masacraban.

No sé qué recibirán después por causa de esos procederes, pero de seguro, todo se pagará.

3.3.3 Acosador, Pederasta, pedófilo

El acosador es la persona que suele perseguir y fastidiar a alguien. Generalmente son jefes o compañeros de trabajo que ejercen presión para realizar abusos sexuales. También en los colegios, y demás organizaciones, pueden existir casos donde alguien se enamora de la víctima y decide someterla a insinuaciones sexuales.

Los pederastas son personas que ejercen atracción y abuso sexual a jóvenes o niños, del mismo sexo generalmente. Son pedófilos que aprovechan posición de realizar educación, ser familia u oportunidades de vigilancia, para actuar con la confianza depositada de los padres de esos niños.

Levítico 18:22-25 / 22 No te acostarás con varón como con mujer; es abominación.

23 No tendrás ayuntamiento con ningún animal, contaminándote con él; ni mujer alguna se pondrá delante de animal para ayuntarse con él; es perversión.

24 En ninguna de estas cosas os contaminaréis, pues en todas estas cosas se han contaminado las naciones que yo he hecho de delante de vosotros, 25 y la tierra fue contaminada; y yo castigué su maldad sobre ella, y la tierra vomitó a sus moradores.

Deuteronomio 23:17 17 No habrá ramera entre las hijas de Israel, ni habrá sodomita entre los hijos de Israel.

o   Cuando el criminal es suelto, el juez debía ser preso.
o   El pecado callado, medio perdonado.
o   Quien no castiga al murmurador, causa le da para que sea peor.

Cuento

¿Qué le dice el timbre al dedo?
¡No me toques porque grito!

Comentario

La responsabilidad que tenemos ante Dios por nuestros hechos en la tierra tendrán trascendencia aquí y en al más allá, y por supuesto según la intensidad, los perjuicios causados, en esa misma intensidad serán los efectos.

Difícilmente a un hijo o hija le será recuperarse y retomar la confianza perdida en sus padres si se traspasan tales barreras. Lo peor es que debiendo haber sido ejemplo, lo que hace es inducirlos a la prostitución o a la homosexualidad, por lo tanto los efectos son corrosivos. Esto cuando se trata de padres, pero si son maestros. Líderes religiosos, o parientes, la cosa no es menos seria, pues el infante o joven, se aísla y puede llegar al suicidio.

3.3.4 Adicción, drogas, embriaguez, bebedor, viciosos

La adicción es una forma de esclavitud moderna, es tener apetitos de satisfacción insaciables que afectan el cerebro y el entendimiento. Es una forma muy sutil de perder: la dignidad, el entusiasmo, la esperanza y la batalla de la vida, a cambio de un espejismo que te arruina, envejece aceleradamente y te abre puertas diferentes a las del cielo.

Las drogas son productos estupefacientes que afectan notablemente la independencia, el juicio, la salud, la autoestima, y más cosas importantes como la estabilidad familiar, y el corazón de madres, esposas y seres queridos.

Viciosos son los calificados así por los reiterados consumos de drogas, tabaco, licor, drogas, etc., pierden la capacidad de trabajar, estudiar, ejercer un deporte o profesión, pues sus acciones están condicionadas a los efectos de su narcótico, etc., trayendo como resultado destrucción de su futuro, y cercenando sus posibilidades de progresar.

Las personas que se sumergen en estos vicios, terminan por quedar solos, pues solo llevan problemas a su familia, los que al final se cansan de ser ultrajados, golpeados, humillados, por alguien que en estado de embriaguez somete a golpes a personas, y cosas, trayendo como consecuencia destrucción y menosprecio.

Prov.23:29-35 ¿Para quién será el ay? ¿Para quién el pesar? ¿Para quién las rencillas? ¿Para quién las quejas? ¿Para quién las heridas en balde? ¿Para quién lo enrojecido de los ojos?
30Para los que se detienen mucho en el vino; para los que van buscando vinos mezclados.
31No mires al vino cuando rojea, cuando resplandece su color en la copa, cuando entra suavemente.
32Al final muerde como serpiente, y pica como áspid.
33Tus ojos a las extrañas, y tu corazón hablará perversidades.

34Y serás como el que yace en medio del mar, o como el que está en la punta de un mástil.

35 Y dirás: Me hirieron, pero no me dolió; me golpearon, pero no lo sentí. Cuando despierte, aún volveré en busca de más

Prov.27:19 Como el agua refleja el rostro, así el corazón del hombre refleja al hombre.

o Baco, Venus y tabaco ponen al hombre flaco.
o A ningún vicio le gusta vivir solo y tira de otros.
o Vicio que no se castiga, a más va cada día.
o El diablo abre la puerta y el vicio la mantiene abierta.
o Mantener un vicio cuesta más que criar dos hijos.
o ¡Qué bonita es la vergüenza! Mucho vale y poco cuesta.
o Cuando la cabeza anda al revés, como andarán los pies.
o Capa caída, borrachera subida.
o Lo que se piensa cuerdo, se ejecuta borracho.
o El borracho empedernido siempre será lo que ha sido.
o Vicio carnal, puebla el hospital.
o Visita cada día, a la semana hastía
o Vino, tabaco y mujer, echan al hombre a perder.

Cuento

¿Qué le dijo la cuchara al azúcar?
R/:Te espero en el café.

Cuento

El loco entra en la sala del director del manicomio y, muy feliz, le entrega un frasquito:
Mire ahí doctor. Acabo de inventar un medicamento que le da a uno el poder de adivinar las cosas.
Pero si esto es orina.
¡Lo ha adivinado! ¿Ha visto usted como si funciona?

Cuento

Un esposo arrepentido le dice a su esposa.
Cariño, tengo dos noticias, una buena y otra mala: he dejado las drogas,
pero no sé dónde.

Historia

Conocí a un ingeniero mecánico muy humilde, lleno de vigor, y dispuesto
a generar ideas resolutivas en su profesión la cual desempeñaba en una
industria de otro hombre que por su conocimiento, perfeccionamiento
de las tareas, y disposición de hacer las cosas que necesitaba, muy lejos
llegó a ser un gran ingeniero eléctrico, pero empírico. Cuando ambos
ingenieros se juntaban se empeñaban en su trabajo haciendo máquinas
y poniendo a prueba muchos experimentos de física y química para
idealizar muchas buenas cosas.

Ambos trabajaban de maravilla y disfrutaban con sus talentos
sincronizando sus ideas, experimentos y en verdad se les veía felices en
cada proyecto que iniciaban.

Un buen día el ingeniero mecánico fue secuestrado y llevado en
helicóptero con una venda en los ojos para que no conociera el lugar de
su traslado, a un lugar donde debía arreglar un equipo o una máquina.
Hecho su trabajo se le pago con algo de tal polvo o droga, lo cual
desafortunadamente en casa compartió con su esposa, haciéndose
adictos a tal sustancia.

Al poco tiempo cuando llegaba el fin de semana los ingresos de su
trabajo en parte iban a parar en adquirir el "queso" que los vendedores de
tal sustancia solían disfrazar en la noche como venta entre sus víctimas.

Ver aquel talento sumergido entre tales redes, era deprimente, triste y
desconsolador, pero aquel hombre era tan talentoso, que muchas veces
había que tolerar que el lunes no fuera a su trabajo, pues su etapa de
desajuste y reposo duraba tres días en su lecho recuperando fuerzas.

No sé cómo explicar ello, pero tal adicción terminó por privar a sus bellos hijos de la felicidad merecida que disfrutaban antes de recibir tal maldición en sus vidas.

Anécdota

En 1.979 Un gerente de una de las empresas en que labore, gran empresario, por cierto de la industria de partes automotoras, para consolidar las relaciones bancarias nos invitó a una reunión al gerente del banco y a mí, como asesor. Durante el almuerzo hablaba el gerente del banco, donde teníamos una de las cuentas bancarias, sobre los sucesos de la semana, acerca de la persecución a uno de los carteles de la droga en mi país. El gerente del banco expreso; ¡no sé por qué no los dejan en paz, al fin y al cabo esa droga se la consumen en los Estados Unidos y a nosotros ello nos produce ingresos! ; Ambos estuvieron de acuerdo, sin embargo yo les exprese que ello era malo para todos. Ambos estuvieron en desacuerdo con mi opinión. Al cabo de 15 años cuando los hijos del empresario, crecieron se volvieron adictos a la cocaína y marihuana. Tanto que incluso casi le cuesta la vida al empresario. Me imagino que cuando vivió esa malsana experiencia con sus hijos entendería que la adicción a las drogas afecta a unos y a otros.

Muchos no captan la idea de que el comercio de drogas puede afectarnos a nosotros o las familias con todas las consecuentes y trágicas escenas. Además traficar es participar de matar en vida a los demás.

3.3.5 Adulación, alabanzas, lisonjas

Adulación es la acción de proferir alabanzas exageradas delante de terceros, pero con intenciones posteriores de buscar favores o ganar la confianza para otros propósitos no sanos.

Las alabanzas al igual que las adulaciones se parecen en propósitos escondidos, o si son exageradas, pero sinceras, tienden a incomodar.

Lisonjas son palabras usadas por quien empleando elogios fingidos, pretende engañar o buscar el favor de algunos.

Prov.27:21 Como el crisol para la plata y el horno para el oro, así es la boca alabadora para el hombre.

Prov.26:28 La lengua mentirosa aborrece a los que oprime, y la boca lisonjera hace tropezar.

Prov.28:23 El que reprende al hombre hallará después mayor graciaque el que lisonjea con la lengua

- o El amor propio es el más grande de los aduladores (Seneca)
- o Hombre fácil de adulación es hombre indefenso. (Arthur Graf)
- o Amigo lisonjero o ronda tu mujer o tu dinero.
- o Si no hubiera aduladores, no habría malos señores.
- o Quien más adula, hace más fortuna.
- o Menea la cola el can, no por ti, sino por el pan.
- o El que hoy te compra con adulación mañana te vende con traición.
- o Los aduladores son como los ladrones; su primer cuidado consiste en apagar la luz. (Richelieu)
- o El buen adulador también es buen conquistador de amores. (Víctor Hugo)
- o Dime de qué alabas (presumes), y te diré lo que te falta. (Careces).
- o Hablen obras y no palabras alabanciosas.
- o Engullimos de un sorbo la mentira que nos adula y bebemos gota a gota la verdad que nos amarga(Seneca)
- o La galantería encubre al ser ruin y mentiros(Orson Wells)
- o Los corazones generosos sienten desazón ante las alabanzas cuando estas son excesivas. (Eurípides)
- o Quien alaba al tonto su tontería, le hace más tonto todavía.
- o Ni alabes al presente, ni desalabes al ausente.
- o Un bobo con coba, mata hasta la mama.
- o La prensa es una boca forzada a estar siempre abierta y a hablar siempre. Por eso, no es de extrañar que diga muchas más cosas

de las necesarias, y que a veces divague y se desborde. Alfred de Vigny.

o   La televisión ha hecho mucho por la psiquiatría: no solo ha difundido su existencia, sino que ha contribuido a hacerla necesaria. Alfred Hitchcock.

Cuento

¡Tú en un concurso de tontos, te quedabas de segundo!
¿Y porque no dé primero?
¡Por tonto!

Cuento

Un paciente que va ser operado no deja de formular preguntas al médico:
Doctor, ¿después de la operación podré pintar?
Claro que sí y a los pocos días ya estará trabajando.
El paciente muy emocionado, empieza a besarle las manos mientras exclama:
¡Usted es un santo!, ¡Un verdadero ángel! Me va a curar, me va a enseñar a pintar y además me va a conseguir empleo.

Historia

Muchas veces escucho decir que "X" es el mejor futbolista del mundo, o que "Aquel" es el mejor de tal profesión u oficio.

No sé a dónde quieren llegar con tales calificativos, sin embargo sé que la mayoría de las veces no son más que meras especulaciones de calificativos, pues entrar a comparar quien es el mejor o peor del mundo resulta difícil, pues al igual que la belleza, la destreza, la eficiencia, y el desempeño está condicionado al espacio, oportunidad, y por supuesto cantidad de factores.

Entrar a calificar como lo mejor del mundo sin saber si en otros recónditos lugares existes personas con más o semejantes talentos, resulta arriesgado, pues no conocemos todos los lugares y circunstancias. No somos Dios, el cual si tiene tal capacidad de valorar, pues las comparaciones no dejan de ser injustas. Hay gente que no sale de su entorno, pero sí proponen y propender por lo mejor, mostrar lo mejor del mundo: un producto, un talento, un rostro etc.

3.3.6 Adulterio, homosexualidad

Es allegarse o relacionarse con una mujer (u Hombre) diferente a su esposa (o).

La homosexualidad es la atracción hacia al sexo semejante al que posee, lo cual le pone en evidencia y desaprobación de la sociedad y de Dios, por no ser la forma natural por la cual fue creado. Las atracciones pueden ser fomentadas por terceros en la niñez, causando en él, la creencia de que esa es su naturaleza y así nació, buscando una justificación como normal. Es una desviación semejante que en las mujeres se denomina lesbianismo.

Esta práctica no es aprobada por Dios, pues es una forma contraria a la forma natural de procreación. Algunos políticos suelen generar leyes de protección, para atraer ese gran colectivo de votos. Unos y otros caen en la trampa de llamar a lo bueno malo y a lo malo bueno. Tenemos el libre albedrio, por ello cuando pensamos en justificar lo malo nuestros pueblos decaen y se corrompen la justicia y las sociedades.

Prov., 6:32-35 / 32 Más el que comete adulterio con una mujer carece de entendimiento; corrompe su alma el que tal hace. 33: Heridas e ignominia hallará, y su afrenta nunca será borrada.
34: Porque los celos son el furor del hombre, y no perdonará en el día de la venganza.
35: No aceptará compensación alguna, ni se contentará, aunque le multipliques los presentes.
Genesis1:27-28 /27 Y creó Dios al hombre a su imagen, a imagen de Dios lo creó; varón y hembra los creó.

28 Y los bendijo Dios y les dijo Dios: Fructificad y multiplicaos; y henchid la tierra y sojuzgadla; y tened dominio sobre los peces del mar, y sobre las aves de los cielos y sobre todas las bestias que se mueven sobre la tierra.

o   Dos tragedias hay en la vida: una no lograr el aquello que ansía el corazón; la otra es lograrla. George Braque

o   La ternura es el reposo de la pasión. Joseph Joubert

o   El deseo carnal ataca al hombre en todas direcciones; la simple contemplación de lo que estima felicidad ajena produce la envidia dolorosa. Ante tal situación, en vista de que es muy difícil olvidarse de lo que continuamente se tiene delante, no queda otra posibilidad que la huida en una precipitada búsqueda de placeres distintos, pretendiendo dejar siempre a su espalda la amarga realidad suya. Rabindranath Tagore.

o   Si quieres ser padre de buenos hijos, se buen padre.

o   Hijos y hogar son la única verdad.

o   Dichosa la rama que al tronco sale.

Cuento

¿Cuál es el diminutivo de Gallina?
Pollito, ignorante.

Comentario

El poder la procreación se nos dio para ayudarnos a ser felices en el matrimonio, además para que según el orden de Dios pudiéramos ayudarle a Él a traer almas a la tierra de probación, y así tuviéramos todos las oportunidades de ser probados, si estaríamos dispuestos a vivir los mandamientos y rendir obediencia al nuestro Padre eterno. Algunos piensan que ello son restricciones, ganas de incomodar, y fastidiar, sin embargo, todo tiene en propósito y un orden, y eso es para que se dé oportunidad a todos de mantenernos en armonía con los propósitos de la creación.

Si viéramos a nuestras madres, hijas, nietas, hermanas, o esposas rompiendo la ley de castidad, estallaríamos de furia, sin embargo cuando se trata de otras personas no opinamos lo mismo y quizás hasta lo toleremos, alentemos y participemos.

Es igual la ley de castidad solo es para que nosotros la vivamos según el orden correcto de lo permitido, es decir dentro del matrimonio, pues son poderes sagrados, y los demás usos por fuera de ese ámbito no son negociables.

El juntar varón con varón o mujer con mujer tampoco tiene aprobación de Dios, pues él lo expreso con claridad enLevítico18:22 No te acostarás con varón como con mujer, ni tampoco haya sodomita de entre los hijos de Israel.

Deuteronomio 23:17 No habrá ramera de las hijas de Israel, ni a sodomita de los hijos de Israel.

No disimulan su pecado. Isaías 3:9 La apariencia de su rostro testifica contra ellos; y declaran su pecado como Sodoma, no *lo* encubren. ¡Ay de su alma! porque se han pagado mal a sí mismos.

La razón principal de obedecer todas las leyes de castidad es guardar los mandamientos de Dios. José entendía esta razón con claridad cuando se resistió a los intentos de la predadora esposa de Potifar (véase Génesis 39:9). José, que hizo constar sin duda alguna su lealtad a su amo, Potifar, concluyó: "… ¿cómo, pues, haría yo este grande mal, y pecaría contra Dios?". La obediencia de José fue un acto de lealtad a muchas personas: así mismo, a su futura familia, a Potifar, a Dios y, sí, ¡aun a la esposa de Potifar!

Otra razón importante para acatar la ley es que el quebrantar el séptimo mandamiento expulsa al Espíritu Santo de nuestra alma. Perdemos el gran valor de Su compañerismo porque Él no puede morar en un alma pecadora, y sin Su ayuda, llegamos a ser menos útiles, menos perceptivos, menos capaces y seres humanos menos amorosos.

3.4.1 Agobiar, Avergonzar.

Poner más preocupaciones de las normales, fatigar a los demás, o causar dificultades u ofuscar a las demás personas.

Acción de poner en ridículo a otra persona, regañar delante de otras personas, o manifestar en público algo que prefería callar.

Prov.14:35 El favor del rey es para con el servidor prudente, pero su enojo, contra el que lo avergüenza.

o   Más vale guerra abierta que paz fingida y cubierta.
o   Por decir las verdades se pierden las amistades.
o   Verdadera es la primera palabra, porque es involuntaria.

Cuento

¿Desde cuándo te has vuelto vegetariano?
Desde,… que el carnicero dejo de fiarme.

Cuento

El león, el rey de la selva, sale de un bar en la sabana. Tiene una pésima apariencia y aspecto de borracho. Si, esto es: está completamente borracho. Pasa cerca de un zorro, lo levanta por la cola y le pregunta ¿Quién es el rey de la selva? Repite el hecho sucesivamente con la cabra, la tortuga, el conejo, la hiena, el lobo y el avestruz.

Todos sucesivamente le contestan lo mismo: "es usted señor león".

Cuando encuentra un elefante, le sujeta la cola y le hace la misma pregunta. El elefante lo mira con desdén, lo enrosca con la trompa y lo tira hacia arriba. El león cae medio mareado y le dice al elefante: Bueno, déjalo, déjalo. Aunque no sepas quien es el rey de la selva, no hace falta que te pongas tan nervioso…

<u>Comentario</u>

Cuando cursaba el quinto grado de primaria, a mi compañero Ceballos, un día el profesor le invito a pasar al tablero para dar cuenta de la tarea de castellano. La asignación consistía en encontrar los géneros a algunos sustantivos, y dio una lista. Unas de las palabras no coincidían con la norma de simplemente agregar la terminación a, como al caso del león, o reemplazar la o por la a.

El alumno en frente coloco a algunas palabras bien, pero una de ellas era caballo. Y escribió al frente caballa. Ello hizo que el profesor Ospina se llenara de furia y a la vez de sorpresa. Trajo a otros profesores y mostro el escrito de su alumno, lo que les causó mucha risa. Aquella situación generó en la escuela un señalamiento popular y de vergüenza al chico, quien se sentía bastante agobiado.

Por supuesto ese alumno creció con tal recuerdo que ninguno de sus compañeros le olvidará, sin embargo creo que en un caso como ese si hubiere existido el suficiente amor de parte de su líder, este hubiere hecho lo que haría el maestro de Maestros. No darle tanta trascendencia al asunto y expresarle la corrección con respeto.

3.4.2 Agredir, Amenazador

Quien haciendo uso de su autoridad, poder, acompañamiento, armas, etc., ejerce injusto dominio para lograr, usurpar poderes, o conseguir lo incorrecto o indebido o transmitir temor.

Quien ocasionalmente expresa represiones o venganzas a su contendor.

La agresión es un paso mayor, pues estas ya van a golpear a otros para procurar meter miedo.

Prov.19: 12 Como el rugido del león es la ira del rey, y su favor, como el rocío sobre la hierba.

Prov.30: 13 Hay generación cuyos ojos son altivos y cuyos párpados se alzan altaneros.

o   Todo golpe trae sus propias reacciones.
o   Perro que ladra no muerde.
o   Solo son pedos y relinchos.
o   Una cosa es decir y otra es hacer.
o   Más vale amenaza de necio que abrazo de traidor.

Cuento

Se aparece un cobrador mal encarado, grande y amenazador:
¡Esta noche he soñado que usted se había acordado de pagarme aquella cuentecita!
Y yo he soñado............ ¡que usted me la había........ Perdonado!

Comentario

Una tarde en la escuela, creo, estaba en segundo de primaria, que nos invitaron a hacer fila antes de ingresar a las aulas, recuerdo que un joven de cuarto, se hizo en los pantalones y el director de la escuela que era experto en poner en ridículo a los chicos ante los demás, tomó una manguera delante de todos y le baño en público con todos los compañeros de la escuela presentes, y profesores. El debió mandarle a casa, pero prefirió públicamente aprovechar el hecho, para mostrar su burlesca forma de tratar situaciones como esas.

No sé qué consecuencias en el tiempo traería a él tal hecho, solo sé que tal director murió con su esposa e hija, ya ancianos en manos de tres maleantes que propinaron una masacre en su residencia por los móviles de robo, sin embargo no se sabe si quizás aquel alumno se quiso vengar de tal hecho, o de uno semejante, o tal vez otro de uno parecido.

Ve uno a menudo como otros periodistas, o personas suelen ridiculizar por malos momentos a otros, lo cual puede generar en la mente odios que les lleven a hechos en el tiempo para cobrar tal ofensa, y por supuesto los protagonistas de las noticias también ridiculizar a los periodistas, delante de sus compañeros. En ocasiones se llega a agredir a alguien, hace poco se dio el caso de un joven que se lanzó por una ventana, y dejó una nota a sus padres indicando el maltrato en su colegio, siendo un extraordinario alumno. Vi algunos casos donde chicos prefieren abandonar los estudios por causa de un compañero así, que les avergüenza continuamente.

Si encontráramos la forma de evitarle a nuestro prójimo situaciones parecidas, sería más agradable la vida para todos.

3.4.3 Altivez / Soberbia. Arrogante

Sentimiento de superioridad, o desprecio sobre los demás.

Arrogancia es la creencia de que se es más que los demás, y causa de ello multiplica su orgullo.

Soberbia es el orgullo o sentimiento de superioridad que manifestamos algunos, ante opiniones contrarias a las nuestras. No mantener la calma ante las respuestas de sentido diferente a nuestra opinión.

Prov. 11: 2 Cuando viene la soberbia, viene también la deshonra, pero con los humildes está la sabiduría.

Prov. 13:10 Ciertamente la soberbia producirá contienda, pero con los bien aconsejados está la sabiduría

Prov. 14: 3 En la boca del necio está la vara de la soberbia, pero los labios los protegerán

Prov.15:5 El necio menosprecia la disciplina de su padre, pero el que acepta la corrección es prudente.

Prov. 16:5 Abominación es a Jehová todo altivo de corazón; ciertamente no será considerado inocente.

Prov. 16: 18 Antes del quebranto va la soberbia, y antes de la caída, la altivez de espíritu.

Prov.21: 4 La altivez de ojos, y el orgullo del corazón y el barbecho de los malvados son pecados.

Prov. 28:25 El altivo de ánimo suscita contiendas, pero el que confía en Jehová prosperará

Prov8:13-14/13 El temor de Jehová es aborrecer el mal; yo aborrezco la soberbia, y la arrogancia, y el mal camino y la boca perversa.

14 Conmigo están el consejo y la sana sabiduría; yo soy el entendimiento; mía es la fuerza

Prov.29:23La soberbia del hombre le abate, pero el humilde de espíritu recibirá honor.

o   Siempre presume de vista un tuerto
o   Decir, dice cualquiera; hacer, solo el que sepa y quiera.
o   Cuidando adónde vas, te olvidas de dónde vienes.
o   Si quieres saber el valor del dinero, ve e intenta que te presten un poco. Benjamín Franklin
o   Debo mucho; no tenga nada; el resto se lo dejo a los pobres. François Rabelais.
o   El mundo es así: cuando fui pobre no me conociste; cuando fui rico no te conocí.
o   Mientras más somos, más valemos
o   Siempre llego tarde a la oficina, pero lo compenso saliendo pronto.

Cuento

¿Por qué llegas tan tarde a casa? Le pregunta la madre al hijo.
Es que conseguí que dos chiquillos dejasen de pelearse.
¡Muy bien! ¿Y cómo los has conseguido?
Les di bastantes puñetazos a los dos.

Cuento

Un político y el ladrón.
Un político estaba siendo atracado en la calle y el ladrón le dice: Este es un atraco, ¡Deme todo su dinero!

Óigame le responde el político ¿Usted no sabe con quién se está metiendo? Soy el ministro de economía, el que lleva las cuentas, el que decide sobre el salario mínimo.

¡Ah en ese caso! ¡Devuélvame todo lo que le ha quitado a mi familia!

<u>Comentario</u>

Hace un año vi en la T.V. a un futbolista de un equipo de futbol famoso por sus tres balones de oro decirle a un periodista, a causa de una pregunta que le desagradó ¿Cuánto es tu salario?, ello me dio oportunidad para refregar a mi hijo que tal jugador admirado por él manifestaba cosas poco ejemplares. Sin embargo en el equipo mío o preferido, pude notarlo, con altivez, comportamientos y preguntas de dos jugadores indagar a un contrario, ¿Cuantos títulos has ganado? Y después en otra situación a otro también, ¿cuánto te pagan a ti? Esas dos situaciones o tres, me han llevado a concluir que las personas se llenan de tanto orgullo, por su dinero y fama, que terminan por hacerse odiar a causa de los comportamientos en público con sus semejantes. La caída en dos semanas o más de todo lo que soñaban se derrumbó, motivada por las lecciones de la vida, que se nos permiten vivir, a fin de aprender, que la humildad y compostura hay que mantenerlas.

La forma de ser de algunos, les lleva a la desaprobación total por cosas que se hacen y dicen en público, y se da pie para que periodistas y otros los tomen para desacreditar la imagen apropiada que debe mantener una figura pública.

Una de las cosas que más me desagradan, al ir a un estadio es escuchar a los fanáticos cantidad de ofensas, porque desaprueban tales cosas, y además lanzar escupitajos, y más cosas, en señal de desaprobación, lo cual me hace pensar: ¿Cuánta intolerancia hay entre la gente del común?.

Prov.30:13 Hay generación cuyos ojos son altivos y cuyos párpados se alzan altaneros.

Eclesiastés 7:8 Mejor es el fin del asunto que su principio; mejor es el sufrido de espíritu que el altivo de espíritu.

Prov.25:27 Comer mucha miel no es bueno, ni el buscar la propia gloria es gloria.

Prov.14:16 El sabio teme y se aparta del mal, pero el necio es arrogante y confiado.

Prov.21:24 Soberbio y presuntuoso escarnecedor es el nombre del que actúa con insolente orgullo.

3.4.4 Angustia, Peligro

Estado en que se puede caer ante el peligro o preocupaciones, ansiedad por padecer por enfrentarse a alguna prueba, generándole nervios.

Es un riesgo que se corre por pasar, realizar o pertenecer a un grupo no aceptado por la sociedad, o grupos que defienden intereses e ideales. Es potencialmente presumible que acontezca algún suceso que genere problemas.

Prov.17:17 En todo tiempo ama el amigo, y el hermano nace para el tiempo de angustia.

Prov-18:14 El espíritu del hombre soportará su enfermedad, pero, ¿quién soportará al ánimo angustiado?

Prov.21:23 El que guarda su boca y su lengua, su alma guarda de angustias.

Prov.24:10 Si flaqueas en el día de angustia, tu fuerza es limitada.

Prov.9:7-9/7 El que corrige al escarnecedor se acarrea ignominia; el que reprende al malvado atrae mancha sobre sí.

8No reprendas al escarnecedor, para que no te aborrezca; reprende al sabio, y te amará.

9 Da al sabio, y será más sabio; enseña al justo, y aumentará su saber.

- o Las penas no matan, pero rematan.
- o Quien la hizo, la espera; porque quien a cuchillo mata a hierro muere.

o   Con la vara que midas serás medido.
o   El que en peligro se mete, cuando quiere retirarse no puede.
o   Al peligro con tiento, y al remedio, con tiempo.
o   Huir del peligro no es cobardía.

Cuento

El manicomio estaba llenísimo y los médicos querían deshacerse de algunos locos. Entonces, colocaron a todos los locos para que saltaran de un trampolín en una piscina, que estaba totalmente vacía. El primero saltó y se dio con el suelo, también el segundo, y el tercero…. etc.
Y todos caían en el fondo de la piscina. Pero nuestro conocido amigo loco llego, subió al trampolín, miró hacia abajo y se volvió.
El médico pensó:" ¡Qué bien! A ese puedo darle de alta, es el único que no ha saltado"
¿Por qué no has saltado?
No se lo cuente a nadie, pero no sé nadar.

Comentario

Las pruebas y peligros vienen a todos tarde o temprano, pero nuestra condición espiritual hará de ellas algo más evidente si es que nuestras acciones han ofendido a Dios, pues en aquel día la soledad, angustia y temor nos harán multiplicar por tres o más veces nuestra condición de peligro.

En un momento así es cuando se acude a Dios, para pedir protección, pero sino no seremos escuchados ¿cómo será aquella tribulación?

No quiero ni pensar, en tal momento me encuentre desolado y sin mi principal amigo, hermano, para que me apoye y pida a su Padre Celestial por mi ayuda, y entonces mi clamor y el de él se unan y el Padre de los espíritus, entonces acceda a mitigar tales penas.

Prov.30:29-31/29 Tres cosas hay de hermoso andar, y aun cuatro que pasean muy bien:

30 El león, fuerte entre todos los animales, que no retrocede ante nada;
31 El ceñido de lomos, asimismo el macho cabrío, y el rey cuando tiene un ejército con él.
Ecles.10: 1 Las moscas muertas hacen heder y dar mal olor al perfume del perfumista; así una pequeña locura pesa más que la sabiduría y la honra.

3.4.5 Aparentar, engaño

Aquello que a simple vista puede mostrar o dar la idea de lo que no es, a causa del traje, vehículo, expresión, vivienda, o forma de actuar. Los perfumes sirven para mimetizar nuestros hedores.

Estafar a otra persona con productos malos y que aparentan estar buenos; persuadir a otros a aceptar algo con palabras falsas; presentar a otros(as) semejanzas o falsedades.

Prov.25:18 Mazo, y espada y saeta agudaes el hombre que habla contra su prójimo falso testimonio.
Prov.29:24-25 / 24 El cómplice del ladrón aborrece su propia alma;oye la maldición y no dice nada
25 El temor del hombre tiende trampas, pero el que confía en Jehová será exaltado.
Prov.12:5-6,8 /5 Los pensamientos de los justos son justicia; los consejos de los malvados, engaño.
6 Las palabras de los malvados son acechanzas para derramar sangre, pero la boca de los rectos los librará.
8 Según su sabiduría será alabado el hombre, pero el perverso de corazón será despreciado.
Prov.21:13-14 /13 El que cierra su oído al clamor del pobre también clamará y nserá oído.
14 El regalo en secreto calma el furor; y el soborno en el seno, la fuerte ira.
Prov.24:28-29 / 28 No seas, sin causa, testigo contra tu prójimo, ni engañes con tus labios.

29No digas: Como me hizo, así le haré; daré el pago al hombre según su obra.

o   Únicamente puede llamarse a engaño de la vida quien a si mismo se engaña. Ralph WaldoEmerson.

o   Siempre nos teme el que está seguro de que no puede engañarnos. Jacinto Benavente.

o   Las apariencias engañan

o   No es oro todo lo que reluce, ni harina todo lo que blanquea

o   Cada cosa que ves son dos cosas o tres.

o   Mala y engañosa ciencia es juzgar por las apariencias.

o   Esto me huele mal

o   Quien verdad no me dice, verdad no me cree.

Cuento

Acabaron de construir una piscina en el manicomio, y los locos, todos contentos, fueron a jugar y a saltar del trampolín.
Por la noche comentaron con el médico:
Ha sido excelente doctor.
¿Mañana va a haber más?
Mañana va a ser mejor: va a haber agua en la piscina.

Cuento

Dos aldeanos están sentados delante de la iglesia, hablando hasta por los codos. Uno de ellos, mirando el campanario de la Iglesia, le dice al otro:
Mira, compañero, ¿ves los mosquitos en la punta del pararrayos?
¿Cuáles, los que están de pie o los sentados?

Historia

El 5 de marzo de 1.922 se estrenó la primera película sobre vampiros, denominada Nosferatu, la cual fue llevada a la pantalla, de la novela Drácula del Bram Stoker, escrita en 1897. Desde aquel tiempo se han hecho ver los murciélagos, como algo maligno. Y siempre hemos hecho ver estos pequeños mamíferos como perjudiciales para la salud humana, aunque por ignorancia de beneficios, ya que ellos controlan la superpoblación de mosquitos, zancudos, polinizan plantas, son dispensadores de semillas, y su wanu o excremento es usado como abono, pero se cree que transmiten enfermedades. Algún día sabremos las razones de todo, los usos y beneficios.

El llevarlos a la pantalla, encarnizarlos con el hombre y dotarlos de súper poderes es algo que hemos mantenido y enriquecido cada vez más con la ciencia ficción del cine.

Como ello hay infinidad de formas de engañar y se usan hoy espejos, maquillajes, ropas, propagandas, y miles de objetos que buscan obtener lucro a costa de los ingenuos, creando trampas donde muchos nos caemos.

Todo ello es igual que el padre de las mentiras, que vende una mentira encubierta con noventa y nueve verdades, pues siendo algo cierto, damos por sentado que lo que sigue también lo es, esas son las sutiles estrategias de vender, de disuadir a otros, aparentar, o justificar algo. El Padre Celestial en uno de sus mandamientos mando a no engañar. Levítico 19:11 No hurtaréis, ni engañaréis, ni mentiréis los unos a los otros.

3.4.6 Aprovechado, maltratador, etc.

Dícese del oportunista que sabiendo y conociendo el estado indefenso de alguien le sustrae, maltrata o ultraja. En algunas sociedades que han modificado la justicia, y han eliminado el castigo proporcional, a la edad de jóvenes, estos adquieren cierta predisposición a aprovechar las circunstancias y situación y maltratan a los padres, porque la ley no les cobija, de tal suerte que se vuelven delincuentes.

Es causar dolor físico o emocional a otros sean personas, animales, plantas, o cosas. Es una agresión física, verbal, o sicológica mediante palabras, golpes o indiferencia.

Prov.22: 22-23/22 No robes al pobre, porque es pobre; ni oprimas en la puerta al afligido,

23 porque Jehová juzgará la causa de ellos, y despojará el alma de aquellos que los despojen.

Prov.23:10-11/10 No muevas el lindero antiguo, ni entres en los campos de los huérfanos,

11 porque el redentor de ellos es el Fuerte; él defenderá la causa de ellos contra ti.

Prov., 28:15 Cual león rugiente y oso hambriento es el gobernante malvado sobre el pueblo pobre.

- o Los tiranos no han descubierto todavía cadenas capaces de encadenarla mente.
- o El pueblo que soporta la tiranía acaba por merecerla.
- o Los timoratos prefieren vivir al abrigo del despotismo a aventurarse por el proceloso mar de la libertad.
- o Cuando sientas subir la cólera, relájate y piensa en la bondad de los demás que te soportan. Jacinto Benavente
- o La cólera no nos permite saber lo que hacemos y menos aun lo que decimos. Arthur Schopenhauer
- o La violencia es miedo a las ideas de los demás y poco a las propias. Antonio Fraguas

Cuento

Pedrito no paraba de tocar en un tonel de metal en el patio.

¿Qué estás haciendo? Grita su madre.

Música para mi hermanito pequeño.

No mientas que él no está aquí.

Claro que sí.

¡Está dentro del tonel!

Cuento

Un pajarito encontró el gorrión:
¡Hola pajarito! ¡Dijo el gorrión! ¿Dónde vas con ese disfraz?
No es un disfraz. Es una ropa especial para poder ir al planeta Marte.
Contesto el pajarito
¡Estás loco! Hasta hoy ni los hombres han conseguido llegar allí. Afirmó
el gorrión.
Por eso mismo. ¡No hay cazadores, ni corridas, ni jaulas, ni circos, ni
tirachinas, ni hondas, etc.! Expresó el gorrión.

Comentario

Hay algunas personas que suelen maltratar física o verbalmente a:
esposas, hijos, trabajadores, alumnos, dependientes, inclusive padres,
etc. Todo ello se da por: orgullo, falta del espíritu, amor, paz interior,
etc. Frecuentemente los asesinatos o muertes violentas en países como
España se dan por ello, pues los hijos, caen en el vicio, en incapacidad
para sostenerse o porque creen que atemorizando a los demás, así
consiguen lo que necesitan.

Los mal tratadores son comunes en este tiempo, especialmente por parte
de los hijos o esposos, que pretenden someter a sus parejas a situaciones
no debidas. Tenemos gran responsabilidad de proteger a las mujeres,
pues ellas son preciadas para nuestro Padre Celestial, y por el cuidado a
ellas, seremos cuestionados. La siguiente escritura lo refiere:

1 Pedro 3:7 "Vosotros, maridos, igualmente, vivid con ellas con
comprensión, dando honor a la mujer como a vaso más frágil y como a
coherederas de la gracia de la vida, para que vuestras oraciones no sean
estorbadas".

3.5.1 Aspereza, cólera, enfado, enojarse

Es la acción de dar mal trato a otros, o tratar con dureza, a las personas.

Manifestación de desaprobación que altera el ánimo y que puede provenir por causa de desobediencia, errores o falta de respeto de otros. Es la condición de irritación exagerada, que puede causar mal a otros como maltrato físico o verbal.

Es también una enfermedad infectocontagiosa de alto riesgo, intestinal, provocada por el virus Vibrio Choleare, que produce diarrea, fiebre y más.

Prov.15:1 La blanda respuesta quita la ira, más la palabra áspera hace subir el furor.
Prov.15:7 Los labios de los sabios esparcen conocimiento, pero no así el corazón de los necios.
Prov.18:23 El pobre habla con ruegos, pero el rico responde con dureza.
Prov.21:9 Mejor es vivir en un rincón del terrado que con mujer rencillosa en casa espaciosa.
Prov.11:23 El deseo de los justos es solamente el bien, pero la esperanza de los malvados es el enojo.
Prov.14:35 El favor del rey es para con el servidor prudente, pero su enojo, contra el que lo avergüenza.
Prov. 14:17 El que fácilmente se enoja comete locuras, y el hombre perverso es aborrecido

- o Contestar injuria con injuria es lavar el barro con el barro. Juan Luis Vives.
- o Las heridas de la lengua son más peligrosas que las de sable.
- o La palabra bien elegida puede economizar no solo cien palabras sino cien pensamientos. Henri Poincaré.
- o La cólera es una demencia pasajera. Cicerón.
- o La cólera que se desfoga por la boca no se desfoga por las manos. Francisco de Quevedo.

- o Si estás colérico, cuenta hasta 100 antes de hablar. Thomas Jefferson.
- o La ira no obra justicia
- o De un hombrecillo iracundo, se ríe todo mundo.
- o Responder al airado luego, es echar leña al fuego.

Cuento

Joselito y otros dos niños comparecen ante el juez por una gran pelea en el zoológico.

El juez empieza el interrogatorio:

¿Quién eres tú? ¿Y por qué estás aquí?

Yo soy Joselito y he echado cacahuetes al elefante.

Y el juez le pregunta al segundo:

¿Quién eres tú? ¿Y por qué estás aquí?

Soy pepito y eche cacahuete al elefante.

Entonces, el juez le pregunta al tercero:

¿Quién eres? ¿Y por qué estás aquí?

Yo soy cacahuete, señor juez.

Anécdota

Cuando laboraba en Papeles Nacionales S.A., cuyo contralor general don Javier Ríos Ardila, recuerdo que llegó a la oficina el ingeniero Sr X, un ex militar español quien oficiaba como nuestro Gerente General, muy enojado y vociferando cantidad de cosas que reclamaba a su subalterno, nuestro jefe don Javier.

Este era un hombre tranquilo, no perdió la calma, trató de explicar las cosas o puntos de vista, pero no le dio lugar ni oportunidad el gerente. No recuerdo cuál de los dos tenía la razón, lo único que recuerdo es que aquel día vi la paciencia, humildad y respeto que mantenía mi jefe, don Javier a su superior, no obstante que los reclamos se los hizo delante de todos sus subalternos.

En esta empresa multinacional se trabajaban tres turnos en la planta y todo era informado de una manera muy precisa en el reporte de producción de cada turno. El gerente exigía que antes de las 8: am de cada día sobre su escritorio estuviera el reporte de producción debidamente justificado en los tres turnos del día anterior, y el último turno finalizaba justo a las 6:a.m., de tal suerte que para preparar los informes de ese turno y consolidarlo con los acumulados del día o dos turnos anteriores y además los acumulados del mes se requería trabajar muy rápido en las calculadoras, y por supuesto posteriormente, pasar los borradores a máquina.

Eran los años 1.981 a 1.983, cuando no se disponía aún de la comodidad de los computadores personales y las hojas electrónicas. Para uno como responsable de diligenciar los informes referidos se requería mucha destreza y sincronización, pues en ellos se reportaban los rendimientos por turnos de cada máquina, los consumos de los materiales, y por supuesto los tiempos de mermas, paradas de cada máquina, de cada sección de la planta, y todo se engranaba al final con las firmas de los respectivos departamentos o superintendentes de producción a saber: Molinos, rebobinadoras y conversión.

Pero estos reportes los hacían en el departamento de planeación, que estaba adscrito, al de contraloría, y que al igual que nosotros, se encargaba de las estadísticas.

Tal industria era bastante organizada, metódica, exigente en la información, y además todos los informes a final de mes se debían transcribir al inglés, para pasarlos a la matriz cuya sede estaba en el Canadá.

Aquel día mi jefe quedó como grande, lo aprendí a admirar más, a respetar e incluso, aún conservo el deseo de aprender de él a mantener la calma con humildad, para aceptar y no dejarme provocar por una presión semejante. Las personas grandes se hacen al mantener la compostura en los momentos de mayor presión, y este es un magnífico ejemplo que me dio mi jefe, el contralor don Javier Ríos Ardila.

Prov. 30:32-33 /32 Si neciamente te has enaltecido has pensado hacer mal, ponte la mano sobre la boca.
33 Ciertamente el que bate la leche sacará mantequilla, y el que recio se suena las narices se sacará sangre, y el que provoca la ira causará contienda.

3.5.2 Astuto, malicioso

Quien con marcada sutiliza utiliza su capacidad para pensar, actuar, o realizar tareas casi difíciles, para otros o impensadas posibilidades.

Es quien con dobles intenciones o suspicacia realiza tareas esperando resultados marcadamente a favor de él.

Prov.22:28 No traspases los linderos antiguosque pusieron tus padres.

o   Buenas y malas artes hay en todas partes.
o   La habilidad bien empleada es una virtud, en cambio mal empleada es una estafa. Heinrich Heine.
o   Ningún mérito tiene ser hábil, si la habilidad se emplea para engañar sin ningún respeto. Juan Pedro Eckermann.
o   La malicia de los unos nace siempre de la estupidez de los otros. Hugues Bernard Maret.
o   Quien nos hace reír es un cómico. Quien nos hace pensar y luego reír es un humorista.
o   Un necio encuentra siempre otro necio mayor que le admira. Nicolás Boileau.

Cuento

Mamá, en la escuela me dicen que soy un interesado. ¿Quién te lo dice hijo?
¡Si me das cinco euros te lo digo!

Comentario

En el trabajo y época de estudios aprende uno a ver los comportamientos de sus compañeros y cada uno va mostrando sus estilos, su forma de orientar los desafíos y así ellos van adquiriendo fortalezas o debilidades, pues cuando se inicia con algo y le da resultados positivos, ellos se convierten en una estrategia o carácter. En la vida profesional también hará uso de tales estrategias para sacar partido, si es que su carácter se orientó o permitió que no fuere honrado.

Parábola del mayordomo infiel

Lucas 16:1-13 /1 Y *Jesús* dijo también a sus discípulos: Había un hombre rico que tenía un mayordomo, y éste fue acusado delante de él como disipador de sus bienes.

2 Entonces le llamó y le dijo: ¿Qué es esto que oigo acerca de ti? Da cuenta de tu mayordomía, porque ya no podrás más ser mayordomo.

3 Entonces el mayordomo dijo dentro de sí: ¿Qué haré? Porque mi señor me quita la mayordomía. Cavar, no puedo; mendigar, me da vergüenza.

4 Ya sé lo que haré para que, cuando se me quite la mayordomía, me reciban en sus casas.

5 Y llamando a cada uno de los deudores de su señor, dijo al primero: ¿Cuánto debes a mi señor?

6 Y él dijo: Cien barriles de aceite. Y le dijo: Toma tú cuenta, siéntate en seguida y escribe cincuenta.

7 Después dijo a otro: ¿Y tú, cuánto debes? Y él dijo: Cien medidas de trigo. Y él le dijo: Toma tu cuenta y escribe ochenta.

8 Y alabó el señor al mayordomo malo por haber hecho sagazmente, porque los hijos de este mundo son en su generación más sagaces que los hijos de luz.

9 Y yo os digo: Haceos amigos mediante las riquezas de maldad, para que cuando os falten, os reciban en las moradas eternas.

13 El que es fiel en lo muy poco, también en lo mucho es fiel; y el que en lo muy poco es injusto, también en lo mucho es injusto.

14 Pues si en las malas riquezas no fuisteis fieles, ¿quién os confiará lo verdadero?

12 Y si en lo ajeno no fuisteis fieles, ¿quién os dará lo que es vuestro?

13 Ningún siervo puede servir a dos señores, porque o aborrecerá al uno y amará al otro, o estimará al uno y menospreciará al otro. No podéis servir a Dios y a las riquezas.

3.5.3 Avaricia, corrupto, codicia, robar

Estos términos son primos, unos mayores que otros, pero son de la misma familia. Se comienza por la codicia, se pasa rápidamente a corrupción cual es sinónimo de ladrón, y después se cae en la avaricia.

Avaros son aquellos que no gastan su dinero a pesar de la necesidad de costear sus gastos o lo hacen con renuencia, especialmente si ello involucra beneficio de otros. Las personas con este problema suelen vivir en infelicidad, con temor, con inseguridad.

Corrupto es el producto de los egoísmos no refrenados, al creer que lo que pertenece a todos no tiene dueño, entonces yo podré aprovechar esa oportunidad.

Esta situación es propia de algunos funcionarios y políticos de turno, que aprovechan sus cargos para abusar del erario público, en beneficio propio, a través de robos continuados, malversación de fondos, prebendas, contrataciones amañadas, y otros delitos.

Codicia es la condición de ambicionar más de los que puede administrar, necesitar o merecer.

Robar es quitar las posesiones de otros por medios: ilícitos, fuerza, sorpresa, abuso de autoridad, o abuso de confianza.

Prov.28: 8 El que aumenta sus riquezas con usura y crecido interés, las acumula para el que se apiada de los pobres.

Prov.28:16 El príncipe falto de entendimiento multiplicará los agravios, pero el que aborrece la avaricia prolongará sus días.

Prov. 11:1 La balanza falsa es abominación a Jehová; pero la pesa cabal le agrada.

Prov. 21:2 Todo camino del hombre es recto ante sus propios ojos, pero Jehová pesa los corazones

Prov10:3 Jehová no dejará padecer hambre al alma del justo, más rechazará la codicia de los malvados.

Prov.15:27Alborota su casa el codicioso, pero el que aborrece los regalos vivirá.

Prov.21:26 El codicioso, codicia todo el día, pero el justo da y no retiene.

Prov.11:1 La balanza falsa es abominación a Jehová; pero la pesa cabal le agrada.

Prov.20:21La herencia adquirida de prisa al principiono será bendecida al final.

Prov.20:23 Abominación son a Jehová las pesas falsas, y la balanza falsa no es buena.

o   Los ricos y los avaros de la hacienda son esclavos.

o   Guarda el avaro el dinero, para que pompee su heredero.

o   La pobreza carece de muchas cosas, la avaricia de todas.

o   La avaricia es mar sin fondo y sin orilla.

o   El avariento ni pobre ni rico está contento.

o   El avaro se roba así mismo. El pródigo a sus herederos. T. Fuller.

o   Es una gran locura la de vivir pobre para morir rico. Dante Alighieri

o   Los demás hombres son dueños de sus fortunas; el avaro es esclavo de la suya.

o   Ladrón que hurta un doblón, merece ir al presidio por tonto, y no por ladrón.

o   El ladrón y el asesino se encuentran en el camino.

o   En el rico mesón, no falta ladrón.

o   Por cuenta de gitanos, roban muchos humanos.

o   Lo que poseo no lo deseo, más lo que no poseo todo lo deseo.

o   El rico es codicioso, y el pobre, deseoso.

o   La codicia desordenada trae pérdida doblada.

o   Lo que caridad juntó, la codicia se lo comió.

o   La zorra suele predicarle a las gallinas: hermanas queridas.

o   Ley puesta, trampa hecha.

o   Lobos de una camada, no se hacen nada.

Cuento

Un hombre entra en el despacho del abogado más caro de la ciudad:
Buenos días, sé que usted es el abogado más caro de la ciudad, pero
quisiera saber si por quinientos euros puedo hacerle dos preguntas.
Claro, responde el abogado. ¿Dígame cual es la segunda pregunta?

Cuento

Jaimito pregunta a su padre: Que hacia Robín Hood.
Robar a los ricos, hijo.
¿Por qué?
Porque lo pobres no tenían nada para robar.

Anécdota

El curso de sexto de secundaria o bachillerato, lo realice en un colegio
oficial, pues ya me había ganado los méritos para ser aceptado en él. En
tanto esperaba sentado en un muro el comienzo de la clase siguiente a
mi lado estaba Jaramillo, quien se convertiría en el notario y abogado
de la ciudad con el tiempo y que por sus ideas bastante arriesgadas
con el tiempo fundo el centro recreacional "los columpios". Donde se
situaban estos era en el borde de la pronunciada caída de cerca de 300
metros y que terminaba en el rio la vieja. Los participantes de tales
juegos extremos subían allí y sentían subir su adrenalina al percibir el
vació y profundidad de la caída, lo cual lo hacía bastante atractivo para
los jóvenes.

Aquella tarde mi compañero Jaramillo al levantarse para ir a la clase,
olvido llevar su libro de francés sobre el cual se había sentado en el

muro. Lo observe, lo tomé y se lo entregue en tanto me dirigía también a la clase.

Sin percatarme de ello, el profesor Salguero observó la escena y esperó para ver si yo lo devolvería a su dueño. ¿Cuánto bochorno o incomodidad me habría causado el hecho de que yo aprovechara tal oportunidad y me lo hubiere sustraído?

Al finalizar el curso muchos de mis compañeros se proponían deshacerse de los libros vendiéndolos y así captar algunos pesos, para sufragar las múltiples necesidades que en esa edad se tenían.

Un compañero aprovechó un descuido mío y tomo el libro de física y lo desapareció. Yo percibí que él lo tenía y lo increpé para que lo devolviera, pero no lo hizo.

Al cabo de treinta años al celebrar nuestro reencuentro de graduación asistí al acontecimiento y al verlo tristemente recordé tal suceso y no me sentí bien, pero me imagino que él también lo recordó, lo cual no lo hizo sentir cómodo. Yo olvide el asunto, pero con el reencuentro con el volvía a mi mente tal recuerdo. Me hubiera gustado que ese asunto se hubiere obviado mejor. Yo converse con él, pero no referí el asunto, pues era cosa de la juventud.

Prov.1: 16-19 /16 porque sus pies corren hacia el mal, y van presurosos a derramar sangre.
17 Porque en vano se tiende la red ante los ojos de toda ave;
18 más ellos a su propia sangre ponen acechanzas, y a sus almas tienden trampa.
19 Tales son las sendas de todo el que es dado a la codicia, la cual quita la vida de sus poseedores.

3.5.4 Burlador, maldad, reír, escarnecedor

Es la acción de tomar ridículamente las responsabilidades, los principios, o aceptar las cosas sagradas y después jocosamente hacer mal uso o hablar de ellas. Acción de jocosamente tratar las palabras de semejantes.

Es aquel cuyas acciones se encaminan a reírse de los males ajenos. Es quien desaprovecha la oportunidad para apoyar en un momento de desgracia a su prójimo, prefiriendo soltar carcajadas, risas, alegría y gozo por los males o desgracias de sus semejantes, haciendo que estos se sientan sonrojar, apenados, o quizás atribulados en mayor proporción a causa de las burlas. Es la marcada tendencia a llevar acciones que perjudican a otros a través de la fuerza, la imposición de autoridad, o dominio injusto, o violencia.

Dependiendo de la condición, puede ser buena o mala. Es la expresión para denotar: burla, alegría, soberbia, o solidaridad. Cada caso conlleva sus frutos, y los hay buenos y malos.

Es la acción de burlarse de otro o ridiculizarlo de forma pública.

Prov. 17: 5 El que escarnece al pobre, afrenta a su Hacedor; y el que se alegra de la calamidad no quedará sin castigo.
Prov.19:28 El testigo perverso se burla del juicio, y la boca de los malvados traga la iniquidad.
Prov.24:17-18 / 17 Cuando caiga tu enemigo, no te regocijes; y cuando tropiece, no se alegre tu corazón,
19 no sea que Jehová lo vea, y le desagrade y aparte de sobre él su enojo.
20 Prov.29:9Si el hombre sabio contiende con el necio, ya sea que se enoje o que se ría, no tendrá reposo.
Ecles.7:6 Porque la risa del necio es como el crepitar de los espinos debajo de la olla.

- o   El que ríe de último ríe mejor.
- o   El que se ríe solo de sus picardías se acuerda.

o   Burlas suaves, traen burlas graves
o   Haced el bien a vuestros amigos y enemigos, porque así conservaréis a los unos y os será posible atraer a los otros. Cléobulo
o   Hemos de saber anticiparnos a encontrar lo cómico que haya en nosotros. Así podremos evitar que los otros se burlen de nuestra escasa perfección. Noel Clarasó.
o   Lo más aburrido del mal es que uno se acostumbra. Jean Paul Sartre.
o   Con el malo, el remedio es que pongas tierra de por medio.
o   El malo será bueno cuando las ranas tengan pelo.
o   Quien mal busca, presto lo haya.
o   Quien a los animales hace daño, es hombre de mal rebaño.
o   Lo malo viene volando, y lo bueno, cojeando.
o   Mala hierba nunca muere.
o   A manchas de corazón, no basta ningún jabón.
o   Quien ríe y canta, sus males espanta.
o   La sobrada risa de la cordura noes hija.
o   El daño recibido nos hace ser advertido.
o   Gato escaldado del agua fría huye.
o   Quien no escarmienta de una vez, no escarmienta de diez.

Cuento

Un hombre entra en un despacho de abogados para informarse de los honorarios que cobran:
Cobramos cincuenta euros por consulta responde el abogado.
¿No le parece un poco caro? Comenta el interesado.
Realmente sí; responde el abogado. ¿Desea formular una tercera pregunta, estimado señor?
Muy asustado y tembloroso, contesta, no, no, nunca más.

Cuento

Un vaquero entra en el salón gritando:
¿Quién ha sido el gracioso que ha pintado mi caballo de verde?

Se levanta un hombre de dos metros de altura y dice: he sido yo, ¿Por qué? Es solo para avisar que la primera mano ya está seca.

<u>Anécdota</u>

En la tierra aprendemos y caemos en problemas o accidentes ocasionales. He caído en ellos y también he visto a otros caer.

Cuando estaba joven, algunos de mis mejores amigos tuvieron algunos accidentes que me produjeron mucha risa, la cual trajo también chistes adicionales, con los cuales termine por agotar a uno de ellos la paciencia.

Una tarde, fui con mi amigo Henry al colegio en donde yo cursaba el último año de secundaria, el Colegio Nacional Académico de Cartago Valle. El buen deportista y estudiante Aristizabal, se refirió a mí diciendo que en el partido del sábado anterior había sido la figura. Me felicitó porque no obstante haber jugado con 3 jugadores menos, habíamos sacado un empate, en un partido que teníamos que haber ganado fácilmente, pero por ausencia de tres jugadores (en la cancha solo éramos 8; ellos eran 11 con recambios además) nos fue difícil no perder. El curso de ellos era el sexto A y nosotros el sexto C.

Alcabo de un rato mi hermano Germán observo algunos caballos pastar y a un hombre que procuraba, llevarlos a otro lugar, por lo cual él se ofreció para ayudar, y montar en uno, el hombre acepto. Además debido a que estábamos enseñados a cabalgar, mi hermano lo considero fácil. El procedió a montarse sin silla, por supuesto, pero el caballo lanzo dos patadas al aire, lo cual le hizo desistir de la idea. Henry expreso ¡no hay que tener miedo! y procedió a montar el mismo caballo, pero no había terminado de sentarse cuando el caballo se había parado en dos patas y Henry se deslizo rápidamente hasta caer atrás de las patas, a causa delo cual, todas las personas que lo observaron se rieron, entre ellos yo, por supuesto, solo que yo exagere un poco con algunos chistes.

De regreso a casa pasamos por la casa de Alberto Quintero Herrera, uno de los Diputados de la Asamblea del Valle, que murió ajusticiado por las FARC, después de un largo secuestro de 5 años. Con él solíamos jugar ajedrez y darnos garrote, pero aquel día Henry no estaba en su mejor día y rápidamente perdió dos juegos, lo que lo dejo un poco molesto, pero con lo que yo recordé el suceso de la tarde refiriéndole que los caballos lo tenían loco, pues en el ajedrez con esta ficha clave te hacen daño.

Él se indispuso, y expreso malas palabras y me invitó a pelear. A lo cual yo debí aceptar, porque ya se estaba haciendo pesado. Junto a nuestras casas emprendimos una pelea que duró como 5 minutos quizás y de la pelea nos separó la tía de uno de nuestros compañeros de la cuadra, pero que para fortuna de los dos no alcanzó para hacernos daños físicos; si en nuestra vieja amistad, la cual se rompió durante un año aproximadamente. Al cabo del tiempo nos reencontramos trabajando juntos, jugando en el mismo equipo de futbol y después él se suicidó por asuntos sentimentales al arrojarse a un autobús en Pereira.

En otra ocasión me había reído exageradamente de otro buen amigo al caer él desprevenidamente por el corredor de un autobús desde la banca última, pues estaba en el puesto que da en el pasillo ya que en aquellos tiempos los cinturones de seguridad no existían. En un salto y frenada en seco del autobús, él se deslizo sobre sus libros casi hasta llegar al lado del conductor, lo cual me causo mucha risa y algunos otros chistes que le hice, pero él supo aguantar, ya que también era extrovertido.

En otra ocasión me tocó vivir una experiencia donde fui yo del que se rieron. Esta vez fue en medio de un fuerte aguacero en una noche en que estábamos buscando una familia, para hacer una visita de orientación familiar; sin embargo, mi paraguas o sombrilla, no aguanto la fuerza del viento y perdió su postura quedando con su curva hacia arriba, permitiendo que el agua rápidamente me empapara completamente; justo en ese momento una familia desconocida abrió la puerta, preguntamos por la persona que buscábamos y nos refirieron que ya no vivían allí. Muy descortésmente no nos invitaron a pasar, para protegernos de la lluvia y uno de ellos soltó la carcajada en forma exagerada, la cual percibí como si fuera la voz de un hombre un tanto afeminada.

Aquel día sentí que las burlas por sucesos cotidianos a otros semejantes y si son desconocidos te pueden hacer sentir mal, pues tal vez no estés dispuesto a tolerarlas, aunque yo mantuve la calma.

Para fortuna mía, no paso a más, pero lo más importante fue que mi compañero, Arles Cifuentes no se burló, y disimulo el suceso, cosa que es el ejemplo que debemos dar, a fin de que no caigamos en estos errores, ya que tarde o temprano seremos victimas de casos semejantes que pueden causar risas exageradas a otros.

3.5.5 Calumnia, Mentiroso

Es la expresión falsa de un suceso o evento supuestamente cometido y propagado por otro, nacido en la envidia, odio, o desinformación.

Dícese de quien continuamente expresa frases no ciertas o mantiene en sus expresiones engaño.

Prov.25:18 Mazo, y espada y saeta aguda es el hombre que habla contra su prójimo falso testimonio.

Prov.25: 23 El viento del norte trae la lluvia, la lengua calumniadora, el rostro airado.

Prov.6:16-19 /16 Seis cosas aborrece Jehová, y aun siete abomina su alma:
17 Los ojos altivos, la lengua mentirosa, las manos derramadoras de sangre inocente,
18 el corazón que maquina pensamientos inicuos, los pies presurosos para correr al mal,
19 el testigo falso que habla mentiras, y el que siembra discordia entre hermanos.

o Testigo falso y mala lengua.

o Estando el diablo ocioso, se metió de chismoso.

o Las heridas de la calumnia; si mal cierran, peor curan.

o Solo se tiran piedras al árbol cargado de frutos.

o No hay montaña sin niebla; no hay hombre de mérito sin calumniadores.

o Es más fácil hacer historia de una calumnia que de cien verdades, y por eso aquella tiene siempre historiadores.

o Más vale caer en torrente que en boca de la gente.

o El murmurar la verdad aún puede ser la justicia de los débiles,

o la calumnia no puede ser nunca más que la venganza de los cobardes. Jacinto Benavente

o Los que divulgan la calumnia y los que la escuchan, si valiera mi opinión, deberían ser colgados los divulgadores por la lengua, y los creyentes por las orejas. Tito Macío Plauto

o Bien puede haber puñalada sin lisonja, más pocas veces hay lisonja sin puñaladas. Francisco de Quevedo y Villegas

o Mintió por gusto siempre y el día que necesito que le creyeran una verdad, nadie quiso creerle; que en boca del embustero es la verdad sospechosa. J. Benavente.

o A una colectividad se le engaña siempre mejor que a un hombre. Pio Baroja.

o El que miente roba, y el que roba mata.

Cuento

Un empleado pide aumento de sueldo amparándose en que trabaja por tres.
El jefe le responde:
Dígame el nombre de los otros dos, que los despido.

<u>Anécdota</u>

Cuando estudiaba en la Universidad, mi profesor de finanzas nos pedía que interviniéramos en las exposiciones de los temas que nos asignaban a todos los alumnos. Ingenuamente caí en el error de interferir en una exposición de un compañero de estudio, quien se ofendió de tal manera por las respetuosas intervenciones nuestras;que se preparó de sutil forma, para nuestro turno. Las exposiciones se hacían en grupos de dos. Ello genero una guerra de preguntas especialmente a mi compañero Wilson, el cual se ponía nervioso y solía yo contestarlas, pero el profesor insistía en que las contestara Wilson. Aquel compañero que entro en la guerra de preguntas no se contentó con ello sino que se convirtió en un enemigo. Aunque nosotros no lo veíamos así, el sí lo tomó de esa forma. Para dar curso a su odio, se valió de un comentario que nosotros nunca hicimos acerca de los profesores sobre algo, que él lo creyó como de fuente correcta, de tal suerte que procedió a vengarse con la calificación nuestra. Una compañera (Aleyda) procedió a informarnos de tal hecho, sin embargo era muy difícil cambiar la opinión y deseo de responder ante tal comentario ofensivo, lo cual hubo que dejarlo así.

La consecuencia, de esa calumnia fue que salimos perjudicados con la valoración final, pues el profesor engulló el comentario esgrimido del corazón de esecompañero y lo dio por cierto, sin ser nosotros los emisores de tal comentario. Aquel día salí perjudicado por una calumnia y supe el efecto que ella puede traer, si tú no te mantienes al margen de participar en clase sobre algo que pueda incomodar a uno de tus compañeros. No sabes el efecto que puede causar en el corazón y mente de él, y cuál podría ser la forma de buscar revancha.

3.5.6 Candidez, tontería, torpeza

Quien a causa de su sencillez, humildad, falta de experiencia es presa de los listos de cuello blanco y/o de otros que se comportan como vividores de lo ajeno.

Es la acción de decir o hacer cosas que no reflejan seriedad ni son apropiadas con la ocasión.

Los problemas que se tienen para realizar movimientos con naturalidad, del habla, caminar o desenvolverse en tareas cotidianas.

Es la condición en que se incurre por las acciones no meditadas, realizadas en estado de ira, dolor, embriaguez, o ligereza, o con dificultad por incapacidad de locomoción ante una minusvalía.

Ecles.10:12 Las palabras de la boca del sabio están llenas de gracia, más los labios del necio causan su propia ruina.

o   Levantar la liebre para que otro la mate, es disparate.

o   A la mesa me senté y, aunque no comí, escoté.

o   Si trabajé para otros y no para mí, trabajador necio fui.

o   Es un error creer que uno está rodeado de tontos, aunque sea verdad. Noel Clarasó.

o   La primera materia del ingenio es la tontería humana; si todos los hombres fuesen cabezas duras el mundo sería aburridísimo. León Daudí.

o   Un tonto sabio es peor que un tonto ignorante. Jean Bapptiste Poquelin Moliere.

o   La tontería del hombre se conoce en el uso del poder propio y su inteligencia en el uso que hace del poder ajeno. Francis Bacon

o   Por tonterías y orgullos, muchos locos han destrozado la tierra en guerras, y peleas. JCIR

o   No hay tonto que no se tenga por listo.

o   Pan con pan, comida de tontos.

o   Los extremos se tocan.

o   Lo que nada nos cuesta volvámoslo fiesta

o   Los años son escobas que nos van barriendo hacia la fosa.

Cuento

El empleado entra en el despacho del jefe:
Usted me va a disculpar…, pero mi familia pasa hambre y con lo que usted me paga no llega para nada.
El jefe le responde: está bien, está disculpado.

Cuento

En una oficina de políticos:
¡Este papel hay que desaparecerlo!, pues es la evidencia de todos nuestros problemas.
Está bien, antes de hacerlo, sáquele una fotocopia.

<u>Anécdota</u>

En el parque un perro que estaba suelto se preparó para abalanzarse sobre mi perro que estaba amarrado; al percatarme, solicite al cuidador o dueño el favor de que se le amarrara, no sea que se formara una pelea de perros, a lo cual dijo ¡lo amarro porque quiero, pero no por ti, con tono descortés!

Ante tal expresión le invite a que estuviera tranquilo: no debes enojarte tanto por una tontería de estas. Respondió: me ofendes cuando me dices que me enojo por tonterías. Entonces comprendí que él deseaba contender conmigo, a lo cual preferí callar, para no multiplicar las ofensas y motivos que él pudiera sentir cada vez que procuraba abrir mi boca. Más tarde un señor que observaba, se arrimó y me manifestó: aquel hombre deseaba pelea por nada.

Otra tarde caminaba con un pariente por la calle; observamos que un hombre de apariencia de gitano, alto y algo ebrio al caminar por el andén estrujó a otro de menor estatura que él, adrede, pero no se disculpó y lo que hizo fue increpar al hombre estrujado, lo cual causo que éste percibiera el deseo de pelea que el gitano tenía. Se trenzaron ambos en golpes y rápidamente el más bajo logró conectar varios golpes al rostro y cuerpo del ofensor, haciéndole caer al suelo. Aquella tarde, el agresor encontró lo que buscaba; alguien que calmara sus ímpetus de buscar camorra.

3.6.1 Castigo, pena de muerte

Penas que aplican a quien ha sido sorprendido en faltas. Dificultades consecuentes de malas acciones.

Es el castigo impuesto a alguien que ha cometido asesinatos o perjuicios a comunidades, en sociedades donde la ley escrita así lo dispone.

Prov.19:18 Corrige a tu hijo mientras haya esperanza, mas no se altere tu alma para destruirlo.

Prov.19:20 Escucha el consejo y acepta la corrección, para que seas sabio en tu vejez.

Génesis 9:6 El que derramare sangre de hombre, por el hombre su sangre será derramada, porque a imagen de Dios es hecho el hombre.

Alma 1:13-14 /13 Y tú has derramado la sangre de un hombre justo, sí, un hombre que ha hecho mucho bien entre este pueblo; y si te perdonásemos, su sangre vendría sobre nosotros por venganza.
14 Por tanto, se te condena a morir, conforme a la ley que nos ha dado Mosiah, nuestro último rey, y la cual este pueblo ha reconocido; por tanto, este pueblo debe sujetarse a la ley.

o   No hay ningún secreto donde reina la embriaguez.
o   No darás tropezón ni desatino que no te haga adelantar camino.
o   El que no castiga el mal manda que se haga. Leonardo da Vinci.
o   Si matamos con el consentimiento colectivo, no nos remuerde la conciencia. Las guerras se inventaron para matar con la conciencia limpia. Eugene Ionesco
o   Séame la muerte un mejor nacimiento. Joan Maragal.
o   No me asusta la posibilidad de morir a manos de un hermano vengativo; la muerte me traerá el bien eterno. Mahatma Gandhi.

Cuento

Cíteme un ejemplo de injusticia, Pedrito.
A…. si: Cuando mi papa hace mis tareas, se equivoca y me castigan a mí.

Cuento

Cuando Sócrates fue condenado a morir tomando cicuta, Jantipa, su esposa, fue a visitarle a la cárcel, toda llorosa, para anunciarle la decisión de los jueces.
¡Oh mujer! ¿Y estás llorando por eso?
Me han condenado a muerte, pero ellos tarde o temprano por naturaleza van a morir.
¡Pero tu condena es injusta!
Poco importa eso. Le respondió Sócrates sonriendo.
¿O acaso desearías que fuese justa?

Comentario

La pena de muerte para muchos es algo muy atrasado, muy malo, pero como no están en los zapatos del ofendido, de los agredidos, entonces desaprueban de una, tales condenas.

Hay personas que asesinan dos, y tres, y más veces, por dinero (Sicarios), o favores o etc.

El asesinato en algunos países es condenado con la pena de muerte, especialmente cuando la persona enjuiciada no tiene intención de arrepentirse y se convierte en una amenaza para la sociedad. Los mandamientos de Dios en la ley mosaica, castigaban al homicida con la pena de muerte, pues así, las personas no caían fácilmente en este delito. Hoy día las leyes se hacen laxas y hay muchos que se acostumbran a hacerlo, de tal suerte que es su profesión. Se les enjuicia y les dan unos años de cárcel, que después disminuyen con pagos de abogados y fianzas, de tal suerte que al poco tiempo ya están afuera, cometiendo el mismo delito. Pero también a los ladrones les dan un día de cárcel o casa por cárcel, si es político. Difícil creer en la justicia de los hombres.

Supe de un hombre que asesino 243 niños, después de abusar de ellos, y al final de 10 años estaba por salir, pero prefirió permanecer en la cárcel, pues afuera le aguadaban los familiares de los niños afectados. Cuando los delitos quedan en la impunidad, solo ese tipo de penas es la más aconsejable para los asesinos, y así se evitan reincidencias innecesarias.

En la antigua América los delitos como este se pagaba con el mismo precio, y con todo y ello no se controlaban, pero al menos había temor de reincidir, pero con las leyes donde hay gozo por el dinero que recibe, ¿Qué más se le puede dar a alguien así?

En el libro de Mormón. 2Nefi.9:35 ¡Ay del asesino que mata intencionalmente!, porque morirá. Génesis 9:6; Éxodo21:12; Éxodo 31:14; Levítico 20:2; Jeremías 26:11 y 16.

3.6.2 Ceguera, celos

Perdida de la visión parcial o total. Dícese también de aquellos quienes viendo, no lo desean o aceptan, por menospreciar lo que los exhorte a cambiar actitudes de vida silenciosa o vagabunda, o por conveniencia relativa.

Condiciones en que podemos caer los humanos a causa de malsano amor, o temor de perder algo, generando con ello exceso de protección o exagerando sucesos con comentarios tendenciosos.

Ecles.10:2-3/2 El corazón del sabio está a su mano derecha; pero el corazón del necio, a su mano izquierda.
3 Y aun cuando el necio vaya por el camino, le falta entendimiento y demuestra a todos que es necio.
Prov. 6:33-35 /33 Heridas e ignominia hallará, y su afrenta nunca será borrada.

34 Porque los celos son el furor del hombre, y no perdonará en el día de la venganza.

35 No aceptará compensación alguna, ni se contentará, aunque le multipliques los presentes.

- o   Los ojos no sirven de nada a un cerebro ciego. Prov. árabe.
- o   Lo que no me entra bien por los ojos, que lo guarden con diez cerrojos.
- o   El amor es ciego, pero muchas veces bastante ciego.
- o   Marido celoso nunca tiene reposo.
- o   Duelos y celos, de sabios hacen necios.
- o   Mujer celosa, leona furiosa.
- o   Celos y envidia quitan al hombre la vida.

Cuento

El chico de la gran ciudad, de visita en la hacienda, llega al corral y susurra al oído de la vaca: tengo una sorpresa para ti. ¡Hoy te ordeño yo! Yo también tengo una sorpresa para ti. ¡Soy un buey!

Cuento

Un abogado fallece. En su testamento figura una cláusula en la que dispone que el día de su entierro cada uno de sus tres sociossupervivientesha de arrojar cincuenta euros en su tumba. El primero, tras pensárselo mucho arroja el dinero; el segundo tras dudar durante bastante tiempo, también arroja el dinero. El tercero de los socios recoge el dinero arrojado por sus dos socios compañeros y, en su lugar deposita un cheque valorado en ciento cincuenta euros.

Comentario

Hay un dicho popular: ¡no hay peor ciego, que el que no quiere ver!, y efectivamente vemos reflejadas esas cosas en hechos tan trascendentales de la vida que nos asombramos. Sin embargo lo lógico es que finalmente se corrijan tales procederes.

Cuando jugaba futbol, basquetbol, etc., los árbitros asignados hacían su trabajo como podían, pero ello no significa que se cometan errores, pues cuando fui profesor de educación física de un colegio, fui el árbitro del torneo de futbol que se organizó. La verdad es que la tarea no era fácil y siempre alguna jugada quedaba en entredicho. Yo no tenía jueces de línea, ni cuarto árbitro. Total que los afectados se tenían que comer el marrón tal cual a mí me parecía.

Los líderes de las comisiones arbitrales de estos deportes, no sépor quédemoraron tanto, para implementar el VAR (video asistente al réferi) si desde 1.939 se inventó la cámara lenta. Además hay tecnologías, que ayudarían, y así no privan a los pobres árbitros de tales ayudas y los someten a injurias innecesarias. Las equivocaciones siempre vienen y los periodistas, que pueden ver la repetición de cada jugada, a juicio de ellos y su parcialidad relativa, arengan ocasionalmente al público en contra del árbitro.

No sé porque demoraron tanto en hacer uso de estas ayudas, o es que son tontos o no sé qué son, pero no inteligentes, pues a mas verificación más claridad, menos errores, menos responsabilidades por falta de consenso, lo demás serán causas de tragedias, pues los ultras, lo son tan tercos o ciegos.

3.6.3 Censura

Es la prohibición dada por un juez o censor a: transmitir, comunicar o publicar información, por razones políticas, ideológicas o morales a determinados horarios, donde se considera perjudicial para la juventud, niñez o público en general. La censura condiciona la publicación de determinados tipos de información, a ciertos horarios de interés público y sensibles a la observancia de la población no mayor de edad, por considerarla perjudicial, para la moral, etc.

Ecles.10:4 Si el espíritu del gobernante se exalta contra ti, no dejes tu lugar, porque la serenidad hará cesar grandes ofensas.

o No seas exigente en demasía al censurar a otros; procura, ante todo, no dar motivo para que otros con razón te censuren. Juan Luis Vives

o No hay censura que no sea útil.

o Cuando no me hace conocer mis defectos, me enseña los de mis censores. Christian Hebbel

Cuento

Mirando un reloj que estaba en la pared de un manicomio, un hombre le pregunta al enfermero: ¿este reloj está bien?
Sí,…señor.
Entonces ¿porque está aquí?

<u>Comentario</u>

La censura es condenada en los últimos tiempos especialmente por aquellos que se creen o abogan por la libertad, para hacer y deshacer cosas en público. La primera pregunta que yo me hago es si ¿no censurarían ellos si su esposa, hija, madre, estuvieran en tal escena, o su padre, abuelo, etc.?Desde que se aceptó la dosis personal, observo cada vez más personas enredadas y perdidas en tales vicios, y ellos mismos maldicen el día en que cayeron en tales inicios, pero a la hora de propender por más libertad, son los primeros en lanzar el grito para pedirla. Es libre aquel que no está condenado a los vicios. Es libre aquel que puede mirar a los ojos a su madre o esposa o esposo, o hijos y decirles que es lo correcto y que no, pues tan pronto tú haces lo incorrecto, se te acaba la autoridad, para exigir o pedir un comportamiento semejante.

Cuando se tienen libertades para exhibirse, tales personas terminan por prostituirse. Ir más allá y recogerán los efectos de ello, que muchas veces son sus enfermedades contaminantes y desagradables.

Los que exigen libertades obedecen a los espíritus e hijos del mal, quienes desean ver en la misma condición desgraciada a los demás.

La censura es una forma de poner freno a ciertas acciones de libertinaje, negociosilícitos de algunos y por supuesto formas de degenera miento de las sociedades y pueblos.

Cada asunto tiene su hora, su lugar, su manera de expresarse, pero cuando tú haces algo indebido al público contaminas la mente de los niños, despertando en ellos asuntos que todavía no es apropiado despertar. Muchos se quedan enredados en la pornografía, la cual mueve cantidades de dinero para desgracia de actores, patrocinadores, y receptores.

De todas formas este debate ahora no se definirá, pues muchos dirán que soy atrasado, pero después sabrán que los participantes les condicionaron y trajeron efectos que no deseaban. Ya verán.

3.6.4 Chismosos, chismes (corre ve y diles tras llévalo), difamar

Comentarios no confirmados, sobre algo o alguien y que tienden a dañar el buen nombre del afectado. Bochinches realizados sobre algo y puede que se exagere, sobre lo comentado.

Acciones de las personas que no sabiendo todo, o vagamente escuchando, convierten los comentarios y propagan como las malas noticias un suceso.

Las personas cuya actitud es la de expandir una acción del prójimo, que debe ser pasada por alto, en bien de él y los demás, pues no contribuye en nada y si se irradia sí que puede afectarle más. También quien refiere al afectado un comentario que escucha de otro y que le perjudica, pero lo comenta con el afectado, generando la discordia entre uno y otro.

Propagar rumores contra el buen nombre o fama de otros, sin estar seguro de que sean ciertos.

Santiago 3:1-11 /1 Hermanos míos, no os hagáis maestros muchos de vosotros, sabiendo que recibiremos mayor condenación.

2 Porque todos ofendemos en muchas formas. Si alguno no ofende de palabra, éste es varón perfecto, capaz también de refrenar todo el cuerpo.

3 He aquí nosotros ponemos freno en la boca de los caballos para que nos obedezcan, y dirigimos así todo su cuerpo.

4 Mirad también las naves; aunque tan grandes, y llevadas por impetuosos vientos, son gobernadas con un muy pequeño timón por donde el que las gobierna quiere.

5 Así también la lengua es un miembro pequeño, pero se jacta de grandes cosas. He aquí, ¡cuán gran bosque enciende un pequeño fuego!

6 Y la lengua es un fuego, un mundo de maldad. La lengua está puesta entre nuestros miembros, y contamina todo el cuerpo, y enciende el curso de la vida, y es encendida por el infierno.

7 Porque toda especie de bestias, y de aves, y de serpientes y de criaturas del mar se doma y ha sido domada por el ser humano;

8 pero ningún hombre puede domar la lengua, que es un mal que no puede ser refrenado, llena de veneno mortal.

9 Con ella bendecimos al Dios y Padre, y con ella maldecimos a los hombres, que han sido hechos a la semejanza de Dios.

10 De una misma boca proceden bendición y maldición. Hermanos míos, esto no debe ser así.

11 ¿Acaso echa alguna fuente por la misma abertura agua dulce y amarga?

Prov.18: 8 Las palabras del chismoso son como bocados deliciosos y descienden hasta lo profundo del vientre.

Prov. 11:13El que anda en chismes revela el secreto, pero el de espíritu fiel lo encubre.

o   No le gusta el chisme,.....pero....... le entretiene
o   De un cuento nacen cientos.
o   Lo que haces bueno lo ocultan, lo que haces malo lo abultan.
o   El chisme agrada, pero el chismoso enfada.
o   Lo que no se ve no se cuenta.
o   Solo se tiran piedras al árbol cargado de frutos.
o   No hay montaña sin niebla, no hay hombre de mérito sin calumniadores.

Cuento

Dos vecinas discuten:
Yo no soy como tú que andas por las calles criticando a los demás.
Claro, porque tú tienes teléfono.

Historia

Las tres rejas: Anónimo

El joven discípulo de un filósofo sabio llega a casa y le dice:

¡Maestro, Un amigo estuvo hablando de ti con malevolencia!

¡Espera! Lo interrumpe el filósofo, ¿lo hiciste pasar por las tres rejas lo que vas a contarme?

¿Las tres rejas? preguntó su discípulo.

Si, la primera es la verdad. ¿Estás seguro de que lo que quieres decirme es absolutamente cierto?

No. Lo oí comentar a unos vecinos.

Al menos. Lo habrás hecho pasar por la segunda reja, que es la bondad. Eso que quieres decirme, ¿es bueno para alguien?

No. En realidad no. Al contrario....

¡Ah, vaya! La última reja es la necesidad. ¿Es necesario hacerme saber eso que tanto te inquieta?

A decir verdad, no.

Entonces. Dijo el sabio, si no es verdad, ni bueno, ni necesario, sepultémoslo en el olvido.

3.6.5 Clero profesional, supercherías sacerdotales

Son aquellas personas que no teniendo la autoridad de Dios, sirven en comunidades religiosas recibiendo dinero a cambio del ejercicio de un falso sacerdocio, convirtiendo ésta labor como una profesión lucrativa, y por la cual muchos han perdido la percepción de las doctrinas.

1 Pedro 5:2 Apacentad la grey de Dios que está entre vosotros, cuidando de ella, no por fuerza, sino voluntariamente; no por ganancia deshonesta, sino con ánimo pronto

- o   Más vale dar que tomar.
- o   A dar no nos neguemos, pues Dios nos da para que demos.
- o   Dádivas y buenas razones ablandan piedras y corazones.
- o   Nadie puede huir de lo que ha de venir
- o   Nada se puede esperar de quien no tiene hogar.
- o   Más gente va en coche al infierno que al cielo.

Cuento

Un sacerdote está discursando en una reunión dominical y al empezar su discurso pregunta a los asistentes:
¿A quiénes no les gustan los mentirosos o decir mentiras?, pueden levantar la mano.
Casi todos levantaron la mano.
¿Cuántos de vosotros habéis leído por lo menos una vez en la vida el capítulo 32 de Lucas?
A la pregunta una buena parte de la concurrencia levantó la mano, pues dieron por sentado que habían leído la Biblia muchas veces en su totalidad.
Bueno, pues os invito arrepentiros, por decir mentiras, ya que el libro de Lucas solo tiene 24 capítulos.

Comentario

Esta parábola de la higuera estéril, la enseño Jesucristo, para dar a conocer los juicios que vendrán a los sacerdotes profesionales que han dejado, pasar las oportunidades de buscar la verdad y enseñarla:
Parábola de la higuera estéril:

Lucas 13: 6-9 Y dijo esta parábola: Un *hombre* tenía una higuera plantada en su viña, y vino a buscar fruto en ella y no lo halló.
7 Y dijo al viñador: He aquí hace tres años que vengo a buscar fruto en esta higuera y no lo hallo; córtala, ¿para qué ha de seguir ocupando el terreno?
8 Él entonces, respondiendo, le dijo: Señor, déjala aún este año, hasta que yo cave alrededor de ella y la abone.
9 Y si da fruto, *bien;* y si no, la cortarás después.

La Iglesia de Jesucristo no utiliza sacerdotes asalariados, pues todos son invitados a servir y trabajan haciendo lo mejor que pueden, enseñando, sirviendo de varias formas, y a cambio se abren las ventanas de los cielos en sus propios desafíos a ellos y sus familias y la compañía del Espíritu se vive y se nota.

Algunos sacerdotes falsos han generado temores infundados o innecesarios sobre: eventos, fabulas, o cuentos propagados y aprovechando la ignorancia, falta de percepción apropiada de la realidad de las cosas, o desinformación parcial o total. Muchos atribuyen experiencias espirituales con distorsión de la realidad. Lo cual los induce al temor, y a multiplicar prácticas de protección impropias, por lo cual sugieren el uso de talismanes, escapularios, crucifijos, etc., y así mercadean con imágenes o más cosas.

Formas de propagar fábulas o cuentos para engañar a los feligreses, para aprovecharse de la buena fe de las personas, o de su ingenuidad con apariciones, de santos, vírgenes o santuarios falsos. El uso de riegos con agua bendita y más cosas es común.

Veamos escrituras en diferentes escritos, en otro testamento de Jesucristo, cual es el libro de Mormón.

1 Nefi 22:23 porque pronto llegará el tiempo en que todas las iglesias que se hayan establecido para obtener ganancia, y todas las que hayan sido edificadas para lograr poder sobre la carne, y las que se hayan fundado para hacerse populares ante los ojos del mundo, y aquellas que busquen las concupiscencias de la carne, y las cosas del mundo, y cometan toda clase de iniquidades, en fin, todos los que pertenezcan al reino del diablo son los que deberán temer, temblar y estremecerse; ellos son los que deben ser humillados hasta el polvo; ellos son los que deben ser consumidos como el rastrojo; y esto según las palabras del profeta.

Alma 1:3-6 Y este había andado entre el pueblo, predicándole lo que él decía ser la palabra de Dios, importunando a la iglesia, declarando que todo sacerdote y maestro debía hacerse popular; y que no debían trabajar con sus manos, sino que el pueblo debía sostenerlos.
4 Y también testificaba al pueblo que todo el género humano se salvaría en el postrer día, y que no tenían por qué temer ni temblar, sino que podían levantar la cabeza y regocijarse; porque el Señor había creado a todos los hombres, y también los había redimido a todos; y al fin todos los hombres tendrían vida eterna.
5 Y sucedió que tanto enseñó estas cosas, que muchos creyeron en sus palabras, y fueron tantos que comenzaron a sostenerlo y a darle dinero.
6 Y empezó a envanecerse con el orgullo de su corazón, y a usar ropa muy lujosa; sí, y aun empezó a establecer una iglesia de acuerdo con lo que predicaba.

Alma 1:26-28/26 Y cuando los sacerdotes dejaban su trabajo para impartir la palabra de Dios a los del pueblo, estos también dejaban sus labores para oír la palabra de Dios. Y después que el sacerdote les había impartido la palabra de Dios, todos volvían diligentemente a sus labores; y el sacerdote no se consideraba mejor que sus oyentes, porque el predicador no era de más estima que el oyente, ni el maestro era mejor que el discípulo; y así todos eran iguales y todos trabajaban, todo hombre según su fuerza.

27 Y de conformidad con lo que tenía, todo hombre repartía de sus bienes a los pobres, y a los necesitados, y a los enfermos y afligidos; y no usaban ropa costosa; no obstante, eran aseados y atractivos.

28 Y así dispusieron los asuntos de la iglesia; y así empezaron nuevamente a tener continua paz, a pesar de todas sus persecuciones.

3.6.6 Cobardía, miedo, temor

La quietud, ante la necesidad de defender el honor, la familia, por temor, o displicencia.

El miedo es algo que nos sobreviene cuando observamos que nuestros líderes hacen lo incorrecto, pues nos pueden meter y traer desgracias a todos.

Sentimiento de miedo, intranquilidad o prevención sobre algo, o alguien. Las influencias malignas de espíritus rebeldes, infunden tal sensación, y aunque algunos sabios no lo aceptan ahora, el tiempo demostrará la realidad de ello. La conciencia puede generar recuerdos e intranquilidad sobre las consecuencias de actos indebidos, o temores a alguien por represalias, a causa de la maldad o amenazas que transmiten.

He visto a muchos vociferar en contra de Dios, o de sus creyentes o seguidores, pero en el momento de un terremoto, o un peligro inminente acudir a Él pidiendo perdón en su desesperación.

Ecles.10:16-17/16 ¡Ay de ti, tierra, cuando tu rey es muchacho, y tus príncipes hacen banquete por la mañana!
17 ¡Bienaventurada tú, tierra, cuando tu rey es hijo de nobles, y tus príncipes comen a su hora, para reponer sus fuerzas y no para embriagarse!

Prov.25:26 *Como* fuente turbia y manantial corrompido es el justo que vacila ante el malvado.

Prov.8:10-11/10 El temor de Jehová es el principio de la sabiduría, y el conocimiento del Santo es entendimiento.

11 Porque por mí se multiplicarán tus días, y años de vida se te añadirán.

o   Llamar al toro desde la barrera, eso lo hace cualquiera.

o   Los cobardes y los ruines miran demasiado los fines.

o   Hombre muy armado, de miedo va cargado.

o   El miedo es natural en el prudente, y el vencerlo es lo valiente.

o   La cobardía es el miedo consentido; el valor es el miedo dominado.

o   Los cobardes mueren muchas veces antes de su verdadera muerte; los valientes gustan la muerte solo una vez. W. Shakespeare.

o   Que me odien con tal de que me teman. Luccio Acci.

o   El que huye del miedo cae en la zanja. Proverbio Bíblica.

o   El instinto social de los hombres no se basa en el amor a la sociedad, sino en el miedo a la soledad; no se busca tanto la grata presencia de los demás, cuando se rehúye la aridez de la propia conciencia. Arthur Schopenhauer.

o   Quien mucho desea, mucho teme. Cervantes.

o   No temáis a los que matan el cuerpo y no pueden matar el espíritu. Jesucristo.

o   Temed al que os teme.

o   Generalmente el que infunde temor a otros es aquel que ejerce injusto dominio, maltrato a sus víctimas, pero cuando alguien le encara en igualdad de condiciones se reduce a un cobarde. JCIR

o   El que nada debe, nada teme.

Cuento

No tenga miedo, no le va a doler nada.
No diga tonterías hombre, que yo también soy dentista.

Cuento

En el fragor de la batalla el comandante gritaba a sus soldados:

-¡Adelante! ¿Quién manda aquí yo o el miedo?

Y un soldado, que no podía más le contesto:

-¡El miedo!

-¿Como que el miedo?

-Claro, porque usted será muy comandante, ¡pero el miedo es general!

Comentario

Algunos podemos por cobardía negarnos la oportunidad de servir, en la Iglesia de Jesucristo de los S.U.D al pensar lo que dirán si me ven con corbata, o me junto con los misioneros, la gente me va a descubrir que soy miembro de esa iglesia, o que dirán mis amigos o compañeros de trabajo, tal vez no me vuelvan a hablar o se van a burlar de mí.

Mateo 25:14-30:14 Porque el reino de los cielos es como un hombre que, partiendo lejos, llamó a sus siervos y les encomendó sus bienes.

15 Y a uno dio cinco talentos, y al otro dos, y al otro uno, a cada uno conforme a su capacidad; y luego se fue lejos.

16 Y el que había recibido cinco talentos fue y negoció con ellos, y ganó otros cinco talentos.

17 Asimismo, el que *había recibido* dos, ganó también otros dos.

18 Pero el que había recibido uno fue y cavó en la tierra, y escondió el dinero de su señor.

19 Y después de mucho tiempo, volvió el señor de aquellos siervos e hizo cuentas con ellos.

20 Y llegando el que había recibido cinco talentos, trajo otros cinco talentos, diciendo: Señor, cinco talentos me encomendaste; he aquí, he ganado otros cinco talentos sobre ellos.

21 Y su señor le dijo: Bien, buen siervo y fiel; sobre poco has sido fiel, sobre mucho te pondré; entra en el gozo de tu señor.

22 Y llegando también el que había recibido dos talentos, dijo: Señor, dos talentos me encomendaste; he aquí, he ganado otros dos talentos sobre ellos.

23 Su señor le dijo: Bien, buen siervo y fiel; sobre poco has sido fiel, sobre mucho te pondré; entra en el gozo de tu señor.

24 Y llegando también el que había recibido un talento, dijo: Señor, te conocía que eres hombre duro, que siegas donde no sembraste y recoges donde no esparciste;

25 y tuve miedo, y fui y escondí tu talento en la tierra; aquí tienes lo que es tuyo.

26 Y respondiendo su señor, le dijo: Siervo malo y negligente, sabías que siego donde no sembré y *que* recojo donde no esparcí;

27 por tanto, debías haber dado mi dinero a los banqueros y, al venir yo, hubiera recibido lo que es mío con intereses.

28 Quitadle, pues, el talento y dadlo al que tiene diez talentos.

29 Porque al que tiene, le será dado y tendrá más; y al que no tiene, aun lo que tiene le será quitado.

30 Y al siervo inútil echadle en las tinieblas de afuera; allí será el llanto y el crujir de dientes.

A este tipo de siervos el sacerdocio le será quitado y nunca tendrá poder sobre los demonios que le atormentaran, por siempre.

4.1.1 Compañías, cómplice

Las mismas suelen ser perjudiciales sino son bien escogidas. Personas que se juntan cotidianamente para perder el tiempo, participar de empresas peligrosas, o negocios, los cuales pueden ser buenos o malos, legales o ilegales, etc.

Es quien sin ser el autor de un delito, participa encubriéndolo.

Prov. 13:20 El que anda entre sabios será sabio, pero el que se junta con necios sufrirá el mal.

Prov.29:24 El cómplice del ladrón aborrece su propia alma; oye la maldición y no dice nada.

- o   Dime con quién andas y te diré quién eres.
- o   Nunca juntes fruta mala con fruta sana.
- o   Quien anda con sabios, sabio será, y quien con burros rebuznará.

o   Nunca vi un majadero sin compañero.

o   Juntose el hambre con la necesidad.

o   Más vale solo que mal acompañado.

o   Quien tiene compañero, tiene amigo y consejero.

o   Nadie con buena compañía se siente triste. Luigi Pirandello.

o   Uno que roba y nueve consentidores, total, diez ladrones.

o   Cómplice y asesino van por el mismo camino.

o   Con ayuda del vecino, mato mi padre un cochino.

Cuento

Al describir a tu mamá, tú Carlitos estas copiando la tarea de tu hermano. Claro es que tenemos la misma mamá.

Cuento

Dos jeques árabes conversando:
Quédese tranquilo amigo mío, respecto de su protegido. Voy a nombrarle director de una de mis empresas.
Pero tal vez sea demasiado joven para ese puesto.
Estupendo, entonces lo nombraré gerente.
En mi opinión, continúa siendo un cargo de mucha responsabilidad. Sería suficiente emplearle como administrativo.
Mi querido amigo, eso es imposible: Para ese cargo él debería saber hacer algo.

Comentario

Los amigos se deben de escoger y los hay: excelentes, buenos, regulares, malos y pésimos.

Cuando cursaba estudios de bachiller tuve algunos amigos o condiscípulos que pueden ser catalogados con los apelativos anteriores, pero supe desprenderme de ellos y finalmente aferrarme a la magnífica influencia de Hoover Reyes. Un gran estudiante que siempre abría las puertas de su casa, para que nosotros estudiáramos con él. Él siempre iba adelante, y poco podía aportarle yo a él, sin embargo a él le agradaba estudiar conmigo, pues al trasegar los problemas y casos de física y cálculo podía mediante su explicación afirmar los conocimientos. Además yo le podía acompañar en las noches hasta tarde, cuando se requería ejercer esfuerzos adicionales, para trasegar los cúmulos de material que debíamos repasar. Tal compañía él la consideraba valiosa.

Recuerdo que finalmente nos graduamos, y en su fiesta de graduación me invito para que le acompañara a las rondas que él estaba dando entre sus amigos. En mi casa no tendríamos fiesta, aunque nos graduábamos dos, el presupuesto con dificultad le alcanzo a mi padre para los gastos de los vestidos y derechos de grado y algunas cosas más, aunque mi hermano se costeó sus gastos, pues había conseguido empleo como mensajero y se había pasado a estudiar en la noche.

Prov.- 22:24-25 /24 No hagas amistad con el iracundo ni andes con el hombre irasçible,
25 no sea que aprendas sus maneras y tiendas trampa para tu propia alma.

4.1.2 Comportamiento, comodidad, malcriado

Es la forma de actuar respecto del entorno, semejantes, etc., a causa de actitudes, culturas, emociones, valores, etc.

Se cae en ella, cuando no asumimos nuestro rol de responsabilidad, y dejamos que otros ejecuten las tareas que nos corresponden.

Es la condición de dejadez, ociosidad, o indiferencia ante las necesidades familiares, de la comunidad o grupo tribal.

La parábola de la vela debajo del almud explica nuestras responsabilidades como padres, líderes o maestros. (Mateo 5:15 y Lucas 11:33)

Es quien ha sido criado con poca: atención, disciplina, o demasiada condescendencia y cuyas acciones denotan poca consideración ante los demás, o caprichos.

Prov.15:5 El necio menosprecia la disciplina de su padre, pero el que acepta la corrección es prudente

Prov.29:1 El hombre que, al ser reprendido, endurece la cerviz, de repente será quebrantado, y no habrá remedio para él.

o   Lo que al caballero le hace ser caballero es: ser medido en el hablar, largo en el dar, sobrio en el comer, honesto en el vivir, tierno en el perdonar y animoso en el utilizar el tiempo.

o   Tratar de mejorarse a sí mismo es empresa que suele dar mejor resultado que tratar de mejorar a los demás. Noel Clarasó.

o   Una gravedad continua no es sino una máscara de la mediocridad. Voltaire.

o   La conciencia del trabajo da al ser activo un sentimiento de satisfacción que le ayuda a soportar la vida; sin embargo al cómodo la que siempre le da es cansina. Barbuse.

o   Después de todo, estar en casa y parecer cómodo en una casa ajena, no es más que ayudar al dueño o dueña de la casa a que tenga feliz éxito con el difícil arte de la hospitalidad.

o   Cójase una silla cualquiera y córtesele unos centímetros de las patas; inmediatamente se hace más cómoda. Y si se le cortan otros pocos centímetros, aún lo será más. La conclusión lógica es, naturalmente, que uno se siente más cómodo cuando está tendido en la cama; no tiene vuelta de hoja. Lyn Yutang.

o   A menos carga, vida más larga.

o   Ándate por lo llano y estarás más sano.

o   De la abundancia nace la comodidad, y la vagancia.

o   Guárdate del perro mudo y de las aguas quietas.

o   La gente no busca razones para hacer lo que quiere hacer; busca excusas. William Somenset Maugham.

- o Cuento Al hombre perverso se le conoce en un solo día; para conocer al hombre justo hace falta tiempo. Sófocles.
- o Cuando se nos pregunte después ¿Qué es la conducta?, responderemos; tres cuartos de nuestra existencia. Mathew Arnold.

Cuento

Un médico le pide a su paciente que se asome a la ventana y saque la lengua.
El paciente obedece, pero después pregunta, curioso:
Doctor, ¿Qué clase de examen ha sido ese?
Ninguno. Lo que sucede es que no aguanto a mis vecinos.

Cuento

Papá, ¿Sabes escribir con la luz apagada?
Creo que sí, hijo. ¿Qué quieres que escriba?
Tu nombre en el boletín de notas.

Comentario

Una vez nos hacemos miembros de la iglesia de Jesucristo de los S.U.D., debemos considerar nuestra responsabilidad de apoyar el crecimiento de la obra de Dios. Allí recibimos instrucción para conducirnos en vida y servicio. A cambio se nos ordena al sacerdocio y según nuestra diligencia y dignidad. Este poder y autoridad actuaran para bien o para mal. Para bien si lo ponemos a funcionar y para mal a condenarnos si lo menospreciamos, abandonamos o simplemente no funcionamos como se espera.

Prov. 30:21-23 /21 Por tres cosas tiembla la tierra, y aun por cuatro que no puede soportar:
22Por el siervo cuando reina, y por el necio cuando se sacia de pan,
23 por la mujer aborrecida cuando se casa, y por la sierva cuando hereda a su señora.

Mateo 5:14-16/16 Vosotros sois la luz del mundo; una ciudad asentada sobre un monte no se puede esconder.

15 Ni se enciende una vela y se pone debajo de un almud, sino sobre el candelero, y alumbra a todos los que están en casa.

16 Así alumbre vuestra luz delante de los hombres, para que vean vuestras buenas obras y glorifiquen a vuestro Padre que está en los cielos.

Hoy fui a acompañar a la hija mayor a escribirse en el ayuntamiento, de Carabanchel bajo, un barrio de Madrid. Ya que ella está muy próxima a dar a luz los mellizos. Allí por razones no casuales, nos atendió una mujer ubicada en la casilla o en el puesto 11; de nombre Inmaculada, madre de trillizos, de 2 chicas y un joven de 16 años. La buena mujer narro para fortalecer y animar a mi hija lo siguiente: Lo mejor de mi vida ha sido esos chicos. Cuando tenía 5 meses de embarazo, mi padre murió, sin embargo mi madre volcó su soledad, para acompañarme y ayudarme en la crianza de mis trillizos. Ellos a aprender a desarrollar paciencia desde pequeños. Mi hijoseha convertido en el marido, que me abandonó por mutuo acuerdo, pues su padre, no desarrollo la paciencia, el amor y comprensión que debía darles. Y me abandonó cuando ellos tenían 5 años. Les comenzó a dar malos tratos y preferí seguir luchando sola con ellos. Si él fuera más valiente, no se comportaría tan cómodo, tal vez se estaríamos juntos, sin embargo prefirió partir y dejarnos con la gran responsabilidad. He tenido el gozo, privilegio, bendición y oportunidad de ser su madre, padre, y todo lo que deben ser unos padres para ellos, apoyada por mi madre.

Al observarle y escucharle, no tuve más remedio que decirle que merecía un monumento, y que no se imaginaba cuan complacido estaba Nuestro Padre Celestial, por lo que era, hace y continua siendo. Refirió que su pequeño joven, se preocupa, atiende en sus necesidades y además es quien está pendiente de la protección familiar. Ninguno de sus hijos ha sido malcriado; son excelentes estudiantes, y buenos hijos. Observo en ello, como estos hijos hicieron justo lo que su padre no hizo.

4.1.3 Confusión, locuras, desesperación

Sobreviene cuando lo inesperado se presenta, y trae consigo descontrol de nuestros sentidos de orientación, reacción, o ubicuidad.

Es quien a juicio de terceros su juicio no concuerda con las normas establecidas, las costumbres o actúa contrariamente a la cordura. La locura también puede sobrevenir a causa de posesiones demoníacas temporales.

Estado en que caemos cuando por errores, o circunstancias perdemos el control y la esperanza, multiplicando los errores a causa del enojo, despecho, o desmotivación.

Prov. 16: 25Hay camino que al hombre le parece recto, pero su fin es camino de muerte.

Prov.14: 17 El que fácilmente se enoja comete locuras, y el hombre perverso es aborrecido.

Prov14: 24Las riquezas de los sabios son su corona;la insensatez de los necios es locura.

Prov.21: 16 El hombre que se aparta del camino del entendimiento irá a parar en la congregación de los muertos.

Prov. 31:6-7/6 Dad la bebida fuerte al desfallecido y el vino a los de ánimo amargado.
7 Beban, y olvídense de su necesidad y no se acuerden más de su aflicción.

- o En rio revuelto, ganancia de pescadores.
- o Si los que hablan mal de mí supieran lo que yo pienso de ellos, aún hablarían peor. Sacha Guitry.
- o Todos nacemos locos. Algunos siguen siéndolo toda la vida. Samuel Beckett

o   Loco es el hombre que ha perdido todo menos la razón. Gilbert K. Chersterton.

o   Hay un placer en la locura que solo los locos conocen. John Dryden.

o   La ciencia no nos ha enseñado aún si la locura es o no lo más sublime de la inteligencia. Edgar Allan Poe.

o   Yo debo ser un loco; en todo caso, si estoy cuerdo, los demás no deberían tampoco andar sueltos. George Bernad Shaw.

o   La desesperación es el dolor de los débiles

o   El árbol deshojado es el amante de los ciclones. Jean Dolent

o   Poco mal espanta, y mucho amansa.

Cuento

"En una ocasión dos amigos decidieron acompañar hasta la estación a otro que viajaría en tren a Madrid. Estando en dicha estación preguntaron la hora de llegada del tren, y se les dijo que en 45 minutos, por lo cual decidieron tomar una cerveza en tanto llegaba el mismo, y así otras más.

En medio del jolgorio, no se enteraron de la proximidad del tren, y solo cuando era difícil abordar, el ayudante del expendedor de tiquetes les pregunto:

¿No eran ustedes los que esperaban el tren?

Ellos respondieron que sí.

Y él les animó: ¡apresúrense, porque es el que está saliendo!

Los tres amigos corrieron, y uno abordó como pudo, y le dio la mano al otro que corría para abordar con dificultad. El tercero corrió con todas sus fuerzas hasta casi 100 metros, pero no le alcanzo. Una vez que paro al no poder abordar, soltó a reír, alegremente, y a carcajadas sin poder contener su risa; por lo cual el ayudante del expendedor de tiquetes le pregunto,

¿porque te ríes de haber perdido el tren?

A lo cual él respondió; ¡es que el que viajaba a Madrid era, yo, los otros dos me acompañaron, hasta la estación para despedirme al abordar!".

Anécdota y Comentario

Cuando nació Ana María, mi segundo hijo, y primera de las mujeres, ocurrió algo bien peculiar a mi pequeño Víctor Daniel, quien tenía 18 meses de vida, y él era muy apegado a nosotros, pues él era la celebridad de la familia, especialmente porque cantaba varias canciones, con gran poder, autonomía y además bien afinado. Una de las canciones era el himno Nacional, con todas las 12 estrofas.

Una vez nació Ana María él se sintió confuso, desesperado. Tomó la drástica determinación de no recibirle tetero a la mamá. Ni alimentos, ni dirigirle la palabra a su madre, ya que estaba enfadado con ella, a causa de que las caricias y atenciones se las dirigían especialmente a la recién nacida. Él ahora se sentía relegado. De tal suerte que era yo quien debía darle los alimentos. Una madrugada a las dos de la mañana, me despertó y me dijo en forma muy seria: Julio Cesar, el tetero. Obviamente, yo pacientemente fui a atender aquel llamado, pues debía estar muy enojado con su madre, quien le había preparado el de su hermanita. Ello puede pasar a los niños, pero también a los adultos nos puede ocurrir.

La confusión reina cuando no hacemos o expresamos lo debido o cuando nuestro actuar manifiesta locuras o desesperación. Ello nos puede ocurrir si sabiendo que debíamos prepararnos para algo, preferimos no analizar nuestro actuar y decidimos dejar a que venga el asunto y pensamos que sobre la marcha se arreglaran las cosas, sin embargo, esa sorpresa no nos permite reacondicionarnos y la confusión será nuestro sentir y parecer.

Eclesiastés 10:12-13:13 Las palabras de la boca del sabio están llenas de gracia, más los labios del necio causan su propia ruina.
13El principio de las palabras de su boca es necedad, y el final de su charla es locura nociva.

4.1.4 Contención, discutir, contencioso, peleas, pleitos y riñas

Es el mantener conversaciones o discusiones acaloradas, o con pocas posibilidades de feliz acuerdo entre las partes.

Persona que mantiene acaloradas conversaciones, o que convierte el dialogo en discusión.

Los pleitos y las peleas son comunes entre los hombres, a causa del orgullo, de la ira, de las ofensas, de las malas interpretaciones, de la malas comunicaciones, codicia y ante todo de la dificultad para ponernos de acuerdo con el dialogo. La falta de persuasión, o tacto para comprender que en una pelea, todos pierden, nadie gana, y por causa de ellas, se han destruido sociedades, pueblos, países, familias, trabajos, y ante todo las oportunidades y felicidad de inocentes.

Son confrontaciones por: barras, enemistades, grupos políticos, religiosos, familias, etc., que terminan con el uso de violencia. Y suelen enredar a muchos inocentes convirtiendo en un calvario algo que podría haber sido zanjado con el dialogo, buena disposición y un poco de humildad.

Prov.3:30 No contiendas con nadie sin razón si no se te ha hecho mal.

Prov. 17:14 El comienzo de la contención es como el soltar de las aguas; deja, pues, la rencilla antes que se complique.

Prov.26:16-18/17 El que al pasar se entremete en contienda ajena es *como* el que toma al perro por las orejas.
18 Como el que enloquece y arroja chispas, saetas y muerte,

Prov. 26:21 Como el carbón para las brasas y la leña para el fuego, así es el hombre rencilloso para encender contienda.

Prov. 27:15-16 /15 Gotera continua en día de lluvia y mujer rencillosa son semejantes;

16 pretender contenerla es como refrenar el viento o retener el aceite en la mano derecha.

Prov.29:20 ¿Ves a un hombre precipitado en sus palabras? Más esperanza hay del necio que de él.

Prov.28:25 El altivo de ánimo suscita contiendas, pero el que confía en Jehová prosperará.

Prov.25:8 No entres apresuradamente en pleito, no sea que no sepas qué hacer al final, después que tu prójimo te haya avergonzado.

Prov20:3 Honra es del hombre dejar la contienda, pero todo insensato se enreda en ella.

Prov.25:21-22 /21 Si tu enemigo tuviere hambre, dale de comer pan; y si tuviere sed, dale de beber agua,
22 porque brasas amontonarás sobre su cabeza, y Jehová te lo pagará.

- o   Con tres sacos lograras buena sentencia: uno de oro, otro de cartas, y otro de paciencia.
- o   Quien en pleitos anda metido, aunque los gane, siempre ha perdido.
- o   Quien pleitos tiene, el sueño pierde.
- o   Más vale callar que con necios altercar.
- o   A palabras locas, razones pocas.
- o   Los que bien se quieren en la calle se topan, y los que mal se alborotan.
- o   Dos que se buscan, fácilmente se hallan.
- o   Riñe cuando debas, pero no cuando bebas.
- o   Más vale entenderse a voces que a coces.
- o   Necedad es contender con quien no puedes vencer
- o   Riñen los amantes, y quieren sé más que antes.
- o   Retirarse a tiempo es de discretos.
- o   Con rabia el perro, muerde a su dueño.

o   Contra más grandullón, más bribón.

o   ¿Querellas?, huye de ellas.

o   Quien tiene pan y tocino, ¿Para qué quiere pleitos con su vecino?

o   Riñas de enamorados pasan a besos y abrazos.

Cuento

En la comisaría de policía, el comisario pregunta a uno de los detenidos:
¿Sus heridas son resultado de la pelea, verdad?
No, señor comisario. Responde el detenido. Mis heridas son posteriores
a la misma.

Cuento

Iba a comenzar un juicio en un juzgado cuando el abogado, irritado con
el otro por algún motivo, grita:
¡Mentiroso¡
¡Mentiroso lo será usted!
Entonces interviene el juez, conciliador:
Bueno, ahora que ya se han identificado, ¿podemos comenzar?

Anécdota

Hace poco tiempo me encontraba en el mercadillo, de Leganés Madrid,
haciendo algunas compras para la casa, me arrime a un puesto en el que
se expendían varios productos a precios favorables, por lo cual había
muchas personas pendientes del expendedor en actitud de comprar.
Como era un puesto esquinero y bastante grande nos encontrábamos
más de 20 personas alrededor del mismo. Yo me coloqué en un costado,
allí esperé un buen tiempo. Luego decidí ponerme más hacia el centro,
pues el sol me estorbaba y además pocas posibilidades tenían de ser
atendido.

Hay costumbre de pedir la: Vez, que indica el último en llegar al sitio
ya que nunca hay filas. Después de mi llegaron dos señoras y pidieron la
vez, pero yo no lo había hecho, no obstante que llegue primero que ellas.

Espere que despacharan los turnos y uno de los cuatro hombres que despachaban me ofreció el turno que realmente me correspondía, pues me veía que ya estaba un tiempo allí. Al poco rato la señora protesto y refirió que ella seguía con el turno, yo le hice saber que había llegado primero, pero ella se enfadó y le apoyo la otra señora. Les hice saber que efectivamente estaba antes de ellas, pero su hijo de unos 30 años que estaba detrás de mí me hizo saber que ella no me mentía, pero el despachador continuo atendiéndome, y cuando otro hombre del puesto observó que el hombre estaba exagerando la nota y con ganas de pelea, le recriminó e invito a tranquilizarse por ello.

Al observar tal situación, preferí suspender la compra y pagué solo los dos productos que me habían empacado, quedando pendientes otros, y retirarme para evitar una pelea, la cual le hice saber al señor que la tendría si me buscaba las pulgas. Para fortuna mía todo terminó allí, cuando me retiré, pues conociendo mi carácter lo más sensato era hacerlo, dado que el hombre insistía en alegar y llamarme mentiroso.

En una pelea nadie gana, todos pierden, sin embargo cuando eres extranjero, todos te observan con desaprobación, especialmente acá donde no desean tener extranjeros, a quienes culpan de los problemas económicos del país.

4.1.5 Costumbres, tradiciones

Las hay buenas y malas. Aquellas tradiciones que nos impiden ver los cambios, para el progreso y mejora, no son buenas; y aquellas que nos llevan a mantener los valores aprendidos, el respeto a los semejantes y mayores son favorables. Algunas tradiciones y costumbres de los judíos impidieron ver a su Mesías como el Hijo de Dios, y según lo profetizado en los últimos días a causa de las malas tradiciones, muchos no abren sus corazones, para conocer la Iglesia restaurada con sus verdades, porque están cegados por mala información que han recibido.

Algunas escrituras por tradición las habían entendido mal los judíos, y así las aplicaban. Cuando Jesucristo las enseño en su esencia y claridad, lo persiguieron, desaprobaron, etc., e igual sucede hoy con las enseñanzas y doctrinas restauradas, que buscan enderezar las doctrinas que se corrompieron, tales como afirmar que Dios Padre es espíritu y no tiene cuerpo, que el bautismo donde debe primar la fe y el arrepentimiento, para afirmar un convenio, no es necesario y se tergiverso por el de colocar un nombre a criaturas de días, meses o menores de ocho (8) años; que no tienen uso de razón, etc...... Y de ello hay, más de cincuenta (50)cosas claras donde de demuestra que las tradiciones cambiaron la claridad de la doctrina y sus principios.

o La tradición es una muralla de piedra hecha de pasados que ciñe al presente. Stephen Zweig.
o La tontería del hombre se conoce en el uso que hace del poder propio, y su inteligencia en el uso que hace del poder ajeno. Francis Bacón,
o Piensen como quieran de ti las gentes, obra según te parezca justo. Mantente indiferente a la alabanza y al vituperio. Pitágoras.
o Mudar costumbres, al viejo, cuéstale el pellejo.
o La costumbre de la grey tiene más fuerza que la ley.

Cuento

El pintor Picasso le pregunta al ganadero:
¿Puedo pintar sus vacas?
No,.....no. no.... me gustan como están.

Comentario

Las costumbres se hacen leyes. Las tradiciones se mantienen, sin embargo algunas de ellas fueron cuestionadas por Jesucristo, pues en realidad las personas poco o nada vivían las leyes o mandamientos y más, era una costumbre saltarse o relajarse con algunas, es decir siendo selectivos, pero cuando Jesús invitó a la gente modificar ello, comenzaron los problemas. Aprendí de un líder que la segunda mirada a una mujer es la que nos condena, o hace que la codiciemos, y en la mente violemos la ley de castidad.

Mateo 5:20-28/20 Porque os digo que si vuestra justicia no excede a *la* de los escribas y a *la* de los fariseos, no entraréis en el reino de los cielos.
21 Oísteis que fue dicho a los antiguos: No matarás; y cualquiera que matare será culpable de juicio.
22 Pero yo os digo que cualquiera que se enoje con su hermano será culpable de juicio; y cualquiera que diga a su hermano: Raca, será culpable ante el concilio; y cualquiera que diga: Insensato, quedará expuesto al fuego del infierno.
23 Por tanto, si traes tu ofrenda al altar y allí te acuerdas de que tú hermano tiene algo contra ti,
24 deja allí tu ofrenda delante del altar y ve, reconcíliate primero con tu hermano, y entonces ven y presenta tu ofrenda.
25 Reconcíliate pronto con tu adversario, entre tanto que estás con él en el camino, no sea que el adversario te entregue al juez, y el juez te entregue al alguacil, y seas echado en la cárcel.
26 De cierto te digo que no saldrás de allí hasta que hayas pagado el último cuadrante.
27 Oísteis que fue dicho: No cometerás adulterio.
28 Pero yo os digo que cualquiera que mira a una mujer para codiciarla, ya ha cometido adulterio con ella en su corazón.

Las costumbres, distorsionaron la ley, e impidieron entender las sanas enseñanzas de Jesucristo, de tal suerte que tampoco hoy entienden de la necesidad de una restauración, de tal suerte que teniendo ojos no ven.

4.1.6 Critica, intolerancia

Opiniones o juicios negativos en contra de: personas, artículos, actuaciones, sobre asuntos públicos, empresas competidoras, equipos, profesiones, familias, etc., contrarios a lo esperado por sus opositores o de otros.

A quienes no permitieron hacer la obra estorbándola, e incluso siendo invitados a participar la desecharon e hicieron oposición.

Prov.26:27 El que cava fosa caerá en ella; y al que hace rodar la piedra, ésta se le vendrá encima.

Prov.30:10 No difames al siervo ante su señor, no sea que te maldiga y seas hallado culpable.

o   No rajes de la madre del cocodrilo antes de atravesar el rio.
o   Es tan ligera la lengua como el pensamiento y si son malas la preñeces de los pensamientos, las empeoran los partos de la lengua. Cervantes.
o   Por natural inclinación, todos nos mostramos más prestos a censurar los errores que a loar las cosas bien hechas. Baldassare Castiglione.
o   Bien es cierto que para descubrir un defecto en los otros no es imprescindible no tenerlos; mientras que para descubrirles una virtud es tal vez indispensable poseerla. (Maurice Maeterlink)
o   La intolerancia puede ser definida aproximadamente como la indignación de los hombres que no tienen opiniones. Gilbert K. Chersterton.
o   Como no podemos cambiar a los hombres a cada paso cambiamos las instituciones. Jean Lucien Arréat
o   A los niños los engaño con juguetes, y a los mayores con prejuicios. Lisandro.

Cuento

El armadillo se aproxima al gallinazo:
Oye, yo sé que comes de todo, pero hay dos cosas que no puedes comer en el desayuno.
¡Anda, yo puedo comer de todo!
No señor; hay dos cosas que no puedes comer en el desayuno.
Bueno, ¿Cuáles son?

El almuerzo y la cena.

Cuento

Estaban dos niños de 5 años conversando, y uno le dice al otro:
Te cuento, que unos chicos del barrio me pegaron, y no me pude
defender.
A lo que su amigo le contesta:
Oye, ¿y no te vengaste?
Sí, claro que me vengue, ¡si no me vengo me matan!

Comentario

Hay muchos que se pierden la oportunidad de investigar en profundidad,
no oran, creen en Dios, pero no tienen el valor de preguntar si su
iglesia tiene: la autoridad, fundamentos, doctrinas y demás ordenanzas
autorizadas, correctas y por supuesto principios para alcanzar la
vida eterna, la cual es justamente vivir en la presencia de Dios, sus
líderes, apóstoles, madre Celestial, Jesucristo, patriarcas, profetas, etc.,
tanto de la antigüedad como los de hoy. Prefieren conformarse con
una porción mínima de las verdades del evangelio, pues su potencial,
no lo descubren por estar enredados en la crítica, en vez de poner a
prueba lo recomendado: Santiago 1:5 Y si alguno de vosotros tiene falta
de sabiduría, pídala a Dios, quien da a todos abundantemente y sin
reproche, y le será dada.
Parábola del hijo del rey.

Mateo 22:1-14 /1 Y RESPONDIENDO Jesús, les volvió a hablar en
parábolas, diciendo:
2 El reino de los cielos es semejante a un rey que hizo una fiesta de
bodas a su hijo;
3 y envió a sus siervos para que llamasen a los invitados a las bodas, pero
no quisieron venir.

4 Volvió a enviar otros siervos, diciendo: Decid a los invitados: He aquí, he preparado mi comida; mis toros y mis animales engordados he hecho matar, y todo está dispuesto; venid a las bodas.

5 Pero ellos no hicieron caso y se fueron, uno a su labranza, y otro a sus negocios;

6 y otros, tomando a los siervos, los afrentaron y los mataron.

7 Y el rey, al oír *esto,* se enojó; y enviando sus ejércitos, mató a aquellos homicidas y prendió fuego a su ciudad.

8 Entonces dijo a sus siervos: Las bodas a la verdad están preparadas; pero los invitados no eran dignos.

9 Id, pues, a las salidas de los caminos y llamad a las bodas a cuantos halléis.

10 Y salieron los siervos por los caminos y reunieron a todos los que hallaron, juntamente malos y buenos; y las bodas estuvieron llenas de convidados.

11 Y entró el rey para ver a los convidados y vio allí a un hombre que no estaba vestido de boda,

12 y le dijo: Amigo, ¿cómo entraste aquí sin estar vestido de boda? Más él enmudeció.

13 Entonces el rey dijo a los que servían: Atadle de pies y de manos, y tomadle y echadle a las tinieblas de afuera; allí será el llanto y el crujir de dientes.

14 Porque muchos son los llamados, pero pocos los escogidos.

4.2.1 Crueldad, ruin

Acciones y demostraciones perjudiciales con dolor intenso en cuerpo, honra, o economía de semejantes.

Que poco considera el bien, y suele actuar con necedad.

Prov.12:10 El justo cuida de la vida de su bestia, pero los sentimientos de los malvados son crueles.

Prov.30:14 Hay generación cuyos dientes son espadas, y sus muelas cuchillos, para devorar a los pobres de la tierra y a los menesterosos de entre los hombres.

Prov.29:11 El necio da rienda suelta a todo su espíritu, pero el sabio, al fin conteniéndose, lo apacigua.

- o   Muchas personas, después de haber encontrado el bien, buscan todavía y encuentran el mal. Leonardo da Vinci.
- o   Hay besos tan finos que en vez de besar cortan. Pablo Bourget.
- o   El secreto de poner en ridículo a las personas reside en conceder talento a aquellos que no lo tienen. Jacinto Benavente.
- o   De principio ruin, nunca buen fin.
- o   Ruin señor, cría, ruin servidor.
- o   Aunque te veas en alto, no te empines, porque es condición de ruines.

Cuento

¿Viste ayer el eclipse solar?
Imposible, justo en ese momento me pisaron el callo y solo vi estrellas.

Cuento

El policía pregunta al ladrón.
¿Usted porque robo a la señora el reloj?
Yo no he robado su reloj.
La señora dice que usted le robo.
Yo no le robo el reloj. Ella me lo dio.
¿Cómo así?
Si así fue. Debe creerme. Yo simplemente le apunte con el arma, y ella me lo entregó, pero no se lo quite a la fuerza.

Comentario

El señor al que ama reprende, y cuando su pueblo o sus siervos desobedecen por comisión u omisión, la prosperidad se detiene, o tal vez una razón justificada tiene él para no darnos algo que creemos la merecíamos. Él sabe cada cosa. Loque es bueno o malo o que cosa nos podría desviar. Conociendo todas las cosas no estima prudente concedernos algunas que hemos pedido o demandado, porque quizás no nos conviene, de momento. También ocasionalmente podemos sentir y protestar porque a los que se portan mal, les va mejor. Muchos que he conocido haciendo el mal, les ha ido mejor que a mí, y si yo me desvió tan solo un grado, me sobreviene una avalancha de problemas, en cambio, esas personas de continuo lo hacen, y la prosperidad les acompaña.

Al igual que esos razonamientos, los tuvo también el profeta Jeremías con mayor énfasis, pues él fue perseguido con saña por sus coterráneos, a pesar de expresar la voluntad de Dios, pero él señor le reprende y le manda tener un poco más de paciencia.

Jeremías 12:1-4/1 Justo eres tú, oh Jehová, cuando yo contiendo contigo; sin embargo, hablaré contigo sobre tus juicios. ¿Por qué es prosperado el camino de los malvados, y les va bien a todos los que se portan deslealmente?
2 Los plantaste, y echaron raíces; crecieron y dieron fruto; cercano estás tú en sus bocas, pero lejos de sus corazones.
3 Pero tú, oh Jehová, me conoces; me viste y has probado mi corazón para contigo; arrástralos como ovejas para el matadero, y sepáralos para el día de la matanza.
4 ¿Hasta cuándo estará de duelo la tierra y marchita la hierba de todo el campo? Por la maldad de los que en ella moran han perecido los ganados y las aves, porque dijeron: Él no verá nuestro fin.

4.2.2 Curiosidad

A quien suele inmiscuirse indiscretamente en asuntos ajenos, o quiere saber lo de los demás, puede traerle dificultades.

La parábola del remiendo de paño en ropa vieja que no es prudente arreglar cosas con elementos que no son iguales en tiempo, calidad, consistencia, etc., puede aplicar también para no pretender inmiscuirnos en cosas que no nos conciernen o no sabemos, no sea que hagamos más daños.

Lucas 5:36 Y les dijo también una parábola: Nadie pone remiendo de paño nuevo en vestido viejo, pues de esa manera, el nuevo se rompe, y el remiendo nuevo no armoniza con el viejo.

- o   El mucho querer averiguar grandes males suele acarrear
- o   A la feria muchos van, a ver y no comprar.
- o   Quien todo lo quiere averiguar, por su casa ha de empezar.

Cuento

Un hombre pasaba cerca de un manicomio y oyó tremendo griterío:
Ocho, ocho, ocho,….ocho…o….
La curiosidad lo empujó hasta cerca del muro.
Recogió unas cajas de madera, que estaban tiradas en el suelo, y se subió en ellas y miró al otro lado. Un grupo de locos echó un cubo lleno de agua al curioso. A continuación se oyó de nuevo el coro:
Nueve, nueve, nueve.

Comentario

La obediencia a los preceptos es algo que nos prepara para la eternidad. En cada grado de gloria, hay unas reglas que vivir y debemos someternos a ellas, con paciencia y humildad.

Cuando los filisteos capturaron el arca y la llevaron a su tierra, ellos fueron heridos con tumores y plaga de ratones. La curiosidad y deseo de poseer lo sagrado, les costó caro, lo que hizo que rápidamente decidieran devolverla. 1 Samuel 6:19-21/19 Entonces hirió Dios a los de Bet-semes, porque habían mirado dentro del arca de Jehová; hirió del pueblo a cincuenta mil setenta hombres. Y el pueblo hizo duelo, porque Jehová lo había herido con tan gran mortandad.

20 Y dijeron los de Bet-semes: ¿Quién podrá estar delante de Jehová el Dios santo? ¿Y a quién irá él después de nosotros?

21 Y enviaron mensajeros a los de Quiriat-jearim, diciendo: Los filisteos han devuelto el arca de Jehová; descended, pues, y lleváosla.

Ello se hizo porque habíareglas claras respecto de quienes estaban autorizados para observar, tomar, o llevar los utensilios, el arca y armar el tabernáculo móvil. En los templos hay áreas restringidas para las personas no investidas, no porque se haga nada malo allí, sino para la protección de ellos, ya que por ligereza algunas personas podrían cuestionar equivocadamente los vestidos simbólicos o menospreciar parte de las cosas sagradas espirituales y simbólicas que se realizan allí. Estas son preparación para el más allá, tal como se les dio al pueblo de Israel en la antigüedad. Lo cual podría traer consecuencias no esperadas, en cabeza de las personas curiosas o interesadas en cuestionar.

Cuando Dios refiere algo, no es conveniente que nuestra curiosidad nos traicione y busquemos lo indebido o no autorizado.

4.2.3 Dadivas, regalos, sobornador, precio

Son regalos que se dan, pero de las cuales se espera o corresponde a futuros sobornos.

Son obsequios, o premios que pueden comprometer la voluntad y libertad.

Corresponde a quien procura obtener: permisos, legalizaciones, etc., por medio de dadivas, dinero, o favores corrompiendo la ley, doctrinas, principios, o autoridad.

Todas nuestras decisiones tendrán un efecto o precio, según el cual podrá ser para bien o para mal, y nos acarreará prosperidad o pérdidas, por lo cual cada acto ha de ser valorado antes de decidir pagarlo o negociarlo, pues difícilmente habrá vuelta atrás cuando los términos se definen.

El precio ha de incluir en términos financieros los siguientes elementos: Los costos de adquisición, los gastos, los impuestos, y las utilidades justas. Al aplicarlo a la vida también las decisiones nos implican sacrificios, (costos, y gastos, responsabilidades o impuestos), pero si los beneficios (utilidades son mayores), ha de tomarse la decisión, pues todo en la vida tiene un precio, beneficios y sacrificios, pero el saber cuantificarlos y balancearlos es lo que nos ayuda a progresar.

Prov.29: 26 Muchos buscan el favor del gobernante, pero de Jehová viene el juicio para cada uno.

o   Dádivas y buenas razones ablandan piedras y corazones.
o   A quien dan no escoge.
o   Da Dios ventura, a quien la procura.
o   Quien regala a convento o ayuntamiento, siembra en el viento.
o   El pollo del aldeano cuesta más que un marrano.
o   Caro has comprado lo que tomas regalado.
o   Quien dinero tiene, la sentencia tuerce.
o   Algunos creen: No hay cerradura, por fuerte que sea, que una ganzúa de oro abrir no pueda.
o   Quien prestó, perdió.
o   Dos andares tiene el dinero: viene despacio y se va ligero.
o   Como el dinero es redondo, rueda y se va pronto.
o   A veces, cuesta mucho más eliminar un solo defecto que adquirir cien virtudes. Jean de la Bruyere

o   Vivimos con nuestros defectos igual que con nuestros olores corporales; no los percibimos; no molestan sino a quienes están con nosotros. Marquesa de Lambert.

o   Llorando nacen todos; riendo ni uno solo.

Cuento

¿Qué quieres para navidad hijo?
Un Phone, una cámara réflex y un ordenador.
Vale,…. Lo apunto, un pijama y unos calcetines.

Cuento

Un individuo le comenta a otro:
Mi mujer me pide siempre dinero. La semana pasada fueron 300 euros, ayer, seiscientos y hoy va y me dice que mil!
¿Y qué hace con todo ese dinero?
No lo sé, nunca se lo he dado.

Comentario

Los que usan regalos pretenden comprometer algunas decisiones hacia el futuro, o ablandar el camino para lograr favores. Es común en el comercio. En mi país una vez escuche de un funcionario del (ISS) Instituto de Seguros Sociales, haber recibido un vehículo como obsequio. Me imagino el entuerto o soborno que se organizó para facilitar la transacción comercial. El Salvador cuestionó ello con una parábola:

Prov.17:23 El malvado toma soborno de su seno para pervertir las sendas de la justicia.

Prov.19:6 Muchos imploran el favor del príncipe, y todos son amigos del hombre que da regalos.

Prov.29:4 El rey que actúa con justicia afirma el país, pero el hombre que acepta sobornos lo destruye.

Ecles.7:7 Ciertamente la opresión hace enloquecer al sabio, y el soborno corrompe el corazón.

Prov.21:14 El regalo en secreto calma el furor; y el soborno en el seno, la fuerte ira.

Prov.18:9 También el que es negligente en su trabajo es hermano del hombre destructor.

Prov18:16 Los regalos del hombre le abren el caminoy le llevan delante de los grandes.

Prov.9 Si el hombre sabio contiende con el necio, ya sea que se enoje o que se ría, no tendrá reposo.

Prov.24:19-22 / 19 No te alteres a causa de los malignos, ni tengas envidia de los malvados;
23 porque para el malo no habrá *buen* porvenir, y la lámpara de los malvados será apagada.
24 21 Teme a Jehová, hijo mío, y al rey; no te asocies con los inestables,
25 22 porque su desgracia llegará de repente; y la ruina de ambos, ¿quién puede saberla?

Así muchos políticos mediante entrega de dinero compran voluntades o votos, corrompiendo la democracia, todo ello por los exagerados ingresos de senadores, parlamentarios, etc., algo que tendría que ser ajustado a sus esfuerzos y frutos, en favor de la nación y comunidad.

4.2.4 Defecto, desconfianza, extraños

Carencias reflejadas respecto de lo que es propio, natural de una cosa, o vicios de comportamiento, no admisibles.

Es la falta de credibilidad que se les tiene a otras personas, por hechos anteriores, y su mala fama.

Que es diferente de lo común; distinto de la naturaleza del grupo; personas no conocidas

Ecles.7:20 Ciertamente no hay hombre justo en la tierra que haga el bien y nunca peque.

Prov. 11:15 Con ansiedad será afligido el que fía al extraño, pero el que aborrece las fianzas vive seguro.

Prov.14: 10 El corazón conoce la amargura de su propia alma, y el extraño no comparte su alegría.

Prov.27:13 Quítale su ropa al que salió fiador por el extraño, y tómale prenda al que fía a la mujer extraña.

- o No son todos ruiseñores, los que andan entre las flores.
- o No te fíes de hombre que siempre sonríe.
- o Ver para creer, y no toda vez.
- o Más vale malo conocido que bueno por conocer.
- o Observando las falsedades de un hombre, llegamos a conocer sus virtudes. Confucio.
- o De quien a la cara no mira, todo hombre discreto desconfía.

Cuento

El hijo del sastre llama al padre al fondo de la tienda y le pregunta:
¿El traje marrón encoje cuando se lava?
¿Porque quieres saberlo?
No soy yo, es el cliente.
¿Ya se lo ha probado?
Sí.
¿Le queda ancho o justo?

Ancho.
Entonces dile que encoge.

Cuento

¡Hola, señor Rodríguez!..... ¿Cómo le van las cosas?..... Mire le llamo para avisarle de que su póliza ha vencido.
¡Qué cosas! Yo ni sabía que estaba en juego.

Comentario

Los hombres solemos caer en errores continuamente por juzgar a la ligera o comentar con rapidez y sin prudencia cosas de las cuales nos enteramos no eran como pensamos o nos expresamos.

Ecles.7:21-23/21 Tampoco apliques tu corazón a todas las cosas que se hablan, no sea que oigas a tu siervo que habla mal de ti;
22 porque tu corazón sabe que tú también hablaste mal de otros muchas veces.
23 Todas estas cosas probé con sabiduría, diciendo: Seré sabio, pero *la sabiduría* se alejó de mí.

En mayo 8 de 1.915 el transatlántico, Lusitania, fue hundido, frente a las costas irlandesas por torpedos alemanes que le confundieron con buque enemigo. Estaba por completar la travesía entre New York y Liverpool, cuando a las 14:2 horas un submarino le impacto sin previo aviso con dos torpedos y en 21 minutos se sumergió. Llevaba 1.978 pasajeros de los cuales solo 600 sobrevivieron. Gente que no estaba en guerra, y que por muchas razones habían abordado ese buque.

El defecto producido fue entrar en territorio enemigo, y los errores, fueron cometidos por no comprobar de que se trataba, pues había formas de investigar antes de una acción, pues aunque eran extraños a la guerra, siempre antes de disparar debemos estar seguros de las razones, pues después tendremos que pagar un precio.

4.2.5 Desgracias, percances, naufragio

Infortunios o problemas que sobrevienen a unos y a otros por acciones de terceros, ambiente, elementos o circunstancias no previstas.

Son dificultades no esperadas que nos interrumpen el progreso, pero que debemos sobreponernos a ellos. Tales hechos no son de gravedad, pero generan contratiempos; por ejemplo pinchazos, caídas, malos entendidos, golpes, rupturas de ropa, platos, etc.

Cuando navegamos entre los días de nuestras vivencias, llegará el día que nuestro naufragio viene, y es cuando el tiempo señalado por Dios se terminará en bien, regular o mal condición, a no ser que lo apresuremos por nuestros actos: deportes extremos o actos suicidas.

Prov.21:16 El hombre que se aparta del camino del entendimiento irá a parar en la congregación de los muertos.

Ecles. 6:7 Todo el trabajo del hombre es para su boca, y con todo eso su alma no se sacia.

Ecles. 8:8 No hay hombre que tenga potestad sobre el espíritu para retener el espíritu, ni potestad sobre el día de la muerte; y no hay licencia en esa guerra, ni la maldad librará a los que la poseen.

o   Lo que es bueno para el hígado, es malo para el bazo.
o   Recibe el candil cuando se quiere morir.
o   En el mal de muerte, no hay médico que acierte.
o   Tener la cosa y perderla, más duele que no tenerla.
o   Apaños, amaños, daños, engaños y desengaños, cosechas son, que traen los años. El perder da más pesar que dio placer el ganar.
o   Por lo que perdiste, no estés triste: haz cuenta de que nunca lo tuviste.
o   Hasta morir todo es vida.
o   Quien más piensa vivir, más pronto suele morir.

o   Es raro, muy raro, que nadie caiga en el abismo del desengaño sin haberse acercado voluntariamente a la orilla.

Cuento

El profesor le pregunta a Paco:
Dime por lo menos cuantos huesos tiene el cráneo humano.
No me acuerdo profesor, pero los tengo todos aquí en la cabeza.

Cuento

Un turista, en Arabia, alquila un camello y recibe las instrucciones para guiarlo.
Parar: diga "off"; para seguir adelante o andando diga: "Uf".
Entendido dijo el turista.
Después de andar algún tiempo, se da cuenta que el camello se dirige al barranco (peñasco) y mira hacia abajo ya a un centímetro del precipicio y recuerda la palabra clave y grita, pero muy desesperado: ………….."Off".
¡El camello se para!............ muy pausado…. Esperando nuevas instrucciones.
"Uf" Suspira el turista, con cierto alivio de su gran preocupación.

Comentario

Las dificultades, desgracias y percances vienen a todos. Un día a unos y otro a otros, pero llegan. De ello se trata la vida, lo importante es la forma en que nos levantamos, comportamos respecto de tales tragedias.

Algunos suelen reclamar a Dios por ello, y se preguntan ¿porque a mí? Cuando caen niños inocentes en tales tragedias, suelen condenar a Dios por ser tan insensible, sin embargo no se enteran de que Dios les termino su prueba y les llevó a su seno. Los que se van para el otro lado se van a descansar, los que quedamos aquí, quedamos aplazados, así de simple, pero de ello no nos vamos a escapar. ¿Cuándo queremos irnos?: niños, jóvenes, adultos, o viejos, no lo sabemos.

Cada estado tiene sus más y sus menos, pero lo más importante son los ahorros o tesoros en los cielos acumulados para tranzar con los pecados a fin de saber si tendremos saldo positivo, pues si es negativo, ya no habrá manera de recomponer el asunto, a menos que se nos den oportunidades que no tuvimos acá. Si se nos compartió el evangelio aquí, allá tal vez no tengamos oportunidad, Dios es justo en todo.

Ecles.9:11-12/ 11 Me volví y vi debajo del sol que no es de los ligeros la carrera, ni la batalla de los fuertes, ni aun de los sabios el pan, ni de los prudentes las riquezas ni de los entendidos el favor, sino que tiempo y ocasión acontecen a todos.
12Porque el hombre tampoco conoce su tiempo; como los peces que son apresados en la mala red y como las aves que son apresadas en el lazo, así son atrapados los hijos de los hombres en el tiempo malo, cuando cae de repente sobre ellos.

4.2.6 Desorden, sucio

Estado en que se dejan las cosas sin organizar, limpieza, o abandono.

Que no se presenta apropiadamente pulcro, aseado o limpio; también aquellos que están manchados con transgresiones que le limitan percibir el Espíritu.

Prov.30:12 Hay generación limpia ante sus propios ojosy de su inmundicia no se ha lavado.

o   El orden es luz en la oscuridad.
o   Aguja en un pajar, mala es de hallar.
o   Mira tus cosas como ajenas, y las perderás sin penas.
o   Son burlas pesadas las que enojan y dañan.
o   Con el poderoso de mala intención no vale ni justicia ni razón.
o   El bueno come lechugas y el malo, pechugas.

Cuento

Un sargento mira hacia el pelotón formado por veinte soldados y grita:
¡Los que tengan el bachillerato que barran el suelo!
Diez se dirigen muy satisfechos a obedecer la orden.
¡Los que tengan una licenciatura que vayan a lavar los platos!
Siete se apresuran a realizar la tarea.
¿Ustedes tres que faltan, no tienen ningún tipo de estudios?
No. Señor.
Bien, entonces siéntense ahí y aprendan como lo hacen los otros.

Cuento

Inconformidad
En una reunión de amigos el cepillo de dientes, muy fastidiado le dice
a sus compañeros:
Estoy cansado de hacer el trabajo sucio.
Le contesta el jabón, descuida que a mí también me toca lo mismo.
Contestan sus amigos a todos nos toca igual: contestaron el trapero
(fregona), la escoba, y otros más.
Sin embargo rezongó otro señor que aparentaba vestir muy impecable:
polvo eres y polvo os convertirás, dijo el papel higiénico.

Comentario

En la parábola de echar el vino nuevo en odres viejos, se enseña que
antes de hacer las tareas se debe organizar el área de trabajo, a fin de
que quede limpio, y ordenado y así una vez esté pulcro y ordenado se
podrán trabajar los materiales sin deterioro, y eficiencia.

Mateo 9:17 Ni echan vino nuevo en odres viejos; de otra manera,
los odres se rompen, y el vino se derrama y se pierden los odres; pero
echan el vino nuevo en odres nuevos, y lo uno y lo otro se conservan
juntamente.

Muchas veces por razones de abandono, algunos no suelen usar el baño, y no se enteran que los olores les delatan y hacen que los demás de su entorno se incomoden.

No sé si fue cierto, pero hace poco por televisión escuche una noticia de que el abuelo debió mandar la sanidad a su nieto porque había completado muchos meses sin ducharse.

Hoy día no es aceptable bajo ninguna circunstancia que una persona deje de ducharse al menos una vez cada día, pues las comodidades de disponer de agua caliente, impiden cualquier excusa.

Mi madre a la edad de 93 años se baña con agua fría a las cinco de la mañana pues rechaza de plano el agua caliente en su ducha. Claro que ella vive en una ciudad de clima, caliente. Se comentó de parte de un amigo que su cliente y amigo que regreso de Alemania, se había presentado en su despacho en esa ciudad, dos meses después de llegar de su país, sin aún haber probado el agua de la ducha, y lo expreso el mismo con naturalidad, lógicamente su aspecto era delatador.

La salud espiritual y corporal son necesarios, para nuestra felicidad, bienestar, progreso, y además nos abren puertas.

4.3.1 Desprecio, menospreciar

Muchos por falta de investigar bien y con fundamento, desprecian la invitación a conocer el Reino de Dios sobre la tierra, otros estando allí, se niegan a trabajar y servir por pereza y otros son muy ocupados en las cosas del mundo; a causa de ello no estarán listos para participar de la fiesta de bodas.

A quien suele dar poco o ningún valor a las palabras, consejos, presencia o autoridad de padres, mayores, o jefes, o su Dios, mediante la indiferencia o acciones contrarias a lo establecido.

Prov. 14:2 El que camina en rectitud teme a Jehová, pero el perverso en sus caminos le menosprecia.

Prov14:21 Peca el que menosprecia a su prójimo, pero el que tiene misericordia de los pobres es bienaventurado.

Prov.15:20 El hijo sabio alegra al padre, pero el hombre necio menosprecia a su madre.

Prov.13: 13 El que menosprecia la palabra perecerá por ellopero el que teme el mandamiento será recompensado.

Prov. 13:18 Pobreza y vergüenza tendrá el que menosprecia la disciplina, pero el que acepta la corrección será honrado.

Prov.17:3 El crisol para la plata y el horno para el oro, pero Jehová prueba los corazones

Prov.23:22 Oye a tu padre, que te engendró; y cuando tu madre envejezca, no la menosprecies.

- o   Lo que no guarda cordura no lo guarda cerradura.
- o   Te conozco bacalao, aunque vienes disfrazado.
- o   De noventa enfermedades, cincuenta las produce la culpa y cuarenta la ignorancia.
- o   Toda hora perdida en la juventud es una probabilidad de desgracia para el porvenir Napoleón Bonaparte.
- o   En un mundo injusto el que clama por la justicia es tomado por loco. León Felipe.
- o   Al hombre se le conoce por sus obras; pero muchos viajan de incognitos. Miguel de cervantes Saavedra.

Cuento

En una sala de observaciones de un manicomio, varios locos pasaban un test para comprobar si estaban preparados para vivir en sociedad.

De repente, uno de los locos dibuja una puerta en la pared y empieza a provocar una fuga:

Mirad todos, ¡una puerta, vamos a huir!

Todos los locos iban en dirección a la puerta y se daban con la cara en la pared. Ninguno de ellos se escapó.

El médico responsable, sorprendido, se volvió al loco y le pregunto:

Enhorabuena. Has demostrado que eres capaz de engañar a las personas y con eso me doy cuenta de que estás curado.

El loco replica:

Es verdad doctor, los he engañado.

¡La llave la tengo yo!

Cuento

Un avión cae en la selva con dos ejecutivos. No les queda más opción que coger las maletas y empezar a caminar. De repente, aparece un león muerto de hambre que se saborea y observa sus movimientos, muy atento. Uno de ellos se agacha, coge la maleta, la abre y saca unos zapatos deportivos o tenis, y empieza a ponérselas.

El otro no entiende nada. Idiota, ¿crees que vas a correr más que el león con esas deportivas?

No quiero correr más que el león, quiero correr más que tú.

Comentario

La predicación del evangelio por parte de los profetas y de Jesucristo en la antigüedad, tenía como fin enseñar los principios de convivencia, y preparar a las personas para recibir las herencias del Padre Celestial, sin embargo, tales enseñanzas el pueblo las recibía: bien, regular o mal, pues habían algunos que se oponían a ello, despreciando: la palabra, las exhortaciones, consejos, invitaciones a prepararse para heredar cosas de la eternidad y vivir en armonía en la tierra de probación. Jesucristo usaba la claridad de los ejemplos del común por medio de parábolas:

Lucas 14:16-24 /16 Entonces Jesús le dijo: Un hombre hizo una gran cena y convidó a muchos.

17 Y a la hora de la cena envió a su siervo a decir a los convidados: Venid, que ya está todo preparado.

18 Pero todos a una comenzaron a excusarse. El primero le dijo: He comprado una hacienda y necesito ir a verla; te ruego que me disculpes.

19 Y el otro dijo: He comprado cinco yuntas de bueyes y voy a probarlos; te ruego que me disculpes.

20 Y el otro dijo: Acabo de casarme y, por tanto, no puedo ir.

21 Y volvió el siervo e hizo saber estas cosas a su señor. Entonces, enojado el padre de familia, dijo a su siervo: Ve pronto por las plazas y por las calles de la ciudad, y trae acá a los pobres, a los mancos, y a los cojos y a los ciegos.

22 Y dijo el siervo: Señor, se ha hecho como mandaste y aún hay lugar.

23 Y dijo el señor al siervo: Ve por los caminos y por los vallados, y oblígalos a entrar para que se llene mi casa.

24 Pues os digo que ninguno de aquellos hombres que fueron convidados gustará mi cena.

Las invitaciones a venir a Cristo por parte de los misioneros tendrán un precio caro para los que menosprecien tal invitación, con desdén, etc.:

Prov.1:30-33 /30 ni quisieron mi consejo, y menospreciaron toda reprensión mía,

31 comerán, pues, del fruto de su camino, y se hastiarán de sus propias artimañas.

32 Porque el desvío de los ingenuos los matará, y la prosperidad de los necios los destruirá.

33 Más el que me escuchare habitará con seguridad y vivirá tranquilo, sin temor del mal.

4.3.2 Deudores, fiador

Condición de compromiso ante terceros por un monto de dinero, a causa de un favor, o el equivalente a un bien o servicio recibido.

Todos somos deudores delante de Dios.

En los contratos quien firma como responsable en caso de fallo de pago del titular; quien ocasionalmente vende a crédito

Prov.22:7 El rico se enseñorea de los pobres; y el que toma prestado es siervo del que presta.

Ecles.7:20 / 20 Ciertamente no hay hombre justo en la tierra que haga el bien y nunca peque.

Ecles.7:29 / 29 He aquí, solamente esto he hallado: que Dios hizo recto al hombre, pero los hombres buscaron muchas artimañas

- o Mientras el deudor tiene vida, la deuda no está pérdida
- o Deudas tengamos, pero amigos seamos.
- o Deuda olvidada, ni agradecida ni pagada.
- o Mucho deber, de grandes señores es.
- o No hay cosa más pesada que una deuda recordada.
- o Fianza, fraude y Fraile, tres efes de esas en la vida, se nos guarde.
- o Fiaré mañana; que, lo que es hoy, no me da la gana.

Cuento

El interventor: este niño tiene que pagar billete;....... Tiene más de doce años.
El padre del niño: puede ser, pero es que cuando salimos de la central no había cumplido los doce.
¿Cómo es eso?
Es que este tren va tan despacio que ha envejecido durante el viaje.

Cuento

Una mujer que va empujando un cochecito de bebé, que lleva la capota bajada, le comenta a su suegra:
Este es el descapotable que me prometió su hijo cuando nos casamos.

Comentario

Cuando he servido de fiador me ha ido relativamente mal, sin embargo, también me han servido de fiadores muchas veces, y nunca quede mal a nadie, pues siempre pague mis deudas, pero yo recuerdo de momento ocho veces me fue mal.

No me gusta pedir a nadie que me fie, pues uno no tiene la vida comprada, ni el éxito, pero desafortunadamente te piden un fiador.

Hay que estar seguro de ello, pero uno se pone a pensar que haría el Salvador Jesucristo en mi caso y así podrá sacar conclusiones. Seguir el ejemplo de Él, no es fácil, pero sé que todo ello tendrá trascendencia en el más allá. Ojalá del otro lado, si me negué no sea mucha la calificación negativa que se me otorgue.

Prov.6:1-5 /1 Hijo mío, si has salido fiador por tu amigo, si has estrechado tu mano con un extraño,
2 te has enlazado con las palabras de tu boca, has quedado atrapado en los dichos de tu boca.
3 Haz esto ahora, hijo mío, y líbrate, ya que has caído en manos de tu prójimo; ve, humíllate e importuna a tu amigo.
4 No des sueño a tus ojos ni adormecimiento a tus párpados;
5 escápate como la gacela de manos del cazador, y como el ave de manos del que tiende trampas.

4.3.3 Dinero, riquezas, ricos

Es la riqueza que le permite al tenedor adquirir bienes y servicios y que está representado en una moneda legal.

Las riquezas materiales no son malas, sino el mal uso de ellas, pues puede traer, ociosidad, lujuria, vanidad, alcoholismo, vicios, orgullo, etc., sin embargo si se usa para hacer el bien traerá prosperidad y felicidad.

No es malo ser rico, si es que las posesiones no nos hacen cambiar de actitud ante las personas. He conocido personas muy adineradas, buenos patrones o jefes, y además respetuosos con sus empleados, sin embargo ocasionalmente se les ha desbordado el orgullo, y han perdido su dimensión. Ello solo me ha demostrado que somos iguales, pero que podemos ejercer mal trato cuando el orgullo, el poder y la mala actitud nos pueden hacer cometer errores.

Ecles.4:13 Mejor es el muchacho pobre y sabio que el rey viejo y necio que rehúsa ser aconsejado

Prov.13:8 El rescate de la vida del hombre son sus riquezas, pero el pobre no oye reprensión.

Prov.19:4 Las riquezas atraen muchos amigos, pero el pobre es apartado de su amigo.

Prov.23:4-5 /4 No te afanes por hacerte rico; deja de apoyarte en tu propia prudencia.
5 ¿Has de poner tus ojos en *las riquezas* que no son nada? Porque ciertamente se harán alas, como alas de águila, y volarán al cielo.

Ecles.5:19-20Asimismo, a todo hombre a quien Dios ha dado riquezas y bienes, y también le ha dado capacidad para comer de ellos, y tomar su parte y gozar de su trabajo, esto es un don de Dios.
18 Porque no se acordará mucho de los días de su vida, pues Dios le responderá con alegría en su corazón.

Prov.18:23: El pobre habla con ruegos, pero el rico responde con dureza.

- o La llave del tener, es retener.
- o Ganar es ventura, y conservar es cordura.
- o Más vale poco y bien ganado, que mucho enlodado.
- o Dinero bien ganado, dinero honrado, y más cuando es bien empleado.
- o Cada día un grano pon, y harás un montón.

- o Quien gasta más de lo que puede o roba o debe.
- o El dinero hace soberbios, y la soberbia necios.
- o Suprime el dinero y suprimirás el mundo entero.
- o Con el dinero sucede lo mismo que con el papel higiénico: cuando se necesitan, se necesita urgentemente. Upton Sinclair.
- o El hombre prospero es como el árbol: la gente lo rodea cuando está cubierto de frutos; pero cuando los frutos han caído, la gente se dispersa a un árbol mejor. Séneca.
- o En la vida hay que escoger entre ganar dinero o gastarlo. No hay tiempo suficiente para ambas cosas. Edourd Bourder.
- o Hay gente tan sumamente pobre que solamente tiene dinero. Anónimo.
- o El dinero no da felicidad, pero aplaca los nervios. Jeanne Bourgeois
- o Quien en un año quiere ser rico, al medio lo ahorcan.
- o Reinos y dineros no quieren compañeros.
- o Uno es rico con diez, y otro con cien no lo es.

Cuento

Niños conversando:
A mí me compro mamá en Paris.
A mí me compro papá en Londres.
A mí me compraron en New York.
Nosotros somos muy pobres. Mis papás lo hacen todo en casa.

Comentario

Tener dinero no es malo, el problema es la forma de administrarlo, multiplicarlo, o utilizarlo.

En tanto tú tengas las necesidades cubiertas, lo demás son ganancias o ahorros, que te servirán para el futuro y usarlos en: seguros, estudios, inversiones, etc., sin embargo antes de que reciban tus manos ese dinero ganado recuerda a quien debes gracias por ello; y si eres agradecido, separaras tu diezmo y apartarás para pagar tus ofrendas y ayuda a los necesitados. Si lo hace así todo es factible retenerlo, y disfrutarlo. Eso sí, tal vez no serás rico, pero recuerda que rico es el que tiene la vida eterna, lo demás es temporal.

Ecles.5:10-15 /10 El que ama el dinero no se saciará de dinero, y el que ama el mucho tener no sacará fruto. También esto es vanidad.

11 Cuando los bienes aumentan, también aumentan los que los consumen. ¿Qué beneficio, pues, tendrá su dueño aparte de verlos con sus ojos?

12 Dulce es el sueño del trabajador, ya sea que coma mucho o poco; pero al rico no le deja dormir la abundancia.

13 Hay un gran mal que he visto debajo del sol: las riquezas guardadas por sus dueños para su propio mal,

14 las cuales se pierden en malos negocios; y al hijo que engendran, nada le queda en la mano.

15 Como salió del vientre de su madre, desnudo, así vuelve, yéndose tal como vino; y nada de su trabajo llevará en su mano.

4.3.4 Dudas, término medio, tibios

La incertidumbre que nace a quien no se decide a realizar las cosas en el momento oportuno. Es el punto de incertidumbre en que se cae cuando dos alternativas no coinciden en los objetivos, procedimientos y/o resultados factibles. Vienen las dudas cuando los postulados en que creemos se caen ante la demostración de ideas contrarias a lo esperado. Es la indeterminación entre dos decisiones o dos juicios o afirmaciones que no convergen.

Son condiciones favorables o desfavorables en casi neutro, tibios, o que no se puede conocer su tendencia aún, o que le falta un tramo suficiente para alcanzar lo requerido. A algunas personas les agrada estar en estas condiciones, sin embargo ello los define como indiferentes, pues aún no se les conoce su vocación. Son indecisos y pueden sorprenderte cuando se inclinen por un bombón.

Ecles.11:4-6 / 4 El que al viento observa no sembrará; y el que mira a las nubes no segará.

5 Como tú no sabes cuál es el camino del viento, ni cómo crecen los huesos en el vientre de la mujer encinta, así también ignoras la obra de Dios, quien hace todas las cosas.

6 Por la mañana siembra tu semilla, y al atardecer no dejes reposar tu mano, porque tú no sabes qué es lo mejor, si esto o lo otro, o si ambas cosas son igualmente buenas

Santiago 1:5-8 / 5 Y si alguno de vosotros tiene falta de sabiduría, pídala a Dios, quien da a todos abundantemente y sin reproche, y le será dada.

6 Pero pida con fe, no dudando nada, porque el que duda es semejante a la ola del mar, que es movida por el viento y echada de una parte a otra.

7 No piense, pues, ese hombre que recibirá cosa alguna del Señor.

8 El hombre de doble ánimo es inconstante en todos sus caminos.

o La felicidad es efímera; la certidumbre engañosa, Solo vacilar es duradero. Frederick Chopin.

o Se mide la inteligencia de un individuo por la cantidad de incertidumbres que es capaz de soportar. Emmanuel Kant

o Yo antes tenía muchas dudas, ahora ya ni se.

o Ni chicha ni limonada.

o Dejar lo cierto por lo dudoso, no es de hombre juicioso.

o Juntando los bienes con los males, resultan todos los años iguales.

Cuento

Está la niña haciendo la tarea y le pregunta a su padre

¿Cómo se escribe campana?

Campana se escribe, tal como suena.

Acabadas las dudas la niña procede a escribir: talan...talan....

Cuento

La maestra, furiosa, se dirige a Jaimito, quien no aprobó el examen sobre
los huesos del cuerpo humano:
"Jaimito, ¿así que tenemos 2 tibias en la misma pierna?"
"No, maestra, lo que pasa es que como no sé cuál es la tibia y cuál el
peroné; así solo tendré una mal y no dos"

Anécdota

En julio de 1.981 trabajaba en una empresa multinacional denominada
Papeles Nacionales, y por el fuerte trajín laboral que habíamos tenido
en los meses precedentes, decidimos aprovechar las instalaciones
deportivas de la empresa, para nosotros también tener un equipo de
futbol de nuestro departamento contable el cual completamos con otros
funcionarios administrativos: del departamento técnico, almacén de
repuestos y despachos. Nuestra intención era recrearnos y así compensar
las largas jornadas de sedentarismo que exigía el trabajo administrativo.

Ocasionalmente ello implicaba que tendríamos partidos amistosos con
otras empresas, como Suzuki, otros equipos de la fábrica, la iglesia a la
que asistía, etc... A finales de julio, el último sábado, concertamos un
partido a las 2: P.M (14:00 horas). Nuestra jornada laboral terminaba
el sábado, a las 12:00, lo que implicaba que los que vivíamos en Pereira,
debíamos esperar a que llegara el equipo de la Sharp desde Pereira. Para
aquel día yo tenía una reunión trimestral que se programaba en la Iglesia
a las 4.P.M., lo cual indicaba que no podría participar del juego, pues
no alcanzaría. Se me presento el dilema de a qué actividad cumplir, pues
todas coincidían en el horario en cierta forma. Para resolverlo procedí
a orar en el sitio de costumbre y así saber la voluntad de mi Padre
Celestial. La respuesta no se hizo esperar y consistía en ir a cumplir mi
responsabilidad de la reunión en la Iglesia. No de buena gana acepté,
pero el primer mandamiento me resonaba en la mente.

El equipo contrincante se demoró en llegar media hora más de lo acordado, lo cual hizo que los jugadores de mi equipo se desperdigaran por todas las instalaciones y no estuvieron listos en tanto el otro equipo rápidamente se organizó cuando llego. El árbitro llamo a los dos equipos a la cancha y el nuestro solo tenía 6 jugadores disponibles, lo cual implicaba que yo (quien me quede para observar y organizar el inicio y después me marcharía para cumplir con mi asignación en Pereira) tuviere que vestirme y jugar en tanto se completaba lo mínimo de 7 para dar comienzo al juego. Así ocurrió y se inició el partido.

Mi posición era defensa central, y comenzamos el juego descompensados y con mucho trabajo, por supuesto al cabo de los minutos fueron ingresando los otros 4 que faltaban y yo percibí el momento de salir, pues ya había afuera alguien que podía reemplazarme, pero estaba muy contento jugando y me sentía, muy bien. Tres veces sentí la voz del espíritu que me susurro que ya era hora de Salir, pero hice caso omiso a ello. Después de ello salte para cabecear en el aire un balón que reflejaba peligro en nuestra portería y cuando caí sentí un fuerte dolor en mi tobillo, pues se dobló en la caída. Percibí que el señor me llamaba y me dio risa de la manera como él se valió para sacarme del juego. Como pude me incorporé, bañe y vestí para alejarme e irme para la reunión, a la cual con dificultad llegaría, pues yo no tenía coche y debía caminar unos 900 metros más la distancia de autobús que demoraba 35 minutos con los tiempos de espera.

A la reunión llegue 5 minutos tarde pero me esforcé por llegar, no obstante que mi tobillo estaba hinchado y dolía para caminar, pero lo cumplí con mi deber de estar en la reunión, Al cabo de ella se nos mandó ir a buscar las ovejas perdidas, pues debíamos visitar aquellos hermanos que habían dejado de asistir a las reuniones de la Iglesia. Mi compañero asignado era el hermano Garzón, quien debido a que le gustaba caminar prefirió que nuestra distancia de 27 cuadras (2 Kilómetros) las recorriéramos a pie, pues nuestro recorrido implicaba visitas de otras familias en el trayecto que podríamos procurar visitar, pero el objetivo principal era nuestro hermano Jorge Julio Escobar Vidal, quien era muy intermitente.

Llegamos a nuestro destino y efectivamente él nos recibió amablemente como siempre. Dimos nuestro mensaje de exhortación y así hicimos lo que quería el Señor. Gracias a las visitas de muchos y esta, al cabo de poco tiempo este buen hombre se convirtió en el presidente de nuestra rama el Lago y después vinieron otros llamamientos, hasta llegar a ser en 2.010 el Presidente del templo de Bogotá Colombia. Cuando nos necesita Dios, no debemos dudar.

4.3.5 Edad, tiempo

Es el tiempo trascurrido de vivencia en la tierra, que puede ser favorable por las experiencias y conocimientos acumulada, sin embargo traen disminución de capacidad de reacción a medida que traspasas los 40 años, agravándose cada vez que la misma se acentúa. En los deportes una vez supera el hombre los 33 años, los éxitos se extinguen a causa de la notoria disminución de capacidad de locomoción. Con el tiempo se aprende de las lecciones de la vida, y se es más cauto, más disciplinado, y quizás más sereno.

El tiempo, es la dimensión de la física que representa una sucesión de estados por los que pasa la materia. También es un momento determinado, una estación, una oportunidad, un ciclo, o una sucesión de acciones, etc.

Es uno de los mayores tesoros que tenemos, para enriquecer y aumentar el conocimiento, y por ello hay que sabiamente utilizarlo. El tiempo para Dios se cuenta en forma diferente, pues para lo que el hombre cuenta como 1.000 años, al supremo creador solo cuenta como un día. En la teoría de la relatividad se dice que el espacio y el tiempo se hacen una sola dimensión, desapareciendo esta dimensión. Ejemplo si tú te vas a una lejana estrella o planeta en un cohete, el cual se demora en ir 10 años y en volver otros diez años, cuando regreses a la tierra tú me encontraras 20 años mayor a mí, pero yo te veré a ti casi igual.

También si lo podemos comprobar yendo tú en un tren de alta velocidad disparas una bala, tal bala suma las velocidades de la misma 800 metros por segundo más la velocidad del tren 240 Km por segundo. Sin embargo al hacer la prueba con un haz de luz de una linterna no será igual, pues la luz se comporta diferente, es decir no suma las velocidades.

Ecles.3:1-8/ 1 Todo tiene su tiempo, y todo lo que se quiere debajo del cielo tiene su hora:

2 Tiempo de nacer y tiempo de morir; tiempo de plantar y tiempo de arrancar lo plantado;

3 tiempo de matar y tiempo de curar; tiempo de destruir y tiempo de edificar;

4 tiempo de llorar y tiempo de reír; tiempo de lamentar y tiempo de bailar;

5 tiempo de esparcir piedras y tiempo de juntarlas; tiempo de abrazar y tiempo de abstenerse de abrazar;

6 tiempo de buscar y tiempo de perder; tiempo de guardar y tiempo de desechar;

7 tiempo de rasgar y tiempo de coser; tiempo de callar y tiempo de hablar;

8 tiempo de amar y tiempo de aborrecer; tiempo de guerra y tiempo de paz.

- o El tiempo perdido los santos los lloran.
- o El tiempo dirá quién tiene la razón.
- o El mejor amigo es el tiempo.
- o La juventud no es un tiempo de la vida, es un estado del espíritu. Mateo Alemán.
- o Hace falta mucho, mucho tiempo, para ser joven. Pablo Ruiz Picasso.
- o Los hombres son como los vinos; la edad agria a los malos y mejora los buenos. Marco T. Cicerón.
- o A cada edad hay que darle lo suyo. Rodríguez Marín.
- o Saber demasiado es envejecer prematuramente. Prov. ruso.

o   No me siento viejo porque tenga años tras de mí, sino por los pocos que tengo por delante. Ephrain Kishon

Cuento

Un joven le dice a un anciano:
Cuando tenga su edad, sabré mucho más de lo que sabe usted.
El anciano le contesta:
Le deseo mucho más que eso, querido joven. Espero que cuando usted llegue a mi edad............sepa, aquello que cree saber ahora.

<u>Anécdota</u>

Hace poco me di por enterado que la edad dorada había comenzado ya, y fue justo cuando en un partido de futbol me quedó una bola en la línea de las diez y ocho y yo debí esperar para acomodarme, pues dude disparar con la zurda como en otros tiempos. En tanto busque acomodarme, me quitaron la bola y me pregunte, francamente debo ya retirarme, pues si no pude hacer este gol, es lo mejor que debo hacer.

Todavía no le he hecho y hace poco jugando basquetbol volví a hacer algunas canastas de gancho de tres puntos.

Mi condición de defensa donde me posicione como jugador finalmente no me facilito, para hacerme muy diestro con el balón, sin embargo algunas jugadas extrañas ensayé, pero todavía hago algunas con los retirados y algunos porfiados que juegan como yo.

Me gustaban los retos y jamás me agradaba estar en un partido con ventaja respecto del otro equipo; ello me frenaba el entusiasmo, pero si me veía en desventaja numérica o capacidad podía sacar lo mejor de mí.

La edad trae sus más y sus menos, pero en el deporte, ya a los 40 eres demasiado viejo, pero a los 50 ni que hablar y después de los 60 allí si es el acabose, sin embargo a mis 68 años todavía hago algo, de hecho evito todo lo que sea choques o cualquier roce, no sea que me sobrepase.

Lo que puedo decir es que cuando a ti te encanta practicar un deporte, procura mantenerlo por siempre, hasta que seas capaz de rendir. Yo a los 35 años deje de jugar al futbol y me incline por el basquetbol, pues las condiciones topográficas de mi ciudad Pereira, no facilitaban los campos de futbol, y al final me consolé con el futbol sala, y en este se juega mucho al choque y no se facilita disfrutar de la tenencia de la bola, pues hay que jugar acelerado. Este último desgasta los meniscos aceleradamente y las rodillas se estropean de tal forma que te afecta. En el basquetbol también, no sé porque no es igual, pero practicar atletismo en cemento y jugar futbol sala allí se te acaban las rodillas.

El basquetbol lleno mis espacios y gustos, pero con el atletismo en carbonilla o tierra, había algo que me hacía sentir lleno de bienestar, y creo que donde mejor me desempeñe, fue precisamente en este deporte de carreras, pues desde que tenía 11 años comencé a descubrir que tenía buena capacidad para sobresalir, ya fuera en la pista o en carreras de fondo, es decir largas. Corrí los 100 metros planos, los 200, los 400, 800, 1.200 y también los 5.000 metros planos. Pero hice algunas carreras de media distancia, pero desafortunadamente no era muy disciplinado, fume cigarrillo desde los 13 años, hasta los 23 años y ello menguo un poco mi estado físico, y además fui inconsciente en los años juveniles, pues aunque no era un borracho, si me ingería algunas cervezas y tragos, que me impidieron sentir más confianza en lo que podía obtener, además que nunca me dedique a entrenar en forma disciplinada ningún deporte, porque los implementos deportivos escaseaban, además de la adecuada alimentación, cosa seguramente que con buena dirección, habría ayudado un montón. Eso sí, procura practicar los deportes reduciendo al máximo el impacto de suelos duros con tus rodillas, pues pasados los 50 años sentirás el desgaste de ellas y sabrás porque es mejor evitar el cemento. Sobresalí, en algunos deportes como atletismo, basquetbol, pin pon, ajedrez, pero nunca me dedique a ellos, e incluso en salto de laso o cuerda, pero si te recomiendo, practica deportes, pues con ellos serás feliz tú, y la familia.

Puedo recomendarteque siempre hagas tu deporte, pues la felicidad tuya, estará en un 40% en los deportes, por ello nunca los dejes, pues te ayudaran a pasar los momentos difíciles, a relajarte, a liberar adrenalina, y desintoxicar el cuerpo. De hecho la mente descansa cuando estás en movimiento, y en el deporte ello se logra. Por ello mantén un deporte que te permita ser feliz, y transmítelo a tu familia.

4.3.6 Egoísmo, manipulador

Dícese de quien poco o nada aporta para mitigar las necesidades de otros, o quien solo piensa en su bienestar. Es el excesivo interés en poner sus propios objetivos por encima del bien común.

Ecles.7:7 Ciertamente la opresión hace enloquecer al sabio, y el soborno corrompe el corazón.

- o   No hay cálculos más errados que los del egoísmo. Concepción Arenal.
- o   El que solo vive para sí está muerto para los demás. Publio Siro.
- o   Primero yo, segundo yo, y si queda algo, para mí.
- o   Mal vivió quien solo pasa sí vivió.
- o   Quien venga detrás que arree.
- o   Cada cual pasa sus penas y no siente las ajenas.
- o   Cuento No es fácil opinar contra los propios intereses. Jaime Balmes
- o   Una cosa es saber y otra es muy distinta servir para engañar.
- o   Una gran parte del arte del bien hablar consiste en saber mentir con gracia. Desiderio Erasmo

Cuento

La madre: ¿Por qué no le has dado una pera a tu hermanito?
Porque me equivoqué y me comí la suya.
¿Y esa que tienes en la mano?
Ah, esta es la mía.

Comentario

Hay personas que si entregan una propiedad que han tomado en arrendamiento, o la venden y en ella han sembrado algún árbol, para impedir que otros se beneficien, lo cortan o destrozan, con tal que ese conocido o desconocido no lo usufructúe.

El egoísta determina que tiene derecho a todo sin sacrificar nada o sin respetar los derechos de otros. No está dispuesto a cumplir con sus deberes, sino que ante oportunidades de debilidad de otros los desaloja sobreponiendo lo suyo.

La acción de trabajar para su propio beneficio, sin pensar en el bien común. Sus primos cercanos son: el énfasis en sus propios logros, reclamar méritos no logrados, alegrarse por el fracaso ajeno, o enfadarse por el logro de los demás.

Manipular es su operar o usar los elementos o herramientas para beneficio propio o el influir en las personas con palabras o consejos, para sacar provecho de las circunstancias.

Anécdota

En una madrugada cuando laboraba como conserje en el invierno de 2012 en una urbanización en Colmenar Viejo, Madrid España, siendo las 5:00 procedí a hacer la ronda por los sótanos de los tres edificios del costado occidental de la urbanización, y me encontré con la desagradable sorpresa de que la tubería del gas instalada en el edificio del centro reposaba caída sobre los coches en una extensión de daños aproximadamente 45 metros. La última ronda se había realizado de acuerdo a los horarios una hora antes y todo estaba normal. Dicha tubería transportaba los insumos de servicios de gas domiciliarios de los pisos o apartamentos de ese edificio.

La tubería era aproximadamente de 3 pulgadas, es decir casi 8 centímetros de diámetro. La caída de tales instalaciones era algo anormal, pues estaban sujetados con tornillos y bandas de metal amarradas apropiadamente en el cielo de la plancha superior del sótano. Se informó rápidamente al responsable del mantenimiento de la unidad residencial y a la media hora se hizo presente y con el logramos levantar y apuntalar la tubería para facilitar la salida de los coches que quedaron atrapados en el siniestro. Al procurar investigar la razón del suceso, los especialistas sacaron en conclusión que el daño había sido provocado por una persona de la compañía instaladora, que por desacuerdos del pago de la factura de los servicios de instalación tomo esa represalia.

Si se logra desenroscar una de las uniones de la tubería se habría producido una explosión de magnitudes catastróficas, ya que en la urbanización residían más de 80 familias entre los tres bloques, pues la explosión hubiere afectado a las tres construcciones. Se habría hecho inmanejable, pues se dejaba aproximadamente unos 120 vehículos en los sótanos, lo cual hubiere multiplicado la dimensión de la tragedia por el combustible de gasolina de los mismos vehículos.

Más de 240 personas inocentes y desprevenidamente hubieren quedado calcinados, por un hombre que prefirió desbaratar, parte del trabajo hecho previamente; todo por un desacuerdo en el pago.

4.4.1 Embriaguez / Bebedor

Las personas que se sumergen en estos vicios, terminan mal, pues solo llevan problemas a su familia, los que al final se cansan de ser ultrajados, golpeados, humillados, por alguien que en estado de embriaguez somete a golpes a personas, y cosas, trayendo como consecuencia destrucción y menosprecio.

Prov. 20:1 El vino es escarnecedor, la bebida fuerte, alborotadora; y cualquiera que por su causa yerre no es sabio.

o   Cuando la cabeza anda al revés, como andarán los pies.
o   Capa caída, borrachera subida.

o   Lo que se piensa cuerdo, se ejecuta borracho.

o   El borracho empedernido siempre será lo que ha sido.

Cuento

Dos borrachos que están en la plaza del pueblo y uno le dice al otro:
- Compadre, ¿por qué no montamos un bar?
Y le dice el otro:
- ¡Venga!, pero ¿y si nos va malamente?
Y le contesta el otro:
- Pues si nos va malamente lo abrimos al público.

Historia

La Palabra de Sabiduría es una revelación dada al Profeta José Smith. Nos insta a consumir granos, particularmente el trigo, frutas y verduras, así como el uso esporádico de la carne. Incluye los efectos del uso del alcohol, el tabaco, el té y el café, abstenerse del uso de drogas tales como la marihuana, la cocaína, etc., y el abuso de los medicamentos que se extienden bajo receta.

Incluye una promesa en la sección 89 de Doctrina y Convenios, de correr sin fatigarse:

Me cautiva la historia que se extrajo del número de octubre de 1928, de la revista Improvement Era, y que trata sobre Creed Haymond, un joven mormón que se inscribió en la Universidad de Pensilvania e ingresó en ella. Para las competencias finales del campeonato, por universidades, todos estaban expectantes.

El entrenador de Pensilvania, que estaba de buen humor la noche anterior a la competición, pasó a visitar a los miembros de su equipo antes de retirarse a su cuarto. Al pasar por la habitación de Creed, le dijo: "Creed, si mañana hacemos todo lo posible, el campeonato será nuestro".

El entrenador vaciló y dijo: "Creed, esta noche les serviré a los muchachos un poco de vino; deseo que tu tomes un poco, sólo un poco, por supuesto".

"No lo haré, señor".

"Pero Creed, no quiero que te emborraches; sé lo que creen ustedes, los mormones, les doy esto sólo como un tónico para que les ayude a todos a tener más valor".

"No me serviría de nada, entrenador; no puedo tomarlo".

El entrenador le dijo: "Recuerda Creed, eres el capitán del equipo y nuestro mejor ganador de puntos. Catorce mil alumnos esperan que tú personalmente ganes este campeonato; si nos fallas, estamos perdidos. Yo sé lo que es bueno para ti".

Creed sabía que los otros entrenadores creían que un poco de vino era beneficioso cuando los competidores habían entrenado sus músculos y nervios hasta el punto máximo. También sabía que lo que el entrenador le pedía que hiciera estaba en contra de todo lo que se le había enseñado desde su más tierna niñez y, mirando al entrenador a los ojos, dijo: "No lo beberé".

El entrenador le replicó: "Eres un tipo raro, Creed. No tomas te en el comedor; tienes ideas muy tuyas; pero está bien, dejaré que hagas como quieras".

El entrenador se retiró dejando al capitán de su equipo en un estado de extrema inquietud.

Si al día siguiente no respondía bien, ¿Qué le diría a su entrenador? Tenía que competir con los corredores más rápidos del mundo; tenía que dar lo mejor de sí; su obstinación podría hacerle perder la competición a Pensilvania. Se les dijo a sus compañeros lo que tenían que hacer y ellos lo habían hecho; creían en su entrenador; ¿Qué derecho tenía el de desobedecer? Había sólo una razón: Se le había enseñado toda su vida a obedecer la Palabra de Sabiduría.

Era una hora crítica en la vida de este joven. Con toda la fuerza espiritual de su carácter, que ejercía presión sobre él, se arrodilló y, con fervor, le pidió al Señor que le diera un testimonio de la fuente de esta revelación en la que él había creído y obedecido. Luego se fue a la cama y durmió profundamente.

A la mañana siguiente, llegó el entrenador a su habitación y le preguntó: "Creed, ¿cómo te sientes?"

"Muy bien", contestó el capitán, alegremente.

"Todos los demás muchachos están enfermos; no sé qué les pasa", le dijo el entrenador con seriedad.

"Quizás sea el tónico que les dio, señor".

"Puede ser", le contestó el entrenador.

A las dos de la tarde, veinte mil espectadores esperaban en sus asientos el inicio del torneo; a medida que se desarrollaba el evento, era claro que algo malo le sucedía al sorprendente equipo de Pensilvania. Prueba tras prueba el desempeño del equipo estuvo muy por debajo de las expectativas; incluso algunos miembros estaban demasiado enfermos para participar.

Las competiciones en las que Creed corría mejor eran los cien y los doscientos metros llanos. El equipo de Pensilvania necesitaba en forma desesperada que el ganara esas carreras. Competiría con los cinco corredores más rápidos de las universidades de los Estados Unidos. Los hombres se dispusieron en sus marcas para la carrera de los cien metros llanos y, al disparo de la pistola, todos comenzaron a correr. Todos excepto uno: Creed Haymond. El corredor que había usado la pista primero, dos en la carrera preliminar, pista en la que corría Creed en esta competición, había hecho un hoyo de tres a cuatro centímetros para la punta de su pie justo detrás del lugar que Creed Haymond había elegido para el de él. En esa época no se usaban los bloques de largada. Con el tremendo impulso que tomó Creed al comenzar, se rompió el estrecho trozo de tierra que había entre los dos hoyos, y Creed se cayó de rodillas en la pista, detrás de la línea de partida.

Se levantó y trató de recuperar el terreno perdido. A los sesenta metros era el último en la carrera; luego pareció volar y pasó al quinto hombre, luego al cuarto, luego al tercero, luego al segundo. Cerca de la meta, con el corazón a punto de estallar, impulsado por la emoción ante la culminación de la carrera cobró aun mayor velocidad, pasó al último hombre y logró la victoria.

Debido a un error en la programación, las semifinales de los doscientos metros llanos no se terminaron sino hasta casi el final del campeonato. Con la misma mala suerte que había seguido al equipo de Pensilvania todo ese día, pusieron a Creed Haymond en la última rueda de las semifinales de la carrera de doscientos metros. Entonces, sólo cinco minutos después de haber ganado dicha semifinal, se le llamó para competir en la final de los doscientos metros, el último evento del día. Uno de los participantes que había corrido antes que Creed se apresuró a decirle: "Dile al encargado que tu exiges un descanso antes de la siguiente carrera; tienes el derecho de hacerlo, de acuerdo con el reglamento. Yo apenas me estoy reponiendo y eso que corrí antes que tu".

Creed, sin aliento, fue ante el encargado y le rogó que le dieran más tiempo. El oficial le dijo que le daría diez minutos. Sin embargo, la multitud clamaba que empezara la prueba final. Con pesar, el oficial llamó a los hombres a sus marcas. Bajo condiciones normales, Creed no habría temido a esa carrera, puesto que era probablemente el hombre más rápido del mundo en esa competición, pero ya había corrido tres carreras esa tarde, y una había sido la terrible carrera de los cien metros llanos.

El oficial ordenó a los jadeantes hombres tomar sus posiciones, levantó la pistola y con un soplo de humo, empezó la carrera. Esta vez el capitán de Pensilvania literalmente salió como un disparo. Luego emergió del grupo y tomó la delantera. Corrió a toda velocidad y dejó ocho metros atrás al hombre más cercano y rompió la cinta de la meta, ganando así su segunda carrera, los doscientos metros llanos.

El equipo de Pensilvania perdió la competición, pero su capitán había maravillado a los aficionados con sus excelentes carreras.

Al final de aquel extraño día, cuando Creed Haymond se dirigía a su dormitorio, repentinamente vino a su memoria la pregunta que se había hecho la noche anterior con respecto a la divinidad de la Palabra de Sabiduría. Por su mente, pasó la extraordinaria serie de acontecimientos que se le habían presentado: sus compañeros habían bebido de ese vino y habían fracasado; su abstinencia le había traído victorias que al mismo le sorprendieron. Sintió la dulce y sencilla seguridad del Espíritu: la Palabra de Sabiduría es de Dios.

4.4.2 Enemistad / Enemigos

A quien se le considera como su rival, por causa de eventos anteriores, donde prima la no aceptación mínima de conversaciones, negocios, juegos etc. Es importante considerar con atención el consejo de Dios, respecto de nuestra actitud hacia ellos.

Prov. 20:3 Honra es del hombre dejar la contienda, pero todo insensato se enreda en ella.

- o Haz bien a tus enemigos si un día te necesita; ya basta que Dios lo castigue a mendigar a su contrario. Mariano Aguiló.
- o Solo temo a mis enemigos cuando empiezan a tener razón. J. Benavente.
- o Es más fácil perdonar a un enemigo que a un amigo. William Blake.

Cuento

¡Doctor, doctor! Desde que mi mujer me dejo no puedo dormir.
¿Por qué? ¿La echa mucho de menos? Pregunta el médico.
No. Es que se llevó la cama.

Comentario

En las enseñanzas de Jesucristo encontramos una de las lecciones más oportunas para actuar en contra de problemas semejantes: El salvador mando orar por ellos.

Parábola del buen samaritano:

Lucas 10:25-37 / 25 Y he aquí, un intérprete de la ley se levantó y dijo, para tentarle: Maestro, ¿qué debo hacer para heredar la vida eterna?
26 Y él le dijo: ¿Qué está escrito en la ley? ¿Cómo lees?
27 Y él, respondiendo, dijo: Amarás al Señor tu Dios con todo tu corazón, y con toda tu alma, y con todas tus fuerzas y con toda tu mente; y a tu prójimo como a ti mismo.
28 Y le dijo: Bien has respondido; haz esto y vivirás.
29 Pero él, queriendo justificarse a sí mismo, dijo a Jesús: ¿Y quién es mi prójimo?
30 Y respondiendo Jesús, dijo: Un hombre descendía de Jerusalén a Jericó cayó en *manos de* ladrones, los cuales le despojaron; e hiriéndole, se fueron, dejándole medio muerto.
31 Y aconteció que descendió un sacerdote por aquel camino y, al verle, pasó de largo.
32 Y asimismo un levita, llegando cerca de aquel lugar, al verle, pasó de largo.
33 Más un samaritano que iba de camino llegó cerca de él y, al verle, fue movido a misericordia;
34 y acercándose, vendó sus heridas, echándo*les* aceite y vino; y poniéndole sobre su propia cabalgadura, le llevó al mesón y cuidó de él.

35 Y otro día, al partir, sacó dos denarios y los dio al mesonero, y le dijo: Cuídamelo; y todo lo que gastes de más, yo te *lo* pagaré cuando vuelva.
36 ¿Quién, pues, de estos tres te parece que fue el prójimo de aquel que cayó en *manos de* los ladrones?
37 Y él dijo: El que tuvo misericordia de él. Entonces Jesús le dijo: Ve y haz tú lo mismo.

4.4.3 Enfermedad, lastre

Decaimiento severo en la salud de las personas, animales o plantas, que impiden su normal funcionamiento.

Lastre es algo que impide que las personas progresen, estén en armonía consigo mismo, pues a causa de cargar el peso, ello les impide con normalidad desenvolverse. Así son las deudas, las enfermedades, las culpas, y los vicios.

Prov.20:28-30/28 Misericordia y verdad guardan al rey, y con clemencia se sustenta su trono.
29 La gloria de los jóvenes es su fuerza; y la hermosura de los ancianos, sus canas.
30 Las señales de las heridas limpian del mal; y los golpes, lo más profundo del ser.

o   Camisa que mucho se lava y cuerpo que mucho se cura, poco duran.
o   Enfermedad de nueve meses, antes de diez desaparece.
o   La cocina es la mejor medicina.
o   Todos nacemos locos, Algunos siguen siéndolo toda la vida. Samuel Beckett.
o   Nada perturba tanto la vida de un individuo como sus propias manías. Paul Henri Spaak.
o   El miedo es el más peligroso de los sentimientos colectivos.

Cuento

El médico cura a un paciente por autosugestión:
Diga tres veces "estoy curado".
El paciente obedece y, realmente, se siente curado.
El médico le pide mil euros por la consulta.
El paciente le responde al doctor:
Diga tres veces "Ya he cobrado"

Cuento

Dos abogados, padre e hijo conversan:
Papá, estoy desesperado. No sé qué hacer. Perdí aquel caso.
Hijo mío, no te preocupes. El abogado nunca pierde un caso: quien
pierde es el cliente.

Historia

Las enfermedades pueden venir cuando menos pensemos, algunas son
contraídas, consecuencias de nuestra indiferencia a los consejos o por
falta de cuidado, o incluso recibidas como acuerdo antes de nacer, es
decir aceptadas como parte de la prueba de vida en la tierra.

Cuando estaba joven muchas veces por ignorar, no tome precauciones,
pues siempre pensé que nunca eso me pasaría a mí.

Hoy día añoro esos tiempos para haber evitado agravar los problemas
de mi salud. Si hubiere sabido que los huesos, tejidos, coyunturas, y
tendones me afectaría para practicar mi deporte favorito, no habría
exagerado trotar en pavimento sin zapatillas apropiadas, o participar en
campeonatos de salto de comba en pavimento, y así podría disfrutar del
basquetbol, pues ello sí que me dio gozo, junto al atletismo.

Los problemas del ataque cardiaco del año 2.013 me han impedido que
yo me esfuerce al máximo en muchos ejercicios, carreras, o deportes

como lo disfrutaba en otros tiempos, haciendo que los problemas en rodillas y corazón sea un lastre.

Sin embargo gracias a esos días de recuperación, pude ejecutar trabajos de historia familiar que me dieron la posibilidad de hacer algo por mis antepasados.

Algunas personas han tenido pruebas más complicadas, especialmente aquellos que han vivido en sillas de ruedas, o confinados a una camilla, de por vida, o con enfermedades muy complejas que han mantenido sobrecogidos por siempre. Ellos son espíritus valiosos, y después de esta tierra podrán disfrutar de muchas mejores condiciones; rindo mi admiración y respetos a ellos por ese valor.

4.4.4. Envidia

Quien con marcada tendencia suele desear lo ajeno.

Prov.14:30 El corazón apacible es vida de la carne; pero la envidia, podredumbre de los huesos.

Prov.15:27 Alborota su casa el codicioso, pero el que aborrece los regalos vivirá.

Prov.23:1-3 /1.Cuando te sientes a comer con algún gobernante, considera bien lo que está delante de ti;
2 y pon cuchillo a tu garganta si tienes gran apetito.
3 No codicies sus manjares delicados, porque es pan engañoso.
Prov.23:6-8 /6 No comas pan del maligno de ojo ni codicies sus manjares,
7 porque cuál es su pensamiento en su corazón, tal es él. Come y bebe, te dirá, pero su corazón no está contigo.
8 Vomitarás el bocado que comiste y perderás tus suaves palabras.

Prov.24:1-2 /1 No tengas envidia de los hombres malos ni desees estar con ellos,

2 porque su corazón maquina violencia, y sus labios hablan de hacer mal. Prov.27:4 Cruel es la ira e impetuoso el furor, pero, ¿quién podrá sostenerse delante de la envidia?

o   El envidioso enflaquece de lo que otro engordece.
o   Lleva siempre tu camino y no mires el de tu vecino.
o   Del enemigo envidioso, huye como el tiñoso.
o   Nada hay tan odioso como un envidioso.
o   La envidia es tan fea que siempre anda por el mundo disfrazada, y nunca más odiosa que cuando pretende disfrazarse de justicia. Jacinto Benavente.
o   Vive sin envidia y sin desear más que tranquilidad gozosa muchos años, en amistad con tus iguales.
o   La envidia va tan flaca y amarilla porque muerde y no come. Francisco de Quevedo y Villegas.
o   Si envidias a un hombre, por inferior a él, le reconoces. Rodríguez Marín.
o   Castiga a los que te tienen envidia haciéndoles el bien. Prov. Árabe.
o   La envidia del amigo, peor es que el odio del enemigo. Mosén Juan Valles.

Cuento

Unos caballos de carreras están en la cuadra charlando:
Pues yo he ganado 3 carreras de 11 en las que he corrido.
Eso no es nada, yo he ganado 5 de 13.
¡Qué tontería! Yo he ganado 11 carreras de 20.
Entonces un perro que había por allí dice:
¡Fantasmas! Yo he ganado 96 carreras de 97.
¡Anda! ¡Un perro que habla!

Comentario

Los casos de envidia son comunes entre los hijos de Dios, y podemos verlos inclusive entre nuestros hijos o hermanos, y el Salvador quiso enseñar este comportamiento con una parábola, pues somos objetos de envidias por parte de las legiones de Satanás, para impedir que alcancemos la vida eterna:

Parábola de la cizaña:

Mateo 13:24-30/24 Les refirió otra parábola, diciendo: El reino de los cielos es semejante al hombre que sembró buena semilla en su campo.
25 Pero mientras dormían los hombres, vino su enemigo y sembró cizaña entre el trigo, y se fue.
26 Y cuando la hierba brotó y dio fruto, entonces apareció también la cizaña.
27 Y viniendo los siervos del padre de familia, le dijeron: Señor, ¿no sembraste buena semilla en tu campo? ¿De dónde, pues, tiene cizaña?
28 Y él les dijo: Un enemigo ha hecho esto. Y los siervos le dijeron: ¿Quieres, pues, que vayamos y la arranquemos?
29 Y él dijo: No; no sea que, al arrancar la cizaña, arranquéis también con ella el trigo.
30 Dejad crecer juntamente lo uno y lo otro hasta la siega; y al tiempo de la siega, yo diré a los segadores: Recoged primero la cizaña y atadla en manojos para quemarla; pero recoged el trigo en mi alfolí.

4.4.5 Error, mediocridad

Resultado diferente a lo esperado; equivocaciones en las acciones; conceptos equivocados respecto de algo; juicios falsos o contrarios a lo formado.

Mediocridad son los efectos del poco esfuerzo en las tareas ejecutadas, con resultados malos o regulares, y que no ofrecen garantía o beneficio. Algunos productos del mercado salen muy económicos, pero las posibilidades de que dure lo justo están limitadas al uso, o incluso al intento de usarlas. De ello el mercado es cada vez más abastecido.

Prov.21:20 Tesoro deseable y aceite hay en la casa del sabio, pero el hombre insensato todo lo disipa.

- o Cada día hace uno una tontería, y de gracias a Dios el día que no hace dos.
- o Saber y errar nadan a la par.
- o Errando se aprende a acertar.
- o Quien no yerra no escarmienta.
- o Errar es humano; perseverar en el error es diabólico. San Agustín.
- o Conviene matar el error, pero salvar a los que han errado. San Agustín.
- o Hay hombres que ni siquiera se equivocan, porque no se proponen nada razonable.
- o Los errores del hombre son especialmente los que le hacen digno de amor.
- o Todos los hombres pueden caer en error; pero solo los necios perseveran en él. Marco Tulio Cicerón.
- o No darás tropezón que no te haga adelantar camino. Bernardo Balbuena.
- o Tan solo el hombre íntegramente educado es capaz de confesar sus faltas y de reconocer sus errores. B. Franklin.
- o Si no te equivocas de cuando en cuando, es que no te arriesgas. Woody Allen.
- o Los genios no cometen errores. Sus errores son siempre voluntarios y originan algún descubrimiento. James Joyce.
- o Los espíritus mediocres suelen criticar todo aquello que está fuera del alcance de ellos. Duque. De la Rochefoucauld.
- o Al revés que el ser inteligente, que se percata de todo y lo calla todo, el mediocre hace observaciones sobre todo, lo habla todo y no dice nada. Heinrich Heine.

o   La sabiduría mediocre sólo se diferencia de la tontería en que da mucho trabajo. Proverbio sueco

Cuento

¿Sí? ¿Es el manicomio?
No señora, debe haberse equivocado. No nos instalan el teléfono hasta la semana próxima.

Cuento

Un loco subía a un poste todos los días. Cada vez se subía un poco más alto.
Un día llegó a la cima. Escribió una nota y la coloco allí. Su médico, intrigado, subió para ver que decía la nota:
"No suba más, cacho bobo. El poste termina aquí.

Comentario

Empieza otra vez, o las veces que sean necesarias, enseño Paty Castillo, y resulta verdadero; el inventor de la bombilla, expreso que sus 1.000 equivocaciones, fueron procesos hasta alcanzar la exactitud requerida.

Uno de los problemas que tuve con algunos jefes, me sucedieron porque rechace algunas de sus invitaciones a comer y beber, lo cual nos llevó a vivir una situación difícil y con el tiempo, en el sentido de que no me pudieron persuadir a violar la palabra de sabiduría. Me sucedió con algunos auditores externos, pues ellos a cuentas de la empresa gastaban en viáticos no poca cantidad de dinero, pero lo delicado era que los problemas venían después. Yo debía permanecer con mi familia, o en ocupaciones de trabajo, o en la iglesia, lo cual debía cumplir a cabalidad.

Tal actitud, les generaba bastante malestar, sin embargo con el tiempo, fue favorable, pues tales funcionarios cometieron imprudencias en las cuales también podría haber caído yo.

Prov.23:6-8/6 No comas pan del maligno de ojo ni codicies sus manjares, 7 porque cuál es su pensamiento en su corazón, tal es él. Come y bebe, te dirá, pero su corazón no está contigo.
8 Vomitarás el bocado que comiste y perderás tus suaves palabras.

4.4.6 Errores de ortografía

Refiere a casos en que se omiten reglas y convenciones que rigen los sistemas de escrituras. A algunos les parece un problema, pues juzgan sarcásticamente al escriba.

Mormón 7:8-10 /8 Por tanto, arrepentíos y sed bautizados en el nombre de Jesús, y asíos al evangelio de Cristo, que no solo en estos anales os será presentado, sino también en los anales que llegarán de los judíos a los gentiles, anales que vendrán de los gentiles a vosotros.
9 Porque he aquí, se escriben estos con el fin de que creáis en aquellos; y si creéis en aquellos, también creeréis en estos; y si creéis en estos, sabréis concerniente a vuestros padres, y también las obras maravillosas que se efectuaron entre ellos por el poder de Dios.
10 Y sabréis también que sois un resto de la descendencia de Jacob; por tanto, sois contados entre los del pueblo del primer convenio; y si es que creéis en Cristo, y sois bautizados, primero en el agua, y después con fuego y con el Espíritu Santo, siguiendo el ejemplo de nuestro Salvador, de conformidad con lo que él nos ha mandado, entonces os irá bien en el día del juicio. Amén.

o   La ortografía mala es bella cuando se aprecia con paciencia; es fea cuando se juzga con tiranía. JCIR
o   Las correcciones de errores de pronunciación o de ortografía en público, con altanería, etc., son peores, como algunos remedios que la enfermedad. JCIR
o   Enseña con humildad y paciencia tres veces a quien requiere saber una regla ortográfica y quizás ganes un amigo y no un enemigo. JCIR.

Cuento

¿Cómo le ha ido en los exámenes, Juanito?

¡bien papá! Me ha examinado un cura muy anciano.

¿Y qué te ha dicho?

A mi nada, pero ha de ser un santo.

¿Santo?..... ¿por qué?

Porque a cada momento exclamaba: ¡Virgen del Carmen!

Comentario

Muchos no somos, ni formados en idiomas, ni gramática, etc., lo que hace que seamos sensibles a cometer este tipo de errores. Curiosamente en los países donde se originaron algunos idiomas son menos propensos a juzgar por los errores de ortografía como sí lo son en otros donde hablan uno solo idioma. Quizás se deba a que el hecho de interactuar con personas de muchas culturas e idiomas les permite ser más pacientes con quienes procuran en un mundo globalizado y sus idiomas, y así aceptar lo importante cual es la comunicación, en tanto que en otros se detienen a juzgar a quien como puede o procura transmitir las cosas como las siente.

Ejemplo en algunos países de América si tú mencionas Wifi tal como suena y como se entiende en España, te condenan a ser ridiculizado en público, en cambio sí en España pronuncias Wifi, (Waifai) tal como se pronuncia en Ingles, nadie te entiende.

Las frases "subir para arriba" están mal usadas, pero descalificar en público no encuadra con lo importante cual es la consideración de las personas y la autoestima.

Imaginémonos en la condición de dificultad con que le tocó escribir a estos profetas de los escritos del Libro de Mormón: no había borradores, para corregir en planchas, pues era con un buril o punzón y se tenía que tener buena comodidad y luz. No se contaba con diccionarios, ni ordenador, además no eran letrados, pues no fueron a la universidad, tampoco tenían paz para dejar los escritos en cualquier lugar, pues las condiciones de guerra lo impedían, había que pensar bastante, pues el egipcio reformado era bastante compacto y había que dar con el chiste en cuanto a que no se interpretara otra cosa, debido a que podría interpretarse diferente a la idea, no se contaba con bibliotecas, y sin embargo se expresó con el espíritu y deseo de que se conservara para nuestros días y así sucedió.

4.5.1 Esclavitud, narcotráfico

Capacidad que tienen algunos de privar a los demás de sus legítimos derechos, de libertad, libre albedrio, y mantenerlos así en sometimiento. Hoy se ve en el cigarrillo, el alcohol, la prostitución, los impuestos altos, la droga y otros, los videojuegos, los hinchas ultra, y quienes han encubierto las verdades y por conveniencia, han impedido que estas salgan a la luz, para mantener su estatus económico y de poder, ¡hay de estos últimos!, dijo de estos el profeta Isaías.

Prov.29:2 Cuando los justos abundan, el pueblo se alegra; pero cuando domina el malvado, el pueblo gime

Prov.30:14 Hay generación cuyos dientes son espadas, y sus muelas cuchillos, para devorar a los pobres de la tierra y a los menesterosos de entre los hombres.

- o Quien un mal hábito adquirió, esclavo de él vive y muere.
- o Por un perro que maté, mataperros me llamaron, y mataperros me quedé.
- o A los tuyos, con razón o sin ella.
- o El narcotráfico es la expresión del odio a todo lo que le rodea. JCIR
- o No llames virtud a lo que te hace perder la salud.
- o Unta la mano del escribano, y hará buen pleito de malo.

Cuento

Un loco sale del manicomio, para un taxi y le pregunta al chofer:
¿Está libre?
Sí.
Entonces, ¡viva la libertad!

Comentario

La esclavitud y el sometimiento de las voluntades de otros es lo que traen los engendros de las guerrillas, narcotraficantes, paramilitares, pues al final terminan por corromper la justicia, sus familias y todo lo que se deje envolver por sus tentáculos.

El narcotráfico es el comercio de la muerte en vida, que producen las sustancias que activan las sensaciones mentales y corporales y que con la violencia y corrupción que generan, destruyen todo lo bueno que existe entre los pueblos.

Es el uso indebido del comercio de drogas letales en cuanto que minan la capacidad intelectual, síquica, autodominio, respeto, y dignidad de las personas que las ingieren o consumen.

Los que ingieren, absorben, participan, consumen y comercializan estos engendros de sustancias terminan locos, dependientes, o quizás sumidos en sus propios temores o cautivos de su desesperanza.

Los que multiplican estos comercios terminan por degenerar familias, sociedades, pueblos, pero lo peor de todo es que su propia familia, no se salva de los efectos colaterales de ello.

Ecles.5:16-17. Esto también es un gran mal: que como vino, así haya de volver. ¿Y de qué le aprovechó trabajar para el viento?
17 Además de esto, todos los días de su vida comerá en tinieblas, con mucha molestia, y enfermedad y enojo.

4.5.2 Extremos, oposición

Que se encuentra en el punto más alejado del que habla; punto ultimo respecto del centro; algo que se posiciona distante de quien habla.

Ocasionalmente podemos polarizarnos, es decir ser tan exagerados en nuestras apreciaciones que nos volvemos extremistas, es decir creer, ser parte de lo positivo y otros lo negativo, porque no miramos las cosas con el mismo ángulo, interés, o simplemente con el deseo de llevar la contraria. Sucede muy a menudo en conversaciones de opositores de política, fanáticos de equipos de futbol, religiones, etc., hasta hacerse daño por cosas insulsas.

En la vida también podemos exagerar la indiferencia respecto de los necesitados, especialmente cuando se está en posición financiera muy favorable, o por causa de razas, nacionalidades, religiones, etc.

Acto de resistencia que se ejerce sobre algo; también se interpreta como los exámenes o pruebas de admisión para lograr un puesto en un trabajo, colegio o universidad.

En el plan de prueba y de Salvación de Dios, para sus hijos en la tierra se previó que tendríamos mucha oposición, sin embargo Dios sabía que tal oposición nos ayudaría a progresar. Las adversidades, tribulaciones y oposiciones, nos permiten convertirlas en experiencias derivadas de las dificultades, con las cuales evitaríamos caer en errores adicionales y entender los consejos, de los sabios y aprender de ellos.

Isaias30: 20-21/20 Aunque os dará el Señor pan de congoja y agua de angustia, con todo, tus maestros nunca más te serán quitados, sino que tus ojos verán a tus maestros.
21 Entonces tus oídos oirán a tus espaldas palabra, diciendo: Éste es el camino, andad por él, ya sea que vayáis a la derecha o a la izquierda.

- o   Odiar a alguien es sentir irritación por su simple existencia.
- o   Genio y figura hasta la sepultura.

- o Quien cosa buena ver y oír quiera, presencia una riña de verduleras.
- o Tú qué razones no conoces, dame voces, más no coces.
- o Por quitarse allá esas pajas, se hacen los hombres rajas

Cuento

Un día domingo en la ciudad de Madrid, un hombre se quiere lanzar al vacío desde un séptimo piso.

Un transeúnte que lo ve trata de evitar que lleve a fin su insensata decisión:

No lo haga, piense en su esposa.

Justamente es por ella que me suicido.

Entonces piense en sus hijos.

No tengo hijos.

Entonces piense que hoy juega el Real Madrid.

Que se vaya al diablo el Real Madrid.

Entonces tírese rápido......... colchonero idiota.

Comentario

Las pruebas vienen a todos, pero a algunos les son más notables que a otros. Cuando aprendí a temer a Dios, le pedí el favor que nunca me diera: en exceso ni dinero, ni fama ni tampoco demasiada comodidad, no fuera que perdiera la posibilidad de verme necesitado de trabajar y así me dedicara a buscar problemas en: lujuria, orgullo, vanidad, y/o perdiera la perspectiva eterna, y de esa forma también arrastrara mi familia.

El señor me escucho y me dio la posibilidad de cubrir mis necesidades siempre, pues me bendijo con la ley del diezmo y de las ofrendas, y gracias a esa ley siempre mantengo mis necesidades cubiertas, pero no me ha sido fácil, lo confieso, sin embargo me sostengo firme en mi testimonio y temor a Dios, lo cual impide que separe demasiado los pies de la tierra. No me ha sido sencillo nada, de hecho creo que me tengo que esforzar tres veces más de lo que otros tienen que hacerlo, pero con todo y eso, aún sigo feliz de saber que mi gratitud a Dios por sus bendiciones las reconozco y son: su protección, conocimiento, sacerdocio, familia, paz interior, salud, libertad, gozo, esperanza, y oportunidades de servir las mantengo vigentes. Ello ha sido lo mejor que he recibido de mi Dios.

Parábola del hombre rico y Lázaro:

Lucas 16:19-31 /19 Había un hombre rico que se vestía de púrpura y de lino fino y hacía cada día banquete con esplendidez.

20 Había también un mendigo llamado Lázaro, que estaba echado a la puerta de aquél, lleno de llagas,

21 y deseaba saciarse de las migajas que caían de la mesa del rico; aun los perros venían y le lamían las llagas.

22 Y aconteció que murió el mendigo y fue llevado por los ángeles al seno de Abraham; y murió también el rico y fue sepultado.

23 Y en el Hades alzó sus ojos, estando en tormentos, y vio de lejos a Abraham, y a Lázaro en su seno.

24 Entonces él, dando voces, dijo: Padre Abraham, ten misericordia de mí y envía a Lázaro para que moje la punta de su dedo en agua y refresque mi lengua, porque estoy atormentado en esta llama.

25 Y le dijo Abraham: Hijo, acuérdate de que recibiste tus bienes en tu vida, y Lázaro, por su parte, males; pero ahora éste es consolado aquí, y tú eres atormentado.

26 Y además de todo esto, hay un gran abismo entre nosotros y vosotros, de manera que los que quieran pasar de aquí a vosotros no pueden, ni de allá pasar acá.

27 Entonces dijo: Te ruego, pues, padre, que le envíes a la casa de mi padre,

28 porque tengo cinco hermanos, para que les testifique, a fin de que no vengan ellos también a este lugar de tormento.

29 Y Abraham le dijo: A Moisés y a los profetas tienen; ¡que los oigan a ellos!

30 Él entonces dijo: No, padre Abraham; pero si alguno va a ellos de entre los muertos, se arrepentirán.

31 Pero *Abraham* le dijo: Si no oyen a Moisés y a los profetas, tampoco se persuadirán aunque alguno se levante de entre los muertos.

4.5.3 Falso, fingido, disfrazado

Se califica a alguien como falso cuando sus hechos no revisten realidad, pero aparentan verdad. Al igual que los billetes de denominaciones no autorizadas o falsificadas, que poco o nada sirven.

Fingido es cuando alguien engaña a los demás, aparentando no tener conocimiento del hecho. Que es presentado como verdadero, pero no lo es.

Ecles.10: 1 1 Las moscas muertas hacen heder y dar mal olor al perfume del perfumista; así una pequeña locura pesa más que la sabiduría y la honra.

Prov.12:13-14 /13 El malvado se enreda en la transgresión de sus labios, pero el justo saldrá de la tribulación.

14 Por el fruto de su boca el hombre se saciará de bien, y volverá a él la recompensa de sus manos.

Prov.13:5 El justo aborrece la mentira, pero el malvado se hace odioso e infame

Pov.14:5 El testigo veraz no mentirá, pero el testigo falso hablará mentiras.

Prov. 19:9El testigo falso no quedará sin castigo, y el que habla mentiras perecerá

Pov.25:14 Como nubes y vientos sin lluvia, así es el hombre que se jacta de falsos dones.

Prov.25:18 Mazo, y espada y saeta agudaes el hombre que habla contra su prójimo falso testimonio.

- o   Palabritas melosas, palabritas sospechosas.
- o   La zorra más maligna suele predicar a las gallinas.
- o   Cada medalla tiene dos caras.
- o   La corriente silenciosa es la más peligrosa.
- o   Si es falsa la persona, al fin traiciona.
- o   Con los pocos años vienen los engaños, y con muchos años, los desengaños.

Cuento

Un loco a otro:
¿Sabes lo que tengo en las manos? Y le enseño los puños cerrados juntos.
¡Un elefante! Le dice el otro
¡Así no vale! Tú le has visto la colita.

Comentario

Cuando los apóstoles fueron muertos a causa de la persecución, la iglesia perdió la autoridad plena de sus poderes y se cayó en una apostasía, tal cual se había anunciado antes, y fue así que los hombres creyentes pensaron con buena voluntad continuar con su iglesia, pero la autoridad ya no estaba y se organizaron muchos credos, pero que se contradecían, interpretaban la doctrina de diferentes formas, y cambiaron y organizaron las cosas fundamentales como el bautismo por inmersión para cambio de vidas, por ceremonias de niños para colocar un nombre, etc. Y más cosas. Pero la anunciada restauración en Hechos 3:21 solo se confirmó hasta 1.830.

La parábola de la puerta cerrada explica en parte este asunto:

Lucas 12: 23-30 / 23 Y le preguntó uno: Señor, ¿son pocos los que se salvan? Y él les dijo:

24 Esforzaos por entrar por la puerta angosta, porque os digo que muchos procurarán entrar y no podrán.

25 Después que el padre de familia se levante y cierre la puerta, y estando fuera, comencéis a llamar a la puerta, diciendo: Señor, Señor, ábrenos; él, respondiendo, os dirá: No sé de dónde sois.

26 Entonces comenzaréis a decir: Delante de ti hemos comido y bebido, y en nuestras plazas enseñaste;

27 pero *os* dirá: Os digo que no sé de dónde sois; apartaos de mí todos *vosotros,* hacedores de iniquidad,

28 Allí será el llanto y el crujir de dientes cuando veáis a Abraham, y a Isaac, y a Jacob y a todos los profetas en el reino de Dios, y vosotros estéis excluidos.

29 Y vendrán del oriente y del occidente, del norte y del sur, y se sentarán a la mesa en el reino de Dios.

30 Y he aquí, son postreros los que eran los primeros; y son primeros los que eran los postreros.

4.5.4 Fama, orgullo

El prestigio adquirido por las acciones públicas; la popularidad adquirida ante terceros.

Término para describir los reconocimientos a una persona, cosa o animal, a causa de sus obras, dones, oficios, bondades, o habilidades, etc. La fama puede ser buena o mala, lo cual lo hará aceptable o no ante los demás, pues según sea esta, estará condicionada su aprobación.

Prov.22:1 DE más estima es el buen nombre que las muchas riquezas, *y* la buena fama más que la plata y el oro.

Ecles.7:1 MEJOR es el buen nombre que el buen ungüento, y el día de la muerte que el día del nacimiento.

Prov.21:4 La altivez de ojos, y el orgullo del corazón y el barbecho de los malvados son pecados.

Prov21:13 El que cierra su oído al clamor del pobre también clamará y no será oído.

Prov.21:24 Soberbio y presuntuoso escarnecedor es el nombredel que actúa con insolente orgullo.

o   Cobra buena fama y échate a dormir, si la coges mala, no podrás vivir.
o   Piérdese el hombre, y no su buen nombre.
o   El perro de buena raza, hasta la muerte caza.
o   Más vale fama y talento, que riqueza y nacimiento.
o   Sin sacarlo al mercado se vende el buen caballo.
o   Con obras, no con palabras, la buena fama se labra.
o   La fama y el miedo hacen de una pulga un caballero.
o   Hay veces, es más el ruido que las nueces.
o   Cuando uno es más es honrado, tanto mayor es su pecado.
o   ¿Quieres ser conocido? Mete ruido.
o   Lo bueno de ser una celebridad es que cuando la gente se aburre contigo piensa que la culpa es tuya. Henry Kissinger.
o   A la gloria de los más famosos se describe siempre algo de miopía de los admiradores. Dante C. Liehtenberg.
o   La fama es la suma de los malentendidos que se reúnen alrededor de un hombre. Rainer M. Rilke.
o   El destino de todos los grandes hombres es ser calumniados durante toda su vida, y admirados después de su muerte. Paul Morand.
o   Los poetas no comienzan a vivir hasta que se mueren. Foscolo.
o   Lo que más irrita a los orgullosos es el orgullo de los demás. William Cowper.
o   La cabeza no escucha sino hasta que el corazón ha prestado atención, y que lo que el corazón sabe hoy lo entenderá mañana. (Jones Stephens)
o   El orgullo es el complemento de la ignorancia. Bernard Le Bouvier.

Cuento

¿Usted me conoce bien, verdad?
Sí, así es.
¿Entonces porque no me vota?
Justamente por eso.

Cuento

El hermano pequeño de Jaimito se pasa el día entero llorando. Un día un amigo de Jaimito que no aguantaba más tanto lloriqueo, le comenta:
Tu hermano es un poco pesado, ¿No? Es un llorón.
Sinceramente, yo creo que tiene sus razones.
¿Qué quieres decir con eso, Jaimito? Pregunta el amigo.
Nada, solo que me gustaría ver qué harías tu si no supieses hablar, fueses desdentado, calvo, y no consiguieras mantenerte en pie.

Comentario

La fama no es mala adquirirla, de hecho ella puede sobrevenir por nuestros éxitos o también por los fracasos, sin embargo a causa de ella, nos pueden sobrevenir sentimientos de orgullo, vanidad, prepotencia, y con ellos albergar otros sentimientos cuales son: la pérdida de la humildad, la negligencia, la incapacidad para escuchar la voz del Señor por medio de los líderes o por la lectura de las escrituras. Nos hacen perder gradualmente la condición de interés en el servicio, lo cual va trayendo contención, envidia, falta de misericordia(apatía por ayudar a los demás), y comenzamos a pensar solo en el yo.

El hombre natural lo expresa con algo de vanagloria. Es una palabra mal utilizada, Dios por ejemplo nunca manifestó orgullo sino complacencia en su hijo. Al sentirnos bien por algo o por alguien, deberíamos expresar me complazco en…. En vez de orgullosos, pues la palabra orgullo denota debilidad malsana

Ecles. 10:2-3 /2 El corazón del sabio está a su mano derecha; pero el corazón del necio, a su mano izquierda.

3 Y aun cuando el necio vaya por el camino, le falta entendimiento y demuestra a todos que es necio.

4.5.5 Fanfarrón, Jactancioso

Alguien que presume de lo que no es.

Persona que se comporta con arrogancia, engreimiento, o petulancia ante otros

Prov.25:14 *Como* nubes y vientos sin lluvia, *así es* el hombre que se jacta de falsos dones.

Prov.25:28 *Como* ciudad derribada y sin muro es el hombre cuyo espíritu no tiene rienda.

- o El que te habla de los defectos de los demás, con los demás habla de los tuyos. Denis Diderot.
- o Unos gustan decir lo que saben, otros lo que piensan. Edmond Jourvert.
- o El hombre prefiere hablar de sí mismo qué no decir nada. Nunca no es tan feliz, ni tan desgraciado como se imagina. Duque de la Rochefoucauld
- o Muchos regresan de la guerra que no pueden describir la batalla. Prov. italiano.
- o Quien se jacta de ganar una batalla, está fraguando su derrota. Seneca.
- o Cuando se nos pregunte después,
- o ¿qué es la conducta?, responderemos: tres cuartos de nuestra existencia.

Cuento

El señor de la casa llama por teléfono y lo coge la asistente:
¿Ha llamado algún imbécil, Maruja?
No, es usted el primero.

Cuento

Le dice la profesora a Jaimito:
Jaimito, si yo digo "fui rica"
Es tiempo pasado. Señorita.
Si digo "soy hermosa", ¿Qué es?
Exceso de imaginación.

Comentario

La jactancia sobreviene cuando perdemos la humildad por los logros, talentos, o capacidades y destrezas adquiridas como una bendición de Dios, o porque por nuestros esfuerzos los hemos adquirido. No son malos los éxitos, el problema comienza cuando vamos teniendo aires de condesa o superioridad que nos van haciendo demasiado presumidos, e indiferentes a las necesidades o limitaciones de los demás.

Lo ve uno a menudo entre: los personajes públicos, o famosos de los deportes, farándula, o política, los militares, o quienes adquieren un tris de superioridad o poder. No alcanzan a razonar, con libertad sino que la prepotencia se les sube a la cabeza y comienzan a menospreciar a los demás, porque o no ganan igual dinero, o porque no son tan jóvenes, o porque tal vez son menos diestros.

Prov.27:1-2 / 1 No te jactes del día de mañana, porque no sabes qué dará de sí el día.
2 Que te alabe el extraño, y no tu propia boca; el ajeno, y no tus propios labios.

Prov.30:32-33 /32 Si neciamente te has enaltecido o has pensado hacer mal, ponte la mano sobre la boca.

33 Ciertamente el que bate la leche sacará mantequilla, y el que recio se suena las narices se sacará sangre, y el que provoca la ira causará contienda.

4.5.6 Fantasía, hipócrita

Capacidad de presentar a otras personas, cosas o imágenes llamativas por la belleza, o irreales, o muy difíciles de hacer.

Hipócrita: suélese calificar a quien exigiendo a otros cumplir normas o doctrinas, no las ejecuta o cumple como se espera de él. Todos somos imperfectos, pero nuestra misión en la tierra es perfeccionarnos, y esta viene gradualmente, pero cuando juzgamos a otros caemos en la trampa de ser hipócritas, especialmente cuando lo que juzgamos aún no lo cumplimos a cabalidad.

Prov. 11:9 El hipócrita con la boca destruye a su prójimo, pero los justos son librados con el conocimiento.

o Cuando no puedo satisfacer a mi razón, me agrada secundar con mi fantasía. Thomas Browne.
o La mejor amiga y la peor enemiga del hombre es la fantasía. Arthur Graf
o En todos los grandes hombres de ciencia existe un soplo de la fantasía. Geovanny Papini.
o Me maravillo a menudo de que la historia resulte tan pesada, porque gran parte de ella debe ser pura invención. Thomas Jefferson.
o Entre el honor y el dinero, lo segundo es lo primero.
o En cosas de honra no se ahonda.

Cuento

¿Qué le dijo un pez a otro?
Nada.......Nada.....Nada......

Cuento

El detenido es acusado de allanamiento de morada con nocturnidad. Se disculpa diciendo que pensaba que era su casa.
¿Y por qué huyo al ver a la dueña de la casa?
Porque pensé que era mi mujer.

Comentario

Las cosas malas que maquinemos, queramos hacer a otros, para ganar dinero, puestos o ascensos, o el favor de otros, al final nos afectará, pues el tiempo nos devolverá en justicia tal mal. En los trabajos se suele encontrar envidias o personas que te mueven el piso delante de tus jefes, a fin de ganar terreno ellos, sin embargo algunas veces, ello, puede redundar en trampas, y ser descubierta la mala intención, o tal vez no se descubra, pero de lo que si no hay dudas es que Dios todo lo ve, y ello, acumula puntos negativos, los cuales nos harán retroceder. Somos creaciones de Luz y acumulamos luz por las buenas acciones, pero perdemos luz a medida que rompemos los mandamientos que se nos dieron.

Prov.21:6-8 / 6 Acumular tesoros con lengua mentirosa es vanidad fugaz de los que buscan la muerte.
7 La rapiña de los malvados los destruirá, por cuanto no quisieron hacer juicio.
8 El camino del hombre perverso es torcido y extraño; más la conducta del puro es recta.

4.6.1 Fracaso, oportunidades perdidas

El resultado o desenlace contrario a lo esperado. Es el no éxito o finalización anticipada por pérdidas del camino, objetivos o enfoque distorsionado de lo que se planeó.

Persona que regularmente no obtiene éxitos en sus empresas; resultados no apropiados en los proyectos.

Las enseñanzas del Salvador para que no caigamos en errores y fracasos, serán para todos la mejor guía a fin de ganar la exaltación, de lo contrario serán oportunidades perdidas a causa de nuestra incredulidad y desidia.

El no aprovechar las ocasiones de sacar ventaja de las cosas que se reciben de la vida especialmente si son buenas y vienen por el camino correcto, como: progresar en un buen empleo, arriesgar en los negocios, o decidirse por algo, ante limitaciones económicas, de tiempo o capacidad de formación.

Prov. 28; 14 Bienaventurado el hombre que siempre teme a Dios, pero el que endurece su corazón caerá en el mal.

o   Hay derrotas que tienen más dignidad que una victoria. Jorge Luis Borges.
o   Algunas caídas son el medio para levantarse a situaciones más felices. W. Shakespeare.
o   Aquellos que ven en cada desilusión un estímulo para mayores conquistas, esos poseen el recto punto de vista para con la vida. Johan Wolfgang Von Goethe.
o   Solamente está exento de fracasos el que no hace esfuerzos. Richard Whately.
o   Las quejas son el lenguaje de las derrotas. Sir James R. G. Graham.
o   No se sale adelante celebrando éxitos sino superando fracasos. Orison S. Marden.

o   No destruyas lo que aún no has conseguido. Solón de Atenas.

o   Hay dos maneras de conseguir la felicidad, una es hacerse el tonto y otra es serlo.

o   Nadie sabe lo que vale una sordera bien administrada.

Cuento

El médico le comunica a la esposa:
Su marido se pondrá bien en una semana y podrá comenzar a trabajar.
A lo que ella contesta:
Eso es fantástico, él nunca ha trabajado.

Cuento

Un muchacho de ciudad decide aventurarse en la vida del campo. Llega a una granja y el dueño le pregunta que oficio tiene. El joven se arriesga y responde que es vaquero.
Para realizar una prueba, el dueño dela granja le entrega una cuerda, un cubo y una banqueta y le manda a ordeñar una vaca.
Al cabo de dos horas regresa el muchacho, todo sucio y agotado. Cuando encuentra al dueño, le comenta:
Ya hace un buen rato que he atado a la vaca, pero necesito su ayuda porque le está siendo imposible conseguir que se siente en la banqueta.

Comentario

Este es el tiempo de cambiar, de recomponer el futuro, de obrar para dejar algo para favorecer nuestro futuro en la vida eterna, pues si menospreciamos esta oportunidad, después ya será tarde. Ahora es cuando hay que solidificar y cohesionar nuestro testimonio. Hacer las visitas de orientación familiar, hacer la historia familiar, alcanzar la ordenación del sacerdocio, y además buscar la vida eterna para nuestra familia, deben ser nuestras prioridades en nuestra vida.

Mateo 7:24-27 A cualquiera, pues, que me oye estas palabras y las hace, le compararé a un hombre prudente que edificó su casa sobre la roca.

25 Y descendió la lluvia, y vinieron ríos, y soplaron vientos y azotaron aquella casa; pero no cayó, porque estaba fundada sobre la roca.

26 Y a cualquiera que me oye estas palabras y no las hace, le compararé a un hombre insensato que edificó su casa sobre la arena.

27Y descendió la lluvia, y vinieron ríos, y soplaron vientos y dieron con ímpetu contra aquella casa; y cayó, y fue grande su ruina.

D.y C. 88: 32-35 /32 Y los que queden serán vivificados también; sin embargo, volverán otra vez a su propio lugar para gozar de lo que están dispuestos a recibir, porque no quisieron gozar de lo que pudieron haber recibido.

33 Porque, ¿en qué se beneficia el hombre a quien se le confiere un don, si no lo recibe? He aquí, ni se regocija con lo que le es dado, ni se regocija en aquel que le dio la dádiva.

34 Y además, de cierto os digo que lo que la ley gobierna, también preserva, y por ella es perfeccionado y santificado.

35 Aquello que traspasa una ley, y no se rige por la ley, antes procura ser una ley a sí mismo, y dispone permanecer en el pecado, y del todo permanece en el pecado, no puede ser santificado por la ley, ni por la misericordia, ni por la justicia ni por el juicio. Por tanto, tendrá que permanecer sucio aún.

4.6.2 Fumadores, viciosos

Quien creyendo ser: más listo, más moderno, libre, más valiente, llena sus pulmones de humo, menoscabando su capacidad de respiración, de reacción a la falsa sensación de seguridad que ello le puede transmitir por la nicotina que ingiere y la cual le demanda satisfacer cotidianamente sumando enfermedades, además de los pulmones, otros males en la mente, como inseguridad cuando no dispone de ello o se encuentra en un lugar que no se permite fumar. A los problemas anteriores agrega contaminación del entorno: laboral, familiar, y demás lugares por donde pasa. Por si fuera poco: riesgos de incendios, accidentes de explosiones en gasolineras, también perdidas de ropas suyas o de otros que accidentalmente se topen con los fumadores en la calle. Desprenden un olor característico, no deseable y además poca predisposición a la buena salud, a mantener una buena salud e higiene.

Calificados así por los reiterados consumos de drogas, tabaco, licor, drogas, etc., pierden la capacidad de trabajar, estudiar, ejercer un deporte o profesión, pues sus acciones están condicionadas a los efectos de su narcótico, etc., trayendo como resultado destrucción de su futuro, y cercenando sus posibilidades de progresar.

Prov.6:20-23 /20 Guarda, hijo mío, el mandamiento de tu padre, y no abandones la enseñanza de tu madre;
21 átalos siempre en tu corazón, enlázalos a tu cuello.
22 Te guiarán cuando camines, cuando duermas te guardarán, y hablarán contigo cuando despiertes.
23 Porque el mandamiento es lámpara, y la enseñanza es luz; y camino de vida son las correcciones de la disciplina,

Prov.27:19 Como el agua refleja el rostro, así el corazón del hombre refleja al hombre.

No conozco una sola razón para hacerlo, fuera de que les disminuye el peso (por la lenta enfermedad que les produce)

Razones para dejar de fumar:

1-Huele muy mal su aliento
2-Quema muchas prendas de vestir propias y ajenas.
3-Contamina el ambiente
4-Enferma sus pulmones, y resto de su sistema respiratorio.
5-Enferma de lo mismo a su familia y el entorno.
6-Disminuye su capacidad y deseo de practicar deportes, por inseguridadpsíquica.
7-Genera dependencia, y por lo tanto es una droga su nicotina.
8-Manifiesta inseguridad sino dispone de cigarrillos a la mano.
9-Gasta inútilmente su dinero.

10-Se le manchan las uñas de los dedos y sus dientes se tornan amarillos.

Pero, estas son las que se ponen en los hospitales y puestos de salud de la Comunidad de Madrid en España:

Razones ¿Cuál es la tuya?

1-Vivirás más tiempo y con mejor calidad de vida.
2-El humo de tus cigarrillos perjudicará la salud de tus hijos/a, tus familiares y de todas las personas que te rodean.
3-Recuperarás tu capacidad de hacer ejercicio físico, gracias a una mejor oxigenación.
4-Sufrirás menos catarros y resfriados, no tendrás irritación de garganta y nariz.
5-Tendrás un importante ahorro de dinero.
6-Mejorará de forma espectacular el aspecto de tu piel, tus dientes y desaparecerá el mal aliento.
7-Tu ropa, la casa, tu coche, dejarán de oler como un cenicero.
8-Recuperarás el gusto por la comida y el olfato.
9-Evitarás conflictos y situaciones desagradables, ya que nadie te abroncará por fumar en su presencia.
10-Podrás ir a cualquier parte con tranquilidad a disfrutar del aire limpio. Cada vez hay más lugares en donde no se permite fumar.

o   Hay una hora avanzada de la noche en que los juiciosos hacen el tonto y los tontos no lo dejan de hacer. George Bernanos.
o   Cedemos ante los comienzos del mal porque son males pequeños, pero en esta aparente debilidad está el germen de nuestra derrota. Con sumo rigor en tales concesiones nos evitaríamos muchos infortunios. Henri Frederic Amiel.
o   El que no ha caído no sabe cómo es posible levantarse. Alexander Kuprin.
o   Vicio carnal, puebla el hospital.
o   Vino, tabaco y mujer, echan al hombre a perder.

Cuento

Camarero, ¿lo que me ha dado era té o café? Sabe a detergente.

Entonces era té. El café sabe a queroseno.

Cuento

Mire amigo, usted con esa tos tiene que olvidarse de fumar.

¿Estaré muy mal doctor?

Sí señor,….. tiene que dejar de fumar, tiene que olvidarse de salir por las noches, con chicas.

¿También doctor?

Sí, mucho ojo con las comidas.

Si no fumo, sino puedo tomar, sino puedo salir con chicas… ¿a qué me puedo dedicar ahora?

Desde ahora a toser únicamente.

Comentario

Hace poco murió el mayor futbolista europeo, a causa de la batalla que perdió justo por el cigarrillo. Johan Cruyff, el gran holandés, dotado de una capacidad técnica innata y bien peculiar, que le llevaron a obtener muchos éxitos en la vida profesional como jugador y como técnico. Perdió la dura batalla, con la vida, pero dejo una grata impresión como deportista. Con 19 años de vida activa como jugador profesional y otro tanto como técnico. En los paquetes de cigarros se lee. Este producto mata, pero no hacemos caso, pues pensamos que a nosotros no nos afecta. Igual sucede con el licor y otras drogas o sustancias psicoactivas.

Pero ello no es nada comparable al vicioso que conocí en mi juventud, cuando viajaba para estudiar y se subía un señor de unos 45 años con cáncer en su nariz, pues todo lo que recibía de sus limosnas se lo compraba en cigarrillo, el cual le carcomió con cáncer su nariz, a tal extremo que se le veía una gran llaga que termino por acabar con su rostro. No tuvo la voluntad de dejar el vicio, aunque muchas veces lo deseo, pero no fue suficiente.

Prov.23:29-35 ¿Para quién será el ay? ¿Para quién el pesar? ¿Para quién las rencillas? ¿Para quién las quejas? ¿Para quién las heridas en balde? ¿Para quién lo enrojecido de los ojos?

30 Para los que se detienen mucho en el vino; para los que van buscando vinos mezclados.

31 No mires al vino cuando rojea, cuando resplandece su color en la copa, cuando entra suavemente.

32 Al final muerde como serpiente, y pica como áspid.

33 Tus ojos a las extrañas, y tu corazón hablará perversidades.

34 Y serás como el que yace en medio del mar, o como el que está en la punta de un mástil.

35 Y dirás: Me hirieron, pero no me dolió; me golpearon, pero no lo sentí. Cuando despierte, aúnvolveré en busca de más

4.6.3 Guerras, guerrillas, paramilitares, Pandillas.

Lucha armada entre dos grupos contrarios, o países, y cuyos resultados son catastróficos para todos, inclusive para el entorno, los inocentes, las familias, etc. En una guerra todos pierden a causa del orgullo o la locura de los dirigentes, por la incapacidad de llegar a acuerdos razonables o justos.

Guerrillas (rurales) y Pandillas (Urbanas) son: grupos armados de civiles que combaten según ideales políticos, al margen de la ley, algo desvirtuado en el sentido que han perdido hoy el rumbo, a causa de que se han venido financiando con: secuestro, extorsión, narcotráfico y hurto, pero lo peor es que indiscriminadamente atacan la población civil, y no se sabe cuál es su orientación y filosofía.

Para-militares es el término empleado para denotar a quienes se unen en milicias particulares, para combatir guerrillas, o bandos contrarios a los intereses de los contratantes.

Prov.21:31 El caballo se prepara para el día de la batalla, pero de Jehová es la victoria

Éxodo 20; 13 No matarás.

Génesis 9:6 El que derramare sangre de hombre, por el hombre su sangre será derramada, porque a imagen de Dios es hecho el hombre.

o   Más vale un buen huir que un mal morir.

o   Cada guerra es una destrucción del espíritu humano. Miller.

o   La guerra es una masacre entre gentes que no se conocen para provecho de gentes que si se conocen, pero que no se masacran. Paul Valery.

o   Los caballos en la guerra eran más felices que nosotros los soldados, porque aunque ellos también soportaban la guerra como nosotros, por lo menos no se les obligaba a creer en ella. Desgraciados, pero libres, los caballos. Louis Ferdinand Celine.

o   Estar preparados para la guerra es uno de los medios más eficaces para conservar la paz. G. Washington.

o   La guerra es la obra de arte de los militares, la coronación de su formación, el broche dorado de su profesión. No han sido creados para brillar en la paz. Isabel Allende.

o   La guerra es la salida cobarde a los problemas de la paz. Thomas Mann.

o   El militar es una planta que hay que cuidar con esmero para que no dé sus frutos. Jacques Tati.

o   Quiero hablar del peor engendro que ha salido de las masas: el ejército, al que odio. A. Einstein

o   Cuando un hombre estúpido hace algo que le avergüenza, siempre dice que cumple su deber. George Bernard Shaw

o   Si la guerrilla trae frutos dignos para cambiar gobiernos corruptos, quizás se justifique, de lo contrario son bandas de lo mismo. JCIR

o   Cántaro que muchas veces va a la fuente, o deja el asa o la frente.

o   ¡Arrieritos somos y puede que en el camino nos encontremos!

o   Carne de pescuezo es sabrosa, mas es peligrosa.

Cuento

¿Oiga, usted es tonto o qué?
Yo soy qué,…no…. ¿y usted, como se siente?

Cuento

Muy impresionada, una señora observa a un carpintero mientras trabaja. El hombre sujeta una tabla con la mano izquierda y el martillo con la mano derecha y guarda los clavos en la boca.
Tenga cuidado, podría tragarse los clavos.
No se preocupe señora, tengo más.

<u>Comentario</u>

El desafortunado deseo de enriquecerse, el abuso de autoridad, o incluso la corrupción, pueden hacer que las personas se rebelen contra los malos gobiernos, y se enrolen en guerrillas, o pandillas, sin embargo sus líderes se van enseñando a la vida de holganza que se lleva en ese tipo de milicias, que terminan por no retirarse y creerse que es la mejor opción y así conforme participan de atentados contra los más desfavorecidos; por llamar la atención, se van llenando de muertes a sus espaldas que tarde o temprano tendrán que dar cuenta.

Colombia es uno de los países más ricos de la tierra, sin embargo donde se han presentado más problemas de: insurgencia, vandalismo, paramilitarismo, delincuencia común, y corrupción de funcionarios públicos. No es de ahora sino de siempre inclusive desde los tiempos en que se desarrolló la civilización de Zarahenla. (Años 279 a. de C hasta el 421 d. de C), antes de cristo Las bandas de Gadianton, terminaron por socavar el progreso de la civilización. El hecho de la calidad de tierras aptas para la agricultura, la belleza de sus paisajes y sus riquezas naturales y minerales ha mantenido continuas pugnas innecesarias entre gamonales, y fuerzas del mal que han terminado por corroer de envidia los corazones de algunos.

En Colombia se utilizó este nombre de paramilitares, para las milicias particulares, formadas por los ganaderos que procuraban defenderse de los secuestros de los guerrilleros o delincuentes comunes, sin embargo estos paramilitares terminaron por ser grupos delincuentes tan peligrosos, temerarios y asesinos iguales o peores que las guerrillas, defendiendo intereses de los narcotraficantes. En la época de la violencia (anterior a los años 1960) se les denominaban bandoleros o chulavitas, pues ocasionalmente participaban parte de la fuerza pública e incluso con la complacencia y colaboración de parte del clero.

Matar intencionalmente asesinar ilegalmente origina problemas con el mandamiento no mataras. Generalmente el que mata, tendrá experiencias semejantes con los que perderán la vida.

Prov. 17:11-13 /11 El malo no busca sino la rebelión, y mensajero cruel será enviado contra él.
12 Mejor es encontrarse con una osa a la cual le han robado sus cachorros que con un necio en su necedad.
13 Al que da mal por bien, el mal no se apartará de su casa.

4.6.4 Gula, glotones

Es comer desproporcionadamente y por encima de sus necesidades corporales.

Prov.28:7 El que guarda la ley es hijo prudente, pero el que es compañero de glotones avergüenza a su padre

- o   Los más cercanos parientes son los dientes.
- o   Lo que no mata engorda.
- o   Panza llena y corazón contento, que todo lo demás es cuento.

Cuento

Hoy he comido como un león. He comido un lechón.
¿Cuántos estabais en la mesa?

Dos.…
¿Quién era el otro?.….El lechón.

Cuento

Pepito es un niño muy goloso. En la mesa, en la merienda, después de ponerse morado de tanto comer, le dice a su mamá:
¿Mamá, me das más tarta?
Y su madre le contesta: Bueno, Pepito ¿no te basta lo que has comido? Con otro pedazo de tarta vas a explotar.
No importa, mamá. Dame la tarta que enseguida me alejo de aquí.

Comentario

Este gran mal de la gula ha prevalecido en la mente de muchos e incluso a causa de ello, muchos de los animales dispuestos por Dios para beneficio del hombre terminaron por desaparecer como: los bisontes, los capibaras, etc., sin número de ellos habían, pero el apetito de las riquezas (pieles) y glotonería terminaron por acabarlos, o reducirlos a expresiones muy mínimas.

Cuando el pueblo de Israel, el único en el mundo que comió maná, se cansó de comer, protestaron, y desearon comer carne, el pueblo codició y cazó más de lo que podían comer o por lo menos saludable ingerir, hasta que se enfermaron por una plaga que les asoló, a causa de la cual murieron muchos, quienes fueron enterrados en un lugar denominado: "Kibrot hataava ", que significa: Tumba de los codiciosos.

Números 11:31-34 Y Jehová envió un viento que trajo codornices del mar y las dejó sobre el campamento, un día de camino de un lado, y un día de camino del otro lado, en derredor del campamento, y casi dos codos sobre la faz de la tierra.

32 Entonces el pueblo estuvo levantado todo aquel día y toda la noche, y todo el día siguiente, y recogieron codornices; el que menos, recogió diez montones; y las tendieron para sí a lo largo en derredor del campamento.

33 Aún estaba la carne entre los dientes de ellos, antes que fuese masticada, cuando la ira de Jehová se encendió contra el pueblo, e hirió Jehová al pueblo con una plaga muy grande.

34 Y llamó el nombre de aquel lugar Kibrot-hataava, por cuanto allí sepultaron al pueblo codicioso.

4.6.5 Hablar, lengua

Desafortunadamente muchos caemos en ello, incomodando a otros, o haciéndonos necios. El consejo del maestro es decir si, o no, cuando proceda, y lo demás sobra.

Órgano con el que degustamos las comidas y movemos para completar la pronunciación de palabras o fonemas en la comunicación, sin embargo con la cual hay veces juzgamos al prójimo.

Prov. 10:19 En las muchas palabras no falta pecado, pero el que refrena sus labios es prudente.

Prov. 13:3 El que guarda su boca guarda su alma, pero el que mucho abre sus labios acaba en desastre

Prov. 17:4 El malo está atento al labio inicuo, y el mentiroso escucha la lengua destructora.

Prov. 16:21El sabio de corazón es llamado prudente, y la dulzura de labios aumenta el saber.

Prov.18:20-21 /20 Del fruto de la boca del hombre se saciará su vientre; se saciará del producto de sus labios.

21 La muerte y la vida están en poder de la lengua, y los que la aman comerán de sus frutos.

Prov.21:23 El que guarda su boca y su lengua, su alma guarda de angustias.

o   Gato maullador, nunca buen cazador.
o   La lengua no dice más de lo que siente el cazador.
o   Habla convenientemente o calla prudentemente.
o   Hablar de lo que no se sabe, es imprudencia grave.
o   No toda pregunta requiere respuesta.
o   A buen entendedor, pocas palabras bastan.
o   Lo que sabe sentir, se sabe decir.
o   No hay cosa encubierta que tarde o temprano no sea descubierta.
o   Hombre bien hablado, de todos querido y respetado.
o   Lo que en el corazón fragua, por la boca se desagua.
o   Habla siempre que debas, y calla siempre que puedas.
o   Dos orejas y una boca tenemos, para que oigamos más que hablemos.
o   Poco hablar y mucho escuchar, es el modo de no errar.
o   Un buen callar, no tiene precio y un mal hablar, lodo de balde, cualquier necio lo hace.
o   Oír, ver y callar.
o   Aunque digas y no hagas haz y no digas.
o   Aunque todo es barro, no es lo mismo tinaja que jarro.
o   Las heridas de la lengua son más peligrosas que las de sable. Prov. árabe
o   Una palabra bien elegida puede economizar no solo cien palabras, sino cien pensamientos. Henri Poincaré.
o   La abundancia de palabras inútiles es un síntoma cierto de inferioridad mental. Gustave Le Bon.

Cuento

¿Dónde vive usted?
En la casa de mi hermano.
Bien, ¿y donde vive su hermano?
Vive conmigo.

Bueno, ¿Y dónde viven ustedes?

Vivimos juntos.

Cuento

María, vaya a ver si el carnicero tiene pies de cerdo.

Al cabo de media hora la empleada regresa:

No lo sé, señora, no lo pude ver; permaneció todo el tiempo calzado.

Comentario

En estas prácticas caemos continuamente y por ello nos enredamos, perdemos amigos, o incluso seremos desaprobados por los demás.

Parábola de la viga y la mota.

Lucas 6. 37-42/37 No juzguéis, y no seréis juzgados; no condenéis, y no seréis condenados; perdonad, y seréis perdonados.

38 Dad, y se os dará; medida buena, apretada, remecida y rebosante se os dará en vuestro regazo, porque con la misma medida con que midiereis, se os volverá a medir.

39 Y les dijo una parábola: ¿Puede un ciego guiar a otro ciego? ¿No caerán ambos en el hoyo?

40 El discípulo no es superior a su maestro; pero todo el que sea perfeccionado será como su maestro.

41 ¿Por qué miras la paja que está en el ojo de tu hermano y no consideras la viga que está en tu propio ojo?

42 ¿O cómo puedes decir a tu hermano: Hermano, déjame sacar la paja que está en tu ojo, no mirando tú la viga que está en tu ojo? ¡Hipócrita!, saca primero la viga de tu propio ojo y entonces verás bien para sacar la paja que está en el ojo de tu hermano.

4.6.6 Hambre

Ausencia prolongada de ingestión de alimentos. Sensación de necesidad de alimentos.

Prov.27:7 El hombre saciado desprecia el panal de miel, más para el alma hambrienta todo lo amargo le es dulce.

o   Se juntó el hambre con las ganas de comer.
o   Dos hambrientos, a un pan, mal trato le dan.
o   Estomago hambriento, no admite argumento.

Cuento

Un paciente muy preocupado en el consultorio de un médico:
Doctor, cuando duermo ronco muchísimo y además muy fuerte.
¿Qué le pasa, que le molesta mucho?
No, a mí no.
Ya. Entonces es que tiene problemas con su esposa.
No; Ella duerme como un tronco.
Entonces, ¿molesta a los vecinos?
No.
Entonces, ¿cuál es el problema?
Es que me han echado ya de cinco trabajos, me quedo dormido en el trabajo.

Comentario

En 1970 mi padre había sido trasladado a una ciudad llamada Fundación, Provincia del Magdalena en Colombia, lugar bien insalubre, muy lejos de su familia y por supuesto del manejo de su finca. Él estaba a punto de jubilarse y curiosamente en la entidad bancaria, había instrucciones de hacerle aburrir, para que no recibiera los derechos de terminar con un escalafón superior al que tenía en ese momento. Las políticas administrativas, procuraban en lo posible impedir que ello sucediera, pues económicamente representaba un mayor desembolsopara la empresa.

En tales circunstancias mi madre casi que obligó a mi padre a ir hasta allá, pues él estuvo a punto de renunciar. Ello implicaba que debía dividir su salario para el sustento en tres: uno para su sostenimiento y pago de sus transportes, otro para la familia que se componía de mi madre y cuatro hijos en edades de 11 a 16 años y una tercera para el pago del trabajador de la finca que élhabía logrado adquirir veinte años atrás.

Eran días donde los servicios domiciliarios de energía se nos cortaban ocasionalmente porque era difícil sufragarlos, y debíamos contentarnos con estudiar con velas. La comida menguaba al final del mes. Mi madre cocinaba maíz, para preparar las tortas o arepas, sin embargo nuestros estómagos siempre estaban dispuestos a arrasar con lo que hubiere. Era más fácil llenar una ballena a punta de papitas fritas, que lograr la hazaña de llenar nuestros estómagos. No era sencillo para mi madre controlar a cuatro jóvenes en edad de consumos de alimentos exagerados, y donde el exceso de deporte nos dejaba bastante abierto el apetito.

En las tardes o noches nosotros estábamos en guardia de cacería, para sacar de la olla el maíz y comerlo con panela (dulces sin refinar de caña de azúcar), de tal suerte que ella debía cocinar el maíz en una gran olla y meterla debajo de su cama para que nosotros no termináramos con el contenido en un descuido.

Ella procuraba como podía satisfacer las necesidades de casa con la porción de sueldo que mi padre le enviaba, aunque era difícil, de todas formas ella lograba cumplir sus objetivos.

Mi madre siempre hizo su mejor parte y nos sacó adelante a todos. Qué gran mujer y ángel protector fue mi madre.

Un día observe una noticia en el periódico "20 minutos", de España, que en el Choco (Colombia), miles de niños morían de hambre a causa de la indiferencia, el conflicto armado, el desorden y corrupción que fastidian mi país. Los rostros y cuerpos en los meros huesos reflejaban las condiciones infrahumanas en que ellos se levantan. No puedo negar que llore de tristeza e incapacidad, para procurar hacer algo. Todos somos responsables de nuestro prójimo, pero especialmente aquellos que tienen la dirección de los recursos para hacer de ellos justicia social.

5.1.1 Hombre

Dos definiciones podemos dar: La de los hombres naturales, cual es: ser racional perteneciente al género humano, caracterizado por su inteligencia y lenguaje articulado, y la que yo sé, cuál defino como: Hijo espiritual de Dios, por quien espera con ansia aprenda a conocerle, para hacerle heredar su reino, y todas las riquezas que él tiene; sin embargo por orgullo e ignorancia, el hombre desestima las oportunidades de llegar a conocer a Dios.

El hombre natural", nos dice Pablo, "no percibe las cosas que son del Espíritu de Dios, porque para él son locura, y no las puede entender, porque se han de discernir espiritualmente" (1 Corintios 2: 13-14).

Prov.21:17 Hombre pobre será el que ama el deleite, y el que ama el vino y los ungüentos no se enriquecerá.

o El más elevado tipo de hombres es el que obra antes de hablar y profesa lo que practica. Confucio,
o El hombre tiene corazón, señor mío, aunque no siga sus dictados. Hernest Hemingway.
o Es un defecto de todos los hombres no preocuparse de la tempestad cuando el mar está en calma. Maquiavelo.

Cuento

La niña le dice a Luisito:
Tus ideas parecen cometas.
¿Muy brillantes?
No, muy raras.

Comentario

Y creo Dios al hombre y a su imagen y semejanza lo creo, con iguales atributos, vivió Dios con sus hijos en su primer estado, y deseó Dios que sus hijos desarrollara sus atributos en su segundo estado, si, de probación, y por sí mismo procurara la perfección, todo conforme al plan establecido en común acuerdo con sus hijos espirituales. Job 38:4-7/4 ¿Dónde estabas tú cuando yo fundaba la tierra? Házmelo saber, si tienes entendimiento. 5 ¿Quién dispuso sus medidas, si lo sabes? ¿O quién extendió sobre ella cordel?
6 ¿Sobre qué están fundadas sus bases?¿O quién puso su piedra angular 7 cuando alababan todas las estrellas del alba, y se regocijaban todos los hijos de Dios?

Debido al velo del olvido, no podemos recordar nuestra vida anterior o primer estado, pero si vagamente muchas veces vemos rostros de personas que nunca hemos visto, sin embargo se nos hacen rostros familiares. Ello, y toda la creación dan testimonios de la existencia de un Dios y las escrituras son una guía para ayudarnos a saber y desarrollar la fe. Compuestos de un espíritu (Hijo de Padre Celestial) y un cuerpo físico (heredados de dos padres terrenales), estamos aquí para descubrir el agua tibia, sin embargo, somos libres de aprovechar la oportunidad de perfeccionarnos, saber nuestro origen, situación actual y merecer nuestra vida eterna después de la muerte. Jeremías 1:4-5/4 Vino, pues, la palabra de Jehová a mí, diciendo: 5Antes que te formase en el vientre, te conocí; y antes que nacieses, te santifiqué; te di por profeta a las naciones.

Podemos pensar en orígenes de grandes explosiones de miseria, de la medusa, del delfín, del mono podemos creer en quien realmente nos creó, puso en la perfecta tierra, y todos las cosas que nos rodean, o imaginarnos 50.000 cosas como los hacen los toxicómanos en su estado de descontrol, pero lo más sensato es creer en Nuestro Padre Celestial, pues las evidencias lo demuestran. Lo demás son meras teorías, creadas de los susurros de los espíritus expulsados que quisieron privarnos del libre albedrio.

Apocalipsis 12:9 Y fue lanzado fuera aquel gran dragón, la serpiente antigua, que se llama Diablo y Satanás, quien engaña a todo el mundo; fue arrojado a la tierra, y sus ángeles fueron arrojados con él.

5.1.2 Horror, pérfido, perturbador

Es la condición de escarmiento y castigo que sobrevendrá a quienes actuaron con maldad y sin temor a la justicia de Dios.

Así sucederá con los que persiguieron a los profetas y enviados por Dios para enseñar sus principios y doctrinas. Entre ellos se encuentran quienes creyendo y viendo fueron clero profesional y se opusieron abiertamente al florecimiento de la obra de Dios.

Pérfido es la persona que no es confiable debido a que es desleal, o habla mal de alguien que le aprecia, o respeta, y apoya, sin embargo no le corresponde.

Perturbador dícese de aquel que suele alterar la paz, el orden y manifiesta desaprobación de las cosas sin mostrar respeto por lo ajeno, o por las costumbres del entorno.

Prov23:27-28 /27 Porque fosa profunda es la ramera; y pozo angosto, la extraña.
28Ciertamente ella está al acecho de la presa, y multiplica entre los hombres a los pérfidos.

Prov.11:29 El que perturba su casa heredará viento, y el necio será siervo del sabio de corazón.

- o El rostro del niño que padece refleja todo el horror de la naturaleza humana. Teresa de Calcuta.
- o Lo horroroso es que toda la historia de la humanidad se halla escrito con sangre. Teodoro Fonte.
- o La historia relata que muchos hombres sembraron el horror por venganza H. de Balzac.

o   No niega, pero no entrega.

o   Ten presente que los hombres, hagas lo que hagas, siempre serán los mismos.

o   Con suavidad en la forma, pero con fortaleza en el fondo.

o   Una gravedad continua no es sino una máscara de la mediocridad.

Cuento

En el patio de un manicomio, un loco empieza a reírse:
¿De qué te ríes, chico? Preguntó el médico.
¡Ah doctor, es que a mí me gusta contar chistes para mí mismo, y éste último no lo sabía!

Cuento

En la clase de Ciencias, el profesor le pregunta al alumno:
¿Qué se debe hacer cuando a alguien le duele el corazón?
Apagar la luz, profesor.
¿Apagar la luz? ¿Estás loco?
Bueno profesor, habrá oído usted decir que "Ojos que no ven corazón que no siente"

Comentario

Hay personas que caen en estados de insubordinación lo cual les genera malestar, descontrol, y procuran desajustar el normal desenvolvimiento de los acontecimientos. No controlan sus mentes y cuerpos, pues dan rienda suelta a los susurros de los espíritus de las legiones de Satanás que siempre procurar el desenfreno e infelicidad de los hijos de Dios; esas personas viven en su estado de horror con la presencia permanente de su espíritu perturbador.

Parábola de los labradores malvados:

Mateo 21:33-46 /33 Oíd otra parábola: Había un hombre, padre de familia, el cual plantó una viña; y la cercó de vallado, y cavó en ella un lagar, y edificó una torre, y la arrendó a unos labradores y partió lejos.
34 Y cuando se acercó el tiempo de los frutos, envió sus siervos a los labradores para que recibiesen sus frutos.
35 Pero los labradores, tomando a los siervos, a uno golpearon, y a otro mataron y a otro apedrearon.
36 Envió de nuevo otros siervos, más que los primeros, e hicieron con ellos de la misma manera.
37 Finalmente les envió a su hijo, diciendo: Tendrán respeto a mi hijo.
38 Pero los labradores, cuando vieron al hijo, dijeron entre sí: Éste es el heredero; venid, matémosle y tomemos su heredad.
39 Y tomándole, le echaron fuera de la viña y le mataron.
40 Cuando venga, pues, el señor de la viña, ¿qué hará a aquellos labradores?
41 Le dijeron: A los malos destruirá sin misericordia, y arrendará su viña a otros labradores que le paguen el fruto a su tiempo.
42 Jesús les dijo: ¿Nunca leísteis en las Escrituras: La piedra que desecharon los edificadores ha llegado a ser cabeza del ángulo. El Señor ha hecho esto, y es cosa maravillosa a nuestros ojos?
43 Por tanto, os digo que el reino de Dios será quitado de vosotros y será dado a gente que produzca los frutos de él.
44 Y el que caiga sobre esta piedra será quebrantado; y sobre quien ella caiga, lo desmenuzará.
45 Y al oír sus parábolas, los principales sacerdotes y los fariseos entendieron que hablaba de ellos.
46 Y buscando cómo echarle mano, temieron al pueblo, porque le tenían por profeta.

Prov.22:12 Los ojos de Jehová velan por el conocimiento, pero él trastorna las palabras de los pérfidos.

Cualquier parecido con quienes rechazan a los profetas, sus misioneros, lideres, o maestros orientadores, es pura coincidencia, o los escritos legítimos. Tales personas se dejan arrastrar por las fábulas de hombres corruptos y perturbadores.

5.1.3 Huellas, ruidoso, vacío

Huellas son rastros dejados por las pisadas, las manos, al trasegar o coger algo. La evidencias de que algo o alguien estuvo previamente en el lugar de los hechos.

Marcas que se producen sobre los objetos por la presión que se ejerce sobre ellos. Las impresiones de la piel de los dedos, sirven en dactiloscopia para identificar a las personas.

Aquel que gusta de llamar la atención por medio de los gritos, música por encima de los decibeles permitidos, o en horas inapropiadas como en la noche o madrugada, o que difícilmente se puede comportar con mansedumbre.

Quien por dentro tiene poco y por fuera muestra mucho. Son calificativos para quienes abusando de su condición de buena apariencia, despistan a quienes no observan las demás cualidades interiores.

Prov.30:18-20 /18 Tres cosas hay que me son asombrosas, *y aun* cuatro que no comprendo:
19 El rastro del águila en el aire, el rastro de la culebra sobre la peña, el rastro de la nave en medio del mar y el rastro del hombre en la doncella.
20 Tal es el camino de la mujer adúltera: Come, y limpia su boca y dice: No he hecho maldad.

Ecles. 8:11-13 /11 Por cuanto no se ejecuta en seguida la sentencia contra una mala obra, el corazón de los hijos de los hombres está dispuesto para hacer el mal.
12 Aunque el pecador haga mal cien veces, y sus días sean prolongados, con todo yo también sé que les irá bien a los que a Dios temen, a los que temen ante su presencia.

13 Pero al malvado no le irá bien, ni le serán prolongados los días, *que son* como sombra, por cuanto no teme delante de la presencia de Dios.

Prov. 28: 10 El que hace errar a los rectos por el mal camino, caerá en su propia fosa, pero los íntegros heredarán el bien.

Prov. 28; 14 Bienaventurado el hombre que siempre teme a Dios, pero el que endurece su corazón caerá en el mal

o   Los viejos desconfían de la juventud porque han sido jóvenes. William Shakespeare.

o   La lectura es una conversación con los hombres más ilustres de los siglos pasados. René Descartes.

o   Los locos abren los caminos que más tarde recorren los sabios. Carlo Dossi.

o   Cuando el rio suena, piedras lleva.

o   Hijo, recuerda que sabrás distinguir entre una carreta vacía y una llena por el ruido que hace.

o   Por la boca muere el pez.

o   Mucha fachada, poco fondo.

o   No hay mayor tonto que el que cree tontos a los otros.

o   Hace mal quien no hace bien.

Cuento

Siempre que llego tarde a casa mi mujer se exaspera y se pone histórica.
No se dice histórica sino histérica.
¡No,…se pone realmente histórica!.. Porque no hace más que recordarme el pasado.

Cuento

¿Crees que mi discurso ha sido muy fogoso?
No, lo que me parece es que tendrías que haberle pegado fuego al discurso.

Cuento

¿Cuál es el estado con la tierra más improductiva del mundo?
El vaticano, porque solo ha producido 28 papas en todo el tiempo.

<u>Comentario</u>

Los años vienen y el rostro, la fama, la historia, la familia etc.… son su huella. En tiempos de guerra difícilmente se puede no alegrar la persona de ver la luz del nuevo día. Debemos agradecer por la paz, salud, la familia, etc.… En la juventud se debe labrar el futuro, por ello hay que trabajar duro. Par que cuando llegue la vejez, entonces tenga aún salud, amigos, familia, casa, pensión, ahorros, profesión, negocio, o en fin algo en que te puedas sostener, porque la juventud viene, pero se pasa volando.

Vi esta mañana un joven con un coche a las 9.30 a.m., malgastando su salud, con tabaco en la boca, seguramente estaba de farra, sin bañar, y el sonido del vehículo a todo volumen, y me dije, este joven malgasta su fuerza y días. Debe tener un porvenir vacío.

Ecles.10:7-10 Agradable es la luz, y bueno es a los ojos ver el sol.
8 Pero si el hombre vive muchos años, que se regocije en todos ellos; pero que recuerde los días de oscuridad, que serán muchos. Todo cuanto viene es vanidad.
9 Alégrate, joven, en tu juventud, y que se complazca tu corazón en los días de tu juventud; y anda en los caminos de tu corazón y a la vista de tus ojos, más sabe que sobre todas estas cosas Dios te traerá a juicio
10 Quita, pues, el enojo de tu corazón y aparta el mal de tu carne, porque la adolescencia y la juventud son vanidad.

5.1.4 Impaciente, mimado, repeticiones

Persona en que lograr algo lo inquieta, absorbe y turba. Alguien que no sabe esperar a que se desarrollen las cosas en los tiempos establecidos, y pierde la tranquilidad y los nervios se le alteran.

Alguien a quien se le exceden en la crianza o su estado actual con demasiados tratos benevolentes, so pena de que se enfurezca, llore, proteste o se comporte como un malcriado. Quien depende mucho de los tratos preferenciales.

Realización de operaciones correctivas; hacer las cosas nuevamente a causa de errores; palabras expresadas varias veces para hacer énfasis en algo. Las cosas se aprenden haciéndolas una y otra vez hasta alcanzar la práctica.

Prov.14:29 El que tarda en airarse es grande de entendimiento, pero el impaciente de espíritu engrandece la necedad.

Prov21:5 Los pensamientos del diligente ciertamente *van* a la abundancia, pero todo el que se apresura, indefectiblemente va a la pobreza.

Prov25:28 *Como* ciudad derribada y sin muro es el hombre cuyo espíritu no tiene rienda.

Prov29:20 ¿Ves a un hombre precipitado en sus palabras? Más esperanza hay del necio que de él.

Prov.29:21 El siervo mimado desde la niñez *por su amo,* a la postre será su hijo

Prov.22: 20 ¿No te he escrito tres veces en consejos y en conocimiento, para hacerte saber la certeza de las palabras de verdad, a fin de que respondas palabras de verdad a los que a ti te envíen?

o En este mundo es necesario, si se navega soportar las manías del que navega con nosotros, y en la guerra igualmente soportar las manías del compañero de tienda de campaña; pero no es de buen juicio soportar, como compañero de mesa, a hombres con los que no convives a gusto por sus manías. Chilon de Lacedonía.

- o Pensando se puede llegar a todas las conclusiones; pero si se empieza por ellas, se gana mucho tiempo. Noel Clarasó.
- o La razón humana es una gota de luz en un lago de tinieblas.
- o El miedo es el más peligroso de los sentimientos colectivos. André Maurois.
- o El corazón tiene sus razones que la razón desconoce. Blaise pascal.
- o Hay amores tan bellos que justifican todas las locuras que hacen cometer. Plutarco
- o De tal palo tal astilla.
- o De mala cepa, mal racimo.
- o Buena carrera, del buen caballo se espera.

Cuento

Un Tío tenía la boca tan pequeña, que para decir tres tenía que decir, uno, uno, uno.

Cuento

¡Papá! ¡Yo quiero una bicicleta nueva!
Pero hijo, si la tuya no está rota.
Yo tampoco estoy roto y mamá tiene un hijo nuevo.

Comentario

Son tres palabras diferentes, pero podrían estar relacionadas en cuanto a los efectos de ellas. Una puede traer la otra. Ejemplo: El mimado se enseña a tenerlo todo y a obtenerlo de manos de su protector, y si no lo consigue se vuelve impaciente. A causa de ello, procura realizar las cosas solo, por la impaciencia, entonces se da cuenta que le toca repetirlas, por no buscar ayuda con humildad y respeto a los demás. Son círculos viciosos en que podemos caer, si nos falta tacto, disciplina y un poco de humildad, para aceptar que las cosas se consiguen con sacrificio, pero también con ayuda de otros, a quienes debemos agradecer y gratificar con justicia por sus servicios.

Prov.26:10-12 Como arquero que a todos hiere, es el que contrata al insensato y a los que pasa

11Como perro que vuelve a su vómito, así es el necio que repite su necedad.

12 ¿Has visto a hombre sabio ante sus propios ojos? Más se puede esperar del necio que de él.

5.1.5 Indulgencia, intolerancia

Es exagerar la tolerancia haciendo menosprecio de las reglas básicas de convivencia y así desanimando a los que las cumplen, pues ven en ello una marcada injusticia o falta de consideración de los que si respetan los derechos comunes.

A quienes no permitieron hacer la obra estorbándola, e incluso siendo invitados a participar la desecharon e hicieron oposición.

Prov.22:6 Instruye al niño en su camino;y aun cuando fuere viejo, no se apartará de él.

- o Nadie se mira el pie del que cojea.
- o Calla y harás lo que querrás.
- o El amigo que está presente vale por diez ausentes.
- o A los niños los engaño con juguetes, y a los mayores con prejuicios. Lisandro.
- o La intolerancia puede ser definida aproximadamente como la indignación de los hombres que no tienen opiniones. Gilbert K. Chesterton.
- o Como no podemos cambiar a los hombres a cada paso cambiamos las instituciones. Jean Lucien Arréat.

Cuento

La maestra les dice a los alumnos:
Niños siéntense en silencio.
Y silencio murió aplastado.

Cuento

En un manicomio un hombre le comenta a su compañero:
Tengo un trilema.
¿Por qué?
Si, mira: el próximo martes tenemos entrevistas de valoración con
el psicólogo. Y no sé qué decirle al médico cuando nos pregunten si
seguimos Locos:
Si digo que sí, me internan más tiempo; si digo que no me pueden coger
en la mentira; y si no digo nada, entonces no me hacen el tratamiento
médico.

Comentario

La predicación del evangelio se hizo a todos los hijos de Adam y Eva, y
ellos fueron parcialmente obedientes, otros nada obedientes y de ellos
fueron naciendo cada vez más y más hijos menos crédulos y dispuestos,
a reconocer los mandamientos de sus padres, pero la mayoría desatendía
la invitación a participar de sus enseñanzas, de hecho las desdeñaban.

Los espíritus de los que no habían nacido reclamaron, pues no deseaban
nacer de una generación incrédula y corrupta, pues siendo así no tendrían
posibilidades de alcanzar la bendiciones de la vida eterna, entonces se
mandó el diluvio, y se proveyó oportunidades diferentes, pero poco a
poco de los hijos de Noé (nacieron también hijos más rebeldes de Can,
Sem y Jafet), y se olvidaron los convenios de sus padres.

Al tiempo por la promesa hecha a Abrahán, se escogió parte del
pueblo, para ser guiados, pero fueron sumamente ingratos, y olvidaron
nuevamente sus convenios, haciendo por su hijo y sus siervos maldad.

Otros a los cuales nunca se les dijo nunca nada y nada sabían de su Señor, se les invito también a participar, de la cena y fiesta, y muchos fueron, pero no se prepararon como era debido, y fueron echados, por infiltrarse, y a los que eran hijos de los primeros y que omitieron su invitación con desdén, también se les excluyo.

Hoy a todo el mundo, ese mismo Señor invita, pero son tan pocos los que escuchan que la parábola se cumple en ellos, pues no enseñan a sus hijos a temer a su Dios y creer y se vuelven intolerantes con sus enseñanzas y sus verdades adoptando verdades a medias, las cuales no dejan de ser confusiones, más por conveniencia que por convicción.

5.1.6 Jefe, presumido, poder

Es el superior o cabeza de la organización quien recibe la autoridad para organizar, asignar y decidir sobre algo.

Presumido es alguien que pretende aparentar mucha riqueza, belleza, realeza o capacidad de algo, sin serlo, o siéndolo, disfruta alardear de ello.

Poder es la capacidad para actuar independientemente, para hacer el bien, para crear, y producir cosas buenas, sin embargo muchos lo obtienen por las malas, con sobornos, con maldad, con codicia, y hacen cosas para satisfacer su egoísmo, ambición y orgullo.

Cuando el poder se ejerce con justicia, sabiduría, temor de Dios, dignidad, y humildad, entonces se puede contar con el espíritu, y sus decisiones y obras son rectas, para beneficio de los suyos, sus pueblos, y el entorno, es decir se puede contar con el poder de Dios.

Prov.21:30 31 El caballo se prepara para el día de la batalla, pero de Jehová es la victoria.
Prov.21:2 Todo camino del hombre es recto ante sus propios ojos, pero Jehová pesa los corazones.

Prov.28: 24 El que roba a su padre o a su madre, y dice que no es maldad, compañero es del hombre destructor.

- o Cuando tres personas marchan juntas, tiene que haber una que mande. Prov. Manchú.
- o Qué bueno es no hacer nada y luego descansar.
- o Trabajar es virtud, pero trabaja tú.
- o Dos perros a un can mal trato le dan.
- o En presencia del mayor, cesa el poder del menor.
- o Entre muchos gatos, arañan a un perro.
- o Vence quien más puede no quien más tiene la razón.
- o El pez grande se come al chico.
- o El poder no tiene nada de halagüeño cuando solo sirve para aterrorizar y atraerse las maldiciones de los hombres. Barón de Holbach.
- o Hay mayor orgullo en renunciar al poder que se tiene que en ambicionar el que no se ha logrado, y el corazón de un hombre no vale menos que nuestro reino. Jacinto Benavente
- o El querer es poder.

Cuento

¿El director está?

¿Es usted vendedor, cobrador o amigo?

Bueno, las tres cosas

El director está reunido; él está fuera de la ciudad; entre sin llamar y hable con él.

Cuento

En todas las profesiones el trabajador empieza por abajo, para poco a poco alcanzar la cúspide.

No en la mía.

¿Por qué?

Porque yo soy perforador de pozos.

Cuento
El dentista le dice al paciente:
Está bien, abra la boca por favor....
Bueno no precisa abrirla tanto: Yo trabajo desde afuera.

Comentario

Las aplicaciones de estas palabras se han de interpretar como enseñanzas
de Dios que tiene poder para hacer el bien, a cambio de los que tienen
poder para hacer el mal, que son presumidos y se creen los dueños del
mundo.

Las enseñanzas de Salomón, antes de caer en desgracia, pues al principio
era obediente, sabio para recibir la inspiración de Dios, y transmitió
esas enseñanzas a través de los proverbios, los cuales son para beneficio
de todo el mundo. En las enseñanzas se invita a los hijos de Dios a que
consideren hacer el bien, y sean prontos en temer a su Dios, para que les
vaya bien en la tierra de su creación, y con la promesa de que haciéndolo
así les irá muy bien, pero de lo contrario, los sufrimientos, privaciones
y la vida próxima no serán agradables.

Prov.8:6-36/ 6 Escuchad, porque hablaré cosas excelentes, y abriré mis
labios para decir cosas rectas.
7 Porque mi boca hablará la verdad, y la impiedad es abominación a
mis labios.
8 Justas son todas las razones de mi boca; no hay en ellas cosa perversa
ni torcida.
9 Todas ellas son rectas para el que entiende, y razonables para los que
han hallado conocimiento.
10 Recibid mi corrección y no la plata, y conocimiento antes que el oro
escogido;
11 porque mejor es la sabiduría que las piedras preciosas, y todas las
cosas que se pueden desear no se comparan con ella.
12 Yo, la sabiduría, habito con la prudencia, y hallo el conocimiento y
la discreción.

13 El temor de Jehová es aborrecer el mal; yo aborrezco la soberbia, y la arrogancia, y el mal camino y la boca perversa.

14 Conmigo están el consejo y la sana sabiduría; yo soy el entendimiento; mía es la fuerza.

15 Por mí reinan los reyes, y los príncipes decretan justicia.

16Por mí gobiernan los príncipes y los nobles, todos los jueces de la tierra.

17 Yo amo a los que me aman, y me hallan los que temprano me buscan.

18 Las riquezas y el honor están conmigo, las riquezas duraderas y la justicia.

19 Mejor es mi fruto que el oro, que el oro refinado; y mi ganancia, mejor que la plata escogida.

20 Por vereda de justicia ando, por en medio de sendas de juicio,

21 para hacer que los que me aman hereden bienes, y que yo llene sus tesoros.

22 Jehová me poseía en el principio de su camino, antes de sus obras de tiempo antiguo.

23 Desde la eternidad fui instituida, desde el principio, antes de la tierra.

24 Antes que existiesen los abismos fui engendrada, antes que existieran los manantiales con muchas aguas.

25 Antes que los montes fuesen formados, antes que los collados, ya había sido yo engendrada,

26 cuando él aún no había hecho la tierra, ni los campos ni el principio del polvo del mundo.

27 Cuando formaba los cielos, allí estaba yo; cuando trazaba el círculo sobre la faz del abismo,

28 cuando él afirmaba las nubes arriba, cuando reforzaba las fuentes del abismo,

29 cuando ponía al mar su estatuto, para que las aguas no traspasasen su mandato, cuando trazaba los fundamentos de la tierra,

30 con él estaba yo como artífice, y era su delicia cada día, y me regocijaba delante de él en todo tiempo.

31 Me regocijaba en la parte habitable de su tierra, y mis delicias eran con los hijos de los hombres.

32 Ahora pues, hijos, escuchadme: Bienaventurados los que guardan mis caminos.

33 Escuchad la instrucción y sed sabios, y no la desechéis.

34 Bienaventurado el hombre que me escucha, velando a mis puertas cada día, guardando los postes de mis puertas,

35 porque el que me halle hallará la vida y alcanzará el favor de Jehová.

36 Pero el que peca contra mí daña su propia alma; todos los que me aborrecen aman la muerte.

5.2.1 Juegos de azar y juegos recreativos

Actividades de recreación o pasatiempos y los hay de varios tipos y dependiendo de la calidad de ellos. Con unos podemos perder el dinero, la paz, el tiempo. Si son reuniones familiares o juegos lúdicos pueden servir para adquirir conocimiento, amistad, y relajación. Los primeros (juegos por dinero) sirven para perder la paz y los segundos para ganarla (Para recreación familiar)

Prov.26:2-3 /2 Como el ave en su vagar, como la golondrina en su vuelo, así la maldición nunca vendrá sin causa.

3 El látigo para el caballo, y la brida para el asno, y la vara para la espalda del necio.

- o El juego nos gusta porque halaga nuestra avaricia; es decir, la esperanza de poseer más. Charles Montesquieu.
- o El juego es altamente moral: sirve para arruinar a los idiotas. Santiago Rusiñol.
- o El juego destruye más que el fuego.
- o En la mesa y en el juego se conoce al caballero
- o Juego y bebida, casa perdida.

Cuento

Pero amigo, es la tercera vez que vienes a comprar naftalina (bolas de alcanfor) para matar cucarachas. Solo con la cantidad que has llevado la primera vez daba para matar a todas las cucarachas.
Pero eso es para quien tiene buena puntería, y no se duerma, entre tanto salen.
Innovación importante de un político para acabar con la injusticia.
Se está estudiando la prohibición del ajedrez, por ser un juego "racista", Blancas contra negras; donde además las blancas salen primero. Existen peones que son sacrificados, propio del capitalismo además, existe un serio "maltrato animal" al jugar con caballos en movimientos rígidos siempre en L; y alfiles al "servicio" de una monarquía".
Por si fuera poco todo esto, nos enfrentamos a una deliberada acción de machismo y Patriarcado, pues la Reina es la que más tiene que trabajar en la partida, en beneficio de un Rey que apenas se mueve.
Estamos estudiando seriamente un juego más "inclusivo"

Comentario

El asunto con ello es que, algunos pueden codiciar el dinero de los demás y apostar con el fin de enriquecerse a costa de los demás. Los juegos de azar buscan mantener unas personas a costa de la desgracias por las pérdidas de otros. Los juegos de azar, CASI SIEMPRE están amañados, pues de lo contrario no serían atractivos para invertir en casinos lujosos, y otras cosas. Hay necesidad de mantener y sostener el tren de vida de algunos que renuncian a trabajar en una profesión u oficio decente, y como en esto se gana, pues alguien ha de perder, pues por eso son muy buenos, para el que maneja el juego, el propietario, el inversor, el estado, pues al fin y al cabo a ellos les ingresa un porcentaje.

La idea de que con ello se mantiene la salud es un sofisma, pues ella se ha de sostener con impuestos, no con migajas que vengan de las enfermedades y desgracias de su pueblo.

El mal enfoque de la atención a ello hace creer que con esos males se tapan las cosas. En lo posible los gobiernos debieran controlar estos azahares, pues solo sirven para convertirse en nido de ladrones, holgazanes, prostitución, comercio de drogas, delincuencia, corrupción, etc.

Nunca son sitios apropiados para nadie, pues si ha de entretenerse una persona, podría prestar servicio a la comunidad. Son malos enfoques de las políticas estatales y maneras de disfrazar el mal.

Lucas 12: 15 Y les dijo: Mirad, y guardaos de toda avaricia, porque la vida del hombre no consiste en la abundancia de los bienes que posee.

1° de Timoteo 6: 9 Porque los que quieren enriquecerse caen en tentación y trampa, y en muchas codicias necias y dañinas, que hunden a los hombres en perdición y muerte.

5.2.2 Juramentos, promesas

Los juramentos son afirmaciones o negaciones de algo donde ponemos como testigo a Dios, o son promesas invocando a alguien que se considera respetable como la madre, esposa, Dios, etc. Curiosamente el tercer mandamiento que se dio por Dios para todos sus hijos es que no tomemos su nombre: ni para chistes, ni para nombrarle por cosas baladíes, o poco importantes o para colocarlo como testigo. Expresamente lo dice en la biblia con las siguientes palabras y sus connotaciones vendrán:

Éxodo 20:7 No tomarás el nombre de Jehová tu Dios en vano, porque no dará por inocente Jehová al que tomare su nombre en vano.

Ecles.5:1-6/1 CUANDO vayas a la casa de Dios, guarda tu pie; y acércate más para oír que para ofrecer el sacrificio de los necios, porque no saben que hacen mal
2 No te des prisa con tu boca, ni tu corazón se apresure a proferir palabra delante de Dios, porque Dios está en el cielo, y tú sobre la tierra. Por tanto, sean pocas tus palabras.

3 Porque de la mucha ocupación vienen los sueños; y de la multitud de las palabras, la voz del necio.

4 Cuando a Dios hagas promesa, no tardes en cumplirla, porque él no se complace en los insensatos. Cumple lo que prometas.

5 Mejor es que no prometas, y no que prometas y no cumplas.

6 No dejes que tu boca te haga pecar, ni digas delante del ángel que fue un error. ¿Por qué *harás que* Dios se enoje a causa de tu voz y destruya la obra de tus manos?

Las promesas de carácter religioso son cosas buenas en el sentido de que estén bien orientadas, sin embargo otros se aprovechan económicamente, en muchas veces de la buena disposición y fe de los hijos de Dios, el cual ocasionalmente interviene para mitigar a sus hijos las penas, y donde el espera cambios en los corazones y una efectiva búsqueda de sus verdades.

o   No hagas juramentos, ni por tu Dios, ni madre, etc., primero obedecer a Dios que a los hombres.

o   Se verídico siempre y evitaras dudas de tus juramentos.

o   Un mentiroso siempre es prodigo en juramentos. Corneille.

o   Nunca prometas lo que no has de dar, ni compres lo que no has de pagar.

o   Quien todo lo promete, todo lo niega.

Cuento

¡Papá! ¿Es verdad que todos los cuentos empiezan con "erase una vez"?.
No siempre hijo: algunos empiezan: "Cuando sea elegido"

Cuento

En el manicomio, el loco sentado en un banquito lleva una caña de pescar metida en un cubo de agua.
Pasa el médico y le pregunta:
¿Qué está usted pescando?
Inocentes, doctor.

¿Ya ha pescado alguno?

Usted es el quinto.

Anécdota

Me sucedió cuando tendría 29 años aproximadamente en 1983.
Dirigía el equipo de futbol administrativo de Papeles Nacionales
S.A., el cual organizamos con los empleados que pertenecíamos a la
parte administrativa, y lo reforzamos con dos jugadores de la misma
planta. Participamos en un torneo en el cual se inscribieron equipos
muy competitivos, de hecho había uno de ellos con tres o cuatro
ex profesionales. El día de nuestro debut, había mucha expectativa,
jugaríamos en una magnifica cancha, con buena iluminación nocturna
y nos acompañaron muchos de los empleados.

Como era el dirigente preferí no entrar a jugary dirigir, sin embargo
aquel día al poco tiempo de iniciar el juego ya nos habían marcado tres
o cuatro goles. Alguien pregunto ¡donde está don Hernán Restrepo!,
nuestro gerente administrativo de ese tiempo, pues sabíamos que él nos
acompañaría; No sé por qué jocosamente conteste la pregunta así: ¡Debe
estar viendo el minuto de Dios! (programa de T.V. antes de iniciar el
noticiero de las 7.P.M.), pues el seguramente no lo vería nunca, dada
su incredulidad; de inmediato fui inquirido por Estela (La secretaria de
impuestos), quien expreso: ¡don Julio que pasa!., ella sabía que me había
expresado mal, y también sentí el abandono del Espíritu Santo, y una
sensación de angustia y soledad me invadió, y presentí lo peor.

Al cabo de pocos minutos se lesiono uno de los jugadores y debí ingresar
para reemplazarle. Poco tiempo calenté y en tanto ello ocurría me sentía
regular, Ore, pero no fue suficiente.

Al ingresar a la cancha e intentar jugar no era capaz de tomar una bola,
y aunque corría de un lado para el otro, me era imposible, logre tomar
una bola la cual dispare al arco contrario, y no recuerdo si ingreso al
arco, pero parece que el silbato había sonado antes o algo así. A los pocos

minutos procure recuperar una bola que iba dirigida para Pompilio Páez, un ex jugador del América que participo en Copa libertadores, con su club, pero tan pronto, me acerque para atacarle sentí un dolor muy intenso en la parte trasera del musculo arriba de la rodilla derecha, el cual me dejo fuera de juego, y debí retirarme de la cancha, sentándome en la gradería, pero no aguantaba el dolor. En tanto salía de la cancha, Becerra uno de las estrellas de nuestro equipo, que estaba también lesionado, me refirió que se formó una bola atrás y me brincaba. Aquel díacomprendí que tomar el nombre de Dios en vano era algo indebido y que debido a mi posición, conocimiento en la Iglesia, yo debería ser un ejemplo, el cual reclamo dar Estela.

Esa lesión me molesta todavía especialmente en piscina, o cuando debo forzar marchas en carreras o juegos. Nunca desapareció. Un recuerdo de cómodebo dar al Padre Celestial el respeto que merece su nombre.

Ocasionalmente escucho tratar con desdén el nombre de Dios, a muchos españoles, también el de las madres, los muertos, hasta la leche, rayando en la ofensa a Dios con sus maneras de expresarse del creador, cosa que me ha parecido desagradable, y no quiero ni pensar cuál será el desenlace para aquellos que usan tales ofensas.

5.2.3 Juzgar

Es la acción de emitir juicios contra otras personas, sin considerar que con esa misma vara que medimos a otros seremos medidos.

Mateo 7:1-2/1 No juzguéis, para que no seáis juzgados
2 Porque con el juicio con que juzgáis seréis juzgados, y con la medida con que medís, se os volverá a medir.

- o   Mal pensará de ti quien no piensa bien de sí.
- o   Con la medida que midieres serás medido.
- o   Nadie es buen juez en causa propia.

Cuento

¡Papa!, ¿cómo nací?
Te trajo la cigüeña.
Y tu papá, ¿Cómo naciste?
Mi madre me trajo de Paris.
Y el abuelo, ¿Cómo nació?
A él lo encontraron en una huerta de repollos.
Entonces quiere decir que en esta familia ya hace tres generaciones que no se da un parto.

Cuento

Señora, tengo una buena noticia que darle, dice el doctor.
Corrige la paciente: Señora, no….no….; señorita……a. a….a.
Entonces usted perdone, tengo una mala noticia que darle.

<u>Comentario</u>

El juzgar por las apariencias y sin conocer los hechos nos hace necios, pues aunque conociéramos parte, ello no nos da autorización para señalar a nadie, pues con la vara que medimos seremos juzgados.

Lucas 7:36-50 Y le rogó uno de los fariseos que comiese con él. Y habiendo entrado en casa del fariseo, se sentó a la mesa.
37 Y he aquí una mujer que había sido pecadora en la ciudad, cuando supo que *Jesús* estaba a la mesa en casa de aquel fariseo, trajo un frasco de alabastro con perfume,
38 y estando detrás *de él* a sus pies, llorando, comenzó a regar con lágrimas sus pies, y los enjugaba con los cabellos de su cabeza, y besaba sus pies y los ungía con el perfume.
39 Y cuando vio esto el fariseo que le había convidado, dijo para sí: Si éste fuera profeta, conocería quién y qué clase de mujer es la que lo toca, porque es pecadora.

40 Entonces, respondiendo Jesús, le dijo: Simón, una cosa tengo que decirte. Y él dijo: Di, Maestro.

41 Un acreedor tenía dos deudores: Uno le debía quinientos denarios, y el otro cincuenta;

42 y no teniendo ellos con qué pagar, perdonó a ambos. Di, pues, ¿cuál de éstos le amará más?

43 Y respondiendo Simón, dijo: Pienso que aquel a quien perdonó más. Y él le dijo: Rectamente has juzgado.

44 Entonces, mirando a la mujer, dijo a Simón: ¿Ves esta mujer? Entré en tu casa y no me diste agua para mis pies; pero ella ha regado mis pies con lágrimas y los ha enjugado con sus cabellos.

45 No me diste beso, pero ella, desde que entré, no ha cesado de besar mis pies.

46 No ungiste mi cabeza con aceite, pero ella ha ungido mis pies con perfume.

47 Por lo cual te digo *que* sus muchos pecados le son perdonados, porque amo mucho; pero al que se le perdona poco, poco ama.

48 Y a ella le dijo: Tus pecados te son perdonados.

49 Y los que estaban juntamente sentados a la mesa comenzaron a decir entre sí: ¿Quién es éste, que también perdona pecados?

50 Y *Jesús* dijo a la mujer: Tu fe te ha salvado, ve en paz.

5.2.4 Lacra

Término para describir un mal engendrado en personas, sociedades o seres vivientes que afectan: la moral, salud, paz, u otras condiciones, haciéndolo despreciable ante los demás.

Falta de lealtad que se debería evitar contra: los suyos, amigos de su grupo, país, o que se comete contra un bien público o sociedad, patria, etc.

Ecles.4:4-6 /4 Y he visto asimismo que todo trabajo y toda obra bien hecha despierta la envidia del hombre contra su prójimo. También esto es vanidad y aflicción de espíritu.

5 El necio se cruza de manos y devora su propia carne.

6 Más vale una mano llena de descanso que ambas manos llenas de trabajo y aflicción de espíritu.

o   Ladrones roban millones y son grandes señorones.

o   El ladrón y el asesino se encuentran en su camino.

o   El que miente, roba, el que roba mata.

Cuento

Un atracador entra en una biblioteca y le dice a la bibliotecaria:

¡La bolsa o la vida!

A lo que ella responde:

Si no me dice usted el autor......

Cuento

¡Abuelito cierra los ojos!

¿Por qué quieres que cierre los ojos?

Porque la tía dice que cuando cierres los ojos, todos seremos ricos.

Comentario

Cantidad de veces me he relacionado con personas de diferentes facetas, o que por sus propuestas de vida prefieren mantener apariencias o comportamientos que a la largo no son la realidad de sus condiciones. Los hay mentirosos, también pendencieros, lujuriosos, tramposos, ladrones y también altaneros, de todo tipo de carácter somos los hombres, sin embargo cuando se mantienen los principios enseñados, casi puedo asegurar que no se tuercen tan fácilmente. He conocido hombre nobles, honrados, misericordiosos, dignos y fieles de recibir el sacerdocio de Dios, también los he visto dentro y fuera de la iglesia, pero no todos son malos, en tanto mantengan el temor a Dios y crean en Él, estos pueden ser buenos. Debemos mirar y considerar a esos hombres como lo que pueden llegar a ser.

Hay muchos que juzgan a los demás por su condición, pero si me da la impresión, que son más los buenos, que los malos, y ello me alegra, pues al fin y al cabo son mis hermanos, hijos de mi Padre Celestial, y a ellos me gustaría llegar con estos escritos.

5.2.5 Ladrón, trampa

Individuo que cotidianamente persiste en vivir a costa de los bienes ajenos, a causa del temor al trabajo honrado; persona que a base de la sustracción o hurto pretende obtener de forma fácil lo que no puede hacer por medio del trabajo honrado.

Sistema o dispositivo para atrapar animales o personas mediante el engaño o carnada. Planes concebidos para engañar a alguien y sorprenderle infraganti o con las manos en la masa o buscar pruebas que lo incriminen.

Prov. 6:30-31/30 No se desprecia al ladrón si roba para saciarse cuando tiene hambre,
31 pero si es sorprendido, pagará siete veces. Tendrá que dar todos los bienes de su casa.

Prov21:7 La rapiña de los malvados los destruirá, por cuanto no quisieron hacer juicio.

Prov24:15-16/ 15 Oh malvado, no aceches la morada del justo, ni saquees el lugar de su descanso,
16 porque siete veces cae el justo y vuelve a levantarse, pero los malvados caerán en el mal.

Prov.28:21-22/ 21 El que sigue la justicia y la misericordia hallará la vida, la justicia y la honra.
22 La ciudad de los poderosos tomó el sabio y derribó la fuerza en que ella confiaba.

Prov.28:20 El hombre fiel tendrá muchas bendiciones, pero el que se apresura a enriquecerse no quedará sin culpa.

Prov.22:28 No traspases los linderos antiguos que pusieron tus padres.

Prov.22:24-25/24 No hagas amistad con el iracundo ni andes con el hombre irascible,
25 no sea que aprendas sus maneras y tiendas trampa para tu propia alma.

Prov.29:5-6/ 5 El hombre que lisonjea a su prójimo le tiende una red delante de sus pasos.
6 En la transgresión del hombre malo hay trampa, pero el justo canta y se alegra.

o   El ladrón juzga por su condición.
o   De principio ruin, nunca buen fin.
o   Los libros no enseñan mucho, el maestro es el mundo.
o   Lo que se piensa cuerdo, se ejecuta borracho.
o   Llanto de mujer, engaño es.

Cuento

Policía: Comisario, el ladrón acaba de huir.
Comisario: imposible, ¿No di orden de vigilar todas las salidas?
Policía: cierto, señor comisario, pero el ladrón ha huido por la entrada.

Comentario

En mi infancia recuerdo a mi madre hacer frente con valor a estas personas que de alguna forma buscaban la forma de apropiarse de las cosas de nuestro hogar.

El ladrón tiene la actitud de que el robar los hace listos, que es permitido porque eres descuidado y tú el dueño eres culpable por ser tonto al dejarte sorprender. Los ladrones muchas veces se aprovechan de la: confianza, soledad, oscuridad, incapacidad para defenderse como la ancianidad, niñez, mujeres, o enfermedades; para ellos es pura ingenuidad de las personas dejarse robar, y son oportunidades para aprovechar.

Ladrón es aquel que no se respeta a sí mismo, pues lo que no es de uno nos estorba; no percibe que lo peor que te puede pasar es que te pierdan la confianza y una vez sucedido ello, pocas o ninguna oportunidad tendrás de recuperarla.

Los ladrones o amigos de lo ajeno generalmente se apropian de ello, si observan oportunidades, y estas se generan cuando alguien es dual o poco reactivo ante las cosas y responsabilidades, es decir cuando se es permisivo, o indiferente. He aprendido que lo que no se reprende, si se ve, entonces te conviertes en cómplice.

Néstor Arias Palacios nos repitió en la empresa donde laborábamos y era muy aplicable: El que miente roba y el que roba mata, es decir un hecho lo lleva a otra cosa, y efectivamente lo he visto, que algunos efectivamente se desenvuelven en ese tipo de comportamientos.

En su forma de ser, no permitía que un robo o una mentira pasara desapercibida, y ello mantenía a raya a los infractores de este tipo de delitos. En tanto él estuvo como director administrativo en la empresa, los robos se mantenían controlados, pero curiosamente cuando él salió, parece que muchos perdieron ese temor y comenzaron a detectarse faltantes de muchas cosas, y así las cosas comenzaron a degenerar.

En la empresa siempre habrá quien piense que hacer empresa es de ricos y por lo tanto hay que quitarles, y se justifican. No se puede dejar de verificar, ni revisar, todo debe ser controlado, pues no sabes con que te estás enfrentando muchas veces, pero os doy una pista:

Si observas renuencia a presentarte los documentos para revisión, por alguna disculpa, o motivo muy continuado, entonces, duda y comienza a preocuparte.

- Debes ser además sorpresivo y utilizar no las mismas tácticas de revisión.
- Si son muy melosos, lisonjeros contigo, algo hay encerrado.
- Si notas quejas infundadas, también pueden haber líos escondidos.
- Si se muestran renuentes a procedimientos de organización que cierren o bloqueen círculos viciosos, preocúpate.
- Demasiado interés en ser los últimos en salir y primeros en llegar, también pueden reflejar cosas.
- Personas que no salen a vacaciones.

5.2.6 Lenguaje profano, vulgar o uso inadecuado de palabras

Son las expresiones vulgares que generan mal ambiente y con las cuales solemos referirnos ofensivamente de otros, presentes o ausentes, o tal vez referir expresiones de desaprobación de algo por exclamaciones.

Son expresiones desagradables, para expresar enfado, desaprobación o protesta. Muchas de ellas pueden ser ofensivas a la Deidad, lo cual es más que violar el segundo mandamiento de Dios tal como: No utilizar en vano su santo nombre. Es común entre los Españoles el uso de términos que a la larga, pueden romper una relación con Dios, de tal suerte que tras de ellas pueden sobrevenir problemas.

Prov.15:4 La sana lengua es árbol de vida, pero la perversidad de ella es quebrantamiento de espíritu.

Prov.15:26 Abominación son a Jehová los pensamientos del malo, pero las expresiones de los puros son palabras agradables.

Prov.15:28 El corazón del justo piensa antes de responder, pero la boca de los malvados derrama malas cosas

- o   Si usas lenguaje soez, eso expresa que cultura tenes. JCIR
- o   La lengua es un hecho biológico, pero también es un hecho de carácter evolutorio y un factor de civilización. Pampeu Fabra.
- o   Ejemplo; Me cago en......la leche,...etc.

o Debido a que Dios conoce nuestros pensamientos, no podremos escapar a la ira de Dios; cuanto más será por las palabras mal dichas, pues los escuchas serán nuestros testigos.

o Gallo que no canta, gallina se vuelve.

Cuento

Un hombre que era guardia de un recinto ferial, hablaba muy pausado: llamó la atención de las personas, para que se organizaran, para comprar las boletas de entrada:

Fila,…, fila,…. hagan una…. Fila……india, y miró a la concurrencia. El jefe inmediatamente, le llamó la atención: Dilo fila india, no fila…. India. Se pueden ofender las personas.

Al rato una señora venía con una perra pequeña, la cual importunaba a los de las filas.

Señora…. Por favor. Saca tú…. Perra, de las filas….. Indias.

Prontamente el jefe le pidió explicaciones, y el guardia procedió a responder:

Es que yo ss…..soy. Unpoco….tarta…….Mudo.

Anécdota

Hay muchas personas que suelen hacer uso de expresiones indebidas, pues piensan que ello les genera popularidad, aprobación del grupo, o así dejan sentado el precedente de que son más duros, valientes, sin embargo en la mayoría de las veces sucede lo contrario.

Las expresiones inadecuadas son como: fumar delante de los demás, como tirarse un pedo, como expandir un mal producto que contamina el ambiente, como faltar al respeto a los demás presentes, y la verdad es que quien no puede expresarse respetuosamente no es apto para vivir en comunidad.

Desde joven desaprobé muchas de las canciones de navidad o fin de año que utilizaban términos inapropiados en las letras e invitaban a la vulgaridad, pues me rechinaban en los oídos. Después de convertirme en miembro de la iglesia comprendí en una circunstancia o ambiente donde se permite ese tipo de música, no hay influencia del Espíritu de Dios, en cambio sí están presentes espíritus malignos, pues al fin y al cabo ellos si promueven ese tipo de música.

Recuerdo un hombre que responsable de las ventas y manejo del almacén de la empresa de pieles curtidas, que se había dispuesto al público, y a las horas de medio día siempre usaba el baño del personal administrativo, pero no sé qué problema tenía, pero lo dejaba con todas sus heces allí sin vaciar el tanque, haciendo que ello fuera desagradable para los que tendrían necesidades o pasare por allí.

Un buen día no aguanté más y puse un letrero en la puerta que decía:

"Si no eres capaz de hacer uso del servicio y dejarlo en condiciones de limpieza como lo encontraste, búscate un potrero, es decir un descampado". Ello sirvió de remedio, pues nunca más volvimos a ver el baño sucio. No sé si nunca lo volvió a usar o que sucedió, pero en lo sucesivo se acabó el problema. Sucede igual con aquellos que usan el ambiente público para dejar sus expresiones y si los demás las toleran, pues así seguirá recibiendo tales olores nauseabundos.

5.3.1 Locuras

Es quien a juicio de terceros su juicio no concuerda con las normas establecidas, posee costumbres o actúa contrariamente a la cordura. La locura también puede sobrevenir a causa de posesiones demoniacas temporales, o los denominados espíritus burlones o malignos.

Eclesiastés 10:12-13: 12 Las palabras de la boca del sabio están llenas de gracia, más los labios del necio causan su propia ruina.
13 El principio de las palabras de su boca es necedad, y el final de su charla es locura nociva.

Prov.14:17 El que fácilmente se enoja comete locuras, y el hombre perverso es aborrecido.

Prov14:24 Las riquezas de los sabios son su corona;la insensatez de los necios es locura.

- o Si los que hablan mal de mí supieran lo que yo pienso de ellos, aún hablarían peor. Sacha Guitry.
- o Todos nacemos locos. Algunos siguen siéndolo toda la vida. Samuel Beckett
- o Loco es el hombre que ha perdido todo menos la razón. Gilbert K. Chersterton.
- o Hay un placer en la locura que solo los locos conocen. John Dryden.
- o La ciencia no nos ha enseñado aún si la locura es o no lo más sublime de la inteligencia. Edgar Allan Poe.
- o Yo debo ser un loco; en todo caso, si estoy cuerdo los demás no deberían estar sueltos.

Cuento

Perdone, ¿qué hora es?
A ver, son las siete y cuarto.
Jo, Jo,…otra vez.
¿Qué le pasa?
Nada,….. Que me he pasado todo el día procurando saber la verdad.
No entiendo.
Simple, cada vez que pregunto la hora a alguien siempre me dicen una hora diferente, nadie se pone de acuerdo.
Cuento (A entender si se analiza con detenimiento, escrito)
Un día, un médico fue a visitar un hospital de locos y, paseando por el patio, encontró un enfermo con el que empezó a conversar:
¿Dígame por qué ha venido usted a parar aquí?
El enfermo le contestó:

Verá, señor: me case con una viuda que tenía una hija mayor, mi padre se casó con mi hija política y eso hizo con mi mujer que se convirtiera en suegra de mi padre, y el yerno de la nuera. Después mi madrastra. La hija de mi mujer, tuvo un hijo. Este niño era mi hermano, porque era hijo de mi padre, pero también nieto de mi mujer y, mi nieto, y esto me convirtió en abuelo de mi hermano. A continuación, mi mujer tuvo un hijo, por lo tanto mi madrastra es hermana de mi hijo y también abuela, porque el hijo de mi hijo político, mi padre es cuñado de mi propio hijo, que también es hijo de mi abuela. Soy padrastro de mi madrastra, mi mujer es bisabuela de su propio hijo, que es hijo de su propio tío, y yo soy abuelo de mí mismo. Ese es el motivo por el que estoy aquí.

Comentario

El estar en una condición de poco control de sus acciones, o al menos cuando estas no concuerdan con lo normal, nos hace ser señalados como poco cuerdos. A causa de golpes, gran depresión, exceso de ingesta de licor, sustancias psicoactivas, intenso dolor emocional, o hambres prolongadas, etc., podemos caer en estos estados, lo cual nos hace vulnerables a ser poseídos de espíritus que pueden tomar control de nuestro cuerpo, haciendo que las acciones sean peligrosas para todos los del entorno.

Las personas que frecuentan los cementerios, participan de juegos de la tabla Guija, los que experimentan sesiones de espiritismo, los que promueven o participan de desdoblamientos provocados, están sujetos a problemas parecidos de posesión parcial o temporalmente.

Marcos 5:1-20/14 1 Y llegaron al otro lado del mar, a la región de los gadarenos.
2 Y cuando salió él de la barca, enseguida le salió al encuentro, de entre los sepulcros, un hombre con un espíritu inmundo,
3 que moraba en los sepulcros, y ni aun con cadenas podían atarle;

4 porque muchas veces había sido atado con grilletes y cadenas, más las cadenas habían sido hechas pedazos por él, y los grilletes desmenuzados; y nadie le podía dominar.

5 Y siempre, de día y de noche, andaba dando voces en los montes y en los sepulcros, e hiriéndose con piedras.

6 Y cuando vio a Jesús de lejos, corrió y le adoró.

7 Y clamando a gran voz, dijo: ¿Qué tienes conmigo, Jesús, Hijo del Dios Altísimo? Te imploro por Dios que no me atormentes.

8 Porque le decía: Sal de este hombre, espíritu inmundo.

9 Y le preguntó: ¿Cómo te llamas? Y respondió, diciendo: Legión me llamo, porque somos muchos.

10 Y le rogaba mucho que no los enviase fuera de aquella región.

11 Y había allí cerca del monte un gran hato de cerdos paciendo.

12 Y le rogaron todos los demonios, diciendo: Envíanos a los cerdos para que entremos en ellos.

13 Y Jesús se lo permitió. Y saliendo aquellos espíritus inmundos, entraron en los cerdos, y el hato se lanzó al mar por un despeñadero, los cuales eran como dos mil; y en el mar se ahogaron.

14 Y los que apacentaban los cerdos huyeron y dieron aviso en la ciudad y en los campos. Y salieron para ver qué era aquello que había acontecido.

15 Y vinieron a Jesús y vieron al que había sido atormentado por el demonio, y que había tenido la legión, sentado y vestido y en su juicio cabal; y tuvieron miedo.

16 Y los que lo habían visto les contaron lo que le había acontecido al que había tenido el demonio, y lo de los cerdos.

17 Y comenzaron a rogarle a Jesús que se fuese de sus contornos.

18 Y entrando él en la barca, el que había estado poseído por el demonio le rogaba que le dejase estar con él.

19 Mas Jesús no se lo permitió, sino que le dijo: Vete a tu casa, a los tuyos, y cuéntales cuán grandes cosas el Señor ha hecho contigo y cómo ha tenido misericordia de ti.

20 Entonces se fue y comenzó a publicar en Decápolis cuán grandes cosas Jesús había hecho con él; y todos se maravillaban.

5.3.2 Llorar

Estado emocional donde se expresa la tristeza, dolor agudo, rabia o exceso de gozo, con lágrimas.

Cuando nos lamentamos por haber dejado de hacer, o haber actuado con indiferencia y después recibimos los problemas o desaprovechamos oportunidades para hacer el bien y hacemos el mal, perjudicándonos a nosotros y a nuestras familias.

Prov.21:12-13 /12 Considera el justo la casa del malvado, cómo los malvados son trastornados por el mal.
13 El que cierra su oído al clamor del pobre también clamará y no será oído.

- o   Un hombre llora, he aquí un bello privilegio.
- o   Llorar sí, pero llorar de pie, trabajando.
- o   Si lloras por haber perdido el sol, las lágrimas no te dejaran ver las estrellas.

Cuento

¡Doctor, venga inmediatamente! Dice la sirvienta de una casa noble. La señora padece dolor de estómago, el señor un cólico, el señorito dolor de un oído y a mí me está empezando la jaqueca…
Bien, ¿Dónde tengo que ir? Pregunta el doctor.
Si, a Villa Sonrisas, en la plaza de la Salud.

Comentario

Los juicios de Dios o las malas épocas vendrán, y en esos días nos lamentaremos de nuestros días de paz, y prosperidad, y donde por omisión dejamos de hacer nuestros deberes. También las lágrimas podrán venir por abusos de otras personas, por rabias o frustraciones, o inclusive de gozo.

Eclesiastés 12:1-7 /1 ACUÉRDATE de tu Creador en los días de tu juventud, antes que vengan los días malos, y lleguen los años de los cuales digas: No tengo en ellos contentamiento;

2 antes que se oscurezcan el sol y la luz y la luna y las estrellas, y las nubes vuelvan después de la lluvia;

3 cuando tiemblen los guardias de la casa, y se encorven los hombres poderosos, y cesen las molineras, porque son pocas, y se oscurezcan los que miran por las ventanas;

4 y las puertas de la calle se cierren, cuando disminuya el ruido del molino, y uno se levante con el canto del ave, y todas las hijas del canto sean abatidas;

5 *cuando* también teman a las alturas y a los terrores en el camino; y florezca el almendro, y la langosta sea una carga, y se pierda el apetito; porque el hombre va a su morada eterna, y los que hacen duelo ronden por las calles;

6 antes que el cordón de plata se suelte, y se rompa el tazón de oro, y el cántaro se quiebre junto a la fuente, y la rueda del pozo se rompa

7 y el polvo vuelva a la tierra, como era, y el espíritu vuelva a Dios, quien lo dio.

5.3.3 Mal intencionado, fingido, disfrazado, engaño

Refiere sé a quién interiormente piensa algo diferente a lo que da a conocer, presentar o porque lo que espera tiende a ser contrario al beneficio de todos o desea el mal, para sacar provecho del mal ajeno.

Quien engaña a los demás, aparentando no tener conocimiento del hecho. Que es presentado como verdadero.

Prov.24:8 Al que trama hacer el mal le llamarán hombre de malas intenciones.

Prov28:22 Se apresura a ser rico el hombre maligno de ojo, y no sabe que le ha de venir la pobreza.

o Algunas personas solo guiñan los ojos para 'poder apuntar mejor. Billy Wilder.
o La mejor fuente de información son las personas que han prometido no contárselo a otros. Marcel Mart.
o La avaricia es de naturaleza tan malvada y perversa, que jamás se sacia su voraz apetito, y después de comer tiene más hambre que antes. Dante Alighieri.
o Con los pocos años vienen los engaños, y con los muchos, los desengaños.
o Únicamente puede llamarse a engaño de la vida a quien a si mismo se engaña. Emerson.
o Siempre nos teme el que está seguro de que no puede engañarnos. Jacinto Benevente.

Cuento

Eres muy mala Beatriz, te has comido todo le pastel, sin acordarte de tu hermanito.
No es verdad, mamá. Me acorde de él y me lo he comido deprisa, antes de que llegara.

Cuento

Un niño le dice a un policía:
"Policía, policía allá hay una pelea hace media hora"
El policía le dice: si dices que la pelea era hace media hora ¿por qué no me avisaste antes?
El niño responde:
"Porque mi papá estaba ganando"

Anécdota

En una ocasión que lleve a mis padres a la costa atlántica, de vacaciones, fui también a Maicao, población fronteriza con Venezuela, donde podía conseguir algunos electrodomésticos con precios económicos. En tanto que recorríamos los almacenes y comercios callejeros, notamos que un hombre nos seguía, e insistía que él nos conseguiría lo que quisiéramos a precios cómodos, sin embargo nosotros no le hicimos mucho caso, pero él insistía en continuar importunándonos, y al ver que no le poníamos atención nos deseó que nos robaran, perdiéramos el dinero y nos engañaran.

En un sitio como ese hay que estar al tanto de todas las cosas, pues algunos podrán estar interesados en vuestras pertenencias o tal vez se ofendan porque que no les compramos.

He aprendido de la vida que no debe desearse el mal al prójimo, sin embargo aquel hombre desde el principio codició nuestro escaso dinero, y además nos deseó el mal, sin conocernos, y sin motivos suficientes para ello, pues es de suponer que los clientes nunca se han de ahuyentar con excesos de ofrecimientos, pues ello causa desconfianza.

Prov. 29:24-25 /24 El cómplice del ladrón aborrece su propia alma; oye la maldición y no dice nada.
25 El temor del hombre tiende trampas, pero el que confía en Jehová será exaltado.

5.3.4 Maldecir, maldición

Exclamación de desaprobación de los sucesos y resultados. Quien cotidianamente expresa frases de quejas por todo, y maldice los hechos, los resultados y todo lo que conlleva, en cada acción contamina y trasmite mal ambiente.

La maldición es un efecto de una causa o consecuente de malas acciones.

Prov.20:20 Al que maldice a su padre o a su madre se le apagará su lámpara en oscuridad tenebrosa.

Prov.26:2 Como el ave en su vagar, como la golondrina en su vuelo, así la maldición nunca vendrá sin causa.

Prov.28:27 El que da al pobre no tendrá pobreza, pero el que aparta de él sus ojos tendrá muchas maldiciones.

o   Las maldiciones son como las procesiones: por donde salen entran.
o   A quien mal me hace, rayo que le despedace.
o   Lo malo que se desea, gozado nunca lo vea.

Cuento

Joselito enfadado: ¡Mamá, hay una mosca en mi sopa!
Su hermano mayor interviene: ¡no te preocupes, las moscas no comen mucho!

Cuento

Un loco que vivía en el piso 20 de un edificio, tenía la manía de escupir por la ventana y tirarse en la cama. ... pero, en determinado momento, se confundió: escupió en la cama y se tiró por la ventana.

Comentario

Las consecuencias de malos procederes pueden traer maldiciones a nosotros y a nuestra descendencia, en el sentido que ellos podrán acarrear los males que nos sobrevendrán por los comportamientos indebidos de nosotros.

La maldición de los descendientes de Laman y Lemuel, y de Can, sobre su piel, no se hicieron esperar, pero con el tiempo Dios levanto tal maldición en la medida que tales hijos eran obedientes a sus mandamientos. La gente del común y los muy ilustrados de la ciencia, no creen en ello, sin embargo algunas cosas podremos saberlas cuando todo se revele en su plenitud, y nuestra disposición sea creer en el plan de salvación, y en el evangelio de Jesucristo. Sucedió tal cual: 2 Reyes 5:1-27/1 Naamán, general del ejército del rey de Siria, era un gran hombre delante de su señor y tenido en alta estima, porque por medio de él Jehová había librado a Siria. Este hombre era valeroso en extremo, pero leproso.

2 Y de Siria habían salido tropas y habían llevado cautiva de la tierra de Israel a una muchacha, la cual servía a la esposa de Naamán.

3 Y ella dijo a su señora: Si rogase mi señor al profeta que está en Samaria, él lo sanaría de su lepra.

4 Y entró Naamán y habló a su señor, diciendo: Así y así ha dicho una muchacha que es de la tierra de Israel.

5 Y le dijo el rey de Siria: Anda, ve, y yo enviaré una carta al rey de Israel. Partió, pues, él, llevando consigo diez talentos de plata, y seis mil piezas de oro y diez mudas de ropa.

6 Y llevó la carta al rey de Israel, que decía así: Cuando llegue a ti esta carta, he aquí, sabrás que yo he enviado a ti a mi siervo Naamán, para que lo sanes de su lepra.

7 Y sucedió que cuando el rey de Israel leyó la carta, rasgó sus vestidos y dijo: ¿Acaso soy yo Dios, que da muerte y que da vida, para que este envíe a mí a un hombre a fin de que lo sane de su lepra? Considerad ahora, y ved cómo busca ocasión contra mí.

8 Y aconteció que cuando Eliseo, el hombre de Dios, oyó que el rey de Israel había rasgado sus vestidos, envió a decir al rey: ¿Por qué has rasgado tus vestidos? Venga él ahora a mí y sabrá que hay profeta en Israel.

9 Y llegó Naamán con sus caballos y con su carro, y se paró a las puertas de la casa de Eliseo.

10 Entonces Eliseo le envió un mensajero, diciendo: Ve y lávate siete veces en el Jordán, y tu carne se te restaurará y serás limpio.

11 Y Naamán se fue enojado, diciendo: He aquí yo decía para mí: Ciertamente él saldrá y, estando de pie, invocará el nombre de Jehová su Dios, y alzará su mano y, moviéndola sobre la parte enferma, sanará la lepra.

12 El Abana y el Farfar, ríos de Damasco, ¿no son mejores que todas las aguas de Israel? Si me lavo en ellos, ¿no seré también limpio? Y se volvió y se fue enojado.

13 Pero sus criados se acercaron a él, y le hablaron, diciendo: Padre mío, si el profeta te mandara alguna gran cosa, ¿no la harías? ¡Cuánto más si solo te ha dicho: Lávate, y serás limpio

14 Él entonces descendió y se sumergió siete veces en el Jordán, conforme a la palabra del hombre de Dios; y su carne se volvió como la carne de un niño, y quedó limpio.

15 Y regresó al hombre de Dios, él y toda su compañía, y se puso delante de él y dijo: He aquí, ahora reconozco que no hay Dios en toda la tierra, sino en Israel. Te ruego que aceptes algún presente de tu siervo.

16 Pero él dijo: Vive Jehová, delante de quien estoy, que no lo aceptaré. Y le insistió que lo aceptara, pero él no quiso

17 Entonces Naamán dijo: Te ruego, pues, ¿de esta tierra no se dará a tu siervo la carga de un par de mulas? Porque de aquí en adelante tu siervo no ofrecerá holocausto ni sacrificios a otros dioses, sino a Jehová

18 En esto perdone Jehová a tu siervo: Cuando mi señor entre en el templo de Rimón para adorar en él, y se apoye sobre mi mano, si yo también me inclino en el templo de Rimón, si me inclino en el templo de Rimón, Jehová perdone en esto a tu siervo.

19 Y él le dijo: Vete en paz. Se alejó, pues, de él a cierta distancia.

20 Entonces Giezi, criado de Eliseo, el hombre de Dios, dijo: He aquí mí señor dispensó a este sirio Naamán, no tomando de su mano las cosas que había traído. Vive Jehová, que correré yo tras él y tomaré de él alguna cosa.

21 Y siguió Giezi a Naamán; y cuando le vio Naamán que venía corriendo tras él, se bajó del carro para recibirle y dijo: ¿Está todo bien?

22 Y él dijo: Todo bien. Mi señor me envía a decir: He aquí, llegaron a mí en esta hora de los montes de Efraín dos jóvenes de los hijos de los profetas; te ruego que les des un talento de plata y dos mudas de ropa.

23 Y Naamán dijo: Toma, te ruego, dos talentos. Y él le insistió, y ató dos talentos de plata en dos bolsas, y dos mudas de ropa, y todo lo puso a cuestas de dos de sus criados para que lo llevasen delante de él.

24 Y cuando llegó al monte, él lo tomó todo de manos de ellos y lo guardó en la casa. Luego mandó a los hombres que se fuesen.

25 Y él entró y se puso delante de su señor. Y Eliseo le dijo: ¿De dónde vienes, Giezi? Y él dijo: Tu siervo no ha ido a ninguna parte.

26 Él entonces le dijo: ¿No fue también mi corazón contigo cuando el hombre se bajó de su carro para recibirte? ¿Es este el momento de tomar plata y de tomar vestidos, olivares, viñas, ovejas, bueyes, siervos y siervas?
27 Por tanto, la lepra de Naamán se te pegará a ti y a tu descendencia para siempre. Y salió de su presencia leproso, blanco como la nieve.

5.3.5 Malos pensamientos, maquinar pensamientos, tentaciones

Son las malas influencias que nos llegan y dejamos que se alberguen en el corazón, convirtiéndolos en planes, para actuar en contra de otros, con los cuales se les puede agredir, robar, o desear sexualmente. Estos se convierten en maquinaciones, después en acciones que lo convierten en un ser desgraciado.

Maquinar pensamientos: dícese de quien suele premeditadamente procurar la venganza, pone trampa, o tiende lazo para hacer el mal a otros.

Tentaciones son las influencias que se reciben de espíritus rebeldes, que se oponen al progreso de los hijos de Dios y que buscan su infelicidad, poniendo trampas en los pensamientos de ellos y persuadiéndolos a caer en malas acciones.

Prov.3:29 No maquines mal contra tu prójimomientras viva confiado junto a ti.

Prov.6:18 el corazón que maquina pensamientos inicuos, los pies presurosos para correr al mal.

Prov.24:1-2 / 1 No tengas envidia de los hombres malos ni desees estar con ellos,
2 porque su corazón maquina violencia, y sus labios hablan de hacer mal.

Prov12:2 El bueno alcanzará el favor de Jehová, más él condenará al hombre de malos pensamientos.

Prov.26:24-26 /24 El que odia disimula con sus labios, pero en su interior maquina engaño;

25 cuando hable amigablemente, no le creas, porque siete abominaciones hay en su corazón.

26 Aunque su odio encubra con disimulo, su maldad será descubierta en la congregación.

o Cuando la piedra ha salido de la mano, pertenece al diablo. Proverbio suizo.

o Solo se ejerce una fuerte acción sobre los individuos apelando a sus pasiones o a sus intereses, no a su inteligencia. Anatole France.

o Lo más aburrido del mal es que uno se acostumbra. Jean Paul Sartre

o La reflexión es el ojo del alma. Jacques Benigne Bossuet

o Tiene mucho de mentira decir verdades que no se sienten. Alphone Karr

o No hay más realidad que la imagen ni más vida que la conciencia. José Martínez Ruiz, Azorín

o La mujer a la ventana, más pierde que gana.

o El hábito no hace al monje.

o Día de ayuno, largo como ninguno.

Cuento

¿La señora no ha visto el semáforo rojo?
Perdóname, señor guardia. Es que solo he visto sus ojos verdes, que son tan verdes que pensé que el semáforo estaba abierto.

Cuento

En clase de comercio exterior, pregunta el profesor a Inocencio.
¿Qué es patentar?
Después de mucho rato y pensar el pobre Inocencio no sabía cómo empezar a dar la respuesta.

Pero ante la insistencia de su profesor finalmente contesto:
Registrar las referencias MF del 10 al 20 cm.
Como explíquese joven.
Sí, cada vez que mis compañeras se ponen minifaldas de 10 al 20, tengo, muy, pero muy malos pensamientos.

Comentario

He aprendido que todos los problemas o malas acciones que hacemos, primero los ponemos en la mente, y una vez allí si continuamos en esa actitud, los llevamos a cabo y es cuando ya nos lamentaremos y sorprenderemos de haber caído o realizado una acción equivocada.

Los pensamientos pueden ser buenos y malos, vienen a nosotros y se sitúan tomando el escenario de la mente, y una vez están allí, estos van desarrollándose, formando ideas, luego acciones en potencia, planes, y luego de ello, si hay posibilidades, las convertimos en hechos. Tales pensamientos también sobrevienen por susurros de espíritus que nos influencian y nos motivan a realizar cosas. Si tales espíritus son de las legiones de Satanás no serán para nuestra conveniencia, pues nos llevaran por caminos equívocos. Si son de los espíritus de Dios o de nuestros ángeles guardianes, serán para prevenirnos o darnos respuestas a nuestras preguntas.

Si los productos de nuestra mente o imaginaciones son positivas en cuanto a que son para el bien de otros y el nuestro, de seguro son aceptables a Dios, de lo contrario es mejor desecharlos.

Prov.1:10-11 / 10 Hijo mío, si los pecadores te quieren tentar, no consientas.
11 Si dicen: Ven con nosotros, pongámonos al acecho para derramar sangre; acechemos sin motivo al inocente.

Cuando nos dejamos tentar más de la cuenta, podemos caer en situaciones que nos traerán comportamientos inadecuados. Aprendimos una enseñanza del líder de nuestra estaca José Luis González, que la segunda mirada, era justo la que nos metería en problemas. Efectivamente el controlar nuestros pensamientos a tiempo nos impedirá que nos comportemos neciamente:

5.3.6 Manías

Estados de obsesión compulsivos caracterizados por la ansiedad, nervios, o irritación ante situaciones, especificas; manifestación de bipolaridad y cambios de estados de ánimo de depresión, a euforia o irritación.

Prov.29:24 El cómplice del ladrón aborrece su propia alma;oye la maldición y no dice nada.

- o El hombre que por manía se complica la vida encontrará en su camino obstáculos imposibles de franquear, y en uno es posible que perezca. Tales de Mileto.
- o Es muy difícil cambiar la manía de los hombres; es mucho más fácil apartar de aquellos en cuya manía no puedas encontrar nada, sino molestia. Solón Atenas.
- o En este mundo es necesario, si se navega soportar las manías del que navega con nosotros, y en la guerra igualmente soportar las manías del compañero de tienda de campaña, pero no es de buen juicio soportar como compañero de mesa, a hombres con los que no convives a gusto por sus manías. Chilón de Lacedonía.

Cuento

En un bar, un hombre que bebe agua intenta convencer a un borracho:
-Cada año, el alcohol mata por lo menos a cien mil españoles.
-¿Y a mí qué? -dice el borracho-. Yo soy argentinoooooo.

Comentario

Podemos despertar manías de llevarnos lo ajeno, desde niños, lo cual es común, hasta que se nos haga pasar una vergüenza y así seamos corregidos. Si tales correcciones no se hacen oportunamente se vuelven una debilidad que nos pueden acompañar toda la vida. No sé cuántos años tendría, quizá menos dedos y mi hermano Germán tres. Una buena mañana mi hermano apareció con una herradura en la mano, y yo quise jugar con ella, sin embargo mi hermano me dijo que en la tienda de la esquina había muchas. Los dos decidimos arrimar a la fonda donde despachaban a los campesinos en ese día sábado, día de mercado, la cual estaba muy llena de compradores, y los expendedores no daban a vasto en el mostrador.

Mi hermano se deslizo por el corredor donde las personas atendían y me llevó donde estaban depositadas las herraduras nuevas. De allí tomamos lo que pudimos llevar encubiertamente en la mano.

Después, ya en casa, disfrutamos un buen rato de jugar con ellas. Al llegar a casa mi padre, como a las 2 de la tarde, inocentemente nosotros corrimos a saludar a mi padre e informamos que allí estaban las herraduras, para los caballos de la finca. Mi padre al indagar de donde las habíamos sacado, procedió a llevarnos a la tienda, y devolverlas, a los expendedores, indicándoles que las habíamos sustraído. Después de ello procedieron a desnudarnos y darnos una pela (castigo), hacernos bañar a todos los hermanos, incluido Luis Carlos, el mayor quien era inocente. Tal suceso, a él no se le olvidó. Mi padre no dejaba pasar oportunidades para corregirnos, haciendo lo que él consideraba lo correcto.

5.4.1 Mezquindad

El que no reconoce, concede o favorece la acción de otros. Quien a causa de su egoísmo, expresa o califica a los demás con desdén, o quien no es generoso para reconocer en los demás, lo bueno.

Prov.28:16 El príncipe falto de entendimiento multiplicará los agravios, pero el que aborrece la avaricia prolongará sus días. Prov.28:21 Hacer acepción de personas no es bueno; hasta por un bocado de pan transgredirá el hombre.

o   El miserable, por no dar, no quiere tomar.
o   La comida del mezquino: poca carne, y ningún vino.
o   Si no usas de tus bienes, ¿para que los tienes?
o   Al miserable y al pobre, todo les cuesta doble.

Cuento

El loco entra en la sala del director del manicomio y, muy feliz le entrega un frasquito:
Mire ahí doctor. Acabo de inventar un medicamento que le da a uno el poder de adivinar las cosas.
Pero si eso es orina.
¡Lo ha adivinado! ¿Ha visto como si funciona?

Cuento

¿Esta es la carretera que va para buenos aires?
No, la carretera se queda, el que va es usted.

Comentario

Cuando adquirí la casa de Pereira, lo hice con un préstamo bancario, y un canje de una propiedad rural que tenía y la cual me había llevado casi a la ruina, pues me demandaba mucho dinero para el sostenimiento, y poco o nada me devolvía. Al culminar la negociación debí obtener un préstamo bancario, el cual sufragó gran parte del costo de la propiedad, sin embargo, antes de ocuparla me enteré que debía hacerle muchos arreglos, para que quedará en condiciones apropiadas, lo cual significó el comprometer mis ingresos laborales en buena parte. Mis ingresos eran por honorarios, lo cual consistía en que yo recibía los ingresos y de ello me retenían el 10 % por impuestos, pero además debía costearme la salud, y otros gastos, pues el estado no me cobijaba la salud familiar, lo que hacía que cada vez que alguien de la familia enfermaba, solía quedar damnificado económicamente, trayendo como consecuencia deudas.

Los arreglos de la casa, se debieron realizar muy en la marcha, y además debí cerrar, una tienda de computadores, en la cual nos hicieron un robo de la mercancía vendida, poniendo en evidencia nuestra poca capacidad económica para surtirnos.

Todo era difícil, y para empeorar, el nuevo gerente administrativo, no me cancelaba oportunamente las cuentas de honorarios, sino que las dejaba acumular, pensando que tenía recursos para sostenerme, sin embargo la nómina empresarial, si era cancelada oportunamente, como debía ser. Comencé a casi descompensarme mentalmente, pues solo pensaba en las necesidades puntuales de mi familia, casa, y del personal contratado para arreglarla. Cada uno esperábamos al final de mes el pago de los honorarios, pero éstos no llegaban de acuerdo a lo acostumbrado. El relegarme los pagos de los honorarios significaba que no tendríamos alimento en casa, ni pago de la nómina de trabajadores, etc. Ello me enloquecía, pues estaba sujeto a mis ingresos, pero no me los cancelaban. Ello me hizo pensar que era mezquindad de quien autorizaba el pago, pues el cómo estaba en nómina si se cancelaba puntual, pero yo debía espera los días hasta el desespero. Por primera vez use ese término para calificar al pagador, y preferí retirarme de la empresa y conseguir un empleo diferente, pues estaba a punto de entrar en una contención innecesaria.

5.4.2 Miseria, pobreza

Aquella condición en que se puede caer a causa de nuestros malos actos o circunstancias poco favorables, tales como: abandono, alcoholismo, drogadicción, prostitución, enfermedades, limitaciones físicas, persecución, pobreza, desalojo, pérdida del empleo, etc.

También puede sobrevenir una peor miseria y es la pérdida del espíritu a quien lo ha poseído y después lo ha negado, o renuentemente ha obedecido los mandatos de Dios, o ha usado indebidamente su sacerdocio, conocimiento o incluso estorbado a otros para alcanzar el conocimiento de sus verdades. La miseria de no contar con la ayuda y protección del espíritu es algo terrible para quienes la viven, y que pueden percibirla, pues antes sintieron el poder del apoyo del Espíritu Santo, y así podrán conocer la diferencia entre tener y no tener el espíritu.

Los precios de menospreciar las verdades del evangelio, pueden traer consecuencias tales como ser influenciados por espíritus de las legiones de Satanás ahora o después de esta vida.

Falta de las cosas básicas para vivir. Ausencia de alimentos, ropa, agua limpia, y techo para vivir seguro y abrigado. También se presenta cuando hay ausencia de deseo de conocer las verdades y se les denomina pobres de espíritu, pues se convierten en ciegos a medio día, teniendo ojos perfectos. Oyen pesadamente. La pobreza de los tesoros de la eternidad es mucho más perjudicial que la terrestre, pues la última es temporal en cambio la espiritual lo condena a la esclavitud permanente.

Prov.14:20-21 /20 El pobre es odioso aun a su amigo, pero muchos son los que aman al rico.
21 Peca el que menosprecia a su prójimo, pero el que tiene misericordia de los pobres es bienaventurado.

Prov.30:7-9 /7 Dos cosas te he pedido; no me las niegues antes que muera:
8 Vanidad y palabra mentirosa aparta de mí. No me des pobreza ni riqueza. Sustentame con el pan que necesito,
9 no sea que me sacie, y te niegue y diga: ¿Quién es Jehová?, o que, siendo pobre, hurte y blasfeme el nombre de mi Dios

Prov. 29:13 El pobre y el opresor tienen en común que Jehová alumbra los ojos de ambos.

Ecles. 10:6 La necedad está colocada en grandes alturas, y los ricos están sentados en lugar bajo.

- o La pobreza no es afrentosa de por sí, sino cuando proviene de la flojedad, disipación y abandono. Plutarco
- o Mal abriga al pobre la costumbre de no tener abrigo. Francisco de Quevedo.
- o Jamás hallé compañero más sociable que a la soledad. Henry D. Toureau
- o Ni te abatas por pobreza, ni te ensalces por riqueza.
- o Pobreza no es vileza.

Cuento

Una conversación entre exploradores árticos:
Donde estuvimos hacia tanto frío que la vela se congelo y no conseguimos ni siquiera apagarla.
Pues donde nosotros fuimos era peor; cada vez que alguien decía algo, las palabras salían convertidas en cubitos de hielo y teníamos que freírlas para saber lo que estábamos diciendo.

Cuento

Deme una limosna por favor, para que se la lleve a mi padre.
¿Y dónde está tu padre?
En la otra calle,…. pidiendo para mí.

Comentario

He sabido que el ayuno es un instrumento muy efectivo para resolver grandes problemas, pues al menos a mí me ha ayudado cantidad de veces, a salir de la pobreza espiritual. En ocasiones se requiere de él, para poder hacer cosas que están fuera de nuestra capacidad normal:

Marcos 9:16-29 / 16 Y les preguntó: ¿Qué discutís con ellos?

17 Entonces, y respondiendo uno de la multitud, dijo: Maestro, traje a ti mi hijo, que tiene un espíritu mudo,

18 el cual, dondequiera que le toma, le derriba; y echa espumarajos, y cruje los dientes y se va secando; y dije a tus discípulos que lo echasen fuera, pero no pudieron.

19 Y respondiendo él, les dijo: ¡Oh generación incrédula! ¿Hasta cuándo he de estar con vosotros? ¿Hasta cuándo os he de soportar? Traédmelo.

20 Y se lo trajeron. Y cuando el espíritu vio a Jesús, de inmediato sacudió al muchacho que, cayendo en tierra, se revolcaba, echando espumarajos.

21 Y *Jesús* preguntó al padre: ¿Cuánto tiempo hace que le sucede esto? Y él dijo: Desde niño.

22 Y muchas veces le echa al fuego y al agua para matarle; pero si tú puedes hacer algo, ¡ten misericordia de nosotros y ayúdanos!

23 Y Jesús le dijo: Si puedes creer, al que cree todo le es posible.

24 Y de inmediato el padre del muchacho clamó, diciendo: Creo; ayuda mi incredulidad.

25 Y cuando Jesús vio que la multitud se agolpaba, reprendió al espíritu inmundo, diciéndole: Espíritu mudo y sordo, yo te mando, ¡sal de él y no entres más en él!

26 Entonces *el espíritu,* clamando y sacudiéndole mucho, salió; y *el muchacho* quedó como muerto, de modo que muchos decían: Está muerto.

27 Pero Jesús, tomándole de la mano, le enderezó; y se levantó.

28 Y cuando él entró en casa, sus discípulos le preguntaron aparte: ¿Por qué nosotros no pudimos echarlo fuera?

29 Y les dijo: Este género con nada puede salir, sino con oración y ayuno. Podemos concluir que la oración con ayuno son fuentes de poder para hombres y mujeres.

5.4.3 Modas, minifaldas, ropas ceñidas, y escotadas.

Las modas son sutiles maneras de mantener los comercios en continuo movimiento, y hay quienes ven desadaptado al medio a quien no se deja arrastrar por tales ideas. La industria de los tejidos y confección, suelen promover estos eventos para mantener el interés del comprador en los vestidos de temporada, sin embargo quien se deja llevar por ellos, fácilmente acumulara grandes capitales en ropas desechables o poco usadas y se volverá esclava de ello por su vanidad.

Prov7: 23 como el ave que se apresura a la red y no sabe que es contra su vida, hasta que la saeta traspasa su hígado.

- o Mujer ataviada, escopeta montada.
- o La furiosa borrasca, pronto pasa.
- o El tonto y la malicia nacieron el mismo día.

Cuento

El médico le dice al paciente:
Tómese dos tabletas antes de acostarse y, si despierta mañana, tómese otras dos.

Comentario

Cuando estaba niño recuerdo a mi tío Jesús María quien preparaba un veneno para las moscas, y que vendía a los restaurantes y negocios de comidas de las poblaciones por donde viajaba.

Las moscas son insectos que suelen fastidiar bastante si estas comiendo. Ellas eran fácilmente presas de atraer por la sustancia que expelía y estas caían atrapadas al probar el compuesto. Rápidamente estas perdían su libertad, la vida, pero al observar a las demás, ellas no tenían la capacidad de desviarse, sino que viendo a las demás atrapadas, no tenían intención de huir, sino de igualmente deseaban probar para caer en la misma trampa de todas.

Las minifaldas suelen ofrecer vanidad, sensualidad, y atraer miradas entre los hombres, pero con ello se satisface la lascivia y se incita a violar la ley de castidad. Las ropas ceñidas y escotadas, son para satisfacer las mismas pasiones y con ellos damos mensajes equivocados de lo que somos o pretendemos. Muchas violaciones son causadas por tales insinuaciones.

Prov7:24-27 Ahora pues, hijos, escuchadme y estad atentos a las palabras de mi boca.
25 No se desvíe tu corazón a los caminos de ella; no yerres en sus veredas,
26 porque a muchos ha hecho caer heridos, y aun muchos poderosos han sido muertos por ella.
27 Camino del Seol es su casa, que desciende a las cámaras de la muerte.

5.4.4 Murmurador

Es quien se queja de todo, transmitiendo desaprobación, o pretendiendo hacer ver que su consejo era mejor, y con mejores posibilidades de éxito, sin dar la cara sino hablando a sus espaldas.

Prov.14:23 En toda labor hay ganancia, pero las vanas palabras de los labios sólo empobrecen

- o La murmuración se parece al humo porque se disipa pronto, pero ennegrece todo lo que toca.
- o A quien hiere con la boca, curar con ella le toca.
- o Quien por detrás te ladra, miedo te tiene.
- o Cuando el rio suena, piedras lleva.
- o Casas en que no se murmura, de ciento, una.
- o No rajes de la madre del cocodrilo antes de atravesar el rio.
- o A lavar al rio fui; mal dije de otras y peor dijeron de mí.

Cuento

Están dos pájaros hablando en una rama:
¿Pio, Pío...etc.?
Haz lo que quieras.

Cuento

Un hombre preocupadísimo va al médico: Doctor,...., el niño no abre los ojos:
El doctor realiza un minucioso examen en sus ojos, sus pestañas, sus gestos, sus pupilas, etc. Y después de ello el doctor le expresa al padre: El que tiene que abrir los ojos es usted porque este niño es de un japonés.

Comentario

Cantidad de veces vemos reflejada esta enseñanza en nuestras vidas, pues nos quejamos de los deberes, responsabilidades, o que la suerte de otros es mejor, sin embargo a cada uno llegan las bendiciones tarde o temprano, pero también pueden no llegar, sino que las dificultades nos preparan para cosas mejores, cosas que debemos superar, o cosas mayores que solo Dios conoce, y nos tiene preparadas.
Parábola de los obreros de la viña:

Mateo 20:1-16 /1 PORQUE el reino de los cielos es semejante a un hombre, padre de familia, que salió por la mañana a contratar obreros para su viña.
2 Y habiendo convenido con los obreros en un denario al día, los envió a su viña.
3 Y saliendo cerca de la hora tercera, vio a otros que estaban en la plaza desocupados
4 y les dijo: Id también vosotros a mi viña, y os daré lo que sea justo. Y ellos fueron.
5 Salió otra vez cerca de las horas sexta y novena, e hizo lo mismo.
6 Y saliendo cerca de la hora undécima, halló a otros que estaban sin trabajo y les dijo: ¿Por qué estáis aquí todo el día desocupados?
7 Le dijeron: Porque nadie nos ha contratado. Les dijo: Id también vosotros a la viña y recibiréis lo que sea justo.
8 Y al atardecer, el señor de la viña dijo a su mayordomo: Llama a los obreros y págales el jornal, comenzando desde los postreros hasta los primeros.

9 Y cuando vinieron los que *habían ido* cerca de la hora undécima, recibieron cada uno un denario.

10 Y al venir también los primeros, pensaron que habían de recibir más, pero también ellos recibieron cada uno un denario.

11 Y tomándolo, murmuraban contra el padre de familia,

12 diciendo: Estos postreros han trabajado una sola hora, y los has hecho iguales a nosotros, que hemos llevado la carga y el calor del día.

13 Y él, respondiendo, dijo a uno de ellos: Amigo, no te hago agravio; ¿no conviniste conmigo en un denario?

14 Toma lo que es tuyo y vete; más quiero darle a este postrero como a ti.

15 ¿No me es lícito hacer lo que quiero con lo mío?, o, ¿es malo tu ojo, porque yo soy bueno?

16 Así, los primeros serán postreros y los postreros, primeros; porque muchos son los llamados, pero pocos los escogidos.

5.4.5 Necedad

Es actuar con estupidez, majadería o tonterías.

Prov.10:1 El hijo sabio alegra al padre, pero el hijo necio es la tristeza de su madre.

Prov.13:16 Todo hombre prudente procede con sabiduría, pero el necio manifiesta necedad.

Prov.21:16 El hombre que se aparta del camino del entendimiento irá a parar en la congregación de los muertos.

Prov21:20 Tesoro deseable y aceite hay en la casa del sabio, pero el hombre insensato todo lo disipa.

Prov.26:3 El látigo para el caballo, y la brida para el asno, y la vara para la espalda del necio.

Prov.28:12 Cuando los justos se alegran, grande es la gloria; pero cuando los malvados se levantan, se esconden los hombres.

Prov.28:26 El que confía en su corazón es necio, pero el que camina con sabiduría será salvo.

Prov29:11 El necio da rienda suelta a todo su espíritu, pero el sabio, al fin conteniéndose, lo apacigua.

- o   Conviene ceder los pasos a los tontos y a los toros.
- o   Hay algo que Dios ha hecho mal. A todo le puso límites menos a la tontería. Konrad Adenauer.
- o   Un necio encuentra otro necio mayor que le admira. Nicolás Boileau.

Cuento

El otro día le quité unas cuantas espinas a un animal y sir embargo parecía bastante molesto conmigo.
Qué raro. ¿No dicen que si le quitas una espina a un bicho se hace tu amigo?
Sí. No lo entiendo.... Me imagino que los erizos son así de desagradecidos.

Comentario

Los necios somos comunes en el mundo, pues solemos fastidiar a los demás con muchas de nuestras formas de actuar, hablar, etc. Pero, también caemos en necedad cuando difundimos teorías como si fueran ciertas, pero también lo somos, cuando no las comprobamos y nos tragamos la basura antes de: observar, comprobar, analizar y aceptar por cierta. Lo más sensato es seguir los pasos de la observación, analizar, comprobar, preguntar a quien sepa y si es a Dios mejor, y una vez nos consta por convicción, nos es por aceptable y agradable.

Ecles.9:1-3 He dedicado mi corazón a todas estas cosas para declarar todo esto: que los justos y los sabios, y sus obras, están en la mano de Dios. El hombre no sabe ni de amor ni de odio, aunque todo está delante de él.

2 Todo acontece de la misma manera a todos; un mismo suceso ocurre al justo y al malvado; al bueno, y al puro y al impuro; al que sacrifica y al que no sacrifica; como al bueno, así al que peca; al que jura, como al que teme jurar.

3 Éste es un mal que hay entre todo lo que se hace debajo del sol: que un mismo suceso acontece a todos, y también que el corazón de los hijos de los hombres está lleno del mal, y hay locura en su corazón durante su vida. Y después de esto se van a los muertos.

Prov.26:10-12 Como arquero que a todos hiere, es el que contrata al insensato y a los que pasan.

11 Como perro que vuelve a su vómito, así es el necio que repite su necedad.

12 ¿Has visto a hombre sabio ante sus propios ojos? Más se puede esperar del necio que de él.

5.4.6 Negligente

Es aquel que no realiza las tareas de su responsabilidad por descuido, desobediencia, o indisciplina.

Prov.18:9 También el que es negligente en su trabajo es hermano del hombre destructor.

o   A buenos ocios, malos negocios.
o   La pereza nunca levanta cabeza, y si una vez levanta, es para volverse a echar.
o   Mocedad ociosa, vejez menesterosa.

Cuento

Una cabra y una oveja estaban jugando balón y la bola salió del recinto donde jugaban.
La oveja le dijo a la otra: ¡Beeeeee!
La cabra contesto: ¡Que…. Vaaaaaa!

Cuento

Ahora niños dijo el profesor, mirad que formidable ejemplo nos dan las hormigas. Todos los días salen a trabajar y trabajan todo el día. ¿Y qué les pasa después?
Que alguien las pisa.

Comentario

El realizar las cosas cuando se necesitan es importante para nuestro progreso, nuestra paz interior y a la vez para que acumulemos los tesoros en el cielo, pues estos se han de colocar en balanza y según se incline ella, serán nuestros galardones:

Mi esposa me pregunta ¿Por qué hay gente tan indiferente ante la súplica de ayuda, en frente de los restaurantes, y negocios de comida?, y al meditar sobre ello, concluyo cuantas veces lo he sido yo también. Pienso ahora que son magníficas oportunidades para ayudar al necesitado.

"Si me amáis, guardad mis mandamientos" (Juan 14:15); "El hombre de doble animo es inconstante en todos sus caminos" (Santiago 1:8). Un antiguo adagio suizo describe la indecisión diciendo; y de verdad que en esto no hemos de dudar.

Con un pie dentro y otro fuera no se está dentro ni se está fuera; no se es frío ni caliente, ni redondo ni cuadrado. Pobre, muy pobre y siempre limitado es el indeciso, que no sabe dónde comenzar ni a dónde ir. Esto nos invita a actuar prontamente.

5.5.1 Obstinación

Es persistir en los errores, en lo que no aprovecha, o en lo que perjudica, a: así mismo, a sus hijos y familia, y humanidad, etc., pues cuando se insiste en las equivocaciones arrastra a los de su entorno perjudicándoles muchas veces.

Prov.28:4 Los que dejan la ley alaban a los malvados, pero los que guardan la ley contienden contra ellos.

- o Cuidando adónde vas, te olvides de dónde vienes.
- o Dueña que de alto mira, de alto se remira.
- o Orgullo, riqueza y hermosura son nada en la sepultura.

Cuento

Hola, buenas. Quería comprar una mosca.
Pero bueno, ¡Si esto es una ferretería!
Ya, pero es que como las he visto en la vitrina…

Cuento

Un médico anestesista va a dar una zurra a quien en ese momento exclama:
Un momento, papá: ¿qué tal una anestesia local antes del castigo?

<u>Comentario</u>

Cuando lo que se hace no trae beneficio a ninguno, de los tuyos o a ti, entonces podrás distinguir entre obstinación y perseverar. El perseverar se diferencia de la obstinación en que la primera tiende a beneficiar a corto o largo plazo a muchos, al entorno y en especial a quien la ejecuta, en cambio la obstinación mantiene una tendencia a hacer el mal al prójimo especialmente, quizás el ejecutante saque beneficios temporales, pero los finales serán desastrosos, por la falta de consideración.

Ecles.9:13-18/13 También he visto esta sabiduría debajo del sol, la cual me parece grande:
14 *Había* una pequeña ciudad, y pocos hombres en ella; y vino contra ella un gran rey, y la sitió y edificó contra ella grandes baluartes.
15 Y se hallaba en ella un hombre pobre y sabio, el cual libró la ciudad con su sabiduría; pero nadie se acordaba de aquel hombre pobre.

16 Entonces dije yo: Mejor es la sabiduría que la fuerza, aunque la sabiduría del pobre sea menospreciada y no sean escuchadas sus palabras.
17 Las palabras del sabio en quietud son más oídas que el clamor del gobernante entre los necios.
18 Mejor es la sabiduría que las armas de guerra; pero un solo pecador destruye mucho bien.

5.5.2 Ocio

Término utilizado para designar tiempo poco productivo, y en el cual por no estar ocupado puede meterlo en problemas a uno. Antiguamente se tenía la idea de que si la persona no estaba trabajando, o estudiando, lo demás era ocioso, y era contrario a la razón.

El tiempo libre de que disponemos se puede utilizar para cosas productivas o improductivas. Hoy día se hace hincapié en lugares de ocio donde las personas, pueden descansar relativamente, pues pueden encontrar todos los escenarios deportivos y recreativos para la familia.

Ecles.8 15-17/15 Por tanto, alabé yo la alegría, pues no tiene el hombre nada mejor debajo del sol que comer y beber y alegrarse; y esto le quedará de su trabajo durante los días de su vida que Dios le ha concedido debajo del sol.
16 Cuando dediqué mi corazón a conocer sabiduría y a ver la faena que se hace sobre la tierra (porque hay quien ni de noche ni de día ve sueño en sus ojos),
17 entonces vi todas las obras de Dios, y que el hombre no puede alcanzar a percibir la obra que se hace debajo del sol. Por mucho que trabaje el hombre buscándola, no la hallará; aunque diga el sabio que la conoce, no por eso podrá alcanzar a percibirla.

- o   El ocio destruyo las ciudades prosperas. Cátulo
- o   La ociosidad camina con tanta lentitud, que todos los vicios la alcanzan. B. Franklin.
- o   Hombre ocioso, hombre peligroso.

- o La ociosidad es la madre de todos los vicios.
- o A buenos ocios, malos negocios.
- o Persona ociosa no puede ser virtuosa.
- o Mocedad ociosa, vejez menesterosa.
- o La mucha desobediencia y escaza diligencia conducen a la negligencia.

Cuento

Despiértese jefe, es hora de tomar su somnífero.

Cuento

Un chiquillo le contesta al abrir la puerta de casa al cobrador:
No espere a mi padre señor, porque no va a volver.
¿Y, como sabes que no va a volver?
Bueno,…porque aún no ha salido.

Comentario

Todos tenemos tiempo para descansar, tiempo para reír, tiempo para estudiar, tiempo para trabajar, estar en familia, pero nuestra vida fácilmente por la comodidad se puede llenar de ocio, y entre más capacidad económica tengamos, seguramente este vendrá, aunque los pobres, también los tienen y a montón. Pero el tiempo libre debe ser aprovechado y es un capital, por lo tanto dilapidarlo, es mal negocio.

Ecles.3:11-15 /11 Todo lo hizo hermoso en su tiempo. También ha puesto lo eterno en el corazón de ellos, sin lo cual el hombre no alcanza a percibir la obra que ha hecho Dios desde el principio hasta el fin.
12 Yo sé que no hay nada mejor para ellos que alegrarse y hacer bien en su vida,
13 y también que es don de Dios que todo hombre coma y beba, y goce del bien de toda su labor.

14 Sé que todo lo que Dios hace será perpetuo; sobre aquello no se añadirá, ni de ello se disminuirá. Y lo hace Dios para que delante de él teman los hombres.

15 Lo que ha sido, ya es; y lo que ha de ser, ya fue; y Dios restaura lo que ha pasado.

5.5.3 Ociosidad, dormido, lento o perezoso

Exagerar el sueño, descanso o llevarlo a más de 7 horas por día, trae como consecuencia más sueño. Tambiénese tiempo libre hadeutilizarlo en cosas sanas, de lo contrario acarrea problemas, o incluso también ejecutar algunas labores con tanta desidia, lentitud, o desánimo, lo califican como perezoso, cuanto más al que no hace nada.

Es el efecto de la falta de trabajo, u ocupación en algo bueno y productivo. Generalmente los efectos son nocivos. Primero vienen las maquinaciones y después los malos hechos

Prov. 10:4-5/ 4La mano negligente empobrece, pero la mano de los diligentes enriquece.

5 El que recoge en verano es hijo prudente; el que duerme en el tiempo de la siega es hijo que avergüenza.

Prov. 12:27 El perezoso no asará lo que ha cazado, pero la posesión del hombre diligente es preciosa

Prov. 13:4 El alma del perezoso desea y nada alcanza, pero el alma de los diligentes será prosperada

Prov. 15:19 El camino del perezoso es como seto de espinos; pero la vereda de los rectos, como una calzada.

Prov. 19:15 La pereza hace caer en sueño profundo, y el alma negligente padecerá hambre.

Prov. 20:4 El perezoso no ara después del otoño; pedirá, pues, en la siega, y no hallará.

Prov. 20:13 No ames el sueño, para que no te empobrezcas; abre tus ojos y te saciarás de pan.

Prov. 22:13 Dice el perezoso: Hay un león fuera; me matará en la calle.

Ecles. 10:18 Por la pereza se cae la techumbre, y por la ociosidad de manos hay goteras en la casa

Prov.31:4-5 / 4 No es de reyes, oh Lemuel, no es de reyes beber vino, ni de príncipes, la bebida fuerte.
5 No sea que bebiendo olviden lo que se ha decretado, y perviertan el derecho de todos los afligidos

- o Hay mucha gente que no sabe perder el tiempo sola, es el azote de las personas ocupadas.
- o Buen oficio es no tener ninguno.
- o No hacer nada a todos nos agrada.
- o Mal hace quien nada hace.
- o Cada cual a sus manos se atenga: quien nada hace nada tenga.
- o Comer sin trabajar no se debiera tolerar.
- o Quien no trabaja y no tiene renta, ¿de qué se sustenta? Porque del aire no se alimenta.
- o Quien despierta a un dormido, pierde paz y busca ruido.
- o Pereza, llave de pobreza.

Cuento

Pepito está acostado, sin sueño, dándole lata a la madre. Que se encuentra en la cocina:
Mamá, tráeme un vaso de agua.
Calla y duérmete.
Pero mamá, quiero un vaso de agua.
No me canses. ¡A ver si te duermes!

En menos de un minuto:

Mamá, tengo sed, quiero un vaso de agua.

Como me hagas ir te voy a pegar.

Cuando vengas a pegarme ¡tráeme un vaso de agua!

Cuento

Un borracho a otro, frente a una estatua, dice:

Es Galileo.

¿Y quién es ese tipo? ¿Qué ha hecho en su vida?

Pues, Galileo es el sabio que descubrió que la tierra da vueltas.

¡Ha ya!, Entonces, saludemos al compañero.

Comentario

Hay una gran diferencia en el que trabaja y el que se relaja: el primero gana, y estando así, ahorra, pues no tiene tiempo para pensar en que va gastar lo que tiene, en cambio el que se relaja, o se duerme, deja de ganar, y además seguramente pensará como gastar lo que tiene, y como le sobra tiempo, pues simplemente sigue pensando cómo recuperarse, y usa lo que no tiene, para llevarlo a cabo; por ello, seguramente hará convites con otros iguales o peores para recuperar lo que nunca tuvieron o tendrán por medio de la honradez, sino que las maquinaciones vendrán y darán algunos golpes para mejorar con atajos, pues se perdió mucho tiempo observando y pensando en quien será la víctima, por ello el dicho: "La ociosidad, es la madre de todos los vicios".

Prov. 24:30-34

30 Pasé junto al campo del hombre perezoso, y junto a la viña del hombre falto de entendimiento;

31 y he aquí que por todas partes habían ya crecido espinos; ortigas habían ya cubierto su faz y su cerca de piedra estaba ya destruida.

32 Y yo miré y lo puse en mi corazón; lo vi y aprendí una lección:

33 Un poco de sueño, cabeceando otro poco, poniendo mano sobre mano para dormir otro poco,

34 así vendrá como caminante tu pobreza, y tu necesidad como hombre armado.

5.5.4 Odio, aborrecer

Sentimiento de antipatía y rechazo a las personas o cosas.

Prov.10:12 El odio despierta rencillas, pero el amor cubrirá todas las transgresiones.

Prov.27: 6 Fieles son las heridas del que ama, pero engañosos los besos del que aborrece.

- o El odio es una tendencia a aprovechar todas las ocasiones para perjudicar a los demás. Plutarco.
- o El odiar a alguien es sentir irritación por su simple existencia. José Ortega y Gasset.
- o Odia al delito y compadece al delincuente.

Cuento

Estoy cansado de verlo siempre por aquí, dice el Juez al borracho.
No es mi culpa señor Juez que a usted no lo hayan ascendido ya a Senador.

Comentario

Hay personas que aprenden a mantener sentimientos de rencor hacia otros, por motivospoco trascendentes o muy trascendentes inclusive, y poca o nada importancia le dan al consejo del Salvador en cuanto a resolver los problemas primero, inclusive antes de acostarnos, no sea que se envejezcan y crezcan como una montaña:

Prov.26:24-26/24 El que odia disimula con sus labios, pero en su interior maquina engaño;

25 cuando hable amigablemente, no le creas, porque siete abominaciones hay en su corazón.

26 Aunque su odio encubra con disimulo, su maldad será descubierta en la congregación.

El atleta Jesse Owens de raza negra, tuvo el privilegio de dar una lección importante a Adolfo Hitler, simplemente quien desde el palco se negó a reconocer el triunfo del atleta de raza negra, que fue ganador de medallas de oro en dos pruebas de velocidad, salto largo, con record a bordo de 8.06 metros y además en la de relevos también. Todo un súper atleta, algo que el que propendía por la superioridad de la raza aria, no fue capaz de reconocer públicamente, prefiriendo contenerse de aplaudir, y se marchó furioso del estadio olímpico. Ello fue en agosto 16 de 1.936, en Berlín.

No le bastó con ello sino que también la emprendió contra los judíos, pues derramo su odio hasta querer aniquilarlos. Ya desde el 15 de sept., de 1.935 firmo decretos para privar de derechos de educación, ejercer como periodistas, y más cosas a los alemanes-judíos, incluso consideró a los matrimonios entre ellos como ilegales y quienes no se divorcien podrían ir a la cárcel. No entendí como hay personas que le apoyaron y todavía hay quienes enarbolan la bandera del nazismo.

5.5.5 Ofensas

Son agravios que se causan a otros como respuestas a malos entendidos, venganzas, etc.

Prov.18:19 El hermano ofendido es más tenaz que una ciudad fuerte, y las contiendas son como cerrojos de alcázar

- o   Ofensa recibida, nunca se olvida.
- o   injuria despreciada, injuria olvidada.
- o   Quien al prójimo ofende, su propio daño pretende.

Cuento

Dos amigas comentan:
¿Te has enterado Catalina del suceso de esta mañana?
¿Qué suceso?
Que la señora del tercer piso ha ingresado a la clínica con la cabeza partida.
Pero no puede ser, ayer por la tarde la vi con una morena de campin en la playa.
Por eso, es que también le vio su mujer.

Comentario:

El Salvador Jesucristo, siempre estaba convidando a que nos reconciliáramos antes de un día. Las ofensas pueden arrastrar a las personas a realizar actos insospechados. Hay mucho interés de parte de los espíritus seguidores de satanás, de desestabilizar la amistad, el buen entendimiento y todo aquello que sea paz entre las personas.

Sabiendo Dios que estos espíritus harían oposición en este segundo grado o estado de vivencia, porque así lo prometió el hijo desobediente Lucifer, y que busca el desacuerdo entre: esposos, hermanos, padres, hijos, siervos, soldados, líderes, etc., decidió Dios apoyarnos con la guía del Espíritu Santo, también con escrituras la Biblia, el libro de Mormon, revelaciones de Doctrinas y Convenios, mensajes de los apóstoles y profetas modernos, y además con consejos de los lideres escogidos para ello, y cantidad de buenos libros. Todo ello a fin de que busquemos evitar la contención.
Inclusive a fin de aclarar mucha de su doctrina el Salvador Jesucristo durante su ministerio, amplio por medio de parábolas o ejemplos de la vida cotidiana y enseño como era mejor buscar el entendimiento y evitar llegar a que las cosas se complicaran.
Mateo 5:21-25/21 Oísteis que fue dicho a los antiguos: No matarás; y cualquiera que matare será culpable de juicio.

22 Pero yo os digo que cualquiera que se enoje con su hermano será culpable de juicio; y cualquiera que diga a su hermano: Raca, será culpable ante el concilio; y cualquiera que diga: Insensato, quedará expuesto al fuego del infierno.

23 Por tanto, si traes tu ofrenda al altar y allí te acuerdas de que tú hermano tiene algo contra ti,

24 deja allí tu ofrenda delante del altar y ve, reconcíliate primero con tu hermano, y entonces ven y presenta tu ofrenda.

25 Reconcíliate pronto con tu adversario, entretanto que estás con él en el camino, no sea que el adversario te entregue al juez, y el juez te entregue al alguacil, y seas echado en la cárcel.

Por tanto el consejo del maestro es que prontamente busquemos la forma de reconciliarnos, y buscar al ofendido o al ofensor, para entrar en dialogo y pedir disculpas, perdón aunque no tengamos la culpa, podemos también pedir excusas, porque tal vez en nuestro ánimo de defender nuestra posición hayamos ofendido a la otra parte, pues en caliente muchas veces se dicen cosas que no quisiéramos haberlas pronunciado y como dice el refrán la piedra y la palabra, nunca regresan una vez han sido lanzadas.

5.5.6 Olvidos, Omisiones

Solemos caer muy a menudo en ello, por no tener agenda, por no apuntar las cosas o porque nos entretenemos en otras, aunque estábamos pendientes de todo. Es frecuente olvidarse, u omitir involuntariamente asuntos de importancia o también de poca relevancia.

Omitir es no hacer lo debido. Una cosa es olvidar y otra es dejar de hacer por pereza, por no darle tanta importancia o porque cree que ya no hay tiempo y alguien lo hará, o por que piense que tal vez no debo ser metido en lo ajeno. Esto es no hacer nada a pesar de que por solidaridad, podría haberlo hecho. Porque a sabiendas de que era lo justo, no di el paso para actuar y evitar un desenlace fatal. Es la actitud de no actuar, aunque sintamos que debíamos hacerlo.

Prov. 28: 9 El que aparta su oído para no oír la ley, aun su oración es abominación.

Prov. 4: 5 Adquiere sabiduría; adquiere entendimiento;no te olvides ni te apartes de las palabras de mi boca.

Prov. 11:30 El fruto del justo es árbol de vida, y el que gana almas es sabio.

- o Si te vi no me acuerdo
- o Lo olvidado, ni agradecido, ni pagado.
- o Lo que no se puede enmendar, olvidar es remediar.
- o De quien se ausento, hacemos cuenta de que murió.

Cuento

Un calvo entra en una peluquería se sienta, y ordena:
Quiero cortarme el pelo.
Bien responde el peluquero. ¿El señor sería tan amable de quitarse el sombrero?
¡Es cierto! Mirando a la manicura que se ha sentado a su lado.
Disculpe, no me di cuenta de que había una señora presente.

Cuento

Señor Juez El inquilino que tenía en mi casa, me la ha dejado llena de ratones.
Está bien, pues si dentro de una semana no los ha reclamado, puede quedarse con ellos.

Comentario

Muchas veces por no apuntar dejamos que las responsabilidades, compromisos y acuerdos no se den debido a que o no registramos o no consultamos lo apuntado y nos acordamos cuando ya no hay nada que hacer, y el tiempo ha pasado. El tener una agenda es algo que me ha acompañado siempre, sin embargo no todas las veces la consulto y si no apunto en esa agenda o el lugar preciso, sino que lo hago en papelitos, lo más factible es que, se pierda, y se olvide el compromiso.

Me gusta cuando los compromisos se convierten en rutinas, o costumbre, pues así no se olvidan y puedo ser más disciplinado. Hoy por hoy con los móviles o teléfonos celulares, se es muy fácil, corroborar tales compromisos, pues cada persona tiene su teléfono y tienes oportunidad de corroborar los compromisos con facilidad y alternativas, de tal modo que pocas excusas tendremos para dejar de hacer lo que se nos ha mandado.

Parábola de los dos hijos:

Mateo 21:28-32 / Mas, ¿qué os parece? Un hombre tenía dos hijos, y acercándose al primero, le dijo: Hijo, ve hoy a trabajar en mi viña
29 Y respondiendo él, dijo: No quiero; pero después, arrepentido, fue.
30 Y acercándose al otro, *le* dijo de la misma manera; y respondiendo él, dijo: Sí, señor, *voy.* Pero no fue.
31 ¿Cuál de los dos hizo la voluntad de su padre? Dijeron ellos: El primero. Jesús les dijo: De cierto os digo que los publicanos y las rameras van delante de vosotros al reino de Dios.
32 Porque Juan vino a vosotros en camino de justicia, y no le creísteis; pero los publicanos y las rameras le creyeron; pero vosotros, aunque visteis esto, no os arrepentisteis después para creerle.

5.6.1 Oportunista

Aquella persona que observando las dificultades de otro, no se conduele para ayudar, sino que se aprovecha del descuido o la ocupación de los demás para sacar ventaja o indebidamente apropiarse de algo.

Prov.22:7 El rico se enseñorea de los pobres; y el que toma prestado es siervo del que presta.

o A nadie le amarga un dulce.

o Rodar ventura, hasta la sepultura.

o Contra la fortuna no vale arte alguna.

Cuento

Usted admite que se llevó el coche y niega que lo haya robado. ¿Puede explicarme eso?

Yo no robe, señor juez. El coche estaba parado en el cementerio y yo pensé que el dueño se había muerto.

Cuento

Hoy es el cumpleaños del director de la cárcel, así que todos ustedes pueden escoger cualquier cosa para comer.

¿Dígame usted …. Que desea comer?

Yo, deseo un pez sierra, Señor Juez.

Comentario

Muchas oportunidades de hacerme con los dineros ajenos tuve, pero me negué y al meditar, ¿que hubiere sucedido si me hubiere sustraído aquello? No me hubieran cogido, sorprendido, o quizás ¿cómo me sentiría? Recuerdo a mi jefe una vez en que el extendió equivocadamente billetes de 20 dólares por los de dos dólares para que yo pagara una cuenta, pero yo le recalque que me estaba dando los billetes equivocados. Él se enteró sorprendido, y corrigió. En ese tiemponoera miembro de la iglesia, sin embargo la honradez me valió para por diez y siete años brindarle asesoría a su empresa, pues me tenía absoluta confianza. Él era un hombre extraordinario, y merecía todo mi respeto y admiración.

Cuantas batallas debió afrontar en su mediana industria hasta que las equivocaciones vinieron y perdieron muchas cosas, inclusive perjudicando a muchos de sus mejores trabajadores, pero en tanto yo estuve con él no me preste para ello, hasta que un día comprendí que los hijos procuraban cambiar las políticas empresariales. Allí debí retirarme y lo hice.

Prov.16:8 Mejor es lo poco con justiciaque muchas ganancias con injusticia.

Prov.20:7 El justo camina en su integridad; bienaventurados son sus hijos después de él.

Prov.28:10 El que hace errar a los rectos por el mal camino, caerá en su propia fosa, pero los íntegros heredarán el bien.

Prov.30:21-23/21 Por tres cosas tiembla la tierra, *y aun por* cuatro que no puede soportar:
22 Por el siervo cuando reina, y por el necio cuando se sacia de pan,
23 por la mujer aborrecida cuando se casa, y por la sierva cuando hereda a su señora.

5.6.2 Opresión

Es la presión que se ejerce sobre otras personas, privándoles de las posibilidades de progresar mientras se aprovecha de ellos o se saca ventaja de su condición. Es una forma disimulada de esclavitud.

Prov.21:10 El alma del malvado desea el mal; su prójimo no halla favor ante sus ojos.

Ecles 7: 7 Ciertamente la opresión hace enloquecer al sabio, y el soborno corrompe el corazón

- o   Los tiranos no han descubierto cadenas capaces de encadenar la mente. (Charles C. Colton)
- o   El pueblo que soporta una tiranía acaba por merecerla. (Gabriel Alomar).
- o   El golpe de la sartén siempre tizna y no hace bien.

Cuento

El nuevo director llega al manicomio y ve a un loco que entra y sale por la puerta.

El médico se aproxima y le pregunta.

¿Qué, estás entrando o saliendo?

Si lo supiera no estaría aquí.

Cuento

Espero que se sienta cómodo en su nueva residencia.

Sí, señor Juez, muy agradecido.

¿Desea saber algo del presidio?

Sí, señor Juez, quisiera saber........en caso de incendio, donde queda la escalera de escape.

Comentario

En el antiguo Israel se permitía tener esclavos con ciertas reglas muy precisas, sobre los derechos de su familia, pero las condiciones de esclavitud las había peores en los otros pueblos.

En la antigua América, no se permitían los esclavos entre los Nefitas, según las reglas del rey Mosiah. Algunas formas disfrazadas de esclavitud son aquellas donde tus gobiernos corruptos, te cobran más del 50% por impuestos, y ni siquiera tienes protección apropiada del estado, ni oportunidades de progreso, pues las guerrillas, delincuencia común, paramilitares y corrupción hacen de lo tuyo, su tesoro.

En libro de Mormón, Mosiah 7:21-23/21 Y todos vosotros sois hoy testigos de que Zeniff, que fue hecho rey de este pueblo, con un exceso de celo por heredar la tierra de sus padres, fue engañado por la astucia y estratagema del rey Lamán, quien hizo un tratado con el rey Zeniff, y entregó en sus manos la posesión de parte de la tierra, o sea, la ciudad de Lehi-Nefi, la ciudad de Shilom y la tierra circunvecina;

22 e hizo todo esto con el único objeto de subyugar o esclavizar a este pueblo. Y he aquí, nosotros actualmente pagamos tributo al rey de los lamanitas, que equivale a la mitad de nuestro maíz, y de nuestra cebada, y aun de todos nuestros granos, sean de la clase que fueren; y la mitad del aumento de nuestros rebaños y nuestros hatos; y el rey de los lamanitas nos exige la mitad de cuanto tenemos o poseemos, o nuestras vidas.

23 Y bien, ¿no es esto gravoso de soportar? ¿Y no es grande esta aflicción nuestra? He aquí, cuán gran razón tenemos nosotros para lamentarnos.

5.6.3 Orgullo

Sentimiento de complacencia o aceptación. El hombre natural lo expresa con algo de vanagloria.

Es una palabra mal utilizada, Dios por ejemplo nunca manifestó orgullo sino complacencia en su hijo. Al sentirnos bien por algo o por alguien deberíamos expresar me complazco en…. En vez de orgullosos, pues la palabra orgullo denota debilidad malsana.

Prov.21: 4 La altivez de ojos, y el orgullo del corazón y el barbecho de los malvados son pecados.

Prov21:13 El que cierra su oído al clamor del pobre también clamará y no será oído.

Prov.21:24 Soberbio y presuntuoso escarnecedor es el nombredel que actúa con insolente orgullo.

- o Lo que más irrita a los orgullosos es el orgullo de los demás. William Cowper.
- o La cabeza no escucha sino hasta que el corazón ha prestado atención, y que lo que el corazón sabe hoy lo entenderá mañana. (Jones Stephens)
- o El orgullo es el complemento de la ignorancia. Bernard Le Bouvier.

Cuento

¡Eres un burro! Tu maestra me ha dicho que eres el último de la clase.
¿Y qué culpa tengo yo de que se haya enfermado el que era el último?

<u>Comentario</u>

El orgullo se puede almacenar en nuestro corazón de muchas formas,
inclusive es tal que puede nublarnos la mente como para evitar alegrarnos
de que nuestro hermano perdido le causen a nuestros padres una alegría,
por la siempre esperanza de cambiar por parte de ellos. El más enfermo
de los hijos fue aquel que no disfruto con su hermano y sus padres del
regreso de un ser amado, el cual se había marchado de casa y había
regresado cambiado, para bien.

Parábola del regreso del hijo pródigo:

Lucas 15:11-31 / 11 También dijo: Un hombre tenía dos hijos,
12 y el menor de ellos dijo a su padre: Padre, dame la parte de los bienes
que me corresponde; y les repartió los bienes.
13 Y no muchos días después, juntándolo todo, el hijo menor se fue
lejos a una provincia apartada; y allí desperdició sus bienes viviendo
perdidamente.
14 Y cuando todo lo hubo malgastado, vino una gran hambre en aquella
provincia y comenzó a pasar necesidad.
15 Entonces fue y se acercó a uno de los ciudadanos de aquella tierra, el
que le envió a su hacienda para que apacentase cerdos.
16 Y deseaba llenar su vientre con las algarrobas que comían los cerdos,
pero nadie se *las* daba.
17 Y volviendo en sí, dijo: ¡Cuántos jornaleros en casa de mi padre tienen
abundancia de pan, y yo aquí perezco de hambre!
18 Me levantaré e iré a mi padre, y le diré: Padre, he pecado contra el
cielo y contra ti;
19 ya no soy digno de ser llamado tu hijo; hazme como a uno de tus
jornaleros.

20 Entonces, se levantó y fue a su padre. Y cuando aún estaba lejos, lo vio su padre y fue movido a misericordia, y corrió, y se echó sobre su cuello y le besó.

21 Y el hijo le dijo: Padre, he pecado contra el cielo y contra ti, y ya no soy digno de ser llamado tu hijo.

22 Pero el padre dijo a sus siervos: Sacad la mejor ropa y vestidle; y poned un anillo en su mano y sandalias en sus pies.

23 Y traed el becerro gordo y matadlo, y comamos y hagamos fiesta,

24 porque éste, mi hijo, muerto era y ha revivido; se había perdido y ha sido hallado. Y comenzaron a regocijarse.

25 Y su hijo mayor estaba en el campo, y cuando vino y llegó cerca de la casa, oyó la música y las danzas;

26 y llamando a uno de los criados, le preguntó qué era aquello.

27 Y el *criado* le dijo: Tu hermano ha venido, y tu padre ha hecho matar el becerro gordo por haberle recibido sano y salvo.

28 Entonces se enojó y no quería entrar. Salió, por tanto, su padre y le rogaba *que entrase*.

29 Pero él, respondiendo, dijo al padre: He aquí tantos años hace que te sirvo, no habiéndote desobedecido jamás, y nunca me has dado ni un cabrito para alegrarme con mis amigos.

30 Pero cuando vino éste, tu hijo, que ha consumido tus bienes con rameras, has hecho matar para él el becerro gordo.

Él entonces le dijo: Hijo, tú siempre estás conmigo, y todas mis cosas son tuyas.

31 Pero era menester hacer fiesta y regocijarnos, porque éste, tu hermano, muerto era y ha revivido; se había perdido y ha sido hallado.

5.6.4 Palabras

Dícese de las expresiones que no se complementan con hechos. También a causa del exceso de ellas lo pueden meter en problemas.

Ecles.10:20 Ni aun en tu pensamiento hables mal del rey, ni en tu dormitorio hables mal del rico, porque las aves del cielo llevarán la voz, y las que tienen alas harán saber la palabra.

o   Hay que reivindicar el valor de la palabra, poderosa herramienta que puede cambiar nuestro mundo aun en esta época de satélites y ordenadores. William Golding.
o   Voces no son razones.
o   Hay elocuentes silencios y palabras con siete entendimientos.

Cuento

Señor maestro, ¿Es cierto que antiguamente los animales hablaban?
Si, muchacho, contesta el maestro. Antiguamente si. Ahora en cambio, escriben. ¿Acaso no lees el periódico?

Cuento

Una pareja fue entrevistada en un programa de televisión porque estaban casados desde hacía 40 años ynunca se habían peleado. El periodista lleno de curiosidad pregunto al marido:
Pero ¿ustedes nunca han discutido?
No, respondió el marido.
¿Ycómo es eso?
Bueno, cuando nos casamos mi mujer tenía una yegua que apreciaba muchísimo, era lo que másquería….era la criatura que ella más mimaba en la vida… El día de nuestra boda fuimos de luna de miel en nuestro carruaje tirado por la yegua. En el camino la yegua tropezó. Mi mujer le dijo con voz firme a la yegua: VA UNA.
A mitad de nuestro destino la yegua tropezó de nuevo, Mi mujer miro a la yegua y dijo: VAN DOS.
Al aproximarse anuestro destino la yegua tropezó de nuevo, y mi mujer bajo de nuevo, VAN TRES, Acto seguido saco la pistola y le pego cinco tiros a la yegua.
Yo totalmente sorprendido y molesto le recrimine: ¡loca, asesina, ¿porque has matado a la yegua? eres loca, pero si le amabas!
Mi mujer me miró fijamente y me dijo: VA UNA. Y desde entonces No hay problemas entre nosotros.

Comentario

Las expresiones desentonadas, fuera de lugar o que ofenden a los demás, pueden causar contención a otros. Lo ve mucho uno en las noticias, especialmente en aquellos periodistas que a causa de hablar demasiado, juzgar a otros con el color de su camiseta, poner comentarios a favor de unos y en contra de otros, ahondando las ofensas, o dificultades, de unos y otros.

Ecles.10:14-15 14 El necio multiplica las palabras. No sabe el hombre lo que ha de acontecer, ¿y quién le hará saber lo que después de él acontecerá?
15 El trabajo de los necios tanto los fatiga, que ni aun saben por dónde ir a la ciudad.

5.6.5 Pasiones

Son emociones o impulsos de la sensibilidad humana, y suelen ser deseos, amor, odio, rabia, etc., tendencias a satisfacer apetitos del cuerpo material, o también sentimientos y emociones fuertes hacia personas, cosas, temas, ideologías, equipos de futbol, etc., que engloban el entusiasmo, deseo, y condiciona la voluntad a los impulsos del cuerpo, produciendo desequilibrio psicológico.

Prov.31: 3 No des a las mujeres tu fuerza, ni tus caminos a lo que destruye a los reyes.

o   La ternura es el reposo de la pasión.
o   Buscando las cosas inciertas, perdemos las ciertas. Plauto.
o   Las grandes pasiones son enfermedades incurables. Lo que podría curarlas las haría verdaderamente peligrosas.
o   Las pasiones son como los vientos, que son necesarios para dar movimiento a todo, aunque a menudo sean causa de huracanes. Bernard le Bouvier, Señor de Fontenelle.

Cuento

Entre novios.
Mira mi amor: Te he traído este pequeño regalo hoy día de tu cumpleaños.
¿Y que es mi vida?
Una cosa para el cuello.
¿Es acaso una corbata hippy?
Nooo…. Una pasta…… pero de jabón.

Comentario

Las pasiones pueden ser buenas y malas. Las buenas nos ayudan a realizar actos en beneficio de nosotros y de otros y por ello escuchamos: lo hizo con pasión, con entusiasmo, es decir con bastante soltura y buen ánimo. Pero también las hay nocivas, pues nos podemos desenfrenar en cosas malas o regulares. Las pasiones pueden desembocarnos en acciones incontrolables. Si son estados de ánimos mal controlados que posiblemente, si se exageran nos traen comportamientos inaceptables y de los cuales después nos vamos a lamentar.

Al observar los hinchas de algunos equipos de futbol, podemos ver personas que se agreden por causa de ello, y terminan por pactar peleas que finalmente nunca terminan bien. Generalmente quedan de enemigos, golpeados, con destrozos en bienes ajenos o incluso lamentaciones de acciones realizadas y aún muertos.

Cuando cursaba el segundo de bachiller, se llevó a cabo un partido de basquetbol entre dos colegios de localidades diferentes, y el público se ubicó en las graderías opuestas a fin de evitarse agresiones, pues en el partido previo ya se habían dado algunas dificultades.

Algunos de los estudiantes tomaron tejas de los tejados contiguos al coliseo y de esa manera se armaron para iniciar lo que sería una batalla campal sin siquiera dar comienzo al espectáculo deportivo.

Las aficiones se tranzaron en el lanzamiento de objetos varios, que se recrudecieron cuando varios contrincantes saltaron a la cancha para golpearse con correas, puñales, patas, puños, y palos que encontraron de varias partes.

Ello fue producto de una chispa iniciada por alguien que correspondió con un golpe a un simpatizante contrario. Ser simpatizante de un equipo, solo es casualidad, pero dejarse llevar por las pasiones es otra cosa. Aquel día no hubo partido, se perdieron los valores de las entradas, se dañaron los tejados de varias propiedades, se ofendieron a otras personas desconocidas, se hirieron cuerpos de otros, y se terminó mal. Eran chicos de 12 a 20 años incluidas mujeres y hombres. Mi madre también había ido y ella corrió a protegerse como pudo, y habían cantidad de personas que simplemente fueron a disfrutar, pero los muy apasionados se desenfrenaron, perjudicando a otros.

5.6.6 Pecado

Es la transgresión de los mandamientos establecidos en el decálogo dado por Dios a sus hijos. Obviamente para el hombre natural quizá es motivo de burla, sin embargo existe un cambio inevitable en la percepción de las cosas espirituales una vez se violan estas leyes, y por supuesto, no entendible para quienes no desean o no han hecho convenios en las aguas bautismales con la deidad, de guardar sus mandamientos a cambio de recibir su protección, apoyo y la compañía de su Espíritu.

Prov14:9 Los necios se mofan del pecado, pero entre los rectos hay buena voluntad.

- o   Por donde más ha pecado, es el hombre castigado.
- o   Por hacer rico a mi yerno, por poco no fui al infierno.
- o   Por medios poco nobles buscan el mando los hombres.

Cuento

Un catalán, trabajando duro, transpirando, sudando para poder comer, ve a un andaluz tirado en una hamaca, descansando de no hacer nada. El catalán no aguanta más y le dice: ¡oye!, ¿no sabes que la pereza es uno de los siete pecados capitales?
Y el andaluz, sin moverse le contesta: ¿sabías que la envidia es otro pecado capital?

Comentario

Para entender estos principios inevitablemente la persona tendría que bautizarse y vivir las experiencias, de lo contrario sería inútil explicar a quien no desea o tiene interés en saber de las cosas importantes como las espirituales, las cuales pueden asegurar los tesoros prometidos en el cielo, a cambio de entretenerse con las materiales que son efímeras.

Si queréis saber si una postura o evento es aceptable, permite que en tu mente los actores sean cambiados por los nombres de tus hijas, madres, esposas, etc., así sentirás si en verdad será vergonzoso, aceptable, o enaltecedor, de tal suerte que podrás entender lo que siente Dios hacia sus hijos, pues él los ve con la esperanza de que progresen y no que se degraden.

Todos somos pecadores; Jesucristo no lo fue, y sin embargo expió nuestros pecados, ya que pagó el precio por la limpieza nuestra, es decir padeció el efecto de la suciedad, para que nosotros fuéramos perdonados y limpiados.

Muchos se burlan e incluso desprecian por falta de entendimiento y gratitud, resultando lamentable para ellos; ya que habrán perdido la mejor oportunidad de saber para que vinieron a esta tierra, y serán con justicia juzgados y" premiados" con sus propios desprecios.

6.1.1 Pederasta

Aquel que busca satisfacer apetitos sexuales con niños o muy jóvenes, haciendo de ello su aberración, causando en estas víctimas aversión por la procreación.

Esta tendencia es una prima maligna del homosexualismo. La mayoría de las veces parientes, o profesores, o sacerdotes no de Dios.

Efesios 5: 3-5 3 Pero fornicación y toda impureza, o avaricia, ni aun se nombre entre vosotros, como conviene a los santos;
4 ni palabras indecentes, ni necedades, ni relatos groseros, que no convienen; sino antes bien acciones de gracias.
5 Porque sabéis esto, que ningún fornicario, o impuro, o avaro, que es idólatra, tiene herencia en el reino de Cristo y de Dios.

- o   Con gente de teatro, no tengas trato.
- o   Comer sin trabajar no se debiera tolerar.
- o   Con una rueda no anda bien una carreta.

Cuento

Un soldado amanerado se encontraba matando enemigos cuando vio uno rubio, alto y buen mozo. inmediatamente bajo el fusil y dijo: Que te mate tu mamá que te crió tan lindo. Ay....nooooo.

Cuento

Una linda damita conduce un coche. Se detiene. Las señales del semáforo son verdes, amarillas, rojas. Después verdes, amarillas, rojas. Y otra vez, etc.
La dama no arranca. El agente abandona su puesto y va a decirle amablemente:
¿Qué es lo que no marcha bien, señorita? ¿No tenemos ningún color que le agrade?

Comentario.

La caída en estos tipos de problemas conllevan a tristes episodios de desaprobación defamiliayla sociedad en general, y traen pérdidas del honor, la libertad, la paz interior, o la vida.

Las noticias son continuas de casos y hechos, generalmente son ocasionados por allegados a la familia, maestros, sacerdotes o padres que no controlan sus emociones y las llevan a excesos para terminar después perdiendo el respeto a sí mismo, el de los afectados, y los del entorno.

Algunos más que otros pueden caer en trampas, de hecho, nunca ha sido, ni es ni será permitido por Dios, y los que oculten ello, saben de sobra que han de pagar aquí o allá; pero esta es una de las peores cosas en las cuales el hombre natural puede caerse; por permitir que los apetitos de la carne nos gobiernen y como consecuencia llevarlos a casos aberrantes. Las víctimas son niños o jóvenes que apenas comienzan a vivir y los pederastas lo que hacen es indebidamente promover en ellos y despertar lujuria, sensualidad, y violación de la ley de castidad, lo cual ante Dios traerá consecuencias muy graves con los consecuentes castigos para los violadores.

6.1.2 Peleas, riñas, venganzas

Son confrontaciones por: barras, enemistades, grupos políticos, religiosos, familias, etc., que terminan con el uso de violencia. Suelen enredar a muchos inocentes convirtiendo en un calvario algo que podría haber sido zanjado con el dialogo, buena disposición y un poco de humildad.

Respuesta a las ofensas recibidas con propósitos destructivos generalmente. Con ellas algunos han envuelto a sus familias en guerras innecesarias, absurdas, privándose entre sí del mejor regalo que podemos dar a otros: El perdón, el verdadero remedio para: la intranquilidad, la desesperanza, y la paz. Es la represalia por daños recibidos.

Prov20:3 Honra es del hombre dejar la contienda, pero todo insensato se enreda en ella.

Prov.25:21-22 /21 Si tu enemigo tuviere hambre, dale de comer pan; y si tuviere sed, dale de beber agua,
22porque brasas amontonarás sobre su cabeza, y Jehová te lo pagará

Lucas 17:3 Padre, perdónalos porque no saben lo que hacen.

Prov.20:22 No digas: Devolveré el mal; espera a Jehová, y él te salvará.

- o Quien tiene pan y tocino, ¿A qué quiere pleitos con su vecino?
- o Riñas de enamorados pasan a besos y abrazos.
- o Riñe cuando debas, pero no cuando bebas.
- o La venganza no borra la ofensa Calderón de la Barca
- o No te ensañes del castigo que le des a tu enemigo
- o Siéntate y espera, que tu enemigo; pasará por tu acera.

Cuento

Un elefante le da un colazo a una hormiga, y queda hospitalizada un mes.
Después que se recuperó les cuenta lo sucedido a todas las hormigas de la selva y se ponen de acuerdo para atacar al elefante desde lo alto de un árbol.
Las hormigas se suben al árbol más alto y cuando pasa el elefante todas se tiran encima de él. El elefante se sacude y le queda una en el cuello y las de más abajo gritaban:
- ¡Ahórcalo! ¡Ahórcalo!

Cuento

Sea franco, y dígame una cosa: ¿Por qué lo hirió, porque lo maltrató, porque le dijo palabras feas, porque le recordó su familia, y finalmente porque lo mató?

Porque me hacía demasiadas preguntas.

Vale, siendo así no haré más preguntas.

Anécdota

Hace poco tiempo en que me encontraba en el mercadillo, haciendo algunas compras para la casa, me arrimé a un puesto en el que se expendían varios productos a precios favorables, por lo cual había muchas personas pendientes del despacho en actitud de comprar. Como era un puesto esquinero y bastante grande nos encontrábamos más de 20 personas alrededor del mismo. Yo me coloqué en un costado pero allí esperé un buen tiempo y quise ponerme más hacia el centro, pues el sol me estorbaba y además pocas posibilidades tenían de ser atendido. Hay costumbre de pedir la vez, que indica el último pues nunca hay filas. Después de mi llegaron dos señoras y pidieron la vez, pero yo no lo había hecho, no obstante que llegué primero que ellas. Esperé que despacharan los turnos y uno de los cuatro hombres que despachaban me ofreció el turno que realmente me correspondía, pues me veía que ya estaba un tiempo allí. Al poco rato la señora protesto y refirió que ella seguía con el turno, yo le hice saber que había llegado primero, pero ella se enfadó y le apoyo la otra señora. Yo le hice saber que efectivamente estaba antes de ella, pero su hijo de unos 30 años que estaba detrás de mí me hizo saber que ella no me mentía, pero el despachador continuo atendiéndome, y cuando otro hombre del puesto observó que el hombre estaba exagerando la nota y con ganas de pelea, le recriminó e invito a tranquilizarse por ello.

Al observar ello, preferí suspender la compra y pague solo los dos productos que me habían empacado, quedando pendientes otros, y retirarme para evitar una pelea, la cual le hice saber al señor que la tendría si me buscaba las "pulgas". Para fortuna mía todo terminó allí, cuando me retiré, pues conociendo mi carácter lo más sensato era hacerlo de esa manera, dado que el hombre insistía en alegar y llamarme mentiroso.

En una pelea nadie gana, todos pierden sin embargo cuando eres extranjero, todos te observan con desaprobación, especialmente acá donde no desean tener extranjeros, a quienes culpan de los problemas económicos del país.

6.1.3 Peligro

Es un riesgo que se corre por pasar, realizar o pertenecer a un grupo no aceptado por la sociedad, o grupos que defienden intereses e ideales. Es potencialmente presumible que acontezca algún suceso que genere problemas.

Prob.9:7-9/7 El que corrige al escarnecedor se acarrea ignominia; el que reprende al malvado atrae mancha sobre sí.
8 No reprendas al escarnecedor, para que no te aborrezca; reprende al sabio, y te amará.
9 Da al sabio, y será más sabio; enseña al justo, y aumentará su saber.

Prov.30:29-31/29 Tres cosas hay de hermoso andar, y aun cuatro que pasean muy bien:

30 El león, fuerte entre todos los animales, que no retrocede ante nada;

31 el ceñido de lomos, asimismo el macho cabrío, y el rey cuando tiene un ejército con él.

Ecles.10: 1 Las moscas muertas hacen heder y dar mal olor al perfume del perfumista; así una pequeña locura pesa más que la sabiduría y la honra.

- o   El que en peligro se mete, cuando quiere retirarse no puede.
- o   Al peligro con tiento, y al remedio, con tiempo.
- o   Huir del peligro no es cobardía.

Cuento

Tres vecinas llevan horas metiéndose en la vida y milagros de los demás vecinos.

Les aseguro que es una verdadera arpía.

Más que una arpía, no la conocen como yo.

¿Qué no la conozco? Te aseguro que la conozco mejor que tú.

Imposible, si yo soy su mejor amiga.

Cuento

¿Cuál es su último deseo? Indaga el juez.

¿Qué se vaya la luz, o le quiten la corriente al edificio y que me ejecuten con velas.

<u>Comentario</u>

Podemos caer en trampas al hablar, actuar indecorosamente, juzgar, ser presumido, e incluso, ingrato; por lo tanto, no debemos soltarnos de la barra del evangelio, porque fácilmente nos puede ocurrir que una vez hemos logrado el éxito, pueden venir el orgullo, la vanidad, etc., y aparecerán las dificultades, pues el peligro está a las puertas. Por ello se requiere ayunar, servir, orar, leer las escrituras, pues somos objetos de tentaciones de parte del enemigo que hay dentro de nosotros:

Santiago 1:19-27 /19 Por esto, mis amados hermanos, todo hombre sea pronto para oír, tardo para hablar, tardo para airarse,

20 porque la ira del hombre no produce la justicia de Dios.

21 Por lo cual, desechando toda inmundicia y exceso de malicia que tanto abunda, recibid con mansedumbre la palabra implantada, la cual puede salvar vuestras almas

22 Pero sed hacedores de la palabra, y no tan solamente oidores, engañándoos a vosotros mismos.

23 Porque si alguno es oidor de la palabra, y no hacedor de ella, este es semejante al hombre que considera en un espejo su rostro natural.

24 Porque después de mirarse a sí mismo, se va, y enseguida se olvida de cómo era.

25 Pero el que mira atentamente en la perfecta ley, la de la libertad, y persevera en ella, no siendo oidor olvidadizo, sino hacedor de la obra, este será bienaventurado en lo que hace.

26 Si alguno se cree religioso entre vosotros, y no refrena su lengua, sino que engaña su corazón, la religión detal es vana.

27 La religión pura y sin mácula delante de Dios el Padre es esta: Visitar a los huérfanos y a las viudas en sus tribulaciones, y guardarse sin mancha del mundo.

6.1.4 Penas, vergüenza

Las desgracias, infortunios, y problemas vienen a todos, solo que unos las afrontan diferente, pero el aceptar que no somos perfectos, nos ayudara a entender que somos dependientes de nuestros actos, pensamientos, creencias, vivencias, palabras y proyecciones.

Sentimiento de culpa causado por acciones indignas o erróneas.

Prov.19:26 El que asalta a su padre y ahuyenta a sus madres un hijo que causa vergüenza y acarrea oprobio

Prov.29:15 La vara y la corrección dan sabiduría, pero el muchacho que se deja suelto avergüenza a su madre.

- o Cada uno lleva su cruz con buen o mal aire; pero sin cruz no hay nadie.
- o Vergüenza y virginidad, cuando se pierden, para toda la eternidad.
- o Al que no tiene vergüenza, no hay quien lo venza.
- o Donde no hay vergüenza, no hay virtud.

Cuento

Un gallego va caminando con un pato debajo del brazo, y en eso se encuentra con un amigo en el camino.

- Pero, ¿qué estás haciendo con ese cerdo? -pregunta el amigo intrigado.
- ¿Estás ciego o qué? ¿No ves que es un pato?
- Estoy hablando con el pato.

Cuento

Un visitante de un hospital de enfermos mentales, al atravesar una sala, se fijó en un enfermo que estaba muy atento con el oído en la pared. Una hora después, al pasar por el mismo sitio, el hombre seguía allí. Se acercó a él y le pregunto:
¿Qué hay ahí para escuchar?
El loco se volvió y le dijo:
Acerque el oído y preste atención.
El visitante lo hizo. Escuchó durante un minuto.
¡No oigo nada exclamó!
Y el loco, con aire intrigado, le explicó:
No sé qué pasa. Hace unas cinco horas que estoy aquí y tampoco yo consigo oír nada.

Comentario

Los sucesos de la vida pueden traernos penas o problemas y vergüenzas, y desde luego no estamos eximidos, pero la manera como los enfrentemos, procuremos resolverlos favorablemente o que los aceptemos sin dejarnos hundir en la desesperación es la diferencia entre unos y otros.
Tales inconvenientes nos sobrevienen y nos mueven para cambiar de actitudes, nos ayudan a entender a nuestros semejantes, o incluso nos pueden ayudar a desaparecer un poco el orgullo. Nadie está eximido y cada afán trae sus pros y sus contras, pero debemos aprovechar estas

oportunidades, para preguntarnos qué nos enseña la nueva situación o que lección nos desea enseñar nuestro Padre Celestial.

Ecles 9:2-3/2 Todo acontece de la misma manera a todos; un mismo suceso ocurre al justo y al malvado; al bueno, y al puro y al impuro; al que sacrifica y al que no sacrifica; como al bueno, así al que peca; al que jura, como al que teme jurar.

3 Éste es un mal que hay entre todo lo que se hace debajo del sol: que un mismo suceso acontece a todos, y también que el corazón de los hijos de los hombres está lleno del mal, y hay locura en su corazón durante su vida. Y después de esto *se van* a los muertos.

6.1.5 Pérdidas

Son excesos de lo gastado o invertido con relación a lo esperado yrecibido por concepto de ingresos. Cuando en un negocio no se perciben utilidades o los ingresos por ventas o servicios, no alcanzan a sufragar la totalidad de costos y gastos, se suceden pérdidas operativas, y si se convierten en cotidianas, ellas generaran quiebra o bancarrota.

Hay necesidad de utilizar los términos correctamente, pues se suelen usar dando conceptos, opiniones o estableciendo juicios equivocados.

Prov.13:11 Las riquezas obtenidas por vanidad disminuirán, pero el que recoge con mano laboriosa las aumentará.

- o   Con algunos el perder es ganar.
- o   Nada ganar y algo perder, lo mismo viene a ser.
- o   Perdiendo se aprende a ganar.

Cuento

¡Toc, toc! (Golpes en la puerta)
¡No hay nadie! Gritan de adentro.
¡Ah!.... ¡menos mal que no vine!

Cuento

Amigos que se cuentan sus penas.
¿Qué te ha pasado que tienes el ojo negro?
Verás, leí el horóscopo y decía: la mujer que amas te espera con los brazos abiertos.
¿Y no era así?
No, el que me esperaba era su padre.

Anécdota

En 1975 trabajaba en Cencoa como asistente del auditor interno que esa Central de Cooperativas asignó a la Cooperativa de Cafetaleros del Norte del Valle, una entidad muy poderosa, prestante y bien organizada, con varias compras de café, almacenes de provisión agrícola, droguerías, talleres de mantenimiento, y servicios médicos a los afiliados de al menos 12 poblaciones que conformaban la Red del Norte del Valle, o zona de influencia de esa Cooperativa, y Cencoa suministraba el apoyo de auditoría financiera y operativa.

Haber llegado a ese cargo me significo una oportunidad de buen trabajo, donde era respetado y apoyado, dada la responsabilidad que teníamos, no obstante mis escasos 21 años. En una ocasión en una reunión de consejo de administración uno de los presentes de la junta de vigilancia de una de las poblaciones no recuerdo si de Anserma o Argelia, refirió al problema que se presentó a nivel global sobre las pérdidas operativas o mensuales reflejadas en dos meses seguidos. Ello salto las alarmas de aquel buen nombre, sin embargo el refirió en una de sus observaciones el problema como "desfalco", e inmediatamente debimos hacerle comprender con prudencia de la diferencia de los términos, pues la perdida en un negocio es simplemente la circunstancia en qué los ingresos son inferiores a los costos y gastos, en cambio la palabra desfalco refiere a robo y malos usos de los dineros de la empresa en favor de unos pocos. Algo distinto, pues lo primero es normal, sobre todo en entidades que no tienen como objeto social el lucro sino prestar servicio a los asociados, como son las cooperativas y similares, en cambio el desfalco es un delito, pues se trata de apropiación indebida de fondos.

6.1.6 Perezoso

Aquel a quien poca atracción o ninguna tiene de realizar tareas, trabajar, estudiar, o realizar actividades que van en beneficio propio, su hogar, su comunidad o trabajo. Quien prefiere dormir, ver tv, etc., en vez de apoyar en las labores de casa, estudio, o emprender trabajos.

Prov6:6-11 /6 Ve a la hormiga, oh perezoso; mira sus caminos y sé sabio;
7 la cual, no teniendo capitán, ni gobernador ni señor,
8 prepara en el verano su comida, y recoge en el tiempo de la siega su sustento.
9 Perezoso, ¿hasta cuándo has de dormir? ¿Cuándo te levantarás de tu sueño?
10 Un poco de sueño, un poco de dormitar, un poco de cruzar las manos para dormir,
11 así vendrá tu necesidad como caminante, y tu pobreza como hombre armado.

Prov.10:26 Como el vinagre para los dientes y como el humo para los ojos, así es el perezoso para los que lo envían.

Prov.21:25 El deseo del perezoso le mata, porque sus manos no quieren trabajar.

Prov.24:30-34 / 30 Pasé junto al campo del hombre perezoso, y junto a la viña del hombre falto de entendimiento;
22 y he aquí que por todas partes habían ya crecido espinos; ortigas habían ya cubierto su faz y su cerca de piedra estaba ya destruida.
23 Y yo miré y lo puse en mi corazón; lo vi y aprendí una lección:
24 Un poco de sueño, cabeceando otro poco, poniendo mano sobre mano para dormir otro poco,

25 así vendrá como caminante tu pobreza, y tu necesidad como hombre armado.

Prov.26:13-16/13 Dice el perezoso: El león está en el camino; el león está en las calles.

14 Como la puerta gira sobre sus goznes, así el perezoso da vueltas en su cama.

15 El perezoso mete su mano en el plato, se cansa de llevarla a su boca

16 El perezoso es más sabio ante sus propios ojos que siete que sepan aconsejar.

- o   Unos por otros, y la casa por barrer.
- o   Escuche de un joven referir que no buscaba empleo, porque él no regalaría el trabajo por unas pocas monedas, sin embargo tampoco se preparaba ni estudiaba para buscar uno apropiado.
- o   Hagamos está cama, hágase, y nadie comenzaba.

Cuento

¿Y tu papá a que se dedica, Jaimito?
Mi papá está desempleado.
Pero si tuviera trabajo ¿a qué se dedicaría?
Se dedicaría a cazar elefantes en el Amazonas.
¡Pero si en Brasil no hay elefantes!
Por eso está siempre sin empleo.

Cuento

Una enojada patrona:
Pancracio: Si no hace los quehaceres de la casa más de prisa, me veré obligada a buscar otra criada.
Pues mucho se lo agradecería mi señora, porque una ayudita no me caería mal.

Comentario

La parábola de la red explica como en el evangelio se predica a miles, solo unos pocos aceptan, y de ellos otros se enfrían y pierden.

El dejarse arropar de la pereza, nos puede quitar el testimonio, las oportunidades de progresar o incluso de tener el éxito. La mayoría de las metas no dan oportunidades, para relajarnos en el camino, sino que exigen sacrificio, y trabajo. La pereza es algo que a todos nos puede sobrevenir, pero dejarse arropar de ella, es peor, pues nos quita el tiempo, la capacidad de luchar por nuestros ideales, ganar bendiciones, y a la vez lograr las cosas que nos convienen y tanto hemos deseado.

Muchas veces cuando me despertaba y disponía de tiempo libre, me arrodillaba a pesar del deseo de seguir durmiendo, y le pedía en oración a mi Padre Celestial que me permitiera hacer uso inteligente y apropiado del tiempo libre. Tan pronto terminaba de orar, entonces me ponía en pie y así lograba ponerme en marcha, rumbo al baño, y una vez allí, limpio mis pensamientos y disposición de hacer las cosas se multiplicaban.

El Salvador enseño que debemos hacer para alcanzar las bendiciones de la eternidad y con la parábola de la red explica como en el evangelio se predica a miles, solo unos pocos aceptan, y de ellos otros se enfrían y pierden.

Mateo 13:47-50 Asimismo, el reino de los cielos es semejante a una red que, echada al mar, recoge toda clase *de peces,*
49 la cual, una vez llena, la sacan a la orilla; y sentados, recogen lo bueno en cestas y lo malo echan fuera.
49 Así será el fin del mundo: saldrán los ángeles y apartarán a los malos de entre los *justos,*
50 y los echarán al horno de fuego; allí será el llanto y el crujir de dientes.

6.2.1 Perverso

Quien siente satisfacción en hacer el mal a otros.

Prov.16:27-28 /27 El hombre perverso cava en busca del mal, y en sus labios hay como fuego abrasador.
28 El hombre perverso provoca contienda, y el chismoso separa a los mejores amigos.

Prov.17:20 El perverso de corazón nunca hallará el bien, y el de lengua pervertida caerá en el mal.

Prov.19:1 Mejor es el pobre que camina en su integridad, que el de labios perversos y necio.

Prov.19:28 El testigo perverso se burla del juicio, y la boca de los malvados traga la iniquidad.

Prov.22:5 Espinas y trampas hay en el camino del perverso; el que guarda su alma se alejará de ellos.

Ecles. 5:8 Si ves en la provincia opresión de pobres y perversión de juicio y de justicia, no te maravilles de ello, porque sobre uno alto vigila otro más alto, y otros más altos sobre ellos

- o Lo que más irrita a los orgullosos es el orgullo de los demás. William Cowper.
- o Quien al cielo escupe, en la cara le cae.
- o Piensa el ladrón, que todos son de su condición.

Cuento

Un pobre que llora ante una tumba.
Ay porque te fuiste a morir, no puede ser posible.
Otro hombre lo observa y se conduele y procura fortalecerle: Amigo, debe usted sobreponerse.

¿Pero cómo se fue a morir? Bu….bu….

Todos hemos pasado por trances parecidos. …. ¿Se trata de su padre, o de su madre?

No hombre, aquí está enterrado el primer marido de mi esposa.

Comentario

Pocas son las palabras que podré agregar a tan notables y bien definidores de la perversidad como los son los proverbios siguientes:

Prov.11:20 Abominación son a Jehová los perversos de corazón, pero los íntegros de camino le son agradables.

Prov.13:6 La justicia guarda el camino del íntegro, pero la maldad trastornará al pecador.

Prov.13:25 El justo come hasta saciar su alma, pero el vientre de los malvados quedará vacío.

Prov.13:21 21 El mal perseguirá a los pecadores, pero el bien recompensará a los justos.

Prov.14:34 La justicia engrandece a la nación, pero el pecado es afrenta de los pueblos.

Prov.16:8 Mejor es lo poco con justiciaque muchas ganancias con injusticia.

Prov.20:7 El justo camina en su integridad; bienaventurados son sus hijos después de él.

Prov.28:10 El que hace errar a los rectos por el mal camino, caerá en su propia fosa, pero los íntegros heredarán el bien.

6.2.2 Pirómano

Aquel que se complace con observar los destrozos que causa el fuego. Algunos de ellos suelen provocarlo, sin darse cuenta que con ello destruyen medio ambiente y recursos naturales que difícilmente se recuperan en muchos años. Las personas incendiarias se distinguen de ellos en que estos provocan incendios, para beneficiarse económicamente por reclamaciones de seguros, o tapar evidencias de algo.

Prov.16:18 Antes del quebranto va la soberbia, y antes de la caída, la altivez de espíritu.

- o Quien con fuego juega, hasta el rabo se le quema.
- o No pretendas apagar un fuego con un incendio, ni remediar con agua una inundación. Buda.
- o Quien el incendio busca, o se quema o se chamusca. Confucio

Cuento

En el manicomio, un loco telefonea a los bomberos y avisa:
Hay fuego en el manicomio. Rápidamente llegan los bomberos:
¿Dónde está el fuego?
Y el loco: es que habéis venido tan rápido que aún no he tenido tiempo de encenderlo.

Cuento

Y no me explico por qué los hombres hacen las guerras.
Es muy fácil. Para que nosotros tengamos estudiar historia.

Comentario

Siempre me hanparecidobonitos los espectáculos que dan los fuegos artificiales, pero me confunde un poco saber si escondido en medio de ello, no hay un poco de problemas de piromanía, pues al fin y al cabo unos son para deleitar a la gente y otros son para satisfacer una equivocada forma de destrucción de objetos o bienes propios o ajenos.

El efecto abrazador y sofocante de las llamas es grande, pero creo que los que lo sufren en mayor rigor son: las plantas, animales o seres humanos que inocentemente quedan atrapados en él.

La idolatría tradicionalista ha promovido la mayoría de los desastres por incendios, con las veladoras, pero he visto también a muchos correr, para novelerías u observar tales incendios, y cuando he ido, me he preguntado si yo estoy siendo igual que los que disfrutan de tales fuegos.

Recuerdo una ocasión cuando un autobús donde viajábamos algunas familias de paseo familiar, la mía completa; comenzó a incendiarse el autobús por la parte posterior, lo que causo las carreras de todos los ocupantes en forma precipitada, pues al fin y al cabo se dio la voz de alarma de incendió. El joven conductor procuraba inútilmente sofocar el fuego con su extinguidor, el cual muy poco cedía ante los esfuerzos desesperados de muchos para ayudarle. El autobús era de combustible diesel lo cual permitió que no hubiere explosión, pues de ser combustible de gasolina, no habríamos salido con vida, quizás.

Es preocupante que haya personas que disfrutan ver arder los coches de otras personas, pues los provocan y se por los noticieros que al menos 25 coches han sido quemado por algunos pirómanos entre diciembre y marzo 31 del presente año en una población donde vive mi hija con su esposo.

No sé qué tanto gusto le sacan a ello, pero resulta arriesgado hacerle el mal a otra persona que ni siquiera tal vez conoces, por el solo hecho de disfrutar del fuego, su color y el humo.

Los pirómanos siempre han existido; de hecho muchos usan esos métodos, para desalojar familias de tierras y propiedades a la brava y que por envidia otros mandan a incendiar su vivienda, y así procurar sus deseos de compra o apropiación indebida de tierras.

Es común y notorio este método usado por muchos, para abrirse paso entre los demás, y satisfacer sus apetitos de enriquecimiento, pero los que les siguen, secundan o trabajan por ello, también son tan pirómanos como culpables. Veremos que van a contestar cuando el Dios de la Justicia les devuelva con la misma moneda por la desobediencia y maldad.

6.2.3 Placeres

Sensaciones agradables o emocionales que sobrevienen por causa del disfrutar del agua de baño, practicar deportes, conducir, ver televisión o cine, practicar sexo, comer, ingerir licor, etc.; el ocio es placentero, pero en la medida que se olvidan las responsabilidades o abuse de él puede generar problemas en hogar, trabajo o estudios.

Ecles.10: 18-19/18 Por la pereza se cae la techumbre, y por la ociosidad de manos hay goteras en la casa.
19 Por placer se hace el banquete, y el vino alegra la vida, y el dinero responde por todo.

- o   A mayor hermosura, mayor cordura.
- o   El placer engorda más que el comer.
- o   No gozar por no sufrir es regla de bien vivir.

Cuento

Estoy muy satisfecha: he conseguido quitar a mi marido el vicio de comerse las uñas.
¿Cómo lo has conseguido?
Muy fácil, le he escondido la dentadura.

Cuento

No me gusta nada esa tos, dice el doctor a su paciente, tome estas pastillas a ver si mañana tose mejor.
Al día siguiente comenta el doctor:
Veo que tose mejor que ayer.
Claro, como que me he pasado toda la noche ensayando.

<u>Comentario</u>

Algunos momentos de la vida y actividades nos producen gozo, o placer, satisfacción, o relajación. Entre ellos están el sexo, la comida, bebidas, jugar, ganar, viajar, dormir, reír, etc. Ellos son cosas necesarias para recobrar el ánimo, o porque son parte de la vida.

Pero el dedicarnos a ellos, más de lo que nuestras posibilidades no lo permiten nos pueden afectar de varias maneras, pues todas las cosas han de hacerse con prudencia, orden y según la obediencia a los mandamientos del Altísimo.

Para algunos les es placentero maltratar, ofender, hablar del prójimo, robar, violar la ley de castidad, etc.

Sin embargo uno de los mayores placeres es servir y ayudar al prójimo; si, en ello se complacía el hijo de Dios y también lo he sentido muchas veces, cuando tengo la oportunidad de hacer el bien a alguien que está muy necesitado y yo puedo hacerlo, si lo llevo a cabo, me produce un gozo indescriptible.
Juan 5:1-16/1 Después de estas cosas, había una fiesta de los judíos, y subió Jesús a Jerusalén.
2 Y hay en Jerusalén, junto a la puerta de las ovejas, un estanque que en hebreo es llamado Betesda, el cual tiene cinco pórticos.
3 En estos yacía una multitud de enfermos, ciegos, cojos y paralíticos que esperaban el movimiento del agua.

4 Porque un ángel descendía de tiempo en tiempo al estanque y agitaba el agua; y el que primero descendía al estanque después del movimiento del agua quedaba sano de cualquier enfermedad que tuviese.

5 Y había allí un hombre que hacía treinta y ocho años que estaba enfermo.

6 Cuando Jesús vio a este acostado y supo que ya hacía mucho tiempo que estaba así, le dijo: ¿Quieres ser sano?

7 Señor, le respondió el enfermo, no tengo a nadie que me meta en el estanque cuando se agita el agua, porque entretanto que yo voy, otro desciende antes que yo.

8 Le dijo Jesús: Levántate, toma tu lecho y anda.

9 Y al instante aquel hombre quedó sano, y tomó su lecho y se fue caminando. Y aquel día era día de reposo.

10 Entonces los judíos decían a aquel que había sido sanado: Es día de reposo; no te es lícito llevar tu lecho.

11 Él les respondió: El que me sanó, él mismo me dijo: Toma tu lecho y anda.

12 Entonces le preguntaron: ¿Quién es el que te dijo: Toma tu lecho y anda?

13 Pero el que había sido sanado no sabía quién era, porque Jesús se había apartado de la gente que estaba en aquel lugar.

14 Después le halló Jesús en el templo y le dijo: He aquí, has sido sanado; no peques más, para que no te ocurra alguna cosa peor.

15 Él se fue y dio aviso a los judíos de que Jesús era el que le había sanado.

16 Y por esta causa los judíos perseguían a Jesús y procuraban matarle, porque hacía estas cosas en el día de reposo.

6.2.4 Poder

Es la capacidad para actuar independientemente, para hacer el bien, para crear, y producir cosas buenas, sin embargo muchos lo obtienen por las malas, con sobornos, con maldad, con codicia, y hacen cosas para satisfacer su egoísmo, y ambición.

Cuando el poder se ejerce con justicia, sabiduría, temor de Dios, dignidad, entonces se puede contar con el espíritu, y sus decisiones y obras son rectas, para beneficio de los suyos, sus pueblos, y el entorno, es decir se puede contar con el poder de Dios.

- o Vence quien más puede no quien más tiene la razón.
- o El pez grande se come al chico.
- o El poder no tiene nada de halagüeño cuando solo sirve para aterrorizar y atraerse las maldiciones de los hombres. Barón de Holbach.
- o Hay mayor orgullo en renunciar al poder que se tiene que en ambicionar el que no se ha logrado, y el corazón de un hombre no vale menos que nuestro reino. Jacinto Benavente
- o El querer es poder.

Cuento

En el salvaje oeste un cowboy llega en el caballo, lo deja en la puerta y entra al salón a tomar algo. Una vez que se toma el whisky sale y al no ver al caballo entra de nuevo.
-Como no aparezca el caballo en 10 min haré lo mismo que en Alabama.
Se toma el whisky, sale y vuelve a entrar:
-Como no aparezca el caballo en 5 min haré lo mismo que en Alabama.
Sale y vuelve a entrar: -Como no aparezca el caballo en 1 min haré lo mismo que en Alabama.
Se toma su último whisky esta vez se encuentra al caballo y se dispone a irse cuando la muchedumbre intrigada se atreve y le pregunta.
-¿Qué pasó en Alabama?
-Pues nada, me tuve que ir a pie.

Comentario

Nosotros no somos nada comparados con lagrandeza de Dios, Jesucristo y el Espíritu Santo. Aún la obediencia a las normas instituidas o mandamientos y preceptos, es lo que les hace grandes. Las plantas, animales, y todos los materiales creados por ellos, obedecen sin demora ni tartamudeos, ni poner trabas o justificaciones. La obediencia hace multiplicar la luz, por ello, es que tienen el poder, pues por causa de someter sus apetitos, sus pasiones y voluntad a obedecer leyes es que se llenaron de poder y así esperan de nosotros lo mismo. El poder del sacerdocio funciona solo si obedecemos los mandamientos y si es la voluntad del Padre que actuemos, entonces con la fe llevaremos milagros por el poder de Dios, pero si no hay dignidad el poder será nulo.

Algunos tienen poderes temporales dados por el hombre o tomados, pero esos poderes solo son para lo terrenal, pues de resto se acabarán, tan pronto dejemos este cuerpo en la tierra.

Lucas 7:7-17/ 1 Y después que Jesús acabó todas sus palabras al pueblo que le oía, entró en Capernaúm.

2 Y el siervo de un centurión, a quien este tenía en gran estima, estaba enfermo y a punto de morir.

3 Y cuando oyó hablar de Jesús, le envió unos ancianos de los judíos, rogándole que viniese y sanase a su siervo.

4 Y acercándose ellos a Jesús, le rogaron con diligencia, diciéndole: Es digno de que le concedas esto,

5 porque ama a nuestra nación, y él nos edificó una sinagoga.

6 Y Jesús fue con ellos. Pero cuando ya no estaban muy lejos de la casa, el centurión envió a él unos amigos, diciéndole: Señor, no te incomodes, pues no soy digno de que entres bajo mi techo;

7 por lo cual, ni aun me tuve por digno de ir a ti; pero di la palabra, y mi siervo será sano.

8 Pues también yo soy hombre puesto bajo autoridad y tengo soldados bajo mis órdenes. Y digo a este: Ve, y va; y al otro: Ven, y viene; y a mi siervo: Haz esto, y lo hace.

9 Al oír esto, Jesús se maravilló de él, y volviéndose, dijo a la gente que le seguía: Os digo que ni aun en Israel he hallado tanta fe.

10 Y al volver a casa los que habían sido enviados, hallaron sano al siervo que había estado enfermo.

6.2.5 Precio

Todas nuestras decisiones tendrán un efecto o precio, según el cual podrá ser para bien o para mal, y nos acarreará prosperidad o pérdidas, por lo cual cada acto ha de ser valorado antes de decidir pagarlo o negociarlo, pues difícilmente habrá vuelta atrás cuando los términos se definen.

El precio es el sacrificio que hay que hacer para adquirir algo, un bien, un servicio, o el obtener lo anhelado. La equivalencia de ese sacrificio es el valor que lo hace comparable o aceptable para decidir si justifica o no cederlo a cambio de otra cosa.

El precio ha de incluir en términos financieros los siguientes elementos: Los costos de adquisición, los gastos, los impuestos, y las utilidades justas. Al aplicarlo a la vida también las decisiones nos implican sacrificios, (costos, y gastos, responsabilidades o impuestos), pero si los beneficios (utilidades son mayores), ha de tomarse la decisión, pues todo en la vida tiene un precio, beneficios y sacrificios, pero el saber cuantificarlos y balancearlos es lo que nos ayuda a progresar.

Prov.9 Si el hombre sabio contiende con el necio, ya sea que se enoje o que se ría, no tendrá reposo.

Prov.24:19-22 / 19 No te alteres a causa de los malignos, ni tengas envidia de los malvados;
20 porque para el malo no habrá *buen* porvenir, y la lámpara de los malvados será apagada.
21 Teme a Jehová, hijo mío, y al rey; no te asocies con los inestables
22 porque su desgracia llegará de repente; y la ruina de ambos, ¿quién puede saberla?

- o   Quien prestó, perdió.
- o   Dos andares tiene el dinero: viene despacio y se va ligero.
- o   Como el dinero es redondo, rueda y se va pronto.

Cuento

Oye muchacho. ¿Y cuando tú robaste aquel vestido, no pensaste en tu futuro?
No señor Juez. Si hubiera pensado en mi futuro, me robo otra cosa más grande.

Comentario

En la vida todas las cosas se adquieren con precio. Para acceder a una educación, o titulación, se ha de pagar un precio: La inscripción, las mensualidades, la adquisición de los materiales didácticos, o ayudas, la asistencia a recibir la instrucción, pero además implica dejar de hacer algunas cosas cotidianas, para realizar la investigación, desarrollar ejercicios del tema asignado a cada materia, cumplir con las responsabilidades asignadas por el tutor, y por supuesto estudiar todos los materiales escritos, explicados, y propuestos a fin de prepararse para estar en disposición y capacitado para responder las preguntas de los exámenes que pretenden indagar y valorar, si has pagado el precio requerido para permitirte continuar con los cursos subsiguientes, de lo contrario, tendrás que retomar, hasta que demuestres que efectivamente sabes o te enteras de parte de lo que te requieren.

Todo en la vida tiene un precio o sacrificio, nada es gratuito, es decir todo está condicionado a nuestra capacidad de actuar apropiadamente, para alcanzar ese beneficio que buscamos.

El precio que pagamos por estar en la tierra es haber **sido obedientes**en nuestro primer estado (vida pre terrenal como espíritus) y procurado no dejarnos desviar de las insinuaciones rebeldes de Lucifer, y sus seguidores (1/3 parteo hijos de Dios el Padre).

Estando aquí debíamos desarrollar nuestro intelecto, adquirir conocimiento, y por fe procurar saber nuestro próximo destino o nuestro objetivo, cual es volver a la presencia de nuestro Padre Celestial y todos aquellos que le siguen. Para ello, debemos pagar un precio y consiste simplemente en creer en los profetas auténticos enviados para enseñarnos o guiarnos los propósitos de la vida, y decidir si queremos o no seguirles, preguntar por oración, si efectivamente existen respuestas a ello, pero que efectivamente se requería no con facilidad sino con un sacrificio de **obediencia a los mandamientos** y así comenzar a percibir las respuestas por elEspíritu.

Hay muchos que han orado y no han recibido respuestas, pero no desearon o estuvieron dispuestos a realizar algunos cambios en sus vidas. Las respuestas vienen en el tiempo, o momento que Dios juzgue prudente hacernos saber, pues el asunto no es de curiosidad, sino que se trata de una verdadera intención de creer y ser mejor.

Cada cosa tiene un precio y la eternidad también lo tiene, pero esa la tendremos por precio pagado por Jesucristo.

Con laresurrección, pues todos resucitaremos, unos primeros que otros, lo más importante será nuestra condición, es decir el precio de vivir en: el reino telestial, en el reino terrestre o en el reino Celestial. El precio es el equivalente al grado de bienestar.

La limpieza o acceder al sacrificio de El por la expiación de nuestras faltas y ello implica creer, desarrollar fe, arrepentirse, bautizarse en su iglesia, y como premio recibir el Espíritu Santo, de manos de quienes tienen la autoridad delegada por El, y no de otra fuente, y seguir siendo obedientes por siempre.

Quien tenga oídos y ojos para ver que entienda lo anunciado y los hechos escritos, pues para eso se los dieron, para que no ande a mediodía ciego.

6.2.6 Prejuicio

Juicio preconcebido que refleja rechazo hacia algo o alguien; Predisposición o bronca hacia alguien o algo. Ejercicio de: racismo, intolerancia a condición económica. Radicalismo. Opinión negativa formada o injusta o sin conocimiento.

Prov.28:14 Bienaventurado el hombre que siempre teme *a Dios,* pero el que endurece su corazón caerá en el mal.

o   Gordo y pobre te ven, para que tengas y no te la crean.
o   Quien a los animales hace daño, es hombre de mal rebaño.
o   Pocas veces son fieles los que de dadivas se sostienen.

Cuento

El profesor de educación física le dice al profesor de física:
Yo soy profesor de educación física y tú, en cambio eres profesor de física sin educación.

Cuento

Se le acusa de robar un banco a media noche. ¿Qué tiene que decir?
Es verdad señor Juez.
¿Y por qué robo esa noche?
Es que de día me da mucha vergüenza.

Comentario

La adopción de ciertos comportamientos nos impide ver lo importante. Cuando el Salvador estaba en su ministerio en Israel, hizo muchos milagros, entre los cuales el sanar físicamente y aotrostambién espiritualmente, es decir les perdono sus pecados. ¿Qué puede ser más importante? En la medida que entendemos más el evangelio que enseño, vamos percibiendo que los mayores milagros que hizo fueron el limpiarles el espíritu, a fin de que pudieran entender la doctrina con la sencillez, que Él la predicaba.
Es decir Jesús les limpio, pero corporalmente, sin embargo, solo al agradecido que volvió en apariencia le limpio espiritualmente inclusive.
En Lucas, capítulo 17, leemos:(Lucas 17:11–19.)

"Yendo Jesús a Jerusalén, pasaba entre Samaria y Galilea.

"Y al entrar en una aldea, le salieron al encuentro diez hombres leprosos, los cuales se pararon de lejos

"y alzaron la voz, diciendo: ¡Jesús, Maestro, ten misericordia de nosotros!

"Cuando él los vio, les dijo: Id, mostraos a los sacerdotes. Y aconteció que mientras iban, fueron limpiados.

"Entonces uno de ellos, viendo que había sido sanado, volvió, glorificando a Dios a gran voz,

"y se postró rostro en tierra a sus pies, dándole gracias; y este era samaritano.

"Respondiendo Jesús, dijo: ¿No son diez los que fueron limpiados? Y los nueve, ¿dónde están?

"¿No hubo quien volviese y diese gloria a Dios sino este extranjero?

"Y le dijo: Levántate, vete; tu fe te ha salvado".

Causa curiosidad que él fue a predicar a los suyos, su pueblo, aquellos que eran del convenio con Abrahán, Isaac, y Jacob, y de los descendientes de Abrahán, que conocían las escrituras, pero por prejuicios no le identificaron, o no lo reconocieron como su Mesías, su salvador, su libertador, etc., todo simplemente porque hablaba de las cosas que debían hacer con el corazón y no de apariencia, o mera filosofía, o tal vez seleccionaban algunos mandamientos, para vivirlos según su conveniencia. No preguntaban a su Dios, sino que se sometían a reglas muy estrictas, que deformaban la esencia de la ley y hoy pasa igual; la mayoría de los cristianos, no se han enterado de que la doctrina, el sacerdocio, su iglesia, sus ordenanzas, sus convenios, etc., se han restaurado a causa de que era necesario, a fin de preparar la segunda venida de Jesucristo, y muchos desafortunadamente han vivido por debajo de sus expectativas y aspiraciones. Estando tan cerca, a una oración, a una distancia de desear saber la verdad e iniciar una búsqueda sincera desde la fuente correcta.

6.3.1 Presumido, vanidad

Alguien que pretende aparentar mucha riqueza, belleza, realeza o capacidad de algo, sin serlo, o siéndolo, disfruta alardear de ello.

Persona que gusta de ser admirado por sus vestidos, pertenencias, títulos, o méritos demostrados; postura arrogante y ostentosa de los lujos y calidades terrenales que expresa o posee. Falta de modestia.

Prov.21:2 Todo camino del hombre es recto ante sus propios ojos, pero Jehová pesa los corazones.

Prov.13:11 Las riquezas obtenidas por vanidad disminuirán, pero el que recoge con mano laboriosa las aumentará.

Ecles. 2:1 Dije yo en mi corazón: Ve ahora, te probaré con la alegría, y gozarás de lo bueno. Mas he aquí esto también era vanidad.

o   Dos perros a un can mal trato le dan.
o   En presencia del mayor, cesa el poder del menor.
o   Entre muchos gatos, arañan a un perro.
o   Juramentos de amor y humo de chimenea, el viento se los lleva.
o   Joyas falsas, a muchos tontos engañan.
o   La bonita solo es buena para pintura.

Cuento

Comentando dos hombres sobre sus labores:
En todas las profesiones el trabajador empieza por abajo, para poco a poco alcanzar la cúspide.
No en la mía.
¿Por qué? Porque yo soy perforador de pozos.

Cuento

Una mujer mayor estando internada en un hospital tiene una experiencia extra corporal y se encuentra con el apóstol Pedro al que le pregunta: "¿Caballero, he muerto acaso?"
"No, hija, vuelve a la tierra que te quedan treinta años más de vida".
La mujer despierta y piensa que aprovechando que ya estaba en un hospital, tenía dinero y muchos años por delante decide hacerse todo tipo de cirugías estéticas: lipoescultura, tratamiento de varices, se quita las manchas y las estrías con láser, se estira la cara, se opera senos, piernas, glúteos y todo lo demás hasta verse con al menos veinte años menos. Al salir del hospital, luciendo más joven, la atropella una ambulancia y ahora sí que se muere. Cuando se vuelve a encontrar con el apóstol Pedro le reclama:
"¿Qué pasó? ¿No dijiste que viviría treinta años más?"
"¡Sí, pero, te juro que no te reconocí!"

Comentario

Ocasionalmente nos puede ocurrir que nos sintamos un poco presumidos y orgullosos y podamos caer en trampas innecesarias, donde quizás tomemos la posición que no nos corresponde, y pasemos a causa de ello un mal trago.

Parábola de la fiesta de bodas:

Lucas 14:7-11 / 7 Y observando cómo los convidados escogían los primeros asientos a la mesa, relató una parábola, diciéndoles:
8 Cuando seas convidado por alguno a una boda, no te sientes en el primer lugar, no sea que otro más honorable que tú esté convidado por él,
9 y viniendo el que os convidó a ti y a él, te diga: Da lugar a éste; y entonces tengas, con vergüenza, que ocupar el último lugar.

10 Más cuando seas convidado, ve y siéntate en el postrer lugar, para que cuando venga el que te convidó, te diga: Amigo, sube más arriba; entonces tendrás gloria delante de los que se sientan contigo a la mesa. 11 Porque cualquiera que se ensalza será humillado; y el que se humilla será ensalzado.

La vanidad nos puede cobijar fácilmente y hacer que perdamos nuestro horizonte:

6.3.2 Prevaricadores

Quien pervierte e incita a otros a cometer faltas, a las obligaciones de su oficio, religión, o responsabilidad pública. Funcionario público corrupto que conscientemente falta o favorece a otros o emitiendo juicios imparciales.

Prov13:2 Del fruto de su boca el hombre comerá el bien, pero el alma de los prevaricadores hallará la violencia.

- o   Eje bien untado, jamás ha chirriado.
- o   ¿dádivas aceptaste? Prevaricaste.
- o   Cuando en el camino hay barro, untar el carro.
- o   Quien dinero tiene, la sentencia tuerce.

Cuento

De repente, Robín Hood tira un saco de dinero sobre un mendigo que, sorprendido, pregunta:
¿Qué es esto?
Yo soy Robín Hood, robo a los ricos y se lo doy a los pobres.
Con mucha alegría, el mendigo exclama:
¡Qué bien! ¡Soy rico!
Robín Hood, baja y le dice:
En eses caso, pase por aquí.

Cuento

En el salón del congreso de la república.
¿Qué le ocurre a usted señor?
¿Quién le ha ordenado fijar en las paredes unos carteles con la leyenda: cuidado con los ladrones?
Al cabo de un rato desde La jefatura de la policía.
Deseo levantar una exposición, un hombre bien vestido y traje elegante se pronuncia.
¿Porque? Indaga el inspector.
Porque lo escrito en ese cartel atenta contra mi libertad de trabajo

Comentario

La deshonestidad hoy es el pan de cada día. En todos los ámbitos públicos se ven, y por cierto en todos los partidos políticos. Los funcionarios públicos están expuestos a ser tentados por la corrupción. Me sorprendió escuchar en un programa de Tv, que en Dinamarca casi no se ven los casos de corrupción, que se ven en España, Italia, Francia, y los países de Latinoamérica. En algunos países la corrupción se destapa muy por encima, pero incluso hay órdenes de parte de los líderes políticos no dejar trascender mucho ello, porque se deja al descubierto la mala gestión y se desacredita el gobierno. Se prefiere tapar, y solo en épocas electorales muchas de las cosas más o menos se ventilan, por los opositores. Cuando se es funcionario público y se roba o se le mete la mano al dinero público, se dejan sectores redimidos por la población sin cubrir las necesidades y la extrema pobreza.

Prov.11:3 La integridad de los rectos los encaminará, más destruirá a los pecadores su propia perversidad.

Prov.11:5-6 /5: La justicia del íntegro endereza su camino, pero el malvado caerá por su impiedad.
6 La justicia de los rectos los librará, pero los pecadores en su codicia serán atrapados.

Prov.14:34 La justicia engrandece a la nación, pero el pecado es afrenta de los pueblos.

6.3.3 Prisa, velocidad

Necesidad de realizar las cosas con prontitud, o con urgencia. Algunas cosas que se manejan con prisa salen mal.

Acción de recorrer los espacios con gran rapidez. Variable de la física que resulta de la división del espacio recorrido entre el tiempo utilizado.

Los hombres son veloces para actuar rápidamente, cuando hay intereses económicos de por medio, sin embargo para satisfacer la justicia de Dios poco atienden.

Ecles.7:9 No te apresures en tu espíritu a enojarte, porque el enojo reposa en el seno de los necios.

- o   Despacio que voy de afán. Bolívar
- o   Lo que aprisa se construye, aprisa se destruye.
- o   No vendas la piel del oso antes de haberlo cazado.
- o   La velocidad mata.
- o   Cómplice y asesino van por el mismo camino.
- o   El tiempo es oro.

Cuento

En una feria de arte, un turista escoge un cuadro:
¡Me gusta éste! Me lo llevo.
Ha hecho una elección espléndida afirma el autor. Esa tela supone diez años de mi vida.
¡Caramba! Diez años es mucho tiempo, le debe haber supuesto un trabajo increíble. Afirma el comprador.
En efecto, necesite dos días para pintarla y el resto para véndela.

Cuento

El político y los relojes de San Pedro.
La mujer de un político influyente después de fallecer fue al cielo y se encontró con San Pedro. Viendo un montón de relojes en la pared le preguntó con curiosidad: ¿Para qué son todos estos relojes?
Pues verá usted, cada uno de ellos es una persona que vivió en la tierra y cada vuelta de las manecillas son las mentiras que pronunció en su vida. Por ejemplo: ¿Ves ese de allá?
Pues ese le perteneció a Gandhi y solo dio una vuelta, eso quiere decir que solo pronunció una sola mentira en su vida.
¿Y aquel que está allí?, ¿a quién perteneció?, preguntó la mujer del político.
Ese perteneció a un tal José Luis Palacios Ríos y nunca dio una vuelta.
¿Y por casualidad no tiene usted el de mi esposo?
Si ese reloj lo conozco, pero no está aquí en esta oficina.
Ese reloj lo tiene judas y lo usa como ventilador de su despacho.

Anécdota

Cuando tenía algunos 15 años en unas vacaciones en la finca de mi padre, accedí a realizar un servicio a un vecino, en una finca bastante lejos, lo cual me parecía atractivo pues la distancia era para llegar a caballo era más o menos de una hora y ya me habían preparado una yegua, lo cual me pareció formidable. Antes de ello la misma ya me había dado un mordisco en uno de mis brazos no recuerdo porque razón. Algunos animales conocen o perciben nuestro estado de ánimo.

Procedí a llevar el recado y de regreso un jovencito de unos 12 o 13 años regreso conmigo, a pie, pero él podía correr más rápido que yo, pues en el terreno de las colinas nos aventajaba debido a la rapidez con que él se desplazaba; la yegua percibió que estábamos de carrera, y por lo tanto ella entro en el juego, de tal manera que la competencia del chico a pie que siempre tomaba atajos y nosotros (yegua y yo) debíamos hacerlo por el camino accesible. Al cabo de un rato llegamos a una quebrada después de un trayecto donde recuperamos el terreno perdido de las colinas, y con gran velocidad recorrimos la carretera ya más llana, sin embargo de un momento a otro, la yegua freno para tomar impulso y saltar la quebrada, lo cual hizo que yo saliera disparado y callera encima de la nuca del animal, pero ella seguía galopando, pero yo iba colgado del cuello, y no sé cómo me logre sobreponer y recuperar mi posición de jinete.

Como vemos el factor sorpresa te puede venir en un momento de mucha velocidad y si no puedes operar, tu vida estará en juego. Para fortuna mía de chico era muy ágil y logre sostenerme y volverme a poner en posición correcta.

6.3.4 Prostitución

Ejercicio de profesión de vender el cuerpo; sostenimiento de relaciones sexuales a cambio de dinero, favores o privilegios.

Prov.22:14 Fosa profunda es la boca de la mujer extraña; aquel al que Jehová aborrezca caerá en ella.

Prov.29:3 Tesoro deseable y aceite hay en la casa del sabio, pero el hombre insensato todo lo disipa. Tesoro deseable y aceite hay en la casa del sabio, pero el hombre insensato todo lo disipa.

- o El hombre y la mujer peros tienen que tener.
- o Cual más, cual menos, todos por callar tenemos.
- o Honra perdida y agua vertida, nunca recobrada y nunca cogida.

Cuento

La señora llega a casa de su hija y encuentra a su yerno furioso preparando una maleta.
¿Qué pasa? Pregunta ella:
¿Qué pasa…? ¡Pues le voy a decir exactamente lo que pasa, señora! Le mande un email a Catalina, su hija, diciéndole que hoy regresaba

a casa de mi viaje de trabajo. Llegue a casa, ¿y puede imaginar lo que me encontré? A mi esposa, si ¡su hija!.... con un hombre desnudo en nuestra cama. Este es el fin del matrimonio. Yo me largo de aquí.... Para siempre...

Cálmate, hay algo que no me cuadra. Catalina nunca haría una cosa de esas. Yo la crie, y la conozco perfectamente. Espera un momento en tanto yo averiguo que fue lo que pasó. Al cabo de un rato, la señora regresa con una sonrisa muy efusiva. Te lo dije, ya ves, que tenía que haber una explicación lógica a este problema, y la hay.

¿Qué dice ella?

Ella me explico que ella no recibió el correo electrónico.

Bueno, siendo así, es una justificación y cambian las cosas.

Cuento

Juicio de dos ciudadanos mal encarados.

Inicio demanda judicial contra un señor que había sido su amante y este le había prometido una fuerte suma de dinero.

Juez: ¿Es cierto que usted le prometió a esta dama esa suma de dinero?

Acusado: No señor juez. Por otra parte, ¿cree usted que con esa cara, puede uno aspirar a tanto?

Juez: ¿Y usted que dice señora?

Acusadora: ¿Considera señor Juez, que se puede fingir amar, por menos de esa suma, a un tipo con esa cara?

Comentario

Este asunto no es de ahora; ha sido de siempre, y está ahora un poco más difundido y aceptado que nunca, pues al fin y al cabo estamos en la recta final de la competencia entre el bien y el mal, entre los soldados y ángeles de Lucifer, y los de nuestro Padre Celestial con su líder Jesucristo. Hoy por hoy los hijos e hijas de Dios se han desenfrenado en una loca carrera por romper la ley de castidad, e incluso algunas mujeres consideran una profesión lucrativa vender su cuerpo, y los hombres les siguen como la miel es seguida por las hormigas o las mismas abejas.

El problema con la prostitución es que hoy es un gran negocio, incluso para los que promueven y han extendido la red de prostitución en el mundo, la cual va combinada con drogas, trata de blancas, y más cosas. Son las mismas mujeres y los hombres que se dejan arrastrar por esta secuela, que cobra vidas con enfermedades, ruptura de familias, y además oportunidades de seguir los mandamientos y por ende caminos correctos.

La invitación de Jesucristo a estas mujeres y hombres que se dejan arrastrar por la sensualidad, es que le sigan, abandonen sus estilos de vida, que el perdón está a las puertas.

El Reino de los cielos estará siempre abierto para todos sus hijos, en tanto estén dispuestos a abandonar sus hábitos de pecado.

Mateo 26:6-13 /6 Y estando Jesús en Betania, en casa de Simón el leproso,

7 vino a él una mujer con un vaso de alabastro de perfume de gran precio, y lo derramó sobre la cabeza de él, estando sentado a la mesa.

8 Al ver esto, sus discípulos se enojaron y dijeron: ¿Para qué este desperdicio?

9 Porque este perfume hubiera podido venderse por gran precio y haberse dado a los pobres.

10 Y entendiéndolo Jesús, les dijo: ¿Por qué molestáis a esta mujer? Pues ha hecho conmigo una buena obra.

11 Porque siempre tendréis pobres con vosotros, pero a mí no siempre me tendréis.

12 Porque al derramar este perfume sobre mi cuerpo, lo ha hecho a fin de prepararme para la sepultura.

13 De cierto os digo que dondequiera que se predique este evangelio, en todo el mundo, también se contará lo que esta ha hecho, para memoria de ella.

6.3.5 Provocador

Persona que con su actitud beligerante o belicosa termina por incitar a otras personas a realizar conflictos, o iniciar peleas.

Prov.30:32-33/32 Si neciamente te has enaltecido o has pensado hacer mal, *ponte* la mano sobre la boca.
33 Ciertamente el que bate la leche sacará mantequilla, y el que recio se suena las narices se sacará sangre, y el que provoca la ira causará contienda.

- o   Dos que se buscan, fácilmente se encuentran.
- o   Necedad es contender con quien no puedes vencer.
- o   A palabras locas, razones pocas.

Cuento

¡Manolo! Grita el jefe de la sección. ¿Acaso no sabes que está prohibido beber durante el trabajo?
No se preocupe jefe, no estoy trabajando.

Cuento

En un autobús va una muchacha con un gran escote por lo cual no le quitan la mirada de encima.
¿Usted que mira?
Yo…. Nada… señorita.
¡Pues apártese y deje mirar a los demás!

Anécdota

Cuando tenía aproximadamente 23 años jugaba futbol en el equipo de la fábrica donde trabajaba. En un partido de campeonato en el que participábamos y en el cual íbamos en primera posición e invictos junto con otro que llamaba Cosmos, tuve tres conatos de pelea. Recuerdo que había en el equipo contender, dos hombres de carácter violento y provocadores. Uno de ellos al que apodaban barretón acostumbraba a escupir el rostro de los adversarios, increparlos con palabras soeces, y estrujarlos cuando podía. En verdad era bastante fastidioso tener un contrincante de ese porte, pues además de que era muy corpulento te quería meter miedo.

Todo se empeoró a causa de un jugador contrario que tramposamente incorporó un balón al campo de juego con la mano y la jugo hasta nuestro arco, pero ni nuestros defensas le atacaron, ni el portero lo estorbó, pues era una bola que debía ser jugada por el portero como saque de meta. El árbitro estaba ocupado con otros jugadores en el centro del campo quienes discutían otra jugada. Al observar el jugador contrario cantar su gol, él pensó que era lícito y accedió a validarlo. Aquello me enfadó tanto que le reclame airadamente al árbitro y me quite la camiseta dispuesto a salirme de la cancha, pero finalmente seguí, pero el árbitro no me echó. Desde ese momento me calenté y no estuve dispuesto a aceptar ninguna ofensa y procedí a devolver mal por mal en las jugadas próximas. Al recibir una ofensa del jugador barretón, me dispuse a cobrarla. En uno de los tiros de esquina que nos cobraron, me levante y di un codazo en las costillas de tal jugador que lo dejó en el suelo un rato, pero pensó y le echó la culpa a uno de mis compañeros.

En otra jugada en que me vi con el mismo contrario, él quiso disputar la bola con fuerza en contra mía, y cómo íbamos al choque el arrugo su rostro, para mostrar su dureza, pero yo no me retiré y procedí también a hacerlo con fuerza y mala intención de chocarnos a ver que quedaba, pero él se abrió y yo seguí derecho y conecte con la bola. En adelante tal jugador me evitaba. En otra jugada con el otro jugador provocador en una disputa de la bola, el colocó su brazo, para empujarme, pero yo también saque el mío con tan mala suerte que le dio en su rostro y el interpreto como señal de pelea. Se paró enfrente de mí y enfurecido me hizo la parada en señal de desafió y a mí no me quedó remedio que hacer lo mismo. Tan pronto el vio que yo le respondería de la misma forma, el desistió y continuo el juego. El árbitro ante tantos errores, suyos no sacó ninguna tarjeta solamente nos amonesto verbalmente.

El juego continuó, termino y perdimos por 1 a 0; ello nos costó el campeonato.

Al recordar tal evento, reflexiono de cómo hay personas que utilizan formas de solucionar problemas alterando el orden, para demostrar lo que no pueden hacer en condiciones normales. Para fortuna mía en las múltiples actitudes de pelea en campos deportivos resulté favorecido, pues en muchas de ellas las cosas felizmente no terminaron en golpes, y la única en que se dio, fui separado por mis compañeros ante la ventaja del contrario en contra mía, pues yo era un flaco jovencito de 16 años contra un hombre de unos 25 años.

6.3.6 Quejarse

Manifestación continua de dolor, pena o angustia. Lamentación causada por percances, heridas, problemas de salud, o muerte de seres queridos. Protestas o quejas ante superior.

Las murmuraciones son forma de quejas, solo que se expresan ante el que no corresponde en forma de protesta.

Prov.21: 9 Mejor es vivir en un rincón del terrado que con mujer rencillosa en casa espaciosa.

o   No te quejes de la nieve del vecino cuando también cubre el umbral de tu casa. Confucio.
o   A caballo regalado no se le mira el colmillo.
o   El que no llora no mama.

Cuento

¿Porque no viniste a clase, José?
Es que me picó un abejorro, profesora.
¿Dónde?
No puedo decirlo.

Entonces siéntate.

Tampoco puedo, profesora.

Cuento

Un padre lee las notas de su hijo.

Algebra 0, Gramática 0, Ingles 0, Comportamiento 0,...... ¿todo 0? ...
a.... no... aquí hay un 10,... ¿de qué?

Si papa. Son las faltas ausencias injustificadas.

<u>Comentario</u>

La venida del Salvador es inminente, y está muy, pero muy próxima,
el problema de nosotros es si estaremos dignos, pues de lo contrario
estaremos quejándonos de habernos arrepentido tarde o quizás estemos
bien, para ser colocados a la derecha:

Parábola de las ovejas y los cabritos:

Mateo 25:31-46 / 31 Y cuando el Hijo del Hombre venga en su gloria
y todos los santos ángeles con él, entonces se sentará sobre el trono de
su gloria

32 Y serán reunidas delante de él todas las naciones; entonces apartará
los unos de los otros, como aparta el pastor las ovejas de los cabritos.

33 Y pondrá las ovejas a su derecha, y los cabritos a la izquierda.

34 Entonces el Rey dirá a los que estén a su derecha: Venid, benditos de
mi Padre, heredad el reino preparado para vosotros desde la fundación
del mundo.

35 Porque tuve hambre, y me disteis de comer; tuve sed, y me disteis de
beber; fui forastero, y me recogisteis;

36 estuve desnudo, y me cubristeis; enfermo, y me visitasteis; estuve en
la cárcel, y vinisteis a mí.

37 Entonces los justos le responderán, diciendo: Señor, ¿cuándo te vimos
hambriento y te sustentamos?, ¿o sediento y te dimos de beber

38 ¿Y cuándo te vimos forastero y te recogimos?, ¿o desnudo y te
cubrimos?

39 ¿O cuándo te vimos enfermo o en la cárcel, y fuimos a verte?

40 Y respondiendo el Rey, les dirá: De cierto os digo *que* en cuanto lo hicisteis a uno de éstos, mis hermanos más pequeños, a mí lo hicisteis.

41 Entonces dirá también a los que estén a la izquierda: Apartaos de mí, malditos, al fuego eterno preparado para el diablo y sus ángeles.

42 Porque tuve hambre, y no me disteis de comer; tuve sed, y no me disteis de beber;

43 fui forastero, y no me recogisteis; estuve desnudo, y no me cubristeis; enfermo y en la cárcel, y no me visitasteis.

44 Entonces también ellos le responderán, diciendo: Señor, ¿cuándo te vimos hambriento, o sediento, o forastero, o desnudo, o enfermo o en la cárcel, y no te servimos?

45 Entonces les responderá, diciendo: De cierto os digo *que* en cuanto no lo hicisteis a uno de estos más pequeños, tampoco a mí lo hicisteis.

46 E irán éstos al tormento eterno, y los justos a la vida eterna.

6.4.1 Rebelión

Sublevación contra la autoridad o gobierno para desestabilizarlo. Delito contra el orden público o levantamiento contra el gobierno legal.

Ecles.7:29 He aquí, solamente esto he hallado: que Dios hizo recto al hombre, pero *los hombres* buscaron muchas artimañas.

o   Iba por lana y salió trasquilado
o   En nosotros siguen viviendo todos aquellos que se han marchado. Luigi Pindarello.
o   Todos los hombres que no tienen nada importante que decir hablan a gritos. Jardiel Poncela.

Cuento

He venido para pedirle a su hija en matrimonio.
Como no, hijo mío, con mucho gusto.

Muchas gracias. Ahora desearía pedirle prestados cincuenta mil euros, mañana mismo se los devuelvo.

¿Usted está loco o qué?

¡Si no le conozco!

Cuento

Un loco llega al manicomio atado con la camisa de fuerza. Lo meten en una celda con otro loco, que enseguida le pregunta:

¿Cómo te llamas?

Lo he olvidado.

Entonces somos tocayos.

Comentario

Los problemas de rebeliones están a las puertas siempre y el rey David lo vivió en carne propia de parte de uno de sus hijos, lo cual quizás por haber sido mal ejemplo para Israel con el caso de Betsabé. Siempre habrá alguien que desea contravenir y rebelarse contra la autoridad, que piensa que es más justo o apropiado hacer las cosas a la manera de él. También lo vivió el Padre de los Espíritus con Lucifer.

2 de Samuel 15:1-15/1 Aconteció después de esto que Absalón se hizo de un carro, y caballos y cincuenta hombres que corriesen delante de él.

2 Y se levantaba Absalón de mañana y se ponía a un lado del camino que va a la puerta; y a cualquiera que tenía pleito y venía ante el rey a juicio, Absalón le llamaba y le decía: ¿De qué ciudad eres? Y él respondía: Tu siervo es de una de las tribus de Israel.

3 Entonces Absalón le decía: Mira, tus palabras son buenas y justas, pero no tienes quien te oiga de parte del rey.

4 Y decía Absalón: ¡Quién me pusiera por juez en esta tierra, para que viniesen a mí todos los que tienen pleito o asunto, y yo les haría justicia!

5 Y acontecía que cuando alguno se acercaba para inclinarse ante él, él extendía su mano, y lo abrazaba y lo besaba.

6 Y de esta manera hacía con todos los de Israel que venían al rey a juicio, y así les robaba Absalón el corazón a los de Israel.

Al poco tiempo deseo usurpar el poder, pero le salió mal y buscó la muerte innecesariamente a manos de uno de los líderes del ejercito fiel a David, aunque esto lo desaprobó el Rey.

6.4.2 Recados

Los recados son mensajes enviados a otra persona para dar a conocer su posición, su actuar o respuesta a uno semejante. Pueden ser positivos o negativos en cuanto a un tema específico o asunto conocido por el receptor y emisor.

Son mensajes informativos enviados a alguien, como respuesta a una táctica, ofensa, o asunto donde indica la posición y ánimo de continuar en actitud de tregua, pelea, o poner en conocimiento su opinión.

Prov.17: 11. El malo no busca sino la rebelión, y mensajero cruel será enviado contra él.

Prov.26:6 Como el que se corta los pies y bebe violencia, así es el que envía recado por medio de un necio.

   o   Al que te vaya con cuentos, cuéntale tú también un ciento.
   o   Hasta el aire quiere correspondencia.
   o   Tú qué sabes y yo que sé, cállate tú, que yo callaré.

Cuento

El padre de Jaimito se queda alucinado al ver las notas. Y comenta:
En mis tiempos, las malas notas se castigaban con una buena zurra.
A lo que Jaimito contesta entusiasmado:
¡Estupendo Papá! ¿Qué te parece si cogemos al profesor mañana después de clase?

Cuento

Un médico le pregunta a otro:
¿A qué se debe que tengas esa fama tan exagerada? Te conozco desde
hace mucho tiempo y sé que no eres una lumbrera.
Muy sencillo. A mis pacientes les digo que están gravísimos. Si se
mueren, es que acerté. Y si se salvan, creen que hago un milagro.

Comentario

Antiguamente se usaban mensajes o emisarios para dar a conocer a sus
otros capitanes las posiciones de sus enemigos, o también se les llamaba
epístola, cuando esta era más directa y clara.

Podemos asimilar estos mensajes de carácter urgente generalmente,
como los llamados que nos hace nuestro Padre Celestial, a fin de
llamarnos la atención sobre nuestro comportamiento, nuestra forma de
actuar equivocada muchas veces y por supuesto también de recomponer
nuestras decisiones, incluso para confirmarnos su voluntad. También
son mensajes, misivas, o informes, que revelan, indican instrucciones o
realizan misiones específicas:

Malaquías 3: 1 He aquí, yo envío a mi mensajero, y él preparará el
camino delante de mí; y vendrá súbitamente a su templo el Señor a
quien vosotros buscáis, el mensajero del convenio en quien vosotros os
complacéis. He aquí, viene, ha dicho Jehová de los ejércitos.
2 ¿Y quién podrá soportar el día de su venida?, o, ¿quién podrá estar
cuando él se manifieste? Porque él es como fuego purificador y como
jabón de lavadores.
3 Y se sentará para refinar y purificar la plata, porque purificará a los
hijos de Leví; los refinará como a oro y como a plata, y ofrecerán a
Jehová ofrenda en justicia.
4 Y será grata a Jehová la ofrenda de Judá y de Jerusalén, como en los
días pasados y como en los años antiguos.

5 Y me acercaré a vosotros para juicio; y seré testigo veloz contra los hechiceros, y contra los adúlteros, y contra los que juran falsamente y contra los que oprimen al jornalero en su salario, a la viuda y al huérfano, y contra los que apartan al extranjero de su derecho y sin tener temor de mí, dice Jehová de los ejércitos

6 Porque yo soy Jehová y no cambio; por esto vosotros, hijos de Jacob, no habéis sido consumidos.

7 Desde los días de vuestros padres os habéis apartado de mis estatutos, y no los habéis guardado. Volveos a mí, y yo me volveré a vosotros, ha dicho Jehová de los ejércitos. Pero dijisteis: ¿En qué hemos de volvernos? Que mensajeros han venido en los primeros tiempos:

Antes de Jesucristo todos los profetas desde Adán hasta Malaquías en la tierra de Israel.

En el tiempo de Jesucristo: Juan el Bautista, Moisés, Elías el profeta y otros ángeles.

En las Américas:Éter, Abinadi, Samuel el Lamanita.

Después de Jesucristo, en los tiempos de la restauración de todas las cosas:

Moroni, Juan el Bautista, Pedro, Santiago Y Juan, Elías, Moisés, Elías el Profeta.

6.4.3 Represión

Manifestación severa de desaprobación hacia alguien por realización de acciones imprudentes o no autorizadas. Corrección forzosa para quien ha errado en sus deberes.

Prov.29:1 El hombre que, al ser reprendido, endurece la cerviz, de repente será quebrantado, y no habrá remedio para él. Prov.24:25-26 /25 Pero a los que le reprendan será agradable, y sobre ellos vendrá una gran bendición.

7 Besados serán los labios del que responde palabras correctas.

Prov.27: 5-6 /5 Mejor es la represión manifiesta que el amor encubierto.

6 Fieles son las heridas del que ama, pero engañosos los besos del que aborrece.

o   Con quien suele hacer traición, astucia y mala intención.
o   Si haces mal. Espera otro tal.
o   Quien siembra vientos recoge tempestades.

Cuento

Querido el niño se ha tragado una moneda.
No te preocupes, amor mío. El domingo se la descontamos de los gastos de la semana.

Cuento

Una señora bastante bonita acude al médico. Entra en la oficina y empieza a desvestirse.
Doctor: quiero que me examine y me diga que tengo.
Está bien señora, Contesta. En primer lugar quiero decirle que usted sería mucho más bella si no usara ese colorete rojo y chillón, En segundo lugar le recomiendo que baje unos cinco kilos para que la silueta sea un poco más ligera y en tercer lugar le aconsejo que use lentes porque el médico está en el piso de arriba ….Yo soy arquitecto.

Comentario

Cuando los mensajes enviados o los llamados de atención son más directos, buscan prevenirnos de problemas peores, y buscan justamente invitarnos a que cambiemos de rumbo, a fin de evitarnos problemas. Son últimas oportunidades que se nos dan, o también pueden ser reconvenciones por algo mal hecho y que merece un castigo.

Hechos9:1-9/1 Y Saulo, respirando aún amenazas y muerte contra los discípulos del Señor, fue al sumo sacerdote

2 y le pidió cartas para las sinagogas de Damasco, a fin de que si hallaba algunos hombres o mujeres de este Camino, los trajese presos a Jerusalén.

3 Pero yendo por el camino, aconteció que, al llegar cerca de Damasco, súbitamente le rodeó un resplandor de luz del cielo;

4 y cayendo en tierra, oyó una voz que le decía: Saulo, Saulo, ¿por qué me persigues?

5 Y él dijo: ¿Quién eres, Señor? Y el Señor dijo: Yo soy Jesús, a quien tú persigues; dura cosa te es dar coces contra el aguijón.

6 Él, temblando y temeroso, dijo: Señor, ¿qué quieres que yo haga? Y el Señor le dijo: Levántate y entra en la ciudad, y allí se te dirá lo que debes hacer.

7 Y los hombres que iban con Saulo se detuvieron atónitos, oyendo a la verdad la voz, pero sin ver a nadie.

8 Entonces Saulo se levantó del suelo y, abriendo los ojos, no veía a nadie; así que, llevándole de la mano, le trajeron a Damasco,

9 donde estuvo tres días sin ver, y no comió ni bebió.

Después de la represión Saulo se convirtió en el mejor misionero de Jesucristo.

6.4.4 Responder

Es el efecto causado por una ofensa, a una pregunta. Cuando esta es contraria a la ofensa, el efecto es positivo, pero si ella es de igual o con tono superior, se enciende un fuego o reyerta o quizás sea motivo de desaprobación, con sus consecuencias.

Prov.15.1 La blanda respuesta quita la ira, más la palabra áspera hace subir el furor.

Prov.26: 4 Nunca respondas al necio de acuerdo con su necedad, para que no seas tú también como él.

Prov.26:5 Responde al necio según su necedad, para que no se estime sabio en su propia opinión.

o   Del mundo lo aprendí: hoy por mí mañana por ti.
o   Quien bien hace, bien merece.
o   Ama y te amaran; odia y te odiaran.

Cuento

Dos estudiantes amigos se encuentran:
¿Qué te ocurre que tiene esa cara tan fúnebre?
Nada, que escribí a mi padre pidiéndole dinero para comprar los libros….
¿Y se negó?
Peor aún, me mando los libros.

Cuento

El borracho Eustaquio está mirando al cielo con un amigo, y los dos discuten:

- Eso redondo es el Sol.
- Que no, que es la Luna, que ha salido antes. -¡¡Que es el Sol!!
- Pues mira, buscaremos a alguien que nos ayude.
- En eso que llega otro borracho y le preguntan:
- Perdone, señor, mi amigo yo tenemos una duda; quizá usted pueda ayudarnos. ¿Eso del cielo es el Sol o es la Luna?

Y el otro contesta: No lo sé, es que no soy de este barrio.

Comentario

Todos los hijos de Dios, seremos responsables y tendremos que responder por cada uno de nuestros actos, pero por aquellos en los cuales especialmente no hallamos resuelto apropiadamente aquí, es decir hecho restitución o quizás no hayamos hecho lo posible por resolverlo. Mejor dicho los cabos sueltos dejados nos fastidiaran aquel día. Ojala pueda yo resolver cada asunto antes de viajar al más allá, pues me preocupa, y busco las oportunidades para que a los ofendidos, a los decepcionados, a los que haya ultrajado, o quizás haya quitado y no me haya enterado; deseo dejar resuelta cada cosa, pues ellos quizás condenen la Iglesia del Salvador por mi causa, y no me he enterado.

Hebreos 4:13-15 /13 Y no hay cosa creada que no sea manifiesta en su presencia; antes bien, todas las cosas están desnudas y abiertas a los ojos de aquel a quien tenemos que dar cuenta.

14 Por tanto, teniendo un gran sumo sacerdote, que ha entrado en los cielos, Jesús el Hijo de Dios, retengamos la fe que profesamos.

15 Porque no tenemos un sumo sacerdote que no pueda compadecerse de nuestras flaquezas, sino uno que fue tentado en todo según nuestra semejanza, pero sin pecado.

6.4.5 Ruin

Que poco considera el bien, y suele actuar con necedad.

Prov.29:11 El necio da rienda suelta a todo su espíritu, pero el sabio, al fin conteniéndose, lo apacigua.

- o   De principio ruin, nunca buen fin.
- o   Ruin señor, cría, ruin servidor.
- o   Aunque te veas en alto, no te empines, porque es condición de ruines.

Cuento

En el manicomio, un loco con una linterna encendida dirige el haz de luz hacia el techo y le dice a otro:
¿Eres capaz de subirte por el haz de luz?
¿Te crees que estoy loco? Si apagas la luz, me caigo.

Comentario

El hombre ruin tiene la tendencia a procurar manipular, buscar estorbar a los demás para ganar ventaja, y además pendiente de desprestigiar a cualquiera que considere su objetivo para lucrarse. Siempre estará planeando algo para sacar provecho de un descuido, oportunidad, o inclusive con lisonjeras palabras la creara. Menos mal que en el medio que me desenvuelvo muchos de mis amigos casi siempre han superado tales etapas y están en busca de ser mejores, pero suelo ver algunos personajes de la vida pública que justifican algunos hechos, poniendo palos a las ruedas de los objetivos de los demás.

Prov. 28:18-28 / 18 El que en integridad camina será salvo, pero el de perversos caminos caerá en alguno de ellos.
19 El que labra su tierra se saciará de pan, pero el que sigue a los ociosos se llenará de pobreza.
20 El hombre fiel tendrá muchas bendiciones, pero el que se apresura a enriquecerse no quedará sin culpa.
21 Hacer acepción de personas no es bueno; hasta por un bocado de pan transgredirá el hombre.
22 Se apresura a ser rico el hombre maligno de ojo, y no sabe que le ha de venir la pobreza.
23 El que reprende al hombre hallará después mayor gracia que el que lisonjea con la lengua.

6.4.6 Sandeces, uso inadecuado de palabras

Actos o manifestaciones torpes o inadecuadas, o fuera de lugar. Que las expresiones no corresponden a lo esperado.

Son expresiones desagradables, para expresar enfado, desaprobación o protesta. Muchas de ellas pueden ser ofensivas a la Deidad, lo cual es más que violar el segundo mandamiento de Dios tal como: utilizar en vano su santo nombre. Es común entre los Españoles el uso de términos que a la larga pueden romper una relación con Dios, de tal suerte que tras de ellas pueden sobrevenir problemas.

Prov.15: 2 La lengua del sabio emplea bien el conocimiento, más la boca de los necios profiere sandeces.

Ecles.5:5-7 Mejor es que no prometas, y no que prometas y no cumplas. 6 No dejes que tu boca te haga pecar, ni digas delante del ángel que fue un error. ¿Por qué *harás que* Dios se enoje a causa de tu voz y destruya la obra de tus manos?
7 Donde abundan los sueños y las muchas palabras, también abundan las vanidades; pero tú, teme a Dios.

- o   No toda pregunta requiere respuesta.
- o   La lengua no dice más de lo que siente el corazón.
- o   Dos orejas y sola boca tenemos, para que oigamos más de lo que hablamos.
- o   Ejemplo; Me cago en......la leche,...etc...
- o   Debido a que Dios conoce nuestros pensamientos, no podremos escapar a la ira de Dios; cuanto más será por las palabras mal dichas, pues los escuchas serán nuestros testigos.

Cuento

¿Sabía usted que Londres es la ciudad del mundo con más niebla?
¡Qué va! Yo pase por una ciudad con más niebla que Londres.
¡Ah sí! ¿Y qué ciudad era?
Pues no lo sé, porque había tanta niebla que ni siquiera se podía ver la ciudad.

Cuento

¿Qué le dijo una silla a la mesa?
Pues, no se....
Nada, porque no se hablan.... Ni saben hacerlo, pedazo de inocente......
Ji, ji,...ha,...

Comentario

Ocasionalmente solía expresar algunos chistes que eran mal interpretados por otros y que no eran aceptados por estar fuera de lugar, por lo que me arrepiento, y pido disculpas, por ser tan inoportuno. Las expresiones que no van al caso, pero que buscaban el humor me generaron confusión, pues lo hacía no para desagradar a nadie, sino por la naturaleza o tendencia jocosa que tenía, sin embargo para muchos ello no era aceptable y más bien intolerante.

Aunque lo que percibí en el fondo es que ya desde tiempo atrás no les era aceptable por otros motivos causados por otras personas, pero que eran allegados a mí, y por lo tanto también me veían ofensivo.

Confieso que ese no era el mayor mal mío, pues descubrí que tengo defectos mayores, y mantengo una lucha para evitar caerme más en ellos, pero no me ha sido fácil, ojalá algún día, pueda estar en condiciones de subyugar todos estos malos procederes y así ser aceptado por los que nunca me aceptaron y pueda yo recibir la mano amistosa de todos los hijos de Dios, y pueda abrirme lugar en su Reino.

Cada problema lo tengo detectado, y seguramente habrá más los cuales a través de la vida necesito con urgencia conocerlos, pues así podré evitar caerme en ellos.

Mateo 5:48 Sed, pues, vosotros perfectos, así como vuestro Padre que está en los cielos es perfecto.

6.5.1 Sanguinario

Persona violenta que utiliza la crueldad y disfruta el derramar sangre. Las personas que disfrutan de espectáculos públicos donde se maltrata a animales, como el toreo, riñas de gallos, cacería, peleas de perros, etc., son muestras de los gustos de ver como se hace mal a otros. Ningún sanguinario estaría dispuesto a hacer el papel del toro o animal maltratado, pues conocen de la forma previa a que se someten a los animales a desgaste con sustancias y varias prácticas que les disminuyen la capacidad de reacción.

Prov.24:1-2/1 No tengas envidia de los hombres malosni desees estar con ellos,
2 porque su corazón maquina violencia, y sus labios hablan de hacer mal.

- o No hagas con nadie lo que no quieres que hagan contigo. Confucio
- o Que los críticos te alaben es como si el verdugo te dijera que tienes un cuello bonito. Eli Wallach.
- o Yo pensé que los hombres así se pegaban un tiro. Jorge V.

Cuento

El murciélago había quedado con sus tres hijos, para ver quien conseguía sangre más rápidamente.
El hijo mayor se echa a volar y vuelve en 60 segundos.
¿Dónde has conseguido esa sangre?
¿Ves aquel buey?
Sí.
Es de él.
El segundo hijo sale volando y vuelve en 40 segundos.
¿Dónde has conseguido esta sangre?
¿Ves aquella mujer?
Sí.
Es de ella.
El hijo más joven sale volando y vuelve en 15 segundos.
¿Dónde has conseguido esta sangre?
¿Ves aquella pared?
Sí.
Pues yo no la vi.

Cuento

Un preparador de atletas estaba examinando los tiempos de los escogidos, para recomendarlos a los juegos nacionales:

Llegó la prueba de los 100 metros planos y había uno que venía en sus registros con un tiempo de 10.4 segundos.

Y todos hablaban de la revelación, el hombre que destronaría al más veloz del mundo.

Listos ya: En la serie corrieron 5 todos hicieron tiempos de: 10.9, 10.95, 10.7 y 10.8, excepto aquel hombre que se decía venir con registros de 10.4, pero que se demoró 17 segundos en llegar a la meta.

Extrañado el preparador de atletas le indagó:

¿Te sientes bien?

Claro que sí.

¿Qué te ha pasado que corriste tan despacio, no eres una estrella del atletismo?

Pero si yo no soy atleta. A mí me trajo un hombre y me dijo Ud. Vas a ser un campeón. Yo estaba en el manicomio examinando a los internos y pregunte a uno de ellos: De uno a diez:¿qué tan loco se considera? y él contestó 10.4, yo me aterrorice y emprendí a correr, y aquel hombre se empecino a decirme que yo ganaría todas las carreras de 100 metros planos. Todos los que me preguntan último registro yo les digo 10.4.

Comentario

Todos podemos tener un poco de este problema escondido dentro de nosotros y los que no lo tengan, pues felicitaciones, pero si invito a todos los que padezcamos a refrenar tales comportamientos, pues se sin ninguna duda de que no vienen de Dios, sino del hombre natural y tendencia humana a obedecer al Padre de las mentiras, es decir a aquel que sutilmente nos hace sentir gozo en el mal ajeno.

Al observar los espectáculos de los delfines, y las focas, se vislumbra la gran disciplina, coordinación de ellos para confiar en sus cuidadores, o maestros. Son estos animales seres inferiores de la creación, efectivamente, que lo son, sin embargo, algunos de ellos muestran actitudes más nobles, más propensas a hacer el bien, y nos enseñan cómo actuar.

Somos civilizados, por supuesto que sí, pero en verdad ¿disfrutar del derramamiento de sangre es lo correcto?

Es algo para meditar, observar, podrá ser una tradición, pero si hay algo que se deba cambiar, modificar, sería más noble, pues tú podrás disfrutar igual sin que nadie sufra, especialmente aquellos a quienes les debemos mucho.

Dice un adagio popular "El que a cuchillo mata, a cuchillo, muere", ojala esa lección de la vida no tengamos que vivirla en carne propia.

Se puede hacer de la fiesta brava algo, o la tauromaquia, algo agradable, sin necesidad de herir, maltratar los animales o dar muerte en público, como es la tradición, pero se puede ajustar, y seguramente todos quedarán contentos, incluso los animales. Me gusta mucho el espectáculo de los recortes hasta donde no se maltrata a los toros, pero una vez se piensa en el maltrato previo y durante a las corridas, me parece bastante salido de tono. Sé que daremos cuenta de ello a Dios.

6.5.2 Secretos

Son informaciones que se pretende no deben ser reveladas a todos.

Prov.23:9 No hables a oídos del necio, porque menospreciará la prudencia de tus palabras.

- o Secreticos en reunión, es mala educación.
- o Tu secreto, ni al más discreto.
- o El vino y el secreto son inconciliables: cuando el vino entra, el secreto sale.

Cuento

¿Sabes que es peor que encontrar un gusano en la manzana?
Encontrar medio gusano, si, si, si, probablemente estarás masticando la otra mitad.

Cuento

¿Cuál es la fruta que más se ríe?
La Naranja ja... ja...ja... ja…

Comentario

Los secretos siempre serán revelados tarde o temprano. Si, Dios todo lo tiene calculado, observado, dispuesto a su vista, nada hay en secreto, y por lo tanto lo que hagamos ha de ser lo correcto, pues aunque nadie nos mire, el sí lo ve y según ello recibiremos la porción de calificación:

Ecles.3:1-9/ 1 Todo tiene su tiempo, y todo lo que se quiere debajo del cielo tiene su hora:
2 Tiempo de nacer y tiempo de morir; tiempo de plantar y tiempo de arrancar lo plantado;
3 tiempo de matar y tiempo de curar; tiempo de destruir y tiempo de edificar;
4 tiempo de llorar y tiempo de reír; tiempo de lamentar y tiempo de bailar;
5 tiempo de esparcir piedras y tiempo de juntarlas; tiempo de abrazar y tiempo de abstenerse de abrazar;
6 tiempo de buscar y tiempo de perder; tiempo de guardar y tiempo de desechar;
7 tiempo de rasgar y tiempo de coser; tiempo de callar y tiempo de hablar;
8 tiempo de amar y tiempo de aborrecer; tiempo de guerra y tiempo de paz.

6.5.3 Soberbia

Orgullo o sentimiento de superioridad que manifestamos algunos ante opiniones contrarias a las nuestras. No mantener la calma ante las respuestas, da sentido diferente a nuestra opinión.

Prov.11:2 Cuando viene la soberbia, viene también la deshonra, pero con los humildes está la sabiduría.

Prov.14:3 En la boca del necio está la vara de la soberbia, pero los labios de los sabios los protegerán.

Prov.29:23 La soberbia del hombre le abate, pero el humilde de espíritu recibirá honor.

o Si quieres saber el valor del dinero, ve e intenta que te presten un poco. Benjamín Franklin
o Debo mucho; no tenga nada; el resto se lo dejo a los pobres. François Rabelais.
o Siempre llego tarde a la oficina, pero lo compenso saliendo pronto.

Cuento

Un político y el ladrón
Un político estaba siendo atracado en la calle y el ladrón le dice: Este es un atraco, ¡Deme todo su dinero!
Óigame le responde el político ¿Usted no sabe con quién se está metiendo? Soy el ministro de economía, el que lleva las cuentas, el que decide sobre el salario mínimo.
¡Ah en ese caso! ¡Devuélvame todo lo que le ha quitado a mi familia!

Cuento

Mi papá está muy contento
¿Por qué?
Apostó a que no pasaba el año y ganó.

Comentario

Nos acompañan a cada conflicto: la soberbia, la mala actitud ante los enfrentamientos a otros, pues sus primos el orgullo, la vanidad, el odio, siempre están dispuestos a sacar la cara por nosotros y solidarizarse, pues consideran que es lo justo. No consideran mal invitar al sarcasmo, fanfarrón, sanguinario, y por supuesto burlesco. De hecho, ellos nos apoyaran con facilidad, solo necesitan que les hagamos una señal. Con todos ellos nos basta para enfrentar a cualquiera que nosotros decidamos. Seguro que entre los 10 somos capaces de ganar a cualquier: tonto, humilde, pobretón, callado, respetuoso, y sus débiles hermanos: circunspecto, cuerdo, correcto, y pacífico.

Nosotros les pasaremos por encima, pues traeremos a terrorismo, traidor, intransigente, villanos, y perturbador, y de seguro no quedará uno, pues anqué dicen que son valientes nuestros contrincantes, nosotros tenemos nuestra mayor arma secreta: cobardía, pues por detrás atacaremos y daremos la sorpresa. Ha, ha, ha,… veremos a ver cuántos quedan de ellos.

En el anterior conflicto podemos escoger cuales serán nuestros amigos, pues los hay en todos lados, a donde quiera que vayamos. ¿A qué grupo queremos pertenecer?, o ¿cuál de ellos pertenezco actualmente?

Mateo 5:1-11/ 1 Y al ver las multitudes, subió al monte y se sentó. Y vinieron a él sus discípulos.

2 Y abriendo su boca, les enseñaba, diciendo:

3 Bienaventurados los pobres en espíritu, porque de ellos es el reino de los cielos.

4 Bienaventurados los que lloran, porque ellos recibirán consolación.

5 Bienaventurados los mansos, porque ellos recibirán la tierra como heredad.

6 Bienaventurados los que tienen hambre y sed de justicia, porque ellos serán saciados.

7 Bienaventurados los misericordiosos, porque ellos alcanzarán misericordia.

8 Bienaventurados los de limpio corazón, porque ellos verán a Dios.

9 Bienaventurados los pacificadores, porque ellos serán llamados hijos de Dios.

10Bienaventurados los que padecen persecución por causa de la justicia, porque de ellos es el reino de los cielos.

11 Bienaventurados sois cuando por mi causa os vituperen y os persigan, y digan toda clase de mal contra vosotros, mintiendo.

6.5.4 Sobornador

Corresponde a quien procura obtener: permisos, legalizaciones, etc., por medio de dadivas, dinero, o favores corrompiendo la ley, doctrinas, principios, o autoridad.

Prov.17:23 El malvado toma soborno de su seno para pervertir las sendas de la justicia.

Prov.19:6 Muchos imploran el favor del príncipe, y todos son amigos del hombre que da regalos

Prov.29:4 El rey que actúa con justicia afirma el país, pero el hombre que acepta sobornos lo destruye.

Ecles.7:7 Ciertamente la opresión hace enloquecer al sabio, y el soborno corrompe el corazón.

Prov.21:14 El regalo en secreto calma el furor; y el soborno en el seno, la fuerte ira.

Prov18:16 Los regalos del hombre le abren el caminoy le llevan delante de los grandes.

- o Quien dinero tiene, la sentencia tuerce.
- o Algunos creen que cuando en el camino hay barro, untar el carro.
- o Algunos creen: No hay cerradura, por fuerte que sea, que una ganzúa de oro abrir no pueda.

Cuento

El político y el loro.
Este era un día en el que el presidente de la nación paseaba por la calle,
cuando escucha una voz que dice:
¡Que se muera el presidente!
Este mira desconcertado para todos los lados y cuando ve un loro en
la ventana de una casa, percibe que fue él. Decide llamar a la puerta.
Al abrir la puerta de la vivienda la señora de la casa saluda y dice pase
usted señor presidente. El presidente disgustado le dice a la señora que
se volverá a pasar al día siguiente y que él no deberá decir lo que dijo.
La señora quedó petrificada y nerviosa y después de meditar toda la
mañana y tarde, fue a casa del cura y esté le escucho detenidamente,
después de meditar le propuso cambio de loro por el de ella.
Al día siguiente pasa de nuevo el presidente por delante de la ventana,
muy pausado y a la expectativa, con sus oídos muy, pero muy, despiertos,
y observa que el loro no le dice nada. Entonces le pregunta al loro:
¿Qué, no vas a decir nada?, ¿no vas a decir? ¡Que se muera el presidente eh!?
El loro muy pausadamente le dice:
¡Hijo mío, que se cumplan todos tus deseos!

Comentario

Es curioso que todos los desfalcos, robos continuados, apropiación
indebida de fondos, etc., resulten dados a conocer en tiempos de
elecciones. Tan culpables son unos como los otros. Los unos por robar,
y los otros por callar y esperar para con esa información desacreditar, en
vez de haber sido transparentes y haber denunciado a tiempo.

Pareciera que hubiere una desaforada carrera, para publicar todo tipo de
delito de funcionarios públicos en esta temporada. Intereses mezquinos
de unos y otros hay allí.

El cuento es que ahora están en su baile, pero esta música solo tiene
como todos los discos o canciones un fin. Evaluación.

Mateo 5:19-20/19 De manera que cualquiera que quebrante uno de estos mandamientos muy pequeños, y así enseñe a los hombres, **muy pequeño** será llamado en el reino de los cielos. Pero cualquiera que los cumpla y los enseñe, este será llamado **grande** en el reino de los cielos. 20 Porque os digo que si vuestra justicia no excede a la de los escribas y a la de los fariseos, no entraréis en el reino de los cielos.

6.5.5 Superioridad

Son complejos manifestados para resaltar: dones, capacidad, o incluso ausencia de ellas.

Ecles.5:8 Si ves en la provincia opresión de pobres y perversión de juicio y de justicia, no te maravilles de ello, porque sobre uno alto vigila otro más alto, y otros más altos sobre ellos.

Parábola del fariseo y el publicano:

Lucas 18:9-14 /9 Y a unos que confiaban en sí mismos como justos, y menospreciaban a los otros, dijo también esta parábola:
10 Dos hombres subieron al templo a orar; uno era fariseo y el otro, publicano.
11 El fariseo, de pie, oraba para sí de esta manera: Dios, te doy gracias porque no soy como los otros hombres: ladrones, injustos, adúlteros, ni aun como este publicano;
12 ayuno dos veces a la semana, doy diezmos de todo lo que gano.
13 Pero el publicano, estando lejos, no quería ni aun alzar los ojos al cielo, sino que se golpeaba el pecho, diciendo: Dios, ten compasión de mí, pecador
14 Os digo que éste descendió a su casa justificado antes que el otro, porque cualquiera que se ensalza será humillado, y el que se humilla será ensalzado.

- o En tierra de ciegos el tuerto es rey.
- o Hace mal quien lo secundario hace principal.
- o La abundancia da arrogancia.

Cuento

Un hombre hablando: -Soy feliz por ser taxista, me encanta mi trabajo, ser mi propio jefe es lo mejor ya que nadie me dice lo que tengo que hacer... –Sí, sí, .si, .y dice el GPS: gire a la derecha en la siguiente salida.

Cuento

Viaja un paisa, que se veía muy sobrado, muy listo e inteligente, a la ciudad de pasto, y se hace de un amigo de un campesino, muy humilde, buena gente como todos los habitantes de allá. Después de unas copas deciden montar un negocio. Después de meditar;
El paisa expresa: ya se, compremos una vaca, la ordeñamos y hacemos dinero fácilmente.
El pastuso, acepta contento, ...pero pongamos las condiciones, pues entre más amistad, más claridad:
El paisa dice: la mitad de la vaca para cada uno, a lo cual el pastuso acepta, sin rechistar.
El paisa indica nuevamente: tú te quedas con la parte delantera, la más bonita, la mejor, donde va la cabeza, y yo me quedo con la otra mitad, la parte trasera, incluso, la más fea.
Vale contesta el pastuso, acepto.
El primer día el pastuso, se preocupaba por el animal, compro un bulto de forraje o pienso, miel, y además le trajo buena cantidad de pastos, de corte. Así transcurrieron las tres primeras semanas, y el bulto ya se había acabado, y compro nuevamente más, y pasado el primer mes el pastuso esperaba las cuentas de las ventas de leche, y se dirigió, a su socio, el paisa. Pero éste no le decía nada, a lo cual le pregunto sobre los rendimientos de la venta de la leche, sin embargo el paisa, le expreso:
Hicimos un trato noble, equitativo, tu eres responsable y dueño de la parte de adelante, la cabeza, los ojos, la boca, los cachos, hasta la mitad del estómago, de la esa mitad en adelante la cola, la caca, la ubre son mías. No he roto el pacto.
Contesta el pastuso, si pero yo soy el que alimento a la vaca, me he gastado en su comida, mucho dinero, y tú te quedas con la leche.

Ese es el trato que hicimos, ese es tu problema.

El pastuso entristecido, regreso a casa, pues no sabía cómo remediar el problema, y al cabo de un rato, encontró la solución.

Fue al mercado y vendió la vaca, pero no le dijo nada a su socio.

Al cabo de dos días el paisa apareció a preguntarle por la vaca, y el pausadamente, le indicó: bueno, pues, yo vendí mi parte, y ya me gaste mi dinero.

El paisa se alarmó ¿pero también mi parte?, yo no sé, yo tomé la parte mía, donde van los cachos, de allí le agarre, y así la entregue. Parece que la parte suya se vino atrás, pero no obedece.

Comentario

Sensaciones de grandeza pueden darnos a todos. Ellos a causa de los éxitos, prosperidad, facilidad para realizar algunas cosas, o comodidades que nos ofrecen ciertos productos como el coche, el pilotear aviones, etc. Todo ello de a poco nos va subiendo el ego, y entonces comenzamos a mirar por encima de los hombros a otros, y viene rápidamente el problema consecuente de alzar el tono de la voz, ser indiscreto con respuestas, o preguntas, y reaccionar ásperamente ante cualquier pregunta que nos incomode. Pero la falta de humildad aleja la influencia de Dios y quedamos a merced de los espíritus malos, los cuales nunca provienen de Dios, pues el no hace pactos ni envía a estos a nadie, sino que vienen a nosotros por causa de nuestros ambientes malsanos, o nuestras equivocaciones:

1 Samuel 16:14-23/14 Y el espíritu de Jehová se apartó de Saúl, y le atormentaba un espíritu malo de parte de Jehová.(1)

15 Y los criados de Saúl le dijeron: He aquí ahora, un espíritu malo de parte de Dios te atormenta.

16 Diga, pues, nuestro señor a tus siervos que están delante de ti que busquen a alguno que sepa tocar el arpa, para que cuando esté sobre ti el espíritu malo de parte de Dios, él toque con su mano, y tengas alivio.

17 Y Saúl respondió a sus criados: Buscadme, pues, ahora alguno que toque bien, y traédmelo.

18 Entonces uno de los criados respondió, diciendo: He aquí, yo he visto a un hijo de Isaí de Belén, que sabe tocar, y es valiente y vigoroso y hombre de guerra, prudente en sus palabras y hermoso, y Jehová está con él.

19 Y Saúl envió mensajeros a Isaí, diciendo: Envíame a David, tu hijo, el que está con las ovejas.

20 Y tomó Isaí un asno cargado de pan, y una vasija de vino y un cabrito, y los envió a Saúl por medio de David, su hijo.

21 Y David fue a Saúl y estuvo delante de él; y él le amó mucho y le hizo su paje de armas.

22 Y Saúl envió a decir a Isaí: Yo te ruego que esté David conmigo, porque ha hallado gracia ante mis ojos.

23 Y cuando el espíritu malo de parte de Dios venía sobre Saúl, David tomaba el arpa y tocaba con su mano; y Saúl tenía alivio y se sentía mejor, y el espíritu malo se apartaba de él.

Nota aclaratoria: 1

Dios no envía espíritus malos, pues no anda por líneas torcidas, ni se vale de ellos. Hay una mala traducción en las escrituras, como lo expresó el profeta José Smith. El rey Saúl, por causa de su desobediencia, había perdido la paz y era presa fácil de los espíritus de las legiones de Satanás.

6.5.6 Tatuajes, pircis, marcas en la piel.

Son diseños de figuras y mensajes en la piel, que suelen ser algunas veces indelebles. Antiguamente estos se realizaban generalmente en las cárceles, lo cual daba la impresión de alguien que los llevara, que ya había pasado por allí. Hoy por hoy se han extendido entre los más populares, que es normal ver desfigurado el cuerpo de muchos con tales mensajes figuras, de flores, etc.

Los pircis son objetos de oro o metales como plata que se suelen colocar como adorno relativo en las orejas, nariz, labios o lengua. Ha sido costumbre desde tiempos antiguos por algunas culturas adornarse con ellos en las orejas, pero hoy por hoy se ha difundido con mayor fuerza entre la juventud, queriendo dar un mensaje equivocado de libertad, rebelión, sin embargo la impresión de ello es diferente.

Alma3:4 Y los amlicitas se distinguían de los Nefitas porque se habían marcado con rojo la frente, a la manera de los lamanitas; sin embargo, no se habían rapado la cabeza como los lamanitas.

o   Tontos y locos nunca fueron pocos.
o   Valientes por el diente, conozco yo más de veinte.
o   Venido un mal, otros vienen detrás.

Cuento.

¿Sabes cuantos chistes hay de gallegos y pastusos?
No.
Solo uno. Los demás son casos de la vida real.
Nota: La vida me ha mostrado que son muy inteligentes y humildes aquellos pobladores de la región de Nariño en mi país.

Cuento

Como te parece hermano que al señor cura de la parroquia se le cayó el jabón en el baño y cuando lo piso resbaló y suasss…. Se rompió un brazo.
Oiga hermano ¿y que es jabón?
Ni me pregunte hermano que yo de cosas de religión no sé ni J

Comentario

El hombre natural tiende a querer sobresalir y enviar mensajes a otros de su grandeza o valor, para hacer cosas. Creo que los tatuajes dan mensajes diferentes a lo que pretendemos dar. Personalmente me preocuparía mucho dejar ciertas responsabilidades a quien permite que cosas como la apariencia personal sea deteriorada, con tatuajes o elementos fuera de lo normal en su cara, o piel. Creo que hay un desenfoque respecto de lo que es importante y lo que es interesante. En la vida hay que también ser un poco cuidadoso en que decido o participo. Me debería preguntar antes: Cual mensaje o idea es la que se formen de mí. Que puertas me abre, y cuales me cierra.

Alma3:14-19 /14 De este modo queda cumplida la palabra de Dios, porque estas son las palabras que él dijo a Nefi: He aquí, he maldecido a los lamanitas, y pondré sobre ellos una señal para que ellos y su posteridad queden separados de ti y de tu posteridad, desde hoy en adelante y para siempre, salvo que se arrepientan de su iniquidad y se vuelvan a mí, para que yo tenga misericordia de ellos.
15 Y además: Pondré una señal sobre aquel que mezcle su simiente con la de tus hermanos, para que sean maldecidos también.
16 Y además: Pondré una señal sobre el que pelee contra ti y tu posteridad.
17 Y digo también que quien se separe de ti, no se llamará más tu posteridad; y te bendeciré a ti, y al que fuere llamado tu descendencia, desde hoy en adelante y para siempre; y estas fueron las promesas del Señor a Nefi y a su posteridad.
18 Ahora bien, los amlicitas no sabían que estaban cumpliendo las palabras de Dios cuando empezaron a marcarse la frente; sin embargo, se habían revelado abiertamente contra Dios; por tanto, fue menester que la maldición cayera sobre ellos.
19 Ahora bien, quisiera que entendieseis que ellos trajeron sobre sí mismos la maldición; y de igual manera todo hombre que es maldecido trae sobre sí su propia condenación.

6.6.1 Terrorismo, violento

Es la acción de coaccionar o infundir miedo o terror, a la población civil, gobiernos o instituciones a aceptar pactos con los líderes de organizaciones que lo ejercen, so pena de tener que tolerar daños a la población, infraestructuras energéticas, conductos petrolíferos, envenenamiento del agua, atentados contra los sistemas de transporte, etc., causando daños indiscriminadamente a civiles y bienes ajenos o del estado. Tales organizaciones que lo proliferan son grupos armados o al servicio de células de narcotráfico, políticas de ultra izquierda o derecha, o grupos radicales de varias tonalidades.

Es quien se sirve de la fuerza o malas intenciones para responder a los contrincantes, o usa juego sucio o peligroso; que no usa la razón sino la fuerza para responder ante opositor.

El que con acciones ultrajosas, ofensivas, o maltratadoras, o incluso con golpes y heridas a otros somete, o ejerce dominio.

Prov. 16:29-30 /29El hombre violento incita a su prójimo y le hace andar por mal camino:
30 cierra sus ojos para tramar perversidades, apretando sus labios, efectúa el mal.

Prov.28:18 El que en integridad camina será salvo, pero el de perversos caminos caerá en alguno de ellos

Prov.29:10 Los hombres sanguinarios aborrecen al íntegro, pero los rectos buscan su alma.

- o Todos hacen leña del árbol caído.
- o Tratando con villanos, no tengas el corazón en la mano.
- o Nadie puede aterrorizar a toda una nación, a menos que todos nosotros seamos sus cómplices.
- o Quien tiene pleito, pierde el sueño.
- o Más vale callar, que con necios altercar.
- o Más pronto se conoce al enemigo que al amigo.

Cuento

Conversan la madrastra y el joven sobre sus nuevos logros.
¿Y ahora tú?... llevas todo el día con ese pasamontañas... uh...
¡Es que me da buena suerte!
Hoy me lo lleve a la escuela por el frio y me fue como nunca de bien:

La maestra no me castigó por no llevar la tarea, los grandulones del salón no me robaron la lonchera, y la directora me dijo que estoy exento de pagar cuota por siempre.

Cuento

Esta es una señora que llama a una carnicería y pregunta:
¿Tiene orejas de conejo?
Sí.
¿Y cabeza de cerdo?
Sí.
¡Madre mía! ¿Es usted un monstruo?

Comentario

En Colombia tal problema lo han ejercido a su antojo los grupos subversivos de la FARS, EPL, ELN, paramilitares al servicio del Narco, y milicias urbanas, BACRIM, los cuales han buscado favores y aceptaciones a la fuerza de tratamiento preferencial para sus cabecillas en los juzgados, especialmente con el problema de la extradición hacia los países afectados de los delincuentes internacionales. Pero antes la usaban los bandoleros, de color azul o rojo, que despojaban de tierras a otros; unos mandados u actores profesionales y los otros los que maquinaron los planes.

Los métodos más usados son colocación de bombas de alto poder destructivo en puentes, edificios, centros comerciales, etc., o collares bombas a animales y mujeres, causando infinidad de victimas sin comprender que todo lo que hagamos mal, tarde o temprano se nos devuelve en cabeza nuestra o de nuestros seres queridos.

Prov.3:31-34 / 31 No envidies al hombre violento ni escojas ninguno de sus caminos.
32 Porque el perverso es abominación para Jehová, más su comunión íntima es con los justos.

33 La maldición de Jehová está en la casa del malvado, más él bendice la morada de los justos.

34 Ciertamente, él escarnece a los escarnecedores y a los humildes da gracia.

Me pregunto ¿qué van a contestar cuando se le indague sobre sus hechos?

6.6.2 Traición

Violación de la fidelidad que se espera de otros, quienes son sus amigos, parientes o compañeros de trabajo, estudios, o entidad. Revelar secretos a los opositores o enemigos.

En los fueros militares abarca a quien deserta, viola los códigos de disciplina o infringe órdenes.

Prov. 23:31-33 /31 No mires al vino cuando rojea, cuando resplandece su color en la copa, cuando entra suavemente.

32 Al final muerde como serpiente, y pica como áspid.

33 Tus ojos a las extrañas, y tu corazón hablará perversidades.

- o Traición bajo amistad, es doble maldad.
- o Tu secreto en tu seno, y no en el ajeno.
- o Tal pago recibe quien al hombre ruin sirve.

Cuento

Doctor, tengo un problema de doble personalidad.
Pues siéntese aquí y hablemos los cuatro.

Cuento

En una tertulia le preguntaron a un distinguido penalista cual es la pena mayor para un bígamo y sin pensarlo mayormente contestó:

Las dos mujeres.

Comentario

La traición es también cometida cuando alguien en quien se confía acepta o participa de comentarios impropios que le perjudican o no van con la realidad, o saca partida económica del conocimiento de sus secretos.

Las acciones del cónyuge, padres, o hermanos, amigos, o compañeros pueden convertirse en traición si es que en ello se participa a sus contrarios, enemigos, adversarios. Sin embargo hay que hacer la diferencia con los delitos, pues en este caso la obligación es contribuir con la justicia, de lo contrario le pueden acusar de cómplice. No quiere decir esto que debemos aceptar lo que está mal, si es que el camino de ellos no es correcto, pues por el contrario debemos hacerles saber nuestra posición. Tampoco nos da derecho a llevar información al enemigo, especialmente si ellos no son la autoridad legal.

En la vida muchos son calificados por pasarse de un bando a otro, y lo más frecuente es quienes jugando en un equipo de futbol (Cualquier deporte o empresa)pasan a otro bando enemigo, lo cual los convierte para algunos como traidores, cuando en realidad los deportistas son profesionales, que trabajan hoy aquí y mañana allá. Algunos hinchas refriegan esa acción, como alta traición, pues no aceptan tales cosas.

La naturaleza del hombre en ocasiones se desenfoca, y califica a los demás sin conocer todas las circunstancias, condiciones o historial. El ejemplo más popular de una traición fue la que realizo Judas Iscariote, quien era como el tesorero de los doce apóstoles, sin embargo a falta de dignidad, credulidad, y disposición de sacrificar su vida, prefirió sacar partida económica con la entrega del Mesías, claro está que desde cuándo comenzó a enjuiciarle por permitir el uso del perfume con que se enjugo los pies del Salvador manifestando que era preferible haberlo vendido y apoyar con ello a los pobres, pudo descubrirse su tendencia al amor por el dinero y desaprobar algunas acciones de su líder.

Juan 18:2-3/2 Y también Judas, el que le iba a entregar, conocía aquel lugar, porque muchas veces Jesús se había reunido allí con sus discípulos. 3 Judas, pues, tomando una compañía de soldados y guardias de los principales sacerdotes y de los fariseos, fue allí con linternas y antorchas, y con armas.

6.6.3 Transgresiones

La transgresión la podemos tipificar en dos tipos: violación a las leyes de Dios y/o a las leyes del hombre. Estas últimas van más que toda relacionadas con uso o paso de la barrera o línea limítrofe de terrenos o aguas marinas, por personas o embarcaciones, lo cual lo convierte en invasor. Otros confunden las infracciones de tránsito, con transgresiones. Este término se usa más exactamente con aquel que viola las leyes de su creador. Dentro de este ámbito hay varias clasificaciones, y depende de la religión o Iglesia a la que se pertenezca. En algunas religiones, si es mujer posiblemente se le lleve a la muerte, como castigo si es grave.

Son las infracciones de los mandamientos de Dios por sus hijos. Algunos pueden ser graves, por cuanto la restitución es difícil hacerla, o imposible realizarla, pues son hechos cumplidos como la muerte, que no tienen restitución, pues la consecuencias y perjuicios a inocentes es larga.

Prov.12:13 El malvado se enreda en la transgresión de sus labios, pero el justo saldrá de la tribulación.

Prov.17:19 El que ama la transgresión ama la rencilla;el que exalta su puerta busca quebranto.

- o Para algunos las transgresiones son hazañas memorables, sin embargo el dolor y precio se pagará tal vez cuando menos espera. JCIR
- o Niños y locos lo cuentan todo.
- o Quien aprueba lo malo, reprueba lo bueno.

Cuento

En el confesionario:
- ¿Qué puedo hacer con mis pecados, señor cura?
- Ora.
- Las cuatro y cuarto, pero ¿Qué puedo hacer con mis pecados?

Cuento

Además de la dote de mi hija, le preste cien mil pesos al sinvergüenza de mi yerno,
¿Y todavía no le ha devuelto nada?
Sí, me devolvió la hija.

<u>Comentario</u>

Para poder sentir en realidad que una acción de estás le afecta, la persona debe haber tenido la compañía del Espíritu Santo en su vida, la cual se recibe por el bautismo, y la imposición de manos, de las personas autorizadas legítimamente;de lo contrario, para el infractorserá inadvertido, y por lo tanto no está en condiciones de comprender la magnitud o el precio de los efectos de dicha transgresión. Para el hombre natural una transgresión es un acto normal, que no tiene incidencia.

En el pueblo de Dios algunas trasgresiones se castigaban debido a que afectaban la fuerza, voluntad y apoyo de su Dios en forma general, a la nación, y por disposición expresa se debía castigar.

Deuteronomio 13:12-18/12 Si oyes que se dice en alguna de tus ciudades que Jehová tu Dios te da para que mores en ellas,
13 que hombres, hijos impíos, han salido de en medio de ti, que han descarriado a los moradores de su ciudad, diciendo: Vayamos y sirvamos a dioses ajenos, que vosotros no habéis conocido,
14 entonces tú inquirirás, y buscarás y preguntarás con diligencia. Y si parece verdad, cosa cierta, que tal abominación se hizo en medio de ti,

15 irremisiblemente herirás a filo de espada a los moradores de aquella ciudad, destruyéndola con todo lo que haya en ella, y también matarás sus bestias a filo de espada.

16 Y juntarás todo el botín de ella en medio de su plaza y consumirás con fuego la ciudad y todo su botín, todo ello, a Jehová tu Dios. Y será un montón de ruinas para siempre; nunca más se edificará.

17 Y no se pegará nada del anatema a tu mano, para que Jehová se aparte del furor de su ira, y tenga misericordia y compasión de ti y te multiplique, como lo juró a tus padres,

18 cuando obedezcas la voz de Jehová tu Dios, guardando todos sus mandamientos que yo te prescribo hoy, para hacer lo recto ante los ojos de Jehová tu Dios.

Dios sabía que el problema de la idolatría traería desgracias al pueblo de Israel, y por ello procuró con firmeza castigar tal transgresión, pues así eran sus preceptos, claros, rígidos, sin embargo el pueblo los menospreció.

6.6.4 Tribulación, castigos

Dificultades y complicaciones que se tienen en la vida como pruebas de carácter, o maneras de sufrir los problemas por desobediencia, errores, o simplemente por estar en el lugar y momento inadecuado.

Prov.3:11-12 /11 No rechaces, hijo mío, la disciplina de Jehová, ni te canses de su corrección,

12 porque Jehová corrige al que ama, como el padre al hijo a quien quiere.

- o   Quien busca encuentra.
- o   Quien anda entre el fuego, quemase luego.
- o   Quien a hierro mata, a hierro muere.

Cuento

Por teléfono hablan madre e hija.

Mamá, volví a discutir con mi marido y para castigarlo me voy para tu casa.

No....no... no... hija, eso no sirve de nada; si de verdad quieres castigarle, mejor me voy yo para la tuya.

Cuento

El jurado le ha reconocido inocente.
¿Qué significa eso exactamente?
¿Qué está usted libre?
¿Y ahora qué hago con todas esas joyas que tengo en casa de novia?

Comentario

Las dificultades vienen muchas veces por malas decisiones y otras por infortunios o daños colaterales del pasado, o de casos no previstos. Nadie está exento de ellas. Lo importante es la forma de afrontarlas, la actitud de sobreponernos a los problemas, y la decisión y firmeza que tengamos en resolverlas de forma inteligente.

Cuando se es pueblo escogido por Dios los problemas vienen como castigos o porque el enemigo arremete contra los escogidos. Si ya Dios no te da la protección acostumbrada, simplemente tu enemigo te atacará con más intensidad.

Ocurría muy a menudo con el pueblo de Israel, con los Nefitas, con los primeros cristianos o santos de la era cristiana.

Todo miembro de la Iglesia, sabe y reconoce que muchos problemas nos han sobrevenido por desobediencia, imprudencias, o porque simplemente tomamos decisiones equivocadas. Ellos nos sobrevienen para ayudarnos a recomponer nuestro caminar y andar por el mundo.

1 Nefi 18:14-20/14 ¡Despertad y levantaos del polvo! ¡Escuchad las palabras de un padre tembloroso, cuyo cuerpo pronto tendréis que entregar a la fría y silenciosa tumba, de donde ningún viajero puede volver; unos días más, y seguiré el camino de toda la tierra!

15 Pero he aquí, el Señor ha redimido a mi alma del infierno; he visto su gloria, y estoy para siempre envuelto entre los brazos de su amor.

16 Y mi deseo es que os acordéis de observar los estatutos y los juicios del Señor; he aquí, esta ha sido la ansiedad de mi alma desde el principio.

17 Mi corazón ha estado agobiado de pesar de cuando en cuando, pues he temido que por la dureza de vuestros corazones, el Señor vuestro Dios viniese en la plenitud de su ira sobre vosotros, y fueseis talados y destruidos para siempre;

18 o que una maldición os sobreviniera por el espacio de muchas generaciones; y fueseis castigados por la espada y por el hambre, y fueseis aborrecidos, y llevados según la voluntad y cautividad del diablo.

19 ¡Oh hijos míos, que no os sucedan estas cosas, sino que seáis un pueblo escogido y favorecido del Señor! Mas he aquí, hágase su voluntad, porque sus vías son para siempre justas.

20 Y él ha dicho: Si guardáis mis mandamientos, prosperaréis en la tierra; pero si no guardáis mis mandamientos, seréis desechados de mi presencia.

6.6.5 Tristeza, turbación

Estado anímico de desconsuelo y depresión que lo sumergen en pensamientos, arrepentimiento, o desilusión; sentimiento de aflicción causada por desengaño, perdidas de alguien o algo.

Sonrojarse o apenarse por una acción indebida; condición de abatimiento ante el ser sorprendido en un hecho no deseado.

Prov.15: 6 En la casa del justo hay gran abundancia, pero turbación en las ganancias del malvado.

Prov.15:16 Mejor es lo poco con el temor de Jehová que un gran tesoro donde hay turbación.

Prov.10: 1 El hijo sabio alegra al padre, pero el hijo necio es la tristeza de su madre

o   La aflicción, como el herrero nos forja a golpes. Christian N.
    Bovee.
o   El llanto es a veces el modo de expresar las cosas que no pueden
    decirse con palabras. Concepción Arenal
o   La única tristeza sin consuelo en la vida es la tristeza que se ha
    merecido. Jacinto Benavente
o   Una desgracia nunca viene sola.
o   La alegría alarga la vida, las penas la menguan.

Cuento

Regresa un hombre luego de unas merecidas vacaciones, al llegar lo
espera su amigo, que luego de los saludos y abrazos le comenta:

- Mira, tengo que decirte que el loro que tanto querías se murió.
- El hombre con cara de tristeza pregunta:
- Y ¿cómo?
- Bueno es que el caballo pura sangre le cayó encima al morir y loaplastó.
- ¡¡Mi caballo pura sangre!!... ¿y qué hacia el loro en el establo?
- Bueno es que el burro lo usaron para buscar agua, para apagar
  elincendio de tu casa y...
- ¡¡¡Mi casa!!! ¿Cómo pudo suceder eso?
- Bueno las velas estaban cerca de la cortina y bueno se incendió.
- Pero en mi casa hay luz eléctrica; responde afligido el hombre.
- Bueno, ¡no quisieras que a tu mujer la velásemos con las lucesapagadas!
- ¡¡¡MI MUJER!!!... ¿se murió?... y ¿cómo murió?!?!
- Bueno de un infarto, tú sabes al ver a tu único hijo ahogado en ellago...
- ¡¿¡¿¡MI HIJO!?!?! - exclama el hombre con sobrada angustia.
- ¡Bueno, si hubiese sabido que te pondrías así no te cuento lo delloro...!

Cuento

Un tipo va por la calle con cara de preocupado cuando se encuentra
con un amigo:

- Hola, ¿qué te pasa que estas tan serio?
- Es que le di en préstamo 2.000 dólares a un amigo para que se hiciera la cirugía estética, y ahora no puedo cobrarle.
- ¿Por qué?
- No lo reconozco.

Comentario

Las personas pecadoras, cuando reconocen sus errores, los hace sentir mal y la falta del espíritu, es sentirse atribuladas, vacías, y por supuesto tienen el deseo de ser perdonados, sin embargo otros pueden juzgar por la tristeza y abatimiento de espíritu, que se puede manifestar y considerar ello, con burla:

Lucas 7:36-50 Y le rogó uno de los fariseos que comiese con él. Y habiendo entrado en casa del fariseo, se sentó a la mesa.
37 Y he aquí una mujer que había sido pecadora en la ciudad, cuando supo que *Jesús* estaba a la mesa en casa de aquel fariseo, trajo un frasco de alabastro con perfume,
38 y estando detrás *de él* a sus pies, llorando, comenzó a regar con lágrimas sus pies, y los enjugaba con los cabellos de su cabeza, y besaba sus pies y los ungía con el perfume.
39 Y cuando vio esto el fariseo que le había convidado, dijo para sí: Si éste fuera profeta, conocería quién y qué clase de mujer es la que lo toca, porque es pecadora.
40 Entonces, respondiendo Jesús, le dijo: Simón, una cosa tengo que decirte. Y él dijo: Di, Maestro.
41 Un acreedor tenía dos deudores: Uno le debía quinientos denarios, y el otro cincuenta;
42 y no teniendo ellos con qué pagar, perdonó a ambos. Di, pues, ¿cuál de éstos le amará más?
43 Y respondiendo Simón, dijo: Pienso que aquel a quien perdonó más. Y él le dijo: Rectamente has juzgado.

44 Entonces, mirando a la mujer, dijo a Simón: ¿Ves esta mujer? Entré en tu casa y no me diste agua para mis pies; pero ella ha regado mis pies con lágrimas y los ha enjugado con sus cabellos.

45 No me diste beso, pero ella, desde que entré, no ha cesado de besar mis pies.

46 No ungiste mi cabeza con aceite, pero ella ha ungido mis pies con perfume.

47 Por lo cual te digo *que* sus muchos pecados le son perdonados, porque amo mucho; pero al que se le perdona poco, poco ama

48 Y a ella le dijo: Tus pecados te son perdonados

49 Y los que estaban juntamente sentados a la mesa comenzaron a decir entre sí: ¿Quién es éste, que también perdona pecados?

50 Y *Jesús* dijo a la mujer: Tu fe te ha salvado, ve en paz.

6.6.6 Villanos, vil, vileza

Se expresa así de quien se comporta con maldad, y poco respeto de la vida y derechos ajenos.

Prov.21:27 El sacrificio de los malvados es abominación,¡cuánto más ofreciéndolo con maldad!

o El villano es corto de razones y largo de malas intenciones.
o Cuando el villano tiene camisa blanca nadie lo aguanta.
o Al villano, con el dinero en la mano.

Adivinanzas

¿Cuál es el santo más sabroso?	-Sancocho...
¿Cuál es el santo más pequeño?	-SanTito...
¿Cuál es el santo más molestoso?	-Sancudo.
¿Cuál es el santo más bochinchoso?	Zampao.
¿Cuál es el santo más olvidado?	San Alejo.
¿Cuál es el santo más gordo?	Sancho Panza
¿Cuál es el santo más peligroso?	Sangriento

¿Cuál es el santo español?	San toro
¿Cuál es el santo más dulce?	San turrón
¿Cuál el más indeseado?	Sanguijuela
¿Cuál el más importante?	Sanidad
¿Cuál el más injusto?	Sanción
¿El más alto?	Zancón
¿El más fruticultor y refrescante?	Sandía.
¿El auténtico soldado?	Samurái
¿El más escandaloso?	Sannnnngre
¿El más pobre y arrastrado?	Sandalia
¿El más fuerte de todos?	Sansón
¿El más triste y perjudicado?	Sanitario
¿Los más bailadores?	Zamba y sanjuanero.
¿El más antideportivo?	Zancadilla
¿El más verdulero u hortelano y bueno?	Zanahorio

Cuento

Pues por todos estos delitos, me toca volverlo a condenar.
Ayayay señor Juez, es usted verdaderamente incorregible.

<u>Comentario</u>

La condición de ser villano es calificada, para aquellos que suelen hacer el mal a los demás. Algunos lo califican como el que se encuentra mal de la cabeza, o que se le cruzan los cables. Las explicaciones científicas van a la ciencia de la psicología, como aquel que tiene desajustes en su comportamiento normal.

Al ser entrevistado por Discovery TV, alguien que había asesinado a 23 mujeres después de robarles y violarles; el personaje entrevistado y condenado a cadena perpetua, reconoció no ser una persona normal, puesto que ello lo llevaba a cabo, en momentos de arrebato, pues estando lúcidamente, de momento tenía necesidad de dinero, y la búsqueda de ese factor, le hacía buscar víctimas indefensas, y después de robarles, las violaba, y para evitar su denuncia pronto terminaba por matarles.

El refería que en estado normal nadie lo calificaría como un hombre peligroso, sino que ello le sobrevenía por las ansias de satisfacer una necesidad económica y lo demás venía por añadidura, todo para evitar ser detenido, o reconocido.

Las personas a medida que aprenden destrezas, profesiones, habilidades, etc., los pueden llevar a convertirse en asesinos. También el que crece en medio de pandillas, u hogares donde alguien está relacionado con el hampa, puede generar tendencia a que los miembros de esa familia deseen probar o participar eventualmente de ello.

Alguien dice que el medio es el que nos forma y nos destruye, sin embargo va en los padres, en la crianza, aunque no necesariamente siempre es así; pero los villanos se hacen desde casa, colegio, o formación profesional. Ello sumado a las oportunidades o naturaleza humana dada a aceptar todo tipo de insinuaciones o facilidades.

Conclusión del tema: términos de los necios

No todas las palabras se incluyen, pues no cabrían. Algunos términos se reunieron con otras palabras semejantes en cuanto a su interpretación o significado.

Una de las palabras importantes que se excluyeron fue precisamente Grafitero. Ello porque la recordé al final cuando ya habíacodificado y esto me limitaba por cuanto se dejaron las palabras que cabían en los números precisos del 1.1.1 al 6.6.6 que se podían incluir en las opciones que marcaran los dados, para permitir que el trabajo sirva para juego didáctico.

Grafitis sin embargo es un término para calificar aquellos que suelen rayar las paredes, o pintar los muros, ajenos a su propiedad, lo cual causa malestar, desaprobación de la comunidad o sus propietarios, ya que dañan la estética y refieren frases o expresiones contrarias a sus ideas o gustos. De hecho mi padre me enseño que la muralla es el papel del canalla.

También son formas de expresar la desaprobación de sectores de la población respecto de sus líderesopolíticas, o gustos o pasiones deportivas, etc.

La grafitis no sería fea si se orientara en los lugares, para ello, se respetaran los términos de convivencia y además se usaran las palabras apropiadas; casi siempre y no ocasionalmente son frases pasadas de tonos respecto de los ideales de los demás.

Se puede considerar a Jesucristo como Grafitero, pues escribió en el piso, para señalar la desaprobación de los perseguidores de María Magdalena, que iba a ser lapidada por los líderesjudíos, pero él les convidó a que el que estuviera libre de pecado lanzara la primera piedra. A lo cual se sintieron impedidos de juzgarle. Aunque él lo hizo en el suelo, y no en murallas, paredes, o muros ajenos, dejo una lección de no juzgar, aceleradamente al prójimo.

CAPITULO IX

Jugadas buenas que le hacen sabio con la letra i

Una vez descritos los muchos términos que delatan los necios, procedemos a compartir aquellos que refieren a quienes efectúan actos de comportamientos apropiados de: respeto, saludables para el progreso, convivencia, mantener la armonía, la paz, y todo lo que ello trae, como es la felicidad.

Al igual que con la palabra necio, de la i resaltan también muchas palabras que definen al sabio y las presentaremos en primera instancia como muestra de que curiosamente ésta letra sirve para el bien; aunque no con tanta intensidad como se presenta con las definiciones del necio.

1.1.1 Imaginación

Persona que tiene mucha creatividad y mente despierta para observar, meditar y reproducir imágenes de cosas que podrían ser antes de ser creadas.

Ecles.2:14 El sabio tiene sus ojos en su cabeza, más el necio anda en tinieblas; pero también entendí yo que lo mismo acaecerá tanto al uno como al otro.

o Los locos abren los caminos que los sabios más tarde recorren. Carlo Dossi.

o La tontería se coloca siempre en primera fila para ser vista; la inteligencia detrás para ver. CarmenSilva.

o La calidad nunca es un accidente; siempre es el resultado de un esfuerzo de la inteligencia. John Ruskin.

Cuento

Estaban disfrutando de la amistad dos vecinos:
¿Te cuento un chiste al revés?
Bueno.
Pues empieza riéndote.

Cuento

El acusado es condenado a pagar $50.000 de multa por haber utilizado lenguaje injurioso contra la autoridad.
Juez. ¿Tiene usted algo que decir?
Desde luego, y muy grandes, de todas lo calibres, pero en vista de la tarifa, prefiero callarme.

Historia

Cristóbal Colón fue rechazado por muchos en los intentos de buscar apoyo, para emprender los ambiciosos caminos de la India por rutas no exploradas, sin embargo dice el en sus escritos que había algo que le impulsaba y susurraba a estar insistiendo en el mismo sueño y fue así como finalmente encontró el apoyo de los reyes católicos de España, quienes también reservados por Dios acogieron el proyecto y lo patrocinaron. En el libro de mormón leemos en el 1 Nefi capítulo 13:11-15/11Y aconteció que el ángel me dijo: He aquí, la ira de Dios está sobre la posteridad de tus hermanos.

12Y miré, y vi entre los gentiles a un hombre que estaba separado de la posteridad de mis hermanos por las muchas aguas; y vi que el Espíritu de Dios descendió y obró sobre él; y el hombre partió sobre las muchas aguas, sí, hasta donde estaban los descendientes de mis hermanos que se encontraban en la tierra prometida.

13Y aconteció que vi al Espíritu de Dios que obraba sobre otros gentiles, y salieron de su cautividad, cruzando las muchas aguas.

14 Y sucedió que vi muchas multitudes de gentiles sobre la tierra de promisión, y vi que la ira de Dios vino sobre los descendientes de mis hermanos, y fueron dispersados delante de los gentiles, y afligidos.

15Y vi que el Espíritu del Señor estaba sobre los gentiles, y prosperaron y obtuvieron la tierra por herencia; y vi que eran blancos y muy bellos y hermosos, semejantes a los de mi pueblo antes que los mataran.

Nefi el profeta que escribe la primera parte del libro de Mormón, narra como Dios le reveló y mostro 600 años antes de Cristo los sucesos que acontecerían un poco más de 2.091 años después con los descendientes de sus hermanos, cuando los gentiles españoles les descubrieron.

Dios revela y manifiesta a sus siervos, las cosas y los acontecimientos del futuro, a fin de que ellos lo manifiesten a sus hijos que crean y estén dispuestos a ser obedientes.

La revelación que viene por la compañía del Espíritu, no es frecuente y mucho menos para los incrédulos, sin embargo es algo con que contamos aquellos que hemos descubierto que le debemos mucho a nuestro creador y protector. Cada vez que el hombre crea algo magnifico, para bien de la humanidad, me doy cuenta de que somos creados a su imagen y semejanza.

1.1.2. Impactante

Aquello que resalta a primera vista y que llama la atención; algo que cautiva la atención de los vivientes que se encuentran alrededor. Aquello que causa buena impresión.

Las promesas hechas a los hijos de Dios en cuanto al milenio son admirables e impactantes, pues ya no habrá pobres, ni ricos, ni injusticia, ni corruptos, ni lascivias, ni pornografía, ni contiendas; todo será bello, claro, agradable y además no habrá miseria, ni tampoco, contención, y mucho menos hediondez.

Isaías 1:6 Morará el lobo con el cordero, y el leopardo con el cabrito se acostará; y el becerro y el leoncillo y la bestia doméstica andarán juntos, y un niño los pastoreará.

- o El bien entender, es la fuente del saber.
- o Dice el buen labrador a su trigo: "Para julio te espero"
- o Dios da y Dios quita, según su sabiduría infinita.

Cuento

En un pueblo Mexicano un campesino estaba leyendo en la plaza un libro de proverbios en voz alta mientras los demás escuchaban.
De pronto calló y los amigos y vecinos que le acompañaban le preguntan por qué no seguía. Él no contestaba ni una palabra.
Entonces la mujer quiso enterarse, como siempre, de la causa de aquel repentino y extraño silencio. Cogió el libro y al ver el proverbio de la página en la que se encontraba, leyó: "El silencio es oro".

Cuento

Menos mal que reaccione a tiempo, le dice el reo al abogado defensor de oficio.
¿Por qué lo dices, si te han condenado a 30 años de cárcel?
Es simple matemática.
El doctor que me estaba tratando el cáncer me dio 2 meses de vida., yo le dije que era muy poco tiempo, y el insistió en que solo dos meses. Medite el asunto con detenimiento y resolví matarle, y ahora ya tengo 30 años más los dos meses, es simple matemática.

Anécdota

La primera vez que ingrese a una capilla de la Iglesia de Jesucristo de los S.U.D., me causó una impactante impresión: la limpieza, el buen ambiente y espíritu amable, sincero y cordial existente en la persona que abrió a mí las puertas, quién, me invitó a entrar con mucha amabilidad, haciendo que yo me sintiera bien venido. Tal buen hombre fue Luis Enrique Pérez, y quienes me acompañaban fueron los Elderes: Noel Díaz y Cristiansen, y mi buen compañero de trabajo, quien me considero apto para llevarme allí: Miguel Ángel García López.

El domingo siguiente a tal día, pude confirmar tal amabilidad y la alegría y buena disposición que expresaban los miembros. Todo era bello, limpio, pulcro, y bien dispuesto. Los discursos y las clases impartidas me parecieron agradables al oído y me ayudaron a entender muchas cosas. Todo fue sencillo, pero agradable. Nada era estrambótico, ni mucho menos desmerecía mi admiración.

He sentido ese mismo espíritu en todas las capillas, templos y recintos de la Iglesia, y en especial cuando mi mente, espíritu, y disposición han estado libres de: envidias, contención, quejas, reclamos, críticas, o pensamientos indecorosos; si, me ha invadido una cálida seguridad de que efectivamente me encontraba en el Reino de Dios sobre la tierra.

1.1.3 Imparcial

Es la posición de indiferencia de los intereses personales o influencias de otros para impartir justicia, o quien no se deja influir por los favores o atenciones de una de las partes, sino que decide conforme a los dictados de su propia conciencia, sin inclinarse ni a derecha ni a izquierda.

1 Juan 1:9. Si confesamos nuestros pecados, él es fiel y justo para perdonar nuestros pecados y limpiarnos de toda maldad.

- o El ejemplo de los mayores hace buenos o malos a los menores.
- o El solo mudar de aires, cura muchas enfermedades.

o   El sabio mil veces duda, el necio, nunca.

Cuento

En el entrenamiento el manager le dice a su pupilo:
Condiciones de un excelente boxeador:
Un buen púgil debe ser apolítico porque necesita tanto de la izquierda
como de la derecha.

Cuento

La mamá de Toño se queja al maestro de que su hijo no quiere llevar
los cerdos a pastar.
El maestro sorprendido, le dice: ¿Pero yo que tengo que ver con ello?
¡Es culpa suya, señor maestro! Contesta la mamá de Toño.
Pero señora. Yo enseño a Toño y a todos los alumnos buenos modales
y buena conducta, no les digo que tienen que hacer con los cerdos de
su familia.
Lo primero es que no insulte. Responde malhumorada la señora: y lo
segundo es que usted se pasa el día entero diciendo a los niños: "Dime
con quién andas y te diré quién eres"

Anécdota

Una de las cosas que nunca pude entender por qué los jueces, árbitros,
o a quienes se les delegó autoridad para impartir justicia en un juego, o
caso jurídico, no me pudieron demostrar tal imparcialidad. Casi siempre
se actuaba conforme a las empatías o sentimientos del corazón que el
juez se había formado de ello.

Aprendí por lo tanto que los hombres naturales, casi siempre tienden
a dejarse influenciar por sus conveniencias, corazón; o pocas veces se
atreven a desafiar la parcialidad y aquello con que supuestamente les
identifica, cual es la balanza, pero no la administran.

Ojalá me toque algún día ver como en la tierra finalmente existen hombres que no se dejen comprar con favores, intereses, o prebendas, pues la mayoría de las veces me dio la impresión que algunos se inclinaban por:

- La belleza de una mujer seductora que se hacia la víctima, siendo ella culpable de falsificación de documentos, robo, alteración de información privada, intransigencia, para cumplir con sus responsabilidades e impedir la investigación con transmisión de información fraudulenta y tergiversada.

- La desinformación por parte de infractores quienes transmitieron mal las cosas de un robo con propósito de incriminar a otra persona (mi asistente) y hacerla echar de la empresa, pero que para desgracia de ellos, cometieron errores no previstos y fueron descubiertos en su plan secreto, saliendo mal librados ante las pruebas.

- Juez que se parcializa en favor de unos ingenieros que desean tapar errores de verificación y que así evitan hacer responder a la empresa pública por daños y perjuicios a varios vecinos, pero que después se comprueba que efectivamente los reclamantes tenían toda la razón.

- Juez que deja en la impunidad a un policía sorprendido en violación de menor y que como castigo se le condena a ser trasladado.

- Jueces que se niegan a continuar investigaciones y permiten que te persigan después los infractores, convirtiéndote en culpable por haber denunciado casos de corrupción pública.

- Jueces que te someten a pagar dineros de consumos de llamadas internacionales hechas por narcos con cargo a tu domicilio, pero que se comprueba no eran tuyas, sin embargo no se atreven a destapar el problema por ser jueces y partes. Lo curioso es que aún no tenías asignada la línea telefónica.

- Jueces que se niegan por físico miedo o ser parte del problema, a realizar investigación de asesinato y a dar oído claro y conciso a viuda que conoció y quiso denunciar asesinos de su esposo y que posteriormente es amenazada por el mismo juez que le insinúa que si sigue haciendo bulla ella será la próxima víctima.

Etc......más casos, que no vale la pena enunciar.

Las leyes fueron creadas para impartir justicia, pero de a poco se acomodaron conforme a los intereses de unos cuantos sectores y entonces todo quedó, para ser decidido al que más corrompa las decisiones finales.

1.1.4 Impecable

Que es tan loable su presentación y desempeño que no admite el más mínimo reproche.

Es aquel que se presenta ante un auditorio correctamente vestido y su presentación resalta porque brilla por su perfección. Apropiadamente vestido, limpio, libre de defectos o comentarios críticos. Bien sincronizado en sus intervenciones.

Santiago 1:19 Por esto, mis amados hermanos, todo hombre sea pronto para oír, tardo para hablar, tardo para airarse,

- o Leña seca, poco humea.
- o Letras y canas, a cual más sabias.
- o Libro bueno no es para necios.

Cuento

Una esposa le reclama con toda razón a su esposo:
Estoy harta de oírte decir: mis hijos, mis asuntos, mis muebles. No entiendes que en el matrimonio siempre se habla en plural. ¿Y Ahora que estás buscando que hace una hora que no paras de dar vueltas y me tienes mareada?
Responde desesperado el marido:
Estoy buscando nuestros pantalones y nuestra corbata, querida.

Cuento

Comentario

Dios se vale de profetas para llamar a que su pueblo se haga impecable, es decir limpio en su mente, corazón, espíritu y actuar. Se les promete a cambio la eternidad y una vida llena de gozo en la presencia de sus Padres Celestiales y con el pueblo de Él, a fin de que disfrute y descanse por siempre: Isaías 1:16-20/16 Lavaos, limpiaos; quitad la iniquidad de vuestras obras de delante de mis ojos; dejad de hacer lo malo.

17 Aprended a hacer el bien; buscad el juicio, socorred al oprimido; haced justicia al huérfano, abogad por la viuda.

18 Venid ahora, dice Jehová, y razonemos juntos: aunque vuestros pecados sean como la grana, como la nieve serán emblanquecidos; aunque sean rojos como el carmesí, vendrán a ser como blanca lana.

19 Si queréis y escucháis, comeréis lo bueno de la tierra;

20 pero si rehusáis y os rebeláis, seréis devorados por la espada, porque la boca de Jehová lo ha dicho.

Cada vez que andaba conforme a los dictados de Dios, fui altamente favorecido y mi gozo se hizo mayor, y no pude evitar llorar, pues me enternecía con facilidad y percibía el Espíritu, especialmente cuando testificaba, enseñaba o compartía las verdades del evangelio a otras personas. Varias veces a mis compañeros de trabajo procuré invitarles a venir a Cristo.

1.1.5 Incorruptible

Aquel que no se deja comprar o corromper, prefiriendo mantenerse en el sendero correcto y justo. Los jurados suelen ser presa de presiones, y sin número de ardides para alterar la justicia.

Hebreos 4:13-16

13 Ni hay criatura alguna que no se manifieste a sus ojos; sino que todas las cosas *están* desnudas y abiertas a los ojos de aquel con quien tenemos que ver.

14 Por tanto, teniendo un gran sumo sacerdote que traspasó los cielos, Jesús el Hijo de Dios, retengamos *nuestra* profesión.

15 Porque no tenemos un sumo sacerdote que no pueda compadecerse de nuestras debilidades; antes bien, fue tentado en todo según *nuestra semejanza, pero* sin pecado.

16 Acerquémonos, pues, confiadamente al trono de la gracia, para alcanzar misericordia y hallar gracia para el oportunsocorro.

- o   Gallo que no canta, algo tiene en la garganta
- o   El juez debe ser derecho, como la viga del techo.
- o   ¿Dádivas aceptaste? Prevaricaste.

Cuento

Ricardo se encuentra con Enrique y le dice:
¿Qué te pasa, Enrique? Últimamente siempre te veo ocioso. Andas muy despacio, no tienes ganas de nada. Tú siempre has sido muy inquieto. ¿Tienes algún problema?
No, contesta Enrique: es que desde que sé que mi corazón late 105.807 veces al día, que respiro 23.413 veces, que trago 452 metros cúbicos de aire, que pronuncio un promedio de 5.105 palabras moviendo 783 músculos, que mis uñas crecen .00038 milímetros y mi pelo 0.15 milímetros al día, siento verdadera necesidad de descansar.

Anécdota

Aprendí que en mis solicitudes de empleo, u hoja de vida enviada a las empresas donde requerían mis servicios, era saludable darme a conocer como miembro de la Iglesia de Jesucristo de los S.U.D. Algunas de ellas me rechazaron, porqué no cumplía el perfil que ellos buscaban, sin embargo otras procuraron ahondar en la investigación sobre ello, y pude darme a conocer, lo cual me abrió puertas mejores de las que se me cerraron.

Cuando tú no ocultas quien eres, será más fácil para ti evitar decir no a lo que no te convenga, y de hecho seguramente jamás te inviten a lo incorrecto, pues las personas ya sabendequé estás hecho y saben tu manera de actuar, pensar, y por lo tanto ya están prevenidos.

Una vez estuve dentro de la empresa y me conocieron algunos patrones me solicitaron personal semejante a mí para laborar, y así ayudé a cantidad de personas a abrirse paso en sus necesidades laborales. Unos muy pocos defraudaron, solo dos resultaron ser unas personas ladronas, pero yo a una de ellas no le conocía, más si a su padre, sin embargo me hizo quedar mal, curiosamente era una mujer, con familia y con todo y eso nunca pensó en que robar le cerraría puertas. Lo peor del caso fue que robo dinero de la caja que otra persona custodiaba, que era muy honrada, y si no fuere porque le conocíamos, seguramente a esta le hubiera tocado que pagar el dinero sustraído por aquella. Para fortuna de ella ninguno dudamos de ella y gracias a que en contabilidad todo se sabe si se investiga apropiadamente.

En otro caso también me tocó pagar por alguien que resulto robando en la empresa y como yo le recomendé, lo más lógico era que yo pagara.

Recomendar no es lo mejor si no conoces bien, pero los empresarios se deben valer de ello, a fin de evitar males peores.

1.1.6 Inspiración, Iluminados

Es percibir de la fuente correcta las impresiones espirituales y además hacer lo que recibió a fin de que no sea simplemente un pensamiento

Cuando la inspiración viene de Dios se llama revelación. Otros jocosamente lo llaman iluminación. (Piensa, Reflexiona, Prueba, Estabiliza, y Estandariza).

Consiste en reflexionar sobre las acciones y caminos. Es conectar el cerebro y el corazón, al espíritu, y por ese medio buscar los frutos con trabajo. Cuando estudiamos en la mente los posibles caminos, soluciones, las consecuencias de ello traen decisiones positivas, si hemos repensado bien, y valorado apropiadamente las alternativas en cuanto puntos positivos y negativos. La inspiración se completa en la medida que reforcemos con oración lo repensado y meditado, pero si a ello le agregamos el ayuno, será mucho más efectivo, dado que contamos, si es la voluntad de Dios entender mejor las cosas, percibir las soluciones con mayor sabiduría y por supuesto la revelación se obtendrá en el tiempo del señor.

Ecles.8:1 ¿Quién como el sabio? ¿Y quién sabe la interpretación de las cosas? La sabiduría del hombre hace relucir su rostro y cambia la tosquedad de su semblante.

o   La sabiduría es el colmo de la perfección del alma humana; la filosofía es el amor y la investigación de la sabiduría. Esta se encamina al sitio donde aquella ya ha llegado. Seneca.
o   Lo peor de la filosofía es que es una cosa personal y no lo quiere ser. Nikoley Berdiaev.
o   Burlarse de la filosofía es realmente filosofar. Blaise Pascal.

Cuento

Aristóteles va a consulta médica:
Doctor, tengo un reumatismo tremendo en la pierna izquierda.
Es la edad, no se impresione.
¿Cómo? Si la pierna derecha es de la misma edad y no le pasa nada.

Cuento

¿Cierto que mi perro es sensacional?
Sí, pero porque ladra tanto?
Es una costumbre que ha cogido de mi mujer.

Comentario

Los que tienen el espíritu de revelación no son engañados, sino que con éxito alcanzan a tomar sabias decisiones y favorecerse en los problemas y desafíos de la vida. Lo que no se puede saber por otro medio. Es importante estar en armonía con tal espíritu, a fin de que la inspiración o revelación o la luz iluminen la mente y el entendimiento, de lo que se puede hacer, sea más claro.

Hebreos 4:12-13/12 Porque la palabra de Dios es viva y eficaz, y más cortante que toda espada de dos filos; y penetra hasta partir el alma y el espíritu, y las coyunturas y los tuétanos, y discierne los pensamientos y las intenciones del corazón.

13-Y no hay cosa creada que no sea manifiesta en su presencia; antes bien, todas las cosas están desnudas y abiertas a los ojos de aquel a quien tenemos que dar cuenta.

Siempre en mi trabajo solía orar antes de comenzar la jornada, iba al baño y derramaba mi corazón en oración a Dios y en esa condiciónsepodían maniobrar los problemas. Un día no la hice y a las diez de la mañana me entere que nada salía bien, reflexioné y recordé que no había orado, fui al baño, e hice mi oración, entonces todos los problemas se desvanecieron fácilmente.

1.2.1 Integridad

Desarrollo total del carácter moral del hombre de conformidad con los principios de justicia y rectitud.

Prov.10:9 9 El que camina en integridad anda seguro, pero el que pervierte sus caminos será descubierto.

Prov.10:29 El camino de Jehová es fortaleza para el íntegro, pero destrucción para los que cometen maldad.

Prov.11:3 La integridad de los rectos los encaminará, más destruirá a los pecadores su propia perversidad.

Prov.11:5-6 /5: La justicia del íntegro endereza su camino, pero el malvado caerá por su impiedad.

6 La justicia de los rectos los librará, pero los pecadores en su codicia serán atrapados.

Prov.11:20 Abominación son a Jehová los perversos de corazón, pero los íntegros de camino le son agradables.

Prov.13:6 La justicia guarda el camino del íntegro, pero la maldad trastornará al pecador.

- o Es injusto considerar tonto a un hombre sólo porque se niegue a participar en las tonterías ajenas. Hecht.
- o Los hombres somos más capaces de grandes acciones que de buenas acciones. Charles de Secondt Montesquieu
- o No es valiente el que desafía la muerte, sino el que impávido soporta la desgracia. Philip Massinger

Cuento

Un tío abuelo llamado Antonio, que vivió en la ciudad de Pasto pues, va al cine, y la chica de la taquilla le dice:

- Señor, esta es la quinta vez que compra su entrada.

Y el tío Antonio le contesta:

- Es que el tío de la puerta me la rompe, pues.

Cuento

Sabías que el gato es un animal de doble oficio. Afirma el colega de Antonio.
¿Cómo así?, pues yo lo ignoraba, explícamelo.
Mira, es simple análisis: Él es gato, y además araña.
Pensándolo bien tienes razón…….. ¡Como tu hermana entonces!
¿Qué tiene que ver mi hermana?
Es simple análisis: Ella es Zorra y Cobra.

<u>Anécdota.</u>

En 1984 tuve la oportunidad de trabajar para una empresa en un grupo de empresarios Colombianos íntegros (Grupo Espinosa) en el sentido estricto de la palabra, al menos esa fue la impresión que me forme en los siete años que lo hice hasta que me retiré. No obstante las dificultades financieras que la empresa vivía, siempre lo resolvieron con justicia y honestidad. Había allí dos hombres que lideraban la empresa el Gerente General el Dr. Iván Botero Jaramillo y el Colega Dr. Néstor Arias Palacios.

Al cabo de un año de trabajar con ellos, el gerente Administrativo Dr. Néstor Arias me pidió el favor que le consiguiera dos vigilantes en la Iglesia de Jesucristo de los S.U.D., que fueran honrados y estuvieran en condiciones de laborar. Lleve allá a Alexander Mejía un hombre como de unos 50 años y un joven de 24 años llamado Jesús Emilio Gómez.

Ellos trabajaron juntos aproximadamente 4 años y después se retiró Jesús Emilio quedando Alexander Mejía.

1.990, en una reunión administrativa con: el Gerente General, el director de producción o técnico, el jefe de mantenimiento, el Gerente Administrativo, y otros, se propuso por parte del gerente administrativo nuevo Sr. Jaime, xxx, que deberían cambiar los vigilantes y contratar una empresa especializada, a lo cual el Gerente General Dr. Botero se opuso rotundamente debido a que era co-religioso mío, y en él tenía absoluta confianza, mucha más que sobre cualquier desconocido.

Al cabo de 15 días el jefe de personal me cuestiono sobre si en caso de necesidad Alexander podría disparar, a lo cual yo afirme que por supuesto, él debía hacerlo si fuere necesario y sin dudar.

Pasados 12 días aproximadamente estando Alexander de guardia en el turno de domingo de 6:00 P.M. a 6 A.M. del día siguiente tuvo él la siguiente experiencia:

Pasadas las 12 de la noche de ese domingo, me preparé para hacer la ronda y marcar el reloj dispuesto en el extremo contiguo al rio, cerca de la carretera interna donde quedaba la bodega de pieles frescas y saladas. Invite al trabajador responsable de los fulones o biombos para las pieles que estaban en proceso productivo en ese turno, pues estaba en la portería en ese momento. A él le entregue la escopeta y yo me llevé el revólver. Al llegar cerca de la bodega de pieles aparecieron 7 hombres tapadas sus caras, que abrieron fuego contra nosotros, hiriendo con tres disparos a mi compañero el trabajador, quien se dobló inmediatamente. Yo procedí a esconderme detrás de unos materiales y desde allí abrí fuego a los asaltantes. Aquella madrugada tomamos cautivos herido uno, otro parece se desangro en el rio, y otro más fue capturado al mucho rato por la policía, en un sitio cercano.

Tales maleantes llevaban un camión, que habían aparcado cerca de la factoría.

Según Alexander, no se sintió bien con haber disparado, sin embargo él cumplió con su responsabilidad, además de que protegió: la vida de su compañero herido, la empresa, su propia vida, además de su trabajo.

El hecho de haber generado confianza absoluta a los directivos, le permitió a Alexander mantener su puesto de trabajo con integridad todo el tiempo hasta que se retiró.

1.2.2 Intelectual

Es aquel que partiendo del deseo del saber la verdad, procura mediante la iniciativa propia, dar rienda suelta a la investigación. Es propia de las mentes disciplinadas, que no se contentan con el conocimiento adquirido en sus aulas, sino que van más allá, para reafirmar sus ideas, encontrar las verdades, etc.

Ecles.1:17 Y dediqué mi corazón a conocer la sabiduría y a conocer las locuras y los desvaríos; supe que aun esto era aflicción de espíritu.

18 Porque en la mucha sabiduría hay mucha angustia; y quien añade conocimiento, añade dolor.

o   Lo que de Dios está escrito, sin duda se cumplirá.
o   En tanto que haya alguien que crea en una idea, la idea vive. José Ortega y Gasset.
o   El pensamiento se alimenta con ideas, y no con carne y con patatas, como creen muchos hombres y mujeres. Gregorio Marañón.

Cuento

La profesora explicaba:
El animal que tiene cuatro patas es un cuadrúpedo.
Se dirige a un alumno y le pregunta:
¿Y tú que tienes dos, cómo te llamas?
Jaimito.

Cuento

En el consultorio de un vidente.
Veo un accidente…. Si, si, si, veo un accidente donde será victima su marido.
Siiiii. Ya lo sé, lo que quiero saber es si saldré libre de cargos.

Comentario

Albert Einstein. Ideas acerca de lo que fue este genio.

En el siglo XVII, la sencillez y elegancia con que Isaac Newton había logrado explicar las leyes que rigen el movimiento de los cuerpos y el de los astros, unificando la física terrestre y la celeste, deslumbró hasta tal punto a sus contemporáneos que llegó a considerarse completada la mecánica. A finales del siglo XIX, sin embargo, era ya insoslayable la relevancia de algunos fenómenos que la física clásica no podía explicar. Correspondió a Albert Einstein superar tales carencias con la creación de un nuevo paradigma: la teoría de la relatividad, punto de partida de la física moderna

En tanto que presentó el modelo explicativo completamente alejado del sentido común, la relatividad se cuenta entre aquellos avances que, en los albores del siglo XX, conducirían al divorcio entre la gente corriente y una ciencia cada vez más especializada e ininteligible. No obstante, ya en vida del físico o póstumamente, incluso los más sorprendentes e incomprensibles aspectos de la relatividad acabarían siendo confirmados. No debe extrañar, pues, que Albert Einstein sea uno de los personajes más célebres y admirados de la historia de la ciencia: saber que son ciertas tantas ideas apenas concebibles (por ejemplo, que la masa de un cuerpo aumenta con la velocidad) no deja más opción que rendirse a su genialidad.

Albert Einstein nació en la ciudad bávara de Ulm el 14 de marzo de 1879. Fue el hijo primogénito de Hermann Einstein y de Pauline Koch, judíos ambos, cuyas familias procedían de Suabia. Al siguiente año se trasladaron a Múnich, en donde el padre se estableció, junto con su hermano Jakob, como comerciante en las novedades electrotécnicas de la época.

El pequeño Albert fue un niño quieto y ensimismado, y tuvo un desarrollo intelectual lento. El propio Einstein atribuyó a esa lentitud el hecho de haber sido la única persona que elaborase una teoría como la de la relatividad: «un adulto normal no se inquieta por los problemas que plantean el espacio y el tiempo, pues considera que todo lo que hay que saber al respecto lo conoce ya desde su primera infancia. Yo, por el contrario, he tenido un desarrollo tan lento que no he empezado a plantearme preguntas sobre el espacio y el tiempo hasta que he sido mayor».

En 1894, las dificultades económicas hicieron que la familia (aumentada desde 1881 con el nacimiento de una hija, Maya) se trasladara a Milán; Einstein permaneció en Múnich para terminar sus estudios secundarios, reuniéndose con sus padres al año siguiente. En el otoño de 1896 inició sus estudios superiores en la Eidgenossische Technische Hochschule de Zúrich, en donde fue alumno del matemático Hermann Minkowski, quien posteriormente generalizó el formalismo cuatridimensional introducido por las teorías de su antiguo alumno.

Con todo y ello, el científico siempre reconoció la influencia de Dios en sus escritos, además manifestó que un hombre era más grande cuando sus rodillas estaban cerca del piso.

1.2.3 Inteligencia

Es la capacidad de relacionar los conocimientos adquiridos, para tomar decisiones apropiadas. Es saber elegir la mejor opción.

Prov. 8:22-36 /22 Jehová me poseía en el principio de su camino, antes de sus obras de tiempo antiguo.

23 Desde la eternidad fui instituida, desde el principio, antes de la tierra.

24 Antes que existiesen los abismos fui engendrada, antes que existieran los manantiales con muchas aguas.

25 Antes que los montes fuesen formados, antes que los collados, ya había sido yo engendrada,

26 cuando él aún no había hecho la tierra, ni los campos ni el principio del polvo del mundo.

27 Cuando formaba los cielos, allí estaba yo; cuando trazaba el círculo sobre la faz del abismo,

28 cuando él afirmaba las nubes arriba, cuando reforzaba las fuentes del abismo,

29 cuando ponía al mar su estatuto, para que las aguas no traspasasen su mandato, cuando trazaba los fundamentos de la tierra,

30 con él estaba yo como artífice, y era su delicia cada día, y me regocijaba delante de él en todo tiempo.

31 Me regocijaba en la parte habitable de su tierra, y mis delicias eran con los hijos de los hombres.

32 Ahora pues, hijos, escuchadme: Bienaventurados los que guardan mis caminos.

33 Escuchad la instrucción y sed sabios, y no la desechéis.

34 Bienaventurado el hombre que me escucha, velando a mis puertas cada día, guardando los postes de mis puertas,

35 porque el que me halle hallará la vida y alcanzará el favor de Jehová.

36 Pero el que peca contra mí daña su propia alma; todos los que me aborrecen aman la muerte.

Prov.29:14 El rey que juzga con verdad a los pobresafirmará su trono para siempre.

- o Es terriblemente triste que esto del talento dure más que la belleza. Oscar Wilde.
- o En ciertos momentos, la única forma de tener la razón es perdiéndola. José Bergamín.
- o Es el terreno de la ciencia hablar y privilegio de la sabiduría escuchar. Oliver Wendell Holmes.

Cuento

¿Papá es verdad que le debemos la radio a Marconi?

Eso son chismes, Pepito. Yo la compré y la pague de contado. Además, ni siquiera sé quién es ese tal Marconi.

Comentario

Según las escrituras, antes de nacer o venir a la tierra, éramos inteligencias, y teníamos solo un cuerpo espiritual. Una vez nacemos y a la edad de ocho años adquirimos uso de razón, es decir nos hacemos responsables, por la capacidad de entendimiento. Desde ese momento somos libres para decidir, y como tal aprendemos que ello implica unas consecuencias buenas o malas. Según el plan de Dios vendríamos para progresar, sin embargo tendríamos oposición de parte de las legiones * espirituales que siguen a Lucifer.

* (Legiones son muchos; aquellos que no poseen cuerpo material y siguieron a Lucifer).

Como hijos de Dios seríamos apoyados por de medio ángeles guardianes, mediante susurros de los espíritus dispuestos para ayudarnos. Además tendríamos la luz de Cristo, que nos enseñaría a distinguir el bien del mal. Todos los hijos de Dios la han percibido, y el dejarse guiar por ella, conduce a acciones correctas, pero el no hacerlo nos conduce a acciones incorrectas. Muchos a causa de su persistencia en lo incorrecto, dejaron de recibir tal luz. (La fábula de Pinocho parcialmente muestra una analogía con tal plan. Siendo el grillo, Pepe, el espíritu, que le ilumina o susurra o indica que es lo correcto). Cuando las decisiones son equivocadas, se menosprecia la revelación, y al final ya no se percibe con la claridad, hasta insensibilizarse, a las indicaciones de la luz o susurros, lo cual causa un abandono a su suerte, en cambio los susurros de los espíritus del mal, habrán alcanzado confianza, para mantenerle desviado de las decisiones correctas. Es así como se toman decisiones necias, que perjudican a la familia, al individuo, o al entorno.

1.2.4 Intentar

Intentar es ejecutar o realizar obras o acciones, las cuales procuran resolver problemas, o poner en marcha lo deseado. Es la acción que sigue al deseo. Los intentos son las primeras manifestaciones de obras.

Ecles.10: 4-6/4 El que al viento observa no sembrará; y el que mira a las nubes no segará.
5 Como tú no sabes cuál es el camino del viento, ni cómo *crecen* los huesos en el vientre de la mujer encinta, así también ignoras la obra de Dios, quien hace todas las cosas.
6 Por la mañana siembra tu semilla, y al atardecer no dejes reposar tu mano, porque tú no sabes qué es lo mejor, si esto o lo otro, o si ambas cosas son igualmente buenas.

o   Quien no dice lo que quiere, de tonto se muere.

o   Quien no habla, no es oído.

o   Lo escrito, escrito queda, y las palabras el viento las lleva.

Cuento

En el manicomio
En un apagón:
¡Jo, qué rollo, yo me voy a ver la tele!
¿Pero cómo vas a ver la tele si no hay luz?
¡Bah! Levantaré la persiana.

Cuento

Un comandante de un batallón queriendo rajar a un cabo en el examen
para ascenso le dijo:
Mi cabo, su escuadra ha sido atacada por delante, por detrás, por la
derecha, por la izquierda y por la aviación, ¿qué hace usted?
El cabo le dijo: Mi comandante, yo pedí la baja hace 15 días., a mí no
me trate de meter terror, vuélvase serio.

Comentario

Las conquistas que realizaron los españoles en las Américas, fueron de
las tareas titánicas que se intentaron y cristalizaron en varios tiempos,
pero había algo que ellos ignoraban y fue que eran llevados allá por
la mano del creador, como parte de los gentiles que poblarían, y
subyugarían a los remanentes de los descendientes de José, el hijo de
Jacob, nieto de Abrahán, a quien se le prometió que su descendencia
tendría la responsabilidad y bendición de ser instrumento en las manos
de Dios para bendecir a todas las familias de la tierra, que lo desearan,
lo aceptaran, como su Dios, y creador.

Este proceso describe que estos gentiles traerían las escrituras,
y efectivamente ellos enseñaron sobre el palo de Judá (Biblia) a los
aborígenes del continente durante la conquista. 2 Nefi 3:3- 5, libro

de mormón. Y ahora bien, José, mi último hijo, a quien he traído del desierto de mis aflicciones, el Señor te bendiga para siempre, porque tu posteridad no será enteramente destruida.

4 Porque he aquí, tú eres el fruto de mis lomos; y yo soy descendiente de José que fue llevado cautivo a Egipto. Y grandes fueron los convenios que el Señor hizo con José.

5 Por lo tanto, José realmente vio nuestro día. Y recibió del Señor la promesa de que del fruto de sus lomos el Señor Dios levantaría una rama justa a la casa de Israel; no el Mesías, sino una rama que iba a ser desgajada, mas no obstante, sería recordada en los convenios del Señor de que el Mesías sería manifestado a ellos en los últimos días, con el espíritu de poder, para sacarlos de las tinieblas a la luz; sí, de la obscuridad oculta y del cautiverio a la libertad.

El libro citado refiere que tal rama desgajada efectivamente fueron los Nefitas y los lamanitas que poblaron este continente americano, pero que por desobediencia a los convenios, finalmente los Nefitas fueron raídos de la tierra por sus hermanos, los lamanitas que terminaron por degenerarse, en la incredulidad, pero de todas formas preservados, a causa de que cuando se convertían ellos, al evangelio, se mantenían constantes e inmutables.

Mormón 5:9-15/9 y además, que el conocimiento de estas cosas debe llegar al resto de este pueblo, y también a los gentiles que el Señor ha dicho que dispersarán a este pueblo, y lo considerarán como nada entre ellos, escribo, por lo tanto, un breve compendio, no atreviéndome a dar cuenta completa de las cosas que he visto, por motivo del mandamiento que he recibido, y también para que no os aflijáis demasiado por la iniquidad de este pueblo.

10 Y ahora bien, he aquí, declaro esto a su posteridad y también a los gentiles que se preocupan por la casa de Israel, que comprenden y saben de dónde vienen sus bendiciones.

11 Porque sé que ellos sentirán pesar por la calamidad de la casa de Israel; sí, se afligirán por la destrucción de este pueblo; se lamentarán de que este pueblo no se hubiera arrepentido para ser recibido en los brazos de Jesús.

12 Y se escriben estas cosas para el resto de la casa de Jacob; y se escriben de esta manera porque Dios sabe que en la iniquidad no se las manifestará a ellos; y se ocultarán para los propósitos del Señor, a fin de que aparezcan en su debido tiempo.

13 Y este es el mandamiento que he recibido; y he aquí, aparecerán según el mandamiento del Señor, cuando él, en su sabiduría, lo juzgue prudente.

14 Y he aquí, irán a los incrédulos entre los judíos; e irán con este fin: que sean convencidos de que Jesús es el Cristo, el Hijo del Dios viviente; para que el Padre realice, por medio de su muy Amado, su grande y eterno propósito de restaurar a los judíos, o sea, a toda la casa de Israel, a la tierra de su herencia, que el Señor su Dios les ha dado, para el cumplimiento de su convenio;

15 y también para que la posteridad de este pueblo crea más plenamente su evangelio, el cual irá de los gentiles a ellos; porque este pueblo será dispersado, y llegará a ser una gente de color obscuro, inmunda y aborrecible, sobrepujando a la descripción de cuanto se haya visto entre nosotros; sí, y aun lo que haya habido entre los lamanitas; y esto a causa de su incredulidad y su idolatría.

1.2.5 Intuición

Aquel individuo que percibe soluciones a los problemas. Unos le llaman corazonada, pero es revelación, otros lo llaman iluminación, etc. El caso es que a medida que desarrollamos tareas y se van trasegando etapas, las ideas van aflorando, y se van desarrollando las etapas, mediante pruebas, etc…

Percepción para orientarnos y tomar decisiones ante los desafíos cotidianos.

1 de reyes 8:38-39/38 toda oración y toda súplica que haga cualquier hombre, o todo tu pueblo Israel, cuando cualquiera sienta el remordimiento de su corazón, y extienda sus manos hacia esta casa,

39 escucha tú en los cielos, en el lugar de tu morada, y perdona, y actúa, y da a cada uno conforme a sus caminos, cuyo corazón tú conoces (porque solo tú conoces el corazón de todos los hijos de los hombres);

o   El sol, Las estrellas, y los gallos son los relojes del campo.
o   El solo mudar de aires, cura muchas enfermedades.
o   El niño engorda para vivir y el viejo para morir.

Cuento

Dos muy buenos amigos, se reencuentran después de mucho tiempo:
¿Sabes una cosa?
¿Cómo voy a saberla si no la dice?
¿Cómo voy a decirlo, si tampoco la sé?

<u>Comentario</u>

Los talentos los recibimos pero hemos de descubrirlos y perfeccionarlos. Sino los perfeccionamos, serán como menospreciarlos. Dios también puede hacer que nosotros superemos defectos, minusvalías, o incluso incapacidades, pero hemos para ello de esforzarnos.

Parábola de las diez minas:

Lucas 19:11-27 /11 Y oyendo ellos estas cosas, prosiguió *Jesús* y dijo una parábola, por cuanto estaba cerca de Jerusalén y porque ellos pensaban que el reino de Dios había de ser manifestado inmediatamente.
12 Dijo, pues: Un hombre noble partió a una provincia lejana para recibir un reino y volver.
13 Y llamó a diez siervos suyos, les dio diez minas y les dijo: Negociad entre tanto que vuelva.
14 Pero sus conciudadanos le aborrecían y enviaron tras él una embajada, diciendo: No queremos que éste reine sobre nosotros.
15 Y aconteció que, al volver él, habiendo recibido el reino, mandó llamar ante él a aquellos siervos a los cuales había dado el dinero, para saber lo que había negociado cada uno.

16Y vino el primero, diciendo: Señor, tu mina ha ganado diez minas.

17 Y él le dijo: Bien, buen siervo; por cuanto en lo poco has sido fiel, tendrás autoridad sobre diez ciudades.

18 Y vino otro, diciendo: Señor, tu mina ha producido cinco minas.

19 también a éste dijo: Tú también estarás sobre cinco ciudades.

20 Y vino otro, diciendo: Señor, he aquí tu mina, la cual he tenido guardada en un pañuelo,

21 porque tuve miedo de ti, por cuanto eres hombre severo, que tomas lo que no pusiste y siegas lo que no sembraste.

22 Entonces él le dijo: Mal siervo, por tu propia boca te juzgo. Sabías que yo soy hombre severo, que tomo lo que no puse y que siego lo que no sembré.

23 ¿Por qué, pues, no pusiste mi dinero en el banco, para que, al volver yo, lo hubiera recibido con los intereses?

24 Y dijo a los que estaban presentes: Quitadle la mina y dadla al que tiene las diez minas.

25 Y ellos le dijeron: Señor, tiene diez minas.

26 Pues yo os digo que a todo el que tiene, le será dado; más al que no tiene, aun lo que tiene le será quitado.

27 Y también a aquellos mis enemigos que no querían que yo reinase sobre ellos, traedlos acá y matadlos delante de mí.

El siervo flojo intuyó que efectivamente se le pedirían cuentas, pero por lo menos debió colocar el dinero a interés, para que no perdiera valor en el tiempo. Sucede igual con nuestros talentos.

1.2.6 Inventiva

Persona que usa el talento y conocimiento para solucionar problemas con dispositivos, procedimientos o mecanismos adicionales de ayuda personal.

Somos seres inteligentes, y como tal podemos generar soluciones a los desafíos que se tienen en la vida. Al meditar sobre como orientar las posibles soluciones podemos crear cosas, establecer métodos, implementar políticas, etc... Somos creados a imagen y semejanza de Dios. Los descubrimientos e inventos lo confirman.

Dios realizó muchos milagros, para demostrar el apoyo a su pueblo, pero muchos no lo percibieron o no lo apreciaron:

Deuteronomio 8:4 Tu ropa nunca se envejeció sobre ti, ni el pie se te ha hinchado durante estos cuarenta años.

- o El buen calamar, en todos los mares sabe nadar.
- o No soy Séneca, ni Merlín, más entiendo ese latín.
- o Ninguno de su suerte está contento, ni los están todos de su talento.

Cuento

La rueda del coche de Plácido se pincha delante de un manicomio.
Se baja y quita las tuercas de la rueda: las tuercas resbalan y caen en un agujero imposible de recuperarlas fácilmente.
Uno de los internos del manicomio, que observaba por una ventana, le llama la atención al Sr: Placido y aconseja a conductor.
Quite una tuerca de cada una de las otras ruedas para asegurar la que está suelta, en tanto llega al almacén de repuestos.
¡Genial! ¡Qué excelente idea! No se me habría ocurrido. ¿No sé por qué está usted aquí?
Estoy aquí por loco, ¡pero no por bruto!

Comentario

Gedeón, líder Israelita procuró confirmar si en verdad venía de Dios el emisario y por ello se ideó una forma para confirmar que efectivamente viniera de Dios, pues los ángeles del maligno engañan: Jueces 6:11-24/ 11 Y vino el ángel de Jehová y se sentó debajo de la encina que está en Ofra, la cual era de Joás, el abiezerita; y su hijo Gedeón estaba sacudiendo el trigo en el lagar, para esconderlo de los madianitas.

12 Y el ángel de Jehová se le apareció y le dijo: Jehová está contigo, hombre poderoso y valiente.

13 Y Gedeón le respondió: Ah, señor mío, si Jehová está con nosotros, ¿por qué nos ha sobrevenido todo esto? ¿Y dónde están todas sus maravillas que nuestros padres nos han contado, diciendo?: ¿No nos sacó Jehová de Egipto? Y ahora Jehová nos ha desamparado y nos ha entregado en manos de los madianitas.

14 Y mirándole Jehová, le dijo: Ve con esta tu fuerza y salvarás a Israel de manos de los madianitas. ¿No te envío yo?

15 Entonces le respondió: Ah, señor mío, ¿con qué salvaré a Israel? He aquí que mi familia es pobre en Manasés, y yo el menor en la casa de mi padre.

16 Y Jehová le dijo: Ciertamente yo estaré contigo, y derrotarás a los madianitas como a un solo hombre.

17 Y él respondió: Yo te ruego que si he hallado gracia delante de ti, me des señal de que tú has hablado conmigo.

18 Te ruego que no te vayas de aquí hasta que yo vuelva a ti, y traiga mi ofrenda y la ponga delante de ti. Y él respondió: Yo esperaré hasta que vuelvas.

19 Y entró Gedeón y preparó un cabrito y panes sin levadura de un efa de harina; y puso la carne en un canastillo y el caldo en una olla, y se los llevó y se los presentó debajo de aquella encina.

20 Y el ángel de Dios le dijo: Toma la carne y los panes sin levadura, y ponlos sobre esta peña y vierte el caldo. Y él lo hizo así.

21 Y extendió el ángel de Jehová el bastón que tenía en la mano, y tocó con la punta la carne y los panes sin levadura; y subió fuego de la peña, el cual consumió la carne y los panes sin levadura. Y el ángel de Jehová desapareció de su vista.

22 Y vio Gedeón que era el ángel de Jehová, y dijo: Ah, Señor Jehová, pues he visto al ángel de Jehová cara a cara.

23 Y Jehová le dijo: Paz a ti; no tengas temor, no morirás.

24 Y edificó allí Gedeón altar a Jehová y lo llamó Jehová-salón, el cual permanece hasta hoy en Ofra de los abiezeritas.

1.3.1 Investigar

Es la acción de buscar más conocimiento por medio de los libros, internet, diálogos con los que se conocen los temas. También se le agrega: la observación, escuchar y preguntar o investigar, las premisas del método Roer 7*4

Prov.16:4 Todas las cosas ha hecho Jehová para sus propios fines, y aun al malvado para el día malo.

o   No firmes carta que no leas, ni bebas agua que no veas.
o   No aprovecha lo comido, sino lo digerido.
o   El discípulo que no duda, no sabrá jamás cosa alguna.
o   Estudiante memorista, loro a simple vista.

Cuento

Un experto detective indaga a un transeúnte.
¿Vio usted a un hombre doblándola esquina?
No. Cuando llegue, la esquina ya estaba doblada.

Comentario

Tuve el privilegio de estudiar en dos universidades con dos modalidades diferentes de horarios y formas una de ellas presencial y la otra a distancia. Posteriormente tuve también ese privilegio de enseñar de las dos formas, y para mi sana impresión concluí que los estudiantes de la modalidad a distancia, eran más esforzados, y se preparaban mejor que los de la presencial.

La razón era muy simple y es que los estudiantes de la modalidad presencial recibían el material, relajados, condicionados a lo que el profesor exponía en las clases y no se hacía mucha investigación, en cambio los estudiantes de la modalidad a distancia debido a sus desafíos semanales de tener preparados los materiales, para la única clase en la semana, en la que se impartían soluciones a dudas, siempre iban más preparados y dispuestos a profundizar en los temas.

Este sistema de distancia era para mí muy bueno, pues tanto como estudiante como catedrático, experimenté, que el nivel de aprendizaje se intensificaba en cambio en la modalidad presencial los alumnos solo se esforzaban por estudiar faltando dos días para el examen.

Igual debería de suceder en nuestras vidas, no esperar que nos llegue el momento de la muerte, para profundizar en la investigación de las cosas, y debemos usar el método apropiado, no sea que investiguemos, y nos parezca hallar petróleo, y profundicemos en un mismo sitio, hasta lograr inclusive salir al otro lado del globo terráqueo sin dar con el chiste, pues hay cosas del espíritu y cosas de esta vida que debemos preguntar a quién lo creo todo, aunque no lo veamos, pues igual que la gravedad, la energía, los sonidos, el aire, y más cosas están presentes, pero no las vemos, podemos notar su efecto, pero solo las sentimos a medida que nos vamos familiarizando con su sana influencia, si la del espíritu Santo.

Que necio fui cuando negaba lo que no sabía, y me prive de tomar mejores decisiones porque andaba solo, sin necesidad.

CAPITULO X

Jugadas buenas que le hacen sabio con letras diferentes a la i

1.3.2 Acción, activo, acucioso

Los hechos de cada hombre son propios de él, al fin y al cabo tiene su libre albedrio a no ser de que este enajenado, y actúe por y a favor de otro, sea por coacción, etc. En legislación las actuaciones del estado se denominan acto del gestor.

Activo o acucioso, se refiere a quien esmeradamente se dedica a efectuar obras. Que se preocupa, ocupa y ejecuta.

Prov.21:25 El deseo del perezoso le mata, porque sus manos no quieren trabajar.

- o Cuando la piedra ha salido de la mano, pertenece al diablo.
- o La acción y la crítica son fáciles, no tanto el pensamiento. Gilbert Keith Chesterton
- o Dormido o no, hambriento o no, siempre se puede hacer algo cuando se sabe que no queda más remedio que hacerlo. George Bernard Shaw.

Cuento

Un científico famoso camino de una conferencia su chofer le comenta: Señor, si me permite que se lo diga, he oído tantas veces su discurso que sería capaz de repetirlo al pie de la letra en el supuesto de que usted se pusiera enfermo.

Eso es imposible, afirma el científico.

¿Quiere hacer una apuesta? Propone el chófer.

El científico acepta la apuesta y se intercambian las ropas. Cuando llegan al local donde se va a celebrar la conferencia, cada uno adopta la personalidad del otro.

El chófer se dirige a la tribuna mientras que el científico se sienta en la última fila. Después de la ponencia comienza el turno de preguntas: El chofer contesta una tras otra sin dudar, pero uno de los asistentes le formula una cuestión de extrema complejidad, a la que sin perturbarse lo más mínimo, el chófer contesta:

Mi querido colega, esa pregunta es tan fácil que me voy a permitir que sea mi chofer; quien se la responda a fin de que usted mismo perciba la simplicidad de la misma.

Comentario

José, el hijo de Jacob, no obstante que fue encarcelado injustamente, por guardar los mandamientos, no consideró a la esposa de Potifar su enemiga, no la delató; inclusive en la cárcel, siguió siendo fiel al servicio, y así se ganó la confianza del carcelero, pues José tenía buena actitud, y estaba para hacer el bien a todos, según lo aprendido:

Génesis 39:20-23 /20 Y tomó su amo a José y le puso en la cárcel, donde estaban los presos del rey, y estuvo allí en la cárcel.

21 Más Jehová estaba con José y le extendió su misericordia, y le dio gracia ante los ojos del jefe de la cárcel.

22 Y el jefe de la cárcel entregó en manos de José a todos los presos que había en aquella prisión; todo lo que se hacía allí, él lo hacía.

23 No atendía el jefe de la cárcel cosa alguna de las que estaban en manos de José, porque Jehová estaba con él, y lo que él hacía, Jehová lo prosperaba.

Posteriormente José fue llevado a la corte para valorar un sueño del faraón, el cual lo lleno de favores a causa de la gratitud e inteligencia que mostró ante la interpretación del sueño del mismo, poniéndolo como segundo en autoridad, en todo el reino de Egipto, como lo indica la historia que muchos conocemos. La causa fue que el espíritu estaba con él y podía tomar decisiones acertadas, cosa contraria a los magos y adivinos, que asesoraban al Faraón.

Todo por causa de que José se esforzaba al máximo por hacer las cosas bien y con la guía del espíritu, los resultados eran más evidentes. También en la vida cotidiana de nosotros, hemos de buscar esa guía a través de la oración, ayuno, y buena voluntad en hacer las cosas, a fin de que hagamos del éxito nuestra bandera.

1.3.3 Actitud, aptitud

La actitud indica la manera o forma de actuar o enfrentar algún desafío o tarea. Puede ser positiva, o negativa. Es una característica de la forma de actuar. Es la forma de orientarse respecto de una acción, la cual podría ser de disposición de aceptarla con interés o con desidia.

En ocasiones es sorprendente el comportamiento injusto que podemos adoptar ante algo que no esperábamos, y que puede ser síntoma de egoísmo, por el gozo u oportunidades abiertas a otros que tal vez no se esforzaron tanto como nosotros.

La aptitud es la capacidad para desempeñar una función o ejecutar una tarea. Los atributos que lo identifican o lo hacen apto para garantizar que un trabajo puede ser realizado bien o mal.

Prov.27:19 Como el agua refleja el rostro, así el corazón del hombre refleja al hombre.

o   A mí me parecen bien muchas cosas, Y de lo que no me parece bien me aparto. Me refiero, en vez de molestarme en cambiar cosas, gozar la existencia de las que ya me parecen bien. Thomas Burke.

o   El número de los locos es tan grande, que la prudencia se ve obligada a ponerse bajo su protección. San Agustín.

o   Es injusto considerar tonto a un hombre solo porque se niegue a participar en las tonterías ajenas. Hecht

Cuento

Durante el sermón, un pequeño empezó a llorar mucho y su mamá decidió llevárselo fuera del recinto.
Por favor señora mía, dijo el sacerdote. El niño no me molesta en absoluto,
Ya lo sé, pero usted molesta al niño.

Comentario

Cada vez que tenemos la oportunidad de observar con detenimiento las cosas, podemos verlas con una actitud, diferente dependiendo del estado de ánimo, en que nos encontremos, sin embargo aunque ello pudiera alterar nuestra determinación de hacer lo correcto, deberíamos antes de tomar una acción ponernos en la posición de la otra persona, de meditar que haría el Salvador Jesucristo en nuestra situación. Estoy más que seguro que nuestra acción sería diferente si estuviéramos ofuscados, intranquilos, o resueltos a iniciar una contención. Quedaríamos desarmados y nuestra actitud cambiaria y bastante, a no ser que nuestro espíritu haga caso omiso a la positiva influencia del Espíritu.
En Lucas, capítulo 17, leemos:

"Yendo Jesús a Jerusalén, pasaba entre Samaria y Galilea.

"Y al entrar en una aldea, le salieron al encuentro diez hombres leprosos, los cuales se pararon de lejos "y alzaron la voz, diciendo: ¡Jesús, Maestro, ten misericordia de nosotros!

"Cuando él los vio, les dijo: Id, mostraos a los sacerdotes. Y aconteció que mientras iban, fueron limpiados.

"Entonces uno de ellos, viendo que había sido sanado, volvió, glorificando a Dios a gran voz,

"y se postró rostro en tierra a sus pies, dándole gracias; y este era samaritano.

"Respondiendo Jesús, dijo: ¿No son diez los que fueron limpiados? Y los nueve, ¿dónde están?

"¿No hubo quien volviese y diese gloria a Dios sino este extranjero?

"Y le dijo: Levántate, vete; tu fe te ha salvado". (Lucas 17:11–19.)

Nueve de ellos no volvieron y no se sabe si fueron en su corazón lo suficientemente agradecidos, pero si sabemos de uno que al verse limpio, corrió para expresar con gozo las gracias a Jesús, y ello le significó además el perdón de sus pecados. Qué actitud tan diferente la de este último en comparación con la actitud de la indiferencia de los otros nueve.

En el caso de la expresión **aptitud,** podemos ver que Jesucristo era apto para hacer los milagros porque tenía: poder, deseo, y además la fe de los leprosos ayudo. Ellos obedecieron a la solicitud de ir donde los sacerdotes, pero la **actitud** de ellos de no dar gracias a quien les sanó, les impidió sanarse espiritualmente.

1.3.4 Admirables

Algo impactante a los sentidos, mente o corazón; agradable, que por sus expresiones, actos o habilidad genera respeto o suficiente consideración. Este es uno de los nombres dados al Mesías.

Prov.30: 24-28/24 Cuatro cosas son de las más pequeñas en la tierra, pero son más sabias que los sabios:

25 Las hormigas, pueblo no fuerte, pero en el verano preparan su comida;

26 los tejones, pueblo nada esforzado, pero hacen su casa en la piedra;

27 las langostas, que no tienen rey, pero salen todas por cuadrillas;

28 la lagartija, que se puede atrapar con las manos, pero está en palacios reales.

o   Al buen trabajador todo le vale.
o   A la buena mujer, poco freno basta.
o   La mujer honesta, el hacer algo es fiesta.

Cuento

Una viuda se pone en contacto con su marido a través de una médium:

- Pepe. Mi querido Pepito, ¿estás ahí?
- Sí, aquí estoy.
- ¿Y qué tal estás? ¿Mejor que aquí en la Tierra conmigo?
- Sí, sí. La verdad es que mucho mejor.
- ¡Pepito cuéntame, ¿cómo es el Cielo?
- ¿El Cielo? ¡Pero si yo estoy en el Infierno!

Comentario

Historia de uno de los milagros de Josué.

A Josué le toco conducir al pueblo de Israel a la tierra de Canaán, y llenar de confianza al pueblo de su Dios para que no extrañaran a su antiguo líder Moisés, pero Jehová estaba con él y así se los demostró con los milagros:

Josué 3:5-17/5 Y Josué dijo al pueblo: Santificaos, porque Jehová hará mañana maravillas entre vosotros.

6 Y habló Josué a los sacerdotes, diciendo: Tomad el arca del convenio y pasad delante del pueblo. Y ellos tomaron el arca del convenio y fueron delante del pueblo.

7 Entonces Jehová dijo a Josué: Desde este día comenzaré a engrandecerte ante los ojos de todo Israel, para que entiendan que como estuve con Moisés, así estaré contigo.

Tú, pues, mandarás a los sacerdotes que llevan el arca del convenio, diciendo: Cuando hayáis entrado hasta el borde del agua del Jordán, os detendréis en el Jordán.

9 Y Josué dijo a los hijos de Israel: Acercaos acá, y escuchad las palabras de Jehová vuestro Dios.

10 Y añadió Josué: En esto conoceréis que el Dios viviente está en medio de vosotros, y que él echará de delante de vosotros al cananeo, y al heteo, y al heveo, y al ferezeo, y al gergeseo, y al amorreo, y al jebuseo.

11 He aquí, el arca del convenio del Señor de toda la tierra pasará el Jordán delante de vosotros.

Tomad, pues, ahora doce hombres de las tribus de Israel, uno de cada tribu.

Y acontecerá que cuando las plantas de los pies de los sacerdotes que llevan el arca de Jehová, Señor de toda la tierra, se asienten sobre las aguas del Jordán, las aguas del Jordán se dividirán, porque las aguas que vienen de arriba se detendrán como en un muro.

14 Y aconteció que cuando partió el pueblo de sus tiendas para pasar el Jordán, y los sacerdotes iban delante del pueblo llevando el arca del convenio,

15 y cuando los que llevaban el arca entraron en el Jordán, y los pies de los sacerdotes que llevaban el arca se mojaron a la orilla del agua (porque el Jordán suele desbordarse por todas sus orillas todo el tiempo de la siega),

16 las aguas que venían de arriba se detuvieron como en un muro bien lejos de la ciudad de Adán, que está al lado de Saretán; y las que descendían al mar de los llanos, al mar Salado, se detuvieron por completo y se dividieron; y el pueblo pasó derecho hacia Jericó.

17 Mas los sacerdotes que llevaban el arca del convenio de Jehová permanecieron firmes en tierra seca en medio del Jordán, hasta que todo el pueblo hubo acabado de pasar el Jordán; y todo Israel pasó en seco.

1.3.5 Altruismo

Es el interés de actuar por y a favor de otros esmeradamente y ante todo desinteresadamente. Podemos citar el ejemplo que dan los donantes de sangre, quienes pensando en solidarizarse con el prójimo, donan su plasma sin saber quién podrá ser el beneficiado. También las personas que generosamente ayudan a las demás en rescates, etc. como lo hacen los cuerpos de bomberos donde en algunos países talesfuncionesson voluntarias.

La forma de actuar de Jesucristo respecto de los demás era ciertamente altruista, él sentía compasión y se llenaba de misericordia y obraba milagros, no importando la condición, o quien fuera, actuaba, no dejaba ir a nadie con las manos vacías, si es que era genuino el deseo de ser mejor y creer, e incluso sanó a muchos ingratos.

Mateo 15: 29-38 /29 Y partiendo Jesús de allí, vino junto al mar de Galilea; y subiendo al monte, se sentó allí.
30 Y vino a él mucha gente que tenía consigo cojos, ciegos, mudos, mancos y muchos otros enfermos; y los pusieron a los pies de Jesús, y él los sanó;
31 de manera que la gente se maravillaba viendo a los mudos hablar, a los mancos quedar sanos, a los cojos andar y a los ciegos ver; y glorificaban al Dios de Israel.
32 Y Jesús, llamando a sus discípulos, dijo: Tengo compasión de la gente, porque ya hace tres días que permanecen conmigo y no tienen qué comer; y no quiero despedirlos en ayunas, para que no desmayen por el camino.
33 Entonces sus discípulos le dijeron: ¿Dónde podríamos conseguir nosotros tantos panes en el desierto para saciar a una multitud tan grande?

34 Entonces Jesús les dijo: ¿Cuántos panes tenéis? Y ellos dijeron: Siete, y unos pocos pececillos.

35 Y mandó a la gente que se recostase en tierra.

36 Y tomando los siete panes y los peces, dio gracias, los partió y dio a sus discípulos, y los discípulos a la gente.

37 Y comieron todos y se saciaron; y de lo que sobró de los pedazos recogieron siete cestas llenas.

38 Y los que comieron fueron cuatro mil hombres, sin contar las mujeres y los niños.

o   Haz bien y no mires a quien.
o   No sepa la mano izquierda lo que hizo la derecha.
o   El amigo verdadero, ni contra tu honra, ni contra tu dinero.

Cuento

En el sótano del manicomio, dos locos hacen dinero falso. Cuando los primeros billetes están listos, uno de ellos hace la prueba. Y vuelve contento.

El colega de la habitación 644 le cambio un billete de cincuenta por dos setenta y cinco.

Cuento

Un caníbal le dice a otro:
Oye, Casimiro, te veo muy atareado. ¿Puedo echarte una mano?
No, gracias responde el otro caníbal, acabo de comer y no me cabe ni una más.

Comentario

El rey Saúl, siempre estuvo dispuesto a matar a David por los celos que le producían el que el pueblo le aclamará y además porque había sido ungido Rey, aunque parece que aún no lo sabía, pero su hijo mayor de Saúl, Jonathan, siendo el heredero legitimo al trono, fue altruista al ayudarle a David a escapar de manos de su padre, y siempre mostro lealtad y considerado aprecio.

1 Samuel 19:1-11/1 Y habló Saúl a Jonatán, su hijo, y a todos sus criados, para que matasen a David; más Jonatán hijo de Saúl apreciaba a David en gran manera.

2 Y Jonatán le dio aviso a David, diciendo: Saúl, mi padre, procura matarte; por tanto, ten cuidado, te ruego, hasta la mañana y escóndete en un paraje oculto.

3 Y yo saldré y estaré junto a mi padre en el campo donde estés; y hablaré de ti a mi padre y te haré saber lo que vea.

4 Y Jonatán habló bien de David a su padre Saúl y le dijo: No peque el rey contra su siervo David, porque ninguna cosa ha cometido contra ti, y porque sus obras para contigo han sido muy buenas.

5 Pues él puso su vida en su mano y mató al filisteo, y Jehová hizo una gran salvación a todo Israel. Tú lo viste y te regocijaste. ¿Por qué, pues, pecarás contra sangre inocente, matando a David sin causa?

6 Y Saúl escuchó la voz de Jonatán, y Saúl juró: ¡Vive Jehová, que no morirá!

7 Entonces Jonatán llamó a David y le declaró todas estas palabras; y él mismo llevó a David ante Saúl, y estuvo delante de él como antes.

8 Y volvió a haber guerra, y salió David y peleó contra los filisteos, y los hirió con gran mortandad, y huyeron delante de él.

9 Y el espíritu malo que no era de parte de Dios, y David tomaba el arpa y tocaba con su mano; y Saúl tenía alivio, y estaba mejor, y el espíritu malo se apartaba de él. (TJS 1 Samuel 16:23)

10 Y Saúl procuró clavar a David con la lanza en la pared, pero él se apartó de delante de Saúl, y la lanza se clavó en la pared; y David huyó y aquella noche escapó.

11 Saúl envió luego mensajeros a casa de David para que lo vigilasen y lo matasen por la mañana. Pero Mical, su esposa, le avisó a David, diciendo: Si no salvas tu vida esta noche, mañana estarás muerto.

1.3.6 Amar al enemigo

Sabio consejo es el de amar al enemigo, púes no sabes cuándo te encontraras en sus manos.

El dar buen trato a quien nos considera su enemigo es algo que nos acercará más a Dios, y además la mejor forma de acabar con los enemigos es hacerlos nuestros amigos.

Prov.25:21-22 / 21 Si tu enemigo tuviere hambre, dale de comer pan; y si tuviere sed, dale de beber agua,
22 porque brasas amontonarás sobre su cabeza, y Jehová te lo pagará.

Mateo 5:43-48/43 Oísteis que fue dicho: Amarás a tu prójimo y aborrecerás a tu enemigo.44 Pero yo os digo: Amad a vuestros enemigos, bendecid a los que os maldicen, haced bien a los que os aborrecen, y orad por los que os ultrajan y os persiguen;
45 para que seáis hijos de vuestro Padre que está en los cielos, que hace salir su sol sobre malos y buenos, y hace llover sobre justos e injustos.
46 Porque si amáis a los que os aman, ¿qué recompensa tendréis? ¿No hacen también lo mismo los publicanos?
47 Y si saludáis a vuestros hermanos solamente, ¿qué hacéis de más? ¿No hacen también así los gentiles?
48 Sed, pues, vosotros perfectos, así como vuestro Padre que está en los cielos es perfecto.

- o   Lo que tú quieres que otros no digan, tú lo has de callar primero. Juan Luis Vives
- o   No sabe hablar quien no sabe callar. Pitágoras
- o   Contra el callar no hay castigo ni respuesta. Cervantes.

Cuento

Dos abogados iban en un vuelo a Londres. Uno de ellos se sentó junto a la ventana y el otro en el asiento de en medio. Al momento de despegar, un ingeniero se sentó en el asiento del pasillo, junto a los dos abogados.

El ingeniero se quitó los zapatos y se disponía a dormir cuando el abogado de la ventana dijo:

- Creo que voy a levantarme por una Coca.
- No hay problema, yo se la traigo - dijo el ingeniero.

En cuanto fue por el refresco, uno de los abogados tomó uno de los zapatos del ingeniero y escupió dentro. Cuando volvió con la coca, el otro abogado dijo:

- Ya se me antojó. Yo también voy a ir por una. Nuevamente el ingeniero se levantó gentilmente por otra Coca; en cuanto se fue el otro abogado tomó el segundo zapato del ingeniero y escupió dentro de él. El ingeniero regresó y todos se sentaron por un buen rato sin hablar. Cuando el avión estaba aterrizando, el ingeniero se puso los zapatos y descubrió lo que había pasado. Entonces se puso muy serio y dijo:
- ¿Hasta cuándo va a seguir esto? ¿Este celo entre nuestras profesiones? ¿Este odio? ¿Esta animosidad? ¿Este escupir en los zapatos y MEAR dentro de las Coca-Colas?

<u>Anécdota.</u>

Me sucedió cuando estaba prestando servicio en la Iglesia de Jesucristo como consejero del presidente de la Rama; debí llevar a un joven de 18 años o más a una estación de policía una vez fue sorprendido escondido en un armario mucho rato después de que se terminaron las reuniones, y sabiendo nosotros que nunca iba a las reuniones para bien, sino para ver a quien podría sustraer algo. De hecho, tiempo atrás, se le sorprendió sustrayéndose de la capilla algo, pero se voló.

Al llevarlo en el vehículo hacia tal estación me ofreció varias veces puñal, y amenazas de todo tipo. Ello ocurrió como a la 1:p.m. Al cabo de las 5 o 6 p.m. sentí el deseo de enviarle alimentos. Ello fue desaprobado y criticado por el policía de turno, quien expresó su indignación, pero accedió a entregar la caja de comida de un restaurante al joven. Ello me dejo tranquilo, y también a los dos jóvenes que la llevaron; John Jairo Peláez y Edison Lozano.

Al cabo de diez años aproximadamente una noche que salía de una reunión de consejo de Estaca en Pereira, aborde un taxi (11:00 P.M.), con destino a casa. Pasados unos minutos en tanto el taxista recorría el trayecto me preguntó. ¿Sabe usted quien soy yo? ¡No! le respondí, sin embargo al identificarse y repararle, me acorde del joven al que lleve a la cárcel. Parece que había tomado un propósito de vida diferente, el caso es que pregunte por su anciana madre y dialogamos otras cosas amablemente. La pregunta que me hago es ¿que hubiere pasado si no hubiere hecho caso del consejo del maestro sobre amar a los enemigos?

1.4.1 Amistad, amistoso

Todo tipo de relación que se da entre las personas que cotidianamente se relacionan y que a medida que se conocen virtudes y limitaciones son aceptados con buen agrado, generando entre ellos una relación mutua de apoyo, afecto consideración, y confianza desinteresada.

La verdadera amistad nunca se olvida a pesar de que se navegue en direcciones contrarias, el viento vuelve algún día a juntar las embarcaciones.

Prov.13:20 El que anda entre sabios será sabio, pero el que se junta con necios sufrirá el mal.

Prov.27:10 No dejes a tu amigo ni al amigo de tu padre, ni vayas a la casa de tu hermano en el día de tu aflicción, *porque* mejor es el vecino cerca que el hermano lejos.

Prov.27:9 El ungüento y el perfume alegran el corazón, y la dulzura del amigo más que el consejo del alma.

o   Amistades lisonjeras, te harán más malo de lo que eras.
o   El amigo, probado; y el melón calado.

o   Entre más amistad, más claridad.

Cuento

Se encuentra el paciente tendido en la cama. Su médico, abogado, esposa, y sus hijos están esperando el suspiro final, cuando de repente el paciente se sienta, mira a su alrededor y dice:

- Asesinos, ladrones, mal agradecidos, y se vuelve acostar.

El doctor un poco confundido dice:

- Yo creo que está mejorando.
- ¿Por qué lo dice, doctor? - pregunta la esposa.
- Porque nos ha reconocido a todos.

Historia

En 1.976 me debieron hospitalizar a causa de una neumonía que contraje porqueno tomé las suficientes precauciones, con los bruscos cambios de climas que me afectaban, por los desplazamientos de las ciudades de Cartago Valle, a la ciudad de Armenia Quindío donde estudiaba, pues en la primera ciudad, la temperatura media era de 36° y la otra ciudad era 17° en la noche.

Una gripe mal cuidada me afectó los bronquios. Recuerdo que aquel día no quise almorzary así me encaminé de nuevo en la tarde, a mi trabajo a continuar el resto de mi jornada laboral. Me sentía bastante indispuesto, y no era normal que yo dejara de ingerir alimentos. Ello preocupó a mi madre. Aquel día debía viajar a la universidad para presentar un examen de estadística a las 8:p.m. Cuando llegaron las cuatro de la tarde, consideré prudente pasar por casa para tomar algo de alimentos, antes de emprender el viaje a la universidad. Al cabo de pocos minutos me sentí mal mientras salía de casa y me sobrevino un abundante vómito, que se sumó a la alta fiebre que ya me había subido. Pasados 40 minutos aún seguía expulsando los jugos gástricos, pues los alimentos ingeridos ya se habíanvomitado. Mi madre me confirmó que así no podría viajar, pues mi cuerpo poco respondía.

A eso de las 12 de la noche mi padre me llevó de urgencia al Hospital, donde me colocaron inyecciones para controlar el vómito. Al cabo de dos horas de observación regresamos a casa.

A las 5:a.m., regreso el vómito, pero no había ingerido nada desde la tarde anterior. Esta vez mi padre se comunicó con el Dr. Etcheverry, un médico amigo suyo adscrito al hospital y él le dijo que me vería a las 7.a.m. en el hospital. El diagnóstico del médico fue neumonía aguda. Me internaron por 5 días en el hospital. Con tanta medicina suministrada y fiebre perdí un poco la orientación, y memoria de mis preocupaciones laborales y educativas.

En aquel hospital trabajaba Wilson Mazuera, mi ex compañero de estudios de mi primera carrera universitaria de tecnología contable. Aquel amigo siempre estuvo pendiente de mis necesidades, dentro del hospital y me cuidaba como a un hijo.

Otro compañero de estudios, Hernán Chavarriaga en otra oportunidad refirió sobre él, en otra circunstancia parecida, calificándolo como una verdadera mamá, por las continuas atenciones que Wilson solía dar a sus amigos enfermos o allegados.

Nosotros, Hernán y yo, recibimos de éste buen amigo continuas atenciones en nuestros lechos de enfermos, como pocos pueden hacerlo. Ello nos hace recordarle con admiración y gratitud, pues era alguien que ejercía en verdad tal término de la amistad.

1.4.2 Amor

Es el sentimiento de cariño, aceptación, y consideración hacia una: persona, animal, institución, cosa, tarea, oficio, bandera o deporte, etc., con el cual se identifica y acepta como parte de sí. Se puede confundir con el capricho o sentimiento de afecto intenso o atracción emocional y sexual hacia otra persona del sexo opuesto, y con quien desea mantener una relación permanente.

El amor es el sentimiento más importante y necesario del matrimonio y la familia. Si este falta o se deteriora, hay necesidad de recuperarlo, por medio del servicio, consideración, buenos hábitos, y además el sacrificio, pues nada es perfecto, pero una actitud comprensiva, respetuosa, y considerada, lo recuperan y mantienen en una perspectiva favorable.

Prov.10:12 El odio despierta rencillas, pero el amor cubrirá todas las transgresiones.

Prov.15:17 Mejor es comida de verduras donde hay amorque de buey engordado donde hay odio.

Prov.27:5 Mejor es la represión manifiesta que el amor encubierto.

Prov.27:23-27 Sé diligente en conocer el estado de tus ovejas; pon tu corazón en tus rebaños,
24 porque las riquezas no duran para siempre, ni una corona es para generaciones perpetuas.
25 Sale la grama, aparece la hierba, y se siega la hierba de los montes.
26 Los corderos te darán para tus vestidos, y los cabritos para el precio del campo,
27 y habrá abundancia de leche de las cabras para tu mantenimiento, para mantenimiento de tu casa y para sustento de tus criadas.

- o Amor de madre, que lo demás es aire.
- o Más fuerte era Sansón y le venció el amor.
- o Amor con amor se paga y lo demás con dinero

Cuento

Y... ¿cómo va tu vida amorosa amigo mío?
- Pues como la Coca-Cola.

- ¡Como la Coca-Cola! y ¿y eso cómo es?
- Pues primero Normal, después Light y ahora Zero.

Cuento

Un joven llega corriendo a contar algo urgente a su amigo.
¡Pedro, Pedro!
¿Qué te pasa hombre?
Tengo que darte una noticia muy grave
¿Qué ocurre? ¿Es algo que me concierne?
Mucho, mucho, El cajero de tu empresa.
¿Mi cajero? Por favor dímelo de una vez. ¿Qué pasa?
Pues anoche lo vi entrar al cine con tu esposa.
Caramba, que susto me diste. Creía que se había ido con el dinero.

Comentario

Cuando Jesucristo pregunto a Pedro en la célebre cita de Juan 21:14-17 14 Esta es la tercera vez que Jesús se manifestaba a sus discípulos, después de haber resucitado de entre los muertos.
15 Y cuando hubieron cenado, dice Jesús a Simón Pedro: Simón, *hijo* de Jonás, ¿me amas más que éstos? Él le dijo: Sí, Señor; tú sabes que te amo. Él le dice: Apacienta mis corderos.
16 Volvió a decirle la segunda vez: Simón, *hijo* de Jonás, ¿me amas? Él le dijo: Sí, Señor; tú sabes que te amo. Él le dijo: a apacienta mis ovejas.
17 Le dice la tercera vez: Simón, *hijo* de Jonás, ¿me amas? Pedro se entristeció porque le dijo por tercera vez: ¿Me amas? Y él dijoa él, Señor, tú sabes todas las cosas; tú sabes que te amo. Jesús le dijo:mis ovejas.
¿A quién creen que señalaba, a los discípulos o quién? Pues a los peces, pues ellos se lanzaron a la red dando su vida ante el llamado de Jesús, y eso es lo que demostraron amar a Dios por encima de todo.

"El que no ama, no ha conocido a Dios; porque Dios es amor.

"En esto se mostró el amor de Dios para con nosotros, en que Dios envió a su Hijo unigénito al mundo, para que vivamos por él.

"En esto consiste el amor: no en que nosotros hayamos amado a Dios, sino en que él nos amó a nosotros, y envió a su Hijo en propiciación por nuestros pecados.

"Amados, si Dios nos ha amado así, debemos también nosotros amarnos unos a otros."

1.4.3 Apoyar

La reacción de ayudar en el momento oportuno a quien lo requiere.

Prov.24:11-12 / 11 Si dejas de librar a los que son llevados a la muerte y a los que son llevados al degolladero,
12 si dices: He aquí, no lo supimos, ¿acaso no lo entenderá el que pesa los corazones? El que mira por tu alma, él lo conocerá y recompensará al hombre según sus obras.

- o Dame un punto de apoyo y moveré el mundo. Arquímedes
- o Quien no vive para servir, no sirve para vivir.
- o Hoy por mí, mañana por ti.

Cuento

El doctor le dice al paciente:
¿Qué tal durmió usted anoche?
De un tirón. Dormí desde que deje de estar despierto, hasta que volví a despertarme.

Cuento

Charla de dos amigos en el Bar.
¿Y cómo es la nueva secretaria que tu mujer te ha hecho admitir?
Nada extraordinario.

Rubia o morena.
No, calvo y viejo.

Anécdota

En una ocasión después de un prolongado atardecer de mucha lluvia, salí con mi hijo mayor a realizar algunas compras al supermercado. Antes de llegar observe que varias personas intentaban sacar un automóvil de una brecha, en la calle que estaba en reparación, por trabajos de alcantarillas. Tal hueco se había llenado de agua y el conductor no lo divisó oportunamente en medio de la lluvia haciéndole caer allí. Ellos procuraban con la ayuda de varios levantar el vehículo, para colocarlo nuevamente en dirección del asfalto de la calle.

Recordé rápidamente como con el apoyo de una guadua (trozo de bambú resistente) haciendo palanca pudimos en circunstancias semejantes sacar una camioneta de un barrizal. Inmediatamente procedimos a conseguir una que estuviera en condiciones y así usarla para hacer con ella palanca.

Solo tardamos dos minutos en tanto la colocamos en el sitio apropiado para hacer palanca, levantamos y re direccionamos al lugar escogido la parte del vehículo que se había desbordado.

Fue sencillo, pero solo se pudo con el apoyo de la palanca y la fuerza de las otras personas. Sucede igual para salir de problemas, con la ayuda de otros si confiamos en que funcionará podemos probar y hacerlo. Unossesentirán agradecidos y otros gozosos por hacer lo mejor que puedan para ayudar al prójimo.

En algunos países de América se utiliza la palabra palanca, para referirse a una persona influyente por poder económico, social o político o gubernamental, para ayudar con su influencia, a otros al conseguir prebendas casi imposibles de conseguir en condiciones normales.

La palanca es una maquina simple para transmitir fuerza y movimiento a una objeto a través de un elemento de metal o madera rígida, que pueda girar libremente a través de un punto de apoyo. Ayudar es apoyar, es quien garantiza que otros puntos se beneficien de varias fuerzas.

1.4.4 Arrepentimiento

Es reconocer y procurar un cambio en los propósitos de actuar; es comprender que ha actuado desconsideradamente, erradamente o ha traído perjuicio a otros, y que debe demostrarlo con la restitución.

Es un principio enseñado por Jesucristo y los profetas antiguos y modernos. La palabra enfoca a la persona a realizar un reconocimiento de sus faltas, inducirlo a reflexionar sobre ellas, hasta reconocer su culpabilidad, iniciar un cambio de actitud en cuanto no cometerlas más, incluso efectuar la restitución respectiva si hay aplicación, y pedir perdón, a fin de obtener la restauración del voto de confianza, para ser merecedores de los beneficios de la expiación y ordenanzas.

Se define también como un cambio que se efectúa en el corazón y en el modo de pensar, que conduce a adoptar una nueva actitud en cuanto: a Dios, así mismo y la vida en general.

- o   No es bien corregido el que no es arrepentido.
- o   Dios perdona a quien su culpa llora.
- o   Un buen arrepentir, abre la puerta a un buen morir.

Cuento

El matrimonio cenando tranquilamente, y dice la mujer:
- Pepe ¿sabes que el cura que nos casó ha muerto?
Y Pepe la mira de reojo y le dice:
- El que la hace, la paga.

Cuento

Yo para casarme necesito una mujer buena, guapa, rica y tonta.
¿Por qué?

Porque si no es buena, guapa, y rica, no me caso con ella y si nos es tonta de seguro no se casa conmigo.

Comentario

Las experiencias dolorosas son las que nosayudaran a acercarnos más a Dios, así de simple.

El arrepentimiento es algo que hace modificar los designios de Dios, cuando élve que sus hijos tienen el deseo de obedecer, y se arrepienten; así sucedió con los israelitas. Moisés rogó a Dios para que no los destruyera si se arrepentían, y efectivamente solo se destruyó a los que no lo hicieron: Éxodo 32:9-14/9 Dijo además Jehová a Moisés: Yo he visto a este pueblo, y he aquí es pueblo de dura cerviz.
10 Ahora, pues, déjame que se encienda mi furor contra ellos y los consuma; y de ti yo haré una gran nación.
11 Entonces Moisés suplicó a Jehová, su Dios, y le dijo: Oh Jehová, ¿por qué se encenderá tu furor contra tu pueblo que tú sacaste de la tierra de Egipto con gran poder y con mano fuerte?
12 ¿Por qué han de hablar los egipcios, diciendo: Para mal los sacó, para matarlos en los montes, y para raerlos de sobre la faz de la tierra? Vuélvete del furor de tu ira y arrepiéntete de hacer este mal a tu pueblo.
13 Acuérdate de Abraham, de Isaac y de Israel, tus siervos, a los que has jurado por ti mismo y les has dicho: Yo multiplicaré vuestra descendencia como las estrellas del cielo; y daré a vuestra descendencia toda esta tierra de que he hablado, y la tomarán por heredad para siempre.
14 Entonces Jehová se arrepintió del mal que dijo que iba a hacer a su pueblo.

Igual sucedió con el pueblo del Nínive, cuando el rey oyó, los designios manifestados por el profeta Jonás, y mando a ayunar a todo el pueblo y a los animales, sin embargo otros del pueblo escogido, en tal caso apedreaban a los profetas, y lo hacen hoy igual con los misioneros, o desprecian su consejo, cerrando las puertas.

1.4.5 Ayunar

Es el sacrificio voluntario que se ofrece de ingerir alimentos y bebidas, con el fin de acercarse o buscar a Dios por causa de necesidades personales o de grupos y que traen como consecuencia una demostración de reconocimiento del Creador, buscar apoyo de su Padre Celestial y por supuesto la creencia de que sea correspondido con actitudes de cambios en el corazón y maneras de actuar.

En la Iglesia de Jesucristo de los S.U.D., se enseña que los ayunos se pueden hacer cualquier día en que se requiera la ayuda de Dios, y para refrendar tal disposición se inicia con una oración sincera, pidiendo en ella lo que se necesita, pero dejándolo a voluntad de Dios, además, donando el valor de los alimentos dejados de consumir, cual valor se entrega al fondo de ofrendas, para ayuda de los necesitados de cualquier parte del mundo. Tal ayuno dura 24 horas y se recomienda iniciarlo después del almuerzo del día sábado y terminarlo, con una oración a la hora del almuerzo del domingo, complementándolo con la lectura de las escrituras, a fin de sacar el mejor provecho.

Además de lo anterior cada primer domingo de mes se ofrecen ayunos de la congregación a favor de las familias y necesidades particulares.

Ester 4:16 Ve y reúne a todos los judíos que se hallan en Susa, y ayunad por mí y no comáis ni bebáis en tres días, ni de noche ni de día. Yo también ayunaré con mis doncellas igualmente, y así entraré a ver al rey, aunque no sea conforme a la ley; y si perezco, que perezca.

Daniel 9:3 Y volví mi rostro a Dios, el Señor, buscándole en oración y ruego, en ayuno, y cilicio y ceniza. Omni 1:26 Y ahora bien, mis amados hermanos, quisiera que vinieseis a Cristo, el cual es el Santo de Israel, y participaseis de su salvación y del poder de su redención. Sí, venid a él y ofrecedle vuestras almas enteras como ofrenda, y continuad ayunando y orando, y perseverad hasta el fin; y así como vive el Señor, seréis salvos.

o El que da al pobre no tendrá pobreza, pero el que aparta de él sus ojos tendrá muchas maldiciones.

o Nunca vi una puerta más dispuesta y abierta que la del ayuno y oración sincera para mitigar mis necesidades. JCIR

o Cuán difícil me hubiera sido sostenerme en medio de la adversidad, sino tuviera la disposición de ayunar, servir al prójimo y orar por mi perdón y protección de la familia. JCIR

Cuento

Entra un señor en un restaurante, le entregan la carta y lee: verduras a elegir.
Cuando se le acerca el camarero le pregunta:
¿Qué verduras tienen?
- ¡Espárragos!
Y ¿qué más?
- ¡Nada más!
Entonces ¿entre qué puedo elegir?
- ¡Entre sí los quiere o no los quiere!

Cuento

Dos amigos avaros se encuentran en la calle:
¿Cómo te va, Luis?
Mal, muy mal. Tengo una ulcera en el estómago y el médico me ha prohibido comer casi todo.
Tienes que animarte, hombre, hay que tomarlo por el lado bueno, es por tu bien. A propósito, ¿cuando quieres venir a mi casa a cenar? Hace un siglo que quería decírtelo.

Comentario

Historia de cómo un pueblo malo acepta la exhortación de un profeta e impide ser destruido. La vida de Jonás es conocida por la desobediencia y el llamado de Dios, pero los efectos posteriores fue lo más importante. (Jonás 1-2)

Jonas3:1-10 /1 Y vino la palabra de Jehová por segunda vez a Jonás, diciendo:

2 Levántate, ve a Nínive, la gran ciudad, y proclámale el mensaje que yo te diré.

3 Y se levantó Jonás y fue a Nínive, conforme a la palabra de Jehová. Y era Nínive una ciudad grande, de tres días de camino.

4 Y comenzó Jonás a entrar por la ciudad, camino de un día, y proclamaba, diciendo: De aquí a cuarenta días Nínive será destruida.

5 Y los hombres de Nínive creyeron a Dios, y proclamaron ayuno y se vistieron de cilicio desde el mayor hasta el menor de ellos.

6 Y llegó la noticia hasta el rey de Nínive, y se levantó de su trono, y se despojó de su vestido, y se cubrió de cilicio y se sentó sobre ceniza.

7 E hizo proclamar y anunciar en Nínive, por mandato del rey y de sus grandes, diciendo: Hombres y animales, bueyes y ovejas, no prueben cosa alguna; no se les dé alimento ni beban agua,

8 sino cúbranse de cilicio hombres y animales, y clamen a Dios fuertemente; y vuélvase cada uno de su mal camino y de la violencia que hay en sus manos.

9 ¿Quién sabe? Puede que Dios se vuelva y se arrepienta, y se aparte del furor de su ira, y no perezcamos.

10 Y vio Dios lo que hicieron, que se volvieron de su mal camino; y se arrepintió Dios del mal que había dicho que les haría, y no lo hizo.

<u>Anécdota</u>

En el 2.006 y 2007 me hallaba trabajando como revisor Fiscal de la empresa de los trabajadores "Empreaseo S.A.", sociedad que fue necesario organizar cuando estos, quedaron abandonados por los propietarios de la sociedad anónima Saye S.A.

La magnífica gestión de servicios que Empreaseo daba a los clientes permitió que en un buen % los clientes escogieran nuestro servicio en vez de el que la empresa del Municipio de Pereira "Aseo Pereira "ofrecía, la cual hacia parte de los servicios monopolios que el Municipio ejercía en la ciudad a través de la alcaldía.

Saye S.A. operadora de residuos sólidos era una empresa con socios de Cali, Bogotá, Cartago, y Pereira, empresarios que solidificaron una empresa con mucho sacrificio y pocos recursos desde el año 2.000, y su entusiasmo les llevo a crecer, y a quitar parcial mercado importante a la empresa del municipio. Ello genero celos económicos y como aquellaera privada (Saye) y la otra pública (Aseo Pereira). En la tradición la empresa oficial manejaba los contratos de aseo de la ciudad con precios de tarifas poco justas, pero al surgir una verdadera competencia, una amenaza, a la oficial eso los indujo a acabar con la competencia, como fuera el caso, y efectivamente lo consiguieron.

La Empresa competidora del municipio (u oficial), éramos nosotros, y como tal, paso a paso ganaba terreno, con magníficos servicios, precios justos, atrajimos más clientes. De tal suerte que por fin a base de competencia por primera vez en la ciudad se veía una regulación y baja de precios que tácitamente benefició a toda la comunidad indirectamente.

La competencia leal, sin embargo no era lo que emprendía el Municipio, sino que avalado por todos sus tentáculos de servicio de energía, agua, alcantarillado, industria y comercio, predial, juegos de azar, servicios de recolección de residuos, limpieza de áreas comunes, alumbrado facturaban a los habitantes, procuró sacarla del paso. Nosotros le estábamos quitando un 20% de lo de recolección de residuos, tan solo un renglón. Ello generó tremendo problema y preocupación, lo cual significó declararnos enemigos públicos del Municipio, y por lo tanto era menester desprestigiarnos por la prensa y demás medios como ellos podían, incluso con falsas acusaciones ante la Superintendencia de Servicios Públicos.

Cuando llegó la presión y bajada irregular de precios a los grandes clientes de la ciudad como Almacenes Éxito, etc... Muchos aprovecharon tales ventajas, y se volvieron para el Municipio, pero otros a pesar de todo seguían con nosotros. Las pérdidas no se hicieron esperar, e incluso nos inhabilitaron el camión compactador de los residuos que los socios habían dispuesto, colocando una multa improcedente que jamás pudieron justificar, pero era para entorpecer el servicio de recolección.

Finalmente se habían acumulado unas pérdidas operativas de superiores a los $400.000.000, lo cual era inimaginable para la empresa, motivando la desbandada de todos los socios quienes prefirieron abandonar un día a los trabajadores y se llevaron de la noche a la mañana el camión compactador con que se prestaba el servicio.

En una reunión de urgencia invité a los trabajadores a continuar y formar una cooperativa, y aceptaron, pues ellos deseaban salvar su trabajo, y nos organizamos, para hacer los documentos pertinentes, pero no se pudo debido a que jocosamente solo se permitían operar a tal servicio por una cooperativa en los estratos sociales 1 al 3, los cuales eran los más pobres y ellos generaban pérdidas. Nuestros clientes estaban en los estratos sociales 4 al 6 empresarios la mayoría.

Al final la única opción que nos quedó fue montar una sociedad anónima con todos los problemas que ella significaría.

Finalmente logramos consolidar con mucho esfuerzo la empresa operando con camiones rentados, los cuales cobraban buena cantidad de dinero, pero era la única forma de sobrevivir. Paso a paso a paso dimos con el punto de equilibrio; luego lo superamos y comenzamos a lograr utilidades, lo cual generó nuevamente los celos del Municipio. Se inició una competencia difícil, donde a pesar de todo crecimos y nos sostenían el ánimo de muchos de nuestros clientes quienes se sentían muy bien con el servicio prestado.

La competencia y amenazas de sanciones con el municipio y tretas no se hicieron esperar, lo cual minó finalmente nuestros escasos recursos y comenzamos a perder clientes a causa de los exagerados descuentos, beneficios y más precios súper reducidos que les ofreció la empresa del municipio, para recuperar sus antiguo mercado, con descuentos los cuales alcanzaban el 50% por varios meses.

Un buen día estando en Madrid en agosto 2.009, me llamó la gerente con una decisión muy definitiva y exclamó: ¡don Julio ya no aguanto más, renuncio! Le dije que: ayunaran todos los trabajadores y oráramos juntos, el jueves próximo; ellos accedieron y al cabo de 15 días recibimos un ofrecimiento de compra de la empresa por parte del Municipio por la suma de $450.000.000, cuando con dificultad al liquidar nuestra empresa recuperaríamos $50.000.000. Ello nos generó la luz verde que después permitió que en las negociaciones los trabajadores pudieran unirse a la plantilla del municipio. Con esa consideración aprobamos liquidar y vender.

Habíamos visto la luz en el túnel, y casi la mitad de los socios trabajadores lograron mantener sus condiciones de trabajo y los demás salvar el capital invertido y beneficiarse de un sobreprecio de sus acciones en la venta.

Así felizmente terminó una de nuestras más difíciles odiseas gracias a la unión en oración y ayuno de los trabajadores de una pequeña empresa y de la cual hice parte gustosamente.

1.4.6 Belleza interior

La virtud de las joyas preciosas que por su gran valor se guardan dentro de los corazones: nobles, humildes o maternales. Son los frutos de los ángeles terrenales que se esconden en el interior y que se expresan por buenas obras, amor, consideración, solidaridad, servicio, respeto y admiración, hacia el prójimo.

Esto fue lo que me cautivo de mi esposa y que permitió que mantuviera la mira puesta en Dios.

Alguien dijo, que la belleza de las cosas existe en el espíritu de quien las contemple.

Prov.31:10-12 / 10 Mujer virtuosa, ¿quién la hallará? Porque su valor sobrepasa grandemente al de las piedras preciosas. 11El corazón de su marido está en ella confiado, y no carecerá de ganancias.
12 Le da ella bien y no mal todos los días de su vida.

o   Hay muy poca diferencia entre una cosa bella, y una cosa del montón y hasta fea. Se ven muchos rostros parecidos a otro bello rostro, pero que son feos. Las cosas más bellamente originales están cerca de las cosas corrientes, que solo el artesano desprovisto de genio hace ver la diferencia. Emile Cartier Alain.

o   La belleza, como la sabiduría, ama al adorador solitario. Oscar Wilde

o   Tal vez no sepamos apreciar toda la belleza y la virtud que tenemos cerca, pero si sabemos despreciar toda belleza carente de virtud. François de la Rochefoucauld.

Cuento

Viajaba en un autobús una comisión especial de Diputados de todos los partidos para analizar los problemas agrarios del país.

En una de las tantas curvas el conductor del autobús pierde el control y caen por un barranco.

Después de algunas horas llegan al lugar de los hechos, ambulancias, Guardia Civil, Ejército, para tratar de dar auxilio a los lesionados, pero se dan cuenta de que no hay ninguna persona entre los restos del autobús.

Por lo tanto empiezan las investigaciones.

La Guardia Civil localiza cerca de donde ocurrió el accidente una casa, y allí se dirigen a pedir informes.

Sale un campesino de la casa a recibirlos, y le preguntan:

- ¡Oiga, Usted! ¿Vio a los políticos que se accidentaron?

- ¡Sí, sí los vi! ¡Y ya les di cristiana sepultura!

- ¿No me diga que todos estaban muertos?

- ¡Bueno... algunos decían que no, pero ya sabe usted como son de mentirosos estos personajes!

Cuento

Una señora muy gorda comenta con sus amigas:
En mi opinión no es cierto que en nuestros días, no hay educación, ni galantería. Hoy en el autobús, cuatro caballeros se han levantado, para cederme el asiento.
¿Cuatro? Le dice otra con aire burlón. ¡Qué exagerados! Con tres había más que suficiente.

Anécdota

Sin entrar en desmerecimientos cuando me separe de mi primera esposa, fue algo difícil, locual me llevó a derramar muchas lágrimas, pues le amaba de verdad, pero a mis 33 años estando soltero casado, no era conveniente, pues mi primera esposa no deseaba tener familia ni adoptar, y solo deseaba mantenerse dentro de unosparámetros de vivencias más divertidas, contrarias a mis creencias cristianas y que tal vez yo no aspiraba a sus expectativas económicas.

Después de tres años de dialogar sobre el particular, se sinceró y decidimos separarnos, lo cual pude lograr legalmente lo de bienes y cuerpos, pues el divorcio oficial no lo logre, aunque inicie y pague a dos abogados canonistas, por los tramites de la anulación del matrimonio católico, solo hicieron quitarme el dinero, pues no se cristalizó, y preferí obviar ese camino gracias a un consejo que recibí oportunamente, por mi líder, el Ing. José Luis González, pues las leyes del país estaban a punto de cambiar y en pocos años se aceptaría el divorcio civil.

La búsqueda de una nueva esposa se hizo un poco difícil dado que tenía un estilo de vida poco normal, ya contaba con 33 años y algunos caprichos y limitantes. Yo deseaba una esposa que fuera misionera retornada de la iglesia de Jesucristo de los S.U.D., a la cual yo asistía, pues juzgaba que siendo así era capaz de aguantar y considerar mi estilo de vida.

Comencé a salir con una joven, pero al cabo de cuatro meses tuvo algunas dudas respecto de mí y me refirió esperar tres meses, lo cual acepté, sin embargo pasaron seis y no me manifestó nada, lo cual me hizo entender que no había nada.

Para encontrar la nueva esposa me fue necesario orar y ayunar 2 veces por semana durante tres meses y después de ello y haber tenido interés en tres candidatas, recibí la respuesta franca y categórica. Si, efectivamente Dios me hizo saber que con la que joven con que salía a tomar refrescos y conversar, era la apropiada. Lo hice saber a mi amigo y compañero de trabajo, pues él era hermano de la que previamente había pretendido.

Ello trajo ciertos sin sabores a mi ex esposa, pues consideró la posibilidad de recuperarme y también a una de las otras pretendidas, que previamente me había desechado y los celos no se hicieron esperar, originando mucha difamación y envidia.

Al cabo de dos años de separación de cuerpos y bienes me fui a casar al Ecuador, y así forme un nuevo hogar, y cuando se dio el divorcio civil accedí a él y oficialice el matrimonio en mi país Colombia, el que después logre consolidar por las eternidades en el templo de Lima Perú, quedando así casado en tres países distintos con la misma esposa.

Lo mejor de todo fue que Dios me bendijo con una esposa muy humilde, casera, servicial, y respetuosa de las leyes del Altísimo, y después me bendijo con tres buenos y bellos hijos (dos niñas y un varón). Los tres ya formalizaron sus hogares.

Siempre le dije a mi esposa, que la mayor virtud que ella tenía era la belleza interior, pues sabía que la anterior esposa era bella, pero le secundaban muchos lagartos, amigos, vecinos y compañeros de estudio y trabajo, que identifico aún y perdono. La belleza exterior de mi nueva esposa estaba presente, pero ella y otros no la lograban apreciar debido a que ella no la solía resaltar, pues esa no era su preocupación.

La bendición que Dios me dio fue efectiva, y respondió a mis oraciones, y después de haber pasado por terremotos, incendios, e inundaciones, pérdidas del empleo; y después persecuciones por causa de mi profesión al denunciar a funcionarios públicos, y no desear participar de los mismos entuertos que muchos de mis colegas participan, decidí renunciar a mi profesión por un tiempo, hasta nueva orden.

Hoy vivo lejos de mi país, pero en paz con Dios, conmigo mismo y sirviendo a los que acepten de buena gana mi capacidad, eso sí con aquella mujer de la belleza interior que otros en su trabajo ya han descubierto, y por la cual le han valorado favorablemente. Esa es M.M.M.V.

1.5.1 Bendición

Son los beneficios recibidos de Dios tales como: la vida, la familia, las oportunidades de progreso o el trabajo, oportunidades de estudio. También lo son la salud y los alimentos, etc. Algunos malgastan las bendiciones de la salud y el trabajo con rameras, licor, vicios y juego, lo que les trae pérdidas y maldiciones. La vejez es una bendición de Dios, y oportunidad para aprender y reflexionar de los cambios a dar para la vida eterna, y disfrutar de sus nietos.

Hemos venido a la tierra a ser probados, y muchas de las pruebas las escogimos o fueron consentidas por nosotros, solo que el velo del olvido no nos permite recordar nuestras promesas de sacrificios. Algunos podemos protestar por causa de las dificultades, pero también debemos comprender que esta vida es un periodo de tiempo que condiciona nuestra mayor bendición cual es la vida eterna, es decir volver a nuestra morada celestial tal como la prometió Jesucristo.

Todas las bendiciones están condicionadas a las vivencias y obediencias de las leyes eternas, y para Dios todo está contado, pues el todo lo observa, sabe y valora.

A algunos les es dado limitaciones, y a otros dones, y talentos, pero estos deben ser sabiamente utilizados, para hacer el bien a fin de que sean de beneficio. Las pruebas nos refinan el carácter y sacan de nosotros lo mejor y progresamos por el viento de oposición como se remontan a través del viento las cometas, y si no hay viento de oposición, estas no vuelan o se elevan.

2 Nefi 2:24-25 /24 Pero he aquí, todas las cosas han sido hechas según la sabiduría de aquel que todo lo sabe.
25 Adán cayó para que los hombres existiesen; y existen los hombres para que tengan gozo.

Las mayores promesas de las bendiciones las revelo el Salvador Jesucristo en las bienaventuranzas. Mateo 5:1-12

1 Y AL ver las multitudes, subió al monte y se sentó. Y vinieron a él sus discípulos.
2 Y abriendo su boca, les enseñaba, diciendo:
3 Bienaventurados los pobres en espíritu, porque de ellos es el reino de los cielos.
4 Bienaventurados los que lloran, porque ellos recibirán consolación.
5 Bienaventurados los mansos, porque ellos recibirán la tierra como heredad.
6 Bienaventurados los que tienen hambre y sed de justicia, porque ellos serán saciados.
7 Bienaventurados los misericordiosos, porque ellos alcanzarán misericordia.
8 Bienaventurados los de limpio corazón, porque ellos verán a Dios.
9 Bienaventurados los pacificadores, porque ellos serán llamados hijos de Dios.
10 Bienaventurados los que padecen persecución por causa de la justicia, porque de ellos es el reino de los cielos.
11 Bienaventurados sois cuando por mi causa os vituperen y os persigan, y digan toda clase de mal contra vosotros, mintiendo.

12 Gozaos y alegraos, porque vuestro galardón es grande en los cielos; pues así persiguieron a los profetas que fueron antes de vosotros.

Las bien a venturanzas no son otra cosa que las promesas o bendiciones prometidas si y solo si damos la batalla y permanecemos obedientes haciendo cuanto podamos.

- o No hay bien que por mal no venga
- o A mal tiempo buena cara
- o Perder nos prepara, para después aprender a ganar JCIR

Cuento

En una oficina de políticos:
¡Este papel hay que desaparecerlo!, pues es la evidencia de todos nuestros problemas.
Está bien, antes de hacerlo, sáquele una fotocopia.

Anécdota

A través de la vida he aprendido que las mayores bendiciones vienen a nosotros sin reconocerlas, y entre ellas sobresalen: nuestras madres, esposas, hijos, trabajo, estudios, profesiones, talentos deportivos, amigos, hogares, clientes, conocimiento, etc.

Todas estas cosas hacen parte de las oportunidades de la vida, y son bendiciones, pero no las valoramos hasta cuando las perdemos, y es precisamente cuando protestamos a Dios por perderlas, sin embargo es necesario que con el tiempo las perdamos, pues hacen parte de los planes de probación.

Cuando era niño tuve un compañero de estudio de apellido Rengifo, su nombre no lo recuerdo; él era el menor de una familia muy especial que vivía en un recinto del municipio de Buga, Valle, donde se controlaban los almacenamientos de agua para los vehículos (carro tanques) que realizabanla limpieza de la ciudad o se aprovisionaran del líquido.

En tales tanques previamente se hacía una decantación o limpieza de impurezas por mallas y el agua se tomaba de una quebrada que venía desde otras redes que atravesaban el terreno extenso del batallón y la piscicultura.

La familia Rengifo vivía en la vivienda provista para los responsables del mantenimiento y cuidado de tales instalaciones, y allí disfrutaban además de los jardines, el espacio, y un frondoso árbol de mamoncillo y por cierto los chicos siempre interrumpíamos la paz de la familia, para comprar los frutos de ese árbol, que siempre estaba repleto de ellos, y que la familia nos vendían en buena cantidad por unas pocas monedas.

Este buen chico era un magnifico estudiante, buen amigo y con él solía sentarme en la tapia o pared que protegía el recinto, pero que como niño siempre encontraba la forma de trepar, pues en la parte superior tenía una alfajía protectora del agua que la hacía llamativa para que uno se sintiera muy cómodo y seguro al sentarse en tal altura de dos o mes metros.

Un día mi padre me invitó a que le acompañara a una correría de su trabajo, pues estábamos creo en unas vacaciones de semana santa y él como siempre lo hacía, nos llevaba al campo si era cerca, y había medios de transporte, y oportuno, cosa que nos encantaba, jornada esta que se prolongó por dos o tres días.

Aquel día siguiente cuando llegue me entere que mi amigo Rengifo, compañero de quinto de primaria, se había ahogado accidentalmente en uno de los tanques, al procurar atrapar un pajarillo, y ya le habían enterrado, cosa que me impidió despedir a mi amigo.

Al recordar al buen joven, quedé impresionado, porque todos los miembros de la familia era de esas personas que se les observaba unas magníficas cualidades y don de buena gente, y nunca les escuchaba malas palabras, o malas acciones y la pulcritud era uno de sus estandartes.

Al pensar ¿que representó para la familia vivir en ese recinto, donde su hijo menor moriría ahogado?, pudieron quizás pensar que no fue una bendición vivir en ese lugar, sin embargo allí se crio la familia y disfrutaron por un buen tiempo de ese trabajo y su hogar.

Fue una bendición, sí, pero allí murió mi buen amigo, a la corta edad 10 o 9 años quizás. Sé que fue un buen joven, y paso a la morada de Dios sin duda alguna, y su tiempo de probación termino más temprano de lo previsto por sus padres, pero tal vez Dios en su sabiduría, le permitió terminar su probación antes de tiempo, a fin de premiarle con mayores cosas, de ello no me cabe duda.

1.5.2 Bien hacer, bondad

Es la actitud de favorecer las acciones por y a favor de terceros.

Es el trato que nosotros debemos dar a los demás y se resume como la suavidad en palabras, afabilidad, y respeto, pues ese mismo trato esperamos nos den; es la inclinación a hacer el bien.

Trato amable y respetuoso que se da a los semejantes. Es dar trato considerado a los demás.

Prov.16:7 Cuando los caminos del hombre son agradables a Jehová, aun a sus enemigos hace estar en paz con él.

Prov.25:11-12 /11 Manzana de oro con figuras de plata es la palabra dicha debidamente.
12 Como zarcillo de oro y joyel de oro fino es el sabio que reprende al que tiene oído dócil.

Prov.20:6 Muchos hombres hay que proclaman su propia bondad, pero hombre fiel, ¿quién lo hallará?

o El bien no es conocido, hasta que es perdido.

o Deseando bienes y aguantando males, pasan la vida los mortales... .....porque no conocen el plan de salvación. Ajustado por JCIR

o Cuenta por bienes, los males que no tienes.

o A quien un bien hace, otro le nace.

o La bondad quien la tiene la da.

o Buenos y tontos se confunden pronto.

o A quien da y perdona, nácele una corona.

o No todo lo grande es bueno, pero todo lo bueno es grande.

o Venció el bien al mal, con un bien.

o Bondad merma autoridad.

o Con virtud y bondad se adquiere autoridad.

Cuento

Sale uno de Lepe (semejante a un Pastuso) del pueblo caminando. Después de varios días llega a Salamanca muerto de hambre y se encuentra con un pastor que le dice:

Si adivinas cuantas ovejas tengo te regalo una, a lo que el pastuso o lepero accede.

El lepero cuenta y le dice al pastor 2.558 ovejas.

El pastor todo asombrado le deja llevarse una oveja.

Al rato el pastor le grita al lepero:

- Muchacho vuelve acá, ¿si adivino de dónde eres me devuelves la oveja?

El lepero acepta y le dice el pastor:

- Usted es de Lepe.

- Anda, ha acertado ¿Y cómo lo sabe?

- Hombre de 2.558 ovejas que tengo no vas tú y te llevas al perro...

Anécdota

En dic. 29 de 1.981 en mi diario personal escribí, sobre lo que viví el domingo anterior. En los días de navidad o fin de año solía ir a casa de mis padres en Cali, Valle, Colombia.

Escribí así: El domingo anterior sentí que debía llevar a la familia Avella algunas provisiones para su navidad, pues desde hacía dos años que no les veía y les había conocido gracias a un servicio bautismal, donde por primera vez utilice el sacerdocio Aarónico que había recibido 15 días después de mi feliz bautismo el 9 de dic. 1.979 en Pereira, Rama los Alpes.

Todo surgió cuando deseando ir a la Rama San Fernando aquel sábado, después de averiguar la dirección; encontré una antigua casa capilla donde se reunían los miembros de ese sector. Fui a conocer los miembros, pero uno de los misioneros que habían estado allá en Pereira, me reconoció, Elder Fierro, y me asignó para participar de las 4 ordenanzas de bautismo que se llevarían a cabo esa tarde. Ese fue el primer contacto con la familia Avella, pues sus cuatro hijos se bautizaban.

Como mencioné al principio, dos años después quise saber de ellos y me motivó la idea de llevarles algunas galletas, dulces y otros elementos que organice en una bolsa de regalo navideño, desde el sábado. Como no les vi en la Iglesia el domingo, tan pronto terminó la reunión decidí llevar la bolsa hasta su residencia, en el Barrio Siloé, un lugar apartado en una gran colina, y que ya era peligroso desde aquel tiempo. Camine aproximadamente 20 minutos en la cuesta buscando la dirección que por ser un barrio periférico, en unas colinas de acceso difícil, las nomenclaturas tambiéndifíciles de encontrar. Cuando ya estaba por darme por vencido, finalmente hallé el lugar, en aquella calurosa tarde.

Al tocar la puerta me abrió un jovencito de unos 12 años, el cual me dijo que no se encontraban. Deje la bolsa y me dispuse a regresar a casa un poco frustrado. Una vez en casa, almorcé y me organice, para ir al Barrio Colon a indagar sobre unas fichas de nuestra unidad el Lago en Pereira.

Cuando llegue al barrio Colon halle a la familia Avella que estaban en el servicio bautismal del padre de la familia, lo cual me llenó de gozo, pues mi intención era saludarles, y saber que aún seguían en la senda del Señor, ellos asistían a otra unidad.

Fue una cosa sencilla, pero que llenó de gozo mi ser, que me reanimó y fortaleció según la manera de Dios, así como Él suele hacerlo con cosas sencillas, pero gratas.

1.5.3 Buen ánimo

Es la fuerza de voluntad apropiada, que impulsan a las personas a hacer las cosas con buena disposición, no obstante que parezcan difíciles. Moral o energía que se le colocan a las cosas al realizarlas; aplicación de los sentidos y valor con que se aplican a dichos los asuntos.

Es el entusiasmo que hay que poner, para desarrollar las tareas especialmente si vienen de Dios. Su expresión contraria, puede ser el doble ánimo, aquel que inicia, pero ante la duda se frena y se pone a esperar a ver quién le va a ayudar.

Prov.15:13 El corazón alegre hermosea el rostro, pero el dolor del corazón abate el espíritu.

Prov.15; 15 Todos los días del afligido son malos, pero el de corazón contento tiene un festín continuo

Prov.17:22 El corazón alegre hace bien como una buena medicina, pero el espíritu triste seca los huesos.

- o   La alegría belleza cría
- o   Alegrías y pesares te vendrán sin que las buscares
- o   Haz bien y no mires a quien.

Cuento

Era un pescador que todos los sábados, a las 6 de la mañana, acudía a pescar a los lagos el Danubio. Prepara los aparejos y el anzuelo y los echa al agua.

Al rato un tío se le pone al lado.

Sábado, Ocho de la mañana, el pescador con la caña y el tipo al lado.

Sábado, una de la tarde, el tío con la caña y el hombre al lado.

Sábado, Siete de la tarde, el tío con la caña y él le nota al lado.

Domingo, seis de la mañana, el tío con la caña y el tipo al lado.

Domingo, una de la tarde, el tío con la caña no puede más y le dice:

- A usted también le gusta la pesca ¿no?

- ¡A mí, no, que va, yo no tendría paciencia!

Cuento

Un amigo de los que no hacen favores:

¿Me prestas 10 euros?

Lo siento pero no tengo dinero ahora.

¿Y en casa?

¡Oh! En casa todos bien. Gracias.

<u>Historia</u>

Para algunos de mis compañeros y amigos les parecí algo locuaz, debido a que no transmitía depresión sino buen ánimo a pesar de mis propias aflicciones. Una tarde don Raúl Galvis, mi buen patrón me preguntó: ¿Cómo hacía para mantener contento a pesar de que tuviera aflicción?, no le respondí, debido a que me turbe, pensando en sus preocupaciones como gerente de la pequeña industria que el lideraba como propietario. En una empresa con poco capital de trabajo, las angustias y preocupaciones eran múltiples, especialmente por las: obligaciones financieras, los impuestos, los proveedores, el personal o nóminas, y los servicios públicos.

Este magnífico hombre, sin duda estaba angustiado por la presión que significaba mantener las finanzas en condiciones óptimas, para atender tantos compromisos, especialmente cuando el capital de trabajo es limitado.

Al reflexionar en mis problemas aprendí que lo mejor, para descansar el cuerpo era hacer ejercicio y con el tiempo percibí que el cansancio mental lo resolvía con partidos de futbol, basquetbol, o pin pon, para así liberar la adrenalina acumulada. Por otra parte para el cansancio físico me bastaba dormir 20 minutos para reponer fuerzas.

Aquel empresario desafortunadamente, el viernes en la tarde procuraba liberar su adrenalina consumiendo algo de licor y de por sí ello, solo le hacía era enfermar su cuerpo.

1.5.4 Bueno

Aquel que se distingue por las buenas acciones, composturas; misericordioso con las otras personas, y que siempre está dispuesto a ayudar a quien lo necesite. Aquello que hace bien, al cuerpo y mente. Que no es perjudicial sino que es apetecible y saludable. Que su estado sirve para desempeñar cualquier tarea

Mateo 5:16 Así alumbre vuestra luz delante de los hombres, para que vean vuestras buenas obras y glorifiquen a vuestro Padre que está en los cielos.

- o   Buey viejo, paso seguro.
- o   Buen pie y buena oreja, señal de buena bestia.
- o   El hombre discreto, alaba en público y amonesta en secreto.

Cuento

Dos amigos buenos, pero muy borrachos, que van de vuelta a la casa después de haber estado toda la noche de correría. Uno le dice al otro:

Y recuerda, por ningún motivo, nadie, absolutamente nadie, debe saber dónde hemos estado esta noche. No lo olvides.

Bien, contesta el otro, pero si verdaderamente eres amigo mío, podrías decírmelo por lo menos a mí. ¿Dónde hemos estado?

Cuento

El psiquiatra observa a dos internos paseándose, sacude la cabeza tristemente y le dice a un visitante:

Estos dos hombres están unidos por una misma suerte.

¿Y cómo es eso?

El de la derecha se volvió loco porque una mujer no quiso casarse con él. El otro está aquí, porque se casó con ella.

Anécdota

Uno de mis recuerdos más agradables son aquellos que tienen que ver con mi profesor Martínez, quien me enseñó a leer, a escribir y en el primer grado de primaria me trato con mucha bondad.

Este magnífico profesor era, un hombre bajito, de bigotes, tez blanca y siempre vestido elegantemente. Mis recuerdos de él son notables, como también de muchos otros profesores; sin embargo de él tengo buenos recuerdos, siempre nos trataba con firmeza, pero con mucha bondad.

En las tardes uno de mis compañeritos, el más pequeño siempre se quedaba dormido, por cierto le llamábamos pulgarcito, y como estaba en las primeras filas, el profesor Martínez le dejaba que el durmiera plácidamente en el pupitre, y al final antes del descanso sin castigarle le despertaba con un golpe de una vara no a su cuerpo, sino a lado, para que se asustara y fuera a disfrutar de su recreo.

Este buen hombre enseño a todos con mano bondadosa y no recuerdo de él un maltrato a ningunos de nosotros, y sin embargo lograba mantener un gran interés en sus exposiciones, sus clases eran bien amenas, y de verdad nos llevó a feliz término en el propósito de enseñanza.

Cuanto quise agradecer a este buen hombre su ejemplo, bondad y esfuerzo por enseñarnos, ojalá el señor Dios me dé el privilegio de hallarle en la próxima vida para agradecerle por sus enseñanzas y por su magnífico trato. Era 1.961 en Santander de Quilichao, Cauca, Colombia.

El término bueno es tan importante que aparece 444 veces en las escrituras y se menciona muy a menudo por los líderes eclesiásticos de las diferentes corrientes religiosas.

1.5.5 Calculador

Es aquel que piensa cada paso antes de darlo, confronta los posibles efectos positivos y negativos y conforme a ello, decide cómo actuar.

Algunas personas pueden combinar ello con la frialdad, para realizar actos repensados y con los cuales pueden y desean beneficios más rápidos de lo normal. Un prestamista calculador es aquel que codicia el día que se le deje de pagar sus intereses o cuotas, para rápidamente iniciar un proceso jurídico.

Mateo 6:24-34 /24 Ninguno puede servir a dos señores, porque o aborrecerá al uno y amará al otro, o se apegará al uno y menospreciará al otro; no podéis servir a Dios y a las riquezas.
25 Por tanto os digo: No os afanéis por vuestra vida, qué habéis de comer o qué habéis de beber; ni por vuestro cuerpo, qué habéis de vestir. ¿No es la vida más que el alimento y el cuerpo más que el vestido?
26 Mirad las aves del cielo, que no siembran, ni siegan ni juntan en alfolíes; y vuestro Padre Celestial las alimenta. ¿No sois vosotros mucho mejores que ellas?
27 Más, ¿quién de vosotros podrá, afanándose, añadir a su estatura un codo?
28 Y por el vestido, ¿por qué os afanáis? Considerad los lirios del campo, cómo crecen; no trabajan ni hilan;

29 más os digo que ni aun Salomón con toda su gloria se vistió como uno de ellos.

30 Y si la hierba del campo, que hoy es y mañana es echada al horno, Dios la viste así, ¿no hará mucho más a vosotros, hombres de poca fe?

31 No os afanéis, pues, diciendo: ¿Qué comeremos, o qué beberemos o con qué nos cubriremos?

32 Porque los gentiles buscan todas estas cosas, pero vuestro Padre Celestial sabe que tenéis necesidad de todas estas cosas.

33 Mas buscad primeramente el reino de Dios y su justicia, y todas estas cosas os serán añadidas.

34 Así que, no os afanéis por el día de mañana, porque el día de mañana traerá su propio afán. Basta al día su propio mal.

o   La posesión del oro, hace el corazón de plomo.

o   La nave está más segura con dos anclas que con una.

o   Del ocio, nace el feo negocio.

Cuento:

Le dice una esposa a su amiga:
Guillermo tiene unos conocimientos muy profundos
¿Sí?, pues ignoraba yo esa virtud de Guillermo. ¿Y a que se dedica Guillermo?
Tripula un submarino.

Anécdota

Conocí un hombre que era muy hábil para multiplicar su dinero, de ello se jactaba y hacia préstamos, los cuales después cuando menos se pensaba se los exigía al deudor y si no lo resolvían, según las expectativas del prestamista, se apropiaba de los hipotecado o simplemente exigía la garantía y/o pagaban con su vida, los de su familia o alguien con el cual era fácilmente presionado.

De ese tipo de comerciantes o inversionistas, había muchos en mi país y era muy común encontrar tales ofrecimientos, pero muchos pagaron con su vida el precio de la ilusión de esperar con el tiempo que vinieran tiempos de recuperación, en cambio sí de dificultad.

Sin embargo los bancos y algunas entidades crediticias, también exprimen con sutiles procedimientos de abogados, haciendo que otros se coloquen al borde de la locura, pero esta vez al amparo y aceptación de las leyes, puestas por políticos corruptos que se solidarizan con los banqueros en detrimento de los humildes trabajadores.

También habían de los otros, que se endeudaban con un particular, y después procuraban matarle sutilmente, preparando un accidente y de esa forma no cancelar su deuda. Así sentenciaban su propia pena de muerte, pues el deudor iba en realidad por el dinero del prestamista.

1.5.6 Calmado

Aquel que mantiene la paz a pesar de la adversidad, que es difícil de sacar de casillas o que a pesar de las ofensas de su contrario no se deja arrastrar para iniciar una querella.

Algo que parece pacifico, no obstante que tiene mucha fuerza en sus corrientes interiores, si es un rio, o animal que aunque esté dotado de mucha fiereza por naturaleza mantiene la calma.

Prov. 15:1-2/ 1 La blanda respuesta quita la ira, más la palabra áspera hace subir el furor.
2 La lengua del sabio emplea bien el conocimiento, más la boca de los necios profiere sandeces.

- o   Quien guarda su boca y su lengua, guarda su alma de angustias.
- o   Muchas veces se arrepiente uno de haber hablado, y ninguna de haber callado.
- o   Contra el callar no hay castigo ni respuesta.

Cuento

Un preso regresa a su celda después de celebrarse el juicio, y su compañero le pregunta:
- ¿Cómo te fue en el juicio? ¿Cuánto te ha caído?
- ¡Uf! pues me han caído 30 años.
- ¿Y qué te ha dicho tu abogado?
- Pues me ha dicho que no me preocupe, que en invierno los días son más cortos.

Cuento

Es medio día, le dice un loco a otro.
No, es media noche. Responde aquel.
La discusión se hace cada vez más violenta, hasta que van donde el director.
Señor director, díganos, ¿es medio día o media noche?
No lo sé. Tengo el reloj parado.

Comentario

Moisés era un hombre calmado, muy manso, sin embargo podemos pensar lo contrario, toda vez que el mató a un egipcio, pues juzgo que debía hacerlo de lo contrario habría ocurrido algo peor. No se sabe con exactitud lo que lo motivó a hacerlo, pero de seguro siendo calmado, uso el valor para defender la justicia y su vida. Éxodo 2:11-15/11 Y en aquellos días acaeció que, crecido ya Moisés, salió a sus hermanos y vio sus cargas, y observó a un egipcio que golpeaba a uno de los hebreos, sus hermanos.
12 Entonces miró a todas partes, y viendo que no había nadie, mató al egipcio y lo escondió en la arena.
13 Y al día siguiente salió y, viendo a dos hebreos que reñían, le dijo al culpable: ¿Por qué golpeas a tu prójimo?

14 Y él respondió: ¿Quién te ha puesto a ti por príncipe y juez sobre nosotros? ¿Piensas matarme como mataste al egipcio? Entonces Moisés tuvo miedo y dijo: Ciertamente esto se ha descubierto.

15 Y cuando oyó Faraón de este asunto, procuró matar a Moisés; pero Moisés huyó de delante de Faraón y habitó en la tierra de Madián; y allí se sentó junto a un pozo.

Efectivamente este gran líder, mantenía la calma ante las muchas veces que le injuriaban con actitud desafiante, muchos de los israelitas, a causa de las pruebas en el desierto, haciendo que Dios revocara la decisión de destruirlos, por causa de sus rebeliones.

En la vida hay que mantener la calma, pero llegar a la mansedumbre y paciencia de Moisés es un gran logro. Cuanto lo admiro.

1.6.1 Carismático

Capacidad que tienen algunos para agradar con facilidad a los demás. Que caen bien de primera impresión, o que es agradable a los demás por su buen ambiente, que trasmite en: proyectos, conversaciones, incluye a todos y no se resalta mal en él; convence a los demás por su bondad, y escucha y comunica bien claro, pero con sencillez.

Prov.15: 30-31 /30 La luz de los ojos alegra el corazón; la buena nueva alimenta los huesos.

31 El oído que escucha la represión de la vida morará entre los sabios.

- o   Humano es el errar, divino el perdonar.
- o   Hombre bien hablado, en todas partes bien mirado.
- o   Hombre de buen trato, a todos es grato.

Cuento

Una señora embarazada fue al hospital a tener su niño.
El médico le dice:
Señora, le voy a poner anestesia.

¡Hay no doctor! Yo le voy a poner ¡Pedro!
Cuento

Uno de los internos del manicomio está ocupadísimo dando martillazos a una roca. Lleno de compasión el enfermero le dice:
Siento que esté perdiendo el tiempo. Nunca conseguirá hacer un agujero en esta roca.
¿Y quién le ha dicho que quiero hacer un agujero? Lo que pretendo es hacerle un chichón.

<u>Comentario</u>

La cara del pecado suele tener una cara muy persuasiva, carismática, e incluso seductora. Hay que tener cautela, pues muchas veces debemos evitar ciertas alabanzas y seducciones, que aunque nos hagan sentir bien relativamente, nos pueden hacer perder la visión eterna. Veamos el caso de Sansón, escogido por Dios para ser su juez y protector ante Israel.

Jueces 16:4-21/4 Después de esto aconteció que se enamoró de una mujer en el valle de Sorec, la cual se llamaba Dalila.
5 Y fueron a ella los príncipes de los filisteos y le dijeron: Engáñale y descubre en qué consiste su gran fuerza, y cómo podríamos vencerlo para que lo atemos y lo atormentemos; y cada uno de nosotros te dará mil cien piezas de plata.
6 Y Dalila dijo a Sansón: Yo te ruego que me declares en qué consiste tu gran fuerza, y cómo se te puede atar para ser atormentado.
7 Y le respondió Sansón: Si me atan con siete mimbres verdes que aún no estén secos, entonces me debilitaré y seré como cualquiera de los hombres.
8 Y los príncipes de los filisteos le trajeron siete mimbres verdes que aún no se habían secado, y ella le ató con ellos.
9 Y había espías en un aposento en casa de ella. Entonces ella le dijo: ¡Sansón, los filisteos sobre ti! Y él rompió los mimbres como se rompe una cuerda de estopa cuando toca el fuego; y no se supo el secreto de su fuerza.

10 Entonces Dalila le dijo a Sansón: He aquí, tú me has engañado y me has dicho mentiras. Declárame, ahora, te ruego, cómo se te puede atar.

11 Y él le dijo: Si me atan fuertemente con cuerdas nuevas que nunca se hayan usado, yo me debilitaré y seré como cualquiera de los hombres.

12 Y Dalila tomó cuerdas nuevas, y le ató con ellas, y le dijo: ¡Sansón, los filisteos sobre ti! Y los espías estaban en el aposento. Más él las rompió de sus brazos como un hilo.

13 Y Dalila le dijo a Sansón: Hasta ahora me engañas y me tratas con mentiras. Declárame, pues, ahora, cómo se te puede atar. Él entonces le dijo: Si tejes siete mechones de mi cabeza con el hilo del telar.

14 Y ella los aseguró con la clavija del telar y le dijo: ¡Sansón, los filisteos sobre ti! Mas despertando él de su sueño, arrancó la clavija del telar junto con el hilo.

15 Y ella le dijo: ¿Cómo dices: Yo te amo, cuando tu corazón no está conmigo? Ya me has engañado tres veces y no me has declarado aún en qué consiste tu gran fuerza.

16 Y aconteció que, presionándole ella cada día con sus palabras e importunándole, su alma fue reducida a mortal angustia.

17 Le declaró, pues, todo su corazón y le dijo: Nunca a mi cabeza llegó navaja, porque soy nazareo para Dios desde el vientre de mi madre. Si soy rapado, mi fuerza se apartará de mí, y me debilitaré y seré como todos los hombres.

18 Y viendo Dalila que él le había descubierto todo su corazón, envió a llamar a los príncipes de los filisteos, diciendo: Venid esta vez, porque él me ha descubierto todo su corazón. Y los príncipes de los filisteos vinieron a ella, trayendo en su mano el dinero.

19 Y ella hizo que él se durmiese sobre sus rodillas y llamó a un hombre, quien le rapó los siete mechones de su cabeza; y ella comenzó a afligirlo, pues su fuerza se había apartado de él.

20 Y le dijo: ¡Sansón, los filisteos sobre ti! Y luego que despertó él de su sueño, se dijo: Esta vez saldré como las otras y me escaparé. Pero no sabía que Jehová ya se había apartado de él.

21 Más los filisteos le echaron mano, y le sacaron los ojos y le llevaron a Gaza; y le ataron con cadenas para que moliese en la cárcel.

No es malo ser bondadoso y mostrar buena actitud, de hecho ello abre puertas inclusive, para predicar hay que tener buena disposición, pero hay que saber cuál es el propósito y origen de ello.

En el caso de sansón, revelo lo que no debía a su engañadora y cayó en su trampa, perdiendo el favor y protección de Dios.

1.6.2 Callado, discreción

No expresa opiniones respecto de algo escuchado o visto.

Prov.11:12-13/12 El que carece de entendimiento menosprecia a su prójimo, más el hombre prudente calla.
13 El que anda en chismes revela el secreto, pero el de espíritu fiel lo encubre.

Prov.21:23 El que guarda su boca y su lengua, su alma guarda de angustias.

Prov.25:9-10 / 9 Trata tu causa con tu prójimo y no descubras el secreto a otro,

no sea que te avergüence el que lo oiga, y tu infamia no pueda repararse.

- o   Boca cerrada y ojo abierto, no hizo jamás un desconcierto
- o   En la boca del discreto, lo público es secreto.
- o   Por la boca muere el pez.

Cuento

Están dos amigos en un bar y uno le dice a otro:
- Te veo preocupado. ¿Te pasa algo?
- Sí, tengo que contarte algo muy importante.
- Pues dímelo, somos amigos.
- No aquí no, que es un secreto y podrían oírnos.
Salen del bar y el amigo le dice:

- Es que he tenido un problema con el juego y debo 6.000 euros.
- Pues no te preocupes hombre, no se lo contaré a nadie.

Cuento

Un periódico que tenía reputación de muy serio, publicó un día, en la lista de defunciones, el nombre de un tipo que estaba muy vivo; éste al verse notoriamente perjudicado, amparado en la ley de Prensa, reclamó ante el director del periódico, quien se limitó a responder:

Nuestro periódico es muy serio y no podemos rectificar, pero para reparar el daño, mañana lo publicaremos en la lista de nacimientos.

<u>Anécdota</u>

En agosto de 1970 de ese entonces solíamos ir de vacaciones a la finca de mi padre y quedarnos allá con mi hermano Germán, pero mi padre nos encomendaba a quienes cuidaban parcialmente su finca, la cual era una extensión de tierra de aproximadamente unas 40 hectáreas en las altas montañas de la cordillera central en el cañón donde se escenificaron las historias de la Novela de Efraín y María o la hacienda el Paraíso cerca de Palmira, Valle, solo que esta era unos 10 kilómetros más abajo.

Entre las muchas idas cuando estaba más joven tuve la indiscreción de referir al responsable de cuidar la propiedad y prevenirle sobre un intento de robo de unas cabezas de ganado, muchos años atrás, que había intentado hacer un mayordomo que tuvo mi padre unos seis años atrás. Que además cortaba madera y disponía encubiertamente. La razón del comentario se debió a que pocos minutos antes había pasado, por la carretera el hermano de aquel agregado, y ahora este hombre podría hacer lo mismo. Yo califique al hombre por los hechos de su hermano, sin darle oportunidad a aclarar las cosas y generar sobre él predisposición y mala fama.

En las vacaciones siguientes volvimos a la finca y esta vez hicimos una gran amistad con aquel hombre, el cual administraba la finca de un vecino de mi padre, pero por el costado superior. Él siempre se mostró predispuesto a colaborarnos en todo lo que requiriéramos tal vez por encargo de mi padre o voluntad propia, el hecho era que siempre estaba pendiente de nuestras necesidades, y dispuesto a ser un buen amigo, y apoyo, pues veía que nuestra inexperiencia de jóvenes de ciudad no era suficiente, para atender solos las faenas del campo, tales como ordeñar, cortar leña, diagnosticar estado de los animales y los cultivos.

El caso es que él siempre nos guiaba y enseñaba muchas de las tareas, además de que sacaba tiempo de sus múltiples oficios para presentarse en nuestros desafíos de trabajo y dar instrucciones de cómo hacer cosas. El hombre se convirtió en un verdadero amigo, considerado, y lo aprendimos a valorar con todas sus virtudes. Nosotros éramos jóvenes de 14 a15 años que aún estábamos aprendiendo, especialmente cosas del campo.

Cuando tenía aproximadamente 16 años en el colegio donde cursaba el sexto de bachillerato hicieron una huelga de profesores que se prolongó por tres meses y regrese a la finca y continúe con la relación con la familia de aquel hombre. Por alguna razón simpatice con una de las hijas del agregado de mi padre que cuidaba una propiedad que colindaba en la parte inferior y un costado y que su casa estaba un poco más de un kilómetro de la de mi padre. La relación de noviazgo que por supuesto no podría ser duradera, debido a que mis padres se oponían a ello y especialmente mi madre, quien siempre nos celaba. Yo solo aparecía en las vacaciones. No sé qué habló mi madre y padre con la familia de la joven y le hicieron saber que yo tenía otra novia y que por lo tanto debía olvidarse de mí. Fue bueno y malo, pues al fin y al cabo yo debía estar pendiente de mis estudios y no de novias donde no podía atenderlas, especialmente con una campesina que no debía dejar pasar la oportunidad con alguien que le ofreciera un mejor porvenir a la vista, especialmente porque ella era mayor que yo unos cuatro años. Parece que ese desengaño enfureció a los padres de ella y con el tiempo comunicaron los comentarios de prevención inapropiados hechos del hombre que se convirtió en uno de nuestros mejores amigos y con el cual compartimos tres años de enseñanzas.

Al cabo de los años regrese a la finca y aquel hombre paso y saludo a mi padre, pero a mi saludo no lo respondió con el entusiasmo acostumbrado. Yo intuyo que tal cambio se debió a que tal vez la familia de la novia comentó con él, nuestros primeros comentarios. Allí supe que había perdido uno de mis mejores amigos. Nunca me perdoné por ello.

1.6.3 Carácter

Firmeza, incorruptible, estricto, que respeta convenios. Alta determinación para defender y mantenerse dentro de sus principios y valores.

Prov.20: 7 El justo camina en su integridad; bienaventurados son sus hijos después de él

Prov.11:3 La integridad de los rectos los encaminará, más destruirá a los pecadores su propia perversidad.

- o Las personas que tienen buen carácter son las más dignas de ser queridas. Ralph Waldo Emerson.
- o El talento se cultiva en la soledad; el carácter se forma en las tempestuosas oleadas del mundo. Johann Wolfgang Von Goethe
- o El carácter es la fuerza sorda y constante de la voluntad. Henry Dominique Lacordaire.

Cuento

El revisor amonesta a un viajero:
Tengo que ponerle una multa, pues está infringiendo una disposición, señor. En los trenes no se puede fumar. Mire, lea el cartel de allí arriba: Prohibido fumar.

Responde el pasajero: Usted también está contraviniendo otra disposición; si no lea allí arriba: no masque chicle; Guam, Guam a todas horas.

Cuento

Un loco es abordado por otro que le dice a quemarropa:
Adivine, cuantos años tengo.
Sesenta.
Magnifico. ¿Cómo ha podido adivinarlo?
Es muy fácil. Un vecino mío que está medio loco y tiene treinta.

Comentario

Historias vividas que demuestran la convicción y carácter del apóstol Pablo, quien siendo un perseguidor infatigable de los primeros cristianos, se convirtió, gracias a que atendió el llamado de Jesucristo para servirle, procurando en adelante pagar el precio del nuevo: conocimiento, entendimiento, sacerdocio, y testimonio, de tal manera que sufrió con gusto muchas penalidades, las cuales refiere en la 2 carta a los Corintios 11:23-33
23 ¿Son ministros de Cristo? (Como si estuviese loco hablo.) Yo más: en trabajos, más abundante; en azotes, sin número; en cárceles, más; en peligros de muerte, muchas veces.
24 De los judíos cinco veces he recibido cuarenta azotes menos uno.
25 Tres veces he sido azotado con varas; una vez apedreado; tres veces he padecido naufragio; una noche y un día he estado a la deriva en alta mar;
26 en caminos muchas veces, peligros de ríos, peligros de ladrones, peligros de los de mi nación, peligros de los gentiles, peligros en la ciudad, en peligros en el desierto, peligros en el mar, peligros entre falsos hermanos;
27 en trabajo y fatiga, en muchos desvelos, en hambre y sed, en muchos ayunos, en frío y en desnudez.
28 Y además de esas cosas, lo que sobre mí pesa cada día es la preocupación por todas las iglesias.

29 ¿Quién es débil sin que yo me debilite? ¿A quién se le hace tropezar, sin que yo no me indigne?

30 Si es menester gloriarme, me gloriaré de lo que es mi debilidad.

31 El Dios y Padre de nuestro Señor Jesucristo, quien es bendito por los siglos, sabe que no miento.

32 En Damasco, el gobernador de la provincia del rey Aretas guardaba la ciudad de los damascenos para prenderme;

33 y fui descolgado del muro en un cesto por una ventana, y escapé de sus manos.

El carácter y determinación de este discípulo de Jesucristo, lo llevó a convertirse en un misionero ejemplar, no bastando a él las penalidades, persecuciones, desprecios, al igual que los demás apóstoles, siempre testifico con agrado de las verdades preparatorias expresadas a los hombres, a fin de persuadirlos a cambiar los rumbos y propósitos de vidas, para recibir la vida eterna y atesorar para los cielos en vez de hacerlo para la tierra.

1.6.4 Caridad o misericordia

Es la expresión de compasión, respeto, buen trato y solidaridad mostrada ante los demás.

La caridad es la muestra de amor o ejercicio de él, pues es fácil querer a quien se conoce, pero ésta se espera sea extensiva a los desconocidos inclusive.

Prov.3:3-4 / 3 Nunca se aparten de ti la misericordia y la verdad; átalas a tu cuello. Escríbelas en la tabla de tu corazón,

4 y hallarás gracia y buena opinión ante los ojos de Dios y de los hombres.

Prov.3:9-10/ 9 Honra a Jehová con tus bienes y con las primicias de todos tus frutos;

10 entonces serán llenos tus graneros con abundancia, y tus lagares rebosarán de mosto.

o   A quien tiene caridad, nunca le falta que dar.
o   El buen limosnero, no es pregonero.
o   Dar limosna no empobrece, y para el cielo enriquece.
o   No da quien puede, sino quien puede y quiere.
o   Quien al pobre cierra las puertas, la del cielo no la hallara abierta.
o   Favorece al afligido y serás favorecido.
o   Quien por su enemigo ruega, al cielo llega.

Cuento

A un avión se le averió un motor en pleno vuelo, así que el piloto ordenó a la tripulación hacer que los pasajeros se abrocharan los cinturones y se prepararan para un aterrizaje forzoso. Dejo pasar unos minutos y preguntó a una azafata si ya estaban todos listos. Esta respondió: Sí, todos menos un abogado, que sigue repartiendo sus tarjetas.

Cuento

Entre amigos
Me he enterado de que Antonio tiene la intención de pedirte cien mil pesos y después fugarse con tu mujer.
Muchas gracias Luis. De ignorar lo que me dices no se los hubiere prestado.

Comentario

La misericordia que mostremos a los demás son auténticos materiales para construir una magnifica morada en el Reino Celestial. Esta promesa continuamente la refería Jesucristo, y sin embargo el hombre natural se empeña en dejar pasar esa oportunidad. Además de que quien la practica en la tierra su corazón se llena de gozo, de tal manera que es recompensado con ello, por ese servicio. Prov.3:27-28 /27 No te niegues a hacer el bien a quien es debido cuando esté en tu mano el hacerlo.

28 No digas a tu prójimo: Vete y vuelve de nuevo, y mañana te daré, cuando tengas contigo qué darle.

Prov.11:17 A su alma hace bien el hombre misericordioso, pero el cruel atormenta su propia carne.

Prov.11:25-26 /25 El alma generosa será prosperada, y el que sacie a otros, también él será saciado.

Prov.21:13 El que cierra su oído al clamor del pobre también clamará y no será oído.

Prov. 22:9 El ojo misericordioso será bendito, porque dio de su pan al indigente.

Prov.28:27 El que da al pobre no tendrá pobreza, pero el que aparta de él sus ojos tendrá muchas maldiciones.

Ecles.11:1-2 / 1 Echa tu pan sobre las aguas, porque después de muchos días lo hallarás.
2 Reparte una porción a siete, y aun a ocho, porque no sabes qué mal ha de venir sobre la tierra.

1.6.5 Certero

Todo aquel que casi siempre tiene éxito en sus proyectos, apreciaciones, direccionamientos, tiros, etc. Que no da vueltas para llegar a sus objetivos.

Prov.10:17 El que guarda la instrucción está en el camino a la vida, pero el que desecha la represión, yerra.

- o   Lo bien aprendido, nunca es perdido.
- o   Lo bien aprendido, para siempre es sabido.
- o   La hacienda bien ganada, con afán se guarda.

Cuento

La abuela reprende al nieto:
Pepito, ¿Por qué le has tirado una piedra a tu primo a la cabeza?
Él me ha pellizcado.
¿y por qué no me has llamado?
¿Para qué? Usted no iba a acertar ninguna.

Cuento

Érase una pareja de campesinos que después de tanto añorar tener un hijo, al fin consiguieron su cometido. Tuvieron un niño al que le llamaron Tiros.
Tiros creció como cualquier niño normal y una vez alcanzada la mayoría de edad se fue para la capital.
Después de algunos meses sin tener noticias de Tiros, el dueño de la tienda del pueblo leyendo el periódico llamó al papá de Tiros y le dijo: "Compa, compa, venga a ver esto, hay noticia de Tiros en el periódico."
El titular decía:
"TIROS EN LA UNIVERSIDAD." El padre de Tiros se puso tan feliz que mató una lechona y celebraron por 3 días, él orgulloso de que su hijo estuviera en la universidad. Pasó algún tiempo y después volvió el compadre: "Compa, compa noticias de Tiros: TIROS EN LA ASAMBLEA." Oh compa mi hijo legislador, vamos a celebrar, yo sabía que ese muchacho llegaba lejos...y mataron una vaca. Al tiempo volvieron a tener noticias de Tiros, pero esta vez el Compa le dijo: "Ay compa, como siento tener que decirle esto, pero mejor léalo usted mismo, porque yo no tengo corazón para darle esa noticia tan triste. "ESTUDIANTES Y POLICIAS SE COGEN A TIROS"

Anécdota

Cuando era niño conocí uno de los muchos agregados o cuidadores de la finca que mi padre poseía. El agregado regularmente no compraba mucha carne, pues se proveía de la carne de las aves o animales que cazaba. Una mañana tal hombre que tenía una prodigiosa puntería observaba como yo procuraba disparar con una cauchera (tirachinas) a un ave hermosa de muchos colores y del porte de una paloma. El rápidamente se acercó, a mí, tomó la cauchera y de un solo tiro mató el ave, la cual después la puso en mis manos. Mi padre que estaba allí, desaprobó en su interior el hecho, y después de aquel día nunca más volví a ver una de tal especie, ni en un zoológico, pues las que vi estaban disecadas en museos.

Al meditar en tal daño me arrepiento de ese hecho, y me pregunto ¿Por qué en vez de ello no utilice una cámara fotográfica?, así podría conservar la imagen viva de tan bella creación, quizás cuantas generaciones de ellos dejaron de nacer por mi culpa. Si en mi necedad solo hubiera observado detenidamente, hoy habría muchos ejemplares de esa especie maravillosa.

Para fortuna mía, mi padre nunca utilizó armas en su finca, pues seguramente en mí también se me hubiere despertado el instinto destructivo de matar a los animales, para usarlos como trofeos, innecesarios.

Al meditar sobre la libertad, la belleza, el canto de muchas aves, y el beneficio que hacen a la humanidad, me arrepiento del daño causado a esa bella ave. Ojala hubiera tenido buena puntería a las razones: la libertad, el respeto por la vida, observar, aprender a escuchar, para entender que tendré que responder por haber disparado a tal ave, aunque yo no le di el disparo, si me complací de su muerte, pues ahora sería mi gran trofeo. Ojala pudiera haber fallado aquel hombre y tal bello animal que quizás con gran afán buscaba alimentos para sus polluelos, o con afán y gratitud expresaba a Dios el reconocimiento por la naturaleza.

Al procurar calcular cuántas vidas trunque, procedí a determinar cuántascrías por año sacaba una pareja y la homologue a las palomas. Conforme a ella me di cuenta que en un año estas sacan cuatro polluelos, de los cuales casi siempre dos son hembras. Con esos datos y la longevidad de 15 años en cautividad y 5 años en libertad, quise promediar diez años y así proyecte las cifras hasta enterarme que mis cálculos daban 20.480 aves que posiblemente habrían salido de aquella especie, si esta fuese hembra. Me aterrorizó tal destrucción y confieso que dimensione así el daño ecológico que causo mi necedad de tener disparos certeros y un trofeo.

He conocido a hombres que se jactan de la gran puntería, y certeros tiros que pueden hacer para quitar vidas a otros, por un puñado de pesos, euros o dólares, sin darse cuenta que truncaron una vida, másgeneraciones enteras.

También se trunca la vida sometiendo a la cadena perpetua a los animales en jaulas, etc., sí, sus tiros son certeros, pero para acabar con todas las posibles generaciones de ellos si no estuvieran en la cárcel de una jaula y más bien en libertad y libres de persecuciones inútiles.

1.6.6. Ciencia, ilustrado

Es el conocimiento que se adquiere mediante el estudio, análisis e investigación empleando los métodos de verificación: matemáticos, físicos, químicos, geológicos, biológicos, y de sin número de técnicas científicas que permiten al hombre encontrar los principios, en que él se apoya para considerar algo como una teoría hipotética, un supuesto, o una verdad que se puede demostrar mediante los principios y leyes que la rigen.

Prov.16:4 Todas las cosas ha hecho Jehová para sus propios fines, y aun al malvado para el día malo.

o   Calores, dolores y amores, matan a los hombres.
o   Casa vieja, todo son goteras.
o   Compañía no engañosa yo y mi sombra.

Cuento

Un científico que estaba haciendo un experimento con una araña suelta
sobre la mesa de su laboratorio le quita una patita y le dice:
¡Ven! La araña, tap, tap, tap, se le acerca y el científico apunta: Si le quito
una pata a la araña, acude a mi llamada.
Acto seguido le corta dos patitas, repite la operación y dice:
¡Ven!
Y la araña, tap, tap, tap, se le acerca nuevamente. El científico apunta:
si a la araña le quito dos patitas, acude a mi llamada. Así continúa
experimentando y tomando apuntes, hasta que la araña se queda sin
patas, momento en que vuelve a colocarla sobre la mesa y dice:
¡Ven!
La araña se queda inmóvil….
¡Ven!, ¡Ven!….le increpa de nuevo.
La araña permanece quieta. El científico decide coger su libreta de
apuntes y escribe:
Insólito descubrimiento:
Una araña despojada de sus patas se queda sorda.

Comentario

Hace muy pocos días vi en televisión uno de mis programas favoritos, en
Discovery, sin embargo como en otras ocasiones ya me había ocurrido,
me llenó de desengaño, ver como un productor llevó a la pantalla
cantidad de verdades revueltas con mentiras, las cuales de por si hacen
más mal que bien. Este productor con su equipo de trabajo, ha querido
cambiar la historia de quienes vivieron, sintieron, y vieron las cosas,
por unas especulaciones con las que el pretende demostrar al mundo
sus vanas teorías. El expresa: Moisés no abrió el mar rojo, no sano las
aguas amargas de Mara, tampoco Dios guió al pueblo de Israel por el
desierto durante el día con una nube y en la noche con una columna de
fuego, y otras más cosas.

Lo expresado en el capítulo 14 de éxodo, sobre la apertura del mar rojo, se pretende cambiar por un lugar diferente cerca del golfo deAcaba. A cambio expresa que fue en ese lugar donde el mar anega una vasta zona y crecen juncos; y además sostienen que los carros de los egipcios, se hundieron en el barro y que los soldados se ahogaron al subir la marea. Pero sabemos que hay más evidencias e información de que lo narrado en la Biblia, se ajusta a la realidad. En el libro e Mormón 1Nefi 17:24-27, se indica que el mar rojo fue abierto, y en éxodo 14: 22- 29 dice que las aguas eran como muro a su derecha y a su izquierda.

Que las aguas amargas (Éxodo 15:22-27) tampoco fueron habilitadas, En el versículo 26 dice "y dijo: Si escuchas atentamente la voz de Jehová tu Dios, y haces lo recto delante de sus ojos, y das oído a sus mandamientos y guardas todos sus estatutos, ninguna enfermedad de las que envié a los egipcios te enviaré a ti, porque yo soy Jehová, tu Sanador". Hansido tantas las veces que por desobediencia me ha sucedido, que el espíritu que me acompaña se ha retirado de mí, temporalmente, lo cual me confirma una y otra vez que las promesas, bendiciones, de Dios están disponibles en tanto seamos obedientes. Entonces me toca recomponer mi actuar y solo así retomo las bendiciones de la revelación, protección, y por supuesto la paz interior.

Que fue un volcán, en erupción lo que vieron los israelitas en el desierto, en vez de una nube y una columna de fuego que los guiaba. En verdad son ridículas las justificaciones de estos hombres naturales, pues sería como indicar que todos los milagros de Moisés en el desierto, los de Josué, Elías, Eliseo, Daniel, y el mismo Jesucristo tampoco se dieron. Hay innumerables milagros en las vidas de las personas, que reflejan respuestas de Dios, a aquellos que han confiado en él, que han orado, pedido, y no están escritos en la Biblia. Estos ilustrados desconocen la bondad de Dios, no se enteran que Dios está allí tan cercano, para atendernos, apoyarnos, y bendecirnos, a pesar de nuestras desobediencia. Él espera que nosotros le descubramos. Antes de negar todo ello, yo les invito a que le descubran en oración y no se pongan a confundir y anegar lo que no saben, pues son muchos, los médicos, científicos de la Nasa incluso, etc., al igual que Albert Einstein, confirmaron, aceptaron, y han recibido milagros en sus vidas, profesiones, etc.

Siendo yo un instrumento en las manos de Dios, con el sacerdocio querecibí, considerándome un despreciable hombre, El señor ha hecho muchos milagros sencillos, sanando enfermos, y otras cosas más. Mi familia es testigo, y mis diarios también. He visto a otros cambiar sus vidas, y los cambios de vida son los mayores milagros. No me cabe duda que hay milagros hoy, pero el hombre natural no los percibe, ni los entiende, aunque los vea. Razón tenía Jesucristo cuando dijo en Juan 3:11-12 /11 De cierto, de cierto te digo que de lo que sabemos, hablamos, y de lo que hemos visto, testificamos; pero no recibís nuestro testimonio.

12 Si os he dicho cosas terrenales y no creéis, ¿cómo creeréis si os digo las celestiales?
El productor del documental, hace a Dios mentiroso, a su profeta Moisés, y todo lo escrito, sobre tales sucesos y muchos más. Con protagonismo desea descubrir el agua tibia, después de 3.700 años y enseñar a los egipcios, a los Israelitas, y al mundo entero que no fue así, sino según sus teorías, y lo peor es que muchos le creen.

Cuando se dice que las escrituras son selladas, significa que se interpretan y entienden por el espíritu, es decir que deberíamos antes, hacer oración, pidiendo percibir la verdad de ellas en nuestro entendimiento, en el corazón, en la mente, y más aún en nuestro cuerpo espiritual, así de simple.

Hay muchas películas sobre la Biblia, pero muy pocas se han ajustado a la realidad, porque los autores han divagado, y han distorsionado con interpretaciones: los lugares, las palabras, los milagros, y demás hechos escritos, y han cambiado la verdad por especulaciones. El éxito de la película "Los diez mandamientos, protagonizada por Charlton Hestom, consiste en que se ajusta a la verdad en lo posible. Despúes de más de 70 años aquella cinta, aún llena de verdad las mentes de los receptores, en cambio hay otras que son verdaderas peli-culatas, pues son tan mediocres y efímeras, justamente por cambiar las cosas. De esa forma se pierde el buen espíritu pretendido. Si los actores, llevaran a la pantalla, los miles de sucesos de la Biblia, el libro de Mormón, la Perla del Gran precio, y miles de recuentos e historias de personas sencillas como yo, se llenarían de dinero, pues compartirían verdades, y además lo más importante contarían con el apoyo de Dios, y así las cosas serían mejor. Y si me equivoco observen la nueva película de Mel Gibson denominada "Hasta el último hombre", cuanto éxito ha tenido; por que ha llevado una verdad, de un simple joven, enseñando un gran mensaje de solidaridad.

Cuando era casi ateo, y tenía 24 años quise leer la Biblia, con el fin de poder criticar a los muchos cristianos con los cuales debatía. A medida que leía acerca de Jesucristo en el nuevo testamento, muchas noches mi corazón se llenó de una fuerza difícil de explicar que me hacía sentir que lo que estaba escrito era verdad, no podía parar de leer, y además esa fuerza enterneció mi corazón, y lloré de pesar. No sé por qué, pero esa influencia, jamás percibida, me llenaba de tal manera que sabía que ello era verdad. Por esa razón invito a los autores, productores, arqueólogos, historiadores, científicos, etc., a que antes de escribir, protagonizar, reproducir algún documental, película, etc., se detengan: pregunten y oren a su Dios, para que Él les ayude a expresar en sus trabajos y efectuar lo que pasó. Que no se aparten de la verdad, no confundan a la humanidad, no sean presas de las legiones de Satanás que disfrutarán insinuando cosas y casos para: enfermar, distorsionar, estorbar, justificar, y protagonizar mentiras revueltas con verdades.

Recuerden que 99% de verdad * 1% de mentiras = una gran mentira. Tan peligrosa que se asimila totalmente como cierta. Una gran táctica del padre de las mentiras.

Una verdad se caracteriza, por narrar las cosas como fueron, como son, y como sucederán. Así de simple.

Así se le reveló al profeta escogido por Dios, para liderar la restauración de todas las cosas que se quitaron de la Biblia, por el hombre a causa de las traducciones incorrectas de la fuente inicial.

Yo disfruto mucho de las películas o documentales que contribuyen a la humanidad, con verdades, pero no resisto las mentiras, ni la ciencia ficción, ni mucho menos aquello que no es verídico, pues son fabulas para entretener niños. Pienso que hay muchas cosas buenas que nunca se llevaron a la pantalla, y sin embargo serían 100 veces más importantes en éxito que tanta cursilería provista.

Volviendo al caso de quien deforma la verdad para buscar protagonismo, especialmente de cosas que ni sabe, ni entiende, ni percibe, ni le consta, y si se está en oposición a lo mandado a escribir por el creador, a siervos los profetas, debiera de hacer un alto en el camino: meditar, analizar la creación, pues ella da testimonio de la deidad; observe sus hijos, observe a su madre, las plantas, la naturaleza, etc. y considere seriamente lo que le espera, pues ha perdido su tiempo, ha confundido a la humanidad, y no se dio oportunidad para saber la verdad de lo espiritual. Yo estoy seguro al igual que él, que ambos moriremos, tal vez el crea en la muerte, pero yo estoy seguro de ello, al igual que se (pues deje de creer hace tiempo en la existencia de Dios, pues antes creía, ahora se, pues hay muchas evidencias) de su perfecto plan de salvación.

He visto a mi Padre Celestial, a mi redentor Jesucristo en sueño quienes me exhortaron a investigar, a cambiar y modelar mi vida. Es así que ya no solamente creo, sino que tengo la certeza de su existencia, porque los busqué, no los ignoré, sino que siendo ateo, en un principio, no tape mis ojos ni volví mi espalda para no querer ver, sino que lo supe por que quise saberlo, y desde aquel tiempo me deleito en sus verdades y las miles de bendiciones con que me ha cobijado. Lo expreso con sinceridad sin temor ni temblor, sino con gozo, en el nombre de Jesucristo amén.

La ciencia es necesaria, ha ayudado a la humanidad, con mucho, y a mayor conocimiento y ciencia, se demuestra que efectivamente somos hijos de Dios, y no de seres inferiores como monos, Delfines, medusas, etc.… En la creación no estamos solos, hay vida en otros planetas, y cada cual cumple su ciclo, y a nosotros nos tocó este, y falta mucho por desvelar, revelar, y comprender. Aún no estamos preparados, para cosas mayores, pero estamos progresando y en poco se darán a conocer más cosas, pero si no creemos en lo primero, lo segundo y posterior, será peor.

2.1.1 Circunspecto

Aquel individuo que vive y actúa con respeto, cautela, integridad, o rectitud.

Santiago 1:25-27 /25 Pero el que mira atentamente en la perfecta ley, la de la libertad, y persevera en ella, no siendo oidor olvidadizo, sino hacedor de la obra, este será bienaventurado en lo que hace.
26 Si alguno se cree religioso entre vosotros, y no refrena su lengua, sino que engaña su corazón, la religión del tal es vana.
27 La religión pura y sin mácula delante de Dios el Padre es esta: Visitar a los huérfanos y a las viudas en sus tribulaciones, y guardarse sin mancha del mundo.

- o   De buen árbol, buena sombra.
- o   La prudencia en el que la tiene, muchos daños y males previene.
- o   Donde hay buena educación no hay distinción de clases.

Cuento

El león se desplaza majestuosamente por la selva.
El mono lo ve venir y sube velozmente a un árbol.
- Tranquilo, mono: hoy estoy de buen humor y quiero ser amigo de todos los animales. Si bajas no te haré nada.
- No bajo. No te creo.
- Baja, mono. Quiero ser amigo. Para que veas que no te haré nada me voy a atar. ¿Ves? Ya no me puedo mover. Baja y te saludo.
El mono bajo temblando del árbol.

- ¿Por qué tiemblas? Quiero ser tu amigo.
- Tiemblo de emoción: ¡es la primera vez que le voy a romper la cara a un león!

Cuento

Hijo.
¿Qué quieres papacito?
Tengo miedo que algún día tu profesora se dé cuenta que yo te estoy haciendo las tareas.
Pues creo que ya se dio cuenta.
¿Y por qué crees que ya sabe que yo te hago las tareas?
Porque me ha dicho que es imposible que a un niño se le ocurran tantas burradas juntas.

Historia

Cuando estaba estudiando, viajaba casi todos los días a la Universidad del Quindío y en aquel tiempo aún no habían construido el terminal de transportes de Pereira. Algunos viajeros nos hacíamos 200 metros después de la oficina de donde salían los autobuses con destino a Armenia, y allí en la curva donde se toma la avenida con destino a Armenia, en la bajada, justo donde había una caseta de venta de gaseosas y alimentos, abordábamos el autobús fuera de expreso Palmira, Occidental, o Bolivariano.

Una tarde como a eso de las 5:00 p.m., observamos en el otro costado de la avenida, un autobús de la empresa "Occidental", con el propósito de pasar la avenida para tomar la carrera que le condujera a su oficina. En la curva prontamente apareció un joven ciclista que rápidamente bajaba por la avenida, sin embargo el conductor del autobús hizo caso omiso de 5 reglas: 1-El joven de la bicicleta venía a buena velocidad 2-El ciclista tenía la via.3-Era una pronunciada bajada donde hay poco que controlar 4- Venía de una curva donde este poco podía visualizar, pero con la vía. 5- En su bicicleta el chasis era él.

El conductor ignoró al ciclista, pues considero que este debería frenar, y no respeto el derecho a la vía del ciclista, y atravesó su autobús cuan largo era y el ciclista estrello su cabeza contra la mitad por el costado derecho del autobús. Rápidamente bajó una señora del autobús y le señalo al conductor que había innecesariamente omitido el derecho de la vía de aquel joven. No supe si murió o no, pero el golpe fue muy duro, no nos quedamos para ver más, pues abordamos nuestro autobús que pronto pasó.

Aquella escena me dejó como enseñanza como la imprudencia de un conductor, se sumó a la velocidad del joven que quizás perdió su vida en ese momento. Ninguno caminó con circunspección o cautela.

2.1.2 Civilizado, civilización

Conjunto de 'costumbres, pensamientos, formas de actuar, artes, etc., que los pueblos adquieren con la convivencia y que consideran como identificación, y características propias de su entorno.

Ecles.10:5-7/5 Hay un mal que he visto debajo del sol, como error emanado del gobernante:
6 La necedad está colocada en grandes alturas, y los ricos están sentados en lugar bajo
7 He visto siervos a caballo y príncipes que andaban como siervos sobre la tierra.

- o El comienzo de la libertad es el ejercicio del respeto de los derechos y libertades de tu prójimo. JCIR
- o Es más libre quien está más desprovisto de vicios. JCIR
- o Una civilización está fundada sobre los principios y leyes la mayoría justas, de tal manera, que puedas mirar y actuar delante de tu prójimo sin que les quites, ofendas, fastidies o limites los derechos de otros. JCIR
- o Quien no respeta las leyes de la naturaleza y de Dios no merece ni está preparado para vivir en la eternidad con el creador. JCIR

o Hay civilizaciones de todo tipo: de ladrones, de drogadictos, de asesinos, de prostitución, de abandonados y sucios, de esclavos, borrachos, de fanfarrones, de maltratadores, de científicos, de pacíficos, de hombres justos, limpios, de trabajadores honrados, de deportistas, etc., tu puedes combinar y escoger lo que mereces y aspiras y se te dará según tus méritos. JCIR

Cuento

Después de un partido de tenis Manolo y Pepe se duchan en el club...
- Manolo, ¿me puedes dar un poco de tu Champú?
- Pero tú tienes el tuyo, ¿se te ha acabado?
- No. Pero el mío dice "para cabello seco", y yo lo tengo todo mojado.

Historia

La historia de SION la civilización desaparecida:

El pueblo de Enoc es llamado SION, pero no se da a conocer la verdad completa, porque la quito el traductor y así la conoció el mundo:

Génesis 5:19-24 /19 Y vivió Jared después que engendró a Enoc ochocientos años, y engendró hijos e hijas.
20Y fueron todos los días de Jared novecientos sesenta y dos años, y murió.
21Y vivió Enoc sesenta y cinco años, y engendró a Matusalén.
22 Y caminó Enoc con Dios después que engendró a Matusalén trescientos años, y engendró hijos e hijas.
23 Y fueron todos los días de Enoc trescientos sesenta y cinco años.
24 Caminó, pues, Enoc con Dios, y desapareció, porque lo llevó Dios.

Las verdades se revelan y restauran a los profetas modernos en los libros "La Perla del gran Precio, Libro de Moisés. (El que quiera saber si esto es verdad podrá orar y preguntar, y si es sincero en intención de conocer la verdad de esto, la respuesta estará condicionada a su voluntad, sinceridad, y perseverancia en la búsqueda)

Moisés: 7:17-21 / 17 El temor del Señor cayó sobre todas las naciones, por ser tan grande la gloria del Señor que cubría a su pueblo. Y el Señor bendijo la tierra, y los de su pueblo fueron bendecidos sobre las montañas y en los lugares altos, y prosperaron.

18 Y el Señor llamó SIÓN a su pueblo, porque eran uno en corazón y voluntad, y vivían en rectitud; y no había pobres entre ellos.

19 Y Enoc continuó su predicación en justicia al pueblo de Dios. Y aconteció que en sus días él edificó una ciudad que se llamó la Ciudad de Santidad, a saber, SIÓN.

20 Y aconteció que Enoc habló con el Señor, y le dijo: Ciertamente Sión morará segura para siempre. Mas el Señor le dijo a Enoc: He bendecido a Sión, pero he maldecido al resto de la gente.

21 Y aconteció que el Señor le mostró a Enoc todos los habitantes de la tierra; y vio, y he aquí, con el transcurso del tiempo, Sión fue llevada al cielo. Y el Señor dijo a Enoc: He allí mí morada para siempre.

2.1.3 Claridad, claro

Forma de expresar con nitidez, las cosas, de tal forma que todos podemos entender, salvo que estemos cegados por nuestros propios intereses. Estos nos impiden ver y entender con el espíritu, pues lo espiritual se ha de entender con el espíritu, y lo terrenal según el ángulo y conocimiento limitado del hombre.

Mateo 13:33-35 / 33 Otra parábola les dijo: El reino de los cielos es semejante a la levadura que tomó una mujer y escondió en tres medidas de harina, hasta que todo quedó leudado.

34 Todo esto habló Jesús por parábolas a la gente, y sin parábolas no les hablaba,

35 para que se cumpliese lo que fue dicho por medio del profeta, cuando dijo: Abriré en parábolas mi boca; declararé cosas escondidas desde la fundación del mundo.

Esta parábola fue explicada por José Smith así: Todas las cosas de la Iglesia del cordero se ponen de manifiesto y presentan por tres testigos:

la primera presidencia, El Padre y el Hijo y el Espíritu Santo. Sus verdades o escritos: La Biblia, el libro de mormón y el libro de Doctrinas y Convenios. Son testimonios de tal afirmación.

o	Las cuentas claras y el chocolate espeso.
o	Más claro no lo canta un gallo.
o	La claridad y transparencia son tan parecidas, que se sirven en una simbiosis idiomática para despejar las dudas. JCIR

Cuento

Ledijo el boquinche al mentiroso:
A, a mi….ii me gustan las cosas clalas, muy pelo, muy clalas y como el petróleo cludo. JCIR

Cuento

Al terminar el análisis, el especialista indaga:
Si yo juzgase necesaria una operación, ¿podría usted pagarla?
¿Y usted doctor, en caso de que no pueda pagarla, la juzgaría necesaria?

<u>Historia</u>

Verdad y claridad que todo cristiano debe descubrir:

Además de lo que dice la Biblia del libro de Mormón en Ezequiel 37:15-22 **15** (Y vino a mí la palabra de Jehová, diciendo:
16 Y tú, hijo de hombre, toma ahora un palo y escribe en él: Para Judá, y para los hijos de Israel, sus compañeros. Toma después otro palo y escribe en él: Para José, palo de Efraín, y para toda la casa de Israel, sus compañeros.
17 Júntalos luego el uno con el otro, para que sean uno solo, y serán uno solo en tu mano.
18 Y cuando te hablen los hijos de tu pueblo, diciendo: ¿No nos explicarás qué *quieres decir* con eso?

19 Diles: Así ha dicho Jehová el Señor: He aquí, yo tomo el palo de José que está en la mano de Efraín, y a las tribus de Israel, sus compañeros, y los pondré con él, con el palo de Judá, y los haré un solo palo, y serán uno en mi mano.

20 Y los palos sobre los que escribas estarán en tu mano delante de sus ojos;

21 y les dirás: Así ha dicho Jehová el Señor: He aquí, yo tomo a los hijos de Israel de entre las naciones a las cuales fueron, y los recogeré de todas partes y los traeré a su propia tierra.

22 Y haré de ellos una sola nación en la tierra, en los montes de Israel; y un mismo rey será el rey de todos ellos; y nunca más serán dos naciones, ni nunca más estarán divididos en dos reinos)

Y explica que la Biblia es el libro de Judá y el libro Mormón es el libro de José, hay que conocer la claridad y la forma diáfana que explica, veamos lo que dice el Profeta Benson:

El Señor mismo ha declarado que el Libro de Mormón contiene "la plenitud del evangelio de Jesucristo" (D. y C. 20:9 "el cual contiene la historia de un pueblo caído, y la plenitud del evangelio de Jesucristo a los gentiles y también a los judíos"). Eso no quiere decir que contenga todas las enseñanzas, ni toda la doctrina que se haya revelado. Más bien, quiere decir que en el Libro de Mormón encontraremos la plenitud de las doctrinas necesarias para nuestra salvación; y se enseñan de manera clara y sencilla a fin de que aun los niños puedan aprender los senderos de la salvación y la exaltación. El Libro de Mormón ofrece muchas cosas que ensanchan nuestro conocimiento de las doctrinas de salvación; sin él, mucho de lo que se enseña en otras Escrituras no sería tan claro y precioso.

En lo que respecta a la predicación del Evangelio, el Libro de Mormón contiene la explicación más clara, más concisa y más completa. No hay ningún otro registro con el que se le pueda comparar. ¿En qué registro se obtiene una comprensión tan completa de la naturaleza de la Caída, la naturaleza de las muertes física y espiritual, la doctrina de la Expiación, la doctrina de la justicia y la misericordia en relación a la Expiación, y los principios y ordenanzas del Evangelio? El Libro de Mormón contiene la explicación más completa de esas doctrinas fundamentales

El Libro de Mormón... verifica y aclara lo que dice la Biblia. Quita tropezaderos y restablece muchas cosas claras y preciosas. Testificamos que cuando se usan juntos, la Biblia y el Libro de Mormón contradicen las doctrinas falsas, ponen fin a las contenciones y establecen la paz. (Véase 2 Nefi 3:12Por lo tanto, el fruto de tus lomos escribirá, y el fruto de los lomos de Judá escribirá; y lo que escriba el fruto de tus lomos, y también lo que escriba el fruto de los lomos de Judá, crecerán juntamente para confundir las falsas doctrinas, y poner fin a las contenciones, y establecer la paz entre los del fruto de tus lomos, y llevarlos al conocimiento de sus padres en los postreros días, y también al conocimiento de mis convenios, dice el Señor)

2.1.4 Compasión

Es expresar nuestra solidaridad al prójimo, cuando éste ha caído en desgracia o está en malos momentos. La compasión implica ayudar y velar por el prójimo cuando su condición es desfavorable.

Algunas personas consideran equivocadamente que no se debe tener lástima por nadie ni compasión, pues ello no favorece. Sin embargo, es la expresión de condolencia que sintió el Salvador ante los pobres, necesitados o los enfermos que le buscaban, para ser sanados, a tal grado que sus entrañas se estremecieron, y por ese medio sintió amor por ellas, el suficiente para lograr efectuar los milagros que cristalizó.

La parábola de la oveja perdida y las noventa y nueve:

Mateo 18:12-14/12 ¿Qué os parece? Si tiene algún hombre cien ovejas y se descarría una de ellas, ¿no irá por los montes, dejando las noventa y nueve, a buscar la que se ha descarriado?
13 Y si acontece que la haya, de cierto os digo que más se regocija por aquélla que por las noventa y nueve que no se descarriaron.

14Así que, no es la voluntad de vuestro Padre que está en los cielos que se pierda uno de estos pequeños.

o   Cuando no se realiza acción alguna por el prójimo lo demás es novelería.
o   Bueno es el rigor, pero la misericordia es mayor.
o   A más prudencia, más clemencia.

Cuento

Dos amigos:
- Oye Manolo, ¿me prestas 25 euros?
- Bueno, vale, pero con la condición de que no te los quedes mucho tiempo.
- ¡Ah! Por eso no te preocupes, en una hora ya no los tengo...

Cuento

Mamá, mamá... Los fideos se están pegando.
- Déjalos que se maten.

Comentario

Cuando Dios colocó a las mujeres para que fueran nuestras madres, puso justamente un ángel que expresara el amor de Dios hacia nosotros, a través de ellas. Quien no valora el sacrificio de las madres, no sabe lo que es la compasión. Ellas son capaces de darlo todo por cada hijo, y cualquier expresión contraria de nuestra parte, es muestra de ingratitud. Si pudiéramos entender el plan de Dios, para con sus hijos en cuanto la creación, la expiación, la redención, la resurrección, el juicio, y la vida eterna, percibiríamos el amor de Dios. Podríamos aceptar que Dios cumplió con cada uno al darnos una madre para protegernos, ayudarnos a crecer, y guiarnos. Una mamá es lo más cercano y parecido, a la compasión, amor, sacrificio, bondad, cuidado. Así de simple. Habrán casos excepcionales, para lo cual esa norma no se ha cumplido, pero de seguro casi siempre, todos, debemos minutos, horas, días, años, de sacrificio callado, etc., continuo, a ellas, que no terminaremos de pagar jamás.

Esta es una ocasión en que la compasión embargo a Jesús.

11 Y aconteció después que él fue a la ciudad que se llama Naín, e iban con él muchos de sus discípulos y una gran multitud.

12 Y cuando llegó cerca de la puerta de la ciudad, he aquí que sacaban a un difunto, unigénito de su madre, que era viuda; y había con ella mucha gente de la ciudad.

13 Y cuando el Señor la vio, se compadeció de ella y le dijo: No llores.

14 Y acercándose, tocó el féretro; y los que lo llevaban se detuvieron. Y dijo: Joven, a ti te digo, ¡levántate!

15 Entonces se incorporó el que había muerto y comenzó a hablar. Y Jesús se lo entregó a su madre.

16 Y todos tuvieron miedo y glorificaban a Dios, diciendo: Un gran profeta se ha levantado entre nosotros, y: Dios ha visitado a su pueblo.

2.1.5 Comprensible

Aquel que percibe con facilidad la posición de la otra persona, que se mete en los zapatos de la otra y que entiende su manera de actuar, pensar o hablar. Que no le juzga, pues se entera que tal vez estando en su lugar haría algo semejante. Aquel que puede con facilidad situarse en el entorno y desenvolverse con facilidad.

3 Nefi 17:5-7/ 5 Y sucedió que cuando Jesús hubo hablado así, de nuevo dirigió la vista alrededor hacia la multitud, y vio que estaban llorando, y lo miraban fijamente, como si le quisieran pedir que permaneciese un poco más con ellos

6 Y les dijo: He aquí, mis entrañas rebosan de compasión por vosotros.

7 ¿Tenéis enfermos entre vosotros? Traedlos aquí. ¿Tenéis cojos, o ciegos, o lisiados, o mutilados, o leprosos, o atrofiados, o sordos, o quienes estén

afligidos de manera alguna? Traedlos aquí y yo los sanaré, porque tengo compasión de vosotros; mis entrañas rebosan de misericordia.

o   Un hombre con buen talento, vale por ciento.
o   No hay hombre sin defectos, solo Dios es perfecto.
o   El buen caballo, de ladridos no hace caso.

Cuento

Un chino, un japonés y un español.
Hacen una apuesta a ver quién conocen con el nombre más corto. Salta el chino y dice:
- En mi pueblo hay uno que se llama O
El japonés riéndose dice:
- El que me arregla el reloj se llama casio
Y el español partiéndose de risa dice:
- Ni O ni casi 0, mi tío se llama Nicasio.

Comentario

Podemos pensar que el mundo considere justo y razonable que Dios tuviera mucha paciencia con el pueblo de Israel, más de la normal. Ellos fueron excesivamente desobedientes y murmuraron, no obstante todos los milagros que había hecho a su favor, Dios (y los profetas) los consideró un pueblo de dura cerviz. Números 16:41-50 / 41 Al día siguiente, toda la congregación de los hijos de Israel murmuró contra Moisés y Aarón, diciendo: Vosotros habéis matado al pueblo de Jehová. 42 Y aconteció que cuando se juntó la congregación contra Moisés y Aarón, miraron hacia el tabernáculo de reunión, y he aquí, la nube lo había cubierto, y apareció la gloria de Jehová.
43 Y fueron Moisés y Aarón delante del tabernáculo de reunión.
44 Y Jehová habló a Moisés, diciendo:
45 Apartaos de en medio de esta congregación, y los consumiré en un momento. Y ellos se postraron sobre sus rostros.

46 Y dijo Moisés a Aarón: Toma el incensario y pon fuego del altar en él, y pon incienso en él, y ve rápido a la congregación, y haz expiación por ellos, porque el furor ha salido de la presencia de Jehová, y la mortandad ha comenzado.

47 Entonces tomó Aarón el incensario, como Moisés dijo, y corrió en medio de la congregación; y he aquí que la mortandad había comenzado entre el pueblo; y él puso incienso e hizo expiación por el pueblo.

48 Y se puso entre los muertos y los vivos, y cesó la mortandad.

49 Y los que murieron en aquella mortandad fueron catorce mil setecientos, sin contar a los muertos por la rebelión de Coré.

50 Después volvió Aarón a Moisés a la entrada del tabernáculo de reunión, cuando la mortandad había cesado.

2.1.6 Comunicación

Transmisión de ideas, señales, palabras, etc., mediante códigos conocidos o comunes a los actores donde el que informa es el emisor y el que recibe es el receptor. La comunicación puede ser escrita, audible, visible o perceptible, y entendible por los que intervienen.

Algunas personas pueden exagerar el ejercicio de ella, convirtiéndose en molestia para otros, especialmente cuando son de carácter personal.

Si se trata de asuntos de interés público se convierte en noticia.

Prov.21:23 El que guarda su boca y su lengua, su alma guarda de angustias.

- o   El chismoso chis morrón, no gusta de la noticia, sino del notición.
- o   El buen hablar va junto con el buen callar.
- o   Chico pueblo, grande infierno.

Cuento

¿Sabías que Beethoven dedico su quinta sinfonía a su padre?
¿Cómo lo sabes?
Fíjate en el comienzo: "para papà"

Cuento

¡Papa, papa! … vendí mi Black Berry, para comprar marihuana
- ¡Felicidades hijo! Por fin me has hecho caso y has dejado ese terrible vicio.

Comentario

Estoy muy agradecido con cada científico, profesor, escritor, narrador, periodista, etc., que haya contribuido para que la ciencia, información, verdades, se hayan desarrollado, y transmitido a través del tiempo. Tales experiencias, conocimiento, información nos ha llegado por muchos medios, aunque hay también mucha basura, y desinformación. Yo he procurado en mis 20 diarios, escribir algunas de mis vivencias, tal cual me sucedieron, e interpreté. Ellos tienen valor en tanto se ajusten a la verdad.

Cuando se comparten mentiras, lo que se hace es quitar el tiempo, dinero, etc., a los demás, y es perder oportunidades, pues incluso tal vez sus seres queridos serán los más perjudicados, con tales mentiras.

Las cosas se valoran por la calidad, veracidad, y utilidad, y si algo no cumple esas características hará daño al receptor, pues las fábulas solo debemos usarlas para plantear enseñanzas y entretener a los niños.

2.2.1 Condescendiente

Acomodarse a la voluntad de otros, por bondad, por amor o por consideración. Dios es bastante condescendiente con sus hijos, pues a pesar de sus errores, omisiones, ingratitudes y negligencias nos tolera.

1 Nefi 11:16 Y me dijo: ¿Comprendes la condescendencia de Dios?
17 Y le respondí: Sé que ama a sus hijos; sin embargo, no sé el significado de todas las cosas.

- o Un mal cristiano es mal hijo y mal ciudadano.
- o Uno que roba y otros nueve consentidores, total diez ladrones.
- o Unos nacen para ser trigo y otros para ser piedras de molino.

Cuento

Están dos amigos charlando, uno de ellos es muy pesado, hasta tal punto que el otro se le acerca y le da un guantazo enorme en toda la cara, el otro se le queda mirando y le dice:
- Compadre esto no se va a quedar así...
A lo que el otro le responde:
- Ya...en unos minutos se te va a hinchar.

Cuento

Un hombre llega a la farmacia en el preciso momento en que el farmacéutico iba a cerrarla ya que tiene prisa para llegar al tren.
- ¿Qué deseaba? -le pregunta.
- Sólo quería algo para sudar.
- Aja... Tome estas dos maletas y acompáñeme con ellas hasta la estación. ¡Deprisa!

Comentario

El amor y condescendencia de Dios por sus hijos, es tal que envió a su unigénito para expiar los pecados y darles la resurrección, sin embargo por la incredulidad de ellos, le toman por impostor le crucifican, y aún hoy por hoy siguen con corazones duros, pues solo se ablandan cuando nos sobrevienen las desgracias.

1 Nefi 11: 31-36 Y de nuevo me habló, diciendo: ¡Mira! Y miré, y vi al Cordero de Dios que iba entre los hijos de los hombres. Y vi a multitudes

de personas que estaban enfermas y afligidas con toda clase de males, y con demonios y con espíritus impuros; y el ángel me habló y me mostró todas estas cosas. Y fueron sanadas por el poder del Cordero de Dios; y los demonios y los espíritus impuros fueron echados fuera.

32 Y aconteció que me habló otra vez el ángel, diciendo: ¡Mira! Y miré, y vi al Cordero de Dios, y que el pueblo lo apresó; sí, vi que el Hijo del sempiterno Dios fue juzgado por el mundo; y yo vi, y doy testimonio.

33 Y yo, Nefi, vi que fue levantado sobre la cruz y muerto por los pecados del mundo.

34 Y después que fue muerto, vi a las multitudes de la tierra, y que estaban reunidas para combatir contra los apóstoles del Cordero; porque así llamó a los doce el ángel del Señor.

35 Y estaban reunidas las multitudes de la tierra; y vi que se hallaban en un vasto y espacioso edificio, semejante al que mi padre vio. Y de nuevo me habló el ángel del Señor, diciendo: He aquí el mundo y su sabiduría; sí, he aquí, la casa de Israel se ha reunido para combatir contra los doce apóstoles del Cordero.

36 Y aconteció que vi, y doy testimonio de que el grande y espacioso edificio representaba el orgullo del mundo; y cayó, y su caída fue grande en extremo. Y me habló otra vez el ángel del Señor, diciendo: Así será la destrucción de todas las naciones, tribus, lenguas y pueblos que combatan contra los doce apóstoles del Cordero.

2.2.2 Condición favorable

Se refiere a estar en condiciones financieras, espirituales, anímicas, y de salud aceptables, o que por lo menos es autosuficiente en cuanto a la solución de problemas familiares, personales y espirituales y temporales.

Ecles.7; 11-12/11 Buena es la sabiduría con herencia, y es provechosa para los que ven el sol.

12 Porque escudo es la sabiduría y escudo es el dinero, pero la ventaja del conocimiento *es que* la sabiduría da vida a sus poseedores.

o   El sordo cuanto más acompañado, está más solo.

o   El secreto más bien guardado, es el de: "A nadie fío"

o   El sabio, sonríe, el necio, ríe.

Cuento

A un hombre le están afeitando en la peluquería y, de repente el barbero le pregunta:
Señor, cuando ha entrado usted ¿traía la corbata roja?
No contesta el señor. ....Era blanca.
Pues entonces....... Explica...... con calma el barbero: se ve que le he hecho un corte al afeitarle, pero no debe preocuparse, pues la cabeza todavía la tiene bien pegada al cuello.

Cuento

En la carnicería:
La señora le dice al expendedor:
Carnicero, véndame un kilo de huesos que sean favorables para unas sopas.
El carnicero selecciona los huesos y los coloca en la balanza.
La señora interviene inmediatamente:
Anda carnicero, pero que tengan algo de carne.
El carnicero replica: ¡Señora huesos para bistec no tengo!

Comentario

Historias pocas veces repetida entre nosotros: (60 años A.C. en las Américas)

La condición favorable de algunas civilizaciones solo vino después de haber sostenido 12 años de luchas y guerras, ya cuando subyugaron a los enemigos, los cuales causaron las disensiones, pues algunos querían cargos de poder y cambiar las leyes, imponiendo por la fuerza un rey en vez de los jueces.

Alma 62:46-51/46 Y ocurrió que otra vez establecieron la iglesia de Dios por toda la tierra.

47 Sí, y se establecieron reglamentos concernientes a la ley; y fueron elegidos sus jueces y jueces superiores.

48 Y el pueblo de Nefi una vez más empezó a prosperar en la tierra, y de nuevo comenzó a multiplicarse y a hacerse sumamente fuerte en la tierra. Y comenzaron a hacerse muy ricos.

49 Mas no obstante sus riquezas, su poder y su prosperidad, no se ensalzaron en el orgullo de sus ojos, ni fueron lentos en acordarse del Señor su Dios, sino que se humillaron profundamente delante de él.

50 Sí, recordaban cuán grandes cosas había hecho el Señor por ellos: cómo los había librado de la muerte, y del cautiverio, y de cárceles, y de todo género de aflicciones, y los había rescatado de las manos de sus enemigos.

51 Y oraban al Señor su Dios continuamente, al grado de que él los bendijo de acuerdo con su palabra, de modo que se hicieron fuertes y prosperaron en la tierra.

2.2.3 Confianza, fe

Es la aceptación de algo como cierto, no importando que no la haya visto, pero que la considera como suficiente para seguirle. Es una fuerza que nos debe impulsar a hacer lo bueno y necesario para nuestro progreso, desarrollo, y alcanzar nuestros ideales tanto en la tierra como en la eternidad.

Prov14:26 En el temor de Jehová está la firme confianza, y para sus hijos habrá refugio.

Prov. 16:20 El entendido en la palabra hallará el bien, y el que confía en Jehová es bienaventurado.

- o Cuando se desarrolla la fe, viene el conocimiento y de allí la certeza. JCIR
- o El creer es equivalente a la fe, pero esta debe dar frutos, de lo contrario será simplemente una creencia. JCIR

o Yo no creo en Dios, ni en Jesucristo,....... Yo sé que existen, porque lo he podido vivir, sentir, y además beneficiarme día tras día, vez tras vez, y cuando he dejado de sentirlos en mí, ha sido porque era indigno de ellos. JCIR

Cuento

Había un individuo tan falto de fe, tan falto de confianza, tan falto de emprendimiento.... que no compraba la mesita de noche, porque no tenía donde ponerla de día.

Cuento

Llega un hombre a una farmacia y le pregunta al farmacéutico:
- ¿Tiene pastillas para los nervios?
- Si
- ¡Pues tómese dos que esto es un atraco!

Comentario

El tener confianza en algo es señal de fe, es la esperanza de algo que sabemos o esperamos ocurra, a pesar de que no se ven a la vista las posibilidades. Por ejemplo los hijos de Dios tienen la esperanza de que las promesas y enseñanzas de Jesucristo son verdad, y acontecerán las cosas que los profetas indicaron en el pasado. Muchos de los hechos referidos en las escrituras ya se han sucedido, y ello es un testimonio de que las que faltan sucederán como el día sucede a la noche.

La persona que escucha el evangelio, acepta sus verdades, promesas, y comienza a dejar los hábitos y hechos malignos, produce cambios en su vida que se notaran seguidamente, haciendo de ello, los primeros milagros del ejercicio de la fe, pues la fe es poner a prueba, es acción, es ejecutar, etc.

Cuando tomamos una semilla y se nos dice que puede producir a cientos de frutos. Hemos de preparar la mente, la disposición de trabajar en cada etapa del desarrollo, seguidamenteenla temporada se prepara la tierra, se siembra en la época de lluvias, en menguante o luna llena, después estaremos pendientes de que los pájaros no se coman la semilla, y que los gusanos no se coman las plantas, etc., después los frutos, etc., es decir estaremos pendientes de ayudar con el agua, los abonos, los controles fitosanitarios, etc., toda una seguidilla de tareas, que hay que ejecutar, pues la semilla en una caja guardada, lo más probable es que se deteriore y pierda, sino se pone a funcionar con el propósito de ella.

"Y Cristo ha dicho: Si tenéis fe en mí, tendréis poder para hacer cualquier cosa que me sea conveniente" (Moroni 7:33).

"Por tanto, id, y haced discípulos a todas las naciones, bautizándolos en el nombre del Padre, y del Hijo, y del Espíritu Santo" (Mateo 28:19).

2.2.4 Conocimiento

Es el conjunto de principios, leyes, teorías, y verdades adquiridas mediante el estudio, experiencia, o las vivencias de otros o de sí mismo, las cuales le permiten saber cuál será el efecto que vendrá seguramente después de una causa, o tal vez los efectos y las causas que gobiernan todo el entorno. Es la información obtenida a través de la investigación científica, observación, meditación, revelación, análisis; o estudio de la razón, naturaleza, cualidades y relación de las cosas. Muchos de los conocimientos son teorías, y opiniones de estudiosos, que debido a su grado de formación y prestigio, son considerados por sus seguidores como auténticos, siendo meros conceptos producto de su pensamiento.

Prov.16:31 Corona de honra son las canas;se halla en el camino de la justicia.

Prov.18:15 El corazón del entendido adquiere conocimiento, y el oído de los sabios busca el conocimiento.

Prov.19:2 Tampoco es bueno que un alma no tenga conocimiento, y el que se apresura con los pies peca.

o   Libro cerrado no saca letrado.

o   Los libros de lujo, libros sin uso.

o   Leer y comer, despacio se ha de hacer.

o   Lo que en los libros no está, la vida te enseñará.

o   Los libros son maestros que no tiñen, ni amigos que no piden.

o   Con sus libros, los muertos abren los ojos a los vivos.

o   En su estante metido, el libro está dormido; pero en buenas manos abierto, ¡qué despierto!

Cuento

Me encanta pasar el Domingo viendo la F1... mi mujer dice que soy subnormal por estar toda la mañana mirando el teclado del ordenador...

Cuento

Ponme una cerveza y apúntalo en mi cuenta.
- Aquí no se apunta nada.
- Así me gusta, con buena memoria.

Comentario

No todo lo recibido de científicos es verdad, pues algunos solo son supuestos o teorías; y unas podrán acercarse a la verdad y otras, como las grandes mentiras, tener un poco de equivocación, pero la suficiente, para dar por cierto tal teoría.

Prov.15:7 Los labios de los sabios esparcen conocimiento, pero no así el corazón de los necios

Prov.15:4 La sana lengua es árbol de vida, pero la perversidad de ella es quebrantamiento de espíritu.

Prov.15:22 Los pensamientos se frustran donde no hay consejo, pero en la multitud de consejeros se afirman.

Prov.15:3 Los ojos de Jehová están en todo lugar, mirando a los malos y a los buenos.

Prov.14:6 Busca el escarnecedor la sabiduría y no la haya, pero para el hombre entendido el conocimiento es fácil.

Prov.14:7 Apártate de la presencia del hombre necio, porque en él no hallarás labios de conocimiento.

Prov.20:15 Hay oro y multitud de piedras preciosas, más los labios del conocimiento son joyas preciosas

Prov.23.12 Aplica tu corazón a la enseñanzay tus oídos a las palabras del conocimiento.

Prov.20:29 La gloria de los jóvenes es su fuerza;y la hermosura de los ancianos, sus canas.

Prov.21:11 Cuando el escarnecedor es castigado, el ingenuo se hace sabio;y cuando se instruye al sabio, éste adquiere conocimiento.

Prov.16:24 Panal de miel son los dichos agradables, dulzura al alma y salud a los huesos.

2.2.5 Consciente, Conciencia

Aquella condición donde un individuo está en uso de sus facultades síquicas y físicas, o por lo menos está despierto, o no afectado por golpes, pérdida de sentido de ubicación, o sustancias psicoactivas o bebidas alcohólicas.

La conciencia se puede suspender o adormecer por medio de la anestesia, la hipnosis o la pérdida del conocimiento.

Prov.19:16 El que guarda el mandamiento guarda su alma;el que menosprecia sus caminos morirá.

Prov.31: 6-7/6 Dad la bebida fuerte al desfallecido y el vino a los de ánimo amargado.

7 Beban, y olvídense de su necesidad y no se acuerden más de su aflicción.

o   Del propio corazón sólo es la propia razón.

o   La conciencia temerosa de los castigos es memoriosa.

o   Busca los mejores bienes, que dentro de ti los tienes.

o   Paciente exige calidad, exige anestesia con denominación de origen.

o   La anestesia es una parte de la ciencia, otra parte de arte y una última parte de sujeción. A menor ciencia y arte, mayor sujeción.

Cuento

Un diputado con quien siempre se metía uno de los colegas no sabía qué hacer para vengarse de él. ..... Un buen día, en la Cámara, se levantó y dijo:

A todo esto, señor barba, he tenido recientemente ocasión de saber que es usted un buen veterinario. ¿Es cierto eso?

Sí, contesto el colega algo sorprendido. ¿Se siente usted enfermo?

Comentario

La voz de la conciencia no es otra cosa que la luz de Cristo que nos indica que algo no es conforme a sus preceptos. Tal conocimiento y recuerdos serán revelados oportunamente al momento de comparecer ante nuestro creador. Podemos negar de mil formas que Dios espera de nosotros cambios, sin embargo ello no significa que desde pequeño cuando hacemos algo malo, nos ha dicho ¡ha estado mal! Son secretos que no podemos explicar, y aunque disfrazáramos, obviáramos, o despreciáramos, aun así ocurrirá.

De niño no tuve la oportunidad de ver la película "Pinocho". Solo a la edad adulta por casualidad la pude ver. Allí observe una gran enseñanza a través de Pepe Grillo. Entendí en tal película que su papel era el de guiar, aconsejar y acompañar a Pinocho en sus travesuras y vivencias. Al desobedecer los consejos de su amigo, este se sintió decepcionado y le dejó de todas maneras actuar a pesar de la insistencia en que no escogiera tal camino. Así es la conciencia, que se puede emular como la voz de Cristo que nos dice: ¡ello no te conviene!, pero otras voces también vienen y te persuaden a que una vez no es malo, para ello es la libertad, ya estas grandecito, etc..., hasta que tu escoges y según tu propia decisión te lastimas. Una vez en el suelo, también te puede dar pereza a causa de que las persuasiones para levantarte no las atiendes, y es cuando prefieres seguir relajado y continuar perjudicándote y entonces la conciencia se cauteriza y ya no te aconsejara más el espíritu, hasta que tú mismo lo busques.

El señor ha dicho: Mi espíritu no siempre luchará con el hombre; por tanto, si pecáis hasta el colmo, seréis desechados de la presencia del Señor. (Éter 2:15)

2.2.6 Consejo

Constituyen las opiniones, recomendaciones u opiniones tendientes a prevenir acciones o toma de decisiones equivocadas o que pueden traer dificultades.

Prov.10:23 El hacer maldad es como una diversión para el insensato, pero el hombre entendido tiene sabiduría.

Prov.11: 14 Cuando faltan los consejos, cae el pueblo; pero en la multitud de consejeros hay seguridad.

- o   Concejos ciertos, los que a los vivos dan los muertos.
- o   No hay mejor consejo que el del amigo viejo.
- o   El que no oye consejo,… no llega a viejo.

Cuento

Un jubilado comenta:

La gente que todavía trabaja me pregunta a menudo ¿qué hago diariamente, ahora que estoy retirado...?

Pues bien, por ejemplo, el otro día fui al centro y entré en Correos a recoger un paquete que me había llegado, sin tardar en la gestión ni cinco minutos.

Cuando salí y llegué al coche que estaba en la puerta, un Policía Local estaba rellenando una multa por estacionamiento prohibido.

Rápidamente me acerqué a él y le dije:

- ¡Vaya hombre, no he tardado ni cinco minutos...! Dios le recompensaría si hiciera un pequeño gesto para con los jubilados...

Me ignoró olímpicamente y continuó llenando la infracción.

La verdad es que me pasé un poco y le dije que no tenía vergüenza. Me miró fríamente y empezó a llenar otra infracción alegando que, además, el vehículo no traía calcomanía de la ITV. Entonces levanté la voz para decirle que me había percatado de que estaba tratando con un capullo, y que cómo le habían dejado entrar en la Policía...

Él acabó con la segunda infracción, la colocó debajo del limpiaparabrisas, y empezó con una tercera.

No me achiqué y estuve así durante unos 20 minutos llamándole de todo.

Él, a cada insulto, respondía con una nueva infracción. Con cada infracción que llenaba, se le dibujaba una sonrisa que reflejaba la satisfacción de la venganza...

Después de la enésima infracción... le dije:

- Lo siento. Lo tengo que dejar, porque... ¡Ahí viene mi autobús!

Y es que desde mi jubilación, ensayo cada día cómo divertirme un poco. Es importante hacer algo a mi edad, para no aburrirme.

Cuento

Manera de responder los hijos a los padres según la edad:

A los 8 años: ¡Gracias papá por......!

A los15-16 años: ¡Papá, cree saberlo todo!

A los 25-30 años: ¡Yo sé más que papá!

A los 45-50 años ¡Ojalá estuviera aquí papá!

A los 65-70 años: ¡Papá siempre tuvo la razón!

Comentario

De mi padre aprendí que los consejos son necesarios, para que aumentemos sabiduría y además evitemos hacernos daños innecesarios. Él siempre nos repetía que el que no oye consejo, no llega a viejo. Indudablemente esta frase está en armonía con la promesa hecha por El Padre de los espíritus sobre la bendición de vivir hasta la ancianidad. Desde luego hay excepciones, pues algunos buenos padres terrenales mueren a temprana edad y ello no significa que hayan incumplido con la obligación de ser buenos padres. Los propósitos de Dios, para cada uno son diferentes, pero algunas reglas se mantienen. A algunos se les asignan cosas en el mundo de los espíritus como: obra misional, etc., por lo tanto los designios de Dios no los sabemos, aunque mucha parte de ellos son en común acuerdo.

Prov.15:22Los pensamientos se frustran donde no hay consejo, pero en la multitud de consejeros se afirman.

Prov.22:6 Instruye al niño en su camino;y aun cuando fuere viejo, no se apartará de él.

Prov.24:6-7 / 6 Porque con sabio consejo harás la guerra, y la salvación está en la multitud de consejeros.

7 Demasiada alta está para el insensato la sabiduría; en la puerta no abrirá él su boca.

Prov.27:9 El ungüento y el perfume alegran el corazón, y la dulzura del amigo más que el consejo del alma.

2.3.1 Constancia

Realizar permanentemente y sin interrupciones las acciones requeridas, no importando las dificultades.

Prov.25:15 Con larga paciencia se persuade al príncipe, y la lengua blanda quebranta los huesos.

- o A la tercera va la vencida.
- o Paso a paso se va lejos.
- o Persevera, persevera, y ganarás la bandera.
- o Quien perseveró alcanzó.
- o Quien la sigue, la consigue.

Cuento

Casi al final del servicio dominical el sacerdote preguntó:
- ¿Cuántos de ustedes han perdonado a sus enemigos?..
El 80 por ciento de la sala levantó la mano.
El sacerdote insistió con la pregunta...
Todos respondieron esta vez excepto una viejecita.
- Señora Josefa... ¿No está dispuesta a perdonar a sus enemigos?
- Yo no tengo enemigos, respondió dulcemente.
- Sra. Josefa eso es muy raro ¿Cuántos años tiene usted?..
- 99 respondió.
La congregación se levantó y la aplaudió.
- ¿Puede pasar al frente y decirnos como llega a los 99 años sin tener enemigos?
La señora Josefa pasó al frente, se dirigió a la congregación y dijo:
- ¡Porque ya se murieron todos esos desgraciados...!.

Historia

He observado que la mejor forma de aprender es: la observación, escuchar con atención, la práctica y además es insistir hasta que la costumbre delate los problemas y soluciones.

Hoy en día aconsejo a los jóvenes que para aprender a: darle dirección al balón, lanzarlo con fuerza, y además evitar que se eleve al patear; se debe practicar golpear el balón con el empeine suavemente inclinado, al centro preferiblemente y nunca por debajo, 500 veces contra una pared, con ambas piernas, a corta distancia. Ello le garantiza que el balón sea expedido con: contundencia, velocidad, y ante todo no se desvíe. Los reflejos se perfeccionan, pues me ha parecido a mí que en jugadas rápidas como las de Messi, no hay tiempo para pensar, sino que es la habilidad del acto reflejo la que marca la pauta; por lo tanto en jugadas rápidas, esa es la tendencia.

En estado pausado se podrá pensar, y decidir, sin embargo la mayoría de las jugadas en futbol o basquetbol, se hacen en el momento y tan rápido que no se piensa sino que se actúa, por destreza, capacidad, reflejo, etc. El caso contrario de Cristiano Ronaldo, que sus goles casi siempre son con pelota detenida, con recepción de pase para un cabeceo, etc., su fortaleza es la dirección, y su práctica, su reiteración, etc., se suma al pensar y tomar decisiones. En ambos casos se observa la necesidad de acostumbrar el cuerpo a tales virtudes. Ambas virtudes se logran con la constancia de la práctica y la disciplina.

Al igual que en la práctica de basquetbol, cuando estaba solo, iniciaba mi propio partido de lanzamiento de varios lugares, y mis puntos fallidos competían con los hechos, así el tiempo de práctica no se hacía aburrido, y cristalizaba los objetivos.

Al ir al parque para hacer ejercicio muchas veces observe personas sin rutinas, y solo movían los brazos de un lado para otro y a los 5 minutos ya estaban sentados, porque no seguían un plan o rutina. Lo que yo hacía era emprender además de los 5 ejercicios de calentamiento, 9 ejercicios intercambiados de brazos y piernas en 2 o 3 rutinas o series, con secciones de 30, 50, 100 veces, y así mantenía la disciplina. Hasta completar 50 minutos.

Pablo dijo lo siguiente:

"Es verdad que ninguna disciplina al presente parece ser causa de gozo, sino de tristeza; pero después da fruto apacible de justicia…" (Hebreos 12:11.)

Ese "fruto apacible" sólo aparece en la estación correspondiente, después del brote y de la flor.

De lo contrario, si se abreviaran ciertas experiencias terrenales, sería como arrancar una planta florecida para ver cómo está la raíz. 0, como diría un ama de casa, si se abre demasiado la puerta del horno para mirar el pan, este se aplasta en lugar de leudar. Además, generalmente un cambio forzado no dura, mientras que la perseverancia productiva puede infundir un cambio permanente (véase Alma 32:13).

Parábola de la viuda que importuna:

Lucas 18:1-8 /1 Y *Jesús* les relató también una parábola sobre la necesidad de orar siempre y no desmayar,
2 diciendo: Había en una ciudad un juez que no temía a Dios ni respetaba a hombre.
3 Había también en aquella ciudad una viuda, la cual venía a él, diciendo: Hazme justicia contra mi adversario.
4 Y él no quiso por algún tiempo; pero después de esto, dijo dentro de sí: Aunque no temo a Dios ni tengo respeto a hombre,
5 sin embargo, porque esta viuda me es molesta, le haré justicia, no sea que, viniendo de continuo, me agote la paciencia.
6 Y dijo el Señor: Oíd lo que dijo el juez injusto.
7 ¿Y no hará Dios justicia a sus escogidos que claman a él día y noche aunque sea longánimo acerca de ellos?
8 Os digo que pronto les hará justicia. Pero cuando venga el Hijo del Hombre, ¿hallará fe en la tierra?

2.3.2 Constructivo

Aquel que en sus opiniones, planteamientos o expresiones siempre propende por tomar lo positivo y evita mirar lo negativo. Todas las decisiones en la vida tienen puntos positivos y negativos, sin embargo la persona constructiva valora, evalúa, pondera, cada alternativa y extracta de ellas la que mejor beneficio ofrece, por lo cual la plantea como la más viable. En el Método Roer 7*4 capitulo 6º se expone la manera de tomar decisiones y ser así una persona constructiva.

Los grandes cambios siempre vienen acompañados de una fuerte sacudida, no es el fin del mundo, es el inicio de un uno nuevo.

Hebreos 11:32-34 /32 ¿Y qué más digo? Porque el tiempo me faltaría para contar de Gedeón, de Barac, de Sansón, de Jefté, de David, así como de Samuel y de los profetas,
33 quienes por la fe conquistaron reinos, hicieron justicia, alcanzaron promesas, taparon bocas de leones,
34 apagaron fuegos impetuosos, evitaron filo de espada, sacaron fuerzas de debilidad, se hicieron fuertes en batallas y pusieron en fuga a ejércitos extranjeros.

o   No perder, ganancia es.
o   La labranza es hermana gemela de la crianza.
o   De lo muy caro siempre hay sobrado

Cuento

Una abuela catalana estaba indicando su dirección a su nieto, que la iba a ir a visitar con su mujer.
- Cuando lleguéis al edificio, en la puerta de la entrada hay un gran panel del portero electrónico. Yo vivo en el apartamento 301. Apretáis el botón del 301 con el codo y yo os abro la puerta. Entráis, el ascensor está a la derecha, entráis en él y apretáis el botón del 3º con el codo.

Cuando salgáis del ascensor, mi apartamento está a la izquierda. Con el codo tocáis el timbre.

- Muy bien abuela, todo me parece muy sencillo... ¿pero por qué tengo que apretar todos los botones con el codo?

- ¡Hombre! ¿Es que pensáis venir con las manos vacías?

Cuento

Pregunto un niño a su padre: papá, ¿Por qué ponen los huevos las gallina?
El papá le responde: porque si los dejaran caer se quebrarían.

<u>Historia</u>

Curiosamente los designios de Dios son anunciados desde antes, por sus profetas y así como se decretó la Diáspora de Israel, también se previó la vuelta y correspondió a Ciro, el de Babilonia, la reconstrucción de Jerusalén y el templo, pues el leyó en el libro de Isaías que desde tiempo atrás se había escogido a él, para que apoyara tal hecho y así lo deseo, y así lo convocó e hizo que fuera una realidad. Isaías 44: 28 el que dice de Ciro: Es mi pastor y cumplirá todo lo que yo quiero, al decir de Jerusalén: Sea edificada; y del templo: Sea fundado. Isaías 45: 1 Así dice Jehová a su ungido, a Ciro, al cual tomé yo de la mano derecha para someter naciones delante de él y desatar lomos de reyes; para abrir puertas delante de él, y las puertas no se cerrarán:

La provincia de Judácayó en manos de los babilonios en el año 586 a.C. y Nabucodonosor su emperador lidero a los babilonios hasta el 562 a.C., tras del cual siguieron lideres o reyes mediocres, que hicieron caer en deterioro la capacidad del gobierno, hasta que Ciro el líder Medo Persa los tomo en el año 539 a.C. Desde ese tiempo, se propuso aliviar las cargas de los pueblos vasallos, y granjearse su apoyo con buen trato y consideración y así lo hizo con el remanente de Israel; 70 años después ellos vuelven a su territorio, Israel: 2 crónicas 36:20-23/ 20 Y a los que escaparon de la espada los llevó cautivos a Babilonia, donde fueron siervos de él y de sus hijos hasta que vino el reino de los persas,

21 para que se cumpliese la palabra de Jehová por boca de Jeremías, hasta que la tierra hubo gozado de su reposo sabático; porque todo el tiempo de su desolación reposó, hasta que los setenta años fueron cumplidos.

22 Y en el primer año de Ciro, rey de Persia, para que se cumpliese la palabra de Jehová por boca de Jeremías, Jehová despertó el espíritu de Ciro, rey de Persia, el cual hizo pregonar de palabra por todo su reino, y también por escrito, diciendo:

23 Así dice Ciro, rey de Persia: Jehová, el Dios de los cielos, me ha dado todos los reinos de la tierra, y él me ha encargado que le edifique casa en Jerusalén, que está en Judá. El que dé entre vosotros pertenezca a su pueblo, sea Jehová su Dios con él, y suba allá.

2.3.3 Conspicuo

Alguien ilustre, abanderado, o sobresaliente.

Josué 1:7-9 /7 Solamente esfuérzate, y sé muy valiente, para cuidar de hacer conforme a toda la ley que mi siervo Moisés te mandó; no te apartes de ella ni a la derecha ni a la izquierda, para que prosperes en todas las cosas que emprendas.

8 Este libro de la ley nunca se apartará de tu boca, sino que de día y de noche meditarás en él, para que guardes y hagas conforme a todo lo que en él está escrito, porque entonces harás prosperar tu camino y todo te saldrá bien.

9 Mira que te mando que te esfuerces y seas valiente; no temas ni desmayes, porque Jehová tu Dios estará contigo dondequiera que vayas.

- o El título de hombre de bien, honra tanto como el de duque o de marqués
- o Lo amargo es provechoso, lo dulce dañoso.
- o La mujer buena, leal y con decoro, es un tesoro.

Cuento

Durante en una larga charlade dos amigos:
¿Qué era lo que te iba a decir?
Espérame un momento y te digo: ¿Aló Carlos tu sabes aquello?, vale, entonces no tienes dudas, vale…ok hasta la vista.
No, no me quiso decir.

<u>Comentario</u>

El señor Dios está recogiendo a su pueblo para que sean: conspicuos, irreprensibles, y fieles en todas las cosas, a fin de que puedan morar con él, en su presencia, y la forma es transformando a su pueblo, pues es lo más deseado, que su pueblo retome los convenios, los mantenga en vigor, y acoja a todos los que deseen permanecer en sus justas causas, de mantenerse firmes a los compromisos efectuados, para que su espíritu les pueda guiar, en vez de que sus juicios les caigan:

2 Nefi 6:10-12/ 10 Y después que hayan empedernido sus corazones y endurecido sus cervices contra el Santo de Israel, he aquí, los juicios del Santo de Israel vendrán sobre ellos. Y se aproxima el día en que serán heridos y afligidos.
11 Por lo que, después que sean echados de un lado a otro, pues así dice el ángel, muchos serán afligidos en la carne, y no se les permitirá perecer a causa de las oraciones de los fieles; y serán dispersados y heridos y odiados; sin embargo, el Señor será misericordioso con ellos, para que cuando lleguen al conocimiento de su Redentor, sean reunidos de nuevo en las tierras de su herencia.
12 Y benditos son los gentiles, acerca de quienes el profeta ha escrito; porque he aquí, si es que se arrepienten y no luchan contra Sion, ni se unen a esa grande y abominable iglesia, serán salvos; porque el Señor Dios cumplirá sus convenios que ha hecho a sus hijos; y por esta causa el profeta ha escrito estas cosas.

Lo escrito anteriormente fueron las profecías sobre el pueblo de José, (Ezequiel 37:16) para los últimos días, una vez hayan padecido la persecución de los gentiles españoles (quienes les traería el libro de Judá, es decir la Biblia) que cumplieron el propósito del señor, en cuanto a que liderarían los castigos por haber abandonado los convenios, y que ya al final el señor les llamaría nuevamente a través la reaparición de los convenios escritos y reservados en el libro de José (es decir el libro de Mormón), y que volverían en el tiempo de la última dispensación, entonces serán contados entre sus escogidos, si es que se arrepienten y honran los convenios.

2.3.4 Conversación

Intercambio de: ideas, pensamientos, narraciones, etc., que se mantienen por el dialogo entre dos o más personas.

Utilizar el dialogo antes de generar guerras innecesarias, peleas, etc., ahorra problemas, y se llegan a acuerdos obviamente con sacrificios inteligentes, pero siempre serán mejores que una destrucción innecesaria.

Rut4: 7 Había ya desde antaño esta costumbre en Israel acerca de la redención o del contrato, que para la confirmación de cualquier negocio, uno se quitaba el calzado y se lo daba a su compañero; y esto servía de testimonio en Israel.

- o   Entre burros no valen razones, sino rebuznos.
- o   Entre amigos verdaderos, no se miran los dineros.
- o   El perro y el gato comen en el mismo plato

Cuento

30 años después de casados...
en el momento más dulce de un matrimonio duradero...
estaba la pareja de esposos durmiendo y la esposa oye un ruido y dice:
- Viejo, levántate y asoma tu cara por la ventana, para que crean que
    tenemos perro...

y el viejo le contesta:
- Mejor asómate tú vieja,.........para que crean que la casa está embrujada.

Comentario

El consejo de Dios, es que antes de iniciar una guerra, debemos procurar el dialogo, pues tal vez se eviten problemas mayores, malos entendidos, o se pacten cosas, en tanto que se pueda. En una guerra todos pierden, nadie gana nada, y si se evita, será mejor, aunque en ocasiones algunos pretenden someter y despojar injustamente a los demás de sus derechos, en tal caso, toca defenderse, si es necesario, por la fuerza.
Parábola del rey que va a hacer la guerra:

Lucas 14; 31-33 / 31 ¿O qué rey, habiendo de ir a hacer la guerra contra otro rey, no se sienta primero y considera si puede salir con diez mil al encuentro del que viene contra él con veinte mil?
32 De otra manera, cuando aún el otro está lejos, le envía una embajada y le pide condiciones de paz.
33 Así, pues, cualquiera de vosotros que no renuncie a todas las cosas que posee no puede ser mi discípulo.

2.3.5 Converso

Se describe como converso a quien cambia de creencia religiosa sea por convicción o por conveniencia. También en realidad es aquel que efectivamente deja sus hábitos antiguos, limpia su mente, su corazón, y por supuestos sus sentimientos de viejos rencores, y malas actitudes.

Mateo 6:24 Ninguno puede servir a dos señores, porque o aborrecerá al uno y amará al otro, o se apegará al uno y menospreciará al otro; no podéis servir a Dios y a las riquezas.

o Haz buena labor y confía en la bondad de Dios.
o La balanza no distingue al oro del plomo.
o La alegría del vino hace rey al mendigo.

Cuento

Una pareja prepara el divorcio:
- Yo me quedo con el niño, Pepe.
- ¿Y eso por qué, María?
- Porque es mío, no tuyo.
- ¡Pero si tampoco es tuyo!
- ¿Cómo qué no? ¿Y quién lo parió?
- No sé. ¿Recuerdas el día en que nació? Cuando estábamos en la maternidad, el niño se cago y me pediste que lo cambiara.
- Sí.
- ¡Pues lo cambié!

Cuento

Luisito me ha mandado al diablo.
¿Y tú que has hecho?
He venido a verle a usted.

Historia

Un día me expreso mi ex esposa que definitivamente nos tocaba irnos del piso donde vivíamos; porque un vecino del 2° estaba molesto porque los pelos de nuestra mascota caían en su residencia. Era la segunda vez que se refería a los dueños de los perros del 3° y 4° piso, pero lo hacía de malas maneras y con deseos de buscar pelea. Yo estaba deseoso de escucharle, para confrontarle, incluso había pensado expresarle que al conversar con mi perra y decirle que no lanzara pelos a los vecinos, ella me había contestado que era para todos los vecinos desde el 4 hasta el primero, los recogiéramos y nos hiciéramos una peluca. Una mañana sentí que no era la forma correctacomo Dios necesitaba orientara el asunto. Decidí hacer oración y sentí que mejor le escribiera; lo hice así y le lleve la carta; allí salió una señora la cual se identificó como la doctora X. Quien indicó que ella vivía sola con sus dos hijas y que ellos no eran, sin embargo sabíamos que los insultos venían de una persona de allí, que parece era el novio de su hija. La carta decía lo siguiente: el saludo cordial y demás se omiten.

Por medio del presente escrito me dirijo a vosotros para zanjar el impase que causa "la mudanza de pelo" de la mascota canina que reside con nosotros en el piso 4C.

Nos hemos enterado, aunque no lo hemos escuchado personalmente, que tenéis algunas quejas respecto de ello, pues os causa molestias. Sin embargo, hemos tomado algunas precauciones, para atenuar tales inconvenientes, consistentes en evitar dejar la puerta de la cocina abierta, para que ello no acontezca y otras que creo redundaran en un alivio al respecto.

Por las molestias causadas expresamos nuestras sinceras disculpas y esperamos en el futuro tales hechos se remedien o disminuyan al menos en alto porcentaje.

No teníamos conocimiento de ello, pues los anteriores vecinos nunca se pronunciaron al respecto, o si lo notaron fueron lo suficientemente prudentes y humildes al aceptarnos con tal incomodidad generada por nuestra mascota.

De la presente notificación se hará llegar copia al dueño de nuestro piso, a fin de que esté enterado de los hechos. Además os invitamos a que cualquier diferencia, inconveniente o desacuerdo sea resuelto amigablemente, y no con procedimientos que pudieren causar problemas de contención innecesaria, ya que de lo que he aprendido en la vida es que en una pelea todos pierden, nadie gana y creemos que esta incomodidad no debe ser una causa para privarnos del privilegio de conocernos mejor, toda vez que ni siquiera aún hemos tenido un saludo.

Respetuosamente.

Julio CesarVecino 4C.

Después de hacer ello sentí paz en mi corazón y pude transmitirla a mi familia, las relaciones en adelante fueron cordiales.

2.3.6 Coordinador

Es el nombre dado a quien controla y distribuye las funciones de trabajo de un grupo o toma decisiones respecto de las situaciones divergentes que se presentan en un área laboral, o grupo de personas que tienen un mismo fin o prestan un servicio, o ejecutan una tarea común.

Mateo 21:42 Jesús les dijo: ¿Nunca leísteis en las Escrituras?: La piedra que desecharon los edificadores ha llegado a ser cabeza del ángulo. El Señor ha hecho esto, y es cosa maravillosa a nuestros ojos

- o Gran trabajo tiene quien a contentar a todos quiere
- o Hablar, no cuando puedas, sino cuando debas.
- o Hablando perderás, oyendo ganarás.

Cuento

Es preciso cubrir una plaza de conserje en una institución. Al encargado de seleccionar al candidato, le sugieren que haga un examen fácil de acuerdo con el perfil del puesto. Se le ocurre como primera pregunta que le cuenten del 1 al 10.
Llega el primer candidato y le recita:
- Uno, tres, cinco, siete, nueve,...
- Un momento, ¿cómo me dice los impares?
- Bueno es que yo antes fui cartero comercial y ya sabe cómo las casas van de pares e impares pues...
- Nada, nada que entre en siguiente.
El siguiente empieza su retahíla:
- Diez, nueve, ocho, siete, seis, cinco,...
- Pare, pare, ¿usted cuenta siempre así?
- Es que verá yo he sido durante mucho tiempo, quien daba la salida en carreras contrarreloj y se me ha quedado este defecto.

- El siguiente, por favor.
- Un momento, antes de empezar, ¿podría decirme que trabajo tenía usted antes?
- Yo era funcionario, le contesta el candidato.
- Bien, empiece.
- Uno, dos, tres, cuatro, cinco, seis, siete, sota caballo y rey.

Cuento

Un capitán en una instrucción dijo a sus soldados, cuando yo cuente a tres todos deben simular trabajar en una profesión cualquiera de la vida. Y dijo uno, dos y tres. Unos simulaban manejar un coche, otros una bicicleta, otros escribir en el computador, otros cortar cabello en la peluquería, otros laborar en la carpintería, etc., pero solo uno se quedó y cruzado de brazos mirando en todas direcciones y el capitán le dijo: ¿No oyó la orden soldado?
El dijo: si la oí mi capitán.
¿Entonces usted qué es?
Oficial del ejército mi capitán.

Comentario

El líder, coordinador, autoridad máxima del Reino de Dios en la tierra es Jesucristo, es decir su obra e Iglesia:

Efesios 1; 17-22 /17 para que el Dios de nuestro Señor Jesucristo, el Padre de gloria, os dé espíritu de sabiduría y de revelación en el conocimiento de él;
18 alumbrando los ojos de vuestro entendimiento, para que sepáis cuál es la esperanza a que él os ha llamado, y cuáles las riquezas de la gloria de su herencia en los santos,
19 y cuál la supereminente grandeza de su poder para con nosotros los que creemos, según la operación de la fuerza de su poder,
20 el cual ejerció en Cristo, resucitándole de los muertos, y colocándole a su diestra en los lugares celestiales,

21 sobre todo principado y autoridad, y poder y señorío, y sobre todo nombre que se nombra, no solo en este mundo, sino también en el venidero.

22 Y sometió todas las cosas debajo de sus pies, y lo dio por cabeza sobre todas las cosas a la iglesia.

2.4.1 Corazón

En términos no corporales sino de opiniones, se refiere a expresar algo con sentimiento, con aprecio, o quizás con ternura, o con entusiasmo. Los enamorados expresan su atracción con tal símbolo.

Prov.14:10 El corazón conoce la amargura de su propia alma, y el extraño no comparte su alegría

Prov.14:13 Aun en la risa tendrá dolor el corazón, y el final de la alegría es la congoja.

Prov.14:14 De sus caminos se hastiará el descarriado de corazón, pero el hombre bueno estará contento con el suyo.

Prov.12:10 El justo cuida de la vida de su bestia, pero los sentimientos de los malvados son crueles.

- o   Conciencia ancha, la bolsa ensancha.
- o   Corazones quiere Dios, hígados no.
- o   Cada cosa engendra su semejanza.

Cuento

Pepe recibe una carta y cuando la abre encuentra una hoja en blanco…
Es de mi mujer dice con seguridad
¿Cómo lo sabes? Preguntó su amigo.
Es que nos hemos peleado y juró no hablarme en un año.
Cuento
Ayayay, ayayay.

Pero que pasó mi amor…., que vienes tan atribulado.

Es que estábamos trabajando con otros ingenieros en un túnel y salió de pronto el tren y punk El golpe. Menos mal que yo logré saltar a un lado.

¿Y tus compañeros?

Todos murieron. Por fortuna todos teníamos un seguro de vida por 80.000 euros que tendrán que pagar a las viudas.

No le digo mijo,.. Cuando se trata de ganar dinero usted no tiene suerte. De pronto se escucha una voz desde la habitación de su cuñado que decía: egoísta………

Comentario

Las mejores y más bellas cosas de este mundo no se pueden ver ni escuchar, sino sentir con el corazón.

Jesucristo resucitado se presentó en el camino de Emaús a dos discípulos, y caminó y dialogó con ellos, y estuvo con ellos en su casa, pero ellos no le reconocieron, sin embargo tan pronto lo hicieron el desapareció, y fueron y contaron a los demás el suceso y dieron testimonio de ello así:

Lucas 24:29-39/29 Pero ellos le insistieron, diciendo: Quédate con nosotros, porque se hace tarde, y el día ya ha declinado. Entró, pues, a quedarse con ellos.

30 Y aconteció que, estando sentado con ellos a la mesa, tomó el pan, lo bendijo, y lo partió y les dio.

31 Entonces fueron abiertos los ojos de ellos y le reconocieron; más él se desapareció de su vista.

32 Y se decían el uno al otro: ¿No ardía nuestro corazón en nosotros mientras nos hablaba en el camino y cuando nos abría las Escrituras?

33 Y levantándose en esa misma hora, volvieron a Jerusalén; y hallaron a los once reunidos y a los que estaban con ellos,

34 que decían: Verdaderamente ha resucitado el Señor y ha aparecido a Simón.

35 Entonces ellos contaron las cosas que les habían acontecido en el camino, y cómo le habían reconocido al partir el pan.

36 Y mientras ellos aún hablaban de estas cosas, Jesús se puso en medio de ellos y les dijo: Paz a vosotros.

37 Entonces ellos, espantados y atemorizados, pensaban que veían un espíritu.

Mas él les dijo: ¿Por qué estáis turbados y surgen dudas en vuestros corazones?

39 Mirad mis manos y mis pies, que yo mismo soy; palpad y ved, porque un espíritu no tiene carne ni huesos como veis que yo tengo.

Que no ocurra con nosotros que al presentarse los misioneros, maestros orientadores, líderes, rechacemos, ignoremos, o menospreciemos su mensaje y por un momento no creamos o dudemos.

2.4.2 Cordura

Actuar con calma ante impases, o lo inesperado. Actuar con tranquilidad ante una ofensa, o problema planteado por otra persona. También que no busca atajos, para sacar provecho, sin considerar los riesgos ni la propiedad privada.

Prov.23:4 No te afanes por hacerte rico;deja de apoyarte en tu propia prudencia.

23: 24 Mucho se alegrará el padre del justo, y el que engendra hijo sabio se regocijará con él.

- o   Modesto en la prosperidad, cuerdo en la adversidad.
- o   Lo que no guarda cordura, no lo guarda cerradura.
- o   Lo malo no es caer, sino, no levantarse pronto y corregir el curso tanto como puedas. JCIR

Cuento

Una señora está en el puesto del pescado haciendo compras y dice:
¿No hay dependiente más inteligente que pueda servirme?
No. Señora el más inteligente se ha ido en cuanto la ha visto entrar.

Cuento

He venido para consultarle que mi hijo cree que es una vaca. Durante el día se va pasear en el prado, y por la noche se acuesta en el establo.
Es un caso interesante, dice el doctor: mándemelo y lo curaré.
Está bien, contesta el campesino; pero, mientras tanto, ¿de dónde sacamos la leche?

Comentario

Cotidianamente podemos ser objeto de improperios de otras personas y actuar como el enemigo desearía que actuáramos, es decir respondiendo mal por mal, no con cordura, pero la voluntad del señor es lo contrario, perdonando la ofensa, siendo callado, manso y por supuesto no respondiendo a las ofensas. Esta mañana Salí a llevar la mascota a hacer las necesidades, pero ella escogió la calle al borde del andén en tanto yo intentaba que se quitara ella, con afán procuraba terminar de orinar; paso un señor en un coche con espacio suficiente en la calle, pero prefirió expresar su enojo y más cosas que no escuche. Medite sobre el caso, pedí al señor paz en mi corazón, pues hubo un momento que desee voltear y emprender una acalorada e indiscreta repuesta. Ya en mi cuarto en casa pedí a Dios que me ayudara a olvidar el suceso y agradecí por qué no reaccione inmediatamente con la moneda que se me ofreció. Prov.3:21-26 21 Hijo mío, no se aparten estas cosas de tus ojos; guarda la sana sabiduría y la cordura,
22 y serán vida para tu alma y gracia para tu cuello.
23Entonces andarás por tu camino con seguridad, y tu pie no tropezará.
24Cuando te acuestes, no tendrás temor; sí, te acostarás, y tu sueño será grato.
25No tendrás temor de pavor repentino ni de la ruina de los malvados cuando llegue,
26 porque Jehová será tú confianza y él evitará que tu pie caiga en la trampa.

2.4.3 Corrección, correcto

Son las modificaciones que se hacen a: los planes, programas, proyectos, experimentos, ensayos, personas, escritos, etc. para enderezar, cambiar, alterar o matizar el curso y dirección, de procedimientos o comportamientos de algo, método, o alguien a fin de procurar un resultado conforme a lo esperado o por lo menos de acuerdo a lo pensado.

Una persona correcta es aquella que procura escoger la decisión sabia y conveniente para sí misma, para los demás y el ambiente; sin embargo si conviene a los demás ha de preferir el bien común por encima del suyo. También quien suele caminar por los caminos apropiados, cumplir con sus deberes de padre, hijo, maestro, obrero, jefe, estudiante, etc., y en caso de problemas se mantiene al margen de lo malo.

Nuestros errores solo te indican en que debes trabajar, pues la perfección no la alcanzaremos aquí, pero nos podemos esforzar por aproximarnos.

Prov.9:7-9/7 El que corrige al escarnecedor se acarrea ignominia; el que reprende al malvado atrae mancha sobre sí.
8 No reprendas al escarnecedor, para que no te aborrezca; reprende al sabio, y te amará.
9 Da al sabio, y será más sabio; enseña al justo, y aumentará su saber.

Prov.10:17 El que guarda la instrucción está en el camino a la vida, pero el que desecha la represión, yerra.

Prov.12:1 El que ama la disciplina ama el conocimiento, pero el que aborrece la represión es un necio.

Prov.13:18 Pobreza y vergüenza tendrá el que menosprecia la disciplina, pero el que acepta la corrección será honrado.

Prov.15:12 El escarnecedor no ama al que le reprende, ni acude a los sabios.

Prov.13:24 El que no aplica el castigo aborrece a su hijo; pero el que le ama le corrige oportunamente.

Prov.15:5 El necio menosprecia la disciplina de su padre, pero el que acepta la corrección es prudente.

Prov.15:10 La disciplina es molesta al que deja el camino; el que aborrece la reprensión morirá.

Prov.17:10 La reprensión aprovecha al entendido más que cien azotes al necio.

Prov.22:13-14 /13No rehúses corregir al muchacho, *porque* si lo castigas con vara, no morirá.
14 Lo castigarás con vara y librarás su alma del Seol.

Prov.29:17 y 19 / Corrige a tu hijo, y te dará descansoy dará deleite a tu alma.

o   Renovarse o morir.
o   El siervo no se corrige con palabras; aunque entienda, no hace caso.
o   Para eso se hizo el borrador, para cambiar y para ser mejores. JCIR

Cuento

Una señora va a sacar el pasaporte. El funcionario de turno le pregunta:
- ¿Cuantos hijos tiene, señora?
- Diez.
- ¿Cómo se llaman?
- Bernardo, Bernardo, Bernardo, Bernardo, Bernardo, Bernardo, Bernardo, Bernardo, Bernardo, y Bernardo.
- ¿Todos se llaman Bernardo?
- ¿Y cómo le hace para llamarlos cuando, por ejemplo, están jugando todos afuera?

- Muy simple, grito Bernardo y todos entran.
- ¿Y si quiere que vayan a comer?
- Igual. Grito Bernardo y todos se sientan a comer.
- Pero si usted quiere hablar con uno en particular, ¿cómo le hace?
- ¡Ah! En ese caso, lo llamo por su apellido.

Comentario

Los borradores de goma, correctores líquidos, para la escritura son populares entre los estudiantes, y oficinas, pues son las formas de corregir los errores de escritura, sin embargo no todo es tan sencillo en otros ámbitos; pues cuando no hay margen de error, es muy complicado. En esos casos hay que hacer cálculos muy precisos a fin de evitar que los errores no se presenten. Para ello se precisan levantar planos previamente, o incluso diagramar los pasos y/o simular los derroteros a fin de que los posibles errores se identifiquen previamente.

Para fortuna de todos, el plan de nuestro Padre Celestial, nos da oportunidades, para que por medio de nuestras experiencias aprendamos del pasado, y también la memoria junto con los susurros de los espíritus guardianes se nos ayude a identificar los riesgos y peligros.

En la vida es posible recomponer la ruta, y quizás algunas veces un desvío no resulte tan alarmante, pero en otras circunstancias no será tan sencillo.

Todos nos equivocamos, pero la experiencia, conocimiento, guía del espíritu, consulta de información nos abre la posibilidad de aminorar los riesgos.

Cuando se esta joven se es más arrojado, más arriesgado, pero con el tiempo y años se entra en etapas de aplicar la prudencia.

En la cacería de los animales depredadores a sus presas, el 90% de los intentos son fallidos. Ello significa que hay márgenes de éxito solo de 10%, pero las técnicas se van perfeccionando a medida que se va madurando, hasta que vuelve a decaer, por la pérdida de capacidad de movimientos que se contrarresta un tanto con la técnica aprendida.

El salvador Jesucristo expió los pecados de todos aquellos que crean y estén dispuestos a cambiar o al menos emprender desde la fe, arrepentimiento, un verdadero cambio, y con la ordenanza del bautismo se selle y ejecute esa limpieza en las aguas, y después él le premia con la compañía constante del Espíritu Santo, el cual se considera un bautismo de fuego.

Hay millones de personas que creen que con la gracia de Jesucristo todo irá bien, sin embargo ella solo funciona si se emprende un cambio, un deseo de arrepentirse, de hacer uso de esa expiación la cual funciona como un chaleco salvavidas y en salto desde un avión se requiere abrir el mismo, en el momento adecuado, es decir si no se abre, pues la gracia la tenía, pero se requería el ejercicio de hacer uso de ella, y nos estrellaremos contra el piso. El chaleco apropiado es aquel que te permite provenir de la autoridad correcta, en la iglesia correcta, la aplicación de los procedimientos apropiados, y los efectos correctos, de la perseverancia.

2.4.4 Cortesía, cortes

El comportamiento apropiado ante las expresiones de los demás, o cuando se es anfitrión, dando la mejor atención a los visitantes.

Prov.27:21 Como el crisol para la plata y el horno para el oro, así es la boca alabadora para el hombre.

- o   Hombre cortés, de todos estimados es.
- o   La cortesía es de quien la da y no de quien la recibe.
- o   Lo cortés no quita lo valiente.
- o   En la mesa y en el juego se conoce al caballero.

Cuento

Un señor muy pálido y ojeroso llega al médico.
¿Qué doctor, necesito vitaminas A, y B?
Francamente lo veo tan desnutrido que le voy a recetar el abecedario entero, y ello le dará la gran oportunidad de ser alguien, pues serás de los hombres más letrados que ha dado este país.

Cuento

La actriz dice a su amigo: Si estoy de muy mal humor: figúrate que me han quitado los papeles de dama joven después de estar haciéndolos durante más de treinta años. Es una canallada, una verdadera injusticia.

Comentario

Hacer comentarios, juicios, críticas del prójimo, sin conocer todas las razones, circunstancias, o elementos del caso, nos pueden llevar con facilidad a emitir juicios errados, por lo cual lo mejor es no emitir juicios, pues lo más probable es que señalemos a los demás siendo nosotros parte del problema. Lo mejor es tratar a las personas con cortesía, aunque nos cueste, pues de ello se desprenden bendiciones, en cambio con descortesía ocurre lo contrario, hasta llegar a recibir maldiciones.

Mateo 7:1-4/1 No juzguéis, para que no seáis juzgados.
2 Porque con el juicio con que juzgáis seréis juzgados, y con la medida con que medís, se os volverá a medir.
3 Y, ¿por qué miras la paja que está en el ojo de tu hermano, y no echas de ver la viga que está en tu propio ojo?
4- O, ¿cómo dirás a tu hermano: Déjame sacar la paja de tu ojo, y he aquí la viga en tu propio ojo?
Mateo: 7:12 Así que, todas las cosas que queráis que los hombres hagan con vosotros, así también haced vosotros con ellos, porque esta es la ley y los profetas.

2.4.5 Cristiano

Se define como cristiano a quien profesa conocer, creer, y seguir a Jesucristo. La gran mayoría de los cristianos los hacen al nacimiento, pero no lo son por convicción, sino por conveniencia o por tradición.

La forma correcta de hacerse cristiano es dar los pasos correctos: 1-Adquirir conocimiento de que es un convenio reciproco con Dios y su hijo Jesucristo, 2- Arrepentirse de los pecados cometidos y comprometerse evitar volver a caer en ellos, 3-Bautizarse por inmersión, a la semejanza de que nace de nuevo y deja en el agua el hombre antiguo, por quien tiene la autoridad correcta, 4- Y para sellar ese convenio Dios le bendice con el espíritu santo a través de la confirmación.

Mateo 7:13-14 /13 Entrad por la puerta estrecha, porque ancha es la puerta y espacioso el camino que lleva a la perdición, y muchos son los que entran por ella.
14 Porque estrecha es la puerta y angosto el camino que lleva a la vida, y pocos son los que la hallan.

- o   Donde no está el rey, en vano lo buscareis.
- o   Dura la mala obra hasta el que la hizo la cobra.
- o   El espejo y la buena amistad siempre dicen la verdad.

Cuento

¿Cómo se dice plagio en chino?
Telescopio
Fatigada = Chava canchada
Peleas = muchos shishones
Buena suerte = chiripha
Fracaso = chambonada
Quemaduras de tercer grado = chamuscada
Mujer feliz = chistosha
Niños pequeños = plonto cagaush

Cuento

Puedo ofrecerle a usted un empleo como domador de leones en mi circo. El secreto consiste en hacerles creer a las fieras que uno no tiene miedo de ellas.

Lo siento, amigo, pero no puedo aceptar el empleo, no me gusta engañar a nadie.

Historia

Hay quien cree que el hecho de ser cristiano lo califica para ser considerado mejor que los demás. Sin embargo he conocido personas de gran carácter, humildad, noble actuar, y muy centrados en los que deben hacer, Judíos, Musulmanes y Budistas. Ser cristiano puede ser una cosa, es decir aceptar a Cristo como su líder, pero creer en él está más allá. Es esforzarse por aprender, comprender y seguir sus enseñanzas.

Lucas 13:22-30 /22 Y Jesús pasaba por las ciudades y aldeas, enseñando y caminando hacia Jerusalén.

23 Y le preguntó uno: Señor, ¿son pocos los que se salvan? Y él les dijo:

24 Esforzaos por entrar por la puerta angosta, porque os digo que muchos procurarán entrar y no podrán.

25 Después que el padre de familia se levante y cierre la puerta, y estando fuera, comencéis a llamar a la puerta, diciendo: Señor, Señor, ábrenos; él, respondiendo, os dirá: No sé de dónde sois.

26 Entonces comenzaréis a decir: Delante de ti hemos comido y bebido, y en nuestras plazas enseñaste;

27 pero os dirá: Os digo que no sé de dónde sois; apartaos de mí todos vosotros, hacedores de iniquidad.

28 Allí será el llanto y el crujir de dientes cuando veáis a Abraham, y a Isaac, y a Jacob y a todos los profetas en el reino de Dios, y vosotros estéis excluidos.

2.4.6 Cuidadoso

Toda persona que procura o que trata bien las cosas, sean propias o ajenas. Algunas personas en medio de su enojo emprenden su ira contra los objetos, o útiles dispuestos para servicio de los demás, o bienes comunes.

Quien no cuida ni su cuerpo, ni los objetos propios o ajenos estará destinado a tener que responder por cosas de las cuales se va a arrepentir más tarde. Ya sea porque ha enfermado su cuerpo o porque ha destruido bienes públicos o ajenos, con los cuales quizás si le descubren, deberá pagar multas, al ser acusado culpable de tales hechos. Entonces se convertirá en un enemigo público no apto para vivir en sociedad.

El daño a la vida o propiedad ajena tendrá tarde o temprano un precio mayor del que posiblemente debía pagarse, y si no se paga en esta vida, se pagará en la otra vida. Es así de simple, pero siempre el precio justo será pagado.

Mateo 5:29-30 /29 Por tanto, si tu ojo derecho te es ocasión de caer, sácalo y échalo de ti; porque mejor te es que se pierda uno de tus miembros, y no que todo tu cuerpo sea echado al infierno
30 Y si tu mano derecha te es ocasión de caer, córtala y échala de ti; porque mejor te es que se pierda uno de tus miembros, y no que todo tu cuerpo sea echado al infierno.

- o   hombre que mucho bebe, tarde pagará lo que debe.
- o   Con maña dijo la araña.
- o   Lo viejo cuida lo nuevo.
- o   Hasta que es padecido, el mal no es conocido.
- o   Hay un mal que no tiene cura: La locura.

Cuento

En la clase de primero de primaria, el profesor está repasando las letras con los alumnos y le dice a Juanito.

¡A ver Juanito! ¿La letra A es vocal o consonante?
Vocal, profe.
Correcto. ¿Y la letra K, que es?
Una letra que está muy bien, en tanto no se repita.

Cuento

El Dr. examina al paciente por si nota problemas en las vías respiratorias.
Doctor: Diga treinta y tres, tres veces.
Paciente: noventa y nueve.
¡Hay que operar las cuerdas, la faringe y los oídos!; sino mejora, los nueve componentes del aparato respiratorio.
Tienes eco con progresión geométrica.

Comentario

Las enseñanzas de Jesucristo fueron básicas, para dar a entender el cambio que debemos tener, pues al igual que los judíos de antaño y muchos de los cristianos de hoy, es necesario que meditemos, pidamos en oración para entender el significado de su doctrina, pues seguramente cada uno tenemos cosas de las que debemos arrepentirnos, despojarnos y por supuesto cambiar.

Lucas 6:47-49 /47 Todo aquel que viene a mí y oye mis palabras y las hace, os enseñaré a quién es semejante:
48 Semejante es al hombre que, al edificar una casa, cavó y ahondó y puso el fundamento sobre la roca; y cuando vino una inundación, el río dio con ímpetu contra aquella casa, pero no la pudo mover, porque estaba fundada sobre la roca.
49 Pero el que las oyó y no las obedeció es semejante al hombre que edificó su casa sobre tierra, sin fundamento; contra ella el río dio con ímpetu, y luego cayó, y fue grande la ruina de aquella casa.

2.5.1 Culto

Persona que se comporta con respeto, bien hablar, y buen trato a sus semejantes. También se refiere a quien ha adquirido mucho conocimiento de las letras, ciencia y las artes, lo cual lo conduce a practicar respeto por todos.

Proov.3:5-8/ 5 Confía en Jehová con todo tu corazón, y no te apoyes en tu propia prudencia.
6 Reconócelo en todos tus caminos, y él enderezará tus veredas.
7 No seas sabio en tu propia opinión; teme a Jehová y apártate del mal,
8 porque será salud para tu ombligo y médula para tus huesos.

o   La paciencia es buena ciencia
o   La persona que es curiosa tiene un refrán para cada cosa.
o   La noche para pensar, día para obrar.

Cuento

Estaban reunidos veinte profesores de todas las especialidades en La Sorbona.
De pronto, apareció un Genio de los Deseos.
- Uno de ustedes podrá pedirme un deseo y sólo uno. Tendrá que elegir entre: La Belleza Eterna, Todo el Dinero del Mundo o La Sabiduría Perfecta.
Los profesores eligieron al doctor Alexander Shell, el más respetado del grupo, para que formulase el deseo.
- Deseo tener: ¡la sabiduría perfecta!
- ¡Hecho!
Gran nube de humo y el genio desaparece.
El profesor Shell permaneció pensativo.
- ¿Qué piensa, doctor?
- ¡Pienso que tendría que haber elegido el dinero...!

Cuento

Un nuevo rico asiste a una de las primeras lecciones de música de su hijo. El profesor con su varita: uno,...dos,.....tres.......cuatro. El padre furioso: Oiga, yo le pagó para que le enseñe música, no para que le dé clases de aritmética. Y cuidado con castigarlo con esa varita.

Comentario

A su pueblo el Salvador mando que debía aprender su doctrina, practicarla, amando a los enemigos, no esperando recompensas de los demás, prestando servicio a su reino y a sus prójimo fuera o no miembro de su iglesia, y ante todo perdonando las ofensas de los demás, es decir procurando evitar la contención y así la vida sería llena de prosperidad espiritual, y temporal.

Lucas 6:35-37 /35 Amad, pues, a vuestros enemigos, y haced bien y prestad, no esperando de ello nada; y vuestro galardón será grande, y seréis hijos del Altísimo, porque él es benigno para con los ingratos y los malos
36 Sed, pues, misericordiosos, como también vuestro Padre es misericordioso.
37 No juzguéis, y no seréis juzgados; no condenéis, y no seréis condenados; perdonad, y seréis perdonados.

2.5.2 Deber, cumplidor con el deber

Son las responsabilidades individuales o de grupo, que cada uno asumimos por hacernos partícipes de algo, o convertirnos a un ideal. Tenemos deberes con nuestros hijos, padres, vecinos, en los estudios, ante Dios nuestro creador, en los trabajos, el estado, etc., y ello hace que debamos cumplirlos, de lo contrario quizás no seamos dignos de recibir o exigir los derechos.

Ecles.7: 2-4/2 Mejor es ir a la casa del duelo que a la casa del banquete, porque aquello es el fin de todos los hombres, y el que vive lo pondrá en su corazón.

3 Mejor es el pesar que la risa, porque con la tristeza del rostro se enmienda el corazón.

4 El corazón de los sabios está en la casa del duelo, más el corazón de los insensatos está en la casa del placer.

- o Al hombre que hace todo lo que puede no debemos decirle que no hace todo lo que debe. Fray Antonio de Guevara.
- o Cuando dejamos nuestros deberes, para mañana es que nos estamos preparando para trabajar en la empresa del futuro. Todo p.a. mañana
- o Si hay deberes por hacer, entonces debemos hacerlos antes de ya. JCIR

Cuento

Mamá, mamá... Que ya no quiero la piscina.
- Cállate y sigue escarbando.

Cuento

A un señor le gustaba comer en demasía. Un día iba apresuradamente por la calle y un amigo le pregunta:
¿A dónde vas tan de prisa?
A comer pavo frito.
Sabiendo como comes, supongo que son pocos los invitados.
¡Claro! La comida es en estricta intimidad: el pavo y yo.

Historia

El Señor ha revelado con claridad, en la sección del libro de doctrina y convenios: 107:99-100:"Por tanto, aprenda todo varón su deber, así como a obrar con toda diligencia en el oficio al cual fuere nombrado". Y se recalca que el que fuere perezoso no será digno de permanecer.

La diligencia era el carruaje tirado por caballos que prevalecía en los siglos 19 y los anteriores. Es equivalente a un esfuerzo constante y valiente, particularmente en servicio a las personas, que pagaran el valor de un puesto, pero aplicándolo al Señor es el esfuerzo constante, valiente, y oportuno en pos de la obra de Dios o su Iglesia es decir de las familias y obra de Dios o su Reino. Añadiendo la virtud, la fe, y consagrados a obras buenas y a toda la palabra de vida eterna.

Por ejemplo en la Iglesia de Jesucristo se asume la responsabilidad de apoyar al crecimiento de la obra misional, el velar por las familias, especialmente determinar las necesidades de los pobres, apoyar en la limpieza de las capillas, y cualquier asignación que el obispo a través de sus líderes haga saber. Además de la obra del templo.

No sobra indicar que todo es voluntario, y que los líderes tienen la potestad de determinar la capacidad, la posibilidad, y el privilegio de asignar a las personas, conforme el espíritu les dicte.

2.5.3 Democracia

Es el arte de gobernar por abogados, políticos, técnicos, y otros, que con buenas intenciones se olvidan de que el mandato era igual gobierno para todos, y terminaron por ejercer su poder en favor de ellos.

Ecles.3:18-19/18 Yo dije en mi corazón, con respecto al estado de los hijos de los hombres, que Dios los prueba, para que vean que ellos mismos no son sino bestias.

19 Porque lo que sucede a los hijos de los hombres y lo que sucede a las bestias es lo mismo: como mueren los unos, así mueren las otras, y un mismo aliento tienen todos; no tiene preeminencia el hombre sobre la bestia, porque todo es vanidad. Todo va a un mismo lugar; todo es hecho del polvo, y todo al polvo volverá.

o La filosofía de la palabra es que pretende hacer feliz al mayor número de personas. Pero la felicidad es una cuestión subjetiva y nada tiene que ver el sistema.

o Democracia es etimológicamente: igual gobierno para todos,…. sin embargo los corruptos se amparan en la democracia, para mantener sus intereses a cualquier precio. JCIR.

o Siempre que hubo jueces rectos, temerosos de Dios, funcionó la democracia, sin embargo después vino la corrupción y la parcialidad y si no pregúntenle a los árbitros. JCIR

Cuento

¿Qué es democracia? Pregunta en el colegio la tarea el profe a Ernesto: Maestro es muy difícil esa pregunta, pero después de leer 5 libros, pude sacar la conclusión de que es más fácil explicarlo así: Es como un hogar El padre preside….., pero nadie le hace caso.

Los criados son los funcionarios públicos, solo trabajan si se les manda y amenazan con despedirlos.

Los hijos, son los ciudadanos a nadie obedecen, listos para a la juerga, todo es diversión, todo es protestar, nada está bien.

¿Bueno, y que pasa con mamá?

Ella,…. Ella es la oposición,….. ¿Cómo así?

Verás profe, te lo repito: El padre es la cabeza del hogar, pero la madre es el cuello, y por donde voltea el cuello, por allí necesariamente, indefectiblemente, tristemente, etc., se tiene que someter a ir la cabeza. Así de sencillo.

Comentario

La historia del pueblo de Israel, demuestra que Dios les dio jueces, para liderarlos y protegerlos, pero ellos despreciaron los consejos de sus líderes, y prefirieron la forma de gobierno de los pueblos de alrededor, es decir reyes, y en ello menospreciaron el consejo y gobierno de su Dios. La democracia es un gobierno que etimológicamente se describe como igual gobierno para todos, pero, el que manda es el dinero, para pagar, corromper y pervertir las leyes a favor de quien más ofrezca. Sin embargo, en tanto estemos en la tierra es el menos malo de todos los tipos de gobierno, Después del gobierno de Dios; lo ideal es tener hombres que lideren con justicia donde el líder o jueces no se corrompan. El último consejo que dio Josué al, pueblo fue: Josué 24:1-28 / 1 Y reunió Josué a todas las tribus de Israel en Siquem y llamó a los ancianos de Israel, y a sus príncipes, y a sus jueces, y a sus oficiales; y se presentaron delante de Dios.

14 Ahora pues, temed a Jehová, y servidle con integridad y en verdad; y quitad de en medio de vosotros los dioses a los cuales sirvieron vuestros padres al otro lado del río y en Egipto, y servid a Jehová.

15 Y si mal os parece servir a Jehová, escogeos hoy a quién sirváis; si a los dioses a quienes sirvieron vuestros padres, cuando estuvieron al otro lado del río, o a los dioses de los amorreos en cuya tierra habitáis; pero yo y mi casa serviremos a Jehová.

16 Entonces el pueblo respondió, y dijo: Nunca tal acontezca, que dejemos a Jehová para servir a otros dioses,

17 Porque Jehová nuestro Dios es el que nos sacó a nosotros y a nuestros padres de la tierra de Egipto, de la casa de servidumbre; el que delante de nuestros ojos ha hecho estas grandes señales, y nos ha guardado a lo largo de todo el camino por donde hemos andado, y en todos los pueblos por entre los cuales pasamos.

18 Y Jehová expulsó de delante de nosotros a todos los pueblos, y aun al amorreo que habitaba en la tierra; nosotros, pues, también serviremos a Jehová, porque él es nuestro Dios.

19 Entonces Josué dijo al pueblo: No podréis servir a Jehová, porque él es Dios santo, y Dios celoso; no perdonará vuestras rebeliones ni vuestros pecados.

20 Si dejáis a Jehová y servís a dioses ajenos, él se volverá contra vosotros y os hará mal y os consumirá, después que os ha hecho bien.

21 El pueblo entonces dijo a Josué: No, sino que a Jehová serviremos.

22 Y Josué respondió al pueblo: Vosotros sois testigos contra vosotros mismos de que habéis elegido a Jehová para servirle. Y ellos respondieron: Testigos somos.

Los hombres menospreciaron el gobierno de Dios, que eran jueces, debido a que se corrompieron algunos, y después exigieron reyes, lo cual se convirtió en tiranía, despotismo, bota militar, dictaduras, igual que muchos de los invasores, de hoy etc.

2.5.4 Decidido

Todo aquel que a pesar de la incertidumbre que plantea el panorama, se aventura a dar los pasos para emprender una tarea. Quien además de la fe, la esperanza, ejecuta lo que debe hacer, no obstante los temores, y el peligro que se presente a su pies. Quien actúa con rapidez, para impedir que algo suceda o quien sin pensarlo ejecuta algo sin dudar.

"Un día despertaremos y descubriremos que ya no hay tiempo para hacer lo que deseábamos, por ello es mejor comenzar antes de ya"

Prov.10:23-24 / 23 El hacer maldad es como una diversión para el insensato, pero el hombre entendido tiene sabiduría.
24 Lo que el malvado teme, eso le vendrá, pero a los justos les será concedido lo que desean.

- o El bueno y el malo siempre van a más. El uno para mejorar y el otro para empeorar.
- o El trabajo dignifica, y robustece; el ocio maléfica y envilece.
- o Entre un propósito y la ejecución, haya mucha reflexión.

Cuento

- Manolito espero no sorprenderte copiando en el examen.
- Pues yo también lo espero maestra.

Cuento

Dos hombres se citaron para batirse en duelo al amanecer.
Arreglemos este problema en un duelo mañana a las cinco antes meridiano.

Cuando quiera y a la hora que quiera, pa las que sean. Contesta el otro. Pero pongamos una regla. En caso de que se me haga tarde, no me espere, empiece a disparar con toda confianza.

Historia

Continuamente ve uno en los programas de TV, donde se pretende por arqueólogos, y científicos justificar y desmentir la historia sagrada, tal cual fue y buscar explicaciones del paso del pueblo de Israel por el mar Rojo, en vez de creer en la simpleza del poder del sacerdocio. He visto milagros, en tanto he estado digno y en mis diarios hay registrados muchos, pero también he escuchado a otros líderes afirmarlos de forma sencilla, pero el mayor milagro que he visto fue el de cambiar mi vida, en un hombre diferente y hacerme limpieza de cucarachas, telarañas y suciedades que habían en mi mente. A través del milagro de nacer de nuevo. Aquel día fui decidido, a ser bautizado, e hice lo que mandó Jesucristo, sin rodeos, sin vueltas, y desde aquel día pude disfrutar de la compañía del Espíritu Santo; aquello que me permite discernir la claridad de las escrituras, pues son libros sellados, y solo se entienden por el Espíritu. Así de simple, cualquier otro método por científico que sea, no servirá de nada, pues escrito está que los sabios y los necios no lo entenderán.

Jonás 1-3 es un ejemplo real de algo difícil de creer, pero que aconteció tal cual, aunque la mayoría de los españoles, desconocen que existía hasta hace poco 1.866, un lugar llamado Tharsis Sulphur, en la provincia de Huelva, lugar donde se explotaba la minería: esto lo puntualizo, pues a los actuales cartógrafos españoles que indague no lo sabían. Ver pág. 271 Mapa del libro 2 de Historia de España José Manuel Hernández, Flora Ayuso, Marina Requero, Ediciones Akal. De hecho, esta es una de las dos veces que se nombra un lugar de la antigua Hispania en la Biblia.
1: 1 Y vino la palabra de Jehová a Jonás hijo de Amitai, diciendo:
2 Levántate, ve a Nínive, la gran ciudad, y clama contra ella, porque su maldad ha subido delante de mí.

3 Pero Jonás se levantó para huir de la presencia de Jehová a Tarsis, y descendió a Jope y halló una nave que partía para Tarsis; y pagando su pasaje, entró en ella para irse con ellos a **Tarsis**, lejos de la presencia de Jehová.

4 Pero Jehová hizo levantar un gran viento en el mar, y hubo una tempestad tan grande en el mar que se pensó que se partiría la nave.

5 Y los marineros tuvieron miedo, y cada uno clamaba a su dios; y echaron al mar los enseres que había en la nave, para aligerarla. Pero Jonás había bajado al interior de la nave, y se había acostado y dormía profundamente.

6 Y el maestre de la nave se acercó a él y le dijo: ¿Qué tienes, dormilón? Levántate y clama a tu Dios. Quizá tu Dios piense en nosotros y no perezcamos.

7 Y dijo cada uno a su compañero: Venid y echemos suertes, para saber por culpa de quién nos ha venido este mal. Y echaron suertes, y la suerte cayó sobre Jonás.

8 Entonces le dijeron ellos: Decláranos, te rogamos, por qué nos ha venido este mal. ¿Qué oficio tienes y de dónde vienes? ¿Cuál es tu tierra, y de qué pueblo eres?

9 Y él les respondió: Soy hebreo y temo a Jehová, Dios de los cielos, que hizo el mar y la tierra.

10 Y aquellos hombres temieron sobremanera y le dijeron: ¿Por qué has hecho esto? Porque ellos sabían que huía de la presencia de Jehová, porque él se lo había declarado.

11 Y le dijeron: ¿Qué haremos contigo para que el mar se nos aquiete? Porque el mar se iba embraveciendo más y más.

12 Y él les respondió: Tomadme y echadme al mar, y el mar se os aquietará, porque yo sé que por mi causa ha venido esta gran tempestad sobre vosotros.

13 Y aquellos hombres remaron con todas sus fuerzas para hacer volver la nave a tierra, pero no pudieron, porque el mar se iba embraveciendo más y más contra ellos.

14 Entonces clamaron a Jehová y dijeron: Te rogamos, oh Jehová, te suplicamos que no perezcamos nosotros por la vida de este hombre, ni

pongas sobre nosotros sangre inocente, porque tú, Jehová, has hecho como has querido.

15 Y tomaron a Jonás y lo echaron al mar, y el furor del mar se aquietó.

16 Y temieron aquellos hombres a Jehová con gran temor, y ofrecieron sacrificio a Jehová e hicieron votos.

17 Pero Jehová tenía preparado un gran pez para que se tragase a Jonás; y estuvo Jonás en el vientre del pez tres días y tres noches.

2:1 Entonces oró Jonás desde el vientre del pez a Jehová, su Dios,

2 y dijo: Clamé en mi angustia a Jehová, y él me oyó; desde el seno del Seol clamé, y mi voz oíste.

3 Me echaste a lo profundo, en medio de los mares, y me rodeó la corriente; todas tus ondas y tus olas pasaron sobre mí.

4 Entonces dije: Desechado soy de delante de tus ojos; más aún veré tu santo templo.

5 Las aguas me rodearon hasta el alma; me rodeó el abismo; las algas se enredaron en mi cabeza.

6 Descendí a los cimientos de los montes; la tierra echó sus cerrojos sobre mí para siempre; pero tú sacaste mi vida de la fosa, oh Jehová, Dios mío.

7 Cuando mi alma desfallecía en mí, me acordé de Jehová; y mi oración llegó hasta ti, hasta tu santo templo.

8 Los que siguen vanidades ilusorias su propia misericordia abandonan.

9 Pero yo, con voz de alabanza, te ofreceré sacrificios; cumpliré lo que prometí. La salvación pertenece a Jehová.

10 Y mandó Jehová al pez, y este vomitó a Jonás en tierra.

3:1 Y vino la palabra de Jehová por segunda vez a Jonás, diciendo:

2 Levántate, ve a Nínive, la gran ciudad, y proclámale el mensaje que yo te diré.

3 Y se levantó Jonás y fue a Nínive, conforme a la palabra de Jehová. Y era Nínive una ciudad grande, de tres días de camino.

4 Y comenzó Jonás a entrar por la ciudad, camino de un día, y proclamaba, diciendo: De aquí a cuarenta días Nínive será destruida.

5 Y los hombres de Nínive creyeron a Dios, y proclamaron ayuno y se vistieron de cilicio desde el mayor hasta el menor de ellos.

6 Y llegó la noticia hasta el rey de Nínive, y se levantó de su trono, y se despojó de su vestido, y se cubrió de cilicio y se sentó sobre ceniza.

7 E hizo proclamar y anunciar en Nínive, por mandato del rey y de sus grandes, diciendo: Hombres y animales, bueyes y ovejas, no prueben cosa alguna; no se les dé alimento ni beban agua,

8 sino cúbranse de cilicio hombres y animales, y clamen a Dios fuertemente; y vuélvase cada uno de su mal camino y de la violencia que hay en sus manos.

9 ¿Quién sabe? Puede que Dios se vuelva y se arrepienta, y se aparte del furor de su ira, y no perezcamos.

10 Y vio Dios lo que hicieron, que se volvieron de su mal camino; y se arrepintió Dios del mal que había dicho que les haría, y no lo hizo.

Hace poco se conoció que una ballena se tragó un buzo y lo escupido poco después en una playa cercana a Suráfrica, ciudad del Cabo. Buscar por internet: Rainer Shinpt de 51 años para ampliar.

2.5.5 Derecho

Es el privilegio que todos los hijos de Dios disfrutan de ser libres para tomar decisiones en tanto estas no menoscaben y estorben a otros en sus semejantes propósitos.

Es el arte de dar poder a los abogados para que defiendan tus egoísmos, por comisiones costosas.

Prov.31:8-9 /8Abre tu boca en favor del mudo, por los derechos de todos los desvalidos.

9 Abre tu boca, juzga con justicia, y defiende la causa del pobre y del menesteroso.

- o   Muchos estudian derecho, para ejercer torcido.
- o   De un peligro con otro me libro.
- o   El pensamiento postrero es más sabio que el primero.

Cuento

¿Cuál es el colmo de un jorobado?
R/: Estudiar derecho

Cuento

El juez, mostrando un puñal al acusado.

¿Conoce usted ésta arma?

No, señor jamás la he visto.

Al día siguiente vuelve a preguntar: ¿Conoce usted ésta arma?

Sí señor.

Pero ¿Cómo? Ayer dijo que no la había visto antes.

Es cierto: ayer le dije eso; pero hoy no podría decirle lo mismo, después de habérmela usted enseñado ayer.

Historia

Muchas veces los hombres y mujeres rectas son la única razón por la cual Dios no destruye pueblos, familias o empresas, pues como en las escrituras estos son los atalayas, pero tarde o temprano cada cual será juzgado por su rectitud o cuan derecho vivió. Génesis 18:16-33/16 Y los varones se levantaron de allí y miraron hacia Sodoma; y Abraham iba con ellos, acompañándolos.

17 Y Jehová dijo: ¿Encubriré yo a Abraham lo que voy a hacer,

18 habiendo de ser Abraham una nación grande y fuerte, y habiendo de ser benditas en él todas las naciones de la tierra?

19 Porque yo lo conozco, que mandará a sus hijos y a su casa después de sí que guarden el camino de Jehová, haciendo justicia y juicio, para que haga venir Jehová sobre Abraham lo que ha hablado acerca de él.

20 Entonces Jehová le dijo: Por cuanto el clamor de Sodoma y Gomorra aumenta más y más, y el pecado de ellos se ha agravado en extremo,

21 descenderé ahora y veré si han consumado su obra según el clamor que ha venido hasta mí; y si no, lo sabré.

22 Y se apartaron de allí los varones y fueron hacia Sodoma, más Abraham estaba aún delante de Jehová.

23 Y se acercó Abraham y dijo: ¿Destruirás también al justo con el malvado?

24 Quizá haya cincuenta justos dentro de la ciudad; ¿destruirás también el lugar y no lo perdonarás por amor a cincuenta justos que estén dentro de él?

25 Lejos de ti está el hacer tal, que hagas morir al justo con el malvado, y que sea el justo tratado como el malvado; nunca tal hagas. El Juez de toda la tierra, ¿no ha de hacer lo que es justo?

26 Entonces respondió Jehová: Si hallare en Sodoma cincuenta justos dentro de la ciudad, perdonaré a todo este lugar por amor a ellos.

27 Y Abraham replicó y dijo: He aquí, ahora me he atrevido a hablar a mi Señor, aunque soy polvo y ceniza.

28 Quizá de cincuenta justos falten cinco; ¿destruirás por aquellos cinco toda la ciudad? Y dijo: No la destruiré si hallare allí cuarenta y cinco.

29 Y volvió a hablarle y dijo: Quizá se hallen allí cuarenta. Y respondió: No lo haré por amor a los cuarenta.

30 Y dijo: No se enoje ahora mi Señor si yo hablo: Quizá se hallen allí treinta. Y respondió: No lo haré si hallare allí treinta.

31 Y dijo: He aquí, ahora me he atrevido a hablar a mi Señor: Quizá se hallen allí veinte. No la destruiré, respondió, por amor a los veinte.

32 Y volvió a decir: No se enoje ahora mi Señor si hablo solamente una vez más: Quizá se hallen allí diez. No la destruiré, respondió, por amor a los diez.

33 Y Jehová se fue luego que acabó de hablar a Abraham; y Abraham volvió a su lugar.

2.5.6 Determinante

Se define determinante a aquel que siempre se empeña en mantenerse firme en sus preceptos, actuaciones, y que hace lo que dice o expresa. Quien no da margen a que la duda lo domine, sino que mantiene un curso fijo e invariable.

Prov. 22:19-21 /19 Para que tu confianza esté en Jehová, te las he hecho saber hoy a ti también.

20¿No te he escrito tres vecesn consejos y en conocimiento,

21 para hacerte saber la certeza de las palabras de verdad, a fin de que respondas palabras de verdad a los que a ti te envíen?

o   No exijas incesantemente tus derechos sino estás seguro de que cumples tus obligaciones. Oscar Wilde.
o   Gana ahora que eres nuevo, para que puedas gastar cuando seas viejo.
o   El trabajo es padre del descanso.

Cuento

En la escuela, la maestra dice:
- A ver Luis, ¿cómo te imaginas la escuela ideal?
- ¡Cerrada, maestra!

Cuento

En un bar dos amigos están discutiendo sobre la discreción femenina. De pronto uno de ellos dice:
Te digo que las mujeres no saben guardar un secreto.
Pues yo te digo que sí, llevo 8 años de casado y mi mujer todavía no me ha dicho la edad que tiene.

Historia

En la antigua América algunos de los hombres desearon romper el tipo de gobierno nombrando reyes, en vez de jueces, y ello trajo disensión, pero a Moroni (El capitán) le pareció que debía ser determinante con los insurgentes, pues ellos solo deseaban el bien de ellos, y no el bien de todos, lo cual lo indujo a ser firme para acallar la sublevación de los seguidores del caudillo Amalickiah.

Alma 46:28-29/28 Y aconteció que cuando Moroni hubo dicho estas palabras, fue, y también envió a todas las partes del país en donde había disensiones, y reunió a todos los que estaban deseosos de conservar su libertad, con objeto de oponerse a Amalickíah y a los que se habían separado, que se llamaban amalickiahitas.

29 Y ocurrió que cuando Amalickíah vio que los del pueblo de Moroni eran más numerosos que los amalickiahitas, y también vio que su gente estaba dudando de la justicia de la causa que habían emprendido, temiendo, por tanto, no lograr su objeto, tomó a los de su pueblo que quisieron ir y partió para la tierra de Nefi.

2.6.1 Dialogo

La comunicación que se efectúa con respeto, y de manera agradable entre las personas.

Prov.25:8-10 /8 No entres apresuradamente en pleito, no sea que no sepas qué hacer al final, después que tu prójimo te haya avergonzado.
9 Trata tu causa con tu prójimo y no descubras el secreto a otro,
10 no sea que te avergüence el que lo oiga, y tu infamia no pueda repararse.

Prov.26:5 Responde al necio según su necedad, para que no se estime sabio en su propia opinión.

- o   La gente se entiende hablando y los burros rebuznando.
- o   Charlando y andando, sin sentir se va caminando.
- o   La buena conversación y compañía quiebra el día.

Cuento

En el cementerio están enterrando a un hombre muerto:
¡Maríaaaaaaaaaaa.........! ¡Que no estoy muertooooooooooo........!
Cállate, hombre, que quieres saber tú más que el doctor.

Cuento

Dos amigos que hace tiempo no se veían, cuentan sobre sus vidas:
No comprendo, ¿tenías una agencia matrimonial que te proporcionaba
grandes ganancias y la cierras?
La cerré porque ya me he casado.
¿Eso que explica?
Que una vez casado he comprendido el daño que le estaba haciendo a
la humanidad.

Historia

No sobra referir que la oración es un dialogo con Nuestro padre Celestial,
y que orar te abrirá puertas que jamás imaginabas que estaban abiertas
para ti.

Fue precisamente ello fue lo que menosprecio el hijo de salomón, pues
no busco el consejo de aquel a quien su padre le hizo grande.

La locura de rechazar el consejo de los mayores, por parte del hijo
de Salomón, hizo de Israel una nación dividida. Los jóvenes son más
fuertes, pero la sabiduría debe primar en la toma de decisiones. 1 Reyes
12:4-14/4 Tu padre agravó nuestro yugo; y ahora, disminuye tú algo
de la dura servidumbre de tu padre y del yugo pesado que puso sobre
nosotros, y te serviremos.
5 Y él les dijo: Idos, y de aquí a tres días volved a mí. Y el pueblo se fue.
6 Entonces el rey Roboam pidió consejo a los ancianos que habían estado
delante de su padre Salomón cuando vivía, y dijo: ¿Cómo aconsejáis
vosotros que responda yo a este pueblo?
7 Y ellos le hablaron, diciendo: Si hoy te haces siervo de este pueblo y
lo sirves, y les respondes y les dices buenas palabras, ellos te servirán
para siempre.
8 Pero él desechó el consejo que los ancianos le habían dado, y pidió
consejo a los jóvenes que se habían criado con él y que estaban delante
de él.

9 Y les dijo: ¿Cómo aconsejáis vosotros que respondamos a este pueblo que me ha hablado, diciendo: Disminuye algo del yugo que tu padre puso sobre nosotros?

10 Entonces los jóvenes que se habían criado con él le respondieron, diciendo: Así hablarás a este pueblo que te ha dicho estas palabras: Tu padre agravó nuestro yugo, pero tú disminúyenos algo; así les hablarás: El menor dedo de los míos es más grueso que los lomos de mi padre.

11 Ahora pues, mi padre os cargó con un pesado yugo, pero yo añadiré a vuestro yugo; mi padre os castigó con azotes, pero yo os castigaré con escorpiones.

12 Y al tercer día vino Jeroboam con todo el pueblo a Roboam, según lo había mandado el rey, diciendo: Volved a mí al tercer día

13 Y el rey respondió al pueblo duramente, desechando el consejo que los ancianos le habían dado,

14 y les habló conforme al consejo de los jóvenes, diciendo: Mi padre agravó vuestro yugo, pero yo añadiré a vuestro yugo; mi padre os castigó con azotes, pero yo os castigaré con escorpiones.

2.6.2 Diezmos

Son las donaciones que se enseña a los miembros de la iglesia efectuar, para sostenimiento del Reino de Dios sobre la tierra. Tales valores se usan para la construcción de templos, capillas, mantenimiento de los edificios, servicios públicos de los edificios, y predicación del evangelio en todo el mundo.

Creo Dios al hombre y todo lo que le rodea, y espera El, gratitud, por lo que recibe, a fin de desarrollar su fe, pero no se dan para sostén de clero profesional, sino para sostenimiento de su Reino sobre la tierra. Se debe entender ello como el 10% de lo ingresado como salario o de sus utilidades netas.

Prov.3:9-10 /9 Honra a Jehová con tus bienes y con las primicias de todos tus frutos;

10 entonces serán llenos tus graneros con abundancia, y tus lagares rebosarán de mosto.

o   Los diezmos son las demostraciones de nuestra voluntad de contribuir a la construcción del reino de Dios en la tierra.

o   Diezmos son el 10 % de los ingresos netos y son diferentes a las ofrendas cuales son donaciones para a ayuda a los necesitados.

o   El que diezma no duda del Dios al que sirve.

Cuento

En una reunión de líderes religiosos, se encuentran discutiendo la forma correcta de que deben disponer de los donativos:
Después de muchas disertaciones, cada uno expreso el procedimiento de como disponía de los diezmos y las ofrendas, después de diez turnos, le toco explicar al curita del pueblo y este muy pausadamente explicó:
Yo tomo el dinero, grito, virgentú que estas allá arriba, prepárate, coge lo tuyo, que lo que caiga es para mí. Y a mí nunca nadie me ha hecho reclamos.

Historia

Antes de conocer la iglesia, ya había pensadoquelas limosnas que daba en la misa no eran suficientes, para pagar las múltiples bendiciones que recibía de Dios. Cuando los misioneros compartieron conmigo la charla del diezmo y las ofrendas, me imagino que se preocuparon, pensando en que tal vez sería difícil de entender, pues muchos de los investigadores renuncian a conocer las verdades antes que comprometerse a pagar un diezmo integro. Yo no sabía nada de tal mandamiento, sin embargo durante la charla sentí paz, y además me pareció justo y necesario.

He considerado uno de los mandamientos con promesa cumplida inmediatamente, pues gracias al vivirlo, he recibido apoyo en el trabajo, además he alcanzado todo lo que he deseado en la vida en cuanto a trabajos y donde quise trabajar allí me llevó Dios También he podido brindar a mi familia lo que ellos requerían para vivir dignamente. No he conseguido dinero, pues las necesidades han sido muchas, pero han sido cubiertas oportunamente. He pasado por terremotos, incendios, inundaciones, destierros relativos (huir del peligro de muerte terminación de empleo, pérdidas operativas en la oficina, pero jamás he dejado de tener ingresos, para pagar mis diezmos, lo que significa que he ganado y pagado mis diezmos y ofrendas con alegría y gratitud, pues he considerado como una bendición el vivir tal ley. Las bendiciones las he recibido aquí día a día, mes tras mes y año tras año. No sé si por ello recibiré retribución adicional, pero Estoy agradecido con Dios por esa magnífica ley. Él siempre me cumplió, nunca me abandonó y además de protegerme en cuerpo y alma, pues varias veces en el trabajo estuve en peligro a causa de mi vocación de auditor y servicio de revisor fiscal. Muchas veces los afectados sintieron amenazas y se delataron solos, y gracias a Dios no conseguí un peso o euro turbiamente, lo cual me da paz interior que no me deje contaminar, en los 35 años de ejercicio de la profesión. De seguro tengo ahorros para el más allá, además recibí en la tierra más de lo merecido, no me cabe duda, siempre estaré agradecido a Dios por darme esta ley de diezmos.

Malaquías 3:8-11 ¿Robará el hombre a Dios? Pues vosotros me habéis robado. Y dijisteis: ¿En qué te hemos robado? En vuestros diezmos y ofrendas.

9 Malditos sois con maldición, porque vosotros, la nación toda, me habéis robado.

10 Traed todos los diezmos al alfolí, y haya alimento en mi casa; y probadme ahora en esto, dice Jehová de los ejércitos, si no os abriré las ventanas de los cielos y derramaré sobre vosotros bendición hasta que sobreabunde.

11 Reprenderé también por vosotros al devorador, y no os destruirá el fruto de la tierra, ni vuestra vid en el campo será estéril, dice Jehová de los ejércitos.

2.6.3 Diligencia

Realizar las actividades encomendadas en forma oportuna y apropiadamente.

Prov. 12:24 La mano de los diligentes gobernará, pero la negligencia será tributaria.

Prov.12:27 El perezoso no asará lo que ha cazado, pero la posesión del hombre diligente es preciosa.

Prov.21:3 Hacer justicia y juicio es para Jehová más agradable que el sacrificio.

Prov.22:29 ¿Has visto hombre diligente en su obra? Delante de los reyes estará; no estará delante de los de baja condición.

Prov.28:19 El que labra su tierra se saciará de pan, pero el que sigue a los ociosos se llenará de pobreza.

- o   Lo bueno de trabajar es que en tanto estas ganando, no estás gastando. J.C.I.R.
- o   Desde que salgo de casa comienzo a gastar tenga o no dinero, pero algo se gastará.
- o   La diligencia en hacer las cosas nos evita la confusión de las últimas horas de vencimientos.

Cuento

Un marido grita desaforadamente al ver que su esposa se ha caído a un rio y se está ahogando.
¡Socorro! ¡Socorro! ¡Por lo que más quieran, ayúdenme a salvarla!
Una vez a salvo, el marido con el corazón en un puño dice a su mujer:
Esta vez hemos tenido suerte…. Pero, Antoñita, ¡no volveré dejar en tus manos mi cartera!

Cuento

Una noche tormentosa la señora escucha unos quejidos de alguien desde la calle que pide ayuda: empujen por favor, empujen.

La señora se asoma y observa por la ventana del balcón de su habitación, pero no lo logra distinguir ni el origen ni las causas. Le dice a su esposo, mijo levántese a ver si le hacemos la caridad a ese pobre hombre que se está mojando y solicitando que le ayuden a empujar su coche. El esposo se asoma pero no ve nada, sin embargo si escucha: empujen por favor empujen.

El esposo baja rápidamente y dirige la luz de su linterna al lugar donde están dos coches aparcados, pero no divisa a nadie. De pronto oye desde el parque frente a la urbanización los llamados de alguien que suplica, empujen, empujen por favor. Rápidamente se dirige al lugar donde provienen los sonidos de solicitud de ayuda. Localiza a un hombre sentado en un columpio, ebrio, diciendo: empujen por favor, empujen.

Historia

Con diligencia hemos de averiguar si las cosas escritas por los profetas son verdad o no, pues estos hablaron conforme a la palabra de Dios: Isaías 29:10-14/10 Porque Jehová derramó sobre vosotros espíritu de profundo sueño, y cerró vuestros ojos; cubrió a los profetas, y a vuestros gobernantes y a los videntes.

11 Y os será toda visión como palabras de libro sellado, el cual darán al que sabe leer y le dirán: Lee ahora esto, y él dirá: No puedo, porque está sellado.

12 Y si se da el libro al que no sabe leer, diciéndole: Lee ahora esto, él dirá: No sé leer.

13 Dice, pues, el Señor: Porque este pueblo se me acerca con su boca y con sus labios me honra, pero ha alejado su corazón de mí, y su temor de mí ha sido enseñado por mandamiento de hombres;

14 por tanto, he aquí que nuevamente haré una obra maravillosa entre este pueblo, una obra maravillosa y un prodigio; porque perecerá la sabiduría de sus sabios, y se desvanecerá la prudencia de sus prudentes.

15 ¡Ay de los que se esconden de Jehová, encubriendo en las profundidades sus designios, y sus obras están en las tinieblas, y dicen: ¿Quién nos ve, y quién nos conoce?!

16 Vuestra obra de trastornar las cosas de arriba abajo ciertamente será considerada como barro de alfarero. ¿Acaso la obra dirá de su hacedor: No me hizo? ¿O dirá la vasija de aquel que la ha formado: No entiende?

17 ¿No será de aquí a muy poco tiempo que el Líbano se convertirá en un campo fértil, y el campo fértil será considerado un bosque?

18 Y en aquel día los sordos oirán las palabras del libro, y los ojos de los ciegos verán en medio de la oscuridad y de las tinieblas

19 Entonces los humildes crecerán en alegría en Jehová, y los pobres entre los hombres se regocijarán en el Santo de Israel.

El libro de Mormón apareció como se predijo antes de que palestina se volviera nuevamente cultivable, y hay muchas más confirmaciones, pero con diligencia se deben investigar y preguntar en oración, de lo contrario no se podrá saber dónde ponen los huevos las garzas.

2.6.4 Dinámico

Quién se distingue por ser entusiasta, ejecutor, pronto en hacer lo debido, y con buena disposición de cumplir sus tareas rápidamente. Que siempre está procurando hacer algo bueno, sin que lo manden. Quien coloca buena fuerza y diligencia a sus tareas.

Prov.11: 27 El que con diligencia busca el bien obtendrá favor; pero al que busca el mal, el mal le sobrevendrá.

o   Caballo corredor no necesita espuela.
o   Lo que puedes hacer hoy no lo dejes para mañana
o   Lo que puedo hacer por mí, no he de encargártelo a ti.

Cuento

Jaimito le pregunta a la maestra:
- Maestra, ¿usted me castigaría por algo que yo no hice?

- Claro que no, Jaimito.
- Ah, pues qué bueno, porque yo no hice mi tarea.

Cuento

Disgustan los esposos y ella le dice a él:
¿No te da pena Ricardo? Es imposible que te guste vivir así.
¿Cómo?
Papá nos paga el alquiler de la casa, mamá nos compra la ropa, mi hermana nos manda el dinero para los gastos de alimentos todas las semanas. No….No. no. ¿No es esto una vergüenza?.
No mi amor. Contesta el marido. La vergüenza es para el cínico de tu hermano que hasta ahora no se ha dignado ayudarnos en nada con todos los gastos que tenemos.

<u>Historia</u>

El recibir el sacerdocio de Melquisedec, me ha permitido ver milagros en mi familia y entre aquellos que un día creyeron en mí, y los pudo cristalizar, el espíritu, pero entre los incrédulos no he visto milagros, pues así como Jesucristo no los pudo hacer a muchos de sus coterráneos incrédulos; el Sacerdocio opera y funciona solo entre los que creen, así de simple, este poder no es para satisfacer curiosidades. Ha sido dinámico, y funcionado, pues me ha acompañado por 43 años, pero no he sido yo sino el poder de Dios que se ha manifestado, pues yo solo soy un instrumento en las manos de Él y del Espíritu..

El sacerdocio de Melquisedec, se recibe como un poder y como autoridad para ejercer en el nombre del Altísimo; D.y C. 121:36-44/36 Que los derechos del sacerdocio están inseparablemente unidos a los poderes del cielo, y que estos no pueden ser gobernados ni manejados sino conforme a los principios de la rectitud.
37 Es cierto que se nos pueden conferir; pero cuando intentamos encubrir nuestros pecados, o satisfacer nuestro orgullo, nuestra vana ambición, o ejercer mando, dominio o compulsión sobre las almas de

los hijos de los hombres, en cualquier grado de injusticia, he aquí, los cielos se retiran, el Espíritu del Señor es ofendido, y cuando se aparta, se acabó el sacerdocio o autoridad de tal hombre.

38 He aquí, antes que se dé cuenta, queda abandonado a sí mismo para dar coces contra el aguijón, para perseguir a los santos y combatir contra Dios.

39 Hemos aprendido, por tristes experiencias, que la naturaleza y disposición de casi todos los hombres, en cuanto reciben un poco de autoridad, como ellos suponen, es comenzar inmediatamente a ejercer injusto dominio.

40 Por tanto, muchos son llamados, pero pocos son escogidos.

41 Ningún poder o influencia se puede ni se debe mantener en virtud del sacerdocio, sino por persuasión, por longanimidad, benignidad, mansedumbre y por amor sincero;

42 por bondad y por conocimiento puro, lo cual engrandecerá en gran manera el alma sin hipocresía y sin malicia;

43 reprendiendo en el momento oportuno con severidad, cuando lo induzca el Espíritu Santo; y entonces demostrando mayor amor hacia el que has reprendido, no sea que te considere su enemigo

44 para que sepa que tu fidelidad es más fuerte que los lazos de la muerte.

2.6.5 Disciplina

La acción de establecer normas de convivencia dentro de una institución, familia, o agremiación. Reglas que procuran mantener el orden grupal. Acciones de corrección por transgredir las normas implementadas.

Indica sometimiento o aceptación y cumplimiento de las normas. Conducción de la vida de forma ordenada, y respeto de los derechos y deberes propios y de terceros. También es el procurar mantenerse dentro de un objetivo sin dejarse desviar por ramificaciones que le harán perder tiempo, ni rumbo, ni punto de mira.

Prov.3:11-12 /11 No rechaces, hijo mío, la disciplina de Jehová, ni te canses de su corrección,

12 porque Jehová corrige al que ama, como el padre al hijo a quien quiere.

Prov.12:1El que ama la disciplina ama el conocimiento, pero el que aborrece la reprensión es un necio.

Prov.13:1 El hijo sabio acepta la disciplina del padre, pero el insolente no escucha la reprensión.

Prov13:18 Pobreza y vergüenza tendrá el que menosprecia la disciplina, pero el que acepta la corrección será honrado.

Prov13:24 El que no aplica el castigo aborrece a su hijo;pero el que le ama le corrige oportunamente.

Prov. 15:31-32/31 El oído que escucha la reprensión de la vida morará entre los sabios.

32 El que tiene en poco la disciplina menosprecia su alma, pero el que escucha la reprensión adquiere entendimiento.

33 Prov.29:17 Corrige a tu hijo, y te dará descansoy dará deleite a tu alma.

- o El diablo solo tienta a aquel con quien ya cuenta.
- o En fiestas locas, gente mucha, y personas pocas.
- o Al niño llorón boca abajo y coscorrón
- o Llorando y riendo va el niño creciendo.
- o La letra con sangre entra, y la labor con dolor.

Cuento

Llega Jaimito a la escuela y la maestra le dice:
- ¡Felicitaciones Jaimito, felicitaciones!
Jaimito le pregunta a la maestra:
- ¿Maestra por qué me felicita si hoy no es mi cumpleaños?

La maestra le dice:

- Es que tú eres el primero en llegar al colegio.

- Ah, es que mi tío es futbolista profesional.

- ¿Qué tiene que ver eso con que tú llegues temprano a la escuela? Le pregunta la maestra.

- Es que él me trae a patadas.

Historia

Al igual que en la antigüedad se mandó al pueblo de Israel ayunar, y en él se esperaba que el pueblo apartara un tiempo para dedicar al señor sus pensamientos, actos y por supuesto se sirviera en su obra; es igual que hoy, solo que en la ley mosaica, había algunas manifestaciones más rituales, y todo era para ayudar a recordar al pueblo la expiación y dedicación a su líder. Afligir el alma es disciplinadamente andar conforme a los que se esperaba hicieran.

Hoy por hoy, se ha interpretado mal los propósitos de lo que desea Dios que hagan sus hijos, puesto que han convertido en flagelaciones, torturas, viacrucis, etc., los sacrificios que se ofrecen, y no perciben que el deseo de Dios son cambios de corazón, obediencia a los mandamientos, leer las escrituras para entender correctamente su voluntad, prestar servicio al prójimo, orar para evitar entraren tentaciones, ayunar para buscar la comunicación y el apoyo de su Dios y así descubrirle, y por ese medio recibir las bendiciones y respuestas esperadas.

Si no podemos vivir las leyes terrenales, será imposible vivir las leyes de un reino mayor, por lo tanto hemos de entender que tendremos que conformarnos con vivir de acuerdo a lo seamos capaces de aceptar y cumplir, y ese será nuestro limitado galardón. Los mandamientos han de vivirse en su plenitud y así nos preparamos para recibir gloria, poder, y mayor luz, y a mayor luz, mayor conocimiento. De lo contrario nos tendremos que quedar con el conocimiento parcial y creencias de las teorías de quienes opinaron, pero no comprendieron.

Cuando cometo errores, ofrezco un ayuno especial o más con los cuales demuestro a mi Padre Celestial mi entera disposición de someterme a su voluntad, y durante el, noingieroalimentos por 24 horas, ni bebo nada;

liquido el valor equivalente de esos alimentosylos dono como ofrenda, para que el líder lo disponga para los pobres y necesitados. Ello me acerca más a Dios, y percibo con claridad la voluntad de Él, de ayudarme a recuperar mi estado espiritual. Si son asuntos fuertes, debo confesarlos a mi líder asignado, el Obispo y el me indicará que hacer. Así de simple es, pero a cambio demuestro mi disciplina a la que me someto, y recibo nuevamente la aceptación de mi Dios, en su tiempo y forma.

Levítico: 23:27 A los diez días de este mes séptimo será el día de expiación; os será santa convocación, y afligiréis vuestras almas y ofreceréis una ofrenda encendida a Jehová.

2.6.6 Discreción

Mantener pausada la lengua y las acciones ante cualquier fallo ajeno. Ser prudente ante las oportunidades de la crítica.

Reserva o cautela para no descubrir algo o datos que se consideran secretos o reservados. Mantener con prudencia información que no conviene revelar a todo mundo. Prudencia y sensatez para formar un juicio.

Prov15:28 El corazón del justo piensa antes de responder, pero la boca de los malvados derrama malas cosas.

   o   Llorar a boca cerrada, por no dar cuenta a quien no sabe nada.
   o   Entre templar y contemplar, no más del tiempo has de gastar.
   o   El vaso cuando está lleno, suena menos.

Cuento

El sargento llevaba a la tropa a una marcha forzadísima de kilómetros y kilómetros.
- ¡Uno dos, uno dos, uno dos!
Desde el fondo de la fila un andaluz repetía:
- ¡Eso es, eso es, eso es!

- Pero ¿qué te pasa, andaluz loco? Estamos hechos polvo y tú encima lo animas.

- ¡No, no! Si lo que digo es que eso es, eso es los que vamos a quedar a este paso: "uno o dos"

Historia

El consejo que dio salomón a las personas es que fuéramos muy discretos en todo:

Prov.2:10-15 /10 Cuando la sabiduría entre en tu corazón y el conocimiento sea grato a tu alma,
11 la discreción te guardará; te protegerá el conocimiento,
12 para librarte del camino del mal, del hombre que habla perversidades,
13 de los que abandonan las sendas rectas, para andar por caminos tenebrosos,
14 que se alegran haciendo el mal, y se deleitan en las perversidades del mal,
15 cuyas veredas son torcidas, y se extravían en sus caminos.

Comentario sobre el tema por Boyd K. Packer. Nov. /90

Las tendencias de hoy impiden que la comunicación y revelación personal sean más frecuentes de lo que requerimos a causa de la poca discreción, reverencia y respeto que mostramos ante lo sagrado, o lo que merece respeto.

El mundo está cada vez más agitado. La moda y el comportamiento de la gente son cada vez más liberales, desordenados y torpes. La música escandalosa con letras obscenas lanzadas por amplificadores en medio de los destellos de luces psicodélicas caracteriza a una generación de drogas. Hay variaciones de estas cosas que están ganando gran aceptación e influencia entre nuestros jóvenes.

Los médicos declaran que todo este bullicio musical puede llegar a afectar la capacidad auditiva de las personas.

Esta tendencia a más ruido, más excitación, más contención, menos refrenamiento, menos dignidad y formalidad no es accidental ni inocente ni inofensiva.

3.1.1 Disimular

Es la acción de pasar por alto y discreción un error o falta ajena, o procurar encubrir con decoro alguna falta propia. También es optar por evitar dar por sentado que no observaste algo, o que simplemente no lo notaste.

La expresión de no mostrar que se está enterado de lo ocurrido, o del suceso. Ante un fallo, u omisión, del error de otros, pasar desapercibido.

Prov.12:23 El hombre prudente disimula el conocimiento, pero el corazón de los necios proclama la necedad.

Prov.3:27-28 /27 No te niegues a hacer el bien a quien es debido cuando esté en tu mano el hacerlo.
28 No digas a tu prójimo: Vete y vuelve de nuevo, y mañana te daré, cuando tengas contigo qué darle.

- o Procura disimular el agravio que no puedes vengar.
- o Disimulo y paciencia son la mejor ciencia.
- o Quien supo sufrir, supo fingir.

Cuento

Entra un nuevo profe al curso y se presenta:
- Buenos días, mi nombre es Largo.
Dice Jaimito:
- No importa, tenemos tiempo.

Cuento

Baile de máscaras:
Tesoro, ¿cómo me he visto para el baile?
De mujer decente querida.

Historia

En todos los casos y campos, o sociedades, hay personas que son disimulados, en su actuar, expresar opiniones ante errores ajenos. Se trata de un atributo o virtud que yo desearía tener y poner en práctica más a menudo. Ocasionalmente, mi indiscreción o falta de disimulo, me hicieron notar como alguien crítico, o de mal proceder; sin embargo muchas veces lo puse en práctica y cuando sucedió me sentí bien. Noté los frutos de tal conveniencia y creo que se vive mejor haciendo de la toleranciay no juzgar una virtud o un mejor vivir.

Suele acontecer con los fanáticos de futbol y otros deportes. Un día fui a ver un partido en una pantalla mayor en un restaurante bar, y la mayoría eran hinchas del Real Madrid, pero yo era del Barcelona. Aquel día ganamos 4 a 0, pero nunca suelo manifestar mucha euforia ni siquiera con los goles de mi equipo favorito, de tal suerte que a pesar de que el Barza inicio ganando, los presentes, terminaron por creer que yo era simpatizante del Real, pues notaron que amigablemente departía con ellos, los refrescos y todos salimos contentos. Pero cuando ha sido al contrario, tampoco descomponerme con críticas exageradas. Cuando toca ganar no suelo descompensarme, con bromas pesadas en contra de los seguidores contrarios. Al fin y al cabo ser hincha de un equipo es una casualidad. Reconocer las virtudes del contrario, también es saludable, y si mantengo una posición respetuosa me va mejor, pues eso mismo recibo.

3.1.2 Divertido

Se le denomina divertido a quien suele entretener agradablemente con su forma de ser, hablar y actuar a sus amigos, compañeros o invitados. Quien tiene carisma para hacer reír con sus frases y expresiones.

Prov.5:18 Sea bendita tu fuente, y regocíjate con la esposa de tu juventud.

o   Tropezando y cayendo al andar va el niño aprendiendo.
o   Todos de Adán somos hijos, aunque no diferencia el vestido.
o   Todo asunto requiere su punto.

Cuento

El sargento acompaña a los soldados a la clase de instrucción. Al llegar a la puerta se da cuenta de que ha olvidado la llave de la sala en otro sitio. Dirigiéndose a los soldados les dice:
Tienen que esperar un momento. He olvidado la llave. Mientras tanto, que no entre nadie.

Historia

Las cosas creadas por Dios tienen sus maravillas, y admiraciones, y al observarlas nos enseñan, divierten y además nos permiten agradecer a nuestro creador su magnificencia. Aún las plantas y los minerales y todas las cosas. El Rey Salomón y otros sabios, aprendieron a disfrutar y opinar de ello así:

Prov30:24-28/24 Cuatro cosas son de las más pequeñas en la tierra, pero son más sabias que los sabios:
25 Las hormigas, pueblo no fuerte, pero en el verano preparan su comida;
26 los tejones, pueblo nada esforzado, pero hacen su casa en la piedra;
27 las langostas, que no tienen rey, pero salen todas por cuadrillas;
28 la lagartija, que se puede atrapar con las manos, pero está en palacios reales.

3.1.3 Educación

Formación que se imparte a las personas para que se conviertan en ciudadanos útiles, autosuficientes, honrados, respetuosos de la ley, vivan en convivencia y armonía dentro de la comunidad. Transmisión de conocimientos que se da a una persona.

Prov.4:18-19/18 Más la senda de los justos es como la luz resplandeciente que va en aumento hasta que el día es perfecto.
19 El camino de los malvados es como la oscuridad; no saben en qué tropiezan.

o Como un campo, aunque sea fértil, no puede dar frutos si no se cultiva, así le sucede a nuestro espíritu sin el estudio. Naco Tulio Cicerón.
o Donde hay buena educación no hay distinción de clases. Rodríguez Marín.
o Las personas inteligentes tienen un derecho sobre las ignorantes: El derecho de instruirlas. Ralph W. Emerson.

Cuento

La profesora de matemáticas, enfadada, les dice a sus alumnos:
- Para mañana, quiero resueltos todos los problemas de fracciones, decimales y reglas de tres.
¡Todos! ¿Entendido?
- ¡Pobre papá! - susurra una niña al fondo.

Cuento

¿Qué está más lejos, la luna o Europa?
Europa, profesora.
¿Cómo?
Bueno profesora, la luna podemos verla, Europa no.

Comentario

La educación es la mejor herencia que se le puede dar a los hijos, y además de ello un buen ejemplo de parte de los padres.

Que puede hacer un hijo con una herencia si no puede administrarla apropiadamente, pues carece de entendimiento de cómo mantenerla y hacer crecer. Lo más probable es que la venda, a precios inferiores a lo real y/o la malgaste indebidamente.

Hay un refrán popular que dice "lo que nada nos cuesta volvámoslo fiesta"

Se dan casos en los que los herederos, han hecho progresar las empresas, pero otros no. El reino de Israel por ejemplo sufrió la división por causa de que el hijo de Salomón, no tuvo la capacidad de escuchar a los ancianos sino que prefirió escuchar a los jóvenes, y ellos dieron consejo erróneo y duro, lo cual causo que 10 de las tribus de Israel, las del norte, se eligieran otro líder y así el que fuera el reino de Israel quedo dividido en dos Reinos: el de Judá y el reino del norte, trayendo como consecuencia pérdida de poder en su ejército, pues cada cual se enorgulleció y acepto las triviales decisiones de sus líderes en decadencia. Desde el año 931 a. de. c. hasta hoy han pasado 2.953 años y el territorio nunca más fue consolidado, pues lo que es hoy el antiguo Israel son fracciones de lo que fue una gran nación. Todo sucedió desde que el criterio del Señor fue ignorado.

Jesús dijo. "Todo reino dividido contra sí mismo es asolado, y toda ciudad o casa dividida contra sí misma, no permanecerá.

Parece que el sabio Salomón, no pudo educar a su hijo, Roboan, pues lo aprendido no le sirvió para poder sostener el reino de Israel.

3.1.4 Ejecutivo

Se le denomina así a quien procura con diligencia, orden, y disciplina cumplir los objetivos a nivel de grupo, departamento, o empresa. Todo aquel que controla presupuestos, dirige y administra áreas de empresas comerciales, industriales o de servicio.

Prov.4:5-7/5 Adquiere sabiduría; adquiere entendimiento;no te olvides ni te apartes de las palabras de mi boca;

6/no la abandones; y ella te guardará; ámala, y te protegerá.

7/Sabiduría ante todo; adquiere sabiduría; y con todo lo que adquieras, adquiere entendimiento.

o   Machacando y más machacando, se hace el gazpacho.
o   La práctica vale más que la gramática.
o   La ciencia es locura, sino gobierna la cordura.

Cuento

- Doctor, doctor! Mire me toco aquí y me duele....me toco aquí y me duele....me toco aquí y me duele.... ¿sabe qué es lo que me pasa?
- El doctor después de consultar en su ordenador, miro detenidamente al paciente, suspiro y recomendó:
Mejor no se toque con ese dedo en ninguna parte, pues lo tiene roto.

Cuento

¿Por qué no trabaja usted? Le dice el director a uno de los internos del hospital mental.
Yo estoy loco, señor director.
Lo sé, pero no es un motivo suficiente. Los locos también tienen que trabajar.
Si pero es que yo no estoy loco hasta ese extremo.

Historia

El pueblo de Israel recibió leyes que le permitían mantener a raya a aquellos que solían traspasar los derechos de los demás, y gracias a esas leyes, y castigos se ejecutaba la justicia en favor y en contra de unos y otros. En las sociedades modernas no castigamos a nuestros infractores o hijos, y a causa de tanta permisibilidad se vuelven indolentes, malcriados, abusivos e incluso asesinos; no hay ningún temor a castigos, ni leyes, pues hasta cierta edad son intocables.

Los castigos se ejecutaban en realidad y ello mantenía controlados a los infractores, de esa manera los jueces prescribieron el castigo para el inicuo. Deuteronomio 25:1-3:

1 Si hay pleito entre algunos, y van a juicio y los juzgan los jueces, estos absolverán al justo y condenarán al inicuo.

2 Y acontecerá que si el delincuente merece ser azotado, entonces el juez lo hará tenderse en tierra y le hará azotar delante de él; según su delito será la cuenta.

3 Se le podrán dar cuarenta azotes, no más; no sea que, si lo hieren con muchos más azotes que estos, quede envilecido tu hermano delante de tus ojos.

3.1.5 Ejemplo

Persona o cosa que genera confianza, por su buen comportamiento y que se toma como modelo para ser imitada.

Prov.22:6 Instruye al niño en su camino *y* aun cuando fuere viejo, no se apartará de él.

Ecles.12:10-14 / 10 Procuró el Predicador hallar palabras agradables y escritura recta, palabras de verdad.
11 Las palabras de los sabios son como aguijones y como clavos bien puestos, *las* de los maestros de las congregaciones, dadas por un Pastor.
12 Ahora, hijo mío, además de esto, queda advertido: El hacer muchos libros nunca termina, y el mucho estudio es fatiga para la carne.
13 El fin de todo este asunto *que has* oído *es éste:* Teme a Dios y guarda sus mandamientos, porque esto es el todo del hombre.
14 Porque Dios traerá toda obra a juicio, junto con toda cosa oculta, buena o mala.

- o   Si quieres ser padre de buenos hijos, se buen padre.
- o   De tal palo tal astilla.

o   Un noble ejemplo hace fáciles las acciones difíciles. Diego
    Álvarez Correa.

Cuento

En el dentista:
- Lo siento, pero tiene la dentadura en muy mal estado. Tendré que
extraerle siete dientes.
- ¡Cielos! ¿Y eso duele?
- Bueno... A veces me dan calambres en el brazo.

Historia

En 1.986 oficiaba como presidente de la Rama del Lago Pereira. En
aquel tiempo llegó a la unidad un investigador casi ciego, llamado
"Héctor Monsalve". Recuerdo de que uno de los primeros contactos
fue en un paseo al alto del Toro, un lugar muy distante para ir a pie;
a la actividad solo se invitó a los jóvenes, púes ese era un lugar donde
había que caminar unas dos horas, para subir por una muy empinada
montaña, donde se divisaba el rio y después bajar hasta el rio. Los cuatro
jóvenes John Jairo Peláez, Edison Lozano, Wilson, y Abelardo Lasso,
que siempre me seguían y apoyaban como si fuera su padre, invitaron al
casi ciego, quien era bastante robusto, para tal aventura. Su peso oscilaba
entre los 110 120 kilos, además de que era medianamente alto.

Al procurar descender por las montañas, el camino era muy difícil
y empinado, especialmente para él y recuerdo que accidentalmente
rodó como unos 20 metros. En su caída milagrosamentepudo frenarse
con algunas ramas y disfrutar del paseo como los demás. Para él, tal
experiencia fue memorable y agradable, no obstante que debíamos
llevarle por el camino con sumo cuidado, ya que los terrenos eran
difíciles y más para una persona limitada por peso, agilidad, y visión.

Este buen hombre al final acepto las enseñanzas, se bautizó y se convirtió
en un gran líder de la Iglesia, logrando que su madre una anciana de

96 años se bautizara también; más aún, su hermano que frecuentaba diariamente los bares y que por años fue un crítico de la iglesia y una pesadilla para su madre, también se bautizó, llegando a ser un converso perseverante hasta el día de su partida al mundo espiritual.

Héctor participaba de toda actividad; su visión no era completa (Quizás 18 %), veía un poco solo por un ojo deteriorado a causa de un accidente de trabajo, donde recibió un fuerte golpe en su rostro, con un aro de una llanta (Rin) de vehículo en una remontadora de llantas, cuando estaba joven. El valientemente sin ninguna indemnización o seguro, se abrió paso en la vida. El otro ojo lo había perdido en el mismo accidente y fue reemplazado por uno de vidrio.

Lo curioso de este hombre es que jugó futbol en otra actividad y me expreso cual feliz se sintió, cuando en una finca del Chaquiro en el alto del nudo (Una gran montaña) en Pereira, Colombia, a la cual nos acompañó y disfruto como ninguno.

Él tenía un puesto donde vendía o expendía: dulces, chicles, galletas y cigarrillos frente al centro comercial de San Andresito en Pereira Risaralda. De ello se sustentaba, por el tacto y la percepción, realizaba su trabajo de entrega de los productos y recibía el dinero, el cual distinguía rosando sus dedos entre las monedas, y los billetes colocándolos a la luz de lámpara o que confirmaba con alguien conocido.

El gran Héctor asistía a una de las clases de Institutos que se impartía a las 6:15 A.M. en la capilla el Lago y curso al cual llegaba, pues dos mujeres, hermanas de apellido Cañaveral, muy ancianas una de 103 años y otra de 96 le llevaban y entre los tres caminando cruzaban la peligrosa avenida 30 de Agosto con la calle 37. Eran admirables, la disciplina, humildad y amor por la obra y el deseo de aprender.

En 1.998 con mis pequeños hijos viajamos a Lima, para sellarnos en el templo y hasta allá nos acompañó Héctor, para recibir sus investiduras y hacer trabajo de obra genealógica.

Él había ahorrado al igual que otra anciana muy paupérrima, que vivía en una casa de cartones y pedazos de lata a las afueras de la ciudad. Ella recogía papel y materiales de los basureros y vendía tales productos y así se sustentaba.

Héctor después de aquel viaje a Lima, el cual fue muy difícil por las penurias que se pasaron, regreso enfermo y al cabo de los meses murió gozoso y digno de haber recibidolas bendiciones de la eternidad. Siempre cumplió con su creador en sus llamamientos de maestro orientador, consejero del presidente de Rama y haber servido al señor. Nunca se: inactivó, ni se negó a una asignación. Fue autosuficiente consigo mismo y además fue un ejemplo para todos; testificó de las verdades que conoció, aceptó y percibió como pocos. Además fue un hombre agradable al dialogo; uno se podía quedar conversando con él sobre muchos temas sin aburrirse.¡Qué grande fuiste Héctor, te debemos mucho por tu ejemplo!

3.1.6 Emotivo

Aquella persona que por llenarse de sentimientos de solidaridad, amor, furia, tristeza, admiración o respeto por alguien, es capaz de llorar de gozo, rabia o humildad. La personas que fácilmente expresan sus sentimientos por un hecho en favor o contra de otras personas.

3 Nefi 17:5-9/ 5 Y sucedió que cuando Jesús hubo hablado así, de nuevo dirigió la vista alrededor hacia la multitud, y vio que estaban llorando, y lo miraban fijamente, como si le quisieran pedir que permaneciese un poco más con ellos

6 Y les dijo: He aquí, mis entrañas rebosan de compasión por vosotros.

7 ¿Tenéis enfermos entre vosotros? Traedlos aquí. ¿Tenéis cojos, o ciegos, o lisiados, o mutilados, o leprosos, o atrofiados, o sordos, o quienes estén afligidos de manera alguna? Traedlos aquí y yo los sanaré, porque tengo compasión de vosotros; mis entrañas rebosan de misericordia.

8 Pues percibo que deseáis que os muestre lo que he hecho por vuestros hermanos en Jerusalén, porque veo que vuestra fe es suficiente para que yo os sane

9 Y sucedió que cuando hubo hablado así, toda la multitud, de común acuerdo, se acercó, con sus enfermos, y sus afligidos, y sus cojos, y sus ciegos, y sus mudos, y todos los que padecían cualquier aflicción; y los sanaba a todos, según se los llevaban.

o   Llorar a puerta cerrada, por no dar cuenta a quien no sabe nada.
o   Llorando nacen todos; riendo, ni uno solo.
o   Llorando, la mujer, hace del hombre lo que quiere.

Cuento

- Cariño, dame el bebé.
- Espera a que llore.
- ¿A qué llore? pero... ¿Por qué?
- ¡Porque no lo encuentro!

Historia

Muchas veces cuando participe del coro de Distrito de Pereira, en los ensayos, se me hacía un nudo en la garganta que me impedía cantar, me embargaba la emoción o lloraba de sentimiento, gratitud, etc., y me era difícil seguir cantando, pero lo disfrutaba, pues el espíritu enternecía mi corazón.

También era frecuente al compartir mi testimonio, a otras personas; ya fuera en el púlpito o fuera en clases, o charlas, pero me solía ocurrir a menudo. Ello era a causa de que deseaba dejar grabado en la memoria de las personas mis sentimientos y gratitud hacia: el Salvador Jesucristo y a mi Padre Celestial, por la posibilidad de participar en su Reino, que me llenaba de un gran gozo, sentimiento, y por demás me eran difíciles controlar las emociones.

Me pasó igual cuando por vez primera leí el nuevo testamento, pues me centraba tanto en las condiciones y vivencias de aquellos con quien compartía sus verdades, que percibí los sufrimientos y la sincera invitación de Jesucristo para cambiar y ser mejores.

3.2.1 Empatía

La aceptación de los demás que se transmite por medio de la buena actitud, y entusiasmo que se da a otra persona. Ser aceptado con agrado.

Eclesiastés 4:13 Mejor es el muchacho pobre y sabio que el rey viejo y necio que rehúsa ser aconsejado.

- o No soy monedita de oro para caerle bien a toda la gente.
- o Cabra chica, cada día es niña.
- o Caballo castaño oscuro, bueno para lo plano y lo duro.

Cuento

Una señora, tras haber tenido una enorme bronca con su marido, se desmaya y no hay forma de hacerla volver en sí. El marido, ignorando su estado, le dice a la sirvienta que atienda a la señora en lo que necesite.
Al rato vuelve la sirvienta y le dice:
Señor, no hay forma de reanimarla. La señora debe de haber perdido totalmente el conocimiento.
Ya. Pues susúrrele al oído que ha llegado la modista para probarle sus nuevos vestidos.

Historia

El Salvador enseñaba por medio de parábolas de situaciones, del común de la gente, y en el caso de la empatía hacia el amigo y tolerancia y el poder de la oración enseño:

Parábola del amigo a medianoche.

Lucas 11:5-13 Les dijo también: ¿Quién de vosotros que tenga un amigo va a él a medianoche y le dice: Amigo, préstame tres panes,

6 porque un amigo mío ha venido a mí de camino, y no tengo qué ofrecerle;

7 y el de dentro, respondiendo, le dice: No me molestes; la puerta ya está cerrada, y mis niños están conmigo en cama; no puedo levantarme para dártelos.

8 Os digo que, si no se levanta a dárselos por ser su amigo, sin embargo, por su importunidad se levantará y le dará todo lo que necesite.

9 Y yo os digo: Pedid, y se os dará; buscad, y hallaréis; llamad, y se os abrirá,

10 porque todo aquel que pide, recibe; y el que busca, halla; y al que llama, se le abrirá.

11 ¿Y qué padre de vosotros, si su hijo le pide pan, le dará una piedra? ¿O si le pide pescado, en lugar de pescado, le dará una serpiente?

12 O, si *le* pide un huevo, ¿le dará un escorpión?

13 Pues si vosotros, siendo malos, sabéis dar buenas dádivas a vuestros hijos, ¿cuánto más vuestro Padre Celestial dará el Espíritu Santo a los que se lo pidan?

3.2.2 Emprender

Es iniciar tareas difíciles o proyectos planificada mente. El emprendimiento es hoy uno de los propósitos de los gobiernos para promover la industria, la agroindustria, etc., y ayudar a la generación naciente a tener esperanzas de trabajo, puesto que a causa de la globalización de la economía, se han quebrado las industrias, comercios tradicionales de los pueblos, a cambio de monopolios de países donde a los trabajadores poco o casi nada se les paga, aún acambio de labores y jornadas de trabajo mayores de 14 horas por cada día.

Prov.21:5 Los pensamientos del diligente ciertamente *van* a la abundancia, pero todo el que se apresura, indefectiblemente va a la pobreza.

o   Colocar empeño, esfuerzo con ganas, a las acciones emprendidas.
    Fuerza controlada, ánimo.
o   El que algo quiere algo le cuesta.
o   Para conquistar alturas, sufrir amarguras.

Cuento

Un hombre de unos 65 años le pregunta al entrenador en el gimnasio:
- ¿Que máquina debo usar para impresionar a una chica de 30?
El entrenador lo mira y dice...
- Le recomiendo el cajero automático....

<u>Historia</u>

La vida es para emprender tareas que nos traigan progreso a nivel:
profesional, intelectual, financiero, y confort, pero además de lo anterior
hemos de progresar hacia la eternidad, y ella debe ser nuestra principal
prioridad, pues al fin y al cabo a eso vinimos a la tierra y nos iremos
tarde o temprano, pues lo demás se queda aquí. En aquel día, que a todos
nos llega, solo nos llevamos nuestras buenas obras y todo aquello que
haya aumentado nuestra capacidad, destreza, intelecto, y conocimiento,
por lo tanto debemos esforzarnos, porque nuestro emprendimiento sea
de verdad útil, para el mas allá, que si vendrá aunque existan miles
de personas que lo nieguen, pues la necedad de negar sobre lo que no
saben según ellos, les hace sabios. Nada es casual, todo es creado con
propósitos, y Dios nos creó para heredar y ser como él.

El emprendimiento, es algo que debemos hacer todos, y si lo hacemos
con métodos que nos permitan poner metas, revisiones de planes,
análisis de mejoras, etc., de seguro será más efectivo. Ello lo hacemos
con disciplina, así fortalecemos el carácter, y como los músculos los
cuales hay que poner a funcionar así no se atrofian.

La inteligencia se multiplica, si la ejercitamos. Si no emprendemos
tareas, nuestro confort nos robará las oportunidades de crecer. No nos

hemos de dormir. Todo lo que anhelemos, que sea justo, es posible alcanzarlo, pero nosotros ponemos el listón, las metas, el tiempo, y el nivel de intensidad, y por supuesto no debe haber cabida a la desilusión, pues nada es fácil, todo exige, esfuerzos, sacrificios, demandará lagrimas inclusive, pero vale la pena.

No tenemos que saberlo todo ahora, es algo que se logra y perfecciona con la práctica, con la disciplina, con el levantarse una y otra vez, no debe haber posibilidad para mirar atrás sino para corregir, o evaluar si debemos esforzarnos más, paso a paso.

Aplica a toda cosa que podamos emprender, necesitemos, y debamos erradicar como malos hábitos, para convertir en hábitos saludables nuestra recuperación.

El Elder Wirthin enseño:

"No tenemos que ser perfectos hoy; no tenemos que ser mejores que alguien más; todo lo que tenemos que hacer es ser lo mejor de nosotros mismos".

Las experiencias por las que pasamos en la vida son diferentes para todos. Si bien hay algunos hoy día que sienten gozo, otros sienten como si el corazón les fuera a estallar de pesar. Hay otros que sienten que el mundo es su ostra, otros sienten como si ellos mismos fueran la ostra, que fue sacada del océano para abrirla a la fuerza y robarles todo lo que era de valor para ellos.

No importa su condición en la vida, no importa su estado emocional o espiritual.

Y puso el ejemplo de un ciego, Erik Weihenmayer, un hombre de 33 años de edad que soñaba escalar el monte Everest, una proeza que presenta retos para muchos de los alpinistas más expertos del mundo. De hecho, casi el 90 por ciento de los que intentan realizar la escalada nunca llegan a la cima. Las temperaturas descienden a más de 50 grados centígrados bajo cero. Además del intenso frío, vientos de 150 km. por hora, grietas mortales y avalanchas, el alpinista debe superar los desafíos de la altitud, la falta de oxígeno, y quizás comida y agua insalubres. Desde 1953, por lo menos 165 alpinistas han perdido la vida al intentar escalar la cumbre de casi nueve mil metros de altura.

A pesar de los riesgos, cientos de personas esperan su turno para realizar el ascenso; entre ellos está Erik. Pero hay una marcada diferencia entre Erik y todos los demás alpinistas que han intentado hacerlo antes: Erik está totalmente ciego.

Cuando tenía 13 años de edad, Erik perdió la vista como resultado de una enfermedad hereditaria de la retina. Aunque ya no podía hacer muchas de las cosas que deseaba hacer, tomó la determinación de no desperdiciar su vida sintiéndose deprimido e inútil; empezó a ir más allá de sus limitaciones físicas.

A los 16 años de edad descubrió la escalada en roca. Al ir palpando la superficie de la roca, encontraba puntos de apoyo para las manos y los pies que le permitían ascender. Dieciséis años más tarde, empezó a escalar el monte Everest. Como se imaginarán, la historia de su hazaña estaba llena de amenazantes y desgarradores desafíos. Pero por fin Erik escaló la cima del lado sur y ocupó su lugar con aquellos que le habían precedido, uno de los pocos que ponía pie en la cumbre de la montaña más alta de la faz de la tierra.

Al preguntarle cómo lo logró, Erik dijo que se esforzó por mantenerse enfocado; no permitió que la duda, ni el miedo ni la frustración se pusieran en su camino. Y, lo más importante de todo, dijo: "Cada día hay que ir paso por paso".

Sí, Erik conquistó el Everest al poner simplemente un pie enfrente del otro. Y continuó haciéndolo hasta que llegó a la cima.

Mi querido lector, no hay desafío, fácil, pero imposible tampoco, pero al igual que el ejemplo de Erik, un ciego, todo es factible, deseo, no es justificable nada, solo poner un comienzo, es necesario, dar un paso, un paso siguiente, etc.

Un antiguo refrán reza que una jornada de mil kilómetros empieza con un solo paso.

Podemos aplicar ese mismo principio a la forma en que podemos ascender a un plano más espiritual. También aplica a cualquier cosa noble, honrada, y buena.

3.2.3 Enfático

Aquel individuo que tiende a repetir e insistir un procedimiento, pensamiento, idea, o manera de realizar una tarea.

Eclesiastés 3: 11 Todo lo hizo hermoso en su tiempo. También ha puesto lo eterno en el corazón de ellos, sin lo cual el hombre no alcanza a percibir la obra que ha hecho Dios desde el principio hasta el fin.

- o El pez siempre nada: muerto, en aceite, y vino; vivo en el agua.
- o El pensar, despacio; el obrar, rápido.
- o El sabio, sabe que sabe; el necio cree que todo lo sabe.

Cuento

- Me han contratado como profesor de inglés.
Qué bueno. ¿Pero es trabajo estable?
- No, mesa es table. Trabajo es work.

Historia

Cuando mi hijo Víctor Daniel tenía unos 2.5 años de edad, solíamos ser visitados a menudo por una familia vecina: la familia Jaramillo, con quienes dialogábamos agradablemente. La madre y su hija, quien ocasionalmente llevaba a casa un títere del grande de un gato, pero en forma de oso panda y color café, procuraban establecer una conversación con Víctor Daniel en forma ventrílocua, haciendo de ello una verdadera charla jocosa, y donde el personaje "Juancho", el títere, solía gastarle algunas bromas pesadas al niño.

Una noche fuimos nosotros quienes les visitamos y en tanto disfrutábamos de la conversación, Víctor Daniel ingreso a la casa y descubrió el títere sobre la cama dela joven; procedió a tomar una escoba y la emprendió a golpes contra el títere, donde le invitaba a pelear, ahora que estaban solos, y animarle a que le dijera lo que le decía cuando Angélica (nombre de la joven) le llevaba. Parece que le dio muchos golpes a satisfacción.

Al cabo de un rato se presentó en la sala donde estábamos nosotros y declaró muy enfático: Ahora creo que Juancho ya no podrá molestarme más, pues le he dado una paliza muy grande. A lo cual nosotros sorprendidos, procedimos a reírnos a causa de la inocencia con que él se desquito, de aquel amigo charlatán.

El Rey David enseño y aconsejo mucho a su hijo Salomón, para cuando reinara tuviera sabiduría para reinar y este efectivamente recordó y compartió con el mundo tales enseñanzas:

Prov.4:3-6/ 3 Porque yo también fui hijo de mi padre, delicado y único a los ojos de mi madre.
4 Y él me enseñaba y me decía: Retén mis palabras en tu corazón; guarda mis mandamientos y vivirás.
5 Adquiere sabiduría; adquiere entendimiento; no te olvides ni te apartes de las palabras de mi boca;
6 no la abandones; y ella te guardará; ámala, y te protegerá

3.2.4 Enfocado

Quien al opinar, expresar sus ideas, o emitir juicios presenta sus argumentos y además da buen crédito de su razonamiento.

Prov. 5:1 Cuando vayas a la casa de Dios, guarda tu pie; y acércate más para oír que para ofrecer el sacrificio de los necios, porque no saben que hacen mal.

o   Desde chica, la ortiga pica.
o   Despacio y buena letra, dice en la escuela, el maestro de la escuela.
o   Casa sin moradores, cueva de ratones.

Cuento

- ¿Cómo te va por el gimnasio?
- ¡Brutal! Me salen músculos que ni siquiera conozco. Mira, ¿cómo se llama éste?
- Trapecio.
- Yo a ti también, tío, y mucho.

Historia

A la edad de dos años Víctor Daniel, nuestro hijo mayor, fuimos visitados en una noche por los misioneros, ya que habían tenido un cambio y el recién llegado Elder Espinosa llegó a casa para conocer la familia nuestra, como suele ser costumbre entre los misioneros, especialmente cuando hay cambios de parejas.

Aquella noche nos sentamos en el comedor con la pareja de misioneros. El nuevo misionero era de origen chileno, un joven alto, de buen semblante y muy agradable en su forma de ser. Por aquellos tiempos de 1.990 no se enviaban a nuestro país misioneros americanos, dado el alto riesgo que se corría por causa de la guerra del cartel de Pablo Escobar, contra todo lo que proviniera de USA.

Después de departir un refrigerio, procedimos a presentar al nuevo misionero a nuestro hijo, y le invitamos a grabar su nombre así: Señalamos al Elder Amaya, y le expresamos repita Elder Amaya, el cual repitió sin ningún problema, sin embargo al presentar al misionero de apellido Espinosa, el no articulaba palabra, solo observaba con mucho detenimiento, repetíamos a él diga: Elder Espinosa, y así lo hicimos casi siete veces, pero el guardaba absoluto silencio: después preguntó: ¿Popeye?

A lo cual nosotros soltamos la risa, a carcajadas, pues había pensado que se trataba de aquel personaje de la película de muñecos que comía espinacas. Él estaba enfocado en sus personajes de la televisión.

El Rey David solía meditar mucho acerca de sus logros, sus errores, y por supuesto de ello aprendió, y procuró que su hijo no cayera en los mismos fallos de su vida y se enfocara en ser un hombre justo:

Prov.4:11-13/11 Por el camino de la sabiduría te he instruido, y por sendas de rectitud te he guiado.
12 En tu andar, no se obstruirán tus pasos; y si corres, no tropezarás.
13 Aférrate a la instrucción; no la dejes; guárdala, porque ella es tu vida.

3.2.5 Esmerado

Se distingue como esmerado a quien en sus oficios, responsabilidades, o empresas, procura realizar sus tareas con: decoro, entusiasmo, responsabilidad, y diligencia.

Prov.5:4 Cuando a Dios hagas promesa, no tardes en cumplirla, porque él no se complace en los insensatos. Cumple lo que prometas.

o Buen porte y buenos modales abren puertas principales
o Un buen zurcido, no desdice el tejido
o Un gentil guardar, sirve para un gentil gastar.

Cuento

- Estoy nervioso por la entrevista, no sé si me cogerán…
- ¿Sabes inglés?

- No, pero tengo 60 vacas y 86 toros.
- ¡Pues ya tienes mucho ganado!

Historia

Mis primas Amparo Rendón Gómez y Nelly, eran dos jóvenes muy esmeradas en su estudio. En cada curso de primaria y de bachiller sacaban la más altas de las notas de rendimiento escolar, ganando todos los diplomas y menciones de honor. Su padres siempre estaban complacidos por aquel magnifico desempeño escolar.

Cuando Amparo se presentó para los exámenes de admisión de la carrera de Ingeniería de sistemas, ella lo hizo en la universidad Distrital en Bogotá. Al verificar ella y su padre que no figuraba en la lista de alumnos admitidos, quedó estupefacta, con la noticia, y su padre que le conocía su alto rendimiento educativo, no quedó satisfecho, lo cual le motivó a solicitar revisión del examen de admisión. Después de muchas trabas y reclamos, se le concedió realizar la investigación, la localización de su examen y valorar nuevamente el asunto de su calificación. Allí se estableció que su nota había sido colocada a otra persona adrede, es decir se había excluido a ella y reemplazada por otra persona no se sabe con qué entuerto.

Así logró ella iniciar su carrera universitaria de sistemas y al año siguiente lo hizo su hermana. Su padre se trasladó a vivir en Bogotá con su esposa y sus dos bellas hijas, las cuales rindieron hasta completar 4 años de dedicados estudios. La universidad entró en un receso por una huelga que se prolongó más de la cuenta, lo cual hizo que ellas en tanto esperaran la reapertura, contrajeran matrimonios, y decidieran cumplir su papel de madres, y así las cosas se les dificultaron más.

Hay que resaltar que su padre Jesús María, apoyo a sus hijas procurando sostener el tren de gastos familiares, vendiendo crispetas (palomitas de maíz) en los teatros y otros lugares, producto que hacía en su casa con la ayuda de toda la familia. Era una tarea titánica, pero valía la pena el esfuerzo.

No finalizaron las carreras, pero hoy tienen sus hogares formados, educando y criando a sus nietos, los cuales les dan la satisfacción de cumplir los propósitos importantes de ayudar a Nuestro Padre Celestial de ser vasos para los hijos espirituales de Él. Una tarea titánica y de mayor valor.

En la universidad continuaron sacando notas sobresalientes, como siempre, gracias a su esmerado esfuerzo para hacer de cada materia algo productiva. Hoy día asisten a una Iglesia Cristiana con sus bellas familias, cumpliendo propósitos mayores.

Prov.8:12-14/ 12 Yo, la sabiduría, habito con la prudencia, y hallo el conocimiento y la discreción.
13 El temor de Jehová es aborrecer el mal; yo aborrezco la soberbia, y la arrogancia, y el mal camino y la boca perversa.
14 Conmigo están el consejo y la sana sabiduría; yo soy el entendimiento; mía es la fuerza.

3.2.6 Enseñanza

Forma en que comparten conocimientos, experiencias, técnicas y métodos, a otras personas a fin de que se beneficien de ello mutuamente.

Prov.4:7-8 / 7 Sabiduría ante todo; adquiere sabiduría; y con todo lo que adquieras, adquiere entendimiento.
8 Exáltala, y ella te levantará; ella te honrará cuando tú la hayas abrazado.

Prov.21:11 Cuando el escarnecedor es castigado, el ingenuo se hace sabio; y cuando se instruye al sabio, éste adquiere conocimiento.

Prov.29:17 Corrige a tu hijo, y te dará descanso y dará deleite a tu alma.

- o Desde chiquito se ha de criar el arbolito.
- o De las virtudes del romero, puedes escribir un libro entero.
- o Entre contar y cantar, lo primero has de procurar.

Cuento

Un soldado le dice a su cabo:
- Señor, no cabo en la trinchera.
- No se dice "cabo", se dice "quepo", Soldado
- Sí, mi quepo

Historia

Hay hombres a los cuales siempre admiré, por el conocimiento, capacidad para desarrollar ideas, y me hubiera gustado haber tenido tiempo para lograr una porción de ese conocimiento, uno de ellos era Raúl Galvis, el ingeniero empírico, Mariano Restrepo y mi padre Carlos Alberto Idrobo Muñoz; cada uno tenía el ingenio para ejecutar tareas de todo tipo, la versatilidad, y capacidad me enamoraban.

También Alma era el líder de un pueblo que enfrento el peligro de destrucción y rebelión con la enseñanza.

"Y como la predicación de la palabra tenía gran propensión a impulsar a la gente a hacer lo que era justo-sí, había surtido un efecto más potente en la mente del pueblo que la espada o cualquier otra cosa que les había acontecido-por tanto, Alma consideró prudente que pusieran a prueba la virtud de la palabra de Dios" (Alma 31:5).

La virtud de la palabra fue puesta a prueba por el Salvador Jesucristo en todas sus enseñanzas, en el sermón del monte, en sus parábolas, en su forma de persuadir a los apóstoles, discípulos, seguidores, y a nosotros, es decir todos, sin exclusión, pues lo dijo al mundo, con calma, sin levantar la voz, sino con el espíritu, así la palabra penetra todo corazón endurecido, solo si este no cierra su mente, su corazón, y si pone a prueba en su vida esas enseñanzas.

La enseñanza es pues una buena forma de corregir nuestros cursos, lo aprenden los cachorros de los caninos, los felinos, las aves, todos los animales, lo enseñan a sus tiernos hijos, y nosotros los más importantes de la creación, los hijos de Dios, también la tenemos disponible, y por ello hemos de buscar la fuente correcta, pues hay muchas voces, y si buscamos en el lugar correcto, la enseñanza correcta, la forma apropiada, no lo lamentaremos. Será nuestra mayor herencia que podremos recibir de padres, maestros, libros apropiados, pues los hay para entretener, para destruir, para todo tipo de cosas, pero hemos de orientar nuestra enseñanza a los bueno, a lo excelente, a lo que nos lleve a lao eterno. Así de simple, sin buscar atajos, sin engañarnos a nosotros mismos. Y Recordemos que si no enseñamos a nuestros hijos los mandamientos, la doctrina, no damos el ejemplo, seremos responsables por ello, por lo tanto lo único que nos exime es dejado constancia en sus mentes de haberles enseñado, lo correcto y además ayudarlos a levantarse aunque cueste.

3.3.1 Entendimiento

Indica que una persona ha percibido, comprendido, y asimilado lo expresado en un escrito o lo hablado.

Prov.19:8 El que adquiere entendimiento ama su alma; el que guarda el entendimiento hallará el bien.

Prov.21:16 El hombre que se aparta del camino del entendimiento irá a parar en la congregación de los muertos.

Prov.2:1-7/1 Hijo mío, si recibes mis palabras, y mis mandamientos atesoras dentro de ti,
2 dando oído a la sabiduría e inclinando tu corazón al entendimiento,
3 si clamas a la inteligencia, y al entendimiento alzas tu voz,
4 si como a la plata, la buscas, y la procuras, como a tesoros escondidos,
5 entonces entenderás el temor de Jehová y hallarás el conocimiento de Dios.

6 Porque Jehová da la sabiduría, y de su boca *vienen* el conocimiento y el entendimiento.

7 Él reserva sana sabiduría para los rectos; es escudo para los que caminan rectamente.

o   Las buenas decisiones son el producto y aplicación del entendimiento y del conocimiento JCIR

o   En matemáticas se demuestra que un tema es entendido cuando somos capaces de aplicar tal conocimiento a la vida real. JCIR

o   Casi todos los problemas se pueden convertir a una ecuación, por lo cual han de tener una solución. JCIR

Cuento

- ¿Sabe usted inglés?
- Sí.
- ¿Nivel?
- Level.

Comentario

El entendimiento, es determinante para convertir en favorable lo que se lea, escriba y transmita. Cuando la persona ha percibido, comprendido, y asimilado lo expresado en un escrito o lo hablado, estará en condiciones de opinar, de lo contrario con dificultad y poco éxito podremos obtener en lo que emprendemos si ello no es claro.

La doctrina correcta se entiende, solo si esta efectivamente se usa para hacer el bien, para hacer que cosas buenas sucedan, como por ejemplo: Corrigiendo malos hábitos, si por medio de la oración y la fe se aprende a desarrollar paciencia, además si con lo aprendido, se producen efectos positivos en la mente y se obra en bien del prójimo procurando auxiliarlo, cuando lo necesita y requiere ayuda, si aprendemos a no criticarlos, si entendemos que los mandamientos de Dios se nos dieron para convivir mejor, y poner a Dios de primero, y además a percibir que estamos en la tierra para crecer, desarrollar capacidades en bien del prójimo y por ende en nosotros, en fin, de perfeccionarnos paso a paso, y de tener en cuenta que Dios nos escucha las oraciones en el tiempo de él, a la manera de él se nos ayudara, y no a la nuestra, pues él sabe lo que necesitamos, cuando, cómo y cuánto.

Prov.3:13,14 y 19 / 13 Bienaventurado el hombre que halla la sabiduría y que adquiere entendimiento,
14 porque su ganancia es mejor que la ganancia de la plata, y sus beneficios más que el oro fino.
19 Jehová con sabiduría fundó la tierra; estableció los cielos con entendimiento.

Prov.8:1, 4,5 / 1 ¿No clama la sabiduría, y da su voz el entendimiento?
4 Oh hombres, a vosotros clamo; y dirijo mi voz a los hijos de los hombres.
5 Entended, oh ingenuos, prudencia; y vosotros, necios, sed de corazón entendido.

Prov.10:13-14/ 13 En los labios del entendido se halla sabiduría, pero la vara es para las espaldas del falto de entendimiento.
14 Los sabios atesoran conocimiento, pero la boca del necio es ruina cercana.

Prov.13: 14-15/14 La enseñanza del sabio es manantial de vida para apartarse de los lazos de la muerte.
15 El buen entendimiento da gracia, pero el camino de los transgresores es duro.

Prov.14:33 En el corazón del entendido reposa la sabiduría, pero lo que hay en el necio se da a conocer.

Prov.14:29 El que tarda en airarse es grande de entendimiento, pero el impaciente de espíritu engrandece la necedad.

Prov.15:2 La lengua del sabio emplea bien el conocimiento, más la boca de los necios profiere sandeces.

Prov.15:21 La necedad es alegría al falto de entendimiento, pero el hombre entendido endereza sus pasos.

Prov.16:16 Mejor es adquirir sabiduría que el oro, y adquirir entendimiento vale más que la plata.

Prov.17:16 ¿De qué sirve el precio en la mano del necio para comprar sabiduría si no tiene entendimiento?

Prov.17:18 El hombre falto de entendimiento estrecha la mano para salir fiador en presencia de su prójimo.

Prov.17:27 Retiene sus palabras el que tiene sabiduría; de espíritu excelente es el hombre entendido.

Prov.17:28 Aun el necio, cuando calla, es tenido por sabio; el que cierra sus labios, por entendido.

3.3.2 Entusiasmo, Energía / esfuerzo

Es la dosis de buena disposición y voluntad para ejecutar, las cosas. Es llevar a cabo las acciones con optimismo, alegría, y gratitud, o buen ánimo.

Prov.6:6-8 Ve a la hormiga, oh perezoso; mira sus caminos y sé sabio;
7 la cual, no teniendo capitán, ni gobernador ni señor,
8 prepara en el verano su comida, y recoge en el tiempo de la siega su sustento.

o   Con esfuerzo y esperanza, todo se alcanza.
o   Nunca mucho costó poco.
o   No hay pan sin afán.
o   Mira y verás, busca y hallarás.

Cuento

Un francés quería ir a un safari y contrató a un guía originario de Pasto (Gallego de Colombia) y se fueron al safari. Estando en plena selva apareció un tigre, el de Pasto corrió y el francés le gritó:
- ¡Espegrrra, espegrrra!
Y el de Pasto le responde:
- No, no es perra es, ¡tigre!

Historia

Cuando a las cosas no les colocamos el entusiasmo, seguramente no tendrán el sabor, la calidad, el fruto esperado, pues no serán el resultado de la buena voluntad, del cumplir con nuestros compromisos y hacer nuestro mejor papel.

Ello se parece a la fe sin procurar hacer las obras, pues atendemos más a las dudas. Nada es fácil, siempre que emprendamos una acción, empresa, hemos de considerar que si son justos los deseos, procederes, y necesarios, debemos preparar el corazón y la mente. Recordemos que cada meta se logra con sacrificio, nada es fácil, ni gratuito, es decir necesario pagar el precio, debe existir un gran deseo.

Cada una de nuestras metas se ha de proyectar con el entusiasmo, la alegría, el deseo, la convicción, la esperanza, la determinación, la fuerza, la fe, y una vez establecidas esas consideraciones, también debe valorar que no se debe desanimar cuando vengan las primeras dificultades, las dudas, los temores, pues estas sobrevienen si no mantenemos el curso fijo, y para ello debemos recordar que: somos hijos de Dios y si nuestros deseos son correctos, podemos pedir fortaleza, guía, ayuda, conocimiento, entendimiento a nuestro Dios por medio de la oración, ayuno, a través de Jesucristo.

Mateo 14:22-33/22 Y enseguida Jesús hizo a sus discípulos entrar en la barca e ir delante de él al otro lado del lago, entretanto que él despedía a la multitud. 23 Y después de haber despedido a la multitud, subió al monte a orar aparte; y cuando llegó la noche, estaba allí solo.24 Y ya la barca estaba en medio del mar, azotada por las olas, porque el viento era contrario.25 Mas a la cuarta vigilia de la noche, Jesús fue a ellos andando sobre el mar.26 Y los discípulos, viéndole andar sobre el mar, se turbaron, diciendo: ¡Un fantasma! Y dieron voces de miedo.27 Pero enseguida Jesús les habló, diciendo: ¡Tened ánimo! ¡Yo soy, no tengáis miedo!28 Entonces le respondió Pedro y dijo: Señor, si eres tú, manda que yo vaya a ti sobre las aguas.29 Y él dijo: Ven. Y descendió Pedro de la barca y anduvo sobre las aguas para ir a Jesús.30 Mas al ver el viento fuerte, tuvo miedo y, comenzando a hundirse, dio voces, diciendo: ¡Señor, sálvame!31 Y al momento Jesús, extendiendo la mano, le sujetó y le dijo: ¡Oh hombre de poca fe! ¿Por qué dudaste?

3.3.3 Escuchar

Es el don de atender los sonidos del entorno. Se aplica especialmente al atender al locutor o hablante. El escuchar es prestar atención con los órganos de la mente, y corazón, hasta retener las ideas. Es diferente a oír, pues aquí no se interpretan ni direcciones, ni se percibe la claridad de lo expresado.

Prov.1:33 Más el que me escuchare habitará con seguridady vivirá tranquilo, sin temor del mal.

Prov.15:31-32 /31 El oído que escucha la represión de la vida morará entre los sabios.
32 El que tiene en poco la disciplina menosprecia su alma, pero el que escucha la reprensión adquiere entendimiento.

Prov.21:28 El testigo falso perecerá, pero el habla del hombre que oye permanecerá.

Prov.22:17-19 17 Inclina tu oído, y oye las palabras de los sabios, y aplica tu corazón a mi conocimiento,

18 porque es cosa deleitable que las guardes dentro de ti, y se afirmarán en tus labios.
19 Para que tu confianza esté en Jehová, te *las* he hecho saber hoy a ti también.

Prov.28:11 El hombre rico es sabio en su propia opinión, pero el pobre que es entendido le escudriña.

Prov.29:19 El siervo no se corrige con palabras; aunque entienda, no hace caso.

o   Escuchar es diferente de oír, pues en el primero término no se distinguen los sonidos y en el segundo puedes clasificar aún los sonidos entre ruidos y melodías, y puedes establecer intensidades, tonos, etc. JCIR

o   El conectar: cerebro, el corazón, pensamiento y el Espíritu, te darán la posibilidad de saber que si has escuchado. JCIR

o   Si lo escucho, lo interpreto y lo escribo seguramente; me servirá para: ampliarlo o investigarlo, compararlo, aprenderlo y aplicarlo. JCIR

Cuento

El revisor del autobús amonesta al conductor porque este va fumando: ¡Bonito ejemplo el suyo!
Pero, hombre, ¿Cómo voy a decirles yo a los viajeros que está prohibido fumar?
¿Y cómo voy a decirles yo que está prohibido hablar con el conductor?

Historia

Como hijos de Dios, todos tenemos el derecho a recibir revelación u orientación ante nuestros desafíos personales, en tanto estemos dispuestos a utilizar métodos de justicia, y los objetivos o deseos sean los correctos y necesarios. Además para ello también es necesario creer que es factible, es decir la dosis de fe. En que se puede.

Muchas veces durante la noche en medio de los sueños me han sobrevenido ideas y las soluciones a mis problemas y me he incorporado rápidamente y he trascrito tales ideas. Así me he beneficiado, pues he aprendido que el escuchar y aplicar lo escuchado es no menospreciar lo revelado. Cantidad de personas reciben respuestas a sus dudas, pero no se apoyan en las ideas y simplemente tales importantes soluciones se diluyen a través del tiempo, porque no entienden que Dios escucha a sus hijos y está para ayudar. La revelación personal no viene con la presencia de un ángel, pues quizás saldríamos corriendo y sufriríamos un colapso, además ese no es el orden a no ser que se trate de instrucciones para organizar su reino. Dios se manifiesta por muchas formas, y hemos de percibirlo, atenderlas, y buscar claridad y a medida que desarrollamos la parte recibida, el seguirá dándonos más hasta que completemos el todo.

3.3.4 Esperanza

Confianza de que se cristalice un evento o un suceso el cual nos puede beneficiar. Fe de que ocurra o se apruebe algo que se espera favorablemente.

Recuerda que tu situación actual, no es tu destino final, pues siempre según las promesas de nuestro creador, lo mejor está por llegar. Si no sale el sol, recuerda que tarde o temprano saldrá para todos.

1 Pedro 1: 3 Bendito el Dios y Padre de nuestro Señor Jesucristo, que según su gran misericordia nos ha hecho nacer de nuevo a una esperanza viva, por la resurrección de Jesucristo de entre los muertos.

- o   Después de la tempestad, viene la calma.
- o   Mientras hay vida, la esperanza no es perdida.
- o   La que a vestirse de verde se atreve, por guapa se tiene.

Cuento

Un tipo flacucho lleva más de una hora sentado en la cantina con los ojos clavados en su copa. En eso entra un fornido camionero, se sienta junto a él, coge la copa y se la bebe de un trago. El pobre hombre se echa a llorar. ¡Vamos, vamos, amigo! …. Le dice el camionero. Era una broma. Le invito a otra copa.

No es eso dice el otro, sollozando. Es que este ha sido el peor día de mi vida. Primero llegué tarde al trabajo y me despidieron. Al salir de la oficina me di cuenta de que me habían robado el coche y tuve que andar 10 Km hasta mi casa. Allí me encontré a mi mujer con la escoba en la mano furiosa, dispuesta a machacarme, así que cogí mi billetera y vine aquí. Y precisamente cuando me dispongo a terminar de una vez con todo, ¡viene usted y se me toma mi copa con veneno!

Historia

Es la expectativa que podemos albergar en nuestra mente de que algo salga bien a pesar de las dificultadas que se presentan alrededor o entorno. Dice el profeta, Joel 3:6 Jehová será la esperanza de su pueblo. Efectivamente todos los cristianos, y otros gentiles, creen en que la vida traerá su recompensa una vez pasemos al otro lado del velo, y se ejecuten los juicios prometidos.

Cuando estamos estudiando nos podemos dar cuenta que cada posibilidad de pasar el grado o nivel siguiente dependerá de nuestros esfuerzos por prepararnos para rendir académicamente en los exámenes o pruebas o trabajos que nos asignen.

No cabe ninguna duda de que muchos que alcanzan a superar los exámenes con notas superiores a 3 de 5 antes. Muchos logran superar los límites con excelente bueno o regular, aquello que sea inferior es mal o pésimo.

También seremos valorados con patrones de las buenas obras y obediencia a los mandamientos instituidos por Dios a sus hijos. Cada uno heredará la gloria que se merece, pues a Dios no lo engañaremos.

También aquí en la tierra podemos albergar esperanza para que la ayuda de Dios venga en nuestro auxilio en los momentos que creemos se requieren y yo cantidad de veces he acudido en oración verbal o mentalmente, y me ha valido, he sido bendecido siempre, y cuando la situación se ha puesto tensa o muy difícil he acudido al ayuno, y así me he humillado delante de Dios reconociendo mis fallos y dejando en las manos de Dios las cosas. Los resultados han sido positivos, en sumo grado. Siempre sucederá así con todo aquel que le pida, pues Jesucristo enseño: ¿Qué padre si su hijo le pide pan le dará una piedra? Y además mando orar continuamente: Mateo 7:7 Pedid, y se os darábuscady hallaréis; llamad, y se os abrirá. La respuesta siempre llega, en el tiempo y voluntad de Dios, pero llega, y para que no penséis que yo soy el único que doy testimonio de ello, pongo el ejemplo del El Elder Rex D. Pinegar, quien narro la siguiente historia.

La noche del 21 de septiembre de 1989 el huracán Hugo pasó con toda su furia sobre la hermosa ciudad de Charleston, en el estado de Carolina del Sur. Mi amigo Alvie Evans vivía en una casa ubicada en un área baja cerca del agua. Reunió a su familia y se trasladó a un lugar más alto, a la casa de su madre.

Tarde esa noche, los vientos rugieron a su alrededor a una velocidad de 240 kilómetros por hora, arrancando árboles y rompiendo partes de la casa. La tormenta se hizo tan violenta que empezaron a temer por su seguridad física. Alvie, con su esposa e hijos, su madre y sus hermanos y sus familias se arrodillaron en el salón de entrada y oraron humildemente al Señor pidiéndole protección y seguridad.

A la mañana siguiente observaron el desastre. De más de 50 inmensos y fuertes robles que rodeaban la casa de la madre, solo ocho permanecían de pie. Había daños en la casa, en los autos y en la ciudad entera, pero la familia estaba a salvo. El Señor había escuchado las oraciones y los había protegido de la tormenta. Alvie dijo: "No sabía si tendría una casa donde regresar, pero sabía que siempre tendríamos un hogar porque nuestra familia estaba completa y al seguro".

3.3.5 Espiritual

El Espíritu es la parte principal de nosotros, pues el alma la componen 1-Espiritu y 2-Materia. La forma del cuerpo de cada uno es idéntica, solo que una es invisible (cuerpo espiritual) y la otra es visible a los ojos naturales. Ambas mueren en teoría, sin embargo, la primera (espíritu) no muere en cuanto a desaparecer, sino que deja de sentir la influencia del Espíritu Santo y ya no está en armonía con Dios y la segunda si muere para luego resucitar.

Antes de nacer (recibir un cuerpo aquí en la tierra), existíamos en espíritus, y vivíamos con Dios. Allá también estaba Lucifer y su corte (una tercera parte de nuestros hermanos espirituales), pero estos por causa de rebelión, fueron expulsados de la presencia de Dios, y aunque siguen siendo espíritus, no poseen ni poseerán cuerpos como el de nosotros. A causa de ello, hacen oposición total y permanente a todos los que procuren progresar respecto de nuestros objetivos eternos. Eventualmente nos toman e influyen en nuestras decisiones, especialmente cuando las cosas de Dios no nos interesan, y es cuando las doctrinas del Altísimo nos desagradan. Una vez que una persona comienza a manifestar deseos de acercarse a Dios y cambiar, estos espíritus se enfadan, y si por causa de nuestra decisión nos bautizamos, tales espíritusdelmal son sacados, como el lavado de cerebro, y así nuestra mente, es barrida, de telarañas, suciedad, escombros, ideas distorsionadas, mala información, y moho que impide movernos. Después del bautismo correcto, nuestra casa queda barrida, y limpia, pero los espíritus del mal querrán volver a su morada, es por ello de que los recién conversos y los miembros de la iglesia, han de: leer las escrituras, orar, ayunar, tener noches de hogar, renovar los convenios cada domingo, prestar servicio, obedecer los mandamientos, a fin de que dentro denosotros pueda permanecer el espíritu de la promesa y no ser desalojado.

El Espíritu, es la parte del ser viviente que existe desde antes de nacer, o antes de venir a la tierra. Tiene forma semejante al cuerpo material, pero es inmaterial, o tiene materia, pero esta es espiritual. También los animales y las plantas lo poseen, pues fueron hechos primero así y vinieron a la tierra a poseer un cuerpo material, para que juntamente pudieran seguir progresando en el tercer estado

El primer estado o vivencia en el espíritu en la presencia de Dios, no éramos semejantes a Dios por no poseer un cuerpo material y no poder tener progenie.

En el segundo estado nacimos y adquirimos un cuerpo material, perdimos los recuerdos de la vida anterior por el velo del olvido. Se viven acontecimientos buenos, regulares y malos. Se conserva el libre albedrío, pero se requiere esfuerzo para progresar en: conocimiento, tener una familia, se tienen dolores, aflicciones, experiencias temporales y espirituales que nos alejan o acercan a Dios, según la obediencia a sus leyes.

El tercer estado viene después de la muerte y a causa de ello resucitaremos y conforme a nuestros méritos heredaremos grados de gloria según se explican en las escrituras: como 1°, 2° o 3° grado de gloria en el Reino Celestial.

La parábola siguiente sobre el espíritu inmundo es explicada por Jesucristo: Lucas 11:24-26
24 Cuando el espíritu inmundo sale del hombre, anda por lugares secos, buscando reposo; y, al no hallarlo, dice: Volveré a mi casa de donde salí.
25 Y cuando llega, la halla barrida y adornada.
26 Entonces va y toma otros siete espíritus peores que él; y entran y habitan allí; y el estado final de aquel hombre es peor que el primero.

La explicación es que cuando se bautiza una persona en su Iglesia, aquellos espíritus que le atormentaban son arrojados, pues la persona ejerce dominio sobre su cuerpo y es su espíritu el que ejerce mando, sin embargo si tal persona no sigue obedeciendo, caerá, pues los espíritus expulsados que le importunaban antes, se buscaran refuerzos para procurar volver a poseerle y si no es obediente su espíritu no tendrá poder para permanecer y será desalojado de su cuerpo, de tal suerte que su condición llega a ser peor que antes de su bautismo.

Ecles.8:8 No hay hombre que tenga potestad sobre el espíritu para retener el espíritu, ni potestad sobre el día de la muerte; y no hay licencia en *esa* guerra, ni la maldad librará a los que la poseen.

Juan 3:12 Si os he dicho cosas terrenales y no creéis, ¿cómo creeréis si os digo las celestiales?

o   Perro muerto, ni ladra ni muerde.
o   No hay médico como el tiempo, que para todos los males tiene remedio.
o   Muriendo y aprendiendo.

Cuento

El marido, totalmente borracho, le dice a su mujer al acostarse:
Me ha sucedido algo increíble. He ido al baño y al abrir la puerta se ha encendido la luz automáticamente.
¡La madre que me parió!, ya te has vuelto a mear en la nevera.

Anécdota

Una noche como a eso de las 10:30 poco tiempo después que había permanecido entre dormido, percibí que mi espíritusalió del cuerpo y atravesó la pared de la habitación contigua, donde dormían mis hijos. Los observe y decidí volver a mi habitación y nuevamente mi espíritu entro en mi cuerpo. No sé cuantos minutos pasaron. Solo sé que tal experiencia pude contarla a uno de mis compañeros de trabajo, Fabio Lozano, el cual me recomendó que evitara dormir boca arriba, pues esas experiencias eran comunes cuando por casualidad uno podría desdoblarse. El practicaba esa actividad en un tiempo y aprendió que su espíritu podía vagar por lugares desplazándose a gran velocidad, y sin embargo no era recomendable, porque fácilmente otro espíritu podría tomar tu cuerpo, especialmente aquellos de los cuales Jesucristo se refirió que pertenecen a las legiones de Lucifer y que te crearían problemas.

Indudablemente tales experiencias podrían afectar nuestra estabilidad emocional, y no sería fácil deshacernos de ellos. De hecho Jesucristo expulso muchos demonios de los cuerpos de personas afectadas por los nervios, intensos dolores emocionales, depresiones, o circunstancias parecidas que se sumergen en el abandono personal al alcohol, drogas, etc., y en tales circunstancias habrán problemas de posesiones de espíritus engañadores, que pretenden hacer creer a la gente que son de parientes, o amigos o personajes importantes y que fácilmente te confundirán.

Tiempo atrás recuerdo que el mensajero chofer de la empresa donde trabajaba Curtiembres Progreso me comento que a la cuñada de él se le había presentado una situación de posesión de un espíritu, el cual le hacía hablar con voz de hombre y que le metía al agua del tanque del lavadero con tal poder que difícilmente se le podía controlar y que no sabían cómo actuar, pero debido a mi inexperiencia en casos como tal, poco pude ayudar. Ello me entristeció porque sé que los hijos de Dios sufren a causa de la confusión que ello implica y la incapacidad y falta de fe como para actuar ante tales situaciones.

Hoy sé que con dos poseedores del sacerdocio de Melquisedec en ayuno y oración, en tanto estén dignos, tengan fe, disposición, podrán ejercer el poder y autoridad de Dios, para expulsar tales demonios tal como lo hizo Jesucristo.

3.3.6 Esposa

La mujer con que se efectúan convenios para la crianza de los hijos, constitución de una familia, y comparten sus desafíos. Los convenios pueden ser legales ante la autoridad civil o el credo religioso al que pertenece.

Algunas parejas se unen sin legalizar los convenios, trayendo como consecuencia la desaprobación de Dios. Muchos opinan que de esa forma no tienen presiones de la sociedad, y están más fácilmente facultados, para deshacer la unión con rapidez, si falla, e inclusive que les va mejor, sin enterarse que se privan de las bendiciones de su creador;

Lo que ocurre es que no sienten presión de Satanás, quien está empecinado en destruir las familias legalmente constituidas, pues en esta condición las familias están en condiciones de alcanzar las bendiciones de la eternidad, en cambio en unión libre, Dios no les puede extender tal bendición.

Las familias correctamente establecidas, hoy por hoy son blancos de la oposición que laslegiones de Satanás ejercen, por lo cual se aconseja a los padres e hijos leer las escrituras, orar individualmente y en familia, además realizar semanalmente actividades lúdicas de recreación, y de refinamiento espiritual, para multiplicar los talentos y conocimiento. Esta es una práctica entre la Iglesia de Jesucristo de Los santos de los Últimos días, por vía de mandamiento.

Prov.14:1 La mujer sabia edifica su casa, pero la necia con sus manos la derriba.

Prov.18:22 El que haya esposa halla el bien y alcanza la benevolencia de Jehová.

Prov.19:14 La casa y las riquezas herencia son de los padres, más la esposa prudente proviene de Jehová.

Ecles.9:9 Goza de la vida con la mujer que amas, todos los días de la vida de tu vanidad que te son dados debajo del sol, todos los días de tu vanidad; porque ésta es tu parte en la vida y en tu trabajo con que te afanas debajo del sol.

o   Resolución bien tomada, la que se consulta con la almohada.
o   La mejor mitad de nosotros es nuestra esposa.
o   En tanto nunca la maltrates seguirá siendo una tierna rosa.

Cuento

Un gitano que salía de un juicio y al abordar el vehículo de la guardia
Civil, le suena el móvil y el procede a contestar la llamada:
¡Aló! ¿Quién es?
Manuel, soy tu mujer. ...Manuel, ¿dime cómo ha ido el juicio?
Bueno, pues el juez me ha dicho que: escoge tú, "7 años de cárcel o cien
mil euros".
Manuel, tú escoge el dinero no seas tonto.

Historia

Escoger a mi ex esposa fue algo de Dios, pues a él mediante oración
clamé por: una mujer humilde, honrada, digna de recibir la santa cena
y entrar a un templo, fiel a los preceptos y principios del evangelio, con
un fuerte testimonio de la veracidad de la obra y ante todo, que me
aceptara con los 50.000 defectos y caprichos que poseía.

Fue así como el señor se manifestó y me bendijo, constituyéndose en
la mejor decisión de mi vida, después de aceptar el evangelio. Con
ellatrasegué muchas montañas, de oposición, pero juntos hemos salido
adelante, y hoy después de 30años de casados observo las fotos del
trasegar de los días de nuestras probaciones y veo el reflejo de la felicidad
que ellas dan como testimonio, que hemos sido apoyados durante
el nacimiento, crianza y vivencias con nuestros hijos, y bendecidos
especialmente por nuestro Padre Celestial a quien siempre acudimos
en oración.

Vendrán más pruebas, pero con todo y eso hemos alcanzado la felicidad
gracias a estar en el Reino de Dios sobre la tierra.

Prov.31:10-31 10 Mujer virtuosa, ¿quién la hallará? Porque su valor
sobrepasa grandemente al *de* las piedras preciosas.
11 El corazón de su marido está en ella confiado, y no carecerá de
ganancias.

12 Le da ella bien y no mal todos los días de su vida.

13 Busca lana y lino, y con voluntad trabaja con sus manos.

14 Es como nave de mercader que trae su pan desde lejos.

15 Se levanta siendo aún de noche y da comida a su familia y tarea a sus criadas.

16 Considera un campo y lo compra; planta viña del fruto de sus manos.

17 Ciñe de fuerza sus lomos y fortalece sus brazos.

18 Ve que va bien su ganancia; su lámpara no se apaga de noche.

19 Aplica sus manos a la rueca, y sus dedos toman el huso.

20 Extiende su mano al pobre, y tiende sus manos al menesteroso.

21 No teme por su familia cuando nieva, porque toda su familia está vestida de ropas dobles

22 Ella se hace tapices; de lino fino y de púrpura es su vestido.

23 Conocido es su marido en las puertas *de la ciudad* cuando se sienta con los ancianos de la tierra.

24 Hace ropa de lino y *la* vende, y entrega cintos al mercader.

25 Fuerza y honor son su vestidura, y se ríe de lo por venir.

26 Abre su boca con sabiduría, y la ley de la clemencia está en su lengua.

27 Considera la marcha de su casa y no come el pan de balde.

28 Se levantan sus hijos y la llaman bienaventurada, y su marido *también* la alaba.

29 Muchas mujeres han hecho el bien, más tú las sobrepasas a todas.

30 Engañosa es la gracia y vana la hermosura; la mujer que teme a Jehová, ésa será alabada

31 Dadle del fruto de sus manos, y alábenla en las puertas sus hechos.

3.4.1 Estudiar

Muy a conciencia retomar la información recibida previamente, para interpretarla, memorizarla, y también aplica a la idea, de meditar, analizar concienzudamente y procurar una solución repensada sobre algo.

Es el esfuerzo dedicado a la investigación de las fuentes verídicas; esfuerzo mental a aprender un tema. Espacio destinado para realizar labores intelectuales.

Prov.24:13-14 /13 Come, hijo mío, de la miel, porque es buena; y el panal es dulce a tu paladar.

14 Así será el conocimiento de la sabiduría para tu alma; si la hallas, entonces habrá un porvenir, y tu esperanza no será frustrada.

o   El aprender es amargura, el fruto es dulzura.
o   A la cama no te irás sin saber una cosa más.
o   Lo que en la mocedad no se aprende, en la vejez mal se entiende.
o   Para aprender y tomar consejo, nunca se es viejo.
o   Para aprender, lo principal es querer.
o   La educación no está reñida con nadie.
o   Quien bien te quiere te hará llorar, y quien mal te quiere te hará reír y cantar.

Cuento

El profesor les dice a los alumnos en el laboratorio de química:
Voy a introducir mi anillo de oro en esta disolución. ¿Creen ustedes que se disolverá?
No, señor… responden todos los alumnos al unísono.
¿Por qué están tan seguros?
Porque si no, no lo metería.

Anécdota

Durante mi época de estudio Universitaria tuve muchas experiencias con el relación al rendimiento, las cuales fueron buenas, regulares y malas, sin embargo la mayoría fueron buenas, pues nunca me presentaba a un examen sin trasegar los materiales asignados para los exámenes a satisfacción. Yo tenía un método sencillo, el cual desde que tenía 13 años lo puse en práctica y me dio excelentes resultados cuando lo puse a funcionar.

El método consistía en que yo leía el material en fracciones, lo interpretaba, lo resumía en hojas usando términos, letras, o símbolos de fórmulas que me ayudaran a recordar e interpretar lo mismo. Una vez resumidos, podía rápidamente releerlos y afirmar el conocimiento. Cuando lograba ello, nada se me olvidaba y estaba en condiciones de responder cualquier pregunta. La razón era simple, pues al leer debía estar concentrado, pues debía interpretar en la mente, convertirlo a símbolos conocidos por mí, y los escribía y después lo releía, convirtiendo el estudio en metodológicamente 5 veces el estudio de cada material. Pues 1-Leer, 2- Interpretar, 3-Resumir, 4-Escribir, y 5-Releer el resumen era justo una buena forma de asegurar que todo el material se trasegara con seguridad; así podía estar ocupado estudiando sin que diera vueltas, me dejara desanimar o incluso distraer con pensamientos de incapacidad o de cansancio, pues lograba casi a tiempo terminar todos los materiales.

Al recordar procurar memorizar con otro método de simple lectura, no se me quedaba nada, y podía dar vueltas al material y poca profundidad lograba, de forma que al llegar al examen recordaba fracciones, pero no era tan seguro.

En conclusión para estudiar es sabio usar métodos que aseguren evitar la distracción, tener objetivos definidos, interpretar, asegurar el entender, escribir con sus propias palabras ello, te coadyuva a solidificar lo estudiado. Además tendrás la oportunidad de razonar, y no aprender como los loros. Practica "El método **Lirer:** leer, interpretar, resumir, escribir, releer".

Prov.24:3-5 / 3 Con sabiduría se edificará la casa, y con entendimiento se afirmará,
4 y con conocimiento se llenarán las cámaras de todo bien preciado y agradable.
5 El hombre sabio es fuerte, y el hombre de conocimiento aumenta su poder.

3.4.2 Exaltación

Es el término para definir el máximo de los premios ofrecidos por nuestro padre Celestial a sus hijos, a cambio de su obediencia y servicio aquí en su tiempo de probación terrenal.

Lucas 12: 35-40 / 35 Estén ceñidos vuestros lomos y encendidas vuestras lámparas;
36 y sed vosotros semejantes a hombres que esperan a que su señor vuelva de las bodas, para que, cuando venga y llame, en seguida le abran.
37 Bienaventurados aquellos siervos a quienes el Señor, cuando venga, halle velando; de cierto os digo que se ceñirá y hará que se sienten a la mesa, y les servirá.
38 Y aunque venga a la segunda vigilia, y aunque venga a la tercera vigilia, y *los* hallare así, bienaventurados son aquellos siervos.
39 Pero sabed esto, que si supiese el padre de familia a qué hora habría de venir el ladrón, velaría ciertamente y no dejaría saquear su casa.
40 Vosotros, pues, también, estad preparados, porque a la hora que no penséis vendrá el Hijo del Hombre.

- o   El solo querer es medio poder
- o   Un hombre con buen talento, vale por ciento.
- o   No des paso sin provecho

Cuento

El profesor se acerca a Jaimito, que se muestra desesperado en un examen con su papel en blanco.
¿Pero qué te pasa, Jaimito?
Es que no se escribir el número 33.
¿Pero qué dices?, si es muy fácil, un tres y luego otro tres.
Sí, pero no sé cuál va primero.

Comentario

La exaltación es el máximo de los dones que podemos recibir como premio por hacer lo mejor que podíamos en la tierra de probación. Es vivir en la presencia de Dios nuestro Padre Celestial, nuestra Madre Celestial, con Jesucristo nuestro hermano mayor y redentor y con los líderes, amigos, hermanos y hermanas, que alcanzaran ese privilegio, junto a los animales, plantas y materiales exaltados de otros mundos y con los exaltados de este mundo.

Para ello debemos cumplir las reglas establecidas es decir los mandamientos, normas, ordenanzas eternas, entre los cuales sobresale el matrimonio entre el hombre y la mujer en lo legalmente establecido por Dios, es decir además de lo legal en su templo, sellado por la autoridad legal.

A muchos les causa ello rubor, desilusión, e incluso desaprobación, sin embargo para que entiendan en la próxima vida encontraremos muchos grados de gloria y solo podremos vivir en el grado que nuestra obediencia, y merecimientos lo alcancen, pues hemos de entender que las leyes que no vivamos o no seamos capaces de vivir nos califican como incapaces de soportar tales glorias, de tal suerte que viviremos solo donde nuestros méritos y capacidad de vivencia nos lo permitan.

Si hay una ley en un grado de gloria que no vivimos o no estamos dispuestos aceptar, simplemente ello nos incapacita para tal permanencia allí. Así de simple, entonces es ahora donde hemos de entender, aceptar y además vivir en lo que nos pueda calificar para vivir. Dios y nuestra madre Celestial no estarán en los mundos inferiores a la gloria exigida por ellos. Es pues la exaltación el máximo de todos los dones celestiales. D.y C. 76:58-59 /58 De modo que, como está escrito, son dioses, sí, los hijos de Dios.

59 Por consiguiente, todas las cosas son suyas, sea vida o muerte, o cosas presentes o cosas futuras, todas son suyas, y ellos son de Cristo y Cristo es de Dios.

3.4.3 Éxito

Es el efecto positivo de las causas bien encaminadas; es alcanzar un resultado favorable deseado en un proyecto, empresa o tarea.

Ecles.9:11 Me volví y vi debajo del sol que no es de los ligeros la carrera, ni la batalla de los fuertes, ni aun de los sabios el pan, ni de los prudentes las riquezas ni de los entendidos el favor, sino que tiempo y ocasión acontecen a todos.

- o   El uso hace diestro, y la destreza maestro.
- o   El último ratón lleva el gato al agua.
- o   El juego destruye más que el fuego.

Cuento

Un señor había ido a la consulta por un problema muy grande de insomnio. Entonces el doctor le pregunta:
¿Cómo anda con su problema de insomnio? ¿Contó ovejas como le dije?
Lo hice doctor,...... Llegue a contar 698.385 ovejas.
¿Y luego se durmió?
No, porque cuando terminé de contarlas ya era hora de levantarse, además me dije si me duermo seguramente me las roban.

Anécdota

El éxito se puede medir de muchas formas, pero el que asegure la felicidad en la eternidad se podrá entender como aquel que efectivamente constituye el mayor de ellos. Muchos podremos alcanzar el éxito en los estudios, el deporte, las profesiones, en los reconocimientos populares, y en fin en la adquisición de muchas riquezas materiales.

Aquí en la tierra desaproveche muchas oportunidades, de progresar y tener o alcanzar muchas posesiones materiales, sin embargo algunas de ellas estaban en contravía con mis principios, y objetivos, cuáles eran precisamente hacer lo mejor que pudiera, para mantenerme en armonía con lo aprendido en el Reino de Dios sobre la tierra.

Decline trabajos con ofrecimientos económicos tentadores y bien remunerados en cinco veces más de lo que percibía en el momento, para lo cual se sacarían productos de café, pero me implicaba trabajar el domingo defender esos intereses o que estuvieran involucrados con droga, lo cual me hacía sentir mal, por lo tanto los deseche, muy a pesar de las oportunidades económicas.

Al adquirir una propiedad sembrada en café y al meditar tener que dedicar al trabajador a cuidar de ello, más comprar insumos agrícolas, para abonar y fertilizar tales árboles, me mantenían en oposición con mis principios, lo cual me indujo a no dudar de dar instrucción de tumbar todo ello y reemplazarlo por cultivos de frutas. Por ello fui juzgado y criticado por otros, sin embargo en mi mente reñiría continuamente lo que debía hacer, y para evitar conflictos mentales decidí acabar con ello. A causa de ello perdí dinero, pero pude tener la mente tranquila, tales frutos de café enfermarían a la gente, los haría volver dependientes de su taza de café. Además estos productos generan trastornos ulcerosos en las vías digestivas, afectan el sistema nervioso y lo más importante una parte de la porción del espíritu se retira al enfermar el cuerpo o templo que recibimos de Dios, y con el cual enfermaremos también nuestra descendencia.

También debí declinar oportunidades de trabajo que me implicaban laborar lejos de mi familia, (esposa e hijos), sin embargo ello causaría la posibilidad de abrir puertas para que yo, mi esposa o hijos pensáramos en la fractura del núcleo familiar con sus consecuencias de pérdida del interés en seguir unidos y buscar otros rumbos que llenaran esos vacíos, lo cual traería como consecuencias felicidades temporales, pero no me aseguraba la paz interior de hacer todo lo posible, para que yo pudiera mantener la perspectiva eterna.

3.4.4 Experiencia

Conocimiento adquirido producto de la vivencia de un suceso semejante, lo cual lo habilita para repetirlo con más destreza, pues conoce los pros y los contras.

Prov.15:31-32 /31 El oído que escucha la reprensión de la vida morará entre los sabios.
32 El que tiene en poco la disciplina menosprecia su alma, pero el que escucha la reprensión adquiere entendimiento.

- o   Bachiller en artes, burro en todas partes.
- o   Dinos lo que sabes y sabremos lo que ignoras.
- o   Los años me han enseñado lo que en los libros no había encontrado.
- o   A quien fue cocinero antes que fraile, en cosas de la cocina no lo engaña nadie.
- o   La experiencia no se improvisa.

Cuento

Un marido le dice a su mujer:
Acabo de oír las noticias de las ocho.
Pero si apenas son las siete……
Es que yo siempre llevo mi reloj adelantado.

Cuento

Un camillero mientras lleva al paciente camino del quirófano:
Pero ¿por qué tiembla usted tanto?
Es que he oído que la enfermera decía que la operación de apendicitis es muy sencilla y que no había por qué estar nervioso y que todo iba a salir bien.

- Pues claro, todo eso se lo dijo para tranquilizarle, porque es verdad.
- ¡No, no, si es que no me lo decía a mí, sino al cirujano!

Historia

Las experiencias de la vida me han enseñado a evitar caer en los huecos de antaño. El trabajo de mi profesión me dio la oportunidad de sacar provecho honradamente durante 33 años de mi profesión, tiempo en el cual trabaje en 15 compañías sociedades anónimas grandes o medianas, y otros 30 negocios o empresas pequeñas o medianas donde adquirí experiencias de todo tipo.

Algunos empresarios eran muy organizados entre los cuales resalto Cencoa, Confamiliar Risaralda, Papeles Nacionales S.A., Curtiembres Progreso Ltda., Nacional de Curtidos S.A., Automotora de Occidente S.A., Cedicaf S.A. de estas aprendí muchas cosas buenas, y aprendí la buena disposición para pagar equitativamente los impuestos y además a sus trabajadores, empresas gobernadas con orientación y criterio de emprendimiento, y toma de decisiones repensadas.

En otras debí someterme a los caprichos, voluntad de sus dueños y en algunas de ellas primaba la supervivencia económica lo cual implicaba que la información se debiera acondicionar a las necesidades, para mantener posibilidades de crédito y a la vez mantener la aparente sanidad fiscal.

La experiencia me demostró que los países con tendencias a mantener altos impuestos menoscaban las arcas financieras y capacidad económica de las empresas, debilitando así la proyección, permanencia y posibilidad de generar empleo, trayendo con el tiempo aumentos de los índices de desempleo.

Los líderes políticos de tales países, se benefician en una rebatiña de puestos públicos como una pesada carga en contravía de la empresa privada, cual es el motor productivo y sin ninguna o poca consideración de quienes sostienen el país.

Muchos funcionarios públicos, corruptos algunos, no todos, muchos líderes militares y de policía creen que son reyes y gobernantes y los demás son nada. Otros oportunistas, para mantener entuertos de comisiones, mascadas, ají, participaciones por los contratos y licitaciones que de todas formas llevan su comisión a políticos, funcionarios públicos y otros entes.

En algunas empresas fuimos víctimas de la persecución pública, pues éramos competencia para las desleales empresas del municipio y en otras víctimas del afán desmesurado de los funcionarios del Dian (Dirección de Impuestos Nacionales) donde ante una reclamación justa de los saldos a favor por excesos de retenciones en la fuente de impuestos, sino se les participaba del 35 % tarifa en Pereira y 50% Cali, era casi imposible reclamar con éxito una porción de tales saldos de impuestos a su favor. Las bonificaciones, avances, etc., de los funcionarios, los hacían perder el rastro de lo correcto y ver cosas inexistentes, para sacar partida, pues te lanzaban el anzuelo a ver como reaccionábamos.

En unas empresas pequeñas y medianas me convertí en una amenaza de aquellos que se usufructuaban indebidamente y los cuales me movieron el piso antes de ser descubiertos, y en los cuales participaban esposos, hijos, y jefes de producción de parte de la corrupción interna.

En otras prefirieron excluirme para no tener que llevar a cabo tareas que implicaban más control, coartar la liberalidad de corrupción y componendas internas, o legalizar cosas indebidas.

En otras me encontraba que los saldos de la información financiera era una, la realidad otra y la de la información fiscal otra diferente, pues cada una se había distorsionado a través del tiempo, y poca o ningún esfuerzo se hacía para conciliar, o reajustar tales diferencias. Eran la contabilidad: real, fiscal y libros tres repúblicas independientes. Poco interés o ninguno tenían en sanear las cosas.

En otras empresas en cambio aceptaron el cambio, estaban predispuestos a ser mejores, a participar del éxito a sus trabajadores, y en tanto mantuvieron esa perspectiva progresaron.

En otras compañías se me quería obligar a cambiar las declaraciones del IVA o renta que yo hacía por otras insinuaciones que terminaron con mi renuncia, pues me negué a participar de ello.

Con toda esa experiencia termine un poco cansado de peleas con funcionarios públicos y privados donde priman los intereses particulares, en vez de la proyección, honradez y progreso de un país, sin embargo felicito a aquellas empresas que mencioné, pues en tanto estuve con ellos no vi cosas indebidas ni entuertos con funcionarios públicos y se pagaban los impuestos correctamente, a pesar de lo altos que eran.

3.4.5 Expiación

Se explica como el hecho de reconciliarnos con Dios a causa de que Jesucristo pagó el precio del perdón de nuestras faltas; al eliminar los efectos del pecado cuando en el jardín del Getsemaní, asumió tal peso sobre sus lomos, a tal grado que hizo que el: peso, presión, dolor, y angustia le hicieran brotar gotas de sangre por sus poros.

Para la mente del hombre natural, puede ser indiferente, o incluso ser una fábula, sin embargo para los que han tenido el privilegio de ser limpios por ese efecto mediante la aceptación de sus convenios no tienen dudas de que efectivamente tal acontecimiento fue real, pues al igual que la resurrección, pueden ser imposibles para la limitada mente humana.

La expiación de Jesucristo solo funciona o es efectiva, para aquellos que se arrepientan, cambien de vida y estén dispuestos a hacer el convenio del bautismo de agua y espíritu, como le enseño a su pueblo, pues cualquier otro no autorizado o de infantes, es privar al hombre del privilegio de cambio, sentir el poder sanatorio de su expiación y recibir la compañía del Espíritu Santo de forma permanente, en tanto persevere en fidelidad o se esfuerce por ser digno.

La expiación no se da por la muerte en la cruz, sino en la escena que se narra en Mateo 26: 36-42

36 Entonces llegó Jesús con ellos a un lugar que se llama Getsemaní, y dijo a sus discípulos: Sentaos aquí, mientras voy allí y oro.

37 Y tomando consigo a Pedro y a los dos hijos de Zebedeo, comenzó a entristecerse y a angustiarse en gran manera.

38 Entonces Jesús les dijo: Mi alma está muy triste, hasta la muerte; quedaos aquí y velad conmigo.

39 Y yéndose un poco más adelante, se postró sobre su rostro, orando y diciendo: Padre mío, si es posible, pase de mí esta copa; pero no sea como yo quiero, sino como tú.

40 Y vino a sus discípulos y los halló durmiendo, y dijo a Pedro: ¿Así que no habéis podido velar conmigo una hora?

41 Velad y orad, para que no entréis en tentación; el espíritu a la verdad está dispuesto, pero la carne es débil.

42 Otra vez fue y oró por segunda vez, diciendo: Padre mío, si no puede pasar de mí esta copa sin que yo la beba, hágase tu voluntad.

43 Y vino otra vez y los halló durmiendo, porque los ojos de ellos estaban cargados de sueño.

44 Y dejándolos, se fue de nuevo y oró por tercera vez, diciendo las mismas palabras.

Si observamos que en la narración faltan algunos hechos, los cuales se refieren en los otros evangelios, pues cada uno narra según el grado de explicación que ellos desean, pero es evidente que hay cosas más profundas allí.

Lucas 22:39-46" Y saliendo, se fue, como solía, al monte de los Olivos; y sus discípulos también le siguieron.

40 Y cuando llegó a aquel lugar, les dijo: Orad para que no entréis en tentación.

41 Y él se apartó de ellos a una distancia como de un tiro de piedra; y puesto de rodillas oró,

42 diciendo: Padre, si quieres, pasa de mí esta copa; pero no se haga mi voluntad, sino la tuya.

43 Entonces se le apareció un ángel del cielo para fortalecerle.

45 Y estando en agonía, oraba más intensamente; y era su sudor como grandes gotas de sangre que caían a tierra.

45 Y cuando se levantó de la oración y fue a sus discípulos, los halló durmiendo a causa de la tristeza;

46 y les dijo: ¿Por qué dormís? Levantaos y orad para que no entréis en tentación".

o Quien no entiende que la verdadera expiación de Cristo fue para él un martirio y agonía que se dispuso para todos gratis, en el Jardín del Getsemaní, en vano se hizo cristiano, pues creyó vivir como cristiano sin serlo. JCIR

o El beneficio de la expiación de Jesucristo es semejante a un chaleco salvavidas, en un lanzamiento de avión que estando disponible, tienes la opción, para usarlo o negarse a sí mismo abrirlo. JCIR

o La expiación de Jesucristo fue la principal tergiversación de la sana doctrina de Cristo, que Satanás cambio, para confundir y privar a la humanidad de tal derecho. JCIR

Cuento

Un atraco a una joyería La policía, como no acude rápidamente al lugar de los hechos, tras varias horas

inspeccionando la zona, ni una sola pista. En esto, comenta el guardia a su compañero:

- No podemos presentarnos ante el jefe con las manos vacías, ya sabes que tiene muy mala leche ¿qué hacemos?

El compañero se queda mirando un rato el lugar, y en un portal cercano ve durmiendo plácidamente un borracho, y dice:

- ¡Ya está!, principal sospechoso el borracho

Se lo llevan a comisaría. Una vez allí, comienza el interrogatorio por parte de "cabreado" inspector:

- Muy bien simpático ¿dónde están las joyas? (el borracho ni palabra)
- ¿Que dónde están las joyas, no disimule? (y el borracho medio dormido, ni palabra)

Tras preguntarle unas 10 veces, y lógicamente no encontrar respuesta, dice:

- ¡Guardia tráigame un caldero de agua fría, verá cómo se espabila éste!

Le coge la cabeza al borracho y comienza a meterla en el caldero mientras le pregunta una y otra vez:

- ¿Dónde están las joyas? ¡Colabore! ¿Dónde están las joyas?

El borracho comienza a despertar, y tras unos minutos, y sin entender nada de lo que pasaba, grita:

- ¡Contraten un buzo por favor, que yo no las encuentro!

Historia

La muerte de Jesucristo en la cruz fue un acontecimiento doloroso, cruel e incluso incompresible además precedido de las torturas y humillaciones a las que se le sometió; golpes, ofensas verbales, escupitajos, latigazos, estrujones, coronación con espinas, sometido a cargar maderos pesados sin tener forma de recuperar las fuerzas; quizás desde las 24 horas o más hasta la hora 12 del día cuando se le crucifica, fue dejado sin descanso; se le llevaba de allá para acá. El tiempo y las horas no se saben, lo que si se percibe es que fue indescriptible, ver como las fuerzas del mal se ensañaron con él, para enjuiciarle, y matar en la cruz. La muerte seguramente no menos de tres horas duró. Se usaron dos clavos en cada mano: uno para la mano y otro para la muñeca, más el de los pies. Solo pensar resulta difícil de narrar. La muerte nos posibilitó la resurrección del género humano, pero la expiación nos limpió. La tortura de la muerte en la cruz, era una agonía larguísima, pues las heridas no aceleraban la muerte, sino que ella venía por agotamiento físico.

Esta expiación es la obra más importante efectuada por Jesucristo, pues a través de ella los que estén dispuestos a aceptarla, serán beneficiados de la limpieza, siempre y cuando lleguen a:

1-Conocer los planes de Dios sobre la salvación, desarrollar fe en Dios, sus mandamientos y todo lo que encierran sus obras y evangelio.

2-Arrepentirse para tener los méritos de recibir el perdón.

3-Ser bautizados por inmersión, lo cual se asemeja a la sepultura en el agua y levantarse de ella simbólicamente como hombre nuevo.

4-Bautizarse por fuego (Confirmación), mediante la imposición de manos por alguien que tiene la autoridad del sacerdocio de Melquisedec, y se le bendice para que siga adelante progresando y venciendo las pruebas y dificultades de la vida, hasta que sea llamado para pasar al tercer estado. Además, recibe el don del Espíritu Santo, quien le acompañara en tanto sea digno y se arrepienta cuando falle, es decir perseverar.

Concluyendo: la expiación nos da el derecho de ser limpios, y la crucifixión el de resucitar. Cuando hablamos de ser salvos se refiere a ser liberadosdela muerte espiritual o temporal. Todos serán resucitados, pero de la muerte espiritual, cuyo problema es estar sucios e indignos, es una condición deplorable y muy limitada para ser felices, pues de no hacer cambios ahora, habremos dejado pasar el tren por comer unas tostadas quemadas.

Analogía

Hace muchos años en tanto leía el material del maestro de institutos, para compartir la clase a mis alumnos, y cuando era todavía joven en la iglesia, me sucedió que la clase de la expiación no era tan comprensible para mí, y estando recostado en cama mientras leía, me quede dormido y tuve un sueño o revelación sobre el tema de la expiación. En el sueño se tomó la analogía de un burro que tenía la responsabilidad de cargar las muchas basuras que resultaban en un pueblo con poca civilización. El mencionado animal, era cargado por una persona que lo guiaba a través de las calles de la población y despúes debía depositarlas en una colina apartada, para ello, donde se había dispuesto un pequeño relleno sanitario.

En el 1 de enero, de 1.9xx, después que el jolgorio, de final de año había terminado, habían resultado muchas basuras, si, más que de costumbre, de tal suerte que en medio del calor, la soledad, el burro inicio sus tareas gracias a que alguien que recibía el salario, le cargo más de lo acostumbrado a su capacidad, lo cual lo hizo, sin consideración, pues él deseaba evitar más viajes. Una vez recogidas las basuras de todas las calles, se inició el recorrido hacia el lugar de disposición de los residuos de todo tipo: sólidos y orgánicos, delos cuales, como de costumbre se deshacían así, pues era el medio para mantener limpia la población de contaminación, roedores, malos olores, desorden, y por supuesto de emergencias sanitarias.

Quien le llevaba, cargaba y descargaba, procedió a hacer sus tareas, solo que esta vez no percibió que el peso, el volumen y el calor del día eran mayores que de costumbre. Al iniciar el ascenso a la colina, observo que habían madurado las guayabas del árbol que estaba a la vera del camino, a unos 40 metros quizás. Estos frutos atraían a cualquiera que pasara, y por supuesto más en el día que todo estaba cerrado.

El guía procedió a apartarse del camino para tomar las que pudiera, en tanto el burro debió seguir solo, con su difícil carga, la cual desprendía todo tipo de olores, emanando líquidos (lixiviados) de los residuos orgánicos, y que por supuesto atraía muchas moscas, que fastidiaban en todo su cuerpo. Con el sudor se combinaban, para dificultar la tarea y visión. En el trayecto de la colina había una parte muy empinada que requería mucho cuidado y esfuerzo, el camino se estrechaba, y era necesario el cuidado y apoyo del guía, pero esta vez era necesario continuar y hacer la tarea solo, ya que quedarse esperando seríamás cansancio. Y lo ideal pudiera ser fraccionar la carga, pero no había nadie allí para ayudar o dar apoyo.

El peso comenzó a hacer mella en las rodillas, y dar un paso era casi imposible, pues estas ya flaqueaban ante el esfuerzo redoblado del peso anormal, y por supuesto el burro en su instinto decidió seguir su camino.

El burro saco fuerzas de donde no las tenía y dio pasos y pasos a pesar de que su tembloroso cuerpo ya pareció no poder más.

La carga con el movimiento tendía a desajustarse, tirando de un lado más que del otro, causando heridas y al no poder acomodarse la carga, la sensación de cansancio se multiplicaba, No estaba el guía para apoyar, lo cual era semejante a estar abandonado. Si votaba la carga ella lo arrastraría, y aplastaría inevitablemente, por lo cual debió clamar, ¡Padre, pasa de mi esta carga, pero no se haga mi voluntad sino la tuya!, finalmente el burro, pudo llegar solo con un esfuerzo adicional, llevar la carga a feliz puerto, completamente solo, hasta que esta fue quitada de sus lomos por el guía, quien no se percató de la dificultad, lo fastidioso, y el sacrificio casi imposible para cualquieranimal que transportara tal peso.

Así fue que entendí la expiación de Jesucristo de nuestros faltas, las basuras que él no hizo, eran nuestros pecados, de todo tipo y género, pero que había que limpiar y llevar a cuestas, de lo contrario su pueblo estaría sucio.

Al cabo de los años en una población donde fui asignado para asistir como miembro del sumo consejo del distrito, fui encargado por la maestra de la escuela dominical, que le compartiera la clase, debido a que ella debía de partir a causa de una urgencia, lo cual no me pareciómal, pues siempre seguía el ritmo de las clases.

El tema sobre la expiación era entendido por mí, por lo cual quise conseguir una lámina de un burro para compartir la analogía. Pero no la conseguí y si encontré la cara de un caballo sencillo, amigable y dispuesto a cabalgar. Me dije esta lámina me servirá, no es la que buscaba, pero el rostro de confianza y paz que emanaba me inducia a utilizarla. Compartí la clase según el manual y al final la analogía del burro, la cual cambie por el caballo, y presente la lámina a la audiencia, pero lo curioso es que al reverso de la lámina estaba la foto de Jesús el Cristo, lo cual llego como anillo al dedo, pues pude concluir que efectivamente el que cargo las basuras fue Jesucristo.

Cuando yo me bautice, fui despojado de las basuras que cargué antes de mi bautismo y las que sobrevinieron después con la confesión (busqué al líder respectivo para compartir mis problemas y este escucho pacientemente mis confesiones) pero oportunamente busqué hacer uso de la expiación de Jesucristo. Ello me hizo libre de basuras, y pesos innecesarios que generé. De esa forma no deje la tarea para un después, donde no sabría cómo me habría ido.

3.4.6. Familia

Es la organización básica más importante de una sociedad, en la medida que esté cimentada y regida por los principios de la justicia, honradez, y temor a Dios.

Prov.22:6 Instruye al niño en su camino; *y* aun cuando fuere viejo, no se apartará de él.

Prov.23:24 Mucho se alegrará el padre del justo, y el que engendra hijo sabio se regocijará con él.

Ecles.4:9-12 / 9 Mejor son dos que uno, porque tienen mejor paga por su trabajo.
10 Porque si caen, el uno levantará a su compañero, pero, ¡ay del que está solo!, porque cuando caiga no habrá otro que lo levante.
11 También si dos duermen juntos, se calentarán mutuamente; pero, ¿cómo se calentará uno *solo*?
12 Y si alguno prevalece contra el que está solo, dos estarán contra él, pues cordón de tres dobleces no se rompe pronto.

- o   Los sentimientos y las costumbres que constituyen la felicidad pública se forman en la familia. Honore Gabriel Mireau.
- o   Economizad las lágrimas de tus hijos a fin de que puedan regar con ellas vuestra tumba. Pitágoras.

o   El rico tiene cien sobrinos y primos.

o   Quien de los suyos se aleja, Dios le deja.

o   Toda olla tiene su garbanzo negro.

o   La sangre tira.

Cuento

Gracias a mi mujer, no me quitaron ni un duro cuando me robaron la cartera.

Pero ¿es que sorprendió ella al ladrón?

No, si ella no venía. Pero me lo había quitado todo antes de salir de casa.

Comentario

La familia fue instituida por Dios, y desde el principio de los tiempos se mandó al hombre y a la mujer hacer uso apropiado del poder de procrear solo dentro de los lazos del matrimonio legítimo y legal. Dentro del plan de Dios estaba previsto traer los espíritus al mundo terrestre por medio del matrimonio legal, pues aunque hay miles que nacen por fuera de esos vínculos por razones diversas, no se descarta obviamente que los nacidos no sean bendecidos por las leyes de Dios, hasta que sus progenitores pongan en orden sus vidas.

Puede parecer injusto, incluso salido de tono, sin embargo, cada uno tiene derecho a nacer fuera o dentro del matrimonio, pero los que no nazcan dentro del matrimonio, no tendrán la posibilidad de ser beneficiados con las bendiciones de Dios, pero la culpa es de sus padres. Los hombres pueden aceptar vivir las leyes de Dios, pero escoger no hacerlo afecta toda ésta vida y además la próxima, y también a su descendencia. He visto a los padres que trajeron a sus hijos fuera de los lazos del matrimonio, batallar solos con las manos vacías, su progreso ha sido efímero, pero peor lo que les espera, y más aún sus hijos siguieron un camino igual o peor, trayendo como consecuencia de su desobediencia la indiferencia a las bendiciones prometidas, al plan del evangelio, o a cualquier cosa que los invite a reordenar sus vidas, y no sé sabe hasta que generación mantengan esa actitud.

Otros han preferido no reconocer a sus hijosnacidos por fuera del matrimonio, negándoles su propio apellido, con las consecuencias de desprecio por parte de los hijos y además de truncar las bendiciones de la eternidad y posibilidad de ser sellados a sus padres, hijos, esposas, sus antepasados y su posteridad.

Tal vez ello a causa de la desinformación, indiferencia, o simple pereza de saber lo correcto porla fuente correcta y bastarse con los bocados de parcialidad que han recibido toda su vida.

3.5.1 Fantástico, fenomenal

Que es fuera de lo común, exquisito, de buena presentación y algo fuera de serie.

Se cataloga a alguien como fantástico al que con gran destreza suele ejecutar sus jugadas, actividades, o presentaciones.

Prov.19:17 A Jehová presta el que se apiada del pobre, y él le recompensará por su buena obra.

Sant.5:19-20/ 19 Hermanos, si alguno de entre vosotros se ha extraviado de la verdad, y alguno le hace volver,
20 sepa que el que haga volver al pecador del error de su camino salvará un alma de la muerte, y cubrirá multitud de pecados.

- o   Amigos buenos y mirlos blancos, son harto raros.
- o   Bueno es ser bueno, pero mejor es serlo y parecerlo.
- o   El hacer el bien no quiere demora; que la vida es corta y se pasa la hora.

Cuento

Dos amigos tomando unas cervezas en el bar y dice uno:
- En mi casa tengo un pato que habla
Y le dice el otro
- Tú estás borracho... ¿cómo vas a tener un pato que habla?
- Vente a mi casa y te lo enseño
Se van y llegan a la casa. Entran y sale el pato
- ¡Mira ya veras, pato! Ve y tráeme las zapatillas
El pato responde:
- Cuak, cuak
Y el hombre:
- ¿Pues cuáles van ser? ¡Las que están debajo de la cama!

Historia

No he conocido alguien más fantástico, fenomenal hermano y amigo
que aquel que me salvó de la vida de un choque en que iba como pasajero
delantero en un Renault 4 a una velocidad que no pude medir. Los frenos
en aquella bajada de casi un kilómetro no funcionaron, y para evitar más
daños a otros, le aconseje al conductor que estrellara el vehículo contra
la barranca del lado derecho y así evitaríamos peores desastres con los
vehículos que venían en sentido contrario. Sin embargo mi amigo, hizo
caso omiso de mi oración y suplica de ello. Milagrosamente la llanta
derecha del tren delantero se soltó y después de recorrer casi 200 metros,
dejando una marcada raya en el pavimento, nos detuvimos en el costado
correcto. El conductor difícilmente podía mantener el curso de nuestro
carril, pues la dirección del vehículo no le obedecía y tendía a buscar el
transitado carril contrario. Aquel gran amigo es mi hermano mayor El
Cristo a quien muchos no conocen aún.
Aquel día mi mejor amigo, nos salvó a los tres pasajeros y al conductor
de una inminente muerte. Ese pequeño vehículo no aguantaría el
golpe, porque eran poco seguros y resistentes. En aquel tiempo no
se usaban ni cinturones, ni mecanismos de protección especial, etc.,
nuestra única ayuda venía de lo que podía Él darnos. Me imagino que

los otros pasajeros también clamaron en su interior y se enteraron de la posibilidad de no seguir viviendo, en condiciones normales después de un choque casi mortal.

Recuerdo cuando un hombre atropello un ciclista y éste hombre arrollado, se levantó de su bicicleta, le enderezo su dirección con sus dos piernas, se montó nuevamente y prosiguió su camino, en tanto el Renault 4 quedo varado, pues su capo con el golpe del joven que cayó encima se sumió (abolló) y freno la hélice del motor.

Así como aquella vez, me salvó de morir dos veces de caídas en puentes colgantes, dos veces de un abismo, una vez de caída al vació desde una tercera planta, cuando me solté y milagrosamente me pude sujetar de la barra sobre la que antes me había parado. Así como esa ocasión de muerte, muchas veces, en mi diario las tengo registradas, con estrictos detalles treinta veces aproximadamente. Que fantástico ha sido mi buen hermano y amigo Jesucristo. Ojala pueda devolver con frutos suficientes, para él, tantas veces el pago por lo recibido.

3.5.2 Fe

La fe es el primer principio del evangelio de Jesucristo, el cual vale la pena desarrollar, pues es la llave para alcanzar conocimiento, de las cosas que pasaron, presentes y futuras; especialmente de lo eterno, pues lo material al fin y al cabo fenece con la muerte. Por el contrario si ignoramos o menospreciamos los principios, las ordenanzas y la obediencia a los mandamientos, restringiremos notablemente el progreso después de la vida premortal.

El futuro es tan brillante como tu fe.

Ecles.9: 4-6/4 Aún hay esperanza para todo aquel que está entre los vivos, pues mejor es perro vivo que león muerto.
5 Porque los que viven saben que han de morir; más los muertos nada saben ni tienen más recompensa, porque su recuerdo cae en el olvido.
6 También su amor, y su odio y su envidia fenecieron ya; y nunca más tendrán parte en todo lo que se hace debajo del sol.

o   Hay mucha confusión en cuanto a lo que se ha de creer, sin embargo preguntando a Dios en oración se disiparan las dudas.

o   No basta con creer de palabra, sino que la fe se demuestra por obras. JCIR

o   La fe no es una religión o iglesia, sino el principio del comienzo, y después se espera que ella de frutos de cambio en: el sentir, actuar, y permanecer; allí reside la clave. JCIR

Cuento

¿ya has aprendido a montar en bicicleta?
Claro
¿Y qué es lo más duro que has encontrado?
La tapia de mi casa.

Cuento

Ring, ring, ring
- ¿Hola?
- Muy buenas ¿llamo al 3, 2, 8, 9, 1, 1,3?
- No, este es el 328.91, 13.

<u>Comentario</u>

La fe es una palabra muy corta que denota para muchos, confianza en un Dios supremo, en el cual se aspira que pueda recibir ayuda por creer y esperar su protección. Para otros es como su religión y les basta con expresar que creen en su Dios, al cual nunca le han descubierto y si alguna vez le descubrieron, poco o nada les interesa, pues no le temen, ni siquiera se preocupan si el espera algo a cambio, pero en el momento de los peligros los veo ávidos de persignaciones, ruegos desesperados e incluso reclamaciones de por qué a mí o a mi familia.

Ha habido tanta tergiversación, falsa enseñanza y distorsión de la verdad en cuanto a la fe, que las personas erróneamente han aceptado que con creer se salvarán o con la simple idea de ser hijos de Dios, basta, y no hay ninguna disposición de vivir las enseñanzas y por el contrario se burlan y jactan de su indiferencia. No sé qué capacidad de reacción tendrán cuando lleguen los momentos difíciles, cuando haya que comparecer ante Dios y dar cuentas de nuestras vivencias en la tierra; de responder por las oportunidades de ser probados y demostrar que reconocíamos las bendiciones de la vida, etc.

Cuando era niño mi madre me llevaba a misa, en la escuela me ponían a rezar los famosos rosarios y donde yo repetía cada frase como se esperaba, sin saber lo que decía; hice la primera comunión, pero no hubo el entendimiento necesario de los convenios; dicen que me bautizaron, pero no recuerdo nada pues estaba de meses.

A medida que crecía en el primer año de bachillerato un profesor (Pancracio Lopera) me enseño que los milagros de Moisés fueron meras especulaciones y que gracias su gran conocimiento, él así confundió y pretendió engañar al faraón con las plagas, lascuales vinieron una tras otra comoconsecuencia de una crecida del rio Nilo, pues la plaga de la sangre era el rio enlodado con la tierra roja. Las plagas de ranas, mosquitos, vinieroncomo consecuencia de las inundaciones, pero nunca me explicaron la última de ella cual fue la muerte de los primogénitos de Egipto y la supervivencia de los niños hebreos.

También se me indujo a creer que Moisés debido al conocimiento de los fuertes vientos, persuadió a los hebreos a pasar en tanto el viento soplaba fuerte como una constante fuerza de ventisca y normal en épocas del año, y que los egipcios se ahogaron porque las aguas volvieron al curso en tanto ellos pasaban al acabar el viento, pero que nunca hubo poder de Moisés a través de Dios, para separar tales aguas.

Para rematar una mañana cuando tenía 10 años hacía fila en un banco para realizar una consignación o ingreso a la cuenta de mi padre, y allí arrimó un sacerdote al cual salude en señal de respeto con los buenos días, pero esté me regaño y reprendió porque no dije: reverencia o sacerdote.

Más tarde otro sacerdote pretendió golpearme con su bastón, porque los chicos hacíamos muchos ruidos en la calle, donde nos reuníamos.

Desde aquellos días yo di por sentado esas justificaciones y endurecí mi corazón hacia las escrituras a las cuales deje de creer, y más bien le creía a cualquier especulación natural que se tomara para explicar algún milagro y descreer la intervención del poder de Dios y así me mantuve hasta los 25 años cuando debí cerrar mi boca critica; cuando viví el primer milagro de respuesta a mi primera y genuina oración (no rezos, pues de estos había repetido infinidad en velorios, misas, etc.)

Aquella noche clame a mi Dios buscandoayuda y el no demoró en responderme. Así descubrí que había alguien que me escuchaba y se preocupaba por mí. Dejo de ser una idea y se convirtió en un amigo, alguien en quien confiar. Hasta que en un proceso de cambio logré quitar las escamas de mis ojos y entendí la doctrina, las enseñanzas, los convenios, las escrituras, y todo cuanto me propuse conocer por la fuente correcta. Desde aquel día he sido feliz, con muy poco; sí, he sido altamente favorecido; sí, el conocimiento me ha colmado de gratitud y respeto por la Deidad y todo lo que el encierra.

3.5.3 Felicidad

Es el estado de: gozo, paz, armonía, y bienestar que se puede disfrutar cuando se pertenece a una familia que vive los principios de justicia, temor a Dios, orden y amor familiar. Cuando se instruye a los miembros con los principios referidos, y se viven tales preceptos, la felicidad supera las dificultades y limitaciones.

La felicidad total solo la encontraremos, en el más allá, y aquí en la tierra podremos alcanzar momentos de ella, especialmente cuando practiquemos el amar a los demás.

Parábola de las diez piezas de plata.

Lucas 15:8-10 / 8 ¿O qué mujer que tiene diez dracmas, si pierde una dracma, no enciende una lámpara, y barre la casa y busca con diligencia hasta hallarla?

9 Y cuando la encuentra, reúne a las amigas y a las vecinas, diciendo: Alegraos conmigo, porque he hallado la dracma que había perdido.

10 Así os digo que hay gozo delante de los ángeles de Dios por un pecador que se arrepiente.

Ecles.5:18-20/18 He aquí, pues, lo que yo he visto: Que es bueno y agradable comer y beber, y gozar uno del bien de todo su trabajo con que se afana debajo del sol, todos los días de su vida que Dios le ha dado, porque ésta es su parte.

19 Asimismo, a todo hombre a quien Dios ha dadoriquezas y bienes, y también le ha dado capacidad para comer de ellos, y tomar su parte y gozar de su trabajo, esto es un don de Dios.

20 Porque no se acordará mucho de los días de su vida, pues Dios le responderá con alegría en su corazón.

- o   Lo principal no es ser feliz, sino merecerlo. Johana G. Fichte
- o   La felicidad no consiste en realizar nuestros ideales, sino en idealizar lo que realizamos. Alfred Tennyson.
- o   La felicidad plena solo se alcanza en el más allá. JCIR

Cuento

Médico:
Siento decírselo pero usted no podrá volver a trabajar.
Paciente: No se imagina usted cómo me ha mejorado esa noticia.

Anécdota

La felicidad no puede ser ganada, no es una propiedad, es una experiencia espiritual de vivir cada minuto con amor, gracia y gratitud, enseño el pensador Denis Waitley.

La felicidad es algo que en mayor intensidad he vivido en el templo, al servicio en la obra de Dios y en especial al compartir mis sentimientos espirituales con otras personas ya sea testificándoles de las verdades vividas, el conocimiento y brindando ayuda a los necesitados.

Corresponde al estado de paz interior que se siente y vive cuando el espíritu te acompaña y tienes la certeza de que eres aprobado y aceptado por tu Dios. Es la certeza y gozo que se siente al testificar a otros de las verdades conocidas, momento en el cual sientes que tus pies no están en el suelo o que tus palabras salen de tu boca con tanta fluidez que percibes que no eres tú el que habla. Es también la fuerza del espíritu que te testifica y hace sentir un gran gozo que hasta tus lágrimas broten por causa del gozo percibido.

Tal condición se puede vivir o sentir al leer las escrituras, al testificar de las verdades conocidas a otros, al procurar enseñar las doctrinas correctas, al servir al prójimo, o perdonar al prójimo por una ofensa recibida y hacer las paces o al cantar himnos.

Tal felicidad es comparable con otros momentos como éxitos deportivos, logros educacionales o de trabajo o circunstancias, parecidas, pero solo que cuando es con el Espíritu la intensidad, paz interior y gozo es mucho más perceptible, en tanto la otra es un sentimiento de bullicio o jactancia.

Hay que vivirlo para sentirlo, por ello los días del bautismo, y otras sagradas ordenanzas podrían ser momentos de mucha felicidad según Dios. Habrá en la vida momentos de alegría, pero no serán semejantes, pues en unos estarás tan calmo, tan tranquilo, en tanto en otros que no son producto del espíritu, tu expresión suele ser de bulla, de gritar, de beber, etc. Así distinguirás unas de otras.

Al procurar recordar momentos felices, mi gozo se manifiesta en gratitud a Dios, por haberme dado tantos momentos de felicidad; pues no obstante lo necio, indigna criatura y frágil hombre, también reconozco que he sido muchas veces bendecido con los grandes sentimientos de felicidad, con lo cual puedo discernir, expresar y diferenciar una cosa de la otra.

3.5.4 Generosidad

Es la cualidad que permite a una persona brindar apoyo a otros, en los momentos de necesidad, sin esperar nada a cambio. Ser amplio en los tratos o negocios con los otros, pagando un poco más de lo justo.

Prov.11:24-25 /24 Hay quienes reparten y les es añadido más, y hay quienes retienen más de lo que es justo y acaban en la pobreza.
25 El alma generosa será prosperada, y el que sacie a otros, también él será saciado.

Prov.28:27El que da al pobre no tendrá pobreza, pero el que aparta de él sus ojos tendrá muchas maldiciones.

o   Esforzaos en desarrollar la generosidad y sed generosos, no solo en las pequeñas cosas de la vida, sino en vuestros pensamientos.
o   Esforzaos en tener buenos pensamientos para cada uno; estad siempre dispuestos a olvidar un defecto aparente de cualquiera. A creer que tiene otras cualidades que contrapesan su imperfección.
o   Adoptad una actitud mental largamente generosa con respeto a la humanidad y a la vida. Y os daréis cuenta de que las pequeñas envidias y rencores de la vida cotidiana serán sepultadas por pensamientos generosos y optimistas. Vuestra nueva actitud como efecto, por así decir, poner el mundo a vuestros pies. Herbert A. Parkin.

Cuento

Una amiga le confiesa a otra:
He roto con Alfredo. Es una persona llena de defectos
¿Y le has devuelto el anillo?
¿Por qué iba a hacerlo? El anillo no tiene ningún defecto.

Cuento

En un concurso de pájaros les toca el turno a un francés, un inglés y un español:
El francés lleva un halcón le quita la capuchita y lo suelta a volar. A los pocos segundos el halcón estaba bastante alto, saca una pajita del bolsillo y la tira al aire, el halcón baja en picado alcanzando la velocidad de 120 Km. y logra recoger la pajita antes de que ésta caiga al suelo, le dan 8 puntos.
Ahora le toca el turno al inglés, éste trae un águila real, le quita la capucha, la suelta a volar y cuando está muy alto, saca una pajita, la parte en dos y la tira al aire, el águila baja en picado a la velocidad de 160 Km. y logra recoger los dos pedazos antes de que toquen el suelo, le otorgan 9 puntos.
Le toca el turno al español, éste trae un lorito de su casa y se le escucha gritar:
- ¡Quítame ya ésta porquería de la cabeza que no veo nada!
Cuando lo hace el loro se escapa a volar, cuando va muy alto el amo saca una pajita, la parte en tres y la tira al aire, el loro baja en picado alcanzando la vertiginosa velocidad de 240 Km., y cuando se va acercando al suelo le grita al dueño:
- ¡Tira más paja, tira más paja, desgraciado, que me mato!

Anécdota

Fui bendecido al trabajar en empresas privadas algunas grandes, otras medianas y pequeñas, donde en la mayoría de ellas generosamente tuve oportunidades de progresar y ser bien tratado. Aquellas empresas tenían gerentes con buena disposición de hacer lo correcto y justos. Sin embargo, cuando mi país se convirtió en una narco economía, las cosas se deterioraron. Cuando la denominada globalización beneficio especialmente a los narcos, las empresas existentes, poco a poco perdieron sus mercados, los cuales quedaron en manos de la delincuencia organizada, pero con cuello blanco. Reconozco que entre todos los patrones tuve uno muy adinerado, pero también muy generoso conmigo, sí, al cual escuche una vez expresar que todos merecían y tenían que tener oportunidades de progresar y por ello la sana competencia no le asustaba.

La empresa donde laboraba pasaba un tiempo muy difícil, justo cuando me tuve que retirar para favorecer, parte del plan de una reestructuración económica y reducir a más de la mitad la planta de personal. Así lograría sostenerse, pues en aquellos días, los que compraran vehículos de marca Toyota eran declarados "objetivo militar de la guerrilla", se exponían al secuestro o la pérdida del mismo vehículo, ya que la guerrilla los llevaba para el Caguan, zona donde se asentaba la dirección de uno de los tres grupos insurgentes.

En el tiempo que laboré con don Álvaro le admiré por su propensión a favorecer lo correcto y justo, con generosidad.

También tuve otros patrones o jefes, los cuales me impresionaron, pero no haré mención de ellos para no caer en error de olvidos y bástame decir que siempre fui favorecido con mis jefes y patrones de la empresa privada. Nunca trabajé como funcionario público, no lo habría soportado, ya que conociéndome, los compañeros me habrían desaparecido fácilmente, al no soportar ellos mi propensión a la transparencia.

3.5.5 Genio

Forma de ser o carácter de las personas que le identifican, especialmente cuando se les reclama o confronta. También es la forma de llamar a quien por causa de sus habilidades, para resolver problemas favorablemente se caracteriza.

El genio puede ser también referido para calificar a quien mantiene una actitud de ser: tranquilo, altanero o incontrolable.

Prov.2.1-22/1 Hijo mío, si recibes mis palabras, y mis mandamientos atesoras dentro de ti,
2 dando oído a la sabiduría e inclinando tu corazón al entendimiento,

3 si clamas a la inteligencia, y al entendimiento alzas tu voz,

4 si como a la plata la busca, y la procuras como a tesoros escondidos,

5 entonces entenderás el temor de Jehová y hallarás el conocimiento de Dios.

6 Porque Jehová da la sabiduría, y de su boca *vienen* el conocimiento y el entendimiento.

7 Él reserva sana sabiduría para los rectos; es escudo para los que caminan rectamente.

8 Él guarda las veredas del juicio y preserva el camino de sus santos.

9 Entonces entenderás justicia, y juicio, y equidad y todo buen camino.

10 Cuando la sabiduría entre en tu corazón y el conocimiento sea grato a tu alma,

11 la discreción te guardará; te protegerá el conocimiento,

12 para librarte del camino del mal, del hombre que habla perversidades,

13 de los que abandonan las sendas rectas, para andar caminos por tenebrosos,

14 que se alegran haciendo el mal, y se deleitan en las perversidades del mal,

15 cuyas veredas son torcidas, y se extravían en sus caminos.

16 Serás así librado de la mujer ajena, de la extraña que halaga con sus palabras,

17 que abandona al compañero de su juventud, y se olvida del convenio de su Dios.

19 Por lo cual, su casa está inclinada hacia la muerte, y sus veredas, hacia los muertos.

20 De los que a ella se lleguen, ninguno volverá ni alcanzará los senderos de la vida.

21 Así andarás por el camino de los buenos y seguirás las sendas de los justos.

21 Porque los rectos habitarán la tierra, y los íntegros permanecerán en ella.

22 Más los malvados serán talados de la tierra, y los transgresores serán de ella desarraigados.

o El genio es el infinito arte de trabajar con paciencia. Thomas Carlyle
o Genio es aquel que, en todo instante, sabe plasmar en hechos sus pensamientos. Teófilo Gautier.
o Genio y figura, hasta la sepultura.

Cuento

Mariano, ayer mientras dormías me insultaste.
Pero, María es que siempre estás pensando mal ¿A ti quien te ha dicho que yo estaba dormido?

Cuento

La profesora, pasa lista:
"Mustafá El-Ekhserï"
- presente
"Achmed El-Cabul'
- presente
"KadirSel-Ohlmi"
- presenté
"Mohammed Endahrha"
- presente
"Al Ber Tomar Tindi-Ez"
- ... (nadie contesta)
"Al Ber Tomar Tindi-Ez"
- ... (nadie contesta)
Profesor:"Por última vez: Al Ber Tomar Tindi-Ez"
- De repente se levanta un chico y dice:
"Debo ser yo profesora, pero se pronuncia: Alberto Martin Diez"

Anécdota

He conocido a hombres genios y entre ellos sobresale mi padre, sí, cual era un carpintero exquisito e hizo los muebles de casa antes de casarse en madera "comino crespo", desarmables y tallados conforme a sus posibilidades. Incluso también realizaba las tareas de tapicería de los muebles y lo último que le vi hacer, para mí fue convertir un viejo cajón que se había de tirar y convertirlo en un practico escritorio biblioteca que después de 30 años aún lo conservo.

Mi padre era un instruido hombre de la agricultura, y la ganadería tanto de especies mayores como de menores. Tenía una letra de escritura tipo palmer, y además gozaba de buena ortografía. Específicamente no sé hasta qué curso estudió en el bachillerato, pero sí sé que tenía cierta plasticidad, para emitir los informes y acondicionarlos a forma jocosa que en los archivos de la Caja de Crédito Agraria, los conservaban para leerlos, capacitarse o gozarse de los chistes con que describía algunos de ellos.

Se consideraba un hombre transparente en sus apreciaciones y era altamente estimado por los ganaderos, agricultores y empresarios del agro en las regiones donde el prestaba los servicios como técnico agrícola o inspector agropecuario.

Entre sus virtudes estaba la de ser un luchador, honrado y además buen conversador, pues sabía de muchos temas. No utilizaba palabras o expresiones, para protestar o expresar palabras soeces, en contra de nadie, o hacer críticas de los demás al menos delante de nosotros.

Tampoco le conocí en actitudes de contención, pero si haciendo reclamos responsables.

Nos dio buen ejemplo en cuanto guardar los mandamientos, de la ley de castidad, reconocer a su creador, no robar, honrar a los padres, no matar, no decir falsos testimonios contra el prójimo y no desear ni los bienes ni las esposas del prójimo.

Seguramente en algunos falló, pero en mi mente no hay recuerdos y si fallaba se esforzaba por qué nosotros no conociéramos esas fallas.

Tuvo la debilidad del cigarrillo y tomar algunas copas, aunque nunca le vi borracho, si gustaba de brindar con su familia en los momentos de reuniones familiares, amigos, etc.

Batalló como pudo por darnos lo que podía, y alcanzó a beneficiar a mi madre de una pensión de jubilación aceptable durantemás de 20 años, además de una buena casa en la ciudad de Cali. No fue adinerado, pues en su finca agoto muchos recursos, y en las tragedias de alquilar tierras para cultivar soya, tomate, frijol, y otros cereales acabó sus recursos y ahorros, pero era un luchador, emprendedor y además un gran hombre y padre.

Para mi es el genio más cercano que he conocido, también he admirado a Mariano Restrepo carpintero ebanista y mecánico, a Raúl Galvis Londoño ingeniero eléctrico mecánico empírico especialmente en los ramos de la metalmecánica, electro mecánica automotriz, y altos conocimientos de refrigeración.

En estos hombres aprendí a reconocer el ingenio, puesto a prueba y para mí fueron hombres sobresalientes por el don de hacer cosas en beneficio de otros. A ellos respeto y admiro. Desde luego hay más, pero de momento no puedo hacer mención de ellos en este escrito.

3.5.6 Gobernar

Es el ejercicio de: liderar, dirigir, administrar un estado, empresa o grupo de personas que pertenecen a un conjunto con límites, ideas, propósitos, o intereses semejantes o heterogéneos, que comparten un territorio y sobre el cual depositan la confianza o autoridad.

Tristemente los estados requieren la democracia para mantener los derechos de todo, pero en ella solo manda el poder del dinero y la corrupción. El gobierno más aconsejable para los pueblos es el que sea dirigido por Dios, pues el que los hombres ejercieron son dictaduras, monarquías, y algunos republicanos, solo trajeron miserias, muerte, e injusticias, corrupción, desigualdad, lucha de clases, etc.

Nunca hubo gente más feliz como cuando los gobiernos eran ejercidos por hombres de Dios. (Rey Benjamín, los primeros cristianos, etc. Este es el pueblo de Enoc que vivió en el Asia menor quizás, 3.000 años más o menos a. de C. (Moisés 7:17-19) / *17 El temor del Señor cayó sobre todas las naciones, por ser tan grande la gloria del Señor que cubría a su pueblo. Y el Señor bendijo la tierra, y los de su pueblo fueron bendecidos sobre las montañas y en los lugares altos, y prosperaron.*

18 Y el Señor llamó SIÓN a su pueblo, porque eran uno en corazón y voluntad, y vivían en rectitud; y no había pobres entre ellos.

19 Y Enoc continuó su predicación en justicia al pueblo de Dios. Y aconteció que en sus días él edificó una ciudad que se llamó la Ciudad de Santidad, a saber, SIÓN)

En el norte de Suramérica y parte del centro de América, años 34 a 234 después de C. Los nefitas (4 Nefi1:15-18 / 15 Y ocurrió que no había contenciones en la tierra, a causa del amor de Dios que moraba en el corazón del pueblo.

16 Y no había envidias, ni contiendas, ni tumultos, ni fornicaciones, ni mentiras, ni asesinatos, ni lascivias de ninguna especie; y ciertamente no podía haber un pueblo más dichoso entre todos los que habían sido creados por la mano de Dios.

17 No había ladrones, ni asesinos, ni lamanitas, ni ninguna especie de -itas, sino que eran uno, hijos de Cristo y herederos del reino de Dios.

18 ¡Y cuán bendecidos fueron! Porque el Señor los bendijo en todas sus obras; sí, fueron bendecidos y prosperaron hasta que hubieron transcurrido ciento diez años; y la primera generación después de Cristo había muerto ya, y no había contención en toda la tierra)

Ecles.10:4 Si el espíritu del gobernante se exalta contra ti, no dejes tu lugar, porque la serenidad hará cesar grandes ofensas.

Prov.29:7El justo conoce la causa de los pobres, pero el malvado no entiende tal conocimiento.

o   No sabe gobernar el que a todos quiere contentar.

o   Pueblo mal guiado, pronto arruinado.

o   Cada país tiene el gobierno que se merece.

o   Cada cual en su madriguera, sabe más que el que viene de afuera.

o   Cuando los gobiernos hacen lo que deben, los gobernados no hacen lo que quieren.

o   Bien haremos, bien diremos, mal va la barca sin remos.

o   Gobernar es transigir.

o   Quien por si solo se gobierna, a menudo yerra.

Cuento

Un inspector de policía le dice al subalterno:
Siga a aquel hombre como si fuera la sombra.
De acuerdo contesta el joven, pero ¿Qué hago cuando se nuble?

Anécdota

El pensamiento del hombre va cambiando en la medida que va experimentando y por supuesto conociendo, a través de los días los sucesos que le sobrevienen.

Al principio en mi juventud era de ideas de izquierda, pues fui adoctrinado por preceptos y principios de rebelión en contra de aquello que tuviera un color azul, o fuera de derecha. Además tenía cierta predisposición a no aceptar lo que viniera de los Estados Unidos.

Mis maestros preferidos y admirados eran aquellos que vociferaban más alto en contra de las castas políticas tradicionales y que se revelara abiertamente contra la democracia.

A medida que iba madurando comprendí que todo ello eran meras buenas intenciones, pues los métodos, formas de gobernar y usurpación de los derechos ajenos, estabantan turbados como aquellos que lideraban los países de donde yo recibía doctrina comunista. Empecé a entender que no tenían libertad ni de expresión, ni de escoger ni tampoco de actuar, pues tanto las limitaciones como las posibilidades eran reducidas a la voluntad de la bota militar.

No podían escoger cuántos hijos querían educar, a qué Dios adorar, que comer, etc., pues todo estaba condicionado a la voluntad y criterio de los líderes que disfrutaban de todo. Así los de abajo solo recibían las migajas que ellos permitían. En tales estados no había libertad para trabajar dignamente, pues en cualquier momento los líderes se enamoraban de tus pertenencias y te las quitaban, para dárselas a los holgazanes de sus seguidores; en tales circunstancias nadie se esforzaba por hacer progresar una empresa o industria, por lo tanto no se invertía y mucho menos se recibíagarantías para mantenerla.

En mi país sucedía lo contrario, había libertad, pero las bandas de maleantes campeaban por doquier de tal suerte que solo las mafias tenían poder, pues ellos en su afán de lavar sus dólares, habían corrompido casi la mitad de las esferas y negocios. Cambiaban el polvo de la droga a cualquier precio por productos importados, donde legalizaban 1 producto, pero introducían más de 10 con contrabando, entuertos y corrupción. De tal suerte que las industrias poco a poco se fueron menoscabando quedando sin posibilidades económicas de surgir, y todo entonces era mucha libertad, para corrupción, mafias, etc.

Los mercados estaban en manos de las mafias. Cuando los liberales gobernaban la corrupción era peor que nunca: narcos, paramilitares, y clase dirigente corrupta se unían a los graves problemas de la guerrilla y una delincuencia común muy alta y poco o nada reprendida, pues no había cárceles suficientes, ni espacios para los presos. Sus delitos se pagaban con un día, pues el hacinamiento en las cárceles era bestial. Si eran los conservadores que lideraban, la corrupción existía, pero era más soterrada, y el desprecio de los pobres y necesitados era su bandera.

En fin si eran los comunistas entonces era mucho peor, pues estos solo se preocupaban por despojar a los empresarios de sus empresas por cuanto sus ideas era que los trabajadores eran los que producían y por lo tanto, eso les pertenecía a ellos. Así las cosas en un país de esa forma de gobierno no había interés de nadie por reinvertir sino fuga de capitales. Como consecuencia de ello, solo en los países democráticos del Norte de América, la Comunidad Europea, Japón y la China había libertad para trabajar honradamente en forma parcial. Pero estos poco a poco también se vieron afectados por las mafias, aunque en menor escala.

La justicia solo era de forma y para sostener unos funcionarios, que poco o nada podían hacer ante las limitantes. Al final todo se iba traduciendo en narco economías, grandes superficies y mafias, y sostenimiento de negocios a base de créditos impagables. Los partidos políticos eran dirigidos por clases y castas que compraban votos y favores, que poco o nada hacían en beneficio social y de progreso. Todo estaba condicionado a las posibilidades de hacer obras donde quedara buena repartición de comisiones, de lo contrario no era atractivo.

Respecto de la fuerzapública hubo un tiempo en que pensaba que ellos eran los reyes y los demás esclavos, lo cual, por fortuna cambio y como testimonio cito algunas experiencias:

Un día estaba sentado en una banca esperando a mi futura esposa en el parque, mientras ella regresaba de la universidad y de su trabajo en otra ciudad. Yo había acabado mi jornada laboral.

De un momento a otro apareció un grupo de soldados dando hostiles órdenes a quienes estábamos en el parque o transitaban por allí, como si se tratara de delincuentes, y con expresiones poco apropiadas. Se nos exigió que debíamos reunirnos donde otro líder que no sé si era cabo, sargento o teniente, quien solo expresaba su voz autoritaria y amenazante contra los que habíamos sido reunidos allí, indicando que si hablamos nos pegaría un pepazo en la cabeza.

No había ninguna acusación por falta, ni siquiera los documentos nos los habían pedido, pero si escuchamos muchas palabras y amenazas inquietantes.

Al cabo de un rato nos soltaron, pero aquella escena quedó guardada en mi mente. Yo había sido soldado premilitar cuando cursaba el quinto de bachiller.

Otra vez recibí un bolillazo de un policía simplemente por el hecho de solicitarle permiso para pasar a un almacén al cual debía entregar un documento y a donde me había desplazado de otra ciudad, pero que a causa de la reconstrucción de los hechos de un crimen en ese momento la vía estaba cerrada.

La respuesta a mi solicitud no fue con palabras, sino con la agresión inmediata del policía con su bolillo o porra sobre mi pecho con alguna fuerza y contundencia.

Ello me hizo comprender que no podría pasar, pero guarde temporalmente dentro de mí un resentimiento ante tal cuerpo de policía, y perdí el respeto y admiración que me quedaba; pues años atrás sorprendimos a un policía y su primo violando a una chica que gritaba a las dos de la mañana pidiendo auxilio para liberarse. Con mi hermano, los bomberos y otros se logró entregar a la policía aquellos hombres, pero fue necesario demandarlos por intermedio de un juez, quien era mi profesor de derecho en la universidad. Como eran policías no les habían hecho nada después de 10 días.

Al olvidar y perdonar por esos errores me doy cuenta que bajo ninguna forma de gobierno debemos injustamente ejercer dominio o autoridad, especialmente contra la población civil, sin antes informar de las razones o causas por las cuales se actúa.

Si hoy me enterara de una cosa semejante a lo que viví y le sucediera a alguien, no vacilaría en demandar a tal soldado o policía, pues para bien en muchas cosas se ha madurado y dotado de poder civil, para exigir el respeto y libertad, en los gobiernos donde más o menos se respetan los derechos. Existen otros gobiernos donde el poder solo campea para hacer lo incorrecto por algunos.

Después de lo anterior observo que hay confusión respecto de lo que se debe escoger para que te gobierne, pero si puedo afirmar que de todo, lo menos malo, es la democracia. Al menos en algunos países si funciona en parte la seguridad que te brinden las autoridades militares, civiles y públicas, solo que se suelen enredar entre los abogados o tardar un poco entre los juicios, pero funciona. Donde la bota militar, las guerrillas, los narcos, y la corrupción campea solo te queda la opción de participar con ellos, encerrarte o huir.

Al comparar unos países con otros, observo como luchan para mantener el equilibrio de las finanzas públicas, pero sus problemas no son nada comparables a los de mi pueblo, ya que allá los gobiernos deben luchar contra:1- Tres grupos de narco guerrillas, (Fars, EPL, y ELN) 2-Grupos de paramilitares al servicio de la delincuencia común organizada y Bacrim(bandas criminales), 3-Narcotraficantes que se creen los dueños del país, región o ciudad, 4-Delincuencia común alta, y por si fuera poco 5-Una clase dirigente y de funcionarios públicos altamente contaminada y corrupta (pocos no participan).

Difícil permanecer en crecimiento en tal sociedad, pero los demás países poco a poco se van dejando contaminar de ello, y van perdiendo el poder de admiración.

Los gobiernos que no contrarresten sus males y delincuencia poco a poco serán victimas de ello. La delincuencia siempre estará pendiente de dar pasos más gigantescos a medida que no se les castigue, inclusive, con penas de muerte, y se tendrán que ruborizar cuando el mal les toque y ya poco o nada podrán hacer.

1.1.1 Gozo

Gozo es un estado de felicidad poco común, que sobreviene por la paz interior, metas difíciles y nobles alcanzadas, y que puede incluso afectar tu cuerpo transitoriamente.

Es diferente la felicidad efímera que se alcanza con los festejos y la combinación de licores, bailes y otros juegos relacionados con las fiestas que el gozo y complacencia que se obtiene de hacer lo correcto.

Uno podrá encontrar gozo en muchas cosas y vivencias en la tierra, pero el que se siente al servir a Dios en beneficio de la búsqueda y enseñanzas de las verdades del evangelio a otros, y saber que esa persona se arrepiente, se bautiza y acepta los principios del evangelio con felicidad y permanece, es un gozo indescriptible, que te hace llorar, no sé si es porque Dios nos recompensa así, pero es algo sencillamente indescriptible, y para entenderlo hay que vivirlo.

Parábola de la oveja perdida.
Lucas 15:3-7 /3 Y él les relató esta parábola, diciendo:
4 ¿Qué hombre de vosotros, si tiene cien ovejas y se le pierde una de ellas, no deja las noventa y nueve en el desierto y va tras la que se le perdió, hasta que la halla?
5 Y al encontrarla, la pone sobre su hombro gozoso;
6 y cuando llega a casa, reúne a los amigos y a los vecinos, diciéndoles: Alegraos conmigo, porque he hallado mi oveja que se había perdido.
7 Os digo que así habrá *más* gozo en el cielo por un pecador que se arrepiente que por noventa y nueve justos que no necesitan de arrepentimiento.

o   Yendo dos en compañía, no es larga ninguna vía.
o   Ya que aprendiste a cobrar, aprende también a trabajar.
o   Tanto la lima mordió, que sin dientes se quedó.

Cuento

Jaime compró unos bombones y se los comió todos en un minuto.
Su hermana le gritó:
¡Te comiste todos los bombones sin acordarte de mí!
¡Claro que si me acordé de ti! ... por eso me los comí tan deprisa.

Anécdota

Gozo fue lo que sentí el día de mi bautismo en la Iglesia de Jesucristo
de los S.U.D., también lo experimenté cuando participé del coro del
distrito de aquel tiempo, pues se me hacía un nudo en la garganta por
el Espíritu que sentía al cantar. También sentía mucho gozo cuando en
el templo servía como obrero, también lo percibí al realizar la búsqueda
de nombres de historia familiar, y especialmente cuando compartía mi
testimonio o sentimientos con otras personas y ellas me escuchaban
atentamente, pues la paz y el espíritu me acompañaban.

Tal tipo de sentimientos jamás lo he sentido en otra parte, circunstancia
o forma, lo que me induce a aseverar que las cosas que hablé, participé
o realicé eran aprobadas por Dios y venían de Él.

Veinte cuadernos de diarios muchos de 100 hojas recogen en forma
parcial muchas de las vivencias que experimenté como gran gozo. No
podría escribirlos aquí, espero que tenga el privilegio o gozo de seguir
apoyando la obra del recogimiento del Israel esparcido.

3.6.2 Gratitud

Es el sentimiento de aprecio, respeto, y apoyo que se le debe dar a
quien se le deben favores, crianza, enseñanzas, apoyo, consideración,
sanación, etc.

Prov.27:7El hombre saciado desprecia el panal de miel, más para el alma
hambrienta todo lo amargo le es dulce.

Ecles.11:9-10 / 9 Alégrate, joven, en tu juventud, y que se complazca tu corazón en los días de tu juventud; y anda en los caminos de tu corazón y a la vista de tus ojos, más sabe que sobre todas estas cosas Dios te traerá a juicio.

10 Quita, pues, el enojo de tu corazón y aparta el mal de tu carne, porque la adolescencia y la juventud son vanidad.

o   Quien agradece, obliga y merece.
o   Dando gracias por agravios, negocian los hombres sabios.
o   Lo cortés no quita lo valiente.

Cuento

En el último partido de futbol me acompaño mi hija y se la paso tan bien, que perdió la voz.
Seguro que esté domingo quiere venir también.
Es muy posible. Pero este domingo voy a llevar yo también a mi mujer.

Anécdota

Agradecimiento sincero es el que tengo a Dios por haberme permitido seguir viviendo cuando después de más o menos 30 veces en peligro de muerte temporal y más de 100 de muerte espiritual, he sido librado. Si, pues gracias a ello, he podido recomponer muchas de mis actuaciones, e incluso también procurar dar frutos meritorios, en favor de aquel que dio su vida para que el poder expiatorio me cobijara.

La expiación es algo real, sin embargo un gran altísimo % de la población mundial la ignora, no la entiende o desprecia, además de ello, algunos se burlan expresando con términos de obra de chivos expiatorios a todos aquellos que se les mencione algo donde se procure explicar tal situación.

Una de las formas con que el enemigo de Dios y de sus hijos es actuar y desprestigiar la obra hecha, procurando asimilarla a sacrificios inútiles de animales, o personas ante dioses paganos.

Si las personas hicieran un alto en el camino, reflexionaran un tanto, sobre quiénes son, de donde vienen, para dónde van, o cual es el plan de Dios para nosotros, en vez de pasar inadvertidamente o justificarse por los errores de los sacerdotes o líderes de la Iglesia donde nacieron, quizás podrían entender que el perdón de Dios a través de Jesucristo solo nos cobija en la medida que cumplamos ciertas cosas como el bautismo de convenio en uso de razón y por la autoridad debida. El bautismo recibido de niño solo ha sido una ordenanza no autorizada. Los niños no son capaces de pecar y mucho menos de hacer convenios, por lo tanto no necesitan del bautismo cuando son menores de ocho años.

La salvación se recibe y confunde con el derecho a resucitar. Hay muchos grados de gloria en la próxima etapa de la vida, pero si no nos esforzamos heredaremos aquellos reinos inferiores a nuestras posibilidades y potencial.

Cuando descubrí el plan de salvación, el plan de redención y todas las posibilidades que tendría a convertirme en un hombre diferente lo acepte con gozo y gratitud, y a la verdad solo tengo expresiones sinceras de agradecimiento por ello, pues a pesar de mis debilidades, he disfrutado del poder de Dios, su apoyo, su benevolencia, misericordia y perdón vez tras vez y día tras día haciéndome un hombre aun no perfecto, pero encaminándome a ello, y donde procuro sinceramente trabajar para él, con el entusiasmo, diligencia, dignidad, y respeto donde me llame y el me vea capacitado para servir.

3.6.3 Hábil

Es la capacidad de ejecutar tareas con facilidad. Cuando se cuenta con el espíritu y ayuda de Dios, las cosas difíciles se pueden hacer con más propiedad. La habilidad de contar con el apoyo de la Deidad, es mucho más eficiente que estar solo, pues se hacen más complicadas las situaciones.

1 Nefi 18:1-4 / 1 Y aconteció que adoraron al Señor, y fueron conmigo; y labramos maderos con maestría singular. Y el Señor me mostraba de

cuando en cuando la forma en que debía yo trabajar los maderos del barco.

2 Ahora bien, yo, Nefi, no labré los maderos en la forma aprendida por los hombres, ni construí el barco según la manera del hombre, sino que lo hice según el modo que me había mostrado el Señor; por lo tanto, no fue conforme a la manera de los hombres.

3 Y yo, Nefi, subía con frecuencia al monte y a menudo oraba al Señor; por lo que el Señor me manifestó grandes cosas.

4 Y aconteció que cuando hube acabado el barco, conforme a la palabra del Señor, vieron mis hermanos que era bueno y que su ejecución era admirable en extremo; por lo que de nuevo se humillaron ante el Señor.

o   El arte más profundo de un hombre hábil es el saber ocultar su habilidad. François de la Rochefoucauld

o   El deseo de parecer hábil impide a veces serlo. François de la Rochefoucauld

o   Ningún mérito tiene ser hábil si la habilidad se emplea, para engañar sin ningún respeto. Juan Pedro Eckermann.

Cuento

Antes de morir, mi marido me hizo prometer que no volvería a casarme yo con nadie más.
Es que tu Paco siempre fue muy humano.

Anécdotas

Las habilidades son talentos perfeccionados por aquellos que con mucho esfuerzo y plasticidad logran perfeccionar las disciplinas deportivas, artes, ciencias, oficios, profesiones, etc., de tal forma que las hacen ver fácil. Algunos son talentos naturales otros son perfeccionados mediante su esfuerzo y disciplina, sin embargo cuando el orgullo se manifiesta en ellos, tal habilidad se deja de aceptar y se estorba la admiración.

A muchos deportistas les ocurre: Pelé, Maradona, Maicol Jordán, Messi, Ronaldinho, Cristiano Ronaldo, Neymar Jr., etc...

Cuando cursaba los estudios de primaria estudie con un chico: Carlos Julio Soto, el cual tenía la habilidad en los pies para esconder y hacer malabares con el balón de forma prodigiosa, despuésconocí a Eddie que también tenía en sus pies esa habilidad, y cuando daba clase de educación física conocí también a Osorio, del IV curso del colegio Pablo Sexto 1.973, éste dejaba el reguero de compañeros de curso de forma tan habilidosa que era sencillamente admirable. Despuésconocí a Wilson Holguín Q.E. P.D., también este tenía algo innato para esconder la bola, y disfrutar con su futbol. Pero hay otros en todos los deportes como Usain Bolt, Clasius Clay, Jordán, Carry etc... en fin son favorecidos y esforzados también, en mejorar sus capacidades, o profesiones como magia, trabajo, conducción, locución, narración, contar chistes, etc.

La habilidad de algunos en muchas disciplinas sobresale, pero otros son muy hábiles para hacer lo malo, mentir, robar, o confundir a otros y engañar sutilmente a algunas mujeres, o entre éstas a los hombres. Hay de todo, pero la habilidad mal utilizada, traerá un precio y muy malo al final.

Dios da acada uno dones, y cuando los refinamos para hacer el bien, si éstos cumplen el propósito para el cual son dados, Dios losmultiplica.

3.6.4 Hijos

Es el título que se da a la progenie de los padres. Y es el precio, premio, bendición y oportunidad que se recibe para los que forman hogares, conforme a los dictados de la legalidad de un matrimonio. También vienen estos como producto de la unión libre o relaciones extramatrimoniales, sin embargo ello puede constituirse en un desencanto, para la criatura y los mismos padres, ya que difícilmente cuentan con la aprobación y bendición de Dios, lo cual lo priva de bendiciones para todos.

Prov.23:19-22/ 19 Oye, hijo mío, y sé sabio, y endereza tu corazón al camino.

20 No estés con los bebedores de vino ni con los comilones de carne;

21 porque el bebedor y el comilón se empobrecerán, y el mucho dormir los hará vestir de harapos.

22 Oye a tu padre, que te engendró; y cuando tu madre envejezca, no la menosprecies.

o En los tiempos que andan, los hijos son los que mandan.

o Cuanto más tarde nacido, tanto más querido.

o Dichosa la rama que al tronco sale.

Cuento

¿A qué se dedica tu hijo?

Es escritor, y muy bueno, te aseguro que todo lo que escribe es leído con mucho interés.

¿Escribe novelas?

No, menús de restaurantes.

Comentario

El amor de la familia es lo más inexplicable en el mundo. Ni un padre puede decirle a un niño lo mucho que le ama, ni el niño sabe decirle lo mucho que le quiere, es algo que solo se puede demostrar. Estas palabras no se quien las dijo pero son verdad, pura y grata.

Referir el amor que se tiene por un hijo sobra decirlo, sin embargo hacer lo que Dios hizo, para que nosotros pudiéramos ser redimidos del pecado tuvo que ser un acto heroico, de mucho amor y consideración. De no haber sido así, estaríamos lejos de la posibilidad de tener una esperanza en la resurrección, y lo más importante de todo, hacer uso de la expiación, es decir, su sacrificio de tomar sobre sus lomos los pecados y faltas nuestras, a fin de que los que crean en él y cambien sus vidas, para bien, alcancen la felicidad, siendo limpios. Todos vamos a resucitar, sin embargo ¿cuál ha de ser ese estado?, miserable, indiferente, de esperanza, o simplemente de remordimiento.

Esta es la vida cuando hemos de hacer algo, y antes de comparecer o irnos de aquí, pues el tiempo se agota.

Me da gozo y paz interior saber qué pude enseñar los principios del evangelio a mis hijos y con mi esposa siempre, desde los nacimientos hasta que estuvieron jóvenes recibieron las enseñanzas y ejemplo, además nuestro testimonio de que lo que enseñábamos y practicábamos era lo correcto.

3.6.5 Honor

Cualidad que resalta en los que cumplen sus deberes morales, a pesar de que se vean fustigados para romperlos. No rendirse ante el inminente peligro, de pasar desapercibidos los errores de sus superiores, y defender a pesar de ello, los que cree que son los correctos.

Prov.22:1 DE más estima es el buen nombre que las muchas riquezas, *y* la buena fama más que la plata y el oro.

Prov.26:1 COMO la nieve en el verano y la lluvia en la siega, así no le sienta bien al necio la honra.

Prov.22:4 Riquezas, honra y vida son la remuneración de la humildad *y* del temor de Jehová.

Prov. 27:18 El que cuida la higuera comerá su fruto, y el que cuida a su señor tendrá honra.

Ecles.7:1 MEJOR es el buen nombre que el buen ungüento, y el día de la muerte que el día del nacimiento.

- o Honra perdida y agua vertida, nunca recobrada y nunca recogida.
- o Entre el honor y el dinero, lo segundo es lo primero.

- o   Título sin mérito no es honor, sino descredito.
- o   En cosas de honra, no se ahonda.
- o   Lo que no se puede comprar por dinero, no se ha de vender por dinero.
- o   No basta ser honrado, sino parecerlo en trato y cara.

Cuento

No hay duda de que mi amigo Fernando tiene un sexto sentido.
Si, lástima que le falten los otros cinco.

Anécdota

Un líder de la iglesia enseño: Tu alma eligió estar en la tierra para vivir este momento. No estás aquí por accidente. Tu alma acepto vivir todas estas experiencias antes de venir aquí. Estas evolucionando hacia la perfección, por lo tanto regresa a tu morada Celestial con honor.

Al observar las fotos de mis álbumes familiares, me detengo y recuerdo con gozo muchas de ellas, pues recuerdan escenas y sucesos vividos especialmente en los domingos o sábados en que en otros tiempos nos reuníamos en las capillas, especialmente en los días de conferencia.

Fue un honor para mí hacer parte del coro y para ello acudía muchos sábados para ensayar, hasta que tuvimos el privilegio de hacerlo en una conferencia donde asistieron algunos de mis compañeros de trabajo.

Cuando ensayaba, muchas veces se me hacía un nudo en la garganta debido al fuerte espíritu que sentía, por la letra, los tonos de los himnos o porque la felicidad era grande, lo que expresaba con lágrimas, pues sentía un gran gozo según Dios. Me agradaba tener esos sentimientos.

3.6.6 Honradez

Quien se comporta con honestidad, respeto a los bienes ajenos y cumple con sus deberes con transparencia tanto en los negocios, empleos y apreciaciones.

Ser el reflejo de lo que quieres recibir, es igual que no hagas a nadie lo que no quieres que hagan contigo, lo enseño Jesucristo, Confucio, y más gente. Si deseas amor, lealtad, entonces debemos practicarlo, y así tendremos esa misma respuesta de otros.

Prov.21:21El que sigue la justicia y la misericordia hallará la vida, la justicia y la honra.

Prov.28:1 HUYE el malvado sin que nadie lo persiga, pero el justo está confiado como un leoncillo.

- o El mejor camino el recto.
- o Ama lo tuyo y respeta lo ajeno; que aquello es miel y esto es veneno.
- o Haz bien a los presentes y habla bien de los ausentes.
- o Pobre, pero honrado.
- o No es el camino derecho el de más provecho.
- o El hombre honrado, pobre, pero no humillado.
- o No basta ser honrado, sino parecerlo en trato y cara.

Cuento

En la aduana….
¿Tiene usted algo que agregar?
No.
¿Qué lleva dentro de esa maleta?
Comida pa los pollos.
¿Con que comida pa los pollos, eh? ¿Y estos relojes?
¿Y estos anillos? ¿Y estos radios?

Pues eso es comida pa... los pollos, eh. Yo se los doy, pero si ellos no se la comen, los vendo, no los voy a tirar ¿No?

Anécdota

Cuando era un chico de nueve años hice algunas cosas malas, pero mi padre estaba al tanto de cada uno de nosotros, para corregirlas cuando él se enteraba. No pasaba desapercibido nada y mi madre era quien le informaba, lo cual fue bueno, pues era la época de corregir antes de que fuera tarde.

Una noche en la feria de Buga ingrese al recinto ferial como lo hacíamos muchas veces con mis amigos por los tubos de canalización de la quebrada que más adelante recogería los desechos de las aguas negras del recinto ferial. Hasta allí iban limpias. Una vez adentro después de recorrer el recinto, y encontrarme con mis padres, volví con mis amigos y me animé a probar mis habilidades, para lo cual me acerque donde un hombre atareadoquevendía desde su carromato golosinas y cigarrillos. En tanto yo pedía y cancelaba unos chiches con una mano, la otra estaba sustrayendo una chocolatina y así hice con 3 o 5 productos, lo cuales entregue a mi madre, luego le conté de mi proeza. Ella se los comió, pero refirió a mi padre lo sucedido. Cuando menos pensé mi padre me tomo de un brazo y con su correa me dio 20 latigazos fuertes y varias veces me repitió: somos pobres, pero honrados, a nadie debemos robar, primero se nos ha de caer la mano.

Al reflexionar sobre ello me doy por bien corregido, pues gracias a ello, ninguno de los empresarios con los cuales trabaje, donde se confiaron muchas cosas, puede decirme que no fui honrado y puedo con paz interior agradecer a mi padre, quien actuó correctamente, demostrando mucho amor para que yo no me perdiera.

4.1.1 Humano

Es la definición dada a quien con sus errores y virtudes se parece en su actuar a nosotros. Está dentro de lo común de las personas.
Prov.22:2 El rico y el pobre se encuentran; a todos ellos los hizo Jehová.

- o Los mejores bienes, en ti mismo, los tienes.
- o Dios da y Dios quita, según su sabiduría infinita.
- o Derecho, derecho, tornase tuerto.
- o De refranes y cantes, tiene el pueblo mil millares.

Cuento

Va un catalán al médico y le dice:
- Doctor dice mi mujer que no sé decir Federico.
- A ver repítalo.
- Fe-de-rri-co.
- Pues lo dice muy bien, vaya a su casa y dígale a su mujer que venga para una revisión del oído.
Una vez en casa:
- Cariño dice el médico que estoy bien. ¡Voy a coger dos cervezas del Federrico y lo celebramos!

Cuento

Acabo de regresar de vacaciones, he estado viajando por toda Europa.
¡Ah! Entonces habrán mejorado tus conocimientos de geografía.
Pues la verdad es que no, porque cuando pasamos por allí era de noche y no podía ver nada.

Historia

La reflexión sobre lo que somos y lo que seremos es bueno conocerla:
En una ocasión le preguntaron a la barra de acero si era la más fuerte del mundo, y ella contesto ¡no!, es el fuego, porque cuando se arrima a mí me derrite; le preguntaron entonces al fuego si era el más fuerte del

mundo, y el fuego contesto ¡no! es el agua, porque a mí me apaga; fueron y preguntaron al agua si era la más fuerte del mundo y el agua contesto ¡no! es el sol, porque a mí me evapora; fueron y preguntaron al sol si era el más fuerte del mundo, y el sol dijo ¡no! es la nube porque cuando se hace debajo de mi me opaca mis rayos; le preguntaron a la nube si era la más fuerte del mundo y dijo ¡no! es el viento, porque cuando sopla me lleva de un lado a otro; le preguntaron entonces al viento si era el más fuerte del mundo y contesto ¡no! es la montaña porque cuando soplo y se pone enfrente de mi me parte en dos; fueron entonces a preguntar a la montaña a preguntar si era en realidad la más fuerte del mundo y contesto, ¡no! es el hombre porque me escala y cuando trae sus máquinas me convierte en una planicie; le fueron a preguntar entonces al hombre si era el más fuerte del mundo, y dijo ¡No! es la muerte, porque tiene la potestad de quitarnos la vida; entonces fueron a preguntar a la muerte si era la más fuerte del mundo y contesto, en un tiempo pensé que era la más fuerte, de hecho durante 4.000 años de la era anterior, a todos los derrote, hasta que vino un hombre y después de quitarle la vida a los tres días se levantó y fue siguió caminando, predicando su doctrina, ese hombre, se me escapo, era el más fuerte, y su nombre, es Jesucristo.

Hoy escuche a mi cuñada al hablar con mi hija que también, en su primer trabajo en España fue en un asilo ayudando ancianos. Ella refería que muchos contaban sus historias, y vivencias, la cuales seguramente al escribirlas se convertirían en una fuente de información humana, tan sencilla, pero verídica para todos los que deseen disfrutar del conocimiento y experiencias de los demás, a fin de evitar caer en errores. Ella refería que esas historias quizás las repetían al día siguiente y ellos no se cansaban de volverlas a contar y no se enteraban de que ya las habían narrado.

Todos esos consejos podemos despreciarlos, e incluso considerarlos mentiras, sin embargo quien insiste en contar experiencias a otros, muchas veces incluso, es porque proviene de la verdad exquisita que ellos vivieron y así para bien la transmiten de buena voluntad.

Yo no tengo tantas historias para compartir en estos escritos, pues son muchas las palabras y me veo corto para registrar y acondicionar a cada

situación; por ello debo hacer uso de las historias de otros, de donde
he extraído algunas y que espero no me causen problemas de autoría.

Aprendí de un líder que su hija en una ocasión le refirió: pero papá esa
historia ya noshas contado tres veces,… él le dijo: entonces recuerda esto,
eso significa que fue verdad.

No me culpéis porque he utilizado mis anécdotas como historias, pues
fui un humano como vosotros, que quizás tuviste mejores experiencias
que yo, ojalá disfrutes narrándolas a vuestros nietos, e hijos, para bien
de ellos.

4.1.2 Humildad

Actuar ante desafíos con naturalidad, respeto, tranquilidad, y sin
devolver ofensa por ofensa; que no alardea por los éxitos alcanzados; ni
tiene aires de condesa o de superioridad; mostrar modestia y frugalidad
en su forma de vivir, vestir, etc.

Prov.15:33 El temor de Jehová es enseñanza de sabiduría y a la honra
precede la humildad.

Prov.16:8 Mejor es lo poco con justicia que muchas ganancias con
injusticia.

Prov16:19 Mejor es ser de espíritu humilde con los pobres que repartir
el botín con los soberbios.

Prov.18:12 Antes del quebranto se enorgullece el corazón del hombre, y
a la honra precede la humildad.

Prov.22:4 Riquezas, y honra y vida son la remuneración de la humildad
y del temor de Jehová.

Prov.29:23 La soberbia del hombre le abate, pero el humilde de espíritu
recibirá honor.

o   Todos nacemos desnudos.

o   Dentro de la concha está la perla, aunque no puedas verla.

o   Cuanto más grandeza, más llaneza.

o   Ni por rico te realces, ni por pobre te rebajes.

o   Mira dónde vas, pero no te olvides de dónde vienes.

o   Modestia exagerada, modestia falsa.

o   Doblar, pero no quebrar.

o   El humilde permanece, y el soberbio perece.

Cuento

Un matrimonio visita el museo del Louvre y, al llegar ante la Mona Lisa, la mujer comenta:
No sé para qué tenías que traerme hasta París para ver esto. Este cuadro ya lo tenemos en casa, y con un marco más bonito.

Anécdota

Cuando laboraba en Papeles Nacionales conocí un jefe muy respetuoso y humilde. Este era don Javier Ríos Ardila, contralor general de la fábrica. Una mañana ingreso a su despacho el gerente general, un español ex militar, vociferando reprendiéndole y con voz subida de tono y exigió de él, resolver un asunto de inmediato.

Don Javier con respeto atinó a escuchar y no defenderse, ya que no era oportuno, y simplemente aceptar de buenas maneras la investigación del problema de trabajo.

Muchas veces cuando nos ponemos en actitud de respuesta ante una ofensa lo que hacemos es multiplicar los problemas, y he observado que la mejor manera es actuar con tranquilidad, pues es como estirar un caucho o una cuerda por las dos puntas, el que más estire hará que esta se reviente, y el perjuicio será para todos. En tanto que uno lleve la cuerda con dirección al otro extremo esta no se reventará, pero si la estira al lado contrarió de donde se encuentra la otra persona halándola, rápidamente se reventará causando seguramente los problemas de ruptura de relaciones, amistades, etc. En caliente actuar es casi siempre malo, o muy pésimo. Lo mejor es evitar responder con igual o mayor intensidad una ofensa.

4.1.3 Ideales

Ideales son los postulados de la mente de los hombres, los cuales en tanto estén en armonía con las leyes de convivencia, y su comunidad podrán llegar a generarle un respeto. Ideal, es todo aquello que sea bueno, admirable, y de progreso individual o colectivo.

Todos nacimos con alas, pero es nuestra la tarea de aprender a volar, en otras palabras todos somos progenie de Dios, pero hacer uso de esos atributos, solo mediante la obediencia a los mandamientos de Dios nos hará notables.

Lo ideal es que los hijos de Dios vivan sus mandamientos y principios a fin de que puedan heredar su Reino.

Ecles.12:13 El fin de todo este asunto *que has* oído *es éste:* Teme a Dios y guarda sus mandamientos, porque esto es el todo del hombre.

Prov.21:3Hacer justicia y juicio es para Jehová más agradable que el sacrificio.

- o El amigo verdadero, ni contra tu honra ni contra tu dinero.
- o Hacer, enseña a bien hacer.
- o Lo bueno a todos mantiene contentos.

Cuento

Un hombre sube a un taxi y pregunta ¿usted trabaja por aquí?
Lléveme a la plaza principal, que queda cerca por cierto.
Cuando llega al destino solicitado, le dice el taxista:
Son diez euros.

El hombre le da 5 euros.

Entonces el taxista le dice:

¿Por qué me da 5 euros? ¡Son 10 euros!

El hombre responde:

¿Usted trabaja por aquí?

Sí.

Entonces dividimos el servicio, hemos venido al trabajo los dos.

Anécdota

Los ideales son aquellas cosas con que soñamos cristalizar ejecutar algún día.

Cuando era joven desee ser Ingeniero Agrícola, pero no pude estudiar tal carrera, y a cambio inicie estudiando contaduría. Dios el Padre me dio ese privilegio de hacerlo, pero en forma autodidacta, especialmente permitiéndome acondicionar los conocimientos adquiridos en una carrera para completar lo que en la parte agrícola y pecuaria se requerían.

La oportunidad vinodeformasencilla, cuando laboraba en Papeles Nacionales un colega profesor de la Universidad que era el jefe de Planeación de la fábrica, me pidió que le terminara de dar la cátedra de contabilidad agropecuaria que el dictaba, pues fue nombrado como Jefe de Planeación de la Gobernación del Valle, lo cual implicaba desplazarse a vivir en Cali.

El me entregó el material con el que impartía las clases, cual era una material de la Universidad de Antioquia, ya que yo le indique que no nos impartían esa cátedra de contabilidad agropecuaria. Al observar el material me di cuenta que eran meros costos I con algo de ajuste al agro. Tal hecho me motivo a comprar otros textos, pero estos me decepcionaron más, pues eran poco prácticos o poco enseñaban lo requerido en la contabilidad de cultivos y pecuaria.

Al darme cuenta de ello, plantee el problema a mi padre quien era Inspector Agropecuario de la Caja Agraria y con unos cuadros que él me hizo, más los sabios comentarios que me refirió, concreté los temas que debía impartiry realice algunos ejercicios que desarrolle hipotéticamente.-

Con el tiempo me di cuenta que era sensato llevar esos resúmenes e información a un texto que hoy termine con 1.300 páginas y donde esbozo la contabilidad y costos agropecuarios, cumpliendo el sueño sin necesidad de involucrarme en profesiones poco afines y perdiendo temporalmente el horizonte, pues ambas profesiones tienen cosas que se complementan, pero también son puntuales.

La forma fue sencilla, pues todo lo que desee en la vida, Dios me lo concedió en su oportunidad. Así ocurrió con la docencia, el trabajar en Papeles Nacionales, y también en Curtiembres progreso Ltda. Todos esos trabajos fueron frutos de las bendiciones de Dios a causa del deseo mío, el cual me permitió cristalizar por mis servicios en su obra. Pero también fue necesario desearlo, merecerlo y trabajar en ello. Así se cristalizan ideales.

4.1.4 Importancia

La palabra define cosas que son superiores a otras alternativas. De tal manera que se entiende mejor al diferenciar lo importante y lo interesante; es decir; lo mejor de lo mejor, es lo importante. Lo interesante brilla como todo lo hermoso, pero no es permanente, ni mucho menos eterno. A esto último hay que apuntar, pues hemos de escoger lo excelente.

Ecles.2:13 Y he visto que la sabiduría sobrepuja a la necedad, así como la luz a las tinieblas.

o   Por lo que a mí respecta tengo la costumbre de considerar que lo que no ha llegado a tiempo, no tiene la menor importancia. André Maurois

o La importancia sin mérito, obtiene un respeto sin estima.
   Nicolás S, Roch.
o Hay necesidad de distinguir entre lo importante y lo interesante,
   de lo contrario habremos estado cortos de visión. JCIR

Cuento

¿En qué se parece un peluquero y un avión?
En que el peluquero te riza y el avión aterriza.

<u>Anécdota</u>

En el año 2.007 debí tomar la difícil alternativa de decidir o escoger
si permanecer con mi familia en Colombia, la cual había tomado la
decisión de venirse a vivir a España, dado que la familia de mi esposa
había organizado ya desde dos años atrás empleos apropiados, para ella,
generando una estabilidad económica que jamás ella tendría en mi país,
y así las cosas aseguraban a mi familia posibilidades laborales relativas,
lo cual me indujo a mi dudar de quedarme trabajando en Colombia. Las
cosas no pintaban bien, pues había denunciado algunos funcionarios de
la Dian como corruptos, y ello me generaba que los clientes podrían ser
perseguidos, lo cual no me parecía justo. Además mis hijos se asustaron
un tanto cuando en tres veces consecutivas llegaron a casa policías, para
indagar sobre mi paradero. Tambiénhabía enjuiciado en mi carta a la
presidencia de la república la policía y a los guardias de tránsito y ellos
querían saber más al respecto.

En Colombia si tú, denuncias: te arriesgas a que te quiten del medio,
si hay implicados dolosamente; o que no pase nada y todo es probable
que quede en la impunidad, pero con todo y eso había que hacerlo, pues
quedarme callado me hacía sentir cómplice.

Uno de los gerentes de la empresa que asesoraba me había postulado,
para un cargo en Manizales como revisor fiscal en una de sus empresas
y él tenía mucha confianza y esperaba que yo le decidiera, sobre el

asunto. Allá me ganaría $2.000.000 más las asesorías que tenía antes. El me preguntó que era primero si el importante trabajo o la familia, por lo cual no tuve que esforzarme mucho y contestar que la familia por supuesto. Ante mi decisión de viajar a España me reitero que daba tres meses de espera, y si no volvía entendería mi decisión de revocar la postulación.

La familia es lo primero, el trabajo era interesante, pero no primaba sobre la familia, la cual se sentía amenazada en mi país, a causa de las denuncias formuladas.

4.1.5 Independencia

Aquel que no tiene que rendir cuentas, no está alienado o depende de otra autoridad, de tal forma que su opinión es libre de compromisos con alguien o algo. Es libre de opinar, dar o recibir, o no tiene quien le cuestione su criterio.

La libertad o libre albedrio es lo que Dios nos dio, aquí en la tierra, a fin de que por nuestros propios méritos pudiéramos escoger entre el bien o mal, la obediencia o desobediencia, la vida o la muerte espiritual.

2 Nefi 26:27- 33 /26 ¿Ha mandado él a alguien que no participe de su salvación? He aquí, os digo que no, sino que la ha dado gratuitamente para todos los hombres; y ha mandado a su pueblo que persuada a todos los hombres a que se arrepientan.
28 He aquí, ¿ha mandado el Señor a alguien que no participe de su bondad? He aquí, os digo: No; sino que todo hombre tiene tanto privilegio como cualquier otro, y a nadie se le prohíbe.
29 Él manda que no haya supercherías; porque he aquí, son supercherías sacerdotales el que los hombres prediquen y se constituyan a sí mismos como una luz al mundo, con el fin de obtener lucro y alabanza del mundo; pero no buscan el bien de Sion.
30 He aquí, el Señor ha vedado esto; por tanto, el Señor Dios ha dado el mandamiento de que todos los hombres tengan caridad, y esta caridad

es amor. Y a menos que tengan caridad, no son nada. Por tanto, si tuviesen caridad, no permitirían que pereciera el obrero en Sion.

31 Mas el obrero en Sion trabajará para Sion; porque si trabaja por dinero, perecerá.

32 Y además, el Señor Dios ha mandado a los hombres no cometer homicidio; no mentir; no robar; no tomar el nombre del Señor su Dios en vano; no envidiar; no tener malicia; no contender unos con otros; no cometer fornicaciones; y no hacer ninguna de estas cosas; porque los que tal hagan, perecerán.

33 Porque ninguna de estas iniquidades viene del Señor, porque él hace lo que es bueno entre los hijos de los hombres; y nada hace que no sea claro para los hijos de los hombres; y él invita a todos ellos a que vengan a él y participen de su bondad; y a nadie de los que a él vienen desecha, sean negros o blancos, esclavos o libres, varones o mujeres; y se acuerda de los paganos; y todos son iguales ante Dios, tanto los judíos como los gentiles.

Nota: Solo dos terceras partes de los hijos de Dios recibieron cuerpos y son probados en su segundo estado, pero los espíritus de Lucifer hacen oposición

Apoc. 12:7-9 /7 Y hubo una gran batalla en el cielo: Miguel y sus ángeles luchaban contra el dragón; y luchaban el dragón y sus ángeles,

8 pero no prevalecieron, ni fue hallado más su lugar en el cielo

9 Y fue lanzado fuera aquel gran dragón, la serpiente antigua, que se llama Diablo y Satanás, quien engaña a todo el mundo; fue arrojado a la tierra, y sus ángeles fueron arrojados con él.

- o   Todo pueblo que lucha por su independencia, es pueblo amante a la libertad. Marcel Proust
- o   Quien se deja alienar por los vicios pierde la libertad, su dignidad, su capacidad de reacción, es más aún su felicidad, y su mayor tesoro: su familia. JCIR
- o   Quien persuade o vive del negocio de la desgracia de los vicios de sus semejantes, tarde o temprano pierde todo y queda a merced

de la misma miseria que labró para los otros, pues esta le cobijará en su totalidad. JCIR

Cuento

El médico le dice a su paciente en tono muy enérgico:
Y ya sabe que los próximos meses nada de fumar, nada de beber, nada de salir con mujeres todos los sábados e ir a comer a esos restaurantes caros, nada de viajes, ni de vacaciones….
Pero ¿solo hasta que me recupere, doctor?
No, ¡hasta que me pague todo lo que me debe!

Anécdota

Una de las cosas que como auditor o revisor fiscal debe tener uno en el ejercicio de la profesión es el de ser independiente, pero curiosamente, colegas lo mal interpretan.

En dos ocasiones en diferentes empresas me solicitaron que firmara el formulario del impuesto a las ventas, sin embargo la información no era congruente con el borrador que previamente había preparado, para cumplir con esa responsabilidad. Obviamente las alarmas saltaron y debí indagar lo que sucedía, lo cual claramente me indicó que el camino era dejar la vía libre, para que la gerencia consiguiera otra persona, pues yo me convertiría en piedra de tropiezo en lo sucesivo.

Ese mismo día entregue mi carta de renuncia y pacíficamente acordamos mi retirada, no estaba dispuesto a participar en esos procedimientos, lo cual me hacía cómplice de tomar dineros del Estado indebidamente; al menos un millón de pesos se había mutilado del reporteo formulario del IVA sutilmente.

Con dos empresas me sucedió también al pasar la hoja de vida, pues en la parte inferior siempre dejaba constancia de que era miembro de la Iglesia de Jesucristo de los Santos de los Últimos días, para mi ese factor era muy importante, antes de que me contrataran. Conociendo mis principios antes de contratarme, para ellos y para mí sería más simple, ya que ambas partes sabríamos a qué atenernos a la hora de registrar, aprobar firmar o dictaminar cosas que no se parecieran a la realidad económica o lo correcto.

A algunas empresas no les parecía apropiado, pero para otros les daba tranquilidad y de antemano les ponía de relieve mi futura forma de actuar, lo cual me favoreció notablemente. Fue así como tuve el privilegio de laborar en empresas donde la información y disposición de hacer lo correcto era una de sus premisas. Entre ellas estaba Papeles Nacionales S.A., Curtiembres Progreso, Nacional de Curtidos S.A., Automotora de Occidente S.A. y Cedicaf S.A. Nunca fui obligado a firmar lo indebido y entre las que pude laborar en conjunto, casi veinte años, un poco más de la mitad de mi vida laboral.

4.1.6 Instrucción

Es el manual de procedimientos de como: operar un equipo o máquina, hacer o realizar una tarea. Conjunto de reglas para ejecutar un trabajo.

Instrucción es aquello que requerimos recibir para aprender a conducirnos a través de la vida y así lograr la felicidad en la tierra y en la vida venidera, la cual todos tendremos y será nuestro tercer estado de progreso hacia la perfección e ideal. Es necesario aprender y recibir la mayor instrucción posible, pues será lo único que nos acompañará en la vida próxima, y en eso le llevaremos ventaja a aquellos que renuncien a una formación tanto en lo secular como en lo espiritual.

Prov.1:8-9 /8 Oye, hijo mío, la instrucción de tu padre, y no desprecies la enseñanza de tu madre,
9 porque adorno de gracia serán para tu cabeza y collares para tu cuello.

- o La instrucción no garantiza la dignidad, pero ayuda. JCIR
- o Lo que más admiro de mi viejo padre fue su instrucción y corrección. JCIR

o   De todos los tesoros el más codiciado es el de la instrucción de las verdades de las leyes de la física, química, matemáticas, etc., pero no tanto como las verdades eternas. JCIR

Cuento

¿Así que te volviste vegetariano? Dice un caníbal a otro.
Si, ahora solo me como las plantas de las manos y las plantas de los pies…. Contesta el otro.

Anécdota

Me sucedía muy a menudo, que la comprensión de los temas impartidos por el profesor no siempre los entendía tan claramente como los percibía desde los libros, pues observaba que en algunos temas el instructor o profesor no los consideraba importantes, los daba como obvios, o simplemente no le alcanzaba el tiempo para compartirlos.

Algunos libros son más prácticos y sencillos para entenderlos, pero puedo asegurar que en la búsqueda de dos o tres opiniones, se halla la claridad requerida para entender las cosas de forma más precisa y diáfana.

Algunos profesores se limitan a compartir lo que conocen de un solo texto. Me sucedió en una ocasión que compartí en clases con un profesor de auditoría II, otra opinión sobre un tema que daba claridad al asunto. Ese profesor en lo sucesivo me colocaba calificación no superior a 3, no obstante que ameritaba 5; pues no superó el rubor o no tuvo la humildad de aceptar que se había equivocado aquel día en el tablero. Cuando le hice una corrección, fue muy respetuosamente, pero se vengó mutilándome la valoración correcta en lo sucesivo.

Leí y escuché sobre un hombre (compatriota de Popayán) que cuando estaba en la universidad se ganó la desaprobación de algunos profesores de matemáticas, porque él tenía el talento, don y destreza de hacer los cálculos en la mente mucho más rápido que el profesor. Ese alumno daba los resultados antes que el profesor terminaba de desarrollar los ejercicios en el tablero. Ello los tenía al borde de la desesperación.

Más tarde este hombre participo en varios concursos en países como Japón, España y Estados Unidos, donde se sometía a la prueba de ganar los cálculos ante otros con calculadoras, no importaba si fueran raíces cuadradas, cubicas, números complejos en división, multiplicación, o en factorial, o logaritmos, ya que el ganaba al operador, lo cual lo hizo famoso. Más tarde murió en el olvido, pues no tuvimos el talento, para estar al tanto y la medida de él y quedaron subvaloradas sus capacidades.

4.2.1 Integridad

Desarrollo total del carácter moral del hombre de conformidad con los principios de justicia y rectitud. La paz interior y la serenidad son los primeros premios por saber que se hace lo correcto.

Prov.2:21 Porque los rectos habitarán la tierra, y los íntegros permanecerán en ella.

Prov.10:9 El que camina en integridad anda seguro, pero el que pervierte sus caminos será descubierto.

Prov.10:29 El camino de Jehová es fortaleza para el íntegro, pero destrucción para los que cometen maldad.

Prov.12:13 El malvado se enreda en la transgresión de sus labios, pero el justo saldrá de la tribulación.

Prov.11:3 La integridad de los rectos los encaminará, más destruirá a los pecadores su propia perversidad.

Prov.11:5-6 / **5** La justicia del íntegro endereza su camino, pero el malvado caerá por su impiedad.
6 La justicia de los rectos los librará, pero los pecadores en su codicia serán atrapados.

Prov.11:20 Abominación son a Jehová los perversos de corazón, pero los íntegros de camino le son agradables.

Prov.13:6 La justicia guarda el camino del íntegro, pero la maldad trastornará al pecador.

Prov.13:25 El justo come hasta saciar su alma, pero el vientre de los malvados quedará vacío.

Prov.13:21 El mal perseguirá a los pecadores, pero el bien recompensará a los justos.

Prov.14:34 La justicia engrandece a la nación, pero el pecado es afrenta de los pueblos.

Prov.16:8 Mejor es lo poco con justicia que muchas ganancias con injusticia.

Prov.20:7 El justo camina en su integridad; bienaventurados son sus hijos después de él.

Prov.28:10 El que hace errar a los rectos por el mal camino, caerá en su propia fosa, pero los íntegros heredarán el bien.

- o   La integridad te garantiza la paz interior. JCIR
- o   Todos los mandamientos, normas, leyes y doctrinas de Dios se basan en la integridad, la cual traerá, si las vives, el mayor de todos los dones: vivir la vida eterna en la presencia y compañía de Dios. JCIR
- o   Algunas leyes se editan y establecen para favorecer grupos de gobierno, religiones, etnias, o empresarios; en tanto no sean equitativas para todos, no serán justas, y algún día pagaremos el precio de tales entuertos. JCIR

Cuento

Un aficionado al violín, mediocre, solicita un puesto en una importante orquesta sinfónica. Después de escucharlo, el director le pregunta: ¿Por qué quiere usted tocar con músicos mucho mejores que usted? Porque tan malos como yo, no los hay.

Historia

En una ocasión unos agentes de policía debieron llevar a un hombre que estaba presentando desordenes en la calle, y el hombre insultaba a unos y otros inclusive a los agentes.

El agente Torres (Nombre cambiado) con respeto le tomó por un brazo y le invitó a subir al vehículo policial, sin embargo no de buenas maneras lo hizo.

Al llegar a la comisaría el detenido procedió a formular quejas ante el comandante de maltrato verbal por parte del agente Torres. El comandante expreso: ¿diga qué tipo de quejas tiene usted?

El detenido refirió malas palabras y haberme mentado inclusive la madre.

El comandante procedió a escribir el informe una vez tomó la declaración del detenido, y al final leyó lo siguiente:

Debido a las falsas acusaciones que usted hace de la autoridad, este despacho le imputa el cargo de realizar acusaciones falsas a la autoridad, además de desorden público y provocación a los agentes de la ley y el público, por lo cual se le confina al calabozo por tres días. Uno por cada falta.

El detenido sorprendido refirió y como sabe usted ello.

Los dos últimos cargos los tomamos de la declaración formulada por los vecinos que llamaron al puesto de esta comandancia formulando la queja del desorden que usted estaba provocando antes de acudir nosotros a la cita.

¿y el primero?, pregunto el detenido, a lo cual se le contesto:Sepa usted que el citado agente Torres nunca expresa palabras ni agresiones a nadie; El lleva una larga trayectoria en este cuerpo policial y como Mormón que es, nunca le hemos escuchado quejas, ni malas palabras y mucho menos falsas acusaciones de él contra nadie. Siempre dice la verdad con el respeto debido. Yo le creería si viniera de cualquier otro agente, pero de él, no lo creo.

Efectivamente un hombre como él fue el sargento Ananías Gómez, q.e.p.d., quien fue uno de los mejores obispos que jamás haya conocido, respetuoso, y que si le tocaba sacar el bocado de su boca para dar a otro lo hacía. Que grande fuiste obispo Ananías Gómez, de Cúcuta Colombia, cuando fuiste nuestro obispo en lago I Pereira.

4.2.2 Jovial

Se califica así a aquel cuyas conversaciones son jocosas, alegres, o quizás aparenten ser poco serias, pues suele adicionar un poco de humor a ellas. Para algunas personas lo jovial puede causar desaprobación, especialmente cuando no ha compartido suficiente tiempo con tal persona y pudiere juzgarle a causa de su inoportunidad.

Prov.27: 9 El ungüento y el perfume alegran el corazón, y la dulzura del amigo más que el consejo del alma.

- o   Jamás se ha quejado el oro de ser robado.
- o   Jarro de cristal o de plata, no refresca el agua; el mejor jarro, el de barro.
- o   En dichos y en hechos a tu provecho.

Cuento

Están tranquilamente charlando dos uvas, una verde y una morada:
La uva verde le dice a la morada:
- "RESPIRAAAAA!!!!"
La uva morada le contesta a la verde:
- "Y TU MADURAAA!!!""

Historia

Hace un tiempo un hombre desaprobaba todo lo que hacía, debido a que algo le inquietaba de mí, y con el tiempo llegó a aceptarme después de tratarnos con más confianza. Tal vez sería mi forma jovial de ser, o mis expresiones algunas veces inoportunas. En alguna ocasión me confesó: al principio tú me caías muy mal, no sé porque, si era por las gafas que colgaban de mi cordón alrededor del cuello, o qué, pero me caías muy mal. Con el tiempo de meses me fui enseñando a tu forma de ser y hoy me agradas y mucho. Me expreso sus tiernos sentimientos, los cuales también se los expresé respecto de él. Varias veces jugamos al futbol, también fui su maestro orientador, y trabajó para mí en casa en labores de carpintería. Mi buen amigo Rubirio Mapura, murió cuando menos pensé, ya lejos de mi entorno, y no me enteré sino hasta después, cuando no pude acompañarle a su entierro. Me hubiera gustado estar aquel día, para expresar a su familia mis sinceras condolencias.

Me sucedió con un hombre de una tienda cercana a mi residencia; él siempre era tosco y mal humorado, o al menos me parecía a mí y con el tiempo fui conociéndole y a pesar de ello, gané la confianza de él, con mis chistes poco risibles, o flojos; pero así gané su aceptación, y nos hicimos buenos amigos. Me agradaba ir a comprar allí, pues me aceptaba con mis errores y virtudes.

4.2.3 Juicio

Es la capacidad de comprensión que le permite a una persona diferenciar entre lo bueno y lo malo. Los hombres adquieren está capacidad en condiciones normales a los ocho (8) años de edad, condición que le permite decidir qué es lo correcto o incorrecto.

Prov.21:29 El hombre malvado endurece su rostro, pero el recto asegura sus caminos.

Prov.22:2 El rico y el pobre se encuentran; a todos ellos los hizo Jehová.

- o   El más elevado tipo de hombre es el que obra antes de hablar y profesa lo que practica. Confucio
- o   Quien a prisa juzgó, despacio se arrepintió.
- o   Quien juzga la vida ajena, mire si la suya es buena.
- o   Con la medida que midieres, serás medido.
- o   Más fácil es de la obra juzgar que en ella trabajar.
- o   Juzga al hombre por sus acciones y no por sus doblones.
- o   Piensa el ladrón que todos son de su condición.
- o   Quien aprisa juzgo, despacio se arrepintió.

Cuento

Aviso en un restaurante.
¿Si usted está fumando y desea apagar su cigarrillo en el plato, la camarera le traerá con mucho gusto la comida en un cenicero.

Anécdota

He conocido a personas muy cuerdas quedar fácilmente sin juicio o afectadas por condiciones de medicinas para los nervios, las cuales han sido suministradas para atemperar sus nervios.

La falta de comida, la ingestión de medicinas que afectan el sistema nervioso, fácilmente te pueden colocar en condiciones de reacciones disparatadas que te harán ver ante los demás o no estar en tus cabales.

A tales circunstancias se puede llegar en condiciones de alto alicoramiento, drogadicción, afectados por dolores intensos y donde se renuncia a aceptar la pérdida de un ser querido, o incluso por causa de golpes, desesperación por perdida de trabajo, o en fin divorcios, etc.

Una condición semejante puede hacer que la persona se suicide o busque hacer daño a sus seres queridos: madres, hermanos, esposa, hijos, etc… es muy fácil llegar a tales extremos y solo falta para ello estar bien para caer en tales circunstancias.

Ante tales amenazas no podemos estar seguros ni estamos libres de decir no me pasará, pues quizás es más rápido que nos ocurra.

En tales circunstancias se es fácilmente presa de los susurros de los espíritus que pertenecen a las legiones de satanás, los cuales te insinúan hacer lo que en sano juicio no harías. Cuando despiertas tal vez no comprenderás como lograste ejecutar tal cosa y tu condición será tan extremadamente grave que te sumergirás en abismos de incomprensión.

Evita entonces ser presa de los susurros de tales espíritus. Así ocurrió con mi amigo y compañero de estudio Héctor Fabio Rodríguez; extraordinario atleta de fondo, del cual recuerdo las grandes posibilidades que tenía de seguir una carrera triunfante. Amigos falsos le suministraban vicio o marihuana, lo cual terminó por desequilibrarlo y fue internado en el manicomio donde en su despertar se sintió fuera de lugar y quiso salir por las malas y allá lo mataron, ya que parece que se puso violento.

4.2.4 Justicia

Conjunto de normas morales establecidas para que los hombres obren o actúen dentro de una comunidad. Los códigos de justicia de los países civilizados se han basado en las normas establecidas que favorezcan la convivencia, entre las cuales sobresalen: el respeto, la equidad, la igualdad, la libertad. Sin embargo ello está condicionado a la capacidad económica, por cuanto la justicia da más garantías a quien tiene capacidad de pagar un abogado y quien no la tiene recibe uno de oficio, como defensor; éste poco o nada hace por defenderlo, debido a que pesan más los derechos del que pague más o influya más en la sociedad. En cualquier caso el ofensor si tiene con qué pagar fianzas, abogado, multas, podrá seguramente salir libre con una pena muy reducida, tal como ocurre con los funcionarios públicos que a muchos les dan casa por cárcel.

Prov. 10:6-7 /6 Hay bendiciones sobre la cabeza del justo, pero la boca de los malvados oculta violencia.
7 La memoria del justo será bendecida, pero el nombre de los malvados se pudrirá.

Prov.10:11 Manantial de vida es la boca del justo, pero la boca de los malvados oculta violencia.

Prov.10:21 Los labios del justo apacientan a muchos, pero los necios mueren por falta de entendimiento.

Prov.12:21 Ningún mal le acontecerá al justo, pero los malvados serán colmados de males.

Prov.10:24-25 /24 Lo que el malvado teme, eso le vendrá, pero a los justos les será concedido lo que desean.
25 Así como pasa el torbellino, así el malo no permanece, más el justo permanece para siempre.

Prov.10:28 La esperanza de los justos es alegría, pero la esperanza de los malvados perecerá.

Prov.17:15 El que justifica al malvado y el que condena al justo, ambos son igualmente abominación a Jehová.

Prov.13:9 La luz de los justos se regocijará, pero la lámpara de los malvados se apagará.

Prov.10:30-32 / 30 El justo jamás será removido, pero los malvados no habitarán la tierra.
31 La boca del justo produce sabiduría, pero la lengua perversa será cortada.
32 Los labios del justo saben *decir* lo que agrada, pero la boca de los malvados *habla* perversidades.

Prov.11:4 De nada sirven las riquezas en el día de la ira, pero la justicia libra de la muerte.

Prov.11:8 El justo es librado de la tribulación, pero el malvado viene en lugar de él.

Prov.11:18-19 / 18 El malvado hace obra falsa, pero el que siembra justicia tendrá una verdadera recompensa.
19 Como la justicia es para vida, así el que sigue el mal *lo hace* para su propia muerte.

Prov.1:23 Volveos a mi reprensión; he aquí, yo derramaré mi espíritu sobre vosotros y os haré saber mis palabras.

Prov.16:12-13 / 12 Abominación es a los reyes cometer maldad, porque con la justicia será afirmado el trono.
13 Los labios justos son el deleite de los reyes, y éstos aman al que habla lo recto.

Prov.11:24 Hay quienes reparten y les es añadido más, y hay quienes retienen más de lo que es justo y *acaban* en la pobreza.

Prov.11:28 El que confía en sus riquezas, caerá, pero los justos reverdecerán como el follaje.

Prov.11:30-31/ 30 El fruto del justo es árbol de vida, y el que gana almas es sabio.

31 Ciertamente el justo será recompensado en la tierra, ¡cuánto más el malvado y el pecador!

Prov.21:3 Hacer justicia y juicio es para Jehová más agradable que el sacrificio.

Prov29:7 El justo conoce la causa de los pobres, pero el malvado no entiende tal conocimiento.

Prov29:13 El pobre y el opresor tienen en común que Jehová alumbra los ojos de ambos.

Prov.29:14 El rey que juzga con verdad a los pobres afirmará su trono para siempre.

Prov.29:26-27 /26 Muchos buscan el favor del gobernante, pero de Jehová viene el juicio para cada uno.

27 Abominación a los justos es el hombre inicuo, y abominación al malvado es el de camino recto.

o   Buena es la justicia sino la doblara la malicia.
o   Juez muy rigurosos, a todos se hace odioso.
o   Justicia es agravio, cuando no la aplica el sabio.
o   Pleito y orinal nos echan al hospital.
o   Mientras suena el doblón, hay apelación.
o   El juez de trato suave, merece que se, le alabe.
o   Verdad sabida, ley cumplida.
o   Justicia Dios la dé, que de los hombres nunca la esperé.
o   La justicia no corre, pero alcanza.
o   Muchas leyes, malos reyes.
o   Por encima del rey, está la ley.
o   El que ley establece, guardarla debe.
o   En pleito claro, no es menester letrado.

o   Más vale mala avenencia, que buena sentencia.

o   Hecha la ley, inventada la malicia.

o   Cuando el criminal es suelto, el juez debía ser preso.

o   Cualquier ley postrera, quita la fuerza a la primera.

o   Reglas pocas y buenas.

Cuento

Un visitante llega a la oficina:
¿Está el señor Montes?
No, señor.
Pero el me esperaba.
Claro que él le esperaba, por eso no está.

Anécdota

La justicia es difícil conseguirla en la tierra, pero aun así en ocasiones se puede dar el caso de que sobrevenga, especialmente si residimos en países donde: la ley, el orden y la libertad se entienden de forma apropiada.

En unos países quizás la justicia se haya visto distorsionada por los intereses de unos pocos, y si ello sucede todo lo demás funcionará indebidamente, pues se les da alas a las fuerzas del mal para que ella sea la que domine los intereses de los demás.

Se ven casos donde los policías, jueces se tuercen y colocan pruebas para incriminar a sus víctimas a fin de defender a sus integrantes del cuerpo policial, o sus interesados.

Pero no todos son corruptos, pues allí también en ese cuerpo he conocido hombres extraordinarios, defensores del bien, de los derechos, y no prestos a lo malo.

Es muy difícil para ellos, pues muchos harán lo posible por eliminarte para evitar juicios, destapes, o incluso riesgos de ser descubierto.

Lo que sí sabemos es que la justicia de Dios no se parece a la de los hombres, pues esta no se tuerce al mejor postor, esta no anda por caminos torcidos, sino que es recta y no se inclina ni a derecha ni a izquierda. Al final todos los hechos buenos y malos podremos recordarlos y se desplegarán ante nuestros ojos, para que así se nos premie o castigue según la justicia divina y no la de los hombres.

Los hombres encargados de la justicia, desafortunadamente algunas veces se dejan seducir por amistades, favores, dineros, prebendas, contratos, amenazas, o belleza lujuriosa, que tristemente terminarán por favorecer los intereses de aquel que más aporte y presione con sus métodos y al final los juicios serán no la justicia sino lo contrario.

Recuerdo, eran las once de la noche cuando recibí la llamada de Gloria la esposa de Edilberto, quien oficiaba como presidente del quórum de los Elderes. Me pedía dar una bendición de salud para su esposo que había sido herido de bala en la cabeza. Llamé a Abelardo Lasso un joven que oficiaba como líder del Lago II, pues residía muy cerca del hospital y juntos acudimos al hospital, para cumplir con la solicitud. Su esposa desesperada se montó en la ambulancia y pidió a nosotros que le diéramos la bendición, allí mismo, en la ambulancia, y a causa de la urgencia y gravedad accedimos. Los paramédicos procuraron impedirlo, pero lo hicimos con un poco de estorbo de parte de ellos. Fue trasladado al I.S.S. (Entidad responsable de la seguridad social), donde poco o nada le hicieron, pues la gravedad para ellos era tal que no había nada que hacer. A las doce y treinta regrese a casa, pendiente de los sucesos. Al cabo de las dos de la mañana me volvió a llamar la esposa para informarme que había fallecido. Acudí nuevamente a la cita con algo de dinero y la disposición de ayudar a la familia.

A las 5: a.m., con su padre levantamos el pesado cuerpo de aquel buen hombre para colocarlo en la mesa de autopsia de la morgue del hospital. La buena mujer estaba descompensada, y muy afectada. Su familia le acompañaba, pero con su padre nos encargamos de todas las diligencias hasta que fue factible culminar los trámites respectivos. Debíamos cuidar también de la viuda. Ella no podía coordinar acciones, pues se sumió en la desesperanza.

Estuve con ellos hasta las 6.20 de la mañana y debía yo volver a mi hogar, para buscar ropas y baño para iniciar mi jornada laboral a las 7:a.m. deje casi todo el dinero que tenía en mis bolsillos a la viuda y padre del joven para atender las necesidades que pudieran. Marche a casa para continuar con mis responsabilidades.

Edilberto era magnifico joven que en su condición humilde creció en el campo y posteriormente se debió trasladar a la ciudad con sus padres y hermanos, para buscar posibilidades pues en su país, el campo se contaminó por bandidos. Después la familia procuró abrirse paso entre las limitaciones. Allí en Pereira se colocó a trabajar en una empresa de servicios de vigilancia, y seguridad, y en tanto laboraba y atendía el apoyo de su casa paterna, conoció a una joven que un día le compartió las verdades del evangelio restaurado. El creyó ello, se unió a la Iglesia del Cordero de Dios, se esforzó por su formación educativa, aceleradamente y comenzó una nueva vida. Se casó con mucha ilusión con aquella joven y al poco tiempo formaron un hogar extraordinario, hasta que la mafia lo eliminó gracias a que fue víctima de la cobardía de sus compañeros de trabajo, quienes al servicio del narco, lo consideraron un riesgo para los intereses suyos y de sus amigos. El descubrió un cargamento de coca en el lugar de su trabajo y ello lo refirió a su compañero de labor, pero este era cómplice de la red, lo cual le asustó y comunicó a sus jefes. Como sus compañeros de labores conocían su forma de actuar no dudaron en eliminarlo antes de que los denunciara.

La injusticia de la justicia de los hombres, la viviólaafectada esposa de Edilberto, quien ya había informado de los hechos a su esposa, pues el presintió la necesidad de reportar a ella, los riesgos en que se movía desde la noche anterior, a su muerte.

La esposa los denunció y mostró al juez, (pues estos manejan, conocen, corrompen, se mueven, en todas las direcciones), pero el juez se lavó las manos diciendo que allá estaban y si quería denunciarlos fuera personalmente y en sus rostros se los dijera, pero él no se atrevió a dejar plasmado en el informe las acusaciones de aquella pobre mujer que buscaba justicia. Los asesinos frecuentaban en esos momentos el juzgado para garantizar que hacer en caso de denuncias.

Para mí fue duro, pues él era mi presidente de Quórum de Elderes y yo su presidente de Rama en El Lago I de Pereira. Fue muy difícil, ver tantos sueños truncados, pues este buen hombre era un poderoso varón de Dios. Le dieron un tiro a quemarropa en la sien.

Para bien de todos la justicia de Dios llegará y todos pagaremos por nuestras faltas, de ello no me cabe la menor duda. Allá pagará el juez corrupto, los compañeros de trabajo, los narcos que dieron orden de matarle y Dios sabe quién más.

4.2.5 Justo

Aquel cuyos juicios o actos son correctos; que no se inclina ni a derecha ni a la izquierda, a la hora de decidir y por ende no se deja sobornar por ningún bando; quien obrando conforme a la ley y la rectitud, se mantiene firme en sus decisiones.

Prov.11:30-31 /30 El fruto del justo es árbol de vida, y el que gana almas es sabio.
31 Ciertamente el justo será recompensado en la tierra, ¡cuánto más el malvado y el pecador!

- o   Hombre de buena ley tiene palabra de rey.
- o   Juez imparcial da lo suyo a cada cual.
- o   Juez sin conciencia mala sentencia.
- o   Jueces necios y escribanos pillos, siempre los hubo a porrillo.
- o   Juez cohechado, debería ser ahorcado.

Cuento

Un ladrón le dice a la víctima:
Le he engañado. La pistola es de plástico.
Me da igual. Los billetes también son falsos.

Anécdota

Hace algunos años sufrimos un terremoto en la región donde teníamos nuestra residencia.

Muchas poblaciones quedaron afectadas a causa de la intensidad especialmente Armenia la cual quedó destruida en un 60%, y la ciudad donde yo residía también casi un 30%. Todas las compañías de seguros sufrieron los reclamos sobre el particular, sin embargo algunas se las arreglaron para valorar los daños conforme a sus intereses. Mi compañía valoró los daños cuando yo no me encontraba en casa e hizo firmar a mi esposa por la suma de $700.000. Yo conseguí un arquitecto para valorar los mismos conforme a su criterio sin dejar de referir los míos, para que él estuviera al tanto, pero no incluimos las áreas del techo, vigas, y el sótano, solo lo que se visualizaba a simple vista, o alcance de los mismos, y este cuantifico los mismos en $11.000.000. Finalmente mandaron evaluador para analizar los mismos y llegamos a un acuerdo al 50% de lo formulado por el arquitecto, es decir $5.500.000 y con el deduciblequedo en $3.750.000.

Tal suma no fue lo suficientemente justa, pues los daños que avaluaron los arquitectos del Forec (Fondo de Reconstrucciones del Eje Cafetero) para un auxilió me calificaban para darme $8.000.000que era el máximo que le daban a las personas, pero por tener seguro solo califique con el 50%, es decir $4.000.000.

Después de algunos meses inicié los arreglos de casa con los ahorros, más dos créditos, una indemnización laboral de $8.000.000 y la venta de parte de una propiedad rural complete $28.000.000, que fue lo que invertí efectivamente en tal reconstrucción.

Algunos daños eran estructurales lo que implicó reforzar la vivienda con 16 columnas más y sus vigas respectivas. Profundizar los niveles de las zapatas, de las existentes y reforzar los pilotes y columnas existentes. El movimiento de tierra, material de desecho fue bestial. La casa fue reparada, sin embargo estaba asegurada con una prestante firma justo con la que tenía una hipoteca, pero solo me auxiliaron con tal seguro en 12.5%, no obstante que no modifiqué la casa, solo la reparé y aligeré para prepararla para el futuro, conforme a las instrucciones de un ingeniero arquitecto.

Supe de personas que recibieron del estado viviendas nuevas, sinser propietarios, pero eran inquilinos, lo cual fue plausible, y se captó a nivel mundial mucho dinero para ayudar a los necesitados., pero también de esos dineros miles de envilecieron haciendo lo inadecuado.

Posteriormente en casa comenzamos anotar que nos inundábamos en la parte inferior de la vivienda, razón por la cual solicitamos a la empresa municipal reparar las alcantarillas de aguas lluvias del sector, pues en apariencia estaban rotas. Ellos analizaron el problema con muchos expertos, pero no hacían nada, hasta que después de muchas inundaciones les puse una tutela, la cual fue valorada injustamente, por el juez quien indico que no había tales daños en las alcantarillas, sino que mis inundaciones provenían de un sifón inexistente en el sótano, al cual los ingenieros expertos le refirieron, pero estas en realidad entraban por grietas que el agua buscaba en las paredes ante la presión. (El agua busca la salida siempre y ejerce presión ante cualquier debilidad que encuentre)

Después logramos entre los vecinos obtener el apoyo de un político, para que nos resolvieran el asunto de la repavimentación y los cambios de tubería. Con ello se confirmó que efectivamente estaban rotos y desde aquella obra nunca más se dieron inundaciones. Es decir mis reclamos eran correctos, pero el juez manejo el asunto, para favorecer los intereses de quien más le convenía. Yo no ofrecía nada a cambio. Los de la empresa pública no sé qué ofrecían, pero desde el primer contacto con el juez él me insinúo groseramente que reclamaba lo indebido. Mi reclamación consistía en arreglar el alcantarillado, pues ello tarde o temprano terminaría por corroerme los cimientos de la casa.

En conclusión los jueces están para impartir justicia, pero no para decidir conforme a su conveniencia. Menos mal que para la vida eterna no tendremos jueces así, pues el Dios del cielo todo lo sabe, comprende, analiza y sus juicios son justos.

4.2.6 Juventud

Periodo o etapa de la vida caracterizada por la poca experiencia, pero que mantiene el vigor, la destreza, agilidad, y en especial arrojo ante el peligro, o también el temor excesivo. La juventud puede abarcar entre los 12 a los 30 años, tiempo después del cual las capacidades comienzan a menguar de apoco. Respecto de la sabiduría, Dios utiliza hombres jóvenes para ser instrumentos en sus manos, que todavía no han sido contaminados por los caprichos y la sabiduría del hombre, la cual generalmente es contraria a los propósitos y manera de pensar de Dios.

Ocasionalmente el hombre natural menosprecia el conocimiento de los jóvenes, sin embargo para Dios ello lo hace ser objeto de consideración.

Prov22:15 La necedad está ligada al corazón del muchacho, *más* la vara de la corrección la alejará de él.

Prov.23:13-14 /13 No rehúses corregir al muchacho, *porque* si lo castigas con vara, no morirá.
14 Lo castigarás con varay librarás su alma del Seol.

Ecles.12:1-7 **1** AcuÉRDATE de tu Creador en los días de tu juventud, antes que vengan los días malos, y lleguen los años de los cuales digas: No tengo en ellos contentamiento;

2 antes que se oscurezcan el sol y la luz y la luna y las estrellas, y las nubes vuelvan después de la lluvia;

3 cuando tiemblen los guardias de la casa, y se encorven los hombres poderosos, y cesen lasmolineras, porque son pocas, y se oscurezcan los que miran por las ventanas;

4 y las puertas de la calle se cierren, cuando disminuya el ruido del molino, y uno se levante con el canto del ave, y todas las hijas del canto sean abatidas;

5 *cuando* también teman a las alturas y a los terrores en el camino; y florezca el almendro, y la langosta sea una carga, y se pierda el apetito; porque el hombre va a su morada eterna, y los que hacen duelo ronden por las calles;

6 antes que el cordón de plata se suelte, y se rompa el tazón de oro, y el cántaro se quiebre junto a la fuente, y la rueda del pozo se rompa;

7 y el polvo vuelva a la tierra, como era, y el espíritu vuelva a Dios, quien lo dio.

o   Quien a los veinte no puede, a los treinta no sabe, a los cuarenta no tiene y a los cincuenta no reposa; no sirvió para maldita cosa.

o   Lo que hoy parece, mañana perece.

o   Más vale año tardío que vacío

Cuento

Una pareja de viaje en coche de repente pasa por un descampado lleno de cabras ovejas caballos vacas perros y dice la mujer

- ¡¡Anda cariño!! Nosabía que tuvieras familia por aquí

- Si mi amor. Por aquí viven mis suegros y mis cuñados

<u>Anécdota</u>

Cuando en mi juventud me encontraba, podía jugar tres partidos de futbol en el día y no sentía cansancio ni malluga duras al día siguiente, ello a causa de que me ejercitaba continuamente lo cual conllevaba no padecer las incomodidades musculares que se siente cuando hemos estado sedentarios o poco ejercitados.

Una vez dejaba de ejercitarme porque el trabajo o los estudios me absorbían, pude notar que los músculos se dormían y venían las incomodidades de experimentar las molestias en los músculos, especialmente si jugaba algún partido de futbol.

A los 24 años comencé a hacer ejercicios cotidianos dos o tres veces a la semana lo que acondicionó mi cuerpo a dosis de ejercicios intensos de una hora o más tiempo, cada vez con mayor esfuerzo. Eso permitió que fortaleciera mi cuerpo y ya no tuviera más dolores musculares al día siguiente, a no ser que los ejercicios los interrumpiera por más de un mes.

Así continué y cuando tenía 35 años conservaba un estado físico bueno, en el sentido que nunca me cansaba, después de jugar o hacer deporte 4 o 5 horas seguidas combinadas entre futbol, basquetbol o atletismo.

A los 47 años conservaba tal resistencia, eso sí menos veloz, pero si resistencia.

Así llegue a los 60 años cuando la resistencia era aún manifiesta en buen término, pero menos velocidad, al grado de hacer una hora de intensos ejercicios tales como 120 flexiones de pecho en series de 40 o 30. Y 10 o más tipos de ejercicios diferentes. Estos exigían al máximo, como: sentadillas caminatas en cuchillas, o con aparatos para los brazos y piernas, en los parques, etc.

Un buen día después de una sesión de ellos sufrí un infarto y nunca supe si fue por la intensidad de los mismos o porque estaba muy estresado, o a causa del colesterol malo que se acumuló en las arterias.

Lo que sí puedo decir es que no hice caso a los consejos de disminuir el consumo de grasas. Yo pensaba que por los ejercicios jamás podría caer en riesgo de tener colesterol alto, y los consumos de quesos, huevos, carnes, no se controlaron, por lo tanto cuando mi colesterol, que antes no me lo media, llegó a 250, inocentemente me fregó. Allí se me averío la maquina principal, el corazón. Después de colocarme dos esténes, (mallas) y recuperarme continúe haciendo ejercicios, ocasionalmente más intensos, pero sentía que al día siguiente esta máquina se quedaba.

Puedo decir a los jóvenes que sean cuidadosos con su cuerpo, cuiden sus ingestas de alimentos, y procuren escuchar, que nuestro cuerpo está básicamente diseñado para ingesta de frutas, verduras, y pocas salsas, y bebidas, o tarde o temprano te cobraran los descuidos.

Disfruta siempre de tu deporte, este te libera del estrés, pero mantén uno con poco riesgo, pues los que tomes algún día lo lamentarás.

4.3.1 Laboriosidad

Calificativo que se da a quien gusta del trabajo, y lo emprende a cabalidad; actividad de realizar las tareas encomendadas dentro del tiempo esperado, o hasta completarlas si se puede en el mismo día.

Prov.14:23En toda labor hay ganancia, pero las vanas palabras de los labios sólo empobrecen.

Prov.28:19 El que labra su tierra se saciará de pan, pero el que sigue a los ociosos se llenará de pobreza.

- o   Mientras la cigarra canta, la hormiga acarrea y guarda.
- o   No hay mejor andar que no parar.
- o   Nunca es tarde para bien hacer, haz hoy lo que no hiciste ayer.
- o   Quien nada tiene que hacer, coja una escoba y empiece a barrer.
- o   Tarea concluida, otra emprendida.
- o   Más vale plebeyo laborioso, que caballerete ocioso.

o   Contra todo vicio, buen ejercicio.

o   Dios de comer da al que gana para almorzar.

Cuento

El director de la empresa le dice al nuevo empleado que ha llegado tarde;
En mi oficina, joven, exijo que se trabaje las ocho horas completas. ¡Y
punto!
Y el empleado con algo de tranquilidad le responde:
Muy bien señor. ¡Y ¿en cuántos días?

Anécdota

Comencé a laborar desde los 19 años y así continué casi sin parar
hasta que tuve 54 años cuando viaje a España y donde se me impidió
laborar son pena de infringir las normas de inmigración. Fue cuando
intensifique mi dedicación a terminar el primer libro y sueño de terminar
el libro de contabilidad, costos y presupuestos agropecuarios. Durante
los años siguientes trabaje en otros ramos diferentes a mi profesión, pero
no deje de servir a mi hacedor en el Templo y en la Iglesia. Yo pensé que
era muy laborioso, sin embargo al observar a mi ex esposa me di cuenta
que ella era mucho más fuerte y dedicada que yo, con ventajas, pues
sin sacarle punta tonaba los trabajos y oportunidades desde el lunes al
domingo empatando cada semana, una con otra, así todas las semanas
del año, y sin embargo los días a descansar eran pocos o nada.

Ella dedicó los años en que estuvo viviendo en España dándolo todo,
a fin de garantizar la cubertura de nuestras necesidades y así lo ha
hecho por 10 años; sin embargo, perdió, a causa de ello el horizonte,
el propósito de la vida lo relegó y por causa de ello, dejo de escoger lo
importante por lo interesante, incluso su salud, felicidad, testimonio, y
compañía de su familia quedó suplantada a segunda posición.

Deseo sinceramente que ella pueda hacer un alto en el camino especialmente en los trabajos del domingo que es cuando debemos rendir honores y renovar convenios con nuestro hacedor.

Estoy agradecido por la fortaleza y laboriosidad de mi ex esposa, quien de verdad ha mostrado lo que siempre fue: una mujer de hacha y machete, pues aunque antes trabajaba en labores remuneradas en servicio al prójimo, en la Iglesia, y en el hogar fue lejos, pero muy lejos muy superior a mí.

Ella es una gran mujer según la manera del señor, solo que ha relegado su felicidad mayor por aquella que se escapa de las manos y que solo es temporal, la cual no llena el espíritu.

4.3.2 Lavado de Cerebro

Expresión figurada para denotar la acción que se efectúa en la mente de una persona a fin de que cambie de postura, actitud, pensamientos, ideales o curso de su vida.

La parábola siguiente explica lo que ocurre a alguien que se bautiza en la iglesia de Jesucristo, la cual tiene la autoridad legítima de Dios para hacerlo. Se barre y limpia su mente, su corazón, y su cuerpo y Dios no recuerda sus pecados, y se le estimula para seguir batallando contra los espíritus del mal, los cuales procuraran persuadirlo a romper los convenios.

Si la persona no se mantiene firme, el estado de impureza, puede llegar a ser peor que antes.

Jesucristo en esta enseñanza explicó:

Lucas 11:24-26 / 24 Cuando el espíritu inmundo sale del hombre, anda por lugares secos, buscando reposo; y, al no hallarlo, dice: Volveré a mi casa de donde salí.
25 Y cuando llega, la halla barrida y adornada.

26 Entonces va y toma otros siete espíritus peores que él; y entran y habitan allí; y el estado final de aquel hombre es peor que el primero.

o La verdad os hará libres. Jesucristo
o Nada hay tan común en el mundo como la ignorancia y los charlatanes. Cléobulo
o Aconseja al ignorante y te tomará como su enemigo.

Cuento

- ¿Sabías que se utilizan muchos elefantes cada año
para hacer teclas de pianos?
- Es increíble. Los elefantes se pueden amaestrar
para que hagan de todo, ¿eh?

Anécdota

La mayor verdad que mis amigos y primos dijeron acerca de mi cuando me bauticé en la Iglesia de Jesucristo. Expresaron que me habían hecho un lavado cerebral. Efectivamente ello ocurrió y lo curioso del caso es que lo reconozco. Es cierto, allá con mi consentimiento, que fue lo peor, acepte que ello se realizara. Con lejía y Fab (producto detergente) procedieron a realizar una exhaustiva limpieza.

Con **lejía** (**l**as **e**nseñanzas de **J**esucristo **ya**póstoles) y mediante el **detergente FAB** (**f**e / **a**rrepentimiento / **b**autismo) procedieron a sacar toda la suciedad, ideas corroídas, cucarachas, inmundicias acumuladas de años, mala información, odios, rencores, y una vez me lavaron bien, procedieron a cubrirme con una capa protectora llamada don del Espíritu Santo. Allí me remataron, y no me dejaron ni pisca de suciedad, y me previnieron diciéndome que si me volvía a ensuciar, debía arrepentirme, y lavarme, con oración solicitar perdón, ayunar inclusive, y si era muy persistente la mancha que confesara a mi obispo o presidente de rama o al líder de turno. Desde aquel día ya no ando sucio, aunque en ocasiones, me gustaría ensuciarme, pero al recordar, todo lo que pierdo desisto de ello, y mantengo una dura batalla con la adversidad para mantenerme limpio.

En realidad la palabra lavado de cerebro está bien utilizada, y mis amigos y primos, fueron sabios en ello, pues sí que la tienen clara; porque al observar, encuentro que cada letra tiene un valioso significado para describir tal proceso de limpieza:

L = lavar
A =agua
V=verter
A=abundante
D=detergente
O= oídos

Es decir que el significado es lavar con agua y verter abundantes detergentes en los oídos, afin de que escuche los susurros del Espíritu Santo.

D=**Dominar** los deseos e impulsos del hombre natural.

E= **Estimular** el entendimiento, de las enseñanzas de los enviados a explicar el plan de Dios.

C= **Corregir** defectos, ajustar sistemas sanguíneos, nerviosos, musculares, óseo, etc., a fin de que la sangre llegue a todos los lugares y se irrigue y sea un hombre nuevo.

E= **Esparcir** por todo el cuerpo, mente, corazón, etc., los detergentes y agua para que mi cuerpo sea renovado, aceitado, bendecido, purificado, etc.,

R=**Repetir** varias veces la enseñanzas de los principios para que se compruebe si hay entendimiento y claridad en los convenios que piensa realizar.

E= Enseñar los principios y ordenanzas básicos del evangelio a saber: fe, arrepentimiento, bautismo, y confirmación; llenarme de fuerza para ser firme, y una vez realice los pasos iníciales de desarrollar fe en Jesucristo y me arrepienta, entonces proceda a.

B=Bautismo La ordenanza y convenio más importante que un hijo de Dios puede hacer con su Padre Celestial.

R= Rompiendo barreras, vicios, actitudes de indiferencia hacia su creador, y por su supuesto mostrando la reverencia y respeto por sus principios.

O=Obediencia a los mandamientos y perseverar hasta el fin.

4.3.3 Lealtad

Sentimiento de compromiso, respeto, gratitud, apoyo y obediencia hacia su superior, jefe o compañero de trabajo, padres, hermanos, parientes, o líderes.

Prov.25:13 Como frío de nieve en tiempo de la siega, *así es* el mensajero fiel a los que lo envían, pues al alma de su señor da refrigerio.

Prov.27:6Fieles son las heridas del que ama, pero engañosos los besos del que aborrece.

Prov.22:12 Los ojos de Jehová velan por el conocimiento, pero él trastorna las palabras de los pérfidos.

o   Más vale amenaza de necio, que abrazo de traidor.
o   Por ser leal padezco mal.
o   Pocas veces son fieles los que de dadivas se sostienen.
o   El cerebro es embustero, el corazón, verdadero.
o   Quien tiene criado fiel, nunca se deshaga de él.
o   En las obras y lealtad, se conoce la amistad.

Cuento

El médico al paciente:
Bien, el tratamiento ha terminado. Supongo que ahora ya no creerá usted que tiene enemigos imaginarios.
Ya no, doctor....Desde que estoy en sus manos, todos mis enemigos son reales.

Anécdota

En el ejercicio de mi profesión es más lo que tengo que agradecer a mi Dios, que lo perdido. Siempre que marché conforme a la manera en que él esperaba que lo hiciera, recibí la fortaleza y protección, a fin de salir adelante y darme el tiempo en hacerme conocer.

Cuando laboraba en Papeles Nacionales en el departamento de contabilidad disponíamos de una fotocopiadora, para utilizarla copiando, los documentos que se requerían adjuntar, como fiel copia de los hechos contables. Estopermitía la reconstrucción retrospectiva de cualquier transacción financiera, a través del tiempo, conforme a la transparencia que se requería. Ocasionalmente cualquier funcionario podría requerir los servicios de la fotocopiadora, para reproducir partes de textos o revistas que a juicio de cada quién podrían ser útiles. Siempre, con responsabilidad, había que registrar el dato de la cantidad de fotocopiaspersonalesque se hicieran, a fin de que la empresa las cobrara deduciendo de la nómina, el valor respectivo, pues estas era obviamente lógico cobrarlas.

Cuando me retiré de tal empresa y me fui a laborar a Curtiembres Progreso al cabo de 3 o 4 días requerí de los servicios de la fotocopiadora de la empresa. Debía llevar copias de los exámenes que tenía que hacer a mis alumnos de la Universidad, teniendo que reproducir el test unas 30 veces. Al terminar registre el dato en la planilla donde se anotaban las fotocopias y el destino. Como eran personales le coloqué la palabra personales y la cantidad 30, a fin de que me las cobraran, como era mi costumbre en la anterior empresa.

Sentí que además de ello, era mi deber decirle a la secretaria de la gerencia administrativa, que lo hiciera de la nómina, pero no recuerdo si lo hice o no.

Al cabo de unos 15 días tuvimos una visita de uno de los hijos de los dueños, quien era el encargado de asesorar la empresa: don Carlos Antonio Espinosa. Aquel día tal hombre se dirigió a mí en forma descortés en varias oportunidades incluso mentando la madre y expresando palabras de alto calibre, a causa de que le parecía que los problemas de la empresa los causara yo. Después que por más de siete veces realzó tales reclamos, finalmente dejo entrever que todo venía a causa de las fotocopias que había tomado. Alguien muy desleal que era responsable de llevar los registros de los consumos de la fotocopiadora obvió, el dato de que las personalesdebían cobrármelas y si tenía alguna duda, preguntarme sobre el asunto, en vez de referirlo a tal señor. No me dio la oportunidad de explicar porque había anotado mi nombre para que cobraran las fotocopias, prefirió encaminar todos los problemas financieros de la compañía a mi cargo. Yo podría obviar el nombre, y nadie se hubiere enterado sin embargo ello me cualificó como el delincuente de la empresa.

Para fortuna mía con el tiempo conocieron mi forma de ser y me aceptaron con los errores y limitaciones, pues vieron que había algunas cualidades en mí. En tal empresa labore siete años y fue en cuanto conocimiento y madurez profesional donde adquirí mayor formación.

4.3.4 Libertad

Es la facultad que tienen las personas de decidir y actuar sin que esté inducida o coaccionada por otras personas; es la capacidad de tomar sus propias decisiones y actuar conforme a ello, siempre y cuando estas no tengan efectos en contra de lo establecido por la ley civil o la ley de

Dios. Algunas personas ejercen injusto dominio sobre otras debido a la capacidad de mando que tienen sobre otros subalternos. Utilizando la fuerza, para agredir y obligar a otros a someterse a su voluntad, invadiendo los derechos de los demás.

Prov.21:18 El rescate por el justo será el malvado, y por los rectos, el transgresor.

Romanos 6:17-23 / 17 Pero gracias a Dios, que aunque erais siervos del pecado, habéis obedecido de corazón a aquella forma de doctrina a la cual fuisteis entregados;
18 y libertados del pecado, vinisteis a ser siervos de la justicia.
19 Hablo como humano, por la debilidad de vuestra carne; porque así como para maldad ofrecisteis vuestros miembros para servir a la inmundicia y a la iniquidad, así ahora, para santificación, ofreced vuestros miembros para servir a la justicia.
20 Porque cuando erais siervos del pecado, erais libres en cuanto a la justicia.
21 ¿Qué fruto, pues, teníais de aquellas cosas de las cuales ahora os avergonzáis? Porque el fin de ellas es muerte.
22 Más ahora que habéis sido librados del pecado y hechos siervos de Dios, tenéis por vuestro fruto la santificación, y como fin, la vida eterna.
23 Porque la paga del pecado es muerte, pero la dádiva de Dios es vida eterna en Cristo Jesús, Señor nuestro.

- o Hasta para someterse, hay que ser libre; para darse hay que pertenecerse. Jules Michelet
- o La libertad es aquella facultad que aumenta la utilidad de todas las demás facultades. Emanuel Kant.
- o Libre es aquel que necesita poco para vivir y quien está libre de deudas, pecados, remordimientos, es decir quien tiene paz interior. JCIR

Cuento

Llega un tipo a la consulta de un doctor y le dice:
Doctor: tengo un problema.
Muy bien, señor. ¿Cuál es el problema?
Doctor, creo que soy un perro.
Pero ¿Desde cuándo?
Pues desde que era un cachorrito.
Y además de ello mi madre me lo confirma.
¿Por qué?
Porque ella me dice que el corazón me late.

Anécdota

Al hacer algunas comparaciones en cuanto a la libertad, me doy cuenta de que en unos países han alcanzado mucha libertad y en otros un poco menos o casi nada. La libertad de mi país es muy grande, pues allí deambulan los maleantes a sus anchas y como no construyen cárceles nuevas en las poblaciones, (Las existentes en muchas partes llevan más de 50 años de construidas) entonces se opta por colocar la casa por cárcel, con restricciones específicas de salidas, espacios, etc. Se les coloca un mecanismo que transmite una alarma a la policía si se viola ese perímetro determinado.

El asunto es que ello ha hecho que los delincuentes no sientan ningún temor por ser apresado, pues si le dejan en la cárcel, le dan la comida y dormida, y si le liberan, pues mejor para él, porque al día siguiente tu denunciado estará libre y tendrás tu enemigo, para que arregles las cuentas; el asecho está presente y tu sin saber qué hacer, pues el no cesará de buscar la venganza u oportunidad para lograrla.

La libertad se multiplica allá, pues si tú eres sorprendido, puedes hacer uso de un buen abogado y este recibirá tus honorarios, te harán pagar una gran fianza, saldrás prontamente y así seguirás libremente con tu normal forma de vida, pero el agredido o víctima, eso sí estará en peligro.

Si te asesinan, los dolientes podrán lamentarse, pero si no colocas demanda, no obtendrás justicia alguna. Difícilmente se podrá destinar un cuerpo policial a investigar, pues no les alcanza el tiempo para tantos casos cotidianos, como quien dice, todo quedará impune, a no ser de que se trate de un alto funcionario público o interés general, y así se inicie una investigación de fondo.

En realidad hay mucha libertad para hacer del derecho ajeno algo inexistente. Terreno para la injusticia y oportunidades de establecer bandas, guerrillas, bandas de Bacrim, paramilitares, y mucha delincuencia común. Para todos existe la justicia, pero solo si puedes acceder a un abogado que te ponga bolas. Los que puse yo, al final pactaron con el demandado y se beneficiaron ellos, yo no recuperé ni obtuve mucho, pero si pague el precio de abogados.

En otros países la justicia cojea, pero es posible que te llegue y te cobije, e incluso te proteja, pero en Colombia no sabe uno en qué manos estás más seguro. No todos son corruptos, pero de que los hay en cantidades y diversidades, los encuentras en la Dian, guardas de tránsito, Juzgados, políticos, funcionarios públicos de varios colores, y sabores, etc. Así es mi país al que amo, pero donde mis hijos han renunciado volver, pues fueron víctimas de casos y cosas. Desde luego un gran país muy libre...... pero para hacer el mal, pues la inseguridad campea por todos lados, por ello no hay turismo, pues cuando se enteran de que vienes del extranjero se encienden cantidad de alarmas por doquier y entonces yéndote bien te puede ir mal. Al ver los noticieros y el llamado de la ciudadanía pidiendo seguridad, uno lo confirma, pero hay oídos sordos de los líderes, es la triste y cruda realidad. Pero según parece sucede en toda latino-América, países del este de Europa, Asia y África. En conclusión todo está contaminado

4.3.5 Lectura

Es el ejercicio o acción con que el sentido de la vista o el tacto (lenguaje braille), se interpretan los símbolos, escritos o imágenes que se perciben mediante el conocimiento y equivalencia establecidos previamente a los mismos en un lenguaje, idioma o código de caracteres. La lectura permite a las personas enriquecer el conocimiento y con él, aprender destreza para actuar respecto de las situaciones varias, acelerando así la comprensión del funcionamiento de las cosas. La lectura es la base de la cultura, el conocimiento y el descubrimiento de las verdades, en tanto que los escritos tengan el fundamento de la fuente correcta. Se hace sabio quien mediante el ejercicio de la lectura aprende de los libros y aplica correctamente el conocimiento para bien.

Prov.8:**9** Todas ellas son rectas para el que entiende, y razonables para los que han hallado conocimiento

Ecles12:11-14/12 Las palabras de los sabios son como aguijones y como clavos bien puestos, *las* de los maestros de las congregaciones, dadas por un Pastor.
12 Ahora, hijo mío, además de esto, queda advertido: El hacer muchos libros nunca termina, y el mucho estudio es fatiga para la carne.
13 El fin de todo este asunto *que has* oído *es éste:* Teme a Dios y guarda sus mandamientos, porque esto es el todo del hombre.
14Porque Dios traerá toda obra a juicio, junto con toda cosa oculta, buena o mala.

- o   Con los libros los, los muertos abren los ojos a los vivos.
- o   En su estante metido, el libro está dormido; pero en buenas manos abierto, ¡que despierto!
- o   La lectura: pasatiempo, instrucción, consejo o simplemente viaje, tal es el producto de lo leído, y en tanto sea: bueno, útil, y verídico es tanto mejor. JCIR

Cuento

¿Dónde has metido aquel libro titulado? ¿Cómo vivir cien años?
Pregunto Pepa a su marido.
Lo escondí. No pretenderás que esté a la vista de todo el mundo,…
especialmente estando tu madre en casa.

<u>Anécdota</u>

Cuando procedí a leer el nuevo testamento no pude evitar identificarme
con el personaje que enseñaba a las personas; comencé a sentir el deseo
de cambiar, y aceptar que muchas de las cosas que hacía yo, era menester
modificar a fin de que la vida fuera mejor.

Un día después de leer me encontraba con sentimientos extraños, pues
percibí que lo que leía era verdad, que lo que enseñaba era útil, que era
beneficioso para las personas y que aunque al principio no se interpretaba
correctamente, su doctrina era saludable y diáfana. Muchas veces por
más de media hora mis lágrimas bañaron mi pijama o camiseta en
tanto una fuerte impresión me confirmaba que lo que leía era verdad, si,
sentía gozo de leer, pero los sufrimientos e incomprensiones al personaje
protagonista me estremecían y comencé a meditar sobre ello.

Había disfrutado de muchas lecturas, pero jamás había estado tan cerca
de Dios, así fue como un día supe que efectivamente había enviado a su
hijo para enseñarnos como ser mejores. Supe que había pagado por mis
pecados, pero no comprendí bien el asunto. Llegue a saber que había
sido crucificado, pero no entendí que era necesario morir para que yo
algún día también pudiere resucitar.

Me deleite en la lectura de su historia, si, y un día acudí a pedir en oración
por algo y me escuchó y dio lo que necesitaba, Así fue como le descubrí.
Soy feliz por haberme cambiado por medio del conocimiento perfecto
que tuve a través de su lectura, y posteriormente de la instrucción de
sus enviados.

4.3.6 Limpieza

Puede tener varias connotaciones.

Una de ellas al cuerpo, pues refiere a la pulcritud del mismo que hay que mantener a diario, a fin de que sus sudores, no se conviertan en malos olores, como señal de abandono personal.

La otra se refiere a la limpieza de manos y corazón, pues refiere a las no manchadas con sangre por asesinatos por comisión activa o por mandato. También de corazón limpio es aquel en el que no se alojan malos pensamientos, ni actos desaprobados por Dios o la sociedad.

Prov.16:2 Todos los caminos del hombre son limpios ante sus propios ojos, pero Jehová pesa los espíritus.

Prov.25:4-5 / 4 Quita la escoria de la plata, y saldrá una vasija para el fundidor.
5 Aparta al malvado de la presencia del rey, y su trono se afirmará en justicia.

Prov.28:13El que encubre sus pecados no prosperará, pero el que los confiesa y *los* abandona alcanzará misericordia.

Prov.30:12 Hay generación limpia ante sus propios ojos y de su inmundicia no se ha lavado.

o La limpieza de manos y de actos, te da la tranquilidad de saber que no contaminaras nada de lo que toques. JCIR
o La conciencia limpia es igual que la brillantez que se observa en las cosas libres de suciedad. JCIR
o La limpieza de pensamientos turbios se reflejan en tu rostro, al igual que se ve en la claridad del agua, pues invita a beberla. JCIR

Cuento

- Mi tío se quitó de encima 70 kilos de grasa inútil.
- ¿Cómo hizo?
- Se duchó.

Comentario

La limpieza plena aún no la he alcanzado, ya que no ha sido fácil para mí superar dos barreras o aún tres, por las cuales aún lucho con desesperación y ojalá llegue el tiempo en que pueda cristalizarlo. Aprendí que la perfección no se logra en esta tierra, pero si nos podemos esforzar, para que podamos hacer todo lo que esté a nuestro alcance.

Sé que tengo la gran responsabilidad de impedir que a causa de mis fallos, imprudencias, descuidos, negligencias, puedan versen afectadas otras personas que lleguen a preferir no creer en el Reino de Dios sobre la tierra. Ello me hará infeliz y me agradaría que los que estén en esa condición pueda yo hacer lo que mejor pueda, para remediarlo.

Mucho me agradaría que alcanzara a respetar los derechos ajenos, como demando yo por los míos. Me sentiría complacido con pagar el precio justo por alguien que perciba que ha sido vulnerado en sus creencias por mí.

Éxodo 21:33-34 /33 Y si alguno abre un pozo o cava una cisterna, y no los cubre, y cae allí un buey o un asno,
34 el dueño de la cisterna pagará el daño, resarciendo con dinero a su dueño, y el animal muerto será suyo.

4.4.1 Luchar

Es la facultad de enfrentar o combatir a un contrincante utilizando la fuerza corporal, o las armas. Es el esfuerzo para vencer los obstáculos o trabajar con alta determinación por un objetivo específico.

Alguien con seudónimo, el principito, enseño que hay que seguir bailando, aunque la vida te deje sin música. También refirió que debemos atrevernos a caminar, aunque sea descalzo, a sonreír, aunque no tengas motivos, a ayudar a otros, aunque no te aplaudan.

Prov.24:10 Si flaqueas en el día de angustia, tu fuerza es limitada.

o Piénsalo, después motívate, inténtalo y lucha hasta conseguir lo posible e imposible en la vida.
o Algún día diré "no fue fácil, pero lo logré".
o Si lo puedes soñar, lo puedes hacer. Todo depende solo de ti
o La única persona que estará contigo toda la vida, eres tú. Así que ámate, considérate, cuídate y vive orgulloso de ti.
o MANTÉN en tu vida gente que de verdad te quiera, te anime, te inspire, te motive, te haga mejorar, te haga feliz...Si estás con personas que NO hacen nada de lo anterior: ¡Deja que se vayan!

Cuento

La esposa sostuvo una lucha difícil con su yo interior:
Ay Felipe no quería dormirme hasta que llegaras.
Pues yo no quería llegar hasta que tú estuvieras dormida.

Comentario

En realidad las batallas de la conquista de la tierra de Canaán, Jehová fue el que lucho contra los pueblos habitantes de allí, pues a juicio de Dios, estos pueblos se habían vuelto idolatras en extremo y las posibilidades de progreso de los próximos espíritusque iban a nacer de esas generaciones eran mínimas; eso es lo que hemos aprendido de la justificación de la destrucción de aquellos pueblos, algo diferente a lo realizado por el pueblo del Nínive (Asiria), pues ellos atendieron el llamado del profeta Jonás y se arrepintieron y ayunaron por tres días y procuraron ser mejores. Si lo cristalizaron no sabemos, lo que si es que así sucedió. Dios vio que en su última oportunidad ellos escucharon y se humillaron.

Los hombres y mujeres del mundo son llamados por los profetas de hoy para que recompongan sus vidas, den frutos de arrepentimiento y puedan alcanzar las promesas hechas a ellos antes de venir a la tierra. Todos hemos de luchar por alcanzar esas bendiciones, de lo contrario estaremos destinados a sufrir las consecuencias de una destrucción, y privación de lo que podríamos alcanzar, y que por falta de fe, entendimiento, exceso de orgullo, desconocimiento, o tal vez rebeldía, nuestros anhelados planes y proyecciones de la vida premortal se vean truncados.

Los tiempos de refrigerio hacen referencia a una época en que la tierra será renovada y recibirá su gloria paradisiaca; cuando los hombres no harán espadas sino herramienta para trabajar, no habrá corrupción, ni guerras, ni tumultos, ni pobres ni ricos, ni enfermedades, ni contenciones, y mucho menos iniquidad, pues los poderes del maligno serán atados. Todo será luz y conocimiento, progreso, felicidad, buena disposición. Hechos 3:19 Así que, arrepentíos y convertíos para que sean borrados vuestros pecados; para que vengan tiempos de refrigerio de la presencia del Señor,

Conforme a lo anterior se ha enseñado a los hombres lo que podrían recibir, pero muchos están ocupados en labrar en la tierra en donde todo se corrompe. Afanes inútiles es lo que la gente tiene poca credibilidad y ahorros para el futuro muy, pero muy próximo.

4.4.2 Luz

Es la energía luminosa u onda electromagnética que se proyecta sobre los objetos, y que los hace visibles ante la proyección. La luz es la fuente de poder que irradian los astros, y que reciben del sol, reflejándolos mediante rayos luminosos en el espacio y demás objetos o elementos que estén en el foco de iluminación.

También se denomina luz al conocimiento y verdades adquiridas que permiten percibir que es lo bueno y que es lo malo. Se denomina influencia divina a la luz adquirida o recibida del Espíritu Santo, la cual guía a los hijos de Dios que creen y hacen la voluntad de Dios. Todos los hijos de Dios reciben tal luz o influencia denominada Luz de Cristo, pero está condicionada a seguirle acompañando en la medida que hagan lo correcto.

o   Historia es la maestra de la vida y la luz de la verdad. Cicerón
o   La luz es conocimiento correcto, es tan simple que con una buena luz, vemos muy pero muy bien. JCIR
o   Las tinieblas se desvanecen a la luz, al igual que las verdades acaban con la ignorancia y con la insensatez del orgullo. JCIR

Cuento

Están dos amigos muy borrachos y uno le dice al otro:
- No sigas bebiendo que te estás poniendo borroso

Comentario

La luz combate a la oscuridad y cada una buscara la oportunidad para hacer su trabajo, es la batalla que se libra entre los ángeles de luz y los ángeles de tinieblas, por ello debemos estar identificados con lo que nos conviene, a fin de que ahora que tenemos la oportunidad de demostrar nuestra disposición de alcanzar éxito en el segundo estado, no nos dejemos importunar con las tinieblas.

Cuando era líder del Quórum de Elderes del Barrio Leganés, en Madrid, España, enseñe en un discurso un ejemplo simple: Lleve una lámpara al pulpito para demostrar como esa lámpara encendía la luz a medida que yo giraba la manija, dando a entender que por la rotación de la manija se le imprimía fuerza a manera de dinamo, y si incrementaba la velocidad de la rotación, esta se hacía más intensa, y si dejaba de hacerlo ella se ponía tenue, a medida que suspendía la acción, hasta desaparecer.

Para completar este comentario procedo a citar parte de las enseñanzas del Robert D Hales así:

El generar luz espiritual es el resultado de pedalear espiritualmente a diario. Es el resultado de orar, de estudiar las Escrituras, de ayunar y servir, de vivir el Evangelio y de obedecer los mandamientos. "El que guarda sus mandamientos recibe verdad y luz" dijo el Señor, "y el que recibe luz y persevera en Dios, recibe más luz, y esa luz se hace más y más resplandeciente hasta el día perfecto". Mis hermanos y hermanas, ese día perfecto será cuando estemos en la presencia de Dios el Padre y de Jesucristo.

A veces la gente se pregunta: "¿Por qué tengo que ir a la reunión sacramental?" o, "¿Por qué tengo que vivir la Palabra de Sabiduría y pagar diezmos?" "¿Por qué no puedo tener un pie en Babilonia?" Permítanme decirles por qué. ¡Porque para pedalear espiritualmente se requieren ambos pies! A menos que ustedes estén anhelosamente consagrados a vivir el Evangelio —vivirlo con todo "vuestro corazón, alma, mente y fuerza"— no pueden generar la luz espiritual suficiente para hacer retroceder la oscuridad.

Y en este mundo, la oscuridad nunca está lejos; de hecho, siempre está a la vuelta de la esquina, a la espera de una oportunidad para entrar. "Si no hicieres bien" dijo el Señor, "el pecado está a la puerta".

Para concluir podemos decir que es tan predecible como cualquier ley física: Si dejamos parpadear o disminuir la luz del Espíritu, al dejar de cumplir los mandamientos o al no participar de la Santa Cena, orar y estudiar las Escrituras, la oscuridad del adversario entrará con toda seguridad. "Y aquel inicuo viene y despoja a los hijos de los hombres de la luz y la verdad, por medio de la desobediencia".

Prov.13:9 La luz de los justos se regocijará, pero la lámpara de los malvados se apagará.

Las promesas hechas a los que permanezcan fieles es que recibirán luz, y conocimiento y a más luz, más conocimiento:

D. y c. 121: 26-32 Dios os dará conocimiento por medio de su Santo
Espíritu, sí, por el inefable don del Espíritu Santo, conocimiento que no
se ha revelado desde el principio del mundo hasta ahora;

27 el cual nuestros antepasados con ansiosa expectativa han aguardado
a que se revelara en los postreros tiempos, hacia los cuales sus mentes
fueron orientadas por los ángeles, como que se hallaba reservado para
la plenitud de su gloria;

28 una ocasión futura en la que nada se retendrá, sea que haya un Dios
o muchos dioses, serán manifestados.

29 Todos los tronos y dominios, principados y potestades, serán
revelados y señalados a todos los que valientemente hayan perseverado
en el evangelio de Jesucristo.

30 Y también, si se han fijado límites a los cielos, los mares o la tierra
seca, o el sol, la luna o las estrellas,

31 todos los tiempos de sus revoluciones, todos los días, meses y años
señalados; y todos los días de sus días, meses y años, y todas sus glorias,
leyes y tiempos fijos, serán revelados en los días de la dispensación del
cumplimiento de los tiempos,

32 conforme con lo decretado en medio del Concilio del Dios Eterno
de todos los otros dioses, antes que este mundo fuese, que habría de
reservarse para su cumplimiento y fin, cuando todo hombre ha de entrar
en su eterna presencia y en su reposo inmortal.

Leemos en las Escrituras que algunas personas "van a tientas, como en
tinieblas y sin luz" y "[yerran] como borrachos". Andando a tropezones,
podemos llegar a acostumbrarnos a la penumbra de nuestro entorno y
olvidar cuán glorioso es caminar en la luz.

4.4.3 Madres, mujeres

Es aquella figura femenina o hembra que procrea, multiplica la especie,
mediante la gestación y parto cuida, protege alimenta, y educa a su hijo,
hasta que esté en condiciones de ser autosuficiente.

Cuando este ser cumple su papel como tal, es la creación óptima de Dios y la última, la cual se convierte en ángel para los hijos de Dios. Es la mejor expresión de una bendición para los hijos. Es la expresión de la protección, amor y sacrificio.

Algunos se expresan de ellas tal como un miserable lo haría, lo cual los hace indignos de tener una mamá, hermana, hija, esposa.

Prov.31:10-31/ 10 Mujer virtuosa, ¿quién la hallará? Porque su valor sobrepasa grandemente al *de* las piedras preciosas.

11 El corazón de su marido está en ella confiado, y no carecerá de ganancias.

12 Le da ella bien y no mal todos los días de su vida.

13 Busca lana y lino, y con voluntad trabaja con sus manos.

14 Es como nave de mercader que trae su pan desde lejos.

15 Se levanta siendo aún de noche y da comida a su familia y tarea a sus criadas.

16 Considera un campo y lo compra; planta viña del fruto de sus manos.

17 Ciñe de fuerza sus lomos y fortalece sus brazos.

18 Ve que va bien su ganancia; su lámpara no se apaga de noche.

19 Aplica sus manos a la rueca, y sus dedos toman el huso.

20 Extiende su mano al pobre, y tiende sus manos al menesteroso.

21 No teme por su familia cuando nieva, porque toda su familia está vestida de ropas dobles.

22 Ella se hace tapices; de lino fino y de púrpura es su vestido.

23 Conocido es su marido en las puertas *de la ciudad* cuando se sienta con los ancianos de la tierra.

24 Hace ropa de lino y *la* vende, y entrega cintos al mercader.

25 Fuerza y honor son su vestidura, y se ríe de lo por venir.

26 Abre su boca con sabiduría, y la ley de la clemencia está en su lengua.

27 Considera la marcha de su casa y no come el pan de balde.

28 Se levantan sus hijos y la llaman bienaventurada, y su marido *también* la alaba.

29 Muchas mujeres han hecho el bien, mas tú las sobrepasas a todas.

30 Engañosa es la gracia y vana la hermosura; la mujer que teme a Jehová, ésa será alabada.

31 Dadle del fruto de sus manos, y alábenla en las puertas sus hechos.

o   Más grande que una mamá?

o   La mamá es la mamá, así de simple.

o   La madre tierra ¿Hay acaso algocomparable?cuantas veces nos ha dado todo lo que necesitamos como: aire, sol, agua, frutas, alimentos de todo género, materiales para protegernos y fabricar elementos de consumo y bienestar. Entonces a reciclar y bien. JCIR

o   ¿Cuál de tus hijos quieres? El menor mientras crece y el enfermo mientras adolece

o   Madre hacendosa hace hija perezosa.

o   Madrastra, con el nombre basta.

Cuento

Volviendo al teatro:
Pepito soplaba la nariz desde el inicio de la función, irritando a la señora que estaba a su lado.
Niño ¿no tienes un pañuelo?
Sí, pero mi madre no me deja que se lo preste a nadie.

Anécdota

Algunos hombres toman lo más preciado que tienen para ofender a otros con el nombre más respetado, cual es la madre. Ninguna mamá se podrá sentir bien al escuchar a su hijo ofender la madre de otro, sobre todo cuando ni siquiera le conoce, no sabe de sus limitaciones, sus sacrificios. Quizás ese miserable hombre no sabe colocar un pañal, limpiar una cocina, hacer un alimento, o incluso mitigar un dolor, o tal vez administrar una medicina, hacer una curación, etc.

Una mamá es: una enfermera, psicóloga, maestra, costurera, cuidadora, protectora, guardián, medica, además es un ángel, chef, en fin lo es todo. ¿Hay algo mejor y mayor que una mamá?, pues no. Menos mal que Dios nos dio mamás para que nos hicieran hombres. Ojala pudiera yo pagar el precio de tener una mamá, en la tierra.

Mi madre por ejemplo me defendió de una vaca recién parida que se sintió amenazada cuando en la finca de mi padre, no sé por qué razón, el animal las emprendió contra nosotros los cuatros pequeños hijos. Mi hermano mayor con 5 años, mi hermano Germán con 4, yo con escasos 3 y me hermano menor de escasos 2 meses de nacido.

Recuerdo que era una mujer de armas tomar. En una ocasión un sargento del ejército se presentó ante la puerta de casa para hacer reclamos de nosotros sus hijos, pues parece que los chicos de la cuadra hacíamos mucho ruido en la calle. Yo tendría quizás 8 años, sin embargo éramos en la cuadra varios pequeños en crecimiento y como no había mucho tráfico, en esa calle, no había problemas para que jugáramos allí. No recuerdo si estaba o no pavimentada.

El hombre se presentó en la puerta haciendo alarde de un sable con que seguramente amedrentaba a los soldados u otros de la población civil. El caso es que mi madre al escucharle rápidamente ingreso en casa y cuando menos pensamos estaba con un machete en mano dispuesta a hacerse picar, devolviendo con palabras que no quiero repetir e invitándolo a que le arrancara, para ver cuántos quedaban vivos. No debería ser la forma, sin embargo, ella lo primero que le ocurría era ponerse nerviosa, pero no se quedaba petrificada, sino que reaccionaba enfrentado con lo que tuviera a la mano cualquier tipo de amenaza. Así vi correr ladrones que entraron en casa en cuatro veces distintas, también quedar el reloj de mesa hecho añicos cuando un ladrón lo tomó, pero al ver a mi madre tirarle muchas cosas prefirió soltarlo en su carrera.

Ella siempre estaba dispuesta para hacer frente al peligro aunque le costara morir.

Criar y proteger cuatro varones en tiempos cuando la T.V. no estaba disponible, para nosotros, no le fue fácil, y especialmente cuando los únicos electrodomésticos en casa eran una plancha y un radio de tubos que cogía todos los ruidos posibles.

Mi madre era quien disfrutaba salir con sus cuatro hijos a caminar y se sentía orgullosa de verlos jugar al futbol o correr una carrera entre amigos del vecindario. O escuchar las proezas de alguno de sus hijos o enfadarse por una embarrada de uno de ellos.

Esa era la mamá que nos tocó, y no sé si había una mejor, más valiente, amorosa, dedicada y sufrida que ella, pero yo no la cambio por ninguna. Mi padre partía el martes en la mañana para los campos a hacer sus trabajos de inspección de tierras y ganados para que los campesinos pudieran acceder al crédito y regresaba el sábado o el viernes en la noche. Mi madre era papa y mamá cuando mi padre no estaba, pero en tanto ella estaba era suficiente. Estoy seguro que mi Padre Celestial no dudo un minuto en la capacidad de ella y cuando sus lágrimas bañaron su rostro, él estaba allí para fortalecerle.

4.4.4 Madurez

La edad es buena para utilizar el talento aprendido, en el trabajo y tomar decisiones apropiadas, sin embargo en asuntos de misterios de Dios él prefiere escoger los más jóvenes e inexpertos para enseñarles, pues no tienen los problemas de caprichos y conocimiento de hombres naturales, lo cual les impide ver con claridad la simplicidad de lo eterno.

Ecles.4:13 Mejor es el muchacho pobre y sabio que el rey viejo y necio que rehúsa ser aconsejado.

- o   Conforme aumentan los años aumentan los desengaños
- o   La vejez empieza cuando los recuerdos pesan más que las esperanzas.
- o   Llegar a viejos queremos verlo. Pero sin serlo.

Cuento

Un borracho llega a su casa como una cuba...con mucho hipo de la borrachera y llama a la puerta de su casa: toc...Toc...Toc... y no le abren; se pone a gritar a su mujer:

- ¡Golondrina…. hip...hip... ábreme la puerta, pichoncita, ábreme...... hip...hip..., la puerta; gorrioncillo pecho amarillo, ábreme la puerta hip….hip..,!

- En eso su mujer tiernamente le abre la puerta, al verla el borracho la ve y la dice:

-¿Por qué no me abrías URRACA...?.

Comentario

Cuando Jesucristo enseñaba, algunos de los líderes le pretendían poner en entredicho para juzgarle, pues ellos no se detenían para meditar, preguntar, analizar si lo escrito y dicho era verdad. Igual sucede hoy con los líderes de las Iglesias del mundo, que en vez de preguntar si la doctrina que se enseña es de Dios o de quien. En el mar de confusión, que se desenvuelven aunque saben que la verdad ha de ser restaurada y viéndola, insisten en negarla. Tienen ojos para ver, pero no lo hacen, y oídos para escuchar, pero oyen pesadamente. Ojala tuvieran la humildad de preguntar sinceramente donde están parados. La madurez es sinónimo de capacidad, para no dejarse engañar.

Mateo 15:1-20/1 Entonces se acercaron a Jesús ciertos escribas y fariseos de Jerusalén, diciendo:

2 ¿Por qué quebrantan tus discípulos la tradición de los ancianos?, pues no se lavan las manos cuando comen pan.

3 Y respondiendo él, les dijo: ¿Por qué también vosotros quebrantáis el mandamiento de Dios por vuestra tradición?

4 Porque Dios mandó, diciendo: Honra a tu padre y a tu madre, y: El que maldiga al padre o a la madre, ciertamente morirá.

5 Pero vosotros decís: Cualquiera que diga a su padre o a su madre: Es mi ofrenda a Dios todo aquello con que pudiera ayudarte,

6 ya no tiene que honrar a su padre o a su madre con socorro. Así habéis invalidado el mandamiento de Dios por vuestra tradición.

7 ¡Hipócritas! Bien profetizó de vosotros Isaías, cuando dijo:

8 Este pueblo con sus labios me honra, más su corazón lejos está de mí.

9 En vano me honran, enseñando como doctrinas mandamientos de hombres.

10 Y llamando hacia sí a la multitud, les dijo: Oíd, y entended:

11 No es lo que entra en la boca lo que contamina al hombre; sino lo que sale de la boca, eso contamina al hombre.

12 Entonces, acercándose sus discípulos, le dijeron: ¿Sabes que los fariseos se ofendieron cuando oyeron esta palabra?

13 Pero respondiendo él, dijo: Toda planta que no plantó mi Padre Celestial será desarraigada.

14 Dejadlos; son ciegos guías de ciegos; y si el ciego guía al ciego, ambos caerán en el hoyo.

15 Y respondiendo Pedro, le dijo: Explícanos esta parábola.

16 Y Jesús dijo: ¿También vosotros estáis aún sin entendimiento?

17 ¿No entendéis, aún, que todo lo que entra en la boca va al vientre y es echado en la letrina?

18 Pero lo que sale de la boca, del corazón sale; y eso contamina al hombre.

19 Porque del corazón salen los malos pensamientos, los homicidios, los adulterios, las fornicaciones, los hurtos, los falsos testimonios y las blasfemias.

20 Estas cosas son las que contaminan al hombre; pero el comer con las manos sin lavar no contamina al hombre.

4.4.5 Maestro

Dícese de aquel que transmite conocimiento a través de la enseñanza o que por la perfección, elegancia y relevancia de sus obras, actuaciones o instrucciones, sobresale.

Ecles.7:5-6 / 5 Mejor es oír la reprensión del sabio que la canción de los necios.

6 Porque la risa del necio es como el crepitar de los espinos debajo de la olla.

- o El vestido del criado, te dirá quién es su amo.
- o El tiempo es gran maestro
- o En cosas que importan poco, el mucho porfiar, es de locos.

Cuento

Después de arreglar un grifo en 10 minutos, el fontanero presenta una factura de 500 €

El cliente, escandalizado, protesta:

- Oiga señor fontanero, yo soy abogado y no cobro por mi consulta ni la mitad de lo que usted me está cobrando.
- Ya lo sé, contesta el fontanero, cuando yo ejercía de abogado también cobraba la mitad

Historia

No hay duda que hay muchos maestros en la crianza o enseñanza de nosotros. Entre ellos nuestros padres, abuelos, tíos, tías, líderes de la iglesia, maestros de escuela dominical, colegio etc., sin embargo la persona que más sobresale es la madre, y después su padre, en tanto estos desempeñen su papel previsto.

Ellos son los responsables delante de Dios. No hemos de ignorar esto, porque los pecados de ellos recaerán sobre nuestras cabezas. Así lo revelo Dios a nuestro profeta, José Smith.

Mi padre no nos perdonaba, y usaba los métodos que son reprobados hoy, sin embargo el no recibió formación para educarnos. Él fue levantado con dureza en medio de nueve hermanos donde eran cinco hombres siendo el mayor. Mi padre cuenta que su padre no le pasaba media a ninguno, pero a él menos, pues era el responsable de todo. En tiempos de

1915 a 1935 en mi país era difícil la vida, tiempo de su juventud y niñez, pero a pesar de todas las exigencias de su padre, aprendió carpintería, y se convirtió en inspector agropecuario de la Caja de Crédito, formado por el Sena y además trabajo en el Comité de Cafeteros.

Era muy estimado por muchos agricultores y ganaderos, porque el sabia diagnosticar las enfermedades de los animales vacunos, porcinos, ovinos, caprinos, equinos, y de aves de corral, y asesoraba apropiadamente a ellos.

Además podía diagnosticar las deficiencias de los cultivos a través del análisis de su desarrollo, las hojas tallos, flores, o frutos. En su finca los controles fitosanitarios los efectuaba él, personalmente.

Era muy agradable en sus conversaciones y todavía conservamos muchos de sus apuntes. Siempre daban buenas referencias de él, quienes le conocieron, aunque con nosotros nos manejó con firmeza, y poco cariño, era la forma de esa época. También recuerdo a mi primer maestro de primaria el profesor Martínez, nunca le vi castigar físicamente a nadie, pero al menos entre más de 60 chicos él pudo enseñarme a mí a leer y a escribir. No se cómo tuvo éxito, en ese tiempo, no asistíamos a kínder ni pre kínder, solo de una al primero.

También tuve otras maestras además de mis padres, mis tías, hermanas de mi padre, fueron importantes para la enseñanza nuestra.

Pero indudablemente me hubiera gustado conocer la iglesia desde niño a fin de poder salir a una misión, para así aprender muchas cosas, especialmente compartir mi testimonio de Jesús con otros, pues así fue como a mis 26 años cambie mi vida, y desde ese tiempo ser un hombre diferente, de todas formas mi maestro el Salvador Jesucristo ha sido, es y será mi mejor maestro. No me cabe duda.

4.4.6 Mandamientos

Son las normas de convivencia, respeto y leyes que Dios estableció para que los hombres fueran probados y demostraran obediencia y respeto a la Deidad, y su prójimo.

Prov.6:20-29 / 20 Guarda, hijo mío, el mandamiento de tu padre, y no abandones la enseñanza de tu madre;
21 átalos siempre en tu corazón, enlázalos a tu cuello.
22 Te guiarán cuando camines, cuando duermas te guardarán, y hablarán contigo cuando despiertes.
23 Porque el mandamiento es lámpara, y la enseñanza es luz; y camino de vida son las correcciones de la disciplina,
24 para guardarte de la mala mujer, de la suavidad de la lengua de la mujer extraña.
25 No codicies su hermosura en tu corazón, ni te cautive ella con sus párpados,
26 porque a causa de la ramera el hombre es reducido a un bocado de pan, y la adúltera caza la preciosa alma del hombre. 27¿Tomará el hombre fuego en su seno sin que sus vestidos se quemen?
28 ¿Andará el hombre sobre brasas sin que se quemen sus pies?
29 Así le sucede al que se llega a la esposa de su prójimo; no quedará sin culpa ninguno que la toque.

- o   Los mandamientos son el manual de instrucciones. para vivir en paz y armonía con los demás. JCIR
- o   Los mandamientos son la fuente la doctrina del derecho. JCIR
- o   Libre es aquel que puede vivir dentro de los mandamientos. JCIR

Cuento

Un ladrón le grita a otro, en medio de un asalto:
- ¡Viene la policía!
- ¿Y ahora qué hacemos?

- ¡Saltemos por la ventana!
- ¡Pero si estamos en el piso 13!
- ¡Este no es momento para supersticiones!

Comentario

Cuando era niño mis padres me daban pequeñas instrucciones en cuanto a no llevar todo a la boca. A medida que crecía me enseñaban a caminar y a pararme a pesar de mi deseo de seguir en el suelo. Tan pronto aprendí a caminar, me instruían para que no me hiciera daño con los objetos que había en casa y así fuera cada vez más libre, sin que estuvieran pendientes de mí. Tan pronto fui capaz de dominar mis impulsos de tomar todo, aprendí que había cosas que no podía tomar, pues no sabía usarlas aún. Una vez siendo, joven podía salir con horarios restringidos y un área definida, no fuera que me perdiera.

Cuando me hice adulto, ya era responsable de mis actos y si algo salía mal, era porque había olvidado o desobedecido alguna instrucción vieja de mis padres.

Los mandamientos que mis padres me daban eran para protegerme y no para coartarme la libertad. Así son los que Dios nos da, simplemente son para ayudarnos a trasegar en la vida terrenal y prepararnos para vivir en un mundo mejor, con más libertades y responsabilidades.

Los primeros cinco son para honrar y demostrar amor por nuestros padres tanto espirituales como terrenales, y los cinco siguientes resumen nuestro trato y respeto por el prójimo.

Igual sucede con sus hijos a medida que somos capaces de dominar los diez mandamientos, se nos dan más cosas a fin de poder trabajar en su obra y progresar cada vez más.

Entre los nuevos mandamientos tenemos: La ley del Diezmo, para que administremos con sabiduría los recursos económicos que recibimos, nos probemos hasta qué punto nuestro Padre Celestial está primero y demostremos fe.

Las ofrendas, a fin de que ayudemos a los necesitados a medida que Dios nos ayuda a nosotros. Con los ayunos nos acercamos más a Él. Nuestro sacrificio demuestra obediencia, y a la vez persuade por su apoyo en algo específico.

La lectura de las escrituras, a fin de que seamos autosuficientes y permanezcamos en el sendero, recibiendo cada vez más luz para ver entre las tinieblas del mundo, y no confundamos el camino.

Asistir el domingo a la Iglesia me sirve para renovar los convenios y así tener derecho a la protección de Dios y sus ángeles en cada semana, pues no siempre hay suficiente fe, poder, fuerza, autodominio en mi cuerpo almacenada, mejor dicho no tengo un tanque tan grande para almacenar gasolina.

Prestar servicio al prójimo y a su Iglesia, pues así engrandecemos el Reino de Dios sobre la tierra, y almacenemos suficiente fuerza para las difíciles batallas que se libran contra el maligno.

Hacer la obra por los muertos y antepasados, para lograr pagar el precio de llevar sus apellidos, y haberme preparado para que yo hubiera nacido en el tiempo mejor donde los templos y los montes de Sion estarían construidos. Así unos y otros nos beneficiemos de la obra de Dios. Un día ellos confiaron en que la promesa que les hice de salvarlos era verdad.

El mandamiento de enseñar y testificar a otros, a pesar de la renuencia de ellos a no escuchar, pues también yo equivocadamente me hice el sordo, pero si alguien me hubiera abierto los ojos con sincero interés, como lo hizo don Eduardo Ibáñez, cuando me exhorto a responder ¿Qué es para mi religión, y yo con pretencioso conocimiento quise definirlo como algo vano? El me respondió. Está equivocado, haciéndolo tres veces después de mis fallidos intentos de definirle tal palabra, y en medio de mi inmensa ignorancia preferí callar y documentarme, y después de documentarme con las verdades, hoy agradezco a él por esa pregunta tan determinante, para que yo me motivara a saber sobre el tema. Nose imagina él cuanto beneficio trajo ello a mí, ya que gracias a ese deseo de hablardel tema, yo aprendí lo que no sabía, lo que mi ignorancia no percibía. El mandamiento de enseñar, testificar, y predicar, con amor a mi debo cumplirlo, y me agrada hacerlo, pues yo sé lo que es correcto, aunque no todos ahora lo entienden, pero después se entristecerán por no haberme escuchado.

4.5.1 Matrimonio

Es el convenio o contrato legal entre un hombre y una mujer. Fue decretado por Dios, para multiplicar la especie y vivir en carne propia, mediante la crianza de los hijos: los desafíos, preocupaciones y dificultades que acarrea ayudarlos convenientemente a que sean personas de bien; y después de la prueba terrenal, puedan volver a su presencia.

Ecles.4:8-11/8 Está un hombre solo y sin nadie, que no tiene ni hijo ni hermano; más nunca cesa de trabajar, ni sus ojos se sacian de riquezas ni *se pregunta:* ¿Para quién trabajo yo y privo a mi alma del bien? También esto es vanidad y duro trabajo.
9 Mejor son dos que uno, porque tienen mejor paga por su trabajo.
10 Porque si caen, el uno levantará a su compañero, pero, ¡ay del que está solo!, porque cuando caiga no habrá otro que lo levante.
11También si dos duermen juntos, se calentarán mutuamente; pero, ¿cómo se calentará uno *solo*?

- o   Dicen del matrimonio que al que no mata lo desfigura, sin embargo no conozco otro medio, para crecer y demostrar que sirve para algo sólido. JCIR
- o   El matrimonio es para los valientes, y seguramente los mancebos dicen lo contrario, pero quien no lleva al altar a quien ama o legaliza su relación, no le hace feliz y digna de recibir la

aprobación de su Padre Eterno, privándole innecesariamente de sus bendiciones, es decir le pone a caminar a ciegas. JCIR

o   El matrimonio entre el hombre y la mujer lo instituyo Dios, lo demás no es de Dios, por lo tanto se priva a los suyos de lo mejor de lo mejor. JCIR

Cuento

Estaba una familia de gitanos reunida ante el féretro del padre recién fallecido, cuando el hijo menor dice:

- Ahora tendremos que hacer realidad la última voluntad de nuestro padre: Ser enterrado con un millón de euros en el ataúd.

El hijo mediano añade:

- Sí, bueno.....pero en realidad sólo pondremos 750.000 euros, porque hay que descontar el IRPF.

El hijo mayor cae en la cuenta y añade a lo ya dicho:

- También tendremos que deducir el IVA…

En esto, la viuda entra en la conversación de forma contundente y dice:

- ¡Basta ya! Vuestro padre no merece estos regateos. Se le enterrará con la tarjeta de crédito….y que él gaste cuanto le apetezca.

Comentario

Algunos matrimonios fallan porque una de las dos partes, al menos no cumple su papel pleno de hacer que la otra parte reciba también lo mejor por satisfacer la justicia y equidad.

Cuando ello falla vienen las reclamaciones, momentos difíciles y además a las naturales pruebas, se han de enfrentar solos.

El matrimonio fue instituido por Dios para que los mismos ayudaran a traer los espíritus al mundo y estos espíritus fueran probados conforme al plan establecido y a nuestras promesas de obediencia, esfuerzo y empeño.

En el matrimonio se han de trasegar las montañas, los ríos, los mares, y por supuesto los desiertos;pero si no se hace con la bendición y apoyo de Dios, será como intentar sembrar en el desierto, o quizás sembrar para recoger espinos, ya que las fuerzas del mal estarán pendientes, para entorpecer cualquier forma de hogar donde haya hijos y estos reciban las enseñanzas básicas, para que los hijos aprendan a vivir conforme los dictados del Dios del cielo.

Si un matrimonio se establece según Dios, las fuerzas del mal atacaran y mucho, pero tendrá las ayudas del Padre Celestial. En el caso contrario, seguramente las fuerzas del mal los ayuden o no le ataquen, pero recogerán tempestades, deshonor y además muchas más tristezas que si ordenara las cosas según Dios.

Si falla es porque una parte o las dos abandonaron la lucha de hacer lo correcto; entonces se encontraran solos y las fuerzas del mal se ensañaran con ellos, y es la oposición que prometió hacer el maligno se cumplirá.

He visto en muchos matrimonios estas realidades, a mí alrededor, y los he visto sucumbir cuando se abandona en parte o totalmente lo correcto. Así se abren puertas para que el enemigo disfrute viéndonos sufrir;así de simple.

Hoy más que nunca esta sagrada institución se ve afectada, amenazada, e incluso suplantada por todas formas de vicios y ajustes indebidos, ya los hay del mismo sexo, no sé de quién se quieren burlar, o a quien quieren hacer reír, porque de seguro no son aprobados por Dios.

Cada quien vive como desee; sin embargo no pretenda por ello hacer infelices a niños pretendiéndolos adoptar, pues el matrimonio no es solamente suministro de alimentos, albergue, o incluso dinero para estudios etc., es algo más que eso. No sé qué le responderán a Dios, los jueces que entregan en adopción a parejas del mismo sexo, pero no quisiera estar en su lugar.

Con que cara responderán aquellos a sus chicos cuando se les indague por su madre o no sepa responder cuál es su padre.

El juez que autoriza tal cosa es semejante a aquel quele da por perfumar el estiércol; no tengo nada contra los homosexuales, pero creo que podrían darle un poco de respeto a sus familias, un poco de respeto a si mismo le permitiría mantener ocultos aquellos problemas. No conviene a nadie que te los divulguen, porque no son bien vistos, o no es lo correcto, va en contravía y que no diga que nació así, sino que se degeneró. Así de simple; Dios no es un ser de confusión. Cada uno lucha con problemas, unos de una manera y otros de otra, pero hemos de superar, clamar a Dios por ayuda, y entonces así cada quien mantenga su horizonte según lo que debe hacerse y bien, pues en contravía arrastra en sufrimiento a los que pasan y seguramente siempre serán sus seres queridos, aún a su Padre Celestial, entonces el padre de las mentiras debe estar carcajeándose.

4.5.2 Meditar

Hacer énfasis en almacenar las ideas, para buscar después el desarrollo de ellas o procurar acciones, una vez las ha analizado, proyectando las causas y los efectos. Mirar retrospectivamente un hecho, para buscar soluciones si son problemas o recomponer el trayecto.

También es pensar, reflexionar, profundamente sobre cualquier asunto.

El ejercicio de meditar en la creación, leer escrituras, y asuntos del porque estamos aquí, trae consigo la revelación. Podríamos según Jaime de la Torre aplicar esto: Meditación + Oración = Revelación.

Eclas.9:17-18 /17 Las palabras del sabio en quietud son más oídas que el clamor del gobernante entre los necios.
18 Mejor es la sabiduría que las armas de guerra; pero un solo pecador destruye mucho bien.

o Meditar y repensar son dos cosas parecidas, pero siempre se ha de meditar antes de actuar. Cuando no lo hice el resultado no fue lo que esperaba. JCIR

o Meditar está hecho de acciones: Analizar: el pasado, el escenario, las herramientas, los recursos, las posibilidades, los tiempos, y por supuesto el conocimiento. Sí, son los resultados del valorar los pros y los contras, las causas y los efectos. JCIR

o El meditar es el principio del bien actuar, si es para bien, pues lo contrario es maquinar. JCIR

Cuento

Al Instituto Anatómico forense llega el primo de un fallecido para identificar el cadáver. El encargado de acompañarle a tal evento le pregunta:

¿Recuerda algún defecto o marca física que nos ayude en su reconocimiento?

Claro que sí… Al meditar el hombre expresa: sí…Sí. Lo tengo…. Él era sordo del oído izquierdo.

<u>Anécdota</u>

Cuando en 1.979 hice mi primera oración a mi creador y Dios, quedé sorprendido, pues la respuesta fue ipsofacto, inmediata.

Medité varias veces al respecto, y deduje quizás fue coincidencia, pero dos veces más tuve que pedir nuevamente, para arreglar la condición existente y también se dio. El asunto es que tres veces seguidas no podría ser coincidencia, medite, en tanto recorría el trayecto en autobús de camino a casa, desde Armenia a Cartago. Dos horas con las esperas del bus y la salida, me dieron esa oportunidad de meditar y saber por mí mismo que Dios responde las oraciones.

Yo pedí que se me ayudara en el examen, pues no obstante haber estudiado todo elmaterial, aquellas preguntas o no las entendía o no estaban en el material asignado. Con una mente confusa, ofuscado y lleno de pánico entre en turbación, lo cual me llevó a clamar en oración ami Dios buscando ayuda, y lo que sucedió fue que se fue la luz. Esa era la ayuda que podría darme el Dios, pues iluminación en temas desconocidos ¿de dónde saldría? La luz intento regresar y volví a pedir que se fuera del todo, y después debí persuadir al profesor para que con vela no se hiciera, pues el tiempo pasaba y el autobús de regreso pasaría prontamente. Pude llegar a un acuerdo de que al día siguiente haría el examen en su oficina, a lo cual accedió.

Así las cosas me daban la oportunidad de tener otras preguntas o por lo menos indagar al respeto.

Me perdonan que repita tal escena tantas veces, pero es que fue verdad. Al día siguiente me presente en su oficina según lo acordado, pero ésta vez yo podía responder las preguntas sin vacilación, y así lo hice resolviendo el cuestionario sin dificultades.

Desde aquel día mis oraciones, han estado presentes, cada día, para buscar protección, apoyo y ayuda en los momentos de dificultad e incertidumbre y en tanto yo he sido obediente la ayuda no se ha hecho esperar. Ese es mi testimonio de lo que sé, he vivido y lo cual comparto al mundo, y a quien desee creer, lo invito a meditar en ello, e intentar probarlo con oración.

4.5.3 Milagros

Es un evento extraordinario, o fuera de lo común causado por el poder Divino o Espiritual. Entre ellos reconocemos lascuraciones de leprosos, ciegos, paralíticos, cojos, etc., sin embargo también lo son la restauración de la vida a los muertos, pacificación de los elementos como tempestades, y otros más. Jesucristo realizó muchos de ellos, por el poder y autoridad del sacerdocio de Dios.

Algunos pueden obrar milagros, para confundir y estorbar los propósitos del plan de Dios, o no provenir de ese medio.

Los poseedores del sacerdocio legítimo de Dios los hacen en la medida que cumplamos los requisitos básicos a saber:

1-fe (confianza) en que se hará por la creencia (Marcos 6:5-6)

2- La voluntad de Dios en la medida que Él observe en los oficiantes y el receptor: méritos, necesidad, beneficios, etc., pues Dios nos conoce y sabe de la condición individual.

3-El poder y autoridad de Dios cual es el Sacerdocio delegado al hombre.

4-La dignidad necesaria de ambas partes. (Beneficiario y autor).

Por medio del ayuno se manifiesta el deseo, la humildad y disposición, pero debe ser aprobado por Dios, y así el poder y autoridad surten los efectos y requisitos enseñados.

Dios no es un ser de confusión, sin embargo los poderes del mal también hacen milagros, los cuales traerán consecuencias para esclavitud. La causa y el efecto aplica según los medios utilizados (Marcos 2:1-12)

(Marcos 6:5-6)5 Y no pudo hacer allí ningún milagro; solamente sanó a unos pocos enfermos, poniendo sobre ellos las manos.

6 Y estaba asombrado de la incredulidad de ellos. Y recorría las aldeas de alrededor, enseñando.

(Marcos 2:1-12)1 Y ENTRÓ Jesús otra vez en Capernaúm después de algunos días, y se oyó que estaba en casa.

2 Y de inmediato se reunieron muchos, tantos que ya no cabían ni aun a la puerta; y él les predicaba la palabra.

3 Entonces vinieron a él unos trayendo un paralítico, que era cargado entre cuatro.

4 Y como no podían acercarse a él a causa del gentío, destaparon el techo de donde él estaba y, haciendo una abertura, bajaron el lecho en que yacía el paralítico.

5 Y al ver Jesús la fe de ellos, dijo al paralítico: Hijo, tus pecados te son perdonados.

6 Estaban allí sentados algunos de los escribas, los cuales, pensando en sus corazones,

7 decían: ¿Por qué habla éste así? Blasfemias dice. ¿Quién puede perdonar pecados, sino sólo Dios?

8 Y conociendo al instante Jesús en su espíritu que pensaban así dentro de sí mismos, les dijo: ¿Por qué pensáis estas cosas en vuestros corazones?

9 ¿Qué es más fácil, decir al paralítico: Tus pecados te son perdonados, o decirle: Levántate, y toma tu lecho y anda?

10 Pues para que sepáis que el Hijo del Hombre tiene potestad en la tierra para perdonar pecados (dijo al paralítico):

11 A ti te digo: ¡Levántate!, y toma tu lecho y vete a tu casa.

12 Entonces él se levantó en seguida y, tomando su lecho, salió delante de todos, de manera que todos se asombraron y glorificaron a Dios, diciendo: Nunca hemos visto tal cosa.

- o Los milagros vienen solo donde hay fe. JCIR
- o Los mayores milagros de hoy son los cambios de corazón. JCIR
- o Con la bendición del Sacerdocio, la voluntad de Dios y la fe de las personas los milagros llegan. JCIR

Cuento

Dos amigos se encuentran por la calle:
- ¿Qué tal te va la vida?
- Fatal, el otro día enterramos a mi tío.
- ¡No me digas! ¿Cómo paso?
- Pues nada, estaba en el balcón haciendo una barbacoa y de pronto se acercó demasiado al fuego y..
- Ya, se quemó vivo, ¿no?
- No, qué va. Del susto se echó hacia atrás y tropezó con la barandilla del balcón...
- Sí, y se cayó por el balcón y se mató, ¿no?

- No. Resulta que en la caída se pudo agarrar a la cornisa, pero se empezó a resbalar y...
- Ya, se la dio contra el suelo, ¿no?
- Qué va. Alguien llamó a los bomberos, que habían puesto debajo una lona, pero tuvo tan mala pata que rebotó y...
- Por fin se la pegó, ¿no? (El amigo empieza a ponerse nervioso)
- No, en el rebote se pudo coger a un cable de alta tensión...
- ¡Se electrocutó!
- No, como estaba haciendo la barbacoa llevaba guantes, pero el cable cedió y se rompió...
- ¿Y por fin se la pegó?- No, los bomberos habían corrido la lona bajo él, pero aún rebotó, y antes de caer se pudo coger a una cornisa...
- ¿PERO ME QUIERES DECIR CÓMO MURIÓ TU TÍO?
- Verás... al final los bomberos llamaron a la policía y tuvieron que abatirlo a tiros...

<u>Anécdota</u>

Perdonar el pasado, creer en el tu presente y crear tu futuro es un pensamiento, que alguien planteo, para lograr milagros.

En octubre 13 de 1.996 registre en mi diario dos milagros realizados por intermedio del sacerdocio que recibí en 1.980 y con el cual he podido servir año tras año en la iglesia de Jesucristo de los Santos de los ÚltimosDías.

Los milagros consistieron ayudar a calmar el fuerte dolor que tenía mi hijo Víctor Daniel, pues a causa de su crecimiento las piernas le dolían mucho y su dolor era insoportable, elcual calmábamos con agua tibia y algunas pomadas, peroesta vez era más intenso que de costumbre. Al terminar la bendición en dos breves minutos se calmó y concilió elsueño.

También registré como en medio de una bendición de salud sentí por el Espíritu la necesidad de llevar a mi esposa a la clínica para ser revisada de una torcedura de tobillo, diagnosticada por un kinesiólogo deportivo, quien era su tío y realizaba los masajes, sin embargo no los soportaba, por lo cual accedí a darle una bendición, y en tanto le bendecía tuve una fuerte impresión de llevarla a los traumatólogos para revisar con exámenes. Fue así como en la clínica de las fracturas le encontraron unas fisuras en el tobillo. Ella había subido a una escalera algunos peldaños para arreglar un armario y bajo inadecuadamente y en la bajada se dobló su tobillo.

El Sacerdocio funciona solo si: La dignidad de los portadores está en orden, si el paciente es digno y lo desea, además si la voluntad de Dios es esa. Lo he comprobado cantidad de veces con mis hijos, esposa y miembros de la Iglesia. Los Milagros se hacen y existen, son reales; siguen ocurriendo de acuerdo al grado de nuestra fe.

4.5.4 Misericordia

Es sentir lástima del prójimo ante una condición muy desfavorable. Es sentir compasión y actuar en favor de los dolientes para apoyar y resolver los problemas y ayudar a sobrellevarlos. Algunas frases del mundo dicen que no se debe sentir compasión por nadie, pues eso es rebajar la categoría de valentía, sin embargo en los escritos del nuevo testamento se dice que Jesucristo a causa de la compasión que sentía, podía hacer los milagros. Su amor por el prójimo lo impulsaba a actuar con el poder y él nos ha mandado amar al prójimo y tener misericordia.

Prov.3:3-4 / 3 Nunca se aparten de ti la misericordia y la verdad; átalas a tu cuello. Escríbelas en la tabla de tu corazón,
4 y hallarás gracia y buena opinión ante los ojos de Dios y de los hombres.

Prov.3:27-28/27 No te niegues a hacer el bien, a quien es debido, cuando esté en tu mano el hacerlo.
28 No digas a tu prójimo: Vete y vuelve de nuevo, y mañana te daré, cuando tengas contigo qué darle.

Prov.11:17-18 /17 A su alma hace bien el hombre misericordioso, pero el cruel atormenta su propia carne.
6 El malvado hace obra falsa, pero el que siembra justicia tendrá una verdadera recompensa.

Prov.14:31 El que oprime al pobre afrenta a su Hacedor, pero a éste le honra el que tiene misericordia del pobre.

Prov.21: 21 El que sigue la justicia y la misericordia hallará la vida, la justicia y la honra.

o   El solo querer, es medio poder
o   Da a los pobres la mitad de lo que te sobre, a ellos los mantienes y tú no te quedas pobre.
o   El espejo y la buena amistad, siempre dicen la verdad

Cuento

¡Eh!, oye, ¿Qué pasa con los 30 euros que me debes? ¿O ya te has olvidado?
No que va, por favor dame un poco más de tiempo.
¿Para pagarme?
No, para olvidarlo.

Cuento

Hablando sobre la caridad, uno dice:
Yo prefiero dar que recibir.
Eso es maravilloso, usted es un hombre muy caritativo.
No, soy boxeador.

<u>Historia y parábola del servicio.</u>

La forma como mi esposa se preocupaba por los pobres y necesitados fue algo que me encanto, pues ella de su propia iniciativa, y esfuerzo procedía a preparar cantidad de refrigerios y/o comida para llevarlos

los domingos en la tarde o noche, entre los cientos de indigentes que procuraban escarbar entre los recipientes de basuras, comidas, envases, cartones o más materiales, para así mitigar sus necesidades, algunas de ellas para sostener sus vicios, pero con todo eso, siguen siendo nuestros hermanos, pues son víctimas de aquellos que paulatinamente han venido matándoles con los productos alucinógenos que otros les expenden.

Yo he considerado que si se mata con un revolver o machete a otra persona es algo muy malo, pero con esa forma la persona deja de sufrir y su espíritu se ve liberado de su cuerpo el cual se descompone, pero el espíritu pasa a descansar o por lo menos a otra dimensión diferente, hasta que llegue el día de su juicio.

Pero aquel cae en la drogadicción, sufre el, su madre, su familia esposa hijos, etc., y esas circunstancias es permanente, sumamente lesivo, es decir que además que mata lentamente mata a otros, también pone a padecer a los familiares, la comunidad, etc., todo por unos pesos o muchos, que prontamente en el tiempo le traerá más pobreza, pues al principio podrá gozar de la opulencia que le darán los billetes untados de droga, pero que después le causaran la ruina especialmente a su familia hijos, etc., y por si fuera poco en la vida eterna la vera muy difícil, pues sus premios serán terribles.

No le deseo ese juicio y sus consecuencias a nadie, pero si dejo constancia que los que participen en la cadena de distribución de esas drogas pagaran su precio, y nos les alcanzarán las lágrimas, para llorar por lo hecho, pues todo lo malo lo pagaremos uno más temprano que otros pero el precio ya lo descubrirán.

La misericordia es algo que debemos practicar, y esos hechos nos ayudaran en el más allá, pero no lo debemos hacer por ganar importancia delante de los demás, pero si tener presente que lo que hagamos mal o bien al prójimo lo hacemos al Salvador, y será para bien o mal nuestro.

A mi pareció formidable, acompañarle aunque ella no deseaba que nadie se enterara de la labor que hacía, de hecho me regañaba porque algunas veces imprudentemente quise resaltar esa labor delante de otros.

A continuación presento unas enseñanzas del Elder Richard P Lindsay.

"Entonces los justos le responderán diciendo: Señor, ¿cuándo te vimos hambriento, y te sustentamos, o sediento, y te dimos de beber? "¿Y cuándo te vimos forastero, y te recogimos, o desnudo, y te cubrimos? "¿O cuándo te vimos enfermo, o en la cárcel, y vinimos a ti?

"Y. respondiendo el Rey, les dirá: De cierto os digo que en cuanto lo hicisteis a unos de estos mis hermanos más pequeños, a mí lo hicisteis." (Mateo 25:37-40.)

En una ocasión, fui al hospital a visitar a una hermana que estaba desahuciada. Hacía más de cuarenta años, yo había ido a la escuela con esa hermana y su esposo. Se habían querido desde niños, pero no habían tenido hijos. Para llenar ese vacío, él sirvió como líder Scout y ella como "madre Scout" para muchos niños, cubriendo toda una generación.

Al llegar al hospital, me sentí abrumado al presentir lo que les deparaba. Hacía semanas que aquel hermano estaba en el hospital acompañando a su querida esposa, día y noche, consolándola y ayudándola a sobrellevar el dolor y el sufrimiento físico.

Cuando iba por el corredor, vi que él salía de la habitación. En otras ocasiones en que los había ido a ver, su rostro reflejaba una gran pena, pero esa vez estaba radiante y sus ojos brillaban de emoción. Antes de que pudiera yo emitir palabra alguna, me dijo: "No te imaginas lo que acaba de suceder. Mi esposa y yo estábamos muy tristes y el presidente Kimball nos vino a ver; él está internado porque lo operaron. Oró con nosotros y nos bendijo; fue como si el Salvador mismo hubiera venido a mitigar nuestro dolor". Muchos otros pacientes del hospital también recibieron una bendición de esta alma tan noble que estaba muy familiarizado con el dolor y el sufrimiento.

4.5.5 Moderación

Acción de hablar con tranquilidad, sin ofender, manteniendo la postura, y conteniendo los sentimientos, las palabras. Disminución de la intensidad de algo.

Prov.17:1 MEJOR es un bocado seco y en paz, que casa de contiendas llena de provisiones.

Prov.28:20 El hombre fiel tendrá muchas bendiciones, pero el que se apresura a enriquecerse no quedará sin culpa.

Ecles.7:21-22 /21 Tampoco apliques tu corazón a todas las cosas que se hablan, no sea que oigas a tu siervo que habla mal de ti; 22: porque tu corazón sabe que tú también hablaste mal de otros muchas veces.

- o   Regla y mesura, todo el año dura.
- o   Todo en la vida tiene su medida.
- o   El buen seso, huye de todo exceso.
- o   De todo un poco, y de nada mucho, regla es de hombre ducho.
- o   Mesura es cordura.
- o   Comer poco, hablar poco y madrugar a nadie dio pesar.
- o   La vejez sana en la juventud se prepara.
- o   Acorta tus deseos y alargaras tu salud.

Cuento

Tres borrachos salen de un bar y piden un taxi.
El taxista vio que estaban muy mal, así que cuando entran en el coche y al momento de encender el motor, lo apaga y dice: "¡¡LLEGAMOS!!".
El primer borracho le paga, el segundo le da las gracias, y el tercero le da una bofetada...

El taxista, sorprendido, pensando que el tercero se dio cuenta del engaño, le pregunta: ¿por qué me ha pegado?

El borracho le dice: "¡Pa que no corras tanto, loco, se moderado que casi nos matamos!".

Anécdota

Al acudir a la Universidad, para impartir las clases, el profesor es objeto de valoración por parte de los alumnos en cuanto su forma de exponer, hablar, caminar y vestir. También en el trabajo tus compañeras se fijan mucho en lo mismo. Quizás en mí se fijaron muchas veces y fui objeto de críticas a causa de mi forma de vestir, poco ajustada a las modas. Jamás le ponía atención y mi ropa terminaba de cumplir su ciclo no por la moda anual, sino justo cuando estaba rota, desteñida o manchada y ya después de muchos años de uso.

Varias personas me lo hicieron notar, eso sí con mucha delicadeza; sin embargo, poco o nada ponía yo atención pues, levantando una familia, y sufragando los costos de mantenimiento de la vivienda, pocas monedas nos quedaban. Cada semana, mes o año se debían hacer notables esfuerzos para viajes al templo, ayudas humanitarias, y además apoyaba en los estudios a mi hermano, pero lo que más me vaciaba el bolsillo era el sostenimiento de una finca, la cual era como pretender llenar una ballena a punta de papas fritas.

Generalmente nuestras compras de ropa era una camisa una vez al año y cada tres años un pantalón. Las compras había que direccionarlas a los chicos que cada año crecían significativamente y sus ropas se quedaban prontamente. Uno se las apañaba más fácilmente.

Alguien me dijo que no usaba jamás blues jeans, y que mi ropa no era de sport. Era cierto. Ahora es lo contrario. Otra me menciono que mi ropa no era de colores fuertes sino de ropa de viejito. También era cierto, era poco dado a las modas, pues ello no era mi preocupación y también a alguna alumna muy adinerada y muy joven le decepcioné por mi forma de vestir, totalmente pasada de moda.

4.5.6 Modestia

Es una virtud para no aparentar, presumir, ni llamar la atención. El creer que se es más que los otros o que se tienen más derechos es una actitud contraria a la modestia.

Parábola del fariseo y el publicano.

Lucas 18:9-14 / 9 Y a unos que confiaban en sí mismos como justos, ymenospreciaban a los otros, dijo también esta parábola:
10 Dos hombres subieron al templo a orar; uno era fariseo y el otro, publicano.
11 El fariseo, de pie, oraba para sí de esta manera: Dios, te doy gracias porque no soy como los otros hombres: ladrones, injustos, adúlteros, ni aun como este publicano;
12 ayuno dos veces a la semana, doy diezmos de todo lo que gano
13 Pero el publicano, estando lejos, no quería ni aun alzar los ojos al cielo, sino que se golpeaba el pecho, diciendo: Dios, ten compasión de mí, pecador.
14 Os digo que éste descendió a su casa justificado antes que el otro, porque cualquiera que se ensalza será humillado, y el que se humilla será ensalzado.

- o Llego modesto y acabo con esto
- o La modestia te abre puertas para bien. JCIR
- o Acorta tus deseos y alargaras tu salud.

Cuento

El director le dice al empleado:
No quiero que me mire como el jefe. Considéreme un colega que siempre tiene la razón.

<u>Anécdota</u>

Cuando conocí a José Oscar Sánchez, recuerdo que le llamaban el político, pues era miembro de la Iglesia, pero pocas veces se le veía, aunque si con un gran entusiasmo.

De primera vez sentí que algo tenía que hacer por él. Me interesé y me presenté y quise saber de su vida.

La primera vez que fui a su casa recuerdo, que no pude evitar llorar, él con su buena madre y sus dos hermanitas compartían un espacio de escasos 20 metros cuadrados. Allí en las afueras de la ciudad, donde él vivía, tenían: el baño, la cocina, la ducha, los cuartos o dormitorios, el comedor, la sala, el lavadero, y sala de estudio. No pude evitar llorar, pues me di cuenta que yo tenía muchas comodidades, y el y su familia que era en número igual que la mía, vivía, en un espacio tan reducido, pero eran felices. Entonces pude sentir el calor humano que impartía cada uno de ellos.

José Oscar Sánchez Rendón tenía en su último apellido, aquel que también tenía yo, y me propuse saber si éramos familia, especialmente porque en aquel tiempo estaba realizando un exhaustivo análisis de la historia familiar para poder hacer la obra en el templo por mis parientes.

Este buen joven laboraba con otro amigo en una ladrillera en su tiempo libre de estudios, amasando barro con los pies, y así ayudaba a su familia a obtener el sustento.

Yo sentí el deseo de llevarlo a trabajar conmigo y le conseguí un trabajo y después en la oficina también laboraba.

Él se sentía bien con mi familia, de ahí que me propuse ayudar, para que saliera a la misión. Finalmente se preparó y logro salir como también ayudamos a Camilo Suaza. Al leer el diario, escribí en su tiempo que el insistía llamarme Papa, pues a su regreso nos visitó en Pereira y viajamos a Manizales con Víctor Daniel. Nos compartió muchas experiencias en la misión. Hoy es un respetado Ingeniero de sistemas de la Universidad Tecnológica, de Pereira, Colombia, que domina el inglés, y con metas interesantes sobre su futuro.

Aún me considera como su padre y yo como a un hijo.

Nunca supo que yo llore cuando visité su hogar. Todo a causa de las grandes comodidades que yo tenía, superiores al cuartito de 20 metrosquecompartía con su familia. Yo le compartí esos sentimientos, entonces él lloro y recordó con modestia aquellos días y prefirió callar, pero eso lo hacía grande, pues de lo poco se levantó para ser alguien de valor y bien considerado entre muchos, en la ciudad de Pereira.

4.6.1 Notable

Quien se hace notar entre los demás por sus acciones. Aquel que sobresale, por que realiza algo más fuera de lo común o que es digno de resaltar.

No es por lo que eres… sino por lo que transmites allí está tu magia.

Prov28:6-7/6 Mejor es el pobre que camina en su integridadque el rico que anda en perversos caminos.
7 El que guarda la ley es hijo prudente, pero el que es compañero de glotones avergüenza a su padre.

- o   El bien al bien se allega, y el mal al mal se pega.
- o   El desdichado paga por todos.
- o   El buey de sangre hace saltar la carreta.

Cuento

Viajaba en un autobús una comisión especial de Diputados de todos los partidos para analizar los problemas agrarios del país.
En una de las tantas curvas el conductor del autobús pierde el control y caen por un barranco.

Después de algunas horas llegan al lugar de los hechos, ambulancias, Guardia Civil, Ejército, para tratar de dar auxilio a los lesionados, pero se dan cuenta de que no hay ninguna persona entre los restos del autobús.

Por lo tanto empiezan las investigaciones.

La Guardia Civil localiza cerca de donde ocurrió el accidente una casa, y allí se dirigen a pedir informes.

Sale un campesino de la casa a recibirlos, y le preguntan:

- ¡Oiga, Usted! ¿Vio a los políticos que se accidentaron?
- ¡Sí, sí los vi! ¡Y ya les di cristiana sepultura!
- ¿No me diga que todos estaban muertos?
- ¡Bueno... algunos decían que no, pero ya sabe usted como son de mentirosos esos politiqueros!

<u>Comentario</u>

La historia se repite con el rechazo del Cristo, pues era hijo del carpintero del pueblo vecino. Igual ocurre cuando se le llama al joven de 14 años José Smith para dar a conocer los planes de la restauración de la Iglesia de Jesucristo, pues los primeros en rechazar y perseguir esperaban a alguien diferente; no tan sencillo, no tan campesino, no tan joven e indocto.

1 Corintios 1: 21-29 /21 Pues ya que en la sabiduría de Dios el mundo no ha conocido a Dios por medio de la sabiduría, agradó a Dios salvar a los creyentes por la locura de la predicación.

22 Porque los judíos piden señales, y los griegos buscan sabiduría,

23 pero nosotros predicamos a Cristo crucificado, para los judíos ciertamente tropezadero, y para los gentiles locura;

24 mas para los llamados, tanto judíos como griegos, Cristo es poder de Dios, y sabiduría de Dios.

25 Porque lo insensato de Dios es más sabio que los hombres, y lo débil de Dios es más fuerte que los hombres.

26 Pues mirad, hermanos, vuestro llamamiento, que no hay muchos sabios según la carne, ni muchos poderosos, ni muchos nobles;

27 sino que lo necio del mundo escogió Dios para avergonzar a los sabios; y lo débil del mundo escogió Dios para avergonzar a lo fuerte;
28 y lo vil del mundo y lo menospreciado escogió Dios, y lo que no es, para anular lo que es
29 para que ninguna carne se jacte en su presencia.

4.6.2 Obediencia

Es la acción de acatamiento de las instrucciones, leyes u órdenes establecidas por alguien, o persona que jerárquicamente funge como instructor o jefe.

En el sentido espiritual, obedecer, significa hacer la voluntad de Dios.

Los que viven intensamente para obedecer, no temen a la muerte, solo aquellos que son desobedientes son los que entran en pánico.

Prov.29:18 Sin profecía, el pueblo se desenfrena, pero el que guarda la ley es bienaventurado.

Prov.7:2Guarda mis mandamientos y vivirás; y guarda mi ley como a la niña de tus ojos.

- o Donde todos mandan, nadie obedece.
- o Obediencia es noble ciencia.
- o La obediencia es la primera ley de los cielos.

Cuento

Un hombre sube a un taxi y le dice al conductor:
No corra tanto, es la primera vez que me subo en un coche.
Estamos enhorabuena, yo, es la primera vez que conduzco.

Cuento

Estoy leyendo un libro que se llama "La honestidad y otros valores"
- Que bueno, ¿dónde lo compraste?
- Lo robé en la librería de aquí al lado.

<u>Anécdota</u>

Una tarde en la que debía viajar a otra ciudad para ofrecer una clase a un nutrido grupo de buenos alumnos me sucedió algo peculiar. A causa de los afanes, falta de precauciones, y debido a que no habían taxis y vehículos autobuses que nos llevaran rápido, acepte la invitación de un conductor pirata, quien tenía otros dos pasajeros y me dije así las cosas podré llegar a tiempo.

La pareja se sentó atrás con una caja pequeña y yo me hice adelante, sin embargo en aquellos tiempos uno de los vehículos más comunes, eran justo los pequeños Renault 4, que eran como una pequeña caja de sardinas.

El hombre observó que nosotros los pasajeros teníamos nuestro propio afán.

Lo cual lo indujo a llevarnos por la avenida de menos congestión relativa.

Al cabo de dos kilómetros de recorrido, todavía en el perímetro urbano, pero en la avenida sur cuando no había doble carril el hombre notó que su vehículo no le entraban los cambios, por lo cual orillo el vehículo y procedió a inspeccionarlo. Al levantar el capó, observe que tal vehículo estaba bastante deteriorado, y le dije; este vehículo no nos llevará al destino. El conductor acepto llevarnos a un lugar donde abordáramos otro sistema de transporte sin problemas.

Nos montamos nuevamente, y en el descenso observamos que ya los frenos no funcionaban, lo cual hizo temerlo peor, pues la velocidad que había desarrollado era incontrolable, y la bajada aún persistía. Le sugerí al conductor para evitar males mayores que lo estrellara contra la barranca y así solo nosotros nos mataríamos y no causaríamos un mal peor. Inmediatamente nos sentimos desbalanceados y sin control de la dirección, pues el vehículo había perdido una de la llantas y ahora se observaba una estela de chispas que salían por el roce del pavimento y el tren delantero. El vehículo paso al carril contrario justo donde venía un gran camión cargado, seguido por otros vehículos. El recorrido fue casi de doscientos o más metros hasta que el hombre pudo controlarlo y este se detuvo sin habernos estrellado contra nada.

Al bajarnos los pasajeros y mirarnos del susto solo atinamos a sonreír, por la buena suerte y protección de Dios, para evitar la muerte o lesiones graves. Ni un rasguño tuvimos, pero ello me hizo desistir del viaje y llamé para informar en la Universidad que no llegaría para ofrecer la clase.

Abordar vehículos piratas, te garantizan que en accidentes no contaras con: seguridad, ni cobertura de seguro, ni protección, ni apoyo de nadie, y que tal desobediencia puede ser catastrófica. Ese no era un vehículo apto para transporte de pasajeros, no existían cinturones, sino un gran afán de parte del hombre por recoger algo de dinero para sí.

4.6.3 Objetivo

Es el punto de mira hacia el cual debemos fijar nuestros planes a corto, mediano y largo plazo. Es el punto hacia el cual debemos direccionar nuestras acciones mientras estemos en la tierra, pues después de este tiempo difícilmente podremos recomponer los resultados. Los objetivos si se direccionan hacia la eternidad, podrán favorecer nuestra vida ahora y después, tanto a nosotros como a nuestra familia.

Prov.28:10-12/10 El que hace errar a los rectos por el mal camino, caerá en su propia fosa, pero los íntegros heredarán el bien. 11: El hombre rico es sabio en su propia opinión, pero el pobre que es entendido le escudriña.

12Cuando los justos se alegran, grande es la gloria; pero cuando los malvados se levantan, se esconden los hombres.

o   Faena que tu bolsillo llena, buena faena.
o   Haz buena labor y confía en la bondad de Dios
o   Lo bien aprendido, para siempre es sabido.

Cuento

Estaba vigilando con los binoculares un soldado de guardia pastuso:
Capitán, capitán ¡que vienen los indios!
- ¿Pero son amigos o enemigos?
- Creo que son amigos, porque vienen todos juntos.

Historia

El nombre de santo pesaba en mí y todavía me lo refriegan algunos de mis amigos y hermanos.

El objetivo de ser santo, no se ha cumplido, pero me esfuerzo. También cada vez que nos ven cometer un error nos desaprueban y nos dicen: y eso que son santos. El nombre de santos fue colocado por el Salvador Jesucristo y revelado a su profeta de la restauración. Uno se hace santo desde que se bautiza, al menos se encamina para la perfección, y ese es el cometido, objetivo, y propósito.

1 Pedro 1:14-18 Como hijos obedientes, no os conforméis a los deseos que antes teníais estando en vuestra ignorancia,
15 sino, como aquel que os ha llamado es santo, sed también vosotros santos en toda vuestra conducta,
16 porque escrito está: Sed santos, porque yo soy santo.
17 Y si invocáis como Padre a aquel que sin acepción de personas juzga según la obra de cada uno, conducíos en temor todo el tiempo de vuestra peregrinación,

18 sabiendo que habéis sido rescatados de vuestra vana conducta, la cual recibisteis por tradición de vuestros padres, no con cosas corruptibles, como oro o plata.

4.6.4 Obras

Son los frutos del trabajo diligente realizado por una persona. También se le denomina obras a los trabajos de construcción realizados por un grupo empresarial dedicado a la ejecución de proyectos civiles.

Según lo espiritual, las obras son el reflejo de la fe, de lo que se espera de los hombres, pues no basta con creer en Dios, sino que es necesario hacer que esa creencia se traduzca en buenas obras, a fin de que no solo sean deseos, sino que las obras sean las que hablen por nosotros. Las obras son la voz cantante de la Fe. Jesucristo nos confiere gracia, pero el espera que hagamos lo que podamos, y así la gracia y las obras se complementan para fundirse en el billete de la tribuna correcta.

Santiago 2:16-26 /16 y alguno de vosotros les dice: Id en paz, abrigaos y saciaos, pero no les dais las cosas que son necesarias para el cuerpo: ¿de qué aprovechará?
17 Así también la fe, si no tiene obras, es muerta en sí misma.
18 Pero alguno dirá: Tú tienes fe, y yo tengo obras; muéstrame tu fe sin tus obras, y yo te mostraré mi fe por mis obras.
19 Tú crees que Dios es uno; bien haces. También los demonios creen, y tiemblan
20 ¿Más quieres saber, hombre vano, que la fe sin obras es muerta?
21 ¿No fue justificado por las obras nuestro padre Abraham, cuando ofreció a su hijo Isaac sobre el altar?
22 ¿No ves que la fe actuó juntamente con sus obras, y que la fe se perfeccionó por las obras?
23 Y se cumplió la Escritura que dice: Abraham creyó a Dios, y le fue contado por justicia, y fue llamado amigo de Dios.
7 Vosotros veis, pues, que el hombre es justificado por las obras, y no solamente por la fe.

8 25 Asimismo, Rahab, la ramera, ¿no fue justificada por las obras, cuando recibió a los mensajeros, y los envió por otro camino? 26Porque como el cuerpo sin *el* espíritu está muerto, así también la fe sin obras es muerta.

o   En cosas de su provecho, el más tonto es cuerdo.
o   En el grande aprieto se conoce el amigo neto.
o   Lo poco es poco; pero nada, es menos.

Cuento

Como era Navidad el juez prometió ser piadoso. Le pregunta a un acusado:
- ¿De qué se le acusa?
De haber hecho mis compras navideñas con anticipación.
- Hombre, pero eso no es un delito, ¿Con cuánta anticipación las compró usted?
- Antes que abrieran la tienda.

Historia

Las obras son los efectos del evangelio de Jesucristo en acción. Sean de la iglesia, comunidad o grupo de personas que las efectué. Ver a las personas cuando se solidarizan, para ayudar a una persona que se ahoga en un rio, ayudar a reconstruir una casa demolida por un terremoto, o una calamidad cualquiera que sea, es observar el reflejo de la ayuda de Dios.

Él se vale de cualquiera de nosotros para ayudar a otros, y cuando lo hacemos con verdadera intención, sin buscar nada a cambio, es cuando sentimos gozo por ello.

El siguiente es el relato de Son Quang Le, según lo relató a Beth Ellis Le, y el cual compartió a otros así:

En gran parte del mundo estamos entrando en tiempos económicos inestables. Cuidemos los unos de los otros de la mejor manera posible. Recuerdo la historia de una familia vietnamita que huyó de Saigón en 1975 y terminó viviendo en una pequeña casa rodante en Provo, Utah. Uno de los jóvenes de la familia de refugiados llegó a ser el compañero de orientación familiar de un tal hermano Johnson, que vivía cerca con su familia numerosa. El muchacho relató lo siguiente:

"Un día el hermano Johnson notó que nuestra familia no tenía una mesa en la cocina; al día siguiente apareció con una mesa de aspecto extraño pero muy práctica, que cabía perfectamente contra la pared frente al fregadero y la encimera de la cocina. Digo que era extraña porque dos de las patas hacían juego con la parte superior y las otras dos no; y además, había varias clavijas de madera que sobresalían en uno de los costados de la gastada superficie.

"Empezamos a usarla para preparar los alimentos y comer algunas comidas rápidas. Aún comíamos la comida principal sentados en el suelo… según la costumbre vietnamita.

"Una tarde, esperando al hermano Johnson a la entrada de su casa para hacer la orientación familiar, vi, con gran sorpresa, que en la cocina había una mesa casi idéntica a la que le había regalado a mi familia; la única diferencia consistía en que en donde nuestra mesa tenía clavijas, ¡la de los Johnson tenía agujeros! Entonces me di cuenta de que, al notar nuestra necesidad, aquel hombre caritativo había cortado su mesa de cocina por la mitad y había hecho nuevas patas para las dos mitades.

"Era obvio que la familia Johnson no podía sentarse toda junta alrededor de aquella pequeña mesa; probablemente no cabían cómodamente ni siquiera cuando estaba entera…

"En el transcurso de mi vida, aquel acto de bondad ha sido un fuerte recordatorio de la verdadera generosidad

4.6.5 Oficio

Es la profesión técnica con la cual una persona se gana el sustento. También son denotaciones de las profesiones o desempeños asignados, o comisionados para tareas específicas. En cada uno de los oficios, puede haber técnicas y formas de hacer las cosas, las cuales se aprenden con el ejercicio de las tareas, y habrá siempre necesidad de tomar precauciones, para sacar mejor provecho.

Prov.11:1 La balanza falsa es abominación a Jehová; pero la pesa cabal le agrada.

o El ejercicio hace maestro al novicio
o En casa de herrero, cuchara de palo.
o Oficio en que no se come, que otro lo tome.

Cuento

¡Oiga camarero! ¿Tiene ancas de rana?
Sí. Sí señor.
Pues, haga el favor, de dar un salto y tráigame un filetito con patatas.

Comentario

¿Quieres algo? entonces ve, y haz que pase, porque la única cosa que cae del cielo en la lluvia, aunque también el sol, y las oraciones son contestadas, nada pasa desapercibido delante de Dios, pues para el todo esta presente.

Todos los oficios tienen sus más y sus menos, es decir sus puntos positivos y sus riesgos, sin embargo cuando ejercemos una profesión u oficio podemos hacer lo malo o lo bueno.

Yo en calidad de médico puedo salvar vidas, pero también puedo participar de abortos, de robar órganos para el comercio de ellos. Debemos establecer y definir qué cosas debo hacer, que sean las correctas. Todo está para ayudarnos a lograr los méritos requeridos, para heredar lo eterno en el punto o estado correcto. Si participo de abortos o tráfico de órganos, estoy ejerciendo mi profesión al servicio del mal. El que vende con una balanza incorrecta y compra con otra también ha de dar cuentas.

Ecles.10:8-11 /8 El que cabe un hoyo caerá en él; y al que abra una brecha en el vallado, le morderá una serpiente.

9 El que corta piedras, se lastima con ellas; el que parte leña, en ello peligra.

10 Si se embota el hierro y no se le saca filo, entonces hay que ejercer más fuerza; pero la sabiduría es provechosa para dar éxito.

11 Si muerde la serpiente cuando no está encantada, no hay ganancia para el encantador

4.6.6 Optimismo

Es la virtud de esperar lo mejor a pesar de que el panorama demuestre lo contrario. Los exitosos, siguen dando pasos a pesar de que las fuerzas se hayan agotado, y mantienen su idea del éxito no obstante que parezca efímera.

Tres pasos para entrenar el optimismo:

1-Practicar la terapia narrativa, debido al estrés acumulado, cuando ocurre algo negativo, se tiende a dramatizar se debe reformular la historia que uno se cuenta a sí mismo; hay que poner el foco en las virtudes y en los logros cotidianos para saltar del pesimismo y el drama, a la esperanza y la resiliencia.

2-Recuperr la sensación de control. Es vital para mantenerse optimista. No perder el tiempo preocupándose por las cosas que están fuera del círculo de influencia, como las decisiones políticas o lo que los demás piensan.

3-Potenciar la gratitud. Valorar desde el agradecimiento los pequeños avances que se vayan produciendo, en lugar de sufrir desde la frustración de todo lo que aún queda por resolver.

Romanos 15:13 Y el Dios de esperanza os llene de todo gozo y paz en el creer, para que abundéis en esperanza por el poder del Espíritu Santo.

o En el fondo tener sentido del humor es ser consciente dela relatividad de las cosas.
o Un optimista ve una oportunidad en toda calamidad, un pesimista ve una calamidad en toda oportunidad.
o Un pesimista es un optimista con experiencia.

Cuento

Un avión cayendo en caída libre, un pasajero se despierta y le pregunta a la azafata:
- ¡Azafata, azafata!, ¿vamos a tomar tierra ya?
A lo que la azafata, le contesta:
- ¿A tomar tierra?, ¡te vas a hartar!

Comentario

Nunca te canses de lo que eres…. De lo que haces…. De lo que transmites. Haz magia con tu sonrisa a donde quieras que vayas … siempre….

El optimismo nos permite ser constantes en la ruta y el futuro que esperamos, y para ello no debemos dudar, de que efectivamente tendremos mejores cosas de las que recibimos en la tierra de probación, pues todas las cosas tienen un propósito y basta observar la inmensidad de la creación, su perfección, su magnificencia.

Cuando leo las escrituras, oro en la mañana, expreso mi gratitud a mi creador, y en especial cuando decido hacer lo correcto, siento paz interior, siento seguridad, y es el efecto positivo de la promesa, si hacemos lo correcto, tendremos su Espíritu. Cuando me desvío del camino, no pasan 5 minutos sin sentirme inseguro, desprotegido, pues es la clara manifestación de que el Espíritu me ha abandonado. Ello es una gran muestra de que en verdad solo los caminos correctos son los premiados, a la manera del Señor.

Algunos inclusive dicen o expresan que los matrimonios no legales les va mejor que a los legales. Tienen razón relativa, pues a algunos los premios vienen según su forma, y el enemigo no ataca a ningún de este tipo de amancebados, a ellos los tiene seguros. Pero para aquellos obedientes a sus leyes, si dan un paso en falso respecto de esas leyes, seguro que la protección de Dios desaparece, hasta que recompongan su camino, entonces reciben bofetadas de Satanás, ya que esa es su diversión.

5.1.1 Oración

Es la comunicación entre la mente, el razonamiento y el Espíritu del Creador, en busca de apoyo, o dialogo, para expresar gratitud, y pedir por y a favor de sus necesidades y de otros. Es diferente a rezar, la cual es recitar las oraciones fijas como vanas repeticiones; muchas de las cuales las recibe Dios sosamente, pues aunque Él las escucha y las tiene en cuenta, las prefiere, desde el corazón porque que su afán es darle soluciones mediante respuestas, impresiones, y ayudar así a los que necesitan encontrar soluciones a sus múltiples problemas. La oración es una comunicación entre dos personas, por ello hay que esperar un rato para percibir las respuestas.

Prov.15: 3 Los ojos de Jehová están en todo lugar, mirando a los malos y a los buenos.

Prov.15:8 El sacrificio de los malvados es abominación a Jehová, pero la oración de los rectos es su deleite.

Prov.15:29 Lejos está Jehová de los malvados, pero él oye la oración de los justos

Prov.16:3 Encomienda a Jehová tus obras, y tus pensamientos serán afirmados.

o   Lo que de Dios está, sin duda se cumplirá.
o   Lo que dieres te darán, y lo que hicieres te harán.
o   Con oración, humildad y obediencia, mucho se gana aquí y allá. JCIR

Cuento

- ¿pero qué haces tirando esos portátiles al río?
- ¡pero mira como beben los PCs en el rio!
Y beben y vuelven a beber los PCs en el agua

<u>Comentario</u>

Yo no sé si esta historia es verdad, pero lo que si se es que a mí muchas veces se me han contestado:

El Dr. Mark era un médico oncólogo famoso. Un diovoló a una importante conferencia en otra ciudad donde iba recibir un premio, como reconocimiento a sus aportes y méritos a la medicina. Sin embargo una hora después del despegue, hubo un aterrizaje de emergencia en un aeropuerto cercano. El medico alquilo un automóvil y se dirigió a la conferencia. Sin embargo poco después de su partida mientras iba manejando el clima empeoro y comenzó una violenta tormenta. Debido a la fuerte lluvia, internet desapareció en el GPS y este dejo de funcionar, asa que giró en la dirección equivocada y se perdió. Después de dos horas conduciendo sin rumbo cierto; se di cuenta que se había perdido. Se sentía hambriento y terriblemente cansado, por lo que decidió buscar un lugar para quedarse. Finalmente en medio de la nada, se encontró con una pequeña casa. Desesperado salió del auto y llamó a la puerta.

Una mujer abrió la puerta. Él le explico lo que pasaba y le pidió que le permitiera usar su teléfono. La mujer le dijo, que no tenía teléfono, pero sin embargo podía entrar y esperar a que mejorara el clima.

Hambriento, mojado y cansado, el médico, acepto su oferta y entró. La mujer le ofreció té caliente y dijo que iría a orar. El Dr.sonrió incrédulo y le **dijo que el solo creía en el trabajo duro**.

Sentado a la mesa, tomando un sorbo de té, el medico observó a aquella mujer orar junto a la cama a la tenue luz de las velas. El medico se dio cuenta que la mujer necesitaba ayuda, así que cuando terminó de orar, le pregunto:

¿Qué es exactamente lo que quieres de Dios? ¿Crees que Dios alguna vez escuchará tus oraciones?

La mujer sonrió segura en su fe, y le respondió:

Él bebe en la cuna es mi hijo, y él tiene un tipo raro de cáncer, y solo hay un médico en este país que sabe cómo tratarlo. Su nombre es Mark, y sé que él puede curarlo, pero yo no tengo ni el dinero ni la forma de ubicarlo, pues el Dr. Mark vive en otra ciudad. Dios todavía no ha respondido a mi oración, pero sé que en su tiempo el responderá. ... nada quebrantara mi Fe!

Aturdido y sin palabras, el dar Mark simplemente se echó a llorar. El susurró: Dios es maravilloso...Recordó lo que le paso hoy: el accidente del avión, la lluvia torrencial, que le hizo perder el rumbo, etc., y todo esto sucedió porque Dios no solo respondió la oración de aquella sencilla mujer, sino que también le dio la oportunidad a Mark de salir del mundo material y le dio la hermosa oportunidad de ayudar a los pobres que no tienen más que oración y fe.....Impresionante. Lucas 1:37 "porque ninguna cosa es imposible para Dios"

El Salvador Jesucristo dio a conocer un modelo de como orar a su Padre, para que de ese modo ellos aprendieran a dirigirse, haciéndoles énfasis (Mateo 6:9-13) en que dieran gracias por sus bendiciones, pidieran lo que fuera justo, y esperando que siempre se hiciera la voluntad del Padre, al fin y al cabo él sabe que es lo mejor, para cada uno de sus apreciados hijos. Para que le conocieran y se motivaran a desarrollar confianza en él. Desafortunadamente los hombres hicieron más caso a los susurros de los espíritus de las legiones de Satanás, convirtiendo tal modelo en un soso rezo, donde se expresan las mismas cosas vez, tras vez, y se privan inocentemente de descubrir la verdadera naturaleza de su Padre Celestial, quien sufre por causa de la desobediencia de sus hijos.

Prov.3:5-8 /5 Confía en Jehová con todo tu corazón, y no te apoyes en tu propia prudencia.
6 Reconócelo en todos tus caminos, y él enderezará tus veredas.
7 No seas sabio en tu propia opinión; teme a Jehová y apártate del mal,
8 porque será salud para tu ombligo y médula para tus huesos.

Juan 14:13-14 /13 Y todo lo que pidiereis al Padre en mi nombre, esto haré, para que el Padre sea glorificado en el Hijo.
14 Si algo pidiereis en mi nombre, yo lo haré.

Juan 16:23-24 /23 Y en aquel día no me preguntaréis nada. De cierto, de cierto os digo que todo cuanto pidáis al Padre en mi nombre, os lo dará.
24 Hasta ahora nada habéis pedido en mi nombre; pedid y recibiréis, para que vuestro gozo sea completo

5.1.2 Ordenado, organizado

Es el nombre asignado a quien suele mantener las cosas en el lugar correcto, bien distribuido y además limpio. Todas las cosas en su sitio permiten ser encontrarlas, aún en la oscuridad. Hacer uso inteligente de sus recursos y de su tiempo es ser organizado.

Prov.20:4 El perezoso no ara después del otoño; pedirá, pues, en la siega, y no hallará.

- o Primero es Dios, los demás deben esperar, así de simple. JCIR
- o Un gigante no podría quebrar de una vez cien juncos, y un niño los quiebra sin esfuerzo de uno en uno.
- o Un duque mal vestido, en poco será tenido.

Cuento

La gente reacciona diferente cuando se pone una vacuna:
Cuando es un niño: ¡AYYYY, COMO DUELE!
Cuando es un joven: Duele un poquito, pero no es nada.
Cuando es un hombre: No me duele nada, ni lo he notado.
Cuando es un friki: La base de datos de virus ha sido actualizada

Comentario

Cuando hablamos de ordenado podemos interpretar de dos formas o sentidos, la palabra:

Es el efecto de ser organizado, bien presentado, y en ello no cabe la duda que es necesario mantener las cosas en su forma y en su sitio. De mi padre aprendí que: el orden es luz en la oscuridad. Generalmente me gusta mantener las cosas en un solo sitio y cuando alguien viene, las usa (Cosa que me agrada); espero que las coloque en el mismo punto, pues cuando las pone en un sitio diferente, yo no las encuentro, pues no busco en sitios en donde el supone podría hallarla. Me entero de que alguien las tomo y solo pregunto, al notar el vacío en aquel lugar.

Si logro mantenerlas en orden, fácilmente las tomo, aunque estuviera a oscuras e inclusive puedo telefónicamente dar detalle del sitio, dando señales de izquierda, derecha, arriba o abajo, la posición del estante, etc. Las cajas de herramientas, nunca me gustaron, pues en ellas no se encuentra nada y cada vez, que tú requieres algo, debes revolcar todo para saber si aparece la que necesitas y ello me crispa. Las herramientas y documentos, son cosas que siempre se requieren en el momento menos esperado y cuando disponemos de poco tiempo.

La otra interpretación es que siendo un líder de la Iglesia, en el caso de los varones hayas sido ordenado por imposición de manos, por aquel que tenga la autoridad debida y genuina de quien corresponde. Cuando el profeta José Smith pregunto al Padre, y a Jesucristo a que Iglesia debía unirse, se le indicó expresa y categóricamente que a ninguna, porque no poseían la autoridad debida. Se le prohibió ir en pos de ellas. Más tarde, el 15 de mayo de 1.829 recibió de manos de Juan el Bautista el sacerdocio de Aarón y posteriormente recibió el sacerdocio de Melquisedec, de manos de Pedro, Santiago y Juan, quienes lo ordenaron Elder, al igual que a Oliverio Cowdery. Tal poder y autoridad ha sido delegada y compartida paulatinamente entre los líderes de la Iglesia, a fin de que oficien, trabajen y sirvan en beneficio de la construcción del Reino de Dios sobre la tierra en la última dispensación.

Yo recibí tal poder, por el líder autorizado y me ha funcionado, en tanto he sido digno, fiel y caminado por los senderos de la rectitud. He sentido el poder dentro de mí muchas veces, y cuando comparto con otros, si estoy en armonía con el Espíritu, siento la paz, el poder y la luz que fluye dentro de mí con agradable percepción.

Hechos 6:5-6/ 5 Y agradó la propuesta a toda la multitud; y eligieron a Esteban, varón lleno de fe y del Espíritu Santo, y a Felipe, y a Prócoro, y a Nicanor, y a Timón, y a Parmenas y a Nicolás, prosélito de Antioquía. 6 A estos presentaron ante los apóstoles, quienes, después de haber orado, les impusieron las manos.

También Hebreos4: 4-6/4 Y nadie toma para sí esta honra, sino el que es llamado por Dios, como lo fue Aarón.
5 Así tampoco Cristo se glorificó a sí mismo haciéndose sumo sacerdote, sino el que le dijo: Tú eres mi Hijo, yo te he engendrado hoy.
6 Como también dice en otro lugar: Tú eres sacerdote para siempre, según el orden de Melquisedec.

5.1.3 Paciencia

Es la actitud de tranquilidad y mesura ante los errores del prójimo o terceros. Es tardo en enfadarse o perder la compostura, o reaccionar ante presión de los demás.

Cuando se requiere el actuar rápidamente, puede llegar a ser negativa, pero si es para evitar contenciones es un don.

Ecles.3:1-11 / 1 Todo *tiene* su tiempo, y todo lo que se quiere debajo del cielo tiene su hora:

2 Tiempo de nacer y tiempo de morir; tiempo de plantar y tiempo de arrancar lo plantado;

3 tiempo de matar y tiempo de curar; tiempo de destruir y tiempo de edificar;

4 tiempo de llorar y tiempo de reír; tiempo de lamentar y tiempo de bailar;

5 tiempo de esparcir piedras y tiempo de juntarlas; tiempo de abrazar y tiempo de abstenerse de abrazar;

6 tiempo de buscar y tiempo de perder; tiempo de guardar y tiempo de desechar;

7 tiempo de rasgar y tiempo de coser; tiempo de callar y tiempo de hablar

8 tiempo de amar y tiempo de aborrecer; tiempo de guerra y tiempo de paz.

9 ¿Qué provecho saca el que trabaja de aquello en que se afana?

10 Yo he visto el trabajo que Dios ha dado a los hijos de los hombres para que se ocupen en él.

11 Todo lo hizo hermoso en su tiempo. También ha puesto lo eterno en el corazón de ellos, sin lo cual el hombre no alcanza a percibir la obra que ha hecho Dios desde el principio hasta el fin.

- o   Gota a gota, se llena la bota.
- o   La continuación del padecer engendra la paciencia.
- o   Con maña dijo la araña.

Cuento

El profe de pepito dice:
Vais a hacer para mañana una redacción que tenga alguna onomatopeya.
Al día siguiente el primero de la clase dice:

Vi un perro y dijo: Guau…Guau…
Otro dice:
El coche de mi padre hace: Run,… Run…
Y Pepito que no entendía una palabra y que no sabía que era una onomatopeya dice:
Yo iba por lacalle, vi un camión y grite: ¡Oh no que ma topeya!

Anécdota

En mi vida hubo momentos en que tuve mucha paciencia, y otras que a falta de ella perdí los estribos y los hechos que le siguieron fueron nefastos.

Cuando era niño y estudiaba en tercero de primaria, hubo una semana de festivales en la escuela, en la cual cada curso debía hacer algunos preparativos y comestibles para vender y recoger dinero para algunas obras y construcciones en la misma.

Mi madre preparo una gran olla de arroz de leche para contribuir con tales propósitos.

Al llevar la gran olla fui asignado para que yo mismo realizara las ventas del producto y así lo hice. Recuerdo que valía creo 10 centavos cada platillo y así logré vender todo el producto de la olla. Yo no tenía los 10 céntimos para comprarme uno. Tampoco probé el arroz con leche, no obstante que nadie me vigilaba y que era el producto con que mi madre colaboraba. Era tanto el temor, la ignorancia, y la inocencia hizo que no me detuviera un momento y sacara un platillo para mí. Aquella venta se convirtió en un acto de mucha paciencia o espera, de terminar las ventas cuales finalmente después de 90 minutos se terminó el producto. Al final no hubo para mi nada y entregue el dinero tal cual lo recibí. Pero me quede con el sabor amargo de no haber probado aquel arroz con leche, hecho por mi madre. Seguramente si hubiere tomado un platillo, nadie me podría decir nada, pero no lo hice, pues éramos chicos tímidos.

Si en muchos actos de mi vida hubiera conservado la paciencia, refrenado los deseos y mis impulsos, seguramente muchas, cosas habríadejadode hacer, sobre todo aquellas, con las cuales después me tuve que lamentar. Si hubiere sabido esperar, en vez de precipitarme a las reacciones del orgullo, o ceder a la tentación, no habrían ocurrido hechos de los cuales tuve necesidad de arrepentirme.

Cuanto tenía que haber aprendido de ese niño que hubo dentro de mí en un tiempo, que supo refrenar los deseos del corazón y conservar el honor en lo más alto.

5.1.4 Pacificador / Manso

Es una virtud de procurar siempre la paz, de estar en control de las emociones, y no permitir que el orgullo, el odio, los malos sentimientos nos permitan entrar en una discusión o pelea innecesaria. Estas siempre traerán muchos problemas a quien se deje dominar por la ira. La acción de pacificar es la disposición de buscar la paz y siempre evitar los enfrentamientos.

Prov.26:4 Nunca respondas al necio de acuerdo con su necedad, para que no seas tú también como él.

Prov.29:11 El necio da rienda suelta a todo su espíritu, pero el sabio, al fin conteniéndose, lo apacigua.

- o   Paz y paciencia, muerte con penitencia.
- o   Cada uno meta la mano en su seno, y deje en paz el ajeno.
- o   A lo que no puede ser, paciencia.

Cuento

- ¡Oiga, su hijo le ha sacado la lengua al mío!
- Bueno, eso son cosas de críos.
- ¡Sí, pero es que no podemos cortar la hemorragia!

Anécdota

En una ocasión en que me transportaba en un autobús, un hombre alto de raza negrasubió al mismo con un carro de compras y sostuvo un alegato con el conductor, quien se quejó de que era prohibido abordar el autobús con los carros de compra. La discusión poco a poco comenzó a tomar fuerzas y ya parecía que cada cual tenía la razón y se iban a las manos.

Miré fijamente al hombre de color y le hice señas con las manos de que estuviera tranquilo; esto hizo que se calmara en sus ímpetus de reaccionar a las ofensas del conductor.

Aquel día invité a pacificarse a quien creía tener la razón. Siguiendo instrucciones empresariales, ocasionalmente se exagera la nota, por parte del conductor, quien sostenía una prohibición con la que en tales circunstancias de la noche nadie era estorbado.

La mayoría de desacuerdos vienen por cosas pequeñas que las dejamos volver grandes, pues pretendemos mantener una posición de falta de paciencia y humildad y sacamos a relucir nuestro orgullo.

El hombre negro finalmente se tranquilizó, me agradeció por haberme solidarizado con él y haber intervenido pacificándolo sin que el conductor u otro contrincante se sintieranofendidos.

Ello me hizo sentir en paz conmigo y agradezco haber hecho algo por aquellos hombres que innecesariamente se habrían hecho daño.

5.1.5 Padres

La paternidad es el privilegio que Dios nos da de vivir en carne propia lo que significa ser un padre y para ello se requiere: vivir, disfrutar, aprender, ayudar, y mantener la descendencia. Esta responsabilidad sagrada nos permite considerar los sentimientos que alberga Dios para con cada uno de sus hijos. Cuanto sufre, nuestro Padre Celestial, por cada jugada o acto inadecuado que hacemos, y por supuesto, cuanto gozo el percibe, por cada buena obra que hacemos.

Padre, es el nombre sagrado que se da a quien ha engendrado o adoptado un hijo, para hacer de él una persona de bien, que esté en condiciones de regresar a la morada Celestial de donde partió en su vida premortal en calidad de espíritu.

Equivocadamente se les denomina padres a algunos líderes religiosos profesionales en contra posición de lo que está escrito sobre tal título.

Tampoco se debe permitir que dos homosexuales adopten un niño, para criarlo, pues sino fueron ellos capaces de aprender a refrenar sus debilidades ¿cómo podrán enseñar y ser un ejemplo para el niño que adopten? ¿No se avergonzará el cuándo crezca y sus amigos le refrieguen su condición, o incluso él les avergüence continuamente y ello se convierta para todos en un infierno? Está bien que adopten una mascota, pero un hijo de Dios no, pues no es fácil aprender y mantenerse en la línea de progreso que le lleve a puerto seguro.

Ser padre no es solo proveer los bienes materiales, sino enseñar, ser un ejemplo y además conformar una familia que le permita alcanzar la vida eterna. Algo muy diferente a la salvación, ya que aún todos se salvaran, resucitaran, pero lo que interesa es su condición de futura vivencia, la cual se obtiene según los méritos, en la vida mortal.

Prov.23:15-18/15 Hijo mío, si tu corazón es sabio, también a mí se me alegrará el corazón;
16 mis entrañas también se alegraráncuando tus labios hablen cosas rectas.
17 No tenga tu corazón envidia de los pecadores;antes bien, *persevera* en el temor de Jehová todo el día,
18 porque ciertamente hay un porvenir, y tu esperanza no será talada.
19 Oye, hijo mío, y sé sabio, y endereza tu corazón al camino.

Efes.5: 1-4/ 1 Hijos, obedeced a vuestros padres en el Señor, porque esto es justo.

2 Honra a tu padre y a tu madre, que es el primer mandamiento con promesa,

3 para que te vaya bien, y seas de larga vida sobre la tierra.

4 Y vosotros, padres, no provoquéis a ira a vuestros hijos; sino criadlos en disciplina y amonestación del Señor.

- o Padre no es el que engendra sino aquel que con su ejemplo hace por la crianza de su hijo un hombre o mujer de honor. JCIR
- o Mi padre me castigo muchas veces, pero tenía razón y le doy gracias por su corrección. JCIR
- o Hijo sin rienda, madeja sin cuerda.

Cuento

Mamá, mamá... ¿Puedo ir a una fiesta de 15 años?
- No, hijo, es demasiado larga.

Cuento

Papá ¿qué es una secuela?
- ¿Te acuerdas hijo de aquella anciana que estaba en la cola del supermercado que le di una buena paliza?
- Si
- Pues esa ya no secuela más

Anécdota

Con mi padre cuando era joven tuve la oportunidad de jugar futbol junto con mis otros hermanos y otras personas que estaban en el rio. Ese es un buen recuerdo de mi padre, pues de niño seguramente hubo muchos momentos de juegos, sin embargo de ellos solo tengo vagos recuerdos. Aquel juego, debido a la improvisación, lo recuerdo, y además también significó para nosotros mucho, ya que difícilmente él tenía tiempo para jugar con sus hijos.

Aquel día junto al rio, el tubo un pequeño accidente debido a que se dispuso a jugar descalzo y no sé si fue una uña, un pisotón, o una espina en el pie que se enterró. Solo sé que disfrutamos de jugar con él.

Con mis pequeños jugamos futbol, basquetbol, saltábamos cuerda, corríamos, pescamos y participamos de muchas actividades juntos a causa de las enseñanzas de la Iglesia acerca de que el día sábado era de la familia, el viernes de la esposa y el domingo del Señor.

Esas sugerencias eran muy acertadas y por lo menos a mí me permitieron mantenerme en una actitud de armonía familiar favorable.

También muchos sábados teníamos capacitaciones, reuniones en la Iglesia, y supimos sacrificar algunas cosas, para cumplir con las responsabilidades del Señor.

También en los lunes tuvimos nuestras noches de hogar y en esos momentos ellos desarrollaron talentos, y tuvieron oportunidades de aprender los principios y enseñanzas de Jesucristo y sus profetas.

Con cada enfermedad nos afligimos, y también con cada éxito de ellos nos gozamos; ahora ya no podemos disfrutar de las cosas bellas de la familia; ellos tienen sus propios intereses y sus propias familias, pero resulta agradable cuando podemos coincidir.

5.1.6 Paz

La paz es una expresión de tranquilidad externa e interna. La externa se manifiesta porque no hay turbación a su alrededor, su entorno; es algo que se consigue gracias a las buenas decisiones que se toman individualmente o por los líderes gubernamentales. En la interna es un sentimiento de armonía consigo mismo, con Dios, pues su espíritu le acompaña y percibe y goza de tal condición a causa de la obediencia de los mandamientos, preceptos y haber hecho su mejor esfuerzo por satisfacer la demanda de su justicia.

Prov.28:1 Huye el malvado sin que nadie lo persiga, pero el justo está confiado como un leoncillo.

Prov.28:6 Mejor es el pobre que camina en su integridad que el rico que anda en perversos caminos

Prov.28:13 El que encubre sus pecados no prosperará, pero el que los confiesa y *los* abandona alcanzará misericordia.

- o   Un alma tenemos: ¿Qué haremos si la perdemos?
- o   Una regla tiene el juego para siempre ganar: no jugar.
- o   Un buen modo lo granjea todo.

Cuento

En el batallón de artillería aconteció lo siguiente, cuando el sargento dio instrucciones a sus reclutas
¡¡¡¡ aaaaaatenciónn!!!! ¡¡¡Armas al hombro!!!
......¡¡¡no, hombre, no, el del tanque no!!!

Comentario

La paz es algo deseable, bueno y necesario, a fin de que las personas puedan progresar.

Al observar documentales sobre la segunda guerra mundial, uno ve la trágica escena de las familias e inocentes criaturas huir sin respuestas claras del ¿porque?

Las razones son muchas: egoísmos, orgullos, deseos de poder de algunos, mal llamada conquistas de otros, pero todo ello tiene su engendro en el enemigo de la paz; Lucifer y sus legiones quienes, susurran al oído de los líderes de las civilizaciones y pueblos, para hacer eco de respuestas inapropiadas de conductas de ciudadanos en vez de actuar de común acuerdo, perseguir los maleantes o investigar hasta donde se pueda para evitar conflictos.

Algunos muy derechistas propenden, porque ellos, muchas veces herederos de fortunas son los dueños de la tierra, y otras riquezas, los demás solo son requeridos en la medida que sirvan para aumentarlas o protegerlas.

Mantienen una actitud de indiferencia ante los demás, especialmente si estos no presentan derechos y propiedades que les inflen su orgullo.

En otro lado están aquellos que creen que los demás consiguieron las cosas robando y no dan crédito a que sacrificaron cosas para capitalizar y así emprender empresas.

Estos grupos pretenden por la fuerza o por el poder despojar a quienes poseen algo, para darlo a sus súbditos y así mantenerlos cerca defendiéndolos de todos despropósitos y maquinaciones. Se hacen llamar de extrema izquierda, y creen que la paz se logra con la guerra, contra aquellos que poseen algo, pues opinan que eso les pertenece a los pobres y ellos son los que defienden tales estratos, pero hay que ver los derroches que hacen de lo ajeno.

En la mitad de ellos están los que luchan de cualquier forma por sostenerse con justicia, unos y otros sin ella mantienen posiciones en infinidad de actitudes, negocios, unos honrados otros no, hasta dominar la política, medios de comunicación, transportes, e instituciones públicas.

También están los indiferentes, quienes solo saben trabajar y poco o nada de cuidado ponen a lo que sucede en su medio, pues solo observan.

Algunos votan por ladrillos, bultos de cemento, comida, o favores o influencias y así eligen a sus líderes y buenos y malos suben o se corrompen más de los que eran. Así los primeros venden la felicidad de sus hijos por miserias, y venden su libertad y conciencia.

La paz total solo la tendremos cuando toda la justicia la establezca el Hijo del Hombre, pues lo demás serán pasajeros momentos, con los cuales convivimos.

Aquel día reinará Dios y su justicia y todo será total armonía, sin egoísmos, sin destrucción y sin deseos de conquistas, o de sacar ventajas del prójimo, pues primero reinará el amor por su hermano, y la actitud de apoyo hacia él.

Ojalá lleguen rápido esos días, para bien de todos los que alcancen la justicia de Dios, cual no es corrupta.

Hubo algunos tiempos en que reinó la paz y fue por causa de los que lideraban, ellos eran siervos auténticos de Dios: 4 Nefi 1:15-18 esto sucedió en América en los años 34 D.C. a 200 D.C.

15 Y ocurrió que no había contenciones en la tierra, a causa del amor de Dios que moraba en el corazón del pueblo.

16 Y no había envidias, ni contiendas, ni tumultos, ni fornicaciones, ni mentiras, ni asesinatos, ni lascivias de ninguna especie; y ciertamente no podía haber un pueblo más dichoso entre todos los que habían sido creados por la mano de Dios.

17 No había ladrones, ni asesinos, ni lamanitas, ni ninguna especie de -itas, sino que eran uno, hijos de Cristo y herederos del reino de Dios.

18¡Y cuán bendecidos fueron! Porque el Señor los bendijo en todas sus obras; sí, fueron bendecidos y prosperaron hasta que hubieron transcurrido ciento diez años; y la primera generación después de Cristo había muerto ya, y no había contención en toda la tierra.

También en días de la Iglesia de Jesucristo de los Santos de los primeros días (Israel) hubo un tiempo en que los cristianos vivieron conforme a Sion, y no había, ni ladrones, ni contiendas y todos ayudaban a los pobres y necesitados. Si, así como vivieron en los días de Enoc, que eran tan fieles y dignos que Dios los llevó a morar con él. Gen 5:24

5.2.1 Pensamiento

Es aquello que se trae a la mente por estímulos externos, o propios, tales como recuerdos de sucesos, fantasías, o imaginaciones del intelecto.

Prov.23:7 porque cuál es su pensamiento en su corazón, tal es él. Come y bebe, te dirá, pero su corazón no está contigo.

Prov.23:17 No tenga tu corazón envidia de los pecadores; antes bien, *persevera* en el temor de Jehová todo el día,

Prov.28:14 Bienaventurado el hombre que siempre teme *a Dios,* pero el que endurece su corazón caerá en el mal.

- o Más interesante que lo que la gente dice es su pensamiento secreto, y esto es lo que importa conocer. Maurice Maeterlink.
- o Pensando se puede llegar a todas las conclusiones; pero si se empieza por ellas, se gana mucho tiempo. Noel Clarasó.
- o Somos dueños de nuestros pensamientos; su ejecución, sin embargo, nos es ajena. William Shakespeare.

Cuento

El paciente al otorrinolaringólogo:
Doctor, siento en el oído unos zumbidos imprecisos y unos golpes confusos.
Póngase estas gotas y vuelva la semana próxima a la consulta.
Al cabo de una semana:
¿Cómo se siente? Pregunta el doctor.
Muy bien, doctor. Ahora oigo los zumbidos y los golpes mucho mejor.

Anécdota

Respecto de los pensamientos es algo que he tenido oportunidades para sumergirme en ellos y así buscar conciliar el sueño.

Por causa de ellos fue que tuve la oportunidad de conocer quién era. Antes no dejaba tiempo para pensar o meditar en mí y actuaba con ligereza e indiferencia, respecto del futuro, el pasado y el presente por supuesto. Después cuando continué mis estudios Universitarios y viajaba a estudiar, me sumía en los pensamientos y así lograba hacer que el viaje fuera más descansado. De ida, si había luz del día, aprovechaba para repasar los materiales escritos en los apuntes. De regreso en la noche, la mejor forma de aprovechar el tiempo era meditar.

No era bueno para pensar en maquinaciones, ni para hacer el mal al prójimo y tampoco tender trampas, pero si razonaba sobre eventos que me acontecían.

Aprendí a conocer la naturaleza humana de algunos profesores y también de compañeros de estudio. Algunos profesores no resistían correcciones de sus alumnos y otros en cambio las aceptaban con humildad y respeto. Otros exigían que uno siempre estuviera en clase y otros en cambio les era indiferente, pues les importaba más lo que sus alumnos eran capaces de responder en sus exámenes.

Otros alumnos ganaban su confianza con el profesor con varios métodos y otros copiaban con tranquilidad pasmosa y naturalidad, cosa que yo no tuve el valor hacer.

La invitación es entonces enque se debe aprovechar los momentos de soledad y de ausencia de sueño para cuestionarse uno respecto de su vida, su futuro, su pasado y su presente. Quizás leer libros que sean verídicos, eleven el espíritu, es decir no degraden y ante todo te ayuden a descubrir tu hacedor.

Hay novelas de todo tipo y libros buenos regulares y malos, pero en tanto los libros solo te entretengan estarás perdiendo el tiempo precioso, para descubrir por ti mismo quien eres, cuál es tu papel en la tierra, y si en realidad hay un Dios. Que no sea porque te lo cuenten otros o vengan por tradiciones sino porque lo descubras tú mismo mediante la investigación sincera.

Tus pensamientos han de estar centrados en tu mejora profesional, en tu progreso familiar, en los hechos del día, para planear y valorar lo hecho mal, a fin de recomponer, y en especial en comunicarte con tu hacedor, a fin de que te sean revelados los asuntos que necesitas para desenvolverte apropiadamente.

5.2.2 Perdón

Es la acción de liberar del pensamiento aquel resentimiento albergado en la mente por las ofensas causadas por sucesos de otras personas, que consciente o inconscientemente nos han afectado y ofendido. Es procurar olvidar aquello con que se nos ha ultrajado, despojado, o afectado, y que favorece el nuevo entendimiento entre las partes afectadas.

Prov.19:11 La prudencia del hombre detiene su furor, y su honra es pasar por alto la ofensa.

Prov.20:27 Lámpara de Jehová es el espíritu del hombre, la cual escudriña lo más profundo del ser.

Prov.25:21-22 / 21 Si tu enemigo tuviere hambre, dale de comer pan; y si tuviere sed, dale de beber agua
22 porque brasas amontonarás sobre su cabeza, y Jehová te lo pagará.

- o El pecado callado medio perdonado
- o Si quieres ser algo en la vida, ama, perdona y olvida.
- o El perdón sin olvido no es un perdón, sino simplemente guardar las piedras en los bolsillos, las cuales las seguirás cargando y te estorbaran en todo, hasta el día que las lances al rio, donde pertenecen JCIR

Cuento

Elena acude al psiquiatra y le dice:
¡Por favor, doctor, dígame que debo de hacer! ¡Mi marido cree que es un frigorífico!
No hay motivo para alarmarse señora, contesta el médico. Es un delirio inofensivo y muy común. Ya se le pasará.

Pero, doctor, usted no me ha entendido. Replica Elena. Es que duerme con la boca abierta y la lucecita no me deja dormir.

Anécdota

Recién casado, mi ex esposa fue víctima de: odios, rencillas, y en especial malos tratos por algunas personas que creían tener derecho a hacerlo. Ello ocurrió en 1.986 cuando dejé una familia en casa cuidando 20 días mientras yo viajaba al Ecuador para contraer matrimonio y luego seguir al Perú. Si hubiere dejado la casa sola no hubiere ocurrido nada, pues al fin y al cabo habían vigilantes día y noche, los cuales pagaba cada uno de los residentes de la urbanización.

Me pareció apropiado ayudar a la familia que recientemente se habían bautizado y tenían bastante necesidades, pues llevaba su esposo solo 6 meses de laborar en la misma empresa que yo lo hacía, a donde le recomendé. Les dejamos instalados con toda la confianza en casa.

Todo comenzó, a causa que la señora madre de Edison llamó por teléfono a casa y se le informó de mi matrimonio. También lo hizo mi ex esposa indagando sobre el evento de mi matrimonio. Una confirmó el interés en mí y su situación de despecho. La otra indicó que ella aún era mi esposa, pues en Colombia no había divorcio católico. Ello motivo a la señora cuidadora de casa, por la recepción de las llamadas, a formularse inquietudes e interrogantes impropios e inciertos. Mi ex esposa asumió que yo todavía estaba casado (Me había separado de bienes y cuerpos legítimamente desde hacía dos años, a causa de que ella no deseaba hijos y los abortaba). Por esa razón me fui a Ecuador, para casarme formalmente, a raíz de la imposibilidad de divorciarme civilmente en Colombia.

Una vez regresamos de casarnos civilmente en Ecuador y del tour por el Perú, a mi casa, donde mi nueva esposa viviría en su nuevo hogar. La familia cuidadora, nos entregó las llaves e informó de las llamadas, de las dos personas, no se le explicaron las cosas como ella deseaba, lo cual tal vez les indignó, ya que quizás merecían más claridad.

Ante tal cosa, comento con su hermana y desearon las dos hermanas maquinar una estratagema para sacar partida económica. En apariencia la hermana de la cuidadora escucho la versión y se ilusionó a sacar partida de tal despropósito. ¿Un señor con otra novia, es casado y además se va a casar nuevamente? Y armo una triangulación bien desdeñosa

El asunto es que una de ellas, llamaba a la madre de Edison, para ofenderle, haciéndose pasar por mí esposa; a la vez, la ofendida, devolvía la llamada a mi esposa con improperios de todo tipo. Estos acontecimientos poco a poco terminan casi por desquiciar a la madre de mi amigo Edison. La madre de Edison se había bautizado en la Iglesia, quizás con las esperanzas de que pudiera formalizar una relaciónconmigo (pues estaba separada), en otras palabras se enamoró de mí, a raíz de que yo había mostrado mucho interés en que ella escuchara las charlas y autorizara además la salida de su hijo, para prestar servició misional en la Iglesia, tal como él lo deseaba, sin embargo ni él ni yo pensamos que su madre había interpretado la cosa con otros propósitos.

Cuando yo decidí a casarme terminaron las esperanzas en mi ex esposa de recuperarme, y además la madre de Edison se mostró muy indignada, cosa que jamás le di muestras de interés a ella que no fuera una relación como con cualquier otro miembro de la Iglesia.

La hermana de la ex cuidadora de casa llamaba a la madre de Edison, haciéndose pasar por mí nueva esposa, la insultaba fuertemente, le lanzaba de igual forma ofensas, amenazas y más cosas y esta riposteaba llamando a mi nueva esposa dándole igual o peor trato, sin saber que ella era inocente. Mi nueva esposa era una mujer muy humilde, callada y además inocente de toda esa cantidad de injurias.

Al cabo de unos meses Edison me reclamó que él estaba, seguro de que a su madre le estaban llamando para insultarle y que lo que le decían era muy malo. Mi esposa le confirmó que ella no era.

Pasados seis meses un domingo llegó a lacapilla una señora que me hizo buscar y me confesó muy apenada que ella era quien llamaba a la madre de Edison, para insultar y así buscar una propina por callar tales acontecimientos. Se identificócomo la hermana de la cuidadora de casa y se sintió muy avergonzada. Yo debidoamis ocupaciones y a que estábamos en la reunión sacramental, le presente a las misioneras y le dije que le contara a ellas el asunto.

Las misioneras le visitaron, pero finalmente no seguí hurgando en el asunto y ella no estuvo interesada en la Iglesia. Cometí el error de no haberle llamado a Edison o a mi esposa, que fueron los ofendidos directos, para que también intervinieran y ellos mismos extendieran el perdón.

La familia de la cuidadora (Esposo e hijos) fue a quienes deje en casa por 15 días en tanto nosotros viajábamos; me tome la molestia de proveerles remesa para cuatro personas o más, con dinero por la cuidada, además, el esposo, era alguien a quien yo había conseguido empleo, y por si fuera poco antes les había pagado dos meses de arrendo de su casa, de mi bolsillo, porque los recursos de los fondos de la Iglesia no alcanzaban a cubrir las muchas necesidades delas familias de la unidad o rama el Lago Pereira.

Antes de mi matrimonio y de mi viaje, la presidencia del Distrito de Pereira decidió relevarme del cargo de Presidente de rama para cuidar el buen nombre de la Iglesia y el propio.

No séqué tan gran ofensa hice a la familia de los cuidadores, para que ellos me pagaran con ese precio, pero lo hicieron y después de ello si percibí que desaparecieron de mi vista.

Mi ex esposa sufrió mucho portales tipos de insultos, y con el odio que se despertó en la madre de Edison. Esta nunca entendió la verdad. Jamás tuve yo algún interés diferente al de un líder por sus ovejas que no fuera conforme a la manera del señor.

No sé si mi ex esposa perdono tales incidentes, presumo que sí, debido a que lo había olvidado.

5.2.3 Personalidad

Atributos que adquirimos con la formación de carácter, proveniente de las experiencias, estudio, crianza, etc. Primero somos bebes, después caminamos indefensos, llega la tierna edad de ocho años donde la razón nos acompaña, después vienen: la pubertad, la juventud donde nos hacemos independientes, nos volvemos adultos, llega la madurez y luego ancianos. Cada etapa nos enseña algo. La personalidad no impide que entendamos la necesidad de obedecer al creador y dar gracias por lo que dispuso para nosotros.

Parábola de la semilla que crece por si sola:

Marcos 4:26-29/26 Decía además: Así es el reino de Dios, como cuando un hombre echa semilla en la tierra;
27 y duerme y se levanta, de noche y de día, y la semilla brota y crece sin que él sepa cómo.
28 Porque de sí fructifica la tierra: primero hierba, luego espiga, después grano lleno en la espiga;
24 y cuando el fruto se produce, en seguida se mete la hoz, porque la siega ha llegado.

- o   Yo soy como soy, y no voy a cambiar.
- o   Cada uno es como Dios le hizo y aún peor muchas veces. Cervantes.
- o   Un talento se forma en la calma; un torrente en el mundo. Goethe.

o   Genio y figura, hasta la sepultura.

Cuento

En la ventanilla de una estación de ferrocarril se presenta un campesino:
¡Dese prisa, hombre! ¡Un billete, que pierdo el tren!
Pero ¿adónde va?
¡Eso es cosa mía, métase en sus asuntos!.....!deme un billete y basta!

Anécdota

Se nos ha enseñado que si sembramos una costumbre, ésta, pasado algún tiempo, será un hábito y es así como llegamos a cosechar un carácter. De lo anterior deducimos que dependiendo de ello, nuestra personalidad se va: fortaleciendo, formando y obtendremos una forma de ser. En tanto éstos nos contribuyan, es bueno, y si no perjudican ni al entorno, ni al prójimo, seguramente a nosotros tampoco.

Cuando estaba joven aprendí a fumar cigarrillo, y no sé por qué razón caí en esa mala costumbre. El vicio o consumo se incrementaba por las noches o cuando estábamos tomando alguna bebida especialmente cerveza. Ese ambiente nos inducía a consumir lo uno con lo otro. Estoy seguro que si mi padre no fumara, se habría sentido motivado a impedir que yo lo hiciera, pero aunque él no lo deseaba, para nosotros, debido a su mal ejemplo, sin embargo, tuvo que aceptarlo.

Después de 10 años, un día tenía algo de molestias en la garganta por causa de la gripe. Con todo y eso pasar el humo era fastidioso, pero intente fumar; la novia que me había soportado siempre el humo y sus problemas insinuó que no lo hiciera. Yo satisfice su buena sugerencia y me propuse dejarlo. Así fue que boté los cigarros que tenía y no compre más.

Tuve la determinación de dejarlo y así forme una nueva costumbre: no comprar. Cada vez que me daban ganas de fumar, consumía chicles o dulces. Al cabo del tiempo ya no me hacía falta, después el humo no lo soportaba, y así con el tiempo supere esta etapa. Cuando conocí, la Iglesia, hacía tres años que no fumaba.

La vida se fortalece con buenos hábitos que nacen de buenas decisiones, las cuales nos mantienen firmes. Al siguiente año comencé un nuevo habito y fue el de fortalecer mi cuerpo con ejercicios físicos; no en gimnasio, sino en parques, con trote, abdominales, molinetes, flexiones de pecho y 5 o 6 ejercicios más que mantuve por años, los cuales solía hacer en la mañana. Para ello me levantaba a las 4: a.m. trotaba y recogía dos amigos y subía dos kilómetros hasta una cancha de microfútbol. Allí jugaba hasta las 6:15, a.m., después terminaba con las rodillas reventadas, sin embargo debía afanarme para ir a trabajar. Corría en 15 minutos los dos kilómetros de recorrido, llegaba a casa y en 30 minutos me bañaba y vestía y salía rumbo a abordar el autobús de la empresa, para el trabajo. Dos o tres veces a la semana hacia esa faena. Adquirí por ello buena resistencia y un poco de más flexibilidad en los músculos. Ese fue un hábito que logré por haber dejado de fumar. Por el contrario, cuando fumas no sientes muchos deseos de hacer ejercicios.

Cuando llegaban los sábados procuraba participar en partidos de futbol, basquetbol, que generalmente compartía con mi familia, miembros de la Iglesia o compañeros de trabajo.

Así liberaba un poco de tensión y adrenalina.

5.2.4 Persuasión

Es la influencia pacifica, que invita a otros a realizar algo u olvidar algún suceso, en razón a estar ofendido, enfadado o desmotivado. Es procurar que otras personas accedan entrar en razón o actuar a pesar de la renuencia manifestada previamente de hacer algo.

Prov.16:23 El corazón del sabio hace prudente su bocay añade persuasión a sus labios.

Prov.25:15Con larga paciencia se persuade al príncipe, y la lengua blanda quebranta los huesos.

Prov.29:8 Los hombres escarnecedores alborotan la ciudad, pero los sabios apartan *la* ira.

- o Con maña dijo la araña.
- o Buenas palabras y buenos modales, todas las puertas abren.
- o El premio estimula el ingenio

Cuento

¡Silencio! Grita el maestro a sus alumnos.
Cada vez que abro la boca, hay algún imbécil que habla.

Anécdota

Cuando estaba como de unos 12 años de edad, visité por unas vacaciones a mis tías, hermanas de mi padre. Allá solían reunirse varias familias de la parentela de mi padre. Una mañana accidentalmente uno de mis primos más pequeños (quizás de unos 4 años) correteaba por los jardines de la parte de afuera; no sépor qué razón él se abalanzo hacia mí pensando que yo le detendría, yo instintivamente extendí los brazos para detenerle, sin embargo él se golpeó en su nariz con mi mano. Ello le ocasionó un dolor inesperado y asumió que yo le había golpeado intencionalmente con el puño.

Tal deducción conmociono a toda la familia debido a que él era un niño y le creyeron su argumento, pero el mío no lo escucharon. Aquello motivó que todos estuvieron desilusionados conmigo y yo también con ellos, debido a la incredulidad de haber sido una imprudencia de él al lanzarse hacia mí.

Me sentí muy molesto, pues en ningún momento había intención de golpearle, y menos sin motivos.

Al cabo de un rato, mi primo Henry dispuso comprar helados para todos los presentes, éramos alrededor de 12 a15 personas. Cuando me preguntaron de qué sabor quería el helado, yo contesté que no quería nada. Estaba aún molesto a causa del suceso, sin embargo mi primo Henry procuró persuadirme a que olvidara el asunto, pero yo hice caso omiso, por lo cual yo insistí en no comer, aunque en verdad mucho lo deseaba, pero pudo más mi orgullo.

La persuasión es algo importante, pues calma los ánimos, cuando estos están subidos de tono, o enrarecidas por desavenencias. Aquel día me quede sin comer helado, lo cual no me perdoné. Había dejado que una mala interpretación y el orgullo me privaran de un delicioso helado, y de buenas relaciones con mi familia.

5.2.5 Pobreza

Es la ausencia de recursos para afrontar las necesidades básicas de supervivencia digna, tales como: alimentos, vivienda, sanidad, estudios, vestido, elementos para el aseo, recreación, etc.

Prov.14:20 El pobre es odioso aun a su amigo, pero muchos son los que aman al rico.

Prov.28:6 Mejor es el pobre que camina en su integridad que el rico que anda en perversos caminos.

Ecles.4:13 Aun en la risa tendrá dolor el corazón, y el final de la alegría es la congoja.

Prov.22:1-2/1 DE más estima es el buen nombre que las muchas riquezas, y la buena fama más que la plata y el oro
2 El rico y el pobre se encuentran; a todos ellos los hizo Jehová.

o   La pobreza no es afrentosa de por sí, sino cuando proviene de la flojedad, disipación y abandono. Plutarco.

o   Mal abriga al pobre la costumbre de no tener abrigo. Francisco
    de Quevedo.

o   Rico no es el que más tenga sino el que menos necesite.

Cuento

Dos ladrones ante el escaparate de una joyería observan:……..
¿Tu cuanto crees que podría costar este broche de diamantes?
Pues…..aproximadamente…..no más de tres o cuatro años de cárcel.

Anécdota

Conocí una hermana de la Iglesia que vivía en un tugurio o caseta hecha
de cartones y retales de láminas de zinc. Allí ella se las ingeniaba, para
pasar sus noches y durante el día recogía de la calle cartones, papel
y otros materiales que vendía en las compraventas de materiales de
reciclaje.

Ella pertenecía al Barrio Dos quebradas, sin embargo frecuentaba los
Alpes de Pereira, y allá asistía a las reuniones con mucho entusiasmo.

En el último viaje que hicimos de Pereira al Perú, en 1997, antes de
que nos construyeran el Templo de Bogotá, los miembros de mi país
viajamos por carretera hasta Lima. Para nosotros tal viaje representaba
entre 5 y 6 días de ida, pero para otros que vivían en Bogotá, la costa
y el nororiente, se llevaba entre 6 y siete días la ida. Real sacrificio y
significativo, pues habían algunas limitaciones económicas. Para viajar
había que disponer de una buena suma de dinero, para: los trasportes,
la alimentación, el hospedaje, y otros como impuestos, documentos,
vacunas. Además, de eso, se dejaba de percibir dinero por 20 días
aproximadamente, ya que al dejar de trabajar no ganas y si gastas. Por
si fuera poco, vienes de las festividades navideñas, que de por sí ya te
dejan averiado.

Al enterarme de la anciana mujer que viajaba con nosotros y del estado
de indigencia en que vivía, me sobrecogí y llene de admiración, pues

ella sí que tenía bastantes necesidades y sacrificios. Sin embargo aquella anciana había logrado participar de las últimas 3 o 4 excursiones a Lima. No recuerdo élapellido, pero su nombre era Amalia, pero me motive a buscar en los álbumes; observe su foto y me dije en verdad estaba bastante entrada en años quizás 73 más o menos, pero eso sí, la disposición y entereza eran inimaginables.

Un gran ejemplo, y no se su grado de progreso en cuanto la historia familiar y obra por sus antepasados, pero tuvo que haber cristalizado sus responsabilidades seguramente.

Ella fue un ejemplo para muchos de nosotros, y sus sacrificios le serán altamente recompensados en la eternidad.

5.2.6 Precaución

Cautela que se mantiene o se ejerce ante algo o cuidado con que se deben operar algunos elementos, por el riesgo que puede sobrevenir de tales, como: productos inflamables, explosivos, o cristalería, etc., o desencadenar acciones violentas por falta de control como animales briosos, ariscos, o cuidado en tránsito de espacios resbaladizos como aceites, faltos de dureza, deterioro, etc.

Aplica también al cuidado que debemos mantener con nuestras acciones o palabras que pueden causar ofensas a otros trayendo como consecuencias problemas en el: trabajo, estudio, hogar, transporte, comunidad, etc.

Ecles.8:2-4 2 Yo *te aconsejo* que guardes el mandato del rey y ello por causa del juramento de Dios.
3 No te apresures a irte de su presencia, ni persistas en cosa mala, porque él hará todo lo que quiera.
4 Pues la palabra del rey *es con* potestad, ¿y quién le dirá: Qué haces?

o   Hombre prevenido, vale por dos.
o   Huir del peligro no es cobardía.

o   Ante la duda, abstente.

Cuento

Doctor ¿tiene ya el resultado de mi analítica?
Si, tiene usted una infección múltiple por: tifus, malaria, ébola, peste
bubólica, viruela y cólera. Le tendremos que dejar en cuarentena y con
dieta a base de tranchetes de queso.
¿Tranchetes?, ¿y con eso cree que me curaré?
Ni idea, pero es lo único que pasa por debajo de la puerta.

Anécdota

En agosto de 1.979 fuimos invitados por el Incomex para participar
en la Feria Internacional de Cochabamba Bolivia, donde el gobierno
Colombiano nos apoyaba mandándonos las muestras de los productos
que nosotros queríamos exponer, las cuales consistían en 9 tipo de
aparatos algunos muy pesados y otras autopartes como bobinas de
campo de arranque y dinamo y caimanes para baterías.

El muestrario incluía cargadores para batería tanto lentos como
rápidos, soldadores de bornes y estaño, probadores de inducidos, Volti-
amperimetros, soldadores de arco, entre otros.

Tanto a nosotros como al gobierno le pareció interesante que
participáramos, igual que a varios industriales Colombianos de Bogotá.
Nosotros recibimos apoyo con los pasajes en Avión hasta Cochabamba
ida y vuelta y los valores de las tasas de exportación de las muestras más
el correspondiente envió de tales muestras.

El día en que debíamos hacer la conexión del vuelo a la Paz era un
miércoles, a las 11:00 en el Dorado, y por lo tanto por ser un vuelo
Internacional requería de dos horas de anticipación para estar a tiempo
y legalizar los documentos y equipajes.

Por lo anterior preferimos viajar en la noche anterior desde Pereira, en vez de hacerlo desde la mañana del miércoles, no fuera que el aeropuerto estuviera cerrado por lluvia y el vuelo se cancelara. A las 7:30 P.M. salía el vuelo con destino a Bogotá pero aquel día el vuelo se adelantó una hora y nosotros no fuimos notificados, ello debido a que era fecha del torneo de futbol y los reflectores estorbaban el aterrizaje de las naves, (eso fue lo que nos explicaron). Mi patrón se demoró media hora en recogerme, debido a que calculó mal el tiempo, lo cual causó que al llegar al aeropuerto Matecaña de Pereira, era media hora tarde. Desde allí comenzaron nuestras primeras dificultades.

Nos dirigimos al expreso Bolivariano para irnos por carretera. A las 8: 45 salía el autobús con destino a Bogotá y debía llegar a las 6 o 7 a.m. Sin embargo en la línea o cordillera central había uno de los típicos derrumbes y ello motivo un trancón que nos detuvo por tres horas y la angustia y preocupación por la conexión comenzó a mortificarnos.

LlegamosaIbagué a las 4:30 A.M. y viendo nosotros que no llegaríamos a tiempo, preferimos contratar un taxi expreso para que nos llevara al dorado directamente.

Ello implicó que con quien contratamos debía, sacar conduce, y permiso del propietario del taxi. En tanto esas vueltas se hicieron, se perdieron algunos minutos.

Arrancamos para Bogotá a la 5:M. en el taxi, el cual era conducido por un hombre que deseaba volar y cometer algunos errores de velocidad excesiva y que nos impedíaestar tranquilos. Al cabo de recorrer una hora aproximada de carretera y cuando el vehículo inició la cuesta de Melgar comenzó a fallar (ahogarse la bomba de gasolina) y por lo tanto finalmente nos varamos. Pasada media hora con nuestras maletas en la carretera paso el autobús donde veníamos y del cual teníamos nuestros tiquetes, pero no nos llevaron, como era lógico. Mi patrón le pagó la carrera completa al taxista, pues él no tenía la culpa.

Después de buscar otros vehículos que nos recogieran finalmente otro taxista en un viejo Ford 1.960 con tres pasajeros que iba para Bogotá se aventuró a recogernos y llevarnos. Eso fue como a las 6:30 a.m. Ya la angustia nuestra era porque tal vehículo andaba a máxima velocidad 60 K.M. o menos. Cuando llegamos a Bogotá eran las nueve y 30 y ya habíamos perdido la esperanza de hacer la conexión. Nos aventuramos con el taxista a pedirle que nos llevara al aeropuerto y así lo hizo y llegamos a las 10 pasadas. Entramos rápidamente en el aeropuerto, para buscar el muelle Internacional. No tuvimos tiempo de cambiarnos de ropa, ni lavarnos sino que con las mismas prendas sudadas, del viaje, debimos enfrentar el nuevo día. Todo fue muy rápido y logramos la conexión.

Allí habían terminado nuestra primera parte de penurias, pero al menos la conexión se hizo, gracias a que tomamos la sabia decisión de viajar con anticipación desde la noche anterior. Si ello no se decide, difícilmente habríamos asegurado el viaje, pues en un viaje de carrera, todo puede fallar o unas partes y la precaución de contar con el tiempo, para otras opciones debenconsiderarse.

5.3.1 Prevención

Son las precauciones que debemos mostrar o tomar ante: el peligro, lo desconocido, borrachos, sospechosos, o amenazas de eventos anunciados.

Prov.30:24-28/24 Cuatro cosas son de las más pequeñas en la tierra, pero son más sabias que los sabios:
25 Las hormigas, pueblo no fuerte, pero en el verano preparan su comida;
26 los tejones, pueblo nada esforzado, pero hacen su casa en la piedra;
27 las langostas, que no tienen rey, pero salen todas por cuadrillas;
28 la lagartija, que se puede atrapar con las manos, pero está en palacios reales.
Ecles10:4 Si el espíritu del gobernante se exalta contra ti, no dejes tu lugar, porque la serenidad hará cesar grandes ofensas.

o　Con quien no tiene más Dios que su plato, poco trato.

o　Quien de tu mal no te advierte, mal te quiere.

o　Hombre prevenido vale por dos.

Cuento

Un empleado le pregunta a su compañero de trabajo:
¿Tú nunca coges vacaciones?
No, yo no puedo dejar la empresa.
¿Por qué? ¿Acaso la empresa no puede funcionar sin ti?
Claro que puede, precisamente eso es lo que no quiero que descubran.

Anécdota

Continuando con la historia de nuestro viaje a Bolivia, para la feria, una vez que logramos ingresar al muelle y en la sala de espera del aeropuerto de Bogotá, a causa de la oportunidad, mi patrón compró una botella de Whisky, la cual se propuso ingerir en tanto volábamos. El asunto es que llegamos como a las 3:00 de la tarde a la Paz y desde allí debíamos hacer transbordo en otro vuelo a las 10:00 de la noche que nos llevaría a Cochabamba. Mi patrón, don Raúl, consideró apropiado prevenir sus nervios con un poco de licor, que finalmente ingirió casi solo. Una vez estuvimos en la Paz nos hicimos amigos del Médico del Aeropuerto y del agregado internacional del aeropuerto, quienes nos atendieron con mucho respeto y consideración, y con los cuales procedimos a hacer un reconocimiento de la ciudad en el coche del médico. Ellos nos mostraron la ciudad, y volvimos al aeropuerto donde acordaron pedir licor para continuar con la espera, pero no se acordaron de pedir alimentos, pues sus preocupaciones estaban en el licor. Obviamente yo ingerí algunos tragos, pero no era algo tan deseado, pues la mala cara que tenía que hacer era mucha. Como a las 8:00 de la noche sentí que me quedaba sin aire, a lo cual el médico percibió y me arrimo un tanque de oxígeno que el disponía en su despacho, lo tuve por unos minutos.

El aeropuerto de la Paz está a 4.100 metros sobre el nivel del mar y ello suele generar problemas en la presión arterial de algunas personas, especialmente de los viajeros de tierras calientes. Al cabo de las 9:00 fue don Raúl el que requirió oxígeno y con un poco de ello se pudo resolver el asunto. Nuestra espera se hacía un tanto larga, especialmente porque estábamos cansados, pues habíamos completado más de 40 horas sin dormir apropiadamente, sin embargo mi patrón insistía en pasar el tiempo con licor, en tanto conversábamos alegremente con el médico y el director del aeropuerto.

Llegadas las 10:00 arribo el vuelo y procedimos a abordarlo. Cuando buscamos nuestras sillas, algunos pasajeros se alarmaron pues don Raúl iba un poco adormilado y copetón. Quizás les alarmó que yo llevara una botella de licor en la mano, pues era la que ellos tomaban.

Al poco tiempo se arrimó a don Raúl una de las azafatas y le comunicó que él no podía viajar. Que yo sí, pero el no. Nos invitaron a salir y subirnos a la escalinata y el vuelo despegó sin nosotros, y don Raúl, aguantando equilibrio; finalmente, se pudo descender a la pista en las condiciones de vestimenta de ropa tropical, es decir camisa de manga corta, y nada más. No habíamos dado importancia al intenso frío ya que nuestros cuerpos conservaban algo del calor corporal o a causa de nuestra indiferencia por los sucesos no previos ropa apropiada de mano, para las circunstancias. Todasnuestras ropas estaban en las maletas, las cuales viajaron en el avión rumbo a Cochabamba, y no llevábamos nada en la mano.

Ahora estábamos en la Paz a las 11:00 de la noche, sin ropa de frio ni abrigos, nuestros estómagos vacíos y si muy revueltos por el licor. Al enterarse de tal suceso, nuestros amigos, se apenaron y apesadumbraron, nos arreglaron la conexión, para el vuelo del día siguiente a las 12:00 y nos enviaron a un lujoso Hotel de la Paz. Allí me dispuse a lavar mis ropas y procurar secarlas con el escurrido manual. Siendo casi las doce llegaron, nuestros amigos del aeropuerto, el médico y el director, quienes animaron a don Raúl y continuaron tomando con otra botella que trajeron. Yo me acosté y los dejé en su entretenimiento.

Dormí plácidamente y en la mañana me volví a colocar la camisa guayabera blanca con que había viajado desde hacía dos días. Conseguimos cepillos y crema para los dientes y máquinas para afeitarnos. Posteriormente fuimos a conseguir desayuno, el cual no pudimos encontrar a satisfacción, porque no vimos los lugares apropiados, ya que no salimos de la zona, la cual no era comercial. Decidimos postergarlo, para cuando estuviéramos en el aeropuerto. Estando allá tampoco tuvimos oportunidad de desayunar, pues debimos pasar a la sala de espera, para tomar el otro vuelo. Nos saludamos cordialmente con nuestros amigos y nos despedimos.

Llegamos felizmente a Cochabamba a la 1:00 y esperamos por nuestras maletas y allí estaba el funcionario del Incomex Colombia, quien estaba pendiente de nuestra llegada, para llevarnos al hotel donde nos tenían la reservación. Nos fuimos, para el hotel, contentos de recuperar nuestros equipajes y con la esperanza de cambiarnos de ropa rápidamente y poder buscar el almuerzo, pues el hambre ya nos consumía. Al llegar al hotel, ellos habían dispuesto de la habitación reservada, debido a que no llegamos a tiempo, el día anterior y como no nos comunicamos con ellos, debimos ir a otro hotel, el Ambasador, recuerdo, fue el que conseguimos con la ayuda del funcionario del Incomex.

Él nos sugirió que fuéramos al pabellón de Colombia en la tarde para acabar de acomodarlo, pues la feria comenzaba al día siguiente y faltaban nuestros productos, pues ellos no se atrevían a mover nada.

Nos instalamos en el hotel a las 3:00, buscamos el almuerzo, en un restaurante cercano, pero no dimos con el chiste, pues los nombres de los menús eran extraños para nosotros, lo cual hizo que nos equivocáramos y desperdiciáramos el dinero, pues lo pedido no fue lo esperado. Salimos y corrimos al hotel y nos dirigimos al recinto ferial y localizamos el pabellón de Colombia a donde nos dirigimos.

Allá estuvimos organizando las cosas y procedimos a hacer conexión, pero la luz o energía era a 220 voltios de CA y los equipos eran para 110 Voltios de C.A. lo cual implicaba que debiéramos conseguir un trasformador o reductor, el cual debíamos buscar en el comercio y volver rápidamente al recinto ferial. A las 7.00 se desato una ventisca muy fuerte que hizo que el fluido eléctrico de todo el recinto se fuera y regresara a las 9.30, P.M. cuando ya era bastante tarde, en tanto con linternas pudimos acondicionar las otras cosas. Una vez regresó el fluido eléctrico, continuamos con lo que faltaba y dimos por terminada la faena a las 10:30 junto a los otros empresarios de Colombia.

Allí nos hicimos amigos de dos de ellos, con los cuales procedimos a buscar la comida, pues ellos estaban en las mismas condiciones de nosotros. Fuimos al restaurante del recinto, pero allí nos encontramos que de los menús lo único conocido era: conejo, lo cual pedimos todos. La forma de prepararlos era cocinados, en una salsa de ají subida de revoluciones, lo cual hizo que los tuviéramos que desechar, pues nuestras gargantas no lo soportaban. Don Raúl tan pronto vio los tales conejos que los servían en una gran bandeja, y que eran curíes, desistió de comer, pues burlonamente nos refería que nos habían traído ratas. Nosotros esperábamos que fueran asados, y nos desilusionamos una vez más, además del impedimento de poderlos comer por el exceso de ají que habían absorbido en el cocina miento. A la verdad, yo pedí al mesero, que lo lavara, y lo procurara freír un poco, pero el picante del ají no desaparecía, lo cual hacía arder mi garganta, y finalmente me di por vencido, y deseche.

Una vez más, no comimos, a causa de la falta de previsión, las carreras y premuras que aceleraron los errores y dificultades. Nuestras ocupaciones eran tantas, para preparar tal viaje, lo cual hizo que muchas cosas no fueran previstas en la forma apropiada. La previsión y el previo conocimiento de las condiciones, costumbres, y demás cosas causó que el viaje fuera una carrera con sus angustias e incomodidades.

5.3.2 Profecía

Son las expresiones, exhortaciones, de los hombres escogidos por Dios para enseñar y amonestar a sus hijos. Siempre que Dios ha querido establecer su Reino sobre la tierra escogió a hombres rectos delante de él. También algunos de los hombres han querido fungir como profetas, pues de esta manera Satanás ha introducido cizaña para confundir al pueblo; sin embargo, solo hay una forma de distinguirlos, y si alguien desea saberlo debe orar y ayunar si se precisa, además de escucharles atentamente, para discernir cuál de ellos efectivamente es verdadero. No hay otro camino.

Hoy hay profetas, y para descubrir los genuinos, hay que aplicar y afinar el oído, conectarlo a la mente y al Espíritu de Dios. Luego, por medio del ayuno y la oración habrá que discernir conforme a la revelación que recibamos. La disposición de obedecer, nos ayudará a percibir y discernir con más claridad sus mensajes.

Recuerda que hoy hay profetas, y apóstoles, setentas, en la tierra, ya que su Reino se ha restaurado. Búscalo, así como fue necesario que los judíos supieran si Jesucristo era el Hijo de Dios. Nunca caigas en el error de ser uno de los que persiguen sus verdades, simplemente porque decidas que no basta con verlo; igual les sucedió a muchos de sus perseguidores.

Los profetas lideran al pueblo y lo advierten del peligro. Los profetas son hombres que predican la palabra de Dios, y son los líderes de su Iglesia. En cada tiempo Dios escogió profetas para liderar a su pueblo y manifestar su voluntad a través de ellos.

El primero fue Adán, y a este le siguieron otros entre los cuales sobresalen Enoc, quien era tartamudo, pero el señor lo escogió porque su corazón era recto ante él, El pueblo que lidero fue llevado a morar con Dios en su seno y volverá a poblar la tierra en el cumplimiento de una promesa a ellos como Sion, tal cual se llamó por su rectitud. (Génesis 5:21-24, /21 Y vivió Enoc sesenta y cinco años, y engendró a Matusalén.

22 Y caminó Enoc con Dios después que engendró a Matusalén trescientos años, y engendró hijos e hijas.

23 Y fueron todos los días de Enoc trescientos sesenta y cinco años).

24 Caminó, pues, Enoc con Dios, y desapareció, porque lo llevó Dios.

El pueblo de Israel fue escogido por Dios, pero fue duro de cerviz, es decir desobediente, y no alcanzó la plenitud de firmeza y dignidad que Dios esperaba. Eran intermitentes sus líderes, y pocos obedecían y satisfacían la demanda de su justicia.

La descendencia de José (600 años antes de Cristo) fue llevada a vivir en tierra extraña y allí levantaron una civilización en América, donde también les proveyó Dios profetas, hasta que fueron fieles y dignos. Tan pronto le abandonaron, Dios les retiro sus profetas.

Los profetas de América, escribieron su historia la cual es el palo de José, al igual que la biblia es el palo de Judá (Ezequiel 37:15-20, esta historia es lo que hoy se puede leer en su plenitud en el libro de Mormón, la cual se narra desde 600 A.C. hasta el 423 D. y C.De hecho esto ya estaba pronosticado por los profetas de la Biblia:

Ezequiel 37:15-20/15 Y vino a mí la palabra de Jehová, diciendo:

16 Y tú, hijo de hombre, toma ahora un palo y escribe en él: Para Judá, y para los hijos de Israel, sus compañeros. Toma después otro palo y escribe en él: Para José, palo de Efraín, y para toda la casa de Israel, sus compañeros.

17 Júntalos luego el uno con el otro, para que sean uno solo, y serán uno solo en tu mano.

18 Y cuando te hablen los hijos de tu pueblo, diciendo: ¿No nos explicarás qué quieres decir con eso?

19 Diles: Así ha dicho Jehová el Señor: He aquí, yo tomo el palo de José que está en la mano de Efraín, y a las tribus de Israel, sus compañeros, y los pondré con él, con el palo de Judá, y los haré un solo palo, y serán uno en mi mano.

20 Y los palos sobre los que escribas estarán en tu mano delante de sus ojos;

Mientras tanto en el medio oriente, entre el año 0 y 33 D.C., en Israel, después de un periodo de 400 años sin profetas se restauró la doctrina con Juan el Bautista y con Jesucristo, y se logró con los apóstoles por un corto tiempo, hasta que los mismos fueron muertos por la mano del hombre incrédulo y los paganos. Su iglesia una vez más desapareció, y quedaron los vestigios, pero sin autoridad, y sin líderes autorizados, debido a que parte de su doctrina se tergiversó.

Él había prometido que antes de su segunda venida restauraría su Sacerdocio, su Iglesia, sus doctrinas, sus verdades, sus ordenanzas y por supuesto sus líderes, quienes debían ser según el ordenamiento de profetas, apóstoles, setentas obispos, patriarcas. Su sacerdocio de Melquisedec, lo restauraría por mensajeros celestiales autorizados, tal como ocurrió en el monte de la transfiguración. Su reino paso a paso se erigiría como efectivamente él lo deseaba, a fin de preparar su segunda venida (Hechos 3:17-21 / 17 Mas ahora, hermanos, sé que por ignorancia lo habéis hecho, como también vuestros gobernantes.
18 Pero Dios ha cumplido así lo que había antes anunciado por boca de todos sus profetas: que su Cristo había de padecer.
19 Así que, arrepentíos y convertíos para que sean borrados vuestros pecados; para que vengan tiempos de refrigerio de la presencia del Señor,
20 y él envíe a Jesucristo, que os fue antes anunciado;
21 a quien dé cierto es menester que el cielo reciba hasta los tiempos de la restauración de todas las cosas, de que habló Dios por boca de sus santos profetas que han sido desde tiempos antiguos.

Prov.29:18 Sin profecía, el pueblo se desenfrena, pero el que guarda la ley es bienaventurado.

Prov.30:5 Toda palabra de Dios es pura; él es escudo para los que en él se refugian.

o Si tuviere una pisca de duda sobre la autenticidad de su Iglesia, no vacilaría en apartarme de su Reino, pues soy malo para engañar a los demás. JCIR

o Para algunos podemos parecer subnormales el hecho de esforzarnos por vivir sus leyes, sin embargo lo que más me gusta es que todos somos tan débiles como lo fueron:Pedro, Nefi, Pablo y los demás y sin embargo Dios se vale de los sencillos. JCIR

o Por 37 años no he dejado de leer, servir, orar, y luchar por mantenerme firme y a veces me veo lejos y otras muy cerca, pero el péndulo de mi obediencia es el que ha marcado la cercanía o lejanía de Dios. JCIR

Cuento

¿Tú oras antes de las comidas, Pepito? Preguntó el líder de su Iglesia. Claro, pues en casa hay muchos riesgos, pues todos nos rotamos en la preparación de las comidas.

Anécdota

Cuando se dedicó el nuevo templo de Nauvoo, en Mayo de 2.002, tuve la oportunidad de asistir al centro de estaca de Pereira, desde donde participamos de su dedicación, vía satélite. No sé por qué me aventuré a decirle a mi hijo Víctor Daniel, antes de ello, que sentía que el Profeta José Smith estaría allí. Cuando estábamos en la ceremonia dedicatoria y se cantó el himno "Loor al profeta" y "Un pobre forastero", números 15 y 16 respectivamente del himnario actual. Sentí un escalofrío especial que me confirmó que lo que sucedía era algo más que inusual. Al hablar el profeta Gordon B, Hinckley expreso: siento la presencia de seres del más allá, y así mi hijo percibió que lo que había predicho se realizó, solo que no los podemos ver ahora, pero algunos asistentes seguramente lo percibieron con más intensidad.

Sé sin ninguna duda, que allí en la primera sección dedicatoria los líderes de la Iglesia como José Smith y otros, estuvieron presentes, pues lo confirmaron el gran espíritu y más hechos. Al igual que en el día de pentecostés, los apóstoles vieron lenguas de fuego y sintieron un sonido de un viento tempestuoso; también en la dedicación del templo de Kirtland sucedió de 1.836. Además un hecho similar sucedió en el monte de la transfiguración como se narra en Mateo 17:1-9, cual fue la visita de Jesucristo, de Moisés, de Elías y el Elías el profeta. Ellos estuvieron presentes para entregar las llaves del recogimiento de Israel de las cuatro partes de la tierra, y de la conducción de las diez tribus de Israel desde el país del norte. TambiénElías entregó las llaves del evangelio de Abrahán, para así ser bendecidas todas las generaciones, y después el profeta Elías entregó las de la obra por los muertos conforme a lo predicho por Malaquías.

Cuando tuve la oportunidad de capacitar a futuros Elderes, para recibir el sacerdocio de Melquisedec y compartía la sección 13 del libro de Doctrina y convenios, no era yo quien capacitaba, pues un poder especial me sobrecogía y confirmaba que lo que decía era verdad, cosa que me hacía sentir muy humilde y a la vez gozoso de compartir tales verdades.

5.3.3 Prudencia

Se define como prudente a quien es mesurado, discreto, para hablar, actuar, u opinar.

El silencio y la prudencia caminan, pero llegan siempre.

Prov.3:5-8 /5 Confía en Jehová con todo tu corazón, y no te apoyes en tu propia prudencia.
6 Reconócelo en todos tus caminos, y él enderezará tus veredas.
7 No seas sabio en tu propia opinión; teme a Jehová y apártate del mal,
8 porque será salud para tu ombligo y médula para tus huesos.

Prov.11:12 El que carece de entendimiento menosprecia a su prójimo, más el hombre prudente calla.

Prov.14:8 La sabiduría del prudente está en entender su camino, pero la necedad de los necios es engaño.

Prov.14:15 El ingenuo cree toda palabra, pero el prudente mide bien sus pasos.

Prov.15:24 El camino de la vida es hacia arriba para el prudente, para apartarse del Seol abajo.

Prov.16:31 Corona de honra son las canas; se halla en el camino de la justicia.

Prov.19:11 La prudencia del hombre detiene su furor, y su honra es pasar por alto la ofensa.

Prov.25:17 Detén tu pie de la casa de tu vecino, no sea que, harto de ti, te aborrezca.

Prov. 4:1-22/ 1 Oíd, hijos, la instrucción de un padre, y estad atentos para que conozcáis entendimiento.
2 Porque os doy buena enseñanza; no abandonéis mi ley.
3 Porque yo también fui hijo de mi padre, delicado y único a los ojos de mi madre.
4 Y él me enseñaba y me decía: Retén mis palabras en tu corazón; guarda mis mandamientos y vivirás.
5 Adquiere sabiduría; adquiere entendimiento; no te olvides ni te apartes de las palabras de mi boca;
6 no la abandones; y ella te guardará; ámala, y te protegerá.
7 Sabiduría ante todo; adquiere sabiduría; y con todo lo que adquieras, adquiere entendimiento.
8 Exáltala, y ella te levantará; ella te honrará cuando tú la hayas abrazado.
9 Adorno de gracia dará a tu cabeza; corona de hermosura te entregará.

10 Escucha, hijo mío, y recibe mis razones, y se te multiplicarán los años de vida.

11 Por el camino de la sabiduría te he instruido, y por sendas de rectitud te he guiado.

12 En tu andar, no se obstruirán tus pasos; y si corres, no tropezarás.

13 Aférrate a la instrucción; no la dejes; guárdala, porque ella es tu vida.

14 No entres en la vereda de los malvados, ni vayas por el camino de los malos.

15 Déjala; no pases por ella. Apártate de ella; pasa de largo.

16 Porque ellos no duermen si no han hecho mal, y pierden el sueño si no han hecho caer a alguno.

17 Porque comen pan de maldad y beben vino de violencias.

18 Más la senda de los justos es como la luz resplandeciente que va en aumento hasta que el día es perfecto.

18 El camino de los malvados es como la oscuridad; no saben en qué tropiezan.

19 Hijo mío, está atento a mis palabras; inclina tu oído a mis razones.

20 No se aparten de tus ojos; guárdalas en medio de tu corazón.

21 Porque son vida para los que las hallan, y salud para todo su cuerpo.

- o   La prudencia en el que la tiene, muchos daños y males previene.
- o   A más años, más prudencia.
- o   Del tiempo y la experiencia es hijo la prudencia.

Cuento

Paquito. ¿Huevo es masculino? Preguntó la profesora.
Depende, profesora.
¿Depende de qué?
Bueno. Hay que esperar que nazca el pollito, para saber si es macho o hembra.

Anécdota

Mi padre trabajó en los campos, en la época de la violencia durante los años 1.940 a los años 1.966 en mi país Colombia. Cuando muchos bandidos, unos de cuello azul y otros de cuello rojo, se enamoraban de las tierras de sus vecinos, utilizaban la quema de sus casas para persuadirlos a abandonarlas o eliminar la familia que las habitaba. Así unos y otros consiguieron con esa excusa muchas propiedades a costa del miedo y oportunidad que les ofrecía la inestabilidad política.

Lo triste de todo esto, era que en tales desmanes protegiendo a algunos de cuello azul, participaba parte del clero, la policía, el ejército y otros que veían como así conseguían lo que no podían obtener trabajando honradamente.

Las bandas se formaban y arremetían contra los pobladores de los contornos que ellos consideraban sus territorios, y con la excusa de ser de colores políticos contrarios, arrasaban con familias enteras, y así se apropiaban de lo que les interesaba.

En tales tiempos los inspectores agropecuarios del Banco: Caja Agraria Industrial y Minero, que cumplía una labor encomiable en favor del progreso se inclinaba preferiblemente al apoyo del campo; pero antes de conceder algún crédito se debía avaluar los terrenos, la disposición y conocimiento para el emprendimiento, medir las áreas, determinar la ubicación, la existencia de las garantías, las condiciones de explotación actuales y las posibilidades. Todo ello implicaba una tarea de muchas horas, la cual había que consolidar y registrar con sus detalles en varios formularios, donde los productores o campesinos, se comprometían a seguir las pautas e instrucciones de los inspectores que les atendían.

Tales inspectores debían de recorrer territorios que eran de su afiliación política, y ocasionalmente podría no ser. Varias veces mi padre debió enfrentarse al desafió de visitar fincas de personas que habían recibido créditos y debían de ser valorados por atrasos en los pagos, sin embargo, éstas habían sido invadidas por bandoleros.

La prudencia y el valor caracterizo a mi padre, pues aunque él era de filiación política liberal, varias veces esa condición no le impedía tratar a los simpatizantes de filiación contraria con el respeto que merecían. El hacia su trabajo lo mejor y más honradamente que podía, y nadie le recriminó jamás de haber usado indebidamente sus influencias y capacidad para favorecer o negar lo que estaba en condiciones de asumir. Él se dedicaba a unos y otros y preferiblemente a vacunar, administrar medicinas, o realizar actividades pecuarias o agrícolas de enseñanza o capacitación si ameritaba. En algunas de sus visitas se encontró con Efraín González (famoso bandolero que solo pudo ser abatido por un ejército de 500 hombres y que resistió muchas horas con dos más, en Bogotá) y otras con Manuel Marulanda Vélez, (Alias Tiro fijo, quien fue máximo líder de las FARS) a quienes trato con la prudencia apropiada. Ellos eran dos de los líderes de cinco de las bandas más temidas del país. Aunque en tres ocasiones debió huir, ya que se le advirtió que iban por él. Sus armas eran: una lupa, un garrote para apoyarse y espantar los perros y una pequeña navaja con que cortaba cuerdas y hacia incisiones en las pieles de los animales enfermos o las plantas.

Siempre le observe como hombre prudente, respetuoso delas opiniones contrarias y además no dado a meterse en líos o hacer comentarios de errores o problemas de nadie, los problemas de su trabajo los dejaba en su trabajo y los de casa no los llevaba de una parte a otra. Era un gran hombre.

5.3.4 Pruebas

Las pruebas de la vida son oportunidades: de dolor, dificultad, oposición, o problemas que nos sobrevienen a todos, y que sirven para que no olvidemos que no somos nada, pero cuando nos esforcemos con humildad, las sobrepujaremos y seguiremos progresando haciendo nuestro mejor esfuerzo.

Las aflicciones y las pruebas hacen parte de la etapa de probación terrenal. Por medio de ellas progresamos, y aprendemos de los errores, sean nuestros o de otros. Al final todos nos afectan como las guerras.

Prov.17:3 El crisol para la plata y el horno para el oro, pero Jehová prueba los corazones.

Ecles.7:3-4 Mejor es el pesar que la risa, porque con la tristeza del rostro se enmienda el corazón.
4 El corazón de los sabios está en la casa del duelo, más el corazón de los insensatos está en la casa del placer.

Ecles.8:14 Hay una vanidad que se hace sobre la tierra: Hay justos a quienes sucede como *si hicieran* obras de malvados, y hay malvados a quienes acontece como *si hicieran* obras de justos. Digo que esto también es vanidad.

- o   Malo o bueno, cada cosa tiene su asidero.
- o   Mal lo aliña quien en sus tiempos no labró la viña.
- o   Al mal tiempo, buena cara.

Cuento

- Capitán, capitán. ¡Nos hundimos!
- Ya lo sé marinero.
- ¿Y no va a hacer nada?
- Estamos en un submarino tonto.

Anécdota

Una de las pruebas más difíciles fue la de abandonar mi país, para garantizar la protección de la familia debido a que había denunciado algunos funcionarios públicos por corruptos. Previamente ya se había dado el hecho de que algunos de los clientes míos se vieron en el ojo del huracán a causa de mi firma anteriormente estampada.

También fueron pruebas difíciles la pérdida de trabajo, porque algunos directores de producción se vieron amenazados en sus intereses de seguir robando a la empresa, y al corresponderme a mi implementar procedimientos de control, medición, y registro, limitaba sus posibilidades de robo de cara al futuro. Algunos me invitaron a pelear haciendo papelones de comentarios sobre otros funcionarios con el propósito de desacreditarme o estorbarme en mi responsabilidad y tarea de organizar la información. Ellos vieron truncados los medios de sus entuertos. Ocasionalmente había inclusive socios, esposos, hijos, de los propietarios, y en otras partes había una desorganización total donde campeaba el interés de muchos en sacar provecho y el de nadie por cambiar las cosas para bien.

En otras fui amenazado, agredido con palabras y en otras desacreditado injustamente, pues era la sutil forma de sacarme del medio.

Lo mejor de todo fue que también la protección de Dios estuvo muchas veces para allanarme el camino. Si, fui altamente favorecido, pues a pesar de todo y mi difícil papel fui favorecido con protección, aún en las clases que impartía en la universidad dos veces fui amenazado, por algún alumno muy rico, quien pretendía pasar la materia sin esfuerzo.

5.3.5 Puro

Refiere a algo limpio, libre de contaminación, saludable al ingerir, o que no presenta contaminación ni indignidad, que es transparente. Cuando nuestros pensamientos y actos alcanzan esa condición podremos estar disponibles para la recepción del Espíritu Santo, de lo contrario este tercer personaje de la trinidad no entrara en nosotros y permanecerá hasta que perdamos esa condición. Cuando nos bautizamos en la Iglesia de Jesucristo, y no en la de otros, podremos recibir la promesa de mantenerlo una vez nos confirman, por la imposición de manos de las personas autorizadas.

Ecles.9;7-10/ 7 Anda, come tu pan con gozo y bebe tu vino con alegre corazón, porque tus obras ya son agradables a Dios.

8 En todo tiempo sean blancos tus vestidos, y nunca falte ungüento sobre tu cabeza.

9 Goza de la vida con la mujer que amas, todos los días de la vida de tu vanidad que te son dados debajo del sol, todos los días de tu vanidad; porque ésta es tu parte en la vida y en tu trabajo con que te afanas debajo del sol.

10 Todo lo que te venga a la mano para hacer, hazlo según tus fuerzas; porque en el Seol, adonde tú vas, no hay obra, ni razonamiento, ni conocimiento ni sabiduría.

Prov.21:8 El camino del hombre perverso es torcido y extraño; más la conducta del puro es recta.

Prov.22: 11 El que ama la pureza de corazón, *por* la gracia de sus labios, el rey será su amigo.

Prov.30:5 Toda palabra de Dios es pura; él es escudo para los que en él se refugian.

- o El agua pura es manantial de vida. JCIR
- o Los metales no se hallan en estado puro, pues están combinados con otros materiales, sin embargo el fuego y limpieza es lo que les permite acercarse a la pureza. JCIR
- o A más dignidad, mayor luz, a mayor luz, mayor percepción de lo eterno, si tú no tienes esa condición, las escamas de los ojos no te permitirán notar la claridad de las escrituras, pues estos libros son sellados para los indignos. JCIR

Cuento

La maestra pregunta a Juanito:
Deme un ejemplo de puros:

Un puro de tabaco, un aguardiente puro en alcohol, los puros cuentos
y las puras mentiras.

No, no, no. ….deseo cosas buenas algo que incite a hacer lo bueno.

Un zumo de puro limón, el aire de la mañana en la montaña, las puras
verdades.

No, no, no…. No me he sabido explicar: una persona, Juanito:

El purito Rodríguez.

Comentario

He conocido personas sin disposición de hacer el mal a nadie, tan nobles
y puros que para algunos pareciera que fueran tontos. Los mayores
puros que he conocido son aquellos niños menores de ocho años o
aquellosque son limitados por los síndromes de Down, o limitados por
ser parapléjicos. Estas personas fueron tan fieles y dignas en la vida
premortal que al venir a la tierra no requirieron ser probados en cuanto
a actitud de obediencia a los mandamientos, y solo se les permitió venir
para recibir un cuerpo y partir como muchos niños que mueren en su
infancia.

Los demás mortales hemos de perfeccionarnos un poco más en algunas
cosas a fin de recibir los méritos suficientes, para alcanzar la perfección
y que difícilmente aquí en la tierra los alcanzaremos.

Los designios de Dios no los conocemos, pero sí sé que todo absolutamente
está previsto por el.

Algunas pruebas fueron escogidas por nosotros, otros fueron dados, para
que superáramos problemas viejos.

No hay duda que tenemos el libre albedrio y que podemos escoger
mejorar o empeorar, pero los que nos llevan delantera son aquellos
eximidos de pruebas por ser puros ante Dios.

5.3.6 Razones, Razón

Son los argumentos que podemos esgrimir para justificar una actuación. Los móviles, motivos, o simplemente las inclinaciones de nuestros modos de actuar y pensar.

La justificación o razón del por qué debemos dar oído a los refranes, proverbios, mandamientos, y consejos es que lo único seguro que tenemos es la muerte, la cual llega cuando menos lo esperamos, o tal vez cuando se acabó el tiempo de probación en tierra; de tal suerte que aunque no creamos, neguemos, procuremos alargar la vida, este término de vida llega, pero cuando lleguemos ojala hallamos encontrando las razones por las cuales llegamos a la tierra, para donde vamos y de dónde venimos, pues difícil será no haber hecho méritos para creer, a quien nos envió los consejos del Maestro para una mejor vivencia en el más allá.

Ecles. 8:5-8/5 El que guarda el mandamiento no conocerá el mal; y el corazón del sabio discierne el tiempo y el juicio.
6 Porque para todo deseo hay tiempo y juicio; porque el mal del hombre es grande sobre él.
7 Porque no sabe lo que ha de acontecer; y el cuándo haya de acontecer, ¿quién se lo dirá?
8 No hay hombre que tenga potestad sobre el espíritu para retener el espíritu, ni potestad sobre el día de la muerte; y no hay licencia en *esa* guerra, ni la maldad librará a los que la poseen.

- o El ignorante, al ciego es semejante.
- o De las disputas, poco fruto y menos fruta.
- o De las que obedecen sin chistar, pocos ejemplos encontrarás.

Cuento

Si hablas con un pajarito debes estar...... maduro o muy podrido. JCIR

Anécdota

Cuando se pasó del software Paf. 4 o 5 al Family Search para registrar los datos de los antepasados, a algunos nos dio dificultad debido a que los más viejos somos más tardos en entender los asuntos de internet; sin embargo, las razones, justificaciones y por supuesto revelaciones lo ameritaban. Gracias a esos cambios el Presidente Gordon B Himkley pudo sentirse satisfecho, pues con los métodos de registro y manejo de los archivos anteriores se hacían repeticiones continuamente, lo cual impedía el progreso de la obra por los antepasados. El oró, pidió porque se pudiere desarrollar algo más práctico, efectivo, y por supuesto veloz. Así se cristalizo tal bendición, la cual nos creó cierta incomodidad en sus comienzos, sin embargo, fue algo, muy pero muy evolucionado y magnifico.

Además ahora en línea se observan los estados de las ordenanzas realizadas y se pueden realizar las correspondientes correcciones desde casa. Las razones son poderosas en cuanto agilidad, facilidad y versatilidad para actuar, consultar, y en especial seguridad.

Recuerdo a un buen varón de Dios, muy entrado en sus 70 años estar muy enfadado, por cuanto al procurar trasladar por un Gedcon los datos del Paf., al Family Search, el perdió el control de los datos debido a que lo hizo todo en un solo paso, lo cual le conllevo desfigurar el orden, comprensión y codificación lógica que antes tenía. A mí también me pasó, pues yo solicite ese paso para unos 1.000 nombres, pues aunque tenía más datos lo hice con una fracción de tal tamaño y no me funcionó, pero aquel hombre tenía como 13.000 datos, lo cual se convirtió en un embrollo. No atendimos las sugerencias de pasar de 100 en 100 y por lo tanto perdimos el control y como tal nos fue imposible procurar hacer los trabajos de ajustes mesuradamente. Yo finalmente logré hacer ajustes y acondicionarme con el nuevo Software, del cual estoy muy agradecido, pues como lo dije, es muy bueno y con ventajas grandes respecto del otro. Algunos cambios traen dificultad, pero si son para mejorar bienvenidos sean.

Cuando las razones son para mejorar hay que reconocerlas, usarlas y agradecer a los propulsores.

5.4.1 Recatado

Aquel que mantiene las normas de la prudencia, el respeto. La compostura en su hablar, vestir, actuar. Modesto, circunspecto.

Prov.2:10-12 / 10 Cuando la sabiduría entre en tu corazón y el conocimiento sea grato a tu alma,
11 la discreción te guardará; te protegerá el conocimiento,
12 para librarte del camino del mal, del hombre que habla perversidades.

- o En el mercado, todo pagado; que es muy caro lo fiado.
- o En la casa del hidalgo ruin, ningún oro y mucho orín.
- o Quien virtudes siembra, fama siega.
- o Quien bien aró. Bien segó.

Cuento

Entra un borracho en la Policía y pregunta:
- ¿Podría ver al que robó ayer en mi casa?
El funcionario encargado le dice:
- ¿Y para qué lo quiere ver?
El borracho contesta:
- Para saber cómo entró sin despertar a mi mujer.

Comentario

Las personas que viven las normas y mandamientos de Dios, eligen ser así porque saben que deben mantener en rectitud y ser recatados, a fin de que el espíritu Santo pueda influir en ellas, de lo contrario no tendrían posibilidad de ser considerados dignos de obrar por medio de su autoridad y poder. Además de ser dignos, ser recatados en la forma de hablar, actuar y pensar, los hacen merecedores de recibir el respeto de los demás, y por lo tanto la confianza, llegan a ser un gran ejemplo para la sociedad.

Todo ello trae cosas buenas y algunas no, sin embargo, las que no son buenas no son interesantes, pues tienen que ver con invitaciones para romper la ley de castidad, pruebas para determinar si te mantienes en la senda correcta, si eres capaz de rechazar insinuaciones pactadas entre compañeras de trabajo a fin de dar rienda suelta al jolgorio que algunos en momentos de fiesta pueden tener.

Tres veces y aún cuatro en tres empresas diferentes, fui objeto de insinuación burlesca de parte de compañeras de trabajo, quienes desde luego solo pretendían jugar. Para fortuna mía mantuve el nivel de recato esperado de mi Padre Celestial. Pero otras veces tales tentaciones fueron tanreales y buscaban otras cosas, por fortuna tuve éxito al ponerme en actitud indiferente, y no dejarme caer.

5.4.2 Receptivo

Se refiere a la persona que atentamente escucha, analiza y emite juicios con respeto y plenitud. Quien está capacitado para recibir los problemas, y resolverlos conforme a lo esperado.

Prov.4:21-24 /21 No se aparten de tus ojos; guárdalas en medio de tu corazón.
22 Porque son vida para los que las hallan, y salud para todo su cuerpo.
23 Guarda tu corazón con toda diligencia, porque de él mana la vida.
24 Aparta de ti la perversidad de la boca, y aleja de ti la iniquidad de los labios.

- o   Sembrar para recoger, y recoger para sembrar.
- o   Del mundo lo aprendí: hoy por mi mañana por ti.
- o   Hasta el aire quiere correspondencia.

Cuento.

Paco, me he comprado un sonotone que es la leche, tiene Wifi, bluetooth...
- ¿Ah, sí? ¿Y cuánto te ha costado?
- Las doce y cuarto.

<u>Historia</u>

Cuando Jesucristo crecía, era justamente muy receptivo a las instrucciones dadas tanto de sus padres terrenales como por su Padre Celestial. Además él se esforzaba por aprender la doctrina escrita. De hecho disfrutabacompartiéndolas con los doctores de la ley, es decir con los líderes del Judaísmo:

Lucas 2:40-52/40 Y el niño crecía, y se fortalecía y se llenaba de sabiduría; y la gracia de Dios estaba sobre él.
41 E iban sus padres todos los años a Jerusalén en la fiesta de la Pascua.
42 Y cuando tuvo doce años, subieron ellos a Jerusalén conforme a la costumbre de la fiesta.
43 Y cumplidos los días, al volver ellos, se quedó el niño Jesús en Jerusalén, sin saberlo José y su madre.
44 Y pensando que estaba entre los del grupo, anduvieron camino de un día; y le buscaban entre los parientes y entre los conocidos;
45 pero como no le hallaron, volvieron a Jerusalén buscándole.
46 Y aconteció que tres días después le hallaron en el templo, sentado en medio de los doctores de la ley, oyéndolos y preguntándoles.
47 Y todos los que le oían se asombraban de su entendimiento y de sus respuestas.
48 Y cuando le vieron, se maravillaron; y su madre le dijo: Hijo, ¿por qué nos has hecho así? He aquí, tu padre y yo te hemos buscado con angustia.
49 Entonces él les dijo: ¿Por qué me buscabais? ¿No sabíais que en los asuntos de mi Padre me es necesario estar?
50 Pero ellos no entendieron las palabras que les habló.

51 Y descendió con ellos y vino a Nazaret, y estaba sujeto a ellos. Y su madre guardaba todas estas cosas en su corazón.
52 Y Jesús crecía en sabiduría, y en estatura y en gracia para con Dios y los hombres.

Juan 8:28 Les dijo, pues, Jesús: Cuando hayáis levantado al Hijo del Hombre, entonces sabréis que yo soy, y que nada hago por mí mismo, sino que, como el Padre me enseñó, así hablo

5.4.3 Reciclaje

Es la separación inteligente de los residuos y desperdicios de hogares u empresas en: residuos orgánicos, de papel, plásticos o vidrio. Este ciclo requiere la coordinación de los generadores de los residuos y las entidades autorizadas para disponerlos y clasificarlos.

En los países desarrollados esto es una tarea más o menos organizada, pero en los países tercer mundistas o subdesarrollados esta responsabilidad con el medio ambiente apenas son intenciones y en otros casos son objeto rudimentario de labores reducidas y parciales.

- o   Donde hay burro muerto, no faltan cuervos.
- o   Ropa vieja, bien se asienta.
- o   Ropa vieja, más abriga que la nueva.

Cuento

Un chatarrero llega a una ciudad pequeña a descargar unas mercancías. Detiene el carromato y le ruega a un señor que pasaba que le sujete las riendas del mulo. Entonces el hombre le dice ofendido: Oiga, sepa usted que soy un abogado.
No se preocupe. Yo me fío de todo el mundo.

Anécdota

Comparto este documento o carta dirigida de un padre a su hija para explicarle las razones del reciclar desde casa.

Leganés, 22 de enero de 2.015.

Querida hija Alejandra.

Por cuanto quizás no comprendes las razones de algunos consejos verbalmente, me veo en la obligación de manifestarlos escritos así:

1-La razón por la cual hacemos reciclaje de los 4 productos (papel, vidrio, plásticos y orgánicos) son simples, pues así:

a-Protegemos el ambiente.
b-Evitamos accidentes a los posibles recicladores de los productos orgánicos.
c-Contribuimos a ser más eficientes en la recuperación de los materiales tales como cartón y papel, que no deben contaminarse con orgánicos, pues se deterioran y así no tienen que talar más árboles para recuperar la pulpa de papel que implica la producción de papel.
d-Los plásticos no reciclados demoran 400 años en ser descompuestos y ellos son petróleo, lo cual genera problemas a la capa vegetal, medio ambiente por la combustión, resinas, pinturas, etc., y bueno pues los animales, y personas al final del ciclo alimentario, ingerimos alimentos contaminados que nacen de los pastos contaminados.
e-El cambio de la capa de ozono, genera recalentamiento global, etc., y si no controlamos, pues este se multiplica, a causa de que los nutrientes orgánicos ya vienen contaminados y por lo tanto todo es contaminación, pues los arboles no trabajan igual, pues los nutrientes van contaminados.

2-Sé que Muchos dicen que los responsables del trabajo no hacen lo correcto y son los que se benefician, sin embargo, recuerda que es el planeta donde vivirán tus hijos, y tú. Además nosotros hemos de hacer lo correcto, no importando si los demás no lo hacen.

3-Hacemos lo correcto porque así debe ser, pues todo se devuelve tarde o temprano, y seremos responsables del mal uso, maltrato y descuido que demos a los animales, las plantas y materiales inclusive te lo explico con escrituras reveladas sobre estas cosas de sentido común. (Gen 9:10-15 TJS Pág. 216 Vers. 10-12),

Los fumadores, contaminadores, etc., han de ser responsables del medio ambiente, y por supuesto enferman a sus familias, la naturaleza, etc.

Querida hija, te amamos, te respetamos, pero es importante que: comprendas, te integres y atiendas las sugerencias, y reglas de supervivencia, que nos corresponden a todos.

Espero que comprendas con el mejor ánimo que todo es por bienestar de todos.

Amorosamente

Tu padre.

JCIR

5.4.4 Reciprocidad

Realizar tareas que corresponden a intercambios con alguien por servicios o favores realizados y/o recibidos. Corresponder mutuamente y equitativamente a un pago o servicio acordado previamente.

Ecles.5:9 9 El provecho de la tierra es para todos; el rey *mismo* está al servicio de los campos.

Prov. 17 Yo amo a los que me aman, y me hallan los que temprano me buscan.

o   Amor con amor se cura.

o   A mal tiempo, buena cara.

o   Amistad, con todos; confianza con pocos.

Cuento

No soy un completo inútil...... por lo menos sirvo de ejemplo.

<u>Anécdota</u>

Al leer en mi diario de junio 3 de 2.003, encontré como las aflicciones se tornan para provecho, a pesar de todas las incomodidades que tengamos que pasar.

Me sucedió con la lesión de la rodilla, que al estar jugando futbol, en un día posterior a noche lluviosa. La cancha de tierra arcillosa donde siempre jugábamos se había vuelto muy lisa. Ello motivo que no me sintiera muy seguro de jugar, sin embargo, ya estando allí, había que hacerlo. Pareciera que percibiera el riesgo. Al cabo de unos minutos disputábamos entre tres jugadores un balón, alguien me enganchó el pie y yo caí con la rodilla derecha extendida, pero la izquierda sobre el piso en posición de incomodidad. Uno de nuestros compañeros se lanzó sobre el nudo de personas, sin considerar los riesgos, y su cuerpo cayó sobre mi rodilla flexionándola a la posición contraria de lo normal. Ello trajo como consecuencia fractura de meniscos, ruptura de ligamentos cruzado anterior y posterior. Es decir 4 lesiones en la rodilla: 2 meniscos y dos ligamentos. Las lesiones normales de los futbolistas que sufren son: un ligamento. Su recuperación es de 6 meses con todos los cuidados diarios de médicos y equipos. Pero ese no fue mi caso sino multiplicado por cuatro. En casa no me creían los dolores, ni tampoco los amigos, y tampoco los traumatólogos; sin embargo, el privilegio de trabajar en la Clínica Cedicaf S.A., me permitió acceder a una resonancia magnética por cuenta y riesgo de la empresa. El resultado mostro los daños en 63 imágenes que permitieron establecer lagravedadde los mismos, a raíz de las terapias a las cuales estaba siendo sometido. Simplemente me habían enyesado la pierna por 25 días y de allí iniciado terapias de recuperación forzada para la movilidad. Cada vez que las terapias venían, eran difíciles, pues los daños se intensificaban. El traumatólogo no quería creer que tuviere la rodilla en tal condición, como lo mostraba el resultado de los exámenes. El Radiólogo de Cedicaf Dr. Ospina, me informó que cualquier terapia adicional sin operación me destruiría la rodilla. Fue necesario insistir y mandar informes a la auditoría de la EPS (Entidad Promotora de Salud) para que autorizaran a otros médicos la valoración.

Las cosas buenas que me trajeron aquellos inconvenientes fueron:

Aprender a valorar a los limitados en su movimiento, como parapléjicos, etc...

Las necesidades que tenía ser mejor como persona y aprender humildad.

El acercarme más a Dios y así reconocer mi dependencia de él.

Tales incapacidades me trajeron algunos problemas adicionales:

Uno de mis trabajos lo perdí pues por mi incapacidad para viajar a Santa Rosa, ellos consideraron inútiles mis servicios, aunque por teléfono manteníamos el contacto.

No volví a tener la misma fuerza en la pierna afectada a causa de la inseguridad y dolores al forzar algún movimiento extra, no obstante que seguí jugando futbol y basquetbol.

Mi familia la pasó mal, pues como era un trabajador independiente, en tanto estuve enyesado y después operado y vuelto someter a recuperación transcurrieron tres o cuatro meses que hicieron que mis ingresos se redujeran un poco.

Para nosotros poder valorar los sufrimientos de otras personas se deben vivir las experiencias de enfermedades, incapacidades, y por supuesto dolores y angustias de ellos, quienes por días, pasan siendo probados en la tierra con infinidad de limitaciones.

Lo bonito de las aflicciones es que hay reciprocidad, pues se hace comprensivo, humilde, y además tolerante con aquellos que padecen enfermedades. Cuando se está joven y con vitalidad no percibimos los dolores y conflictos internos de los enfermos, ancianos, o quienes están en condiciones de inmovilidad. Las enfermedades sobrevienen y es cuando el hecho de verse limitado a hacer lo que tradicionalmente hacíamos y ahora no podemos, entonces nos sentimos impotentes.

La reciprocidad de las aflicciones son: ver la cara de la moneda que no vemos, ya que siempre está la cara en la que siempre observamos. La nueva perspectiva o visión nos trae mejoras y entendimiento de nuestra frágil condición, dependencia y gratitud que debemos a nuestro Dios.

5.4.5 Reconocer

Es el hecho de valorar con detenimiento algo o alguien que antes no se le dio importancia o que exige análisis detenido. De tal forma que las acciones del futuro sobre lo reconocido tengan el juicio, presentación o idea clara de lo que realmente son.

Al percibir y aceptar que no estamos por casualidad en la tierra podríamos emprender la búsqueda de las verdades eternas, asímejoraremos la existencia de los que amamos, nos rodean e incluso de los que están dependiendo de nosotros: hijos, padres, hermanos, amigos, siervos, animales, etc. Por nuestra indiferencia, ellos serán victimas de nuestros desenfrenos, errores, y por supuesto de nuestro orgullo.

Ecles.8:9-13/9 Todo esto he visto y he puesto mi corazón en todo lo que se hace debajo del sol; hay tiempo en que el hombre se enseñorea del hombre para su propio mal.

10 También vi a los inicuos ser sepultados, los que iban y venían del lugar santo, y que fueron olvidados en la ciudad donde así habían actuado. Esto también es vanidad.

11 Por cuanto no se ejecuta en seguida la sentencia contra una mala obra, el corazón de los hijos de los hombres está dispuesto para hacer el mal.

12 Aunque el pecador haga mal cien veces, y sus días sean prolongados, con todo yo también sé que les irá bien a los que a Dios temen, a los que temen ante su presencia.

13 Pero al malvado no le irá bien, ni le serán prolongados los días, *que son* como sombra, por cuanto no teme delante de la presencia de Dios.

- o Reconocer el terreno es prudente, para quien decide trabajar en él con juicio. JCIR
- o Las etapas del reconocer son la observación, el escuchar, el meditar y enfocarse con todos los sentidos a fin de que la idea sea completa. JCIR
- o También reconocer, permite aceptar que el primer juicio, opinión o acción no fue acertada. JCIR

Cuento

SE ABRE EL TELÓN
Se ve un rancho. Muchos caballos. Aparece un gitano.
Desaparecen los caballos
SE CIERRA EL TELÓN
¿cómo se llama la película?
- EL HOMBRE QUE SUS RUBABA LOS CABALLOS.

Anécdota

Reconocer que estuve 25 años equivocado es sano para mí, y todo se debió a que desde pequeño permití que los demás tomaran las decisiones importantes por mí.

Es algo que nos sucede a muchos. Damos por sentado que vamos bien enfocados, porque es lo común y lo tradicional; sin embargo, hasta que no fui puesto a prueba no logré detenerme a meditar y reflexionar sobre lo que defendía o atacaba. Por muchos años, desde el primer año de bachiller, mi profesor de religión Pancracio Lopera, me enseño que los sucesos y, milagros de Moisés fueron una simbólica forma de interpretaciones. Así yo lo di por cierto. Desde allí me revelé en contra de lo escrito, donde cada vez endurecía mi corazón a negar la intervención de Dios. Deducía que ¿con tanta injusticia en el mundo no podría Dios hacer algo?, por lo tanto poco o nada le importábamos.

Un día en una fiesta don Eduardo Ibáñez me preguntó: para usted ¿qué es religión? y yo respondí: ¡son mitos, del hombre para mantenerle entretenido en cosas poco interesantes! El me respondió respetuosamente, ¡está equivocado! Dos veces más quise responder con la misma actitud, que eran ideas formadas de algo que no vemos ni se manifiesta y con lo cual nos engañan. Las veces siguientes don Eduardo me refirió: sigue equivocado, hasta que calle mejor y decidí por mí cuanta investigar, pues quede tocado en mi orgullo, y fue así como quise documentarme hasta que tuve el privilegio de conocer a Dios en momentos de angustia ayudándome y respondiendo a mi llamado.

Hoy reconozco que estuve confundido, por desinformación, mala forma de enfocarme y menospreciar lo más importante, lo eterno. Qué bien hiciste don Eduardo a tocarme el orgullo propio, para que de mi sacara voluntad para que encontrara la verdad, partiendo de la duda y mediante la investigación desde la fuente auténtica.

5.4.6 Rectitud

En el sentido moral se refiere al individuo que es integro de corazón, justo, respetuoso de los derechos ajenos, y equitativo en sus juicios y palabras.

Prov.11:11Por la bendición de los rectos la ciudad será enaltecida, pero por la boca de los malos ella será derribada.

Prov.14:9 Los necios se mofan del pecado, pero entre los rectos hay buena voluntad.

Prov.14:11 La casa de los malvados será asolada, pero florecerá la tienda de los rectos.

Prov.14:12 Hay camino que al hombre le parece recto, pero su fin es camino de muerte.

Prov.16:11 Peso y balanzas justas son de Jehová; obra suya son todas las pesas de la bolsa.

Prov.16:17 El camino de los rectos es apartarse del mal; el que guarda su camino guarda su alma.

Prov.17:26 Tampoco es bueno condenar al justo ni golpear a los nobles por su rectitud.

Prov.20:10 Pesa falsa y medida falsa, ambas cosas son abominación a Jehová.

Prov.20:11 Aun el muchacho es conocido por sus hechos, si su obra es limpia y recta.

Prov.20:23 Abominación son a Jehová las pesas falsas, y la balanza falsa no es buena.

Prov.21:8 El camino del hombre perverso es torcido y extraño; más la conducta del puro es recta

Prov.21:29 El hombre malvado endurece su rostro, pero el recto asegura sus caminos.

Prov.28:18 El que en integridad camina será salvo, pero el de perversos caminos caerá en alguno de ellos.

Prov.29:27 El justo conoce la causa de los pobres, pero el malvado no entiende tal conocimiento.

Prov.30:5 Toda palabra de Dios es pura; él es escudo para los que en él se refugian.

o La rectitud de algunos me motivan a homologarlos. JCIR
o He sido privilegiado al conocer a María Felina Baquero, Iván Botero Jaramillo, Javier Ríos Ardila, José Luis González y otros muchos, unos miembros y otros no de la Iglesia del Cordero de Dios, cuan feliz me siento por el magnífico trato y ejemplo que me disteis. JCIR
o Si volviere a nacer no dudaría en buscar a mi esposa actual, para que fuera la madre de mis hijos, ojala ella pudiera recibir el mejor trato que siempre mereció de mí y de sus hijos. Mi mayor bendición fuiste tú. JCIR

Cuento

Una lora fue vendida a un hombre y llevada en una jaula, en la cual permanecía largas horas con la indiferencia de su nuevo amo. Con los días aprendió la clave de como abrir la puerta de la jaula. En actitud de venganza procedió a realizar varios daños tirando al suelo algunos elementos. Al llegar su dueño: le regaño, le sometió a encierro nuevamente y amarro dentro de la jaula.
Una vez salió su cuidador, ella logro cortar la cuerda con que le amarraban y abrió su jaula se dirigió al teléfono tiró el auricular al suelo y se paró en los botones de los números del mismo.
Al llegar su cuidador y ver lo hecho le amenazó, y le dijo que la próxima vez el castigo iba a ser peor, que si no se comportaba le iría mal.
Al cabo de los 40 días las cosas estuvieron calmas, sin embargo llegó el correo con: la cuenta del arrendamiento, teléfono, el gas. Una vez

llego su dueño abrió los sobres y examino detenidamente, su sobresalto fue aterrador. Había una cuenta de llamada al Japón por 300 dólares. Él estuvo meditando y procedió a realizar el reclamo a la compañía de teléfonos donde le confirmaron que había llamado y además había dejado descolgado el teléfono haciendo que ello tuviera una sanción de 50 dólares. El hizo memoria y recordó el suceso del teléfono y la lora. Se encamino a casa.

Tomó a la lora por las alas y le fijo con unas cuerdas y puntillas a una tabla con las alas extendidas y le dijo: así permanecerás por dos días hasta que aprendas a no descolgar el teléfono y comportarte.

Pasaron las horas y ella adolorida, no sabía a quién acudir, y pensando que hacer, pero cada movimiento era doloroso. Agotada se desmayó. Al cabo de un día observo detenidamente en la pared un crucifijo. Y comenzó a llamarle a quien estaba en el crucifijo, oye tú, ¿quién eres?, pero no le contestaba. Entonces alcanzo a leer en la parte superior INRI, entonces le llamó muchas veces: INRI...INRIIII, INRIIIIIIIII. ....Cada vez más alto.

Hasta que por fin se le contesto:

¿Qué quieres? Él le contesto Soy Jesucristo a quien mis amigos crucificaron.

¿Y ello por qué?

Simplemente no me creyeron lo que les enseñaba.

¿Desde hace cuánto que estás así?

¡Desde hace 2.000 años!

¡Madre Mía! ¿Y a donde fue que llamaste?

Nota aclaratoria:

Este chiste le hice ajustes, y no deseaba colocarle, pues por respeto a él no debería hacerlo, sin embargo lo hago debido a que tuve sentimientos sobre su autorización y única y exclusivamente para llamar la atención de aquellos, e invitarles para saber en realidad cuantos años deben permanecer en la indiferencia, ignorancia y darle una oportunidad de conocerle. Hacer chistes de lo sagrado va contra el mandamiento de no utilizar su nombre en vano.

Anécdota

Conocí a mi hermano mayor cuando tenía 25 años de edad aproximadamente. Cuando le conocí y supe de él, cambie de actitud, comencé a reconocer mis errores, me identifiqué con su forma de enseñar, con sus objetivos; aprendí de su amor por los demás, me solidarice con sus obras, y por supuesto reconocí sus llamados a perfeccionarme.

No fui obediente siempre, y cuando no lo hice me prive de su apoyo. Cuando le fallé me sentí impotente, pero a pesar de todo fue, muy considerado conmigo y no me desecho; por el contrario, estuvo para reencaminarme y ayudarme a enderezar las vías. Cuan feliz me hace el haber, abierto mi mente oportunamente, sí, antes de perderme en la indiferencia por los demás. En la indiferencia por mis seres queridos, y además me dio la oportunidad de servirle. Me dio poder para hacerlo, y cuando lo hice con dignidad: sus obras se manifestaron en mí y fui lleno de su Espíritu y ello me dio felicidad, ante todo conocimiento y comprensión de sus obras, su expiación, sus mandamientos, sus principios y doctrinas, y la extensión de su obra. Sí, tengo mucha gratitud por él, pues de no haber sido por su paciencia me habría perdido, habría sido infeliz. Ese hermano sabe quién soy y sabe que le amo, y sabe que besaría sus pies el día en que me encuentre con él, pues me ha dado mucho, y no tengo con que pagarle.

Mi hermano mayor me compartió el Sacerdocio de Melquisedec, y si sigo fiel podré verle cuando pase al otro lado del velo. Podré seguir participando de sus milagros, y cuanto me gustaría que tú abrieras tu corazón para gozar de las bendiciones que él, con ansias ha deseado darte. No pierdas más tiempo, aparta el orgullo y la indiferencia, pues ello no traerá sino tristezas, encuentra el camino y recórrelo a fin de que llegues a ser como lo desea. No te demores ni des vueltas innecesarias.

5.5.1 Reflexión

Es la oportunidad que se toma para repensar las alternativas; o la invitación a evaluar profundamente cada paso antes de decidir.

Ecles.7:13-14 13 Mira la obra de Dios; porque, ¿quién podrá enderezar lo que él ha torcido?
14 En el día de la prosperidad goza del bien, y en el día de la adversidad reflexiona. Dios hizo lo uno tanto como lo otro, para que el hombre no descubra nada de lo que acontecerá después de él.

Ecles.11:7-8 / 7 Agradable es la luz, y bueno es a los ojos ver el sol.
8 Pero si el hombre vive muchos años, que se regocije en todos ellos; pero que recuerde los días de oscuridad, que serán muchos. Todo cuanto viene es vanidad.

- o El rey y el acemilero pasan por el mismo rasero. Po el de la muerte.
- o El rico, cuanto más tiene más quiere.
- o El rico tiene cien sobrinos, y primos.
- o No es malo ser rico, sino perder la posibilidad de compartir la propia felicidad con los más desfavorecidos, y si lo logra, será rico en gozo y obras. JCIR

Cuento.

Toda regla tiene su excepción.
Esto es una regla:
Luego debería tener su excepción. Por lo tanto, no permitas que estas sean superpuestas por las claves, contraseñas, de ordenadores, mecanismos de lectura, de lo contrario manda a los funcionarios públicos a casa y los ordenadores harán su trabajo.

<u>Historia</u>

Dios nos mando a la tierra a cumplir propósitos muy importantes y vale la pena que meditemos, pues los de todos han sido valiosos, pero no sabemos porque simplemente no hemos descubierto la razón: Oportunidad para analizar los propósitos de Dios y la oposición a su obra, la oración y los susurros del Espíritu Santo.
El Sr. F. M. Bareham enseño: "Cuando hay que arreglar algo que está mal, cuando hay que enseñar una verdad o cuando hay que descubrir un continente [y podríamos agregar, o cuando Dios quiere que leamos el Libro de Mormón], Dios envía a un niño al mundo para que lo haga". Y otro líder después presento esta historia:

Y fue así que el 4 de agosto de 1899, en Whitney, Idaho, Sarah Benson comenzó con dolores de parto. Su esposo, George, le dio una bendición. "El Dr. Allan Cutler la atendió en el dormitorio de la casa, encontrándose allí ambas abuelas, Louisa Benson y Margaret Punkley. El parto fue largo y difícil, y cuando el niño nació, un varoncito grande, el doctor no pudo hacer que respirara. Con rapidez lo dejó sobre la cama diciendo que no había esperanzas para el niño, pero que creía que podía salvar a la madre. Mientras el Dr. Cutler atendía febrilmente a Sarah, las abuelas corrieron a la cocina, *orando en silencio* mientras trabajaban. Poco después volvieron con dos ollas de agua, una fría y otra tibia. Metían al niño en el agua fría y luego en la tibia hasta que por fin lo oyeron llorar. El niño, que pesaba más de cinco kilos, vivía. Luego, ambas abuelas dieron fe de que el Señor lo había salvado. George y Sarah lo llamaron Ezra Taft Benson.

Nota: este hombremás tarde se convirtió en Secretario de agricultura de los Estados Unidos, (Equivale a Ministro de agricultura), desde 1.953 a 1.961. Era una autoridad científica en agricultura, y su influencia en varias tesis de grado de los estudiantes de la Universidad de agronomía de Palmira es referida, de ello yo puedo dar testimonio de ello, porque en unos documentos de unas tesis de grado que investigue, para uno de mis escritos sobre costos agropecuarios, me topé con ello. De hecho un auditorio del CIAT, Centro Interamericano de agricultura Tropical, de Palmira, Valle, Colombia, lleva su nombre, pues apoyo en ello a la entidad. Después en 1985 a 1.994 fue el presidente de la Iglesia de Jesucristo de los S.U.D.

5.5.2 Refranes

Son frases que sirven para enseñar y aconsejar a otros, hechos por los sabios, para referirnos el cómo actuar. También caben los proverbios, las parábolas, las fabulas, las historias, etc.

Marcos 4:30-34 /34 Y decía: ¿A qué haremos semejante el reino de Dios? ¿O con qué parábola lo compararemos?
31 Es como el grano de mostaza que, cuando se siembra en tierra, es la más pequeña de todas las semillas que hay en la tierra;
32 mas después de sembrado, crece y se hace la mayor de todas las hortalizas, y echa grandes ramas, de tal manera que las aves del cielo pueden morar bajo su sombra.
33 Y con muchas parábolas semejantes les hablaba la palabra, conforme a lo que podían oír.
34 Y sin parábolas no les hablaba; más a sus discípulos en privado les declaraba todo.

- o A dónde vas Vicente, a donde va la gente.
- o Alegría no comunicada, alegría malograda.
- o A los locos se les da la razón.

Cuento

El que madruga…. Encuentra todo cerrado.
No robes…. Los políticos, odian la competencia.
Caballo regalado… tiene que ser, tuerto, cojo, o robado.

Anécdota

Al procurar leer algunos adagios, proverbios, refranes, y locuciones Españolas, 7.618 en total, no pude soportar algunos, parte de ellos rechinaba en mis oídos, y me convencí de que muchos no servían, pues desentonaban con los buenos modales. Otros eran burlas de los más desfavorecidos, pero en especial, algunos procuraban dar por cierto ideas que pretenden volver costumbre lo malo y como la costumbre se convierte en ley, finalmente debí escoger algunos pocos de ellos. Pienso que cuando uno saca a luz algún libro, este debe ser real, además debe elevar a las otras personas, contribuir y enseñar y si no es así, se pierden esfuerzos, se pierde el precioso tiempo y oportunidades.

Al igual que los libros y las películas, estas deben dejar algo formidable, algo que además de entretener, sirva de formación; o por lo menos guarde cierto respeto por el tiempo de los lectores, a quienes no conoce. No basta con que sean verdades, pues hay narraciones que son ciertas, pero buscan dejar un patrón enfermizo de depravación, lastre y tristeza a quienes asimilen tales enseñanzas y serán tan desgraciados como sus juicios y sus descendientes.

La mayoría de refranes, dejan enseñanzas, pues ese es el propósito, pero algunos rayan en la indecencia, en las ofensas a Dios y promueven el usar su nombre mal, lo cual ofende al lector, y quien lo aprende sin enterarse usa el nombre de su creador en vano, trayendo como consecuencias problemas.

Al procurar cuentos para completar también la obra me debí abstener de muchos de ellos, pues son ofensivos, burlescos a los más desfavorecidos en cuanto condición, y denigran de la capacidad de creación de las personas. Alardean de capacidades que no tienen, en cambio si dejan entrever la miseria de sus pensamientos, y en la miseria solo hay pobreza, bajeza, indignidad y en especial falsedad.

Sé que en todo hay cosas buenas, regulares y malas pero las mentiras, la bajeza, la indignidad, la miseria, la suciedad, no se debe propagar; debería suceder igual que con nuestros defectos, es decir han de ser reservados o procurar ser enterrados, eliminados y si no podemos por lo menos no mostrados. Al igual que los homosexuales, deben guardar cierta mesura, a fin de que la vergüenza de sus progenitores, familias y amigos no sean tan divulgados, y se arrepientan de haberlos criado.

Las partes más indignas de nosotros han de ser tapadas, o cubiertas así deben ser las cosas que no contribuyan a mejorar a los demás. Si un niño no lo puede ver, es seguramente una razón de que no es apropiada.

En eso se han deleitado algunos: con canciones, libros, películas, refranes, obras, etc., sin embargo con el tiempo sabrán si ha servido para algo. Ojala dispongan del tiempo para recomponer lo hecho, y sobre todo los efectos causados en cabeza de sus descendientes.

5.5.3 Remedios

Son las soluciones que se le dan a los problemas; son las decisiones que se enfocan a salir de las dificultades y reparar los daños causado sea a nosotros mismos o a otros.

Es semejante a arrepentirse de los errores cometidos y emprender la recuperación del terreno perdido, para llegar si es posible más alto de donde se encontraba.

Similar al hecho de elevar una cometa, y si hay buen viento de oposición, esta procura colocarse casi vertical, pidiendo más alimento, y para ello hay que darle más hilo, lo que da la impresión de que pierde altura, en tanto se le suministra el hilo o piola; sin embargo, el efecto es que ella recupera la altura y sube más.

Prov. 8:11-19 / 11 porque mejor es la sabiduría que las piedras preciosas, y todas las cosas que se pueden desear no se comparan con ella.

12 Yo, la sabiduría, habitó con la prudencia, y hallo el conocimiento y la discreción.

13 El temor de Jehová es aborrecer el mal; yo aborrezco la soberbia, y la arrogancia, y el mal camino y la boca perversa.

14 Conmigo están el consejo y la sana sabiduría; yo soy el entendimiento; mía es la fuerza.

15 Por mí reinan los reyes, y los príncipes decretan justicia.

16 Por mí gobiernan los príncipes y los nobles, todos los jueces de la tierra.

17 Yo amo a los que me aman, y me hallan los que temprano me buscan.

18 Las riquezas y el honor están conmigo, las riquezas duraderas y la justicia.

19 Mejor es mi fruto que el oro, que el oro refinado; y mi ganancia, mejor que la plata escogida.

o   Que no te ocurra que resulta, peor el remedio que la enfermedad.
o   Todo tiene remedio menos la muerte.
o   Para algunos después de la muerte no hay nada, sin embargo su ignorancia les impide ver el inmenso fulgor, gloria y posibilidades que tienen si solo escucharan, y fueran más humildes y menos necios. JCIR

Cuento

El que ríe de último......es...muy, pero muy lento.... Para entender el chiste.

Cuento

Un hombre pasaba cerca de un manicomio y oyó tremendo griterío: Ocho, ocho, ocho,....ocho...o....
La curiosidad lo empujó hasta cerca del muro.
Recogió unas cajas de madera, que estaban tiradas en el suelo, y se subió en ellas y miró al otro lado. Un grupo de locos echó un cubo lleno de agua al curioso. A continuación se oyó de nuevo el coro:

Nueve, nueve, nueve.

Anécdota

Aprendí que algunas enfermedades había que atacarlas con la medicina natural, otras con ignorarlas, y otras con simplemente enfrentarlas con cambios de actitud.

Cuando me daba gripe generalmente (no siempre) era porque había relajado mi actitud de hacer ejercicios y exigirme hasta sacarme gotas de sudor.

Los dolores de rodillas algunas veces desaparecían con más ejercicios.

Los calambres eran ausencias de potasio y magnesio ellos se combatían simplemente nutriendo el organismo con bananos, plátanos maduros y otras frutas.

Algunas molestias se debían al ignorar los efectos de las combinaciones de alimentos:

a- Como jugos de zanahoria con naranjas causa problemas hepáticos.
b- Piñas con guayabas, daba acidez estomacal.
c- Ciruelas Claudia con manzanas, dan diarrea, pero efectivas para destapar el intestino
d- Chirimoyas con leche dan diarrea. También es súper rápida para la evacuación.

Y así sucesivamente aprendí que toda planta tiene una propiedad, aún el estiércol, pero la aplicación debe ser, para lo que es y jamás para doparse, excitarse, drogarse o embriagarse, pues de esa forma perderás: además de la salud, la dignidad, la sobriedad, y el autodominio (Riesgo de ser poseído por espíritus malignos que le impulsaran a hacer bestialidades),y la influencia positiva del Espíritu. Así de simple.

5.5.4 Rescate

Es la acción o conjunto de maniobras que se realizan por un grupo especial o alguien, a fin de recuperar algo o alguien que ha sido tomado cautivo, en garantía o secuestrado por otros.

Prov.21:18 El rescate por el justo será el malvado, y por los rectos, el transgresor.

o   El avaro de su oro no es dueño, sino su esclavo.
o   Quien sale: del vicio, ignorancia, la cárcel, la esclavitud, y el pecado, ha sido rescatado de las garras de su enemigo. JCIR
o   Rescate fue el que hizo Jesucristo por mí, ¿Cuándo te permitirás tú que llegue el tuyo?, pues aún eres por indiferencia esclavo de la ignorancia. JCIR

Cuento.

Un señor odia al gato de su mujer por qué no hace más que arañarle a traición y decide hacerlo desaparecer. Lo mete en una bolsa y lo lleva en el coche a 20 kilómetros de su casa.
Cuando vuelve, el gato está sentado en el portal de la casa. Nervioso, el tipo repite la operación, pero ahora lo abandona a 40 kilómetros de su casa. Cuando vuelve, el gato otra vez está esperándolo en la puerta.
El hombre enfadado; agarra el gato, lo pone en el coche y recorre 93 kilómetros al este, 30 al norte, 27 al oeste y 25 hacia el sur... Suelta el gato y emprende el regreso a casa.
Al cabo de un rato, llama a su mujer por el móvil y le dice:
- Cariño, ¿el gato está por ahí?
- Acaba de llegar, ¿por qué, querido?
- ¡Pon a ese desgraciado al teléfono, que me he perdido!

Anécdota del creador.

Lucas 10:25-37 /25 Y he aquí, un intérprete de la ley se levantó y dijo, para tentarle: Maestro, ¿qué debo hacer para heredar la vida eterna?

26 Y él le dijo: ¿Qué está escrito en la ley? ¿Cómo lees?

27 Y él, respondiendo, dijo: Amarás al Señor tu Dios con todo tu corazón, y con toda tu alma, y con todas tus fuerzas y con toda tu mente; y a tu prójimo como a ti mismo.

28 Y le dijo: Bien has respondido; haz esto y vivirás.

29 Pero él, queriendo justificarse a sí mismo, dijo a Jesús: ¿Y quién es mi prójimo?

30 Y respondiendo Jesús, dijo: Un hombre descendía de Jerusalén a Jericó y cayó en manos de ladrones, los cuales le despojaron; e hiriéndole, se fueron, dejándole medio muerto.

31 Y aconteció que descendió un sacerdote por aquel camino y, al verle, pasó de largo.

32 Y asimismo un levita, llegando cerca de aquel lugar, al verle, pasó de largo.

33 Más un samaritano que iba de camino llegó cerca de él y, al verle, fue movido a misericordia;

34 y acercándose, vendó sus heridas, echándoles aceite y vino; y poniéndole sobre su propia cabalgadura, le llevó al mesón y cuidó de él.

35 Y otro día, al partir, sacó dos denarios y los dio al mesonero, y le dijo: Cuídamelo; y todo lo que gastes de más, yo te lo pagaré cuando vuelva.

36 ¿Quién, pues, de estos tres te parece que fue el prójimo de aquel que cayó en manos de los ladrones?

37 Y él dijo: El que tuvo misericordia de él. Entonces Jesús le dijo: Ve y haz tú lo mismo.

Anécdota

Muchas son las veces que he sido impulsado a compartir las verdades que conocí, con amigos, hermanos, y seres queridos, pero no halle en ellos disposición para ser rescatados de la indiferencia, ignorancia, confusión, y sufrimiento.

Algunos me prohibieron hacerlo de lo contrario ya no sería bienvenido en sus casa.

En otra ocasión una pareja de jóvenes que formaron un hogar casándose, a quienes estimaba mucho y agradecía haberme ayudado al éxito que tuve en mi trabajo en Papeles Nacionales S.A., accedieron en su hogar compartir una charla con un misionero, de apellido Elder Oliveira de Brasil.

La esposa no la escucho, pero si su esposo. No sé dónde fallamos, pues al finalizar quizás con intención de dejar un precedente o accidentalmente, al despedirnos, lanzaron un portazo estruendoso, que nos hizo comprender de su rechazo.

Lo lamento debido a que nosotros le llevábamos el mensaje de quien quería rescatarles.

Ojalá en otra oportunidad ellos puedan ser rescatados del error, y la desinformación.

Estos jóvenes misioneros salen a una misión y efectivamente sufrir rechazos, y cumplir lo escrito en:

Mateo 10:6-28 /6 sino id antes a las ovejas perdidas de la casa de Israel.

7 Y yendo, predicad, diciendo: El reino de los cielos se ha acercado.

8 Sanad enfermos, limpiad leprosos, resucitad muertos, echad fuera demonios; de gracia recibisteis, dad de gracia.

9 No llevéis oro, ni plata, ni cobre en vuestras bolsas;

10 ni alforja para el camino, ni dos ropas de vestir, ni calzado ni bordón, porque el obrero es digno de su alimento.

11 Más en cualquier ciudad o aldea donde entréis, averiguad quién es digno en ella y reposad allí hasta que salgáis.

12 Y al entrar en la casa, saludad.

13 Y si la casa fuere digna, vuestra paz vendrá sobre ella; más si no fuere digna, vuestra paz se volverá a vosotros.

14 Y si alguno no os recibiere ni oyere vuestras palabras, salid de aquella casa o ciudad y sacudid el polvo de vuestros pies.

15 De cierto os digo que en el día del juicio el castigo será más tolerable para la tierra de Sodoma y de Gomorra que para aquella ciudad.

16 He aquí, yo os envío como a ovejas en medio de lobos; sed, pues, prudentes como serpientes y sencillos como palomas.

17 Y guardaos de los hombres, porque os entregarán a los concilios y os azotarán en sus sinagogas;

18 y aun ante gobernantes y ante reyes seréis llevados por causa de mí, para testimonio a ellos y a los gentiles.

19 Pero cuando os entreguen, no os preocupéis de cómo o de qué hablaréis, porque en aquella hora os será dado lo que habéis de hablar.

20 Pues no sois vosotros los que habláis, sino el Espíritu de vuestro Padre que habla en vosotros.

21 Y el hermano entregará a la muerte al hermano, y el padre al hijo; y los hijos se levantarán contra los padres y los harán morir.

22 Y seréis aborrecidos por todos por causa de mi nombre; pero el que persevere hasta el fin, este será salvo.

23 Mas cuando os persigan en esta ciudad, huid a la otra; porque de cierto os digo que no acabaréis de recorrer todas las ciudades de Israel antes que venga el Hijo del Hombre.

24 El discípulo no es más que su maestro, ni el siervo más que su señor.

25 Bástale al discípulo ser como su maestro y al siervo como su señor. Si al padre de familia llamaron Beelzebú, ¿cuánto más a los de su casa?

26 Así que, no los temáis, porque nada hay encubierto que no haya de ser manifestado, ni oculto que no haya de saberse.

27 Lo que os digo en la oscuridad, decidlo a plena luz; y lo que oís al oído, proclamadlo desde las azoteas.

28 Y no temáis a los que matan el cuerpo pero no pueden matar al alma; más bien temed a aquel que puede destruir el alma y el cuerpo en el infierno.

5.5.5 Respeto

Consideración acompañada de cierta sumisión, que se da a: una persona, animal, cosa o asunto, por alguna cualidad, situación o circunstancia.

Es el temor a Dios, el respeto, que ha de dársele, es decir cuidarse de pronunciar su nombre vanamente, cuanto más usarlo para chistes, o utilizarlo ligeramente.

Éxodo 20; 7 No tomarás el nombre de Jehová tu Dios en vano, porque no dará por inocente Jehová al que tomare su nombre en vano.

o El hombre, de pocas palabras, y esas sabias.
o El libro bueno, de flores y frutos está lleno; el malo es manjar emponzoñado.
o El dinero sea tu criado, pero no tu amo.

Cuento

Yo no sufro mi locura…. La disfruto a cada momento.

Cuento

Iban dos locos en una moto a toda velocidad, El conductor se detuvo, se quitó la camisa y se la volvió a poner con los botones en la espalda para protegerse del frío. En una curva perdieron el equilibrio y cayeron. Llegó la ambulancia, trataron de salvarlos, pero finalmente murieron ambos. En el informe médico decía:
"Dos personas iban en una motocicleta y tuvieron un accidente. Cuando llegamos, el que iba detrás ya había muerto. El conductor murió cuando intentamos enderezarle la cabeza, ya que la tenía mirando hacia atrás.

Anécdota

Hace muchos años cuando trabaje para la Multinacional: Papeles Nacionales S.a. Cía. de la Kruger Company del Canadá, tuve la oportunidad de jugar un partido de futbol en un campeonato relámpago entre los meses de nov. y dic. 1982. Allí era el Jefe del departamento de Contabilidad. Habíamos organizado un equipo con el personal administrativo, y en el cual me desenvolvía bien en mi puesto de back central. Yo, el organizador del equipo, por lo cual preferí quedarme en la banca. Era un campeonato altamente competitivo, y el equipo contendor, incluía varios jugadores ex profesionales, entre los cuales sobresalía uno que jugó en América de Cali, Nacional, Pereira y Santafé. (Pompilio Páez). Yo decidí hacer un cambio, porque uno de los nuestros se lesionó, y pensé que tal vez yo podría ser. Cuando debí comenzar a calentar para ingresar, alguien pregunto por don Hernán Restrepo,

(Gerente Administrativo de ese entonces) a lo cual conteste jocosamente; ¡debe estar viendo "El Minuto de Dios"!, un programa de un sacerdote famoso en mi país, pues sabía que él (don Hernán) nunca vería ese programa, conocíamos sus pensamientos y actuar desenfrenado. Una vez exprese ello, percibí la equivocación, y tampoco se hizo esperar el llamado de atención de la secretaria del departamento de impuestos, Estela, pues nunca esperaría ello de mí.

Continúe con mi calentamiento, con el presentimiento que algo malo me iba a suceder, a causa de lo expresado y ligero, para usar el nombre de Dios.

Al ingresar al campo de juego me era difícil coger la bola, y corría sin ton ni son, pues no me llegaba y estaba jugando en el medio del campo; algunas veces lo hacía allí, pues poseía buen estado físico. Al cabo de 15 minutos de juego yo no me encontraba en el juego. Fui a disputar una bola a tal jugador profesional y justo cuando iba a llegar a donde él; sentí un intenso dolor en el muslo trasero de la pierna derecha, el cual según Becerra (uno de los nuestros de la banca y que estaba lesionado), observo una bola grande atrás en mi pierna que brincaba extrañamente. El músculo se había zafado o desprendido de su ligamento. No resistía estar sentado sobre el en la gradería donde estaba esperando la finalización del partido.

Al día siguiente mi pierna estaba algo morada y bastante hinchada. Por causa del trabajo intenso no fui al traumatólogo, sino que preferí esperar la recuperación con quietud.

Tal lesión me impidió participar en dos campeonatos, y varios partidos en la fiesta de la empresa. Tan solo al cabo de 5 meses me recupere, pero hasta después de 31 años, tal lesión eventualmente me molesta. Aprendí que cuando hemos conocido a Dios, no podemos ser ligeros en tomar su nombre para nada. Para mi tuvo un efecto grave. Siempre fui un deportista, y en aquel tiempo participaba en equipos, como profesor de la Universidad donde daba clases, equipos de la Iglesia y en el equipo de la empresa. No fue fácil aceptar tal lesión. Pero pudo ser peor la lección dada por Dios sobre su segundo mandamiento:" "No utilizarás el nombre de Jehová tu Dios en vano"

Éxodo 20:7 No tomarás el nombre de Jehová tu Dios en vano, porque no dará por inocente Jehová al que tomare su nombre en vano.

Prov. 14:2 El que camina en rectitud teme a Jehová, pero el perverso en sus caminos le menosprecia.

Prov.10:27 El temor de Jehová aumentará los días, pero los años de los malvados serán acortados.

Prov.14:26-27 /26 En el temor de Jehová está la firme confianza, y para sus hijos habrá refugio.
27 El temor de Jehová es manantial de vida, para apartarse de los lazos de la muerte.

5.5.6 Responsable

A quien se le confía algo y se esfuerza por cumplir con lo esperado o asignado, utilizando su capacidad lo mejor que puede.

Parábola de las diez minas:

Lucas 19:11-27 / 11 Y oyendo ellos estas cosas, prosiguió *Jesús* y dijo una parábola, por cuanto estaba cerca de Jerusalén y porque ellos pensaban que el reino de Dios había de ser manifestado inmediatamente.
12 Dijo, pues: Un hombre noble partió a una provincia lejana para recibir un reino y volver.
13 Y llamó a diez siervos suyos, les dio diez minas y les dijo: Negociad entre tanto que vuelva.
14 Pero sus conciudadanos le aborrecían y enviaron tras él una embajada, diciendo: No queremos que éste reine sobre nosotros.

15 Y aconteció que, al volver él, habiendo recibido el reino, mandó llamar ante él a aquellos siervos a los cuales había dado el dinero, para saber lo que había negociado cada uno.

16 Y vino el primero, diciendo: Señor, tu mina ha ganado diez minas.

17 Y él le dijo: Bien, buen siervo; por cuanto en lo poco has sido fiel, tendrás autoridad sobre diez ciudades.

18 Y vino otro, diciendo: Señor, tu mina ha producido cinco minas.

19 Y también a éste dijo: Tú también estarás sobre cinco ciudades.

20 Y vino otro, diciendo: Señor, he aquí tu mina, la cual he tenido guardada en un pañuelo,

21 porque tuve miedo de ti, por cuanto eres hombre severo, que tomas lo que no pusiste y siegas lo que no sembraste.

22 Entonces él le dijo: Mal siervo, por tu propia boca te juzgo. Sabías que yo soy hombre severo, que tomo lo que no puse y que siego lo que no sembré.

23 ¿Por qué, pues, no pusiste mi dinero en el banco, para que, al volver yo, lo hubiera recibido con los intereses?

24 Y dijo a los que estaban presentes: Quitadle la mina y dadla al que tiene las diez minas.

25 Y ellos le dijeron: Señor, tiene diez minas.

26 Pues yo os digo que a todo el que tiene, le será dado; más al que no tiene, aun lo que tiene le será quitado.

27 Y también a aquellos mis enemigos que no querían que yo reinase sobre ellos, traedlos acá y matadlos delante de mí.

Prov.27:18 El que cuida la higuera comerá su fruto, y el que cuida a su señor tendrá honra.

Prov.27:23-24/23 Sé diligente en conocer el estado de tus ovejas; pon tu corazón en tus rebaños,

24 porque las riquezas no duran para siempre, ni una corona es para generaciones perpetuas.

Prov.27:25-27/25 Sale la grama, aparece la hierba, y se siega la hierba de los montes.

26 Los corderos te darán para tus vestidos, y los cabritos para el precio del campo,

27 y habrá abundancia de leche de las cabras para tu mantenimiento, para mantenimiento de tu casa y para sustento de tus criadas.

- o Nadie sabe lo que tiene, si tiene quien lo mantiene.
- o Del frecuente usar, nace el abusar.
- o Juego y bebida, casa perdida.

Cuento

Robenito Grasso era un tipo muy simpático. Una tarde entró sonriendo en la peluquería y le dijo al encargado.

- Quiero que me haga un corte de pelo de la siguiente forma: del lado derecho, me deja el pelo a la mitad de la oreja. Del lado izquierdo, me recorta bastante para que se me vea la oreja completa. En la nuca, me hace varias entradas. En la parte de arriba, me corta mucho pelo para que se me note bien el cuero cabelludo. Y en la parte de la frente, me deja un mechón de cabello que me llegue hasta la nariz; Lo suficientemente largo como para que me pueda hacer unas bonitas trenzas.

- Ése es un corte de pelo muy raro. ¡Es imposible! No se lo puedo hacer.

- ¿Cómo qué no? ¡Si eso es lo que me hizo la última vez que vine aquí!

Anécdota

No sé si eran 9 años u ocho años que tenía en que una vez cometí el gran error de no reconocer y responder por mis errores. Estando en Cali en casa de mis tías, sacamos el juego de parqués para jugar, mi primo Humberto y mi hermano Germán. Una vez lo colocamos en el piso, y sentarnos, accidentalmente puse la mano sobre el vidrio y este se reventó en varias partes. Ello me llenó de terror. Quebrar un vidrio era algo complicado y sobre todo el del juego de parques. Ahora no sabía qué hacer. Procedí a guardarlo donde se encontraba antes. Sin embargo con lo que no contaba era que mi primo divulgaría el suceso muy pronto.

Al cabo de una hora mi tía Zoila indagó sobre el mismo, sin embargo yo no tuve el valor de reconocer, y preferí negar cualquier pregunta. La Tía se sonrojo de la ira a causa de que yo no reconocía tal daño. Y subió de tono, sus reclamos, por lo cual también yo lo hice insistiendo sobre mi inocencia. En casa todos sabían quién lo había roto, pues la información se propagó más rápido que la pólvora, al fin y al cabo era una mala noticia. En aquel tiempo no se nos enseñó que los daños se podrían asumir con responsabilidad, pues nada que se hacía mal, dejaba de tener un severo castigo. Obviamente queriéndome librar del castigo referí no ser quien lo hizo y dije: seguramente el último fue quien lo estropeó, esa era una gran verdad, pero no reconocí los hechos. Pudo más mi cobardía y temor. Ahora era peor el problema, ya que me había encarado con la tía Zoila y ella lo había tomado como irrespeto. Todos ya me acusaban con sus ojos y también con sus palabras, pero insistía en mi gran inocencia.

Al cabo de unos días llegó mi padre y fue notificado del suceso. Mi padre me castigó con varios correazos delante de mis tías, primo, y se enteraron también mis amigos. Mi padre me había hecho quedar arrodillado a su lado por causa de haberme enfrentado con la tía, ahora el problema había crecido en mi contra.

Aprendí que no me podía fiar ni de mi hermano y mucho menos de mi primo, quien propagó el chisme en menos de un minuto, sin que yo me diera por enterado. También que en lo sucesivo debía asumir con valor y responsabilidad todos mis actos, tal como sucedieran: buenos, malos o pésimos.

5.6.1 Restauración

Implica dejar algo como estaba en sus comienzos; como estaba al principio, antes de su quebrantamiento o desilusión.

Debido a la pérdida de la sana doctrina, la autoridad autentica, el sacerdocio, los profetas correctos, como habían anunciado los apóstoles,

Pedro, Juan, Pablo y otros profetas, Dios previó restaurar su iglesia para el final de los tiempos.

Este asunto fue prometido como un gran acontecimiento para los últimos días y se llevó a cabo bajo la dirección de Jesucristo por ángeles y confirmado por el Padre y Jesucristo, mediante sucesos previos, el 6 de abril de 1.830.

Después de ello vinieron más acontecimientos, sin embargo desde pocos años antes se habían restaurado escrituras, el sacerdocio de Aarón y el de Melquisedec, elementos básicos para completar la anunciada restauración en la biblia así:

Efesios 1:10 "de reunir todas las cosas en Cristo, en la dispensación del cumplimiento de los tiempos, tanto las que están en los cielos, como las que están en la tierra"

Isaías 2:2 "Y acontecerá en los postreros días que será establecido el monte de la casa de Jehová como cabeza de los montes, y será exaltado sobre los collados, y correrán a él todas las naciones".

Daniel 2:44-45/ 45" Y en los días de estos reyes, el Dios del cielo levantará un reino que no será jamás destruido ni será dejado el reino a otro pueblo; despedazará y consumirá a todos estos reinos, pero él permanecerá para siempre.

45 De la manera que viste que del monte fue cortada una piedra, no con mano, la cual despedazó el hierro, el bronce, el barro cocido, la plata y el oro; el gran Dios ha hecho saber al rey lo que ha de acontecer en lo por venir; y el sueño es verdadero, y fiel su interpretación"

- o El mundo promete y no da; y si algo te da, caro te lo cobrará.
- o El bien harás y pronto te enterarás, el mal harás y tarde o temprano pagarás.
- o El que no vive para servir, no sirve para vivir.

Cuento

Dos abogados están en un banco cuando entran unos tíos enmascarados con pistolas.
Rápidamente uno de los dos abogados le da 100 dólares al otro.
- ¿Qué es esto?
- Te lo debía por la cena del otro día.

Cuento

Tener la conciencia limpia...... es síntoma de mala memoria.

<u>Anécdota</u>

En una ocasión en que conversaba con mi compañero de trabajo Jorge Herrera, quien era un extraordinario líder de la Iglesia Bautista, trató e intentó en una de sus conversaciones persuadirme a que yo abandonara la Iglesia de Jesucristo de los S.U.D. Es más, en tanto yo procuraba enseñar a algunos de mis amigos y compañeros de trabajo, el los disuadía y explicaba con su buena experiencia, que los Mormones éramos polígamos y además racistas.

Sus razonamientos no los discutía con él porque yo estaba adquiriendo formación a través de las clases de religión y aún no completaba mi primer año en la iglesia; de tal manera que preferí investigar por mi cuenta. A través de las clases de la escuela dominical de Doctrina y Convenios y la historia de la Iglesia en alguna de ellas se hizo aclaración de las circunstancias y razones sobre el porqué en un principio la Iglesia vivió tales experiencias:

1- La doctrina enseña que en un principio por disposición y revelación se requirió al profeta José Smith vivir la ley del matrimonio plural. Eso era algo que él no deseaba, pero fue mandada expresamente por Dios con el propósito de formar familias solidas en el evangelio y multiplicar con mayor velocidad su pueblo. Tal Ley estaba sujeta a la aprobación de los lideres, quienes solo autorizaban a quien era fiel a todos los mandamientos, estaba en capacidad económica, y además no lo hacía con propósitos de violar la ley de castidad, sino de multiplicar su rol familiar o hacerse responsable de las viudas que quedaron por motivo de la persecución de los muy celosos opositores líderes religiosos y políticos del tiempo.

La práctica del matrimonio plural fue abolida desde antes de 1.889 en razón a las duras persecuciones que la Iglesia tuvo. Posteriormente y considerando que el pueblo de Dios ya se había fortalecido y organizado, era menester poner fin a tal ley. Algunos miembros sin autorización practicaron y enseñaron el matrimonio plural, aun cuando ya estaba abolido, por tal motivo fueron excomulgados.

2- El asunto de la no ordenación al sacerdocio a los hombres de raza negra, fue a raíz de una revelación que se le dio al profeta, pues ellos eran descendientes de Caín, sin embargo había hombres muy buenos que ingresaban a la Iglesia, pero casi siempre su rol y fidelidad flaqueaban con facilidad, y para protección de las responsabilidades de ellos, era necesario esperar hasta que el señor dispusiera tal autorización. Se les permitía bautizarse, pero no se les extendía el sacerdocio. Casi los buenos hombres de tal raza, que han ingresado en la Iglesia han luchado para permanecer, sin embargo la mayoría ha sucumbido con el tiempo y desafortunadamente, para ellos ha sido una dura carga y responsabilidad.

De hecho una de las razones por las cuales la Iglesia fue duramente cuestionada y perseguida en un principio fue porque enseñaba que la esclavitud no era permitida, bajo ninguna consideración, y por lo tanto aunque las leyes del país en ese entonces lo permitiera a los miembros se les enseñaba que ello no era lo correcto, pero la ley de los hombres era una cosa y la de Dios otra.

Todo se resolvió cuando el profeta Kimball en 1.978 recibió la revelación y autorización para extender el sacerdocio a todos los hombres sin distinción de ninguna condición.

La persona que me llevó a la pila bautismal por la predicación y ejemplo fue un hombre de mezcla de raza negra con mestizo (Miguel Ángel

García). Ello demuestra por qué en un principio yo no di crédito a los argumentos parciales de mi buen amigo Jorge.

En tanto las leyes las establezca Dios, nosotros los humanos no tenemos derecho a reclamar, y tendremos que esperar, para que después entendamos las razones, y argumentos, que sostienen esas leyes.

Todos esos acontecimientos han hecho parte de la doctrina de la restauración. Los miembros obedecemos, y lo que no entendemos lo preguntaremos a los líderes, y si no quedamos satisfechos, pues habrá tiempo para preguntarlo directamente a Dios mediante oración, ayuno, etc.

La mayoría de los fieles sinceros líderes de las Iglesias cristianas han comprendido y aceptado que al final de los tiempos Dios haría una Restauración. Algunos aún esperan que ello suceda. Don Jorge lo reconoció, pero no consideraba que la iglesia de Jesucristo de los S.U.D. era el pueblo.

La restauración se promulgó por muchos profetas de laantigüedad, incluso Abraham se regocijo en ello. También Daniel lo refirió (Daniel 2:44),Y en los días de estos reyes, el Dios del cielo levantará un reino que no será jamás destruido ni será dejado el reino a otro pueblo; despedazará y consumirá a todos estos reinos, pero él permanecerá para siempre. Isaías (29:14),por tanto, he aquí que nuevamente haré una obra maravillosa entre este pueblo, una obra maravillosa y un prodigio; porque perecerá la sabiduría de sus sabios, y se desvanecerá la prudencia de sus prudentes. Pero también en los evangelios los apóstoles lo enseñaron como se los expresó Jesucristo. Mateo (17:11), Y respondiendo Jesús, les dijo: A la verdad, Elías vendrá primero y restaurará todas las cosas. Apocalipsis 14:6 Y vi a otro ángel volar por en medio del cielo, que tenía el evangelio eterno para predicarlo a los que moran en la tierra, y a toda nación, y tribu, y lengua y pueblo,

Animado por el deseo de asegurar al lector el origen, veracidad y autorización de la Iglesia y su sacerdocio invito a hacer el siguiente análisis práctico:

a-Si en tu Iglesia no te explican estas verdades, seguramente estarás asistiendo a la Iglesia equivocada, la cual tendrá parte de las verdades, pero no la plenitud. Recuerda que una verdad a medias es una mentira.

b-Hay muchas Iglesias, sin embargo solo una es la escogida, para: la predicación, liderar la obra misional, la restauración de sus verdades, y además deberá tener el sacerdocio de Melquisedec, que es el poder y la autoridad de Dios. Si no se enfatiza en ello. Podrás estar seguro que no tienen la verdad absoluta. Como quiera que la venida del Salvador se acerca y tú todavía das vueltas innecesarias: Debes humillarte ante tú Dios y francamente pedirle en oración y ayuno que te de discernimiento para saber y si lo que deseas, él te lo confirme; pide un medio sencillo, cual puede ser por la lectura de las escrituras, sentimientos, sueños, u otro medio.

c-Utiliza el método más seguro: pedir directamente a él. Santiago 1:5 Y si alguno de vosotros tiene falta de sabiduría, pídala a Dios, quien da a todos abundantemente y sin reproche, y le será dada. Tienes todo el derecho, pero debes ser sincero, honesto y desearlo con ambición, de lo contrario no tendrás la fuerza de percibir si viene de Dios o del enemigo, ya que este estará interesado en confundirte, y decirte que todas las Iglesias que hablen de Cristo tienen la verdad. Pero recuerda que Dios no es un ser de confusión, y que las respuestas solo vendrán si hay sinceridad en ti de vivir sus leyes y que no pides para satisfacer curiosidades.

Quien desee saber sobre la autenticidad de su verdad, entonces solo tiene que arrodillarse ante Dios y preguntar a El directamente y pedir conocimiento sobre los hechos mencionados; si tiene un espíritu dispuesto a saber la verdad, le será revelado saber y mucho más.

5.6.2 Revelación

Descubrimiento o manifestación de algo secreto, oculto o desconocido.

Comunicación de Dios con sus hijos sobre la tierra. Se recibe mediante la luz de Cristo y el Espíritu Santo; también por medio de inspiración, visiones, sueños, o mediante la visita de ángeles.

Por medio de las revelaciones conocemos desde las escrituras que nuestra misión es actuar como inteligentes, pues al fin y al cabo éramos inteligencias antes de venir a la tierra. Por ello recibimos susurros del Espíritu de Dios y la Luz de Cristo (La luz de la verdad que da luz y vida a todas las cosas del universo, la cual siempre ha existido. Inteligencia es el elemento espiritual que existía antes de que fuéramos engendrados.D y C: 93:29). También el hombre fue en el principio con Dios. La inteligencia, o sea, la luz de verdad, no fue creada ni hecha, ni tampoco lo puede ser.

Podemos pensar que tales guías son corazonadas, habilidades, etc., sin embargo son impresiones del Espíritu de Dios para prevenirnos, motivarnos, y enseñarnos para que lleguemos a actuar de forma apropiada. Pero somos libres de aceptarla o rechazarla y en vez de ello aceptar las otras invitaciones que nos hacen otros espíritus, (Aquellos que antes de nuestra vida mortal) rechazaron el plan de Dios y se opusieron, viéndose descartados del privilegio de ser probados con un cuerpo mortal, al venir a la tierra a superar nuestro segundo estado. (Apocalipsis 12:7-12)7 Y hubo una gran batalla en el cielo: Miguel y sus ángeles luchaban contra el dragón; y luchaban el dragón y sus ángeles, 8 pero no prevalecieron, ni fue hallado más su lugar en el cielo. 9 Y fue lanzado fuera aquel gran dragón, la serpiente antigua, que se llama Diablo y Satanás, quien engaña a todo el mundo; fue arrojado a la tierra, y sus ángeles fueron arrojados con él. 10 Y oí una gran voz en el cielo que decía: Ahora han venido la salvación, y el poder, y el reino de nuestro Dios y la autoridad de su Cristo, porque el acusador de nuestros hermanos ha sido arrojado, el que los acusaba delante de nuestro Dios día y noche. 11 Y ellos le han vencido por medio de la sangre del Cordero y de la palabra de su testimonio, y no amaron sus vidas, ni aun hasta sufrir la muerte. 12 Por lo cual alegraos, cielos, y los que moráis en ellos. ¡Ay de los moradores de la tierra y del mar!, porque el diablo ha descendido a vosotros, teniendo gran ira, pues sabe que tiene poco tiempo.

Hemos venido a la tierra para progresar, para pulir nuestras asperezas, aristas, multiplicar y desarrollar nuestros talentos, y después de la resurrección de los muertos es decir restauración de cuerpo y atributos, seguiremos progresando y sumando conocimientos. (Mateo 27:52-53). 52 y se abrieron los sepulcros, y muchos cuerpos de santos que habían dormido se levantaron; 53 y saliendo de los sepulcros, después de la resurrección de *Jesús,* vinieron a la santa ciudad y se aparecieron a muchos.

Podemos pensar que no somos hijos de un Dios, un ser superior, incluso negarlo. Tenemos el libre albedrio, para actuar y pensar así, sin embargo, ¿en que se beneficia una persona que no se da la oportunidad a sí mismo de investigar si efectivamente existe o no su Dios, y todo lo que le tiene preparado?

Por ser hijos de un Dios recibimos revelación personal cuando la pedimos y esta viene para ayudarnos si la merecemos. Hay revelaciones para la Iglesia, y líderes conforme a sus llamamientos, y por medio de ella se dirige su Iglesia. Sin embargo, cada uno recibe revelación para sus desafíos en: trabajo, estudios, hogares, et., todo según lo que armonice con la voluntad de Dios.

Amos 3:7 Porque no hará nada Jehová el Señor sin que revele su secreto a sus siervos los profetas.

- o El buen sentido se impone hasta en los hombres más torpes.
- o Déjate llevar por los sentimientos del corazón.
- o Después de perdido el barco, todos son capitanes.

Cuento

Pez que lucha contra la corriente...... muere electrocutado.

Anécdota

En 1.984 mi hija Ana María enfermó con fiebre y vomito. En las horas de la mañana tome a mi hija en brazos y con mi esposa y nos dirigimos a buscar un médico pediatra, pero no logramos dar con ninguno y se nos ocurrió que en la Caja de Compensación familiar quizás habría, pues allí habían médicos especialistas. Al ingresar fuimos dirigidos, no sabemos, porqué al primer consultorio donde se hallaba uno, el cual le examino miró su garganta, respiración, y el funcionamiento de sus reflejos. Una vez terminada la valoración el médico estableció que se trataba de un problema de riñones, por lo cual habría que operar. Siendo así tendríamos que ir a Pereira a buscar una orden de la Compañía de seguros médicos, con la cual tenía una póliza. Vivíamos en el Barrio laureles en la ciudad de Cartago, Valle del Cauca desde hacía unos 6 meses. El médico hizo los arreglos para efectuar la operación en la Clínica del Norte a las 23:00 horas en tanto yo conseguía las autorizaciones de la póliza de seguros médicos en la ciudad de Pereira.

Esedía en Pereira cayó un fuerteyprolongado aguacero decasi 3 horas que me impedía movilizarme desde donde estaba, no se conseguían taxis y no justificaba, para las 4 calles donde yo estaba escampando, y como ya tenía la autorización médica en mano, me dispuse visitar a los suegros y de allí me dirigí a una reunión de consejo en los Alpes, pues pertenecía al sumo consejo de la Estaca Pereira Iglesia de Jesucristo de los S.U.D. Salí de ella a las 8:30 o 9: P.M. un poco antes, pues debía estar pendiente de mi familia, pero no había celulares ni teléfono fijo. De camino a Cartago y preparado para aguardar el desenlace hasta las 11:00 P.M. hora de la operación, iba pensando en lo que sería la operación y la evolución de la fiebre y vómitos de mi querida hija.

Se me informó cuando llegue que la fiebre había bajado con los medicamentos que se le suministraban. El médico urólogo había establecido la hora 23:00 horas y yo había llegado un poco antes de las 10 p.m. a casa y en ese momento ella estaba bien, sin embargo a las 10:30 aproximadamente se agravó, lo cual hizo que nos dispusiéramos para llevarle rápido a la Clínica. Fue entonces cuando sentí en mi corazón que no debía hacerlo, sino irme a la ciudad de Pereira. Hice los arreglos para que un vecino me llevara en su vehículo campero Jeep Daihatzu, aunque mi esposa estuvo renuente a ello, yo insistí en llevarle a la Clínica del Niño en la ciudad de Pereira, donde siempre a ellos les atendían médicos especialistas pediatras. Empacamos a nuestro hijo mayor Víctor de 6 años y a Ana María de 4.1/2 años con rumbo a Pereira y como laClínica quedaba cerca de la casa de los suegros, finalmente mi esposa accedió.

Llegamos a eso de las 11:15 y allí rápidamente un médico pediatra la valoró y estableció que era una gastroenteritis después de los exámenes de sangre y otros. Se le asignó una habitación para un acompañante y llevamos después a nuestro hijo a casa de los suegros en tanto mi esposa se quedaba en la Clínica con la niña. Como vemos el examen era diferente y los resultados, con panoramamás tranquilizador.

Al cabo de cuatro años dialogando sobre el caso con un amigo, este me hizo caer en cuenta que en realidad el médico urólogo, lo que premeditadamente procuraba era robarle el riñón o que más otras intenciones tendría, pues por aquel tiempo los mafiosos Narcotraficantes pagaban por algo así $250.000.000 omás, lo cual suponía algo sencillo, pues allá impera la ley del dinero sucio, el cual corrompe todas las esferas. Y no hay manera de reclamar nada, pues te desaparecen con facilidad.

Volviendo al caso en realidad las revelaciones vienen a nosotros, para casos como esos, y si tenemos el espíritu estas se hacen más constantes. En mi vida personal he recibido cantidad de revelaciones, las cuales tengo registradas, buena parte en mis diarios personales; escritos que solemos llevar los miembros de la Iglesia, con lo cual dejamos un legado de historia a nuestros hijos y nietos, de historias, experiencias espirituales, enseñanzas, revelaciones, dificultades y formas desuperarlas.etc.

Muchos de ustedes habránrecibido corazonadas, pensamientos, etc., lo cual en realidad son revelaciones pero si la persona no tiene comprensión de ellas las puede aceptar o rechazar.

5.6.3 Saber

Es el cumulo de información y conocimiento almacenado para realizar una tarea apropiadamente.

Ecles.2:13-14/13 Y he visto que la sabiduría sobrepuja a la necedad, así como la luz a las tinieblas.
14 El sabio tiene sus ojos en su cabeza, más el necio anda en tinieblas; pero también entendí yo que lo mismo acaecerá tanto al uno como al otro.

Ecles.7:10-12 10 Nunca digas: ¿Cuál es la causa de que los tiempos pasados fueron mejores que éstos? Porque nunca hay sabiduría en esta pregunta.
11 Buena es la sabiduría con herencia, y es provechosa para los que ven el sol
12 Porque escudo es la sabiduría y escudo es el dinero, pero la ventaja del conocimiento es que la sabiduría da vida a sus poseedores.

Ecles.8:1 1 ¿QUIÉN como el sabio? ¿Y quién sabe la interpretación de las cosas? La sabiduría del hombre hace relucir su rostro y cambia la tosquedad de su semblante.

- o   El mucho saber hace sabios, pero no dichosos,
- o   El mucho saber no quita el padecer.
- o   El mucho saber, trae padecer.

Cuento

Imagínese un pedazo de queso suizo, de aquellos llenos de agujeros
Cuanto más queso, más agujeros.
Cada agujero ocupa el lugar donde debería haber queso.

Así, cuantos más agujeros, menos queso.

Cuanto más queso más agujeros, y cuanto más agujeros menos queso.

Luego, cuanto más queso, menos queso.

Anécdota

En marzo de 2.000 escribí en mi diario:

Estoy preocupado por la falta de trabajo, pues estamos a media marcha del proyecto de arreglar la casa a causa de los daños del terremoto. Los dineros conseguidos ya se acabaron y los solicitados para el seguro, el Forec, y otros préstamos no resultan aún. El panorama es preocupante, pero no desesperante.

El análisis de las obras de la casa nos lleva a aprender, sobre arquitectura, presupuestos de materiales, mano de obra y otros gastos. Además se aprende como reforzar los hierros con los flejes, con los alambres, las zapatas, la necesidad de nivelar los terrenos, de pisarlos o compactarlos. También se aprende sobre la disposición de las columnas, las vigas y la fuerza y distancia que se requiere distribuir. Las medidas de altura, profundidad, y anchura se hacen indispensables establecer.

Se presupuestaron 16 columnas, con sus vigas, arriba y abajo, además romper la plancha del piso y abrir un hueco de 8 metros cuadrados en la misma, para posibilitar la luz para que en la parte del sótano que antes se usaba parcialmente, se pueda extender, airear, iluminar, generar un acceso con gradas cómodo y mejorar en todo lo posible, ya que ha sido necesario remover tanta tierra para mejorar la profundidad de las zapatas, y columnas existentes.

Se precisa también mejorar el terminado, en todo lo posible, para que ella sea agradable y presentable.

Hemos conseguido a Eli Quiceno, un buen oficial, que tiene la particularidad de realizar personalmente los trabajos debidos, y enseñar con el personal contratado que lo realiza y dirige, con la humildad y respeto que amerita.

Nunca le vi enojado, pues además de sabio en lo que tiene que ver con la construcción, es respetuoso y considerado con los ayudantes. Da buen ejemplo y aunque llegue la noche si hay un trabajo que terminar no lo deja para el día siguiente, sino que extiende su jornada, aunque gran parte de sus ayudantes ya se hayan marchado.

Este buen hombre me ha demostrado con su conocimiento que el saber es una de las buenas cosas a las que debemos aspirar. Con este hombre o uno igual lo difícil se hace posible y lo imposible se le busca una alternativa inteligente y una solución eficaz.

5.6.4 Sabiduría

La sabiduría es la acción de tomar buenas decisiones. La sabiduría es el efecto positivo del uso apropiado de los conocimientos en beneficio de uno o de todos según aplique. El conocer o saber no garantiza que una persona obre con sabiduría, pues muchas veces sino se tiene la guía o el Espíritu de Dios, las decisiones son estorbadas por el orgullo, o los favorecimientos personales o el soborno.

Prov.1:5-7 / 5 Oirá el sabio y aumentará su saber; y el entendido adquirirá consejo
6 para entender proverbios y declaraciones, las palabras de los sabios y sus enigmas.
7 El principio de la sabiduría es el temor de Jehová; los insensatos desprecian la sabiduría y la disciplina.

Prov.3:13-26 / 13 Bienaventurado el hombre que halla la sabiduría y que adquiere entendimiento,
14 porque su ganancia es mejor que la ganancia de la plata, y sus beneficios más que el oro fino.

15 Más preciosa es que las piedras preciosas, y todo lo que puedas desear no se puede comparar con ella.

16 Largura de días hay en su mano derecha; en su izquierda, riquezas y honra.

17 Sus caminos son caminos deleitosos, y todas sus veredas, paz.

18 Ella es árbol de vida a los que de ella echan mano, y bienaventurados son los que la retienen.

19 Jehová con sabiduría fundó la tierra; estableció los cielos con entendimiento.

20 Con su conocimiento los abismos fueron divididos, y destilan rocío las nubes.

21 Hijo mío, no se aparten estas cosas de tus ojos; guarda la sana sabiduría y la cordura,

22 y serán vida para tu alma y gracia para tu cuello.

23 Entonces andarás por tu camino con seguridad, y tu pie no tropezará.

24 Cuando te acuestes, no tendrás temor; sí, te acostarás, y tu sueño será grato.

25 No tendrás temor de pavor repentino ni de la ruina de los malvados cuando llegue,

26 porque Jehová será tu confianza y él evitará que tu pie caiga en la trampa.

Prov.4:7-13 /7 Sabiduría ante todo; adquiere sabiduría; y con todo lo que adquieras, adquiere entendimiento.

8 Exáltala, y ella te levantará; ella te honrará cuando tú la hayas abrazado.

9 Adorno de gracia dará a tu cabeza; corona de hermosura te entregará.

10 Escucha, hijo mío, y recibe mis razones, y se te multiplicarán los años de vida.

11 Por el camino de la sabiduría te he instruido, y por sendas de rectitud te he guiado.

12 En tu andar, no se obstruirán tus pasos; y si corres, no tropezarás.

13 Aférrate a la instrucción; no la dejes; guárdala, porque ella es tu vida.

Prov.10:8 El sabio de corazón recibirá los mandamientos, pero el necio de labios caerá.

Prov.21:22 La ciudad de los poderosos tomó el sabio y derribó la fuerza en que ella confiaba.

Prov.15:16 Mejor es adquirir sabiduría que el oro, y adquirir entendimiento vale más que la plata.

o El humor y la sabiduría son las grandes esperanzas de nuestra cultura. Konrad Z. Lorenz.
o Saberlo ganar y saberlo gastar, eso es disfrutar.
o Sabiduría probada. No dársela a una nada por nada.

Cuento

Se encuentra la Agencia Aeroespacial Europea seleccionando a un profesional para enviarlo a Marte. Existía un problema y éste consistía en que era muy probable que no pudiese regresar de nuevo a la Tierra. Entrevistan a un primer candidato, ingeniero, y le preguntan cuánto quería cobrar, y éste dijo:
- Un millón de euros, porque quiero donar esa cantidad al Instituto de Investigación Espacial.
El siguiente candidato era un médico, que a la pregunta de cuánto deseaba cobrar responde:
- Dos millones de euros, porque quería dejar un millón a mi familia, y donar el otro para un centro de investigación médica.
Cuando le preguntaron al tercer candidato, un abogado, cuanto quería, dijo:
- Pues ni más ni menos que Tres millones.
- ¿Por qué quiere cobrar tanto, mucho más que los otros candidatos?, - le preguntó el seleccionador.
- Mire….muy sencillo -replicó el abogado-: si Vd. me da los tres millones, yo le daré uno a Vd., otro millón me lo quedaré yo, y con el millón restante, mandamos al ingeniero a Marte, ¿Qué le parece?

Anécdota

Cuando era asistente de auditoría interna en Cencoa, en 1975, trabajaba para la Cooperativa de Cafetaleros del Norte del Valle, En Cartago, esa era mi asignación. Un día en que nos tocaba el inventario del almacén de provisión agrícola, debimos proceder a efectuar las tareas rutinarias del inventario físico. Entre ellas estaban precisamente, verificar el corte de documentos, tomar datos del saldo de libros de la cuenta del inventario objeto de investigación, antes de realizar cualquier registró. Como acordamos realizar un muestreo selectivo, debido a que no pararíamos las ventas y entregas a las sucursales de productos y tampoco las recepciones de proveedores, madrugamos a las 7:00 horas para iniciar antes de que el movimiento nos impidiera realizar los cruces de saldos de libros con el inventario en kardex manual, y el libro de control del almacén. Éramos varias parejas de conteo, y por alguna circunstancia una de las parejas no realizó unos registros, sin embargo aseguraban que sí estaban todos hechos. Al final de la tarde y dar por terminada la gestión observamos que después de los registros, ventas, de ajustes por faltantes, sobrantes, bajas de inventario, las entradas del día y las salidas por despachos a sucursales, el kardex no cuadraba.

Las parejas tomaban las tarjetas objeto de verificación y hacían los registros.

La diferencia no se encontraba y el kardex fue sumado varias veces por el señor Chávez encargado de los registros, por los auditores, y además por el jefe del almacén. Ahora no sabíamos si faltaba, una tarjeta, si un registro se había dejado de anotar, en fin. Todo ello conmocionó a los responsables.

Esa noche se quedaron trabajando los señores Chávez y otros para verificar los problemas.

Al día siguiente, a las 8: 00 aún persistía el problema.

Al recapitular lo sucedido tuve la revelación o impresión de tomar la tira registradora de la suma del kardex antes de iniciar el inventario. Organicé las tarjetas exactamente según el orden inicial, pues algunas las habían cambiado de orden. Teniendo el kardex según el cuadre inicial verifique los ajustes en lo general y lo particular y demás movimientos. Con el orden pude establecer que había un registro que faltaba anotar, no obstante que aparentaba estarlo. Se hizo el registro y el kardex se pudo cuadrar.

Aquel día sorprendí a muchos, pues en menos de una hora hice lo que los demás no pudieron en la tarde y noche del día anterior. No fue nada de que yo fuera un superdotado, sino que hay que: observar, escuchar, analizar y establecer: el principio, los hechos del día y si son semejantes lo general a lo particular, por supuesto, estos movimientos debe de revelar saldos semejantes al final. En aquel tiempo no era miembro de la iglesia, pero me dejaba guiar en cuanto a cómo resolver problemas complejos tanto en el trabajo como en el estudio.

5.6.5 Salario

Corresponde al dinero dado en compensación por una tarea o jornada de trabajo. Desde la antigüedad el salario se cuantifica como un día labores y puede acumularse para hacer el pago semanal, mensual o al finalizar la obra.

Cantidad de dinero acordada como pago por realizar una jornada laboral de una semana o un mes. También es el pago que se da a quien ejecuta las obras encomendadas en una semana.

Prov.10:16 El salario del justo es para vida;la ganancia del malvado es para pecado

Prov. 14:23 En toda labor hay ganancia. Pero las vanas palabras de los labios solo empobrecen.

- o Cuando se gana salario se ahorra y se gana, en cambio cuando no hay trabajo se gasta y se deja de ganar. JCIR
- o La labor de la viña, ella lo paga en la vendimia.
- o La labranza es hermana gemela de la crianza.
- o Quien vale mucho, hace mucho.
- o Jornal del pobrete, por la puerta entra y se va por el retrete.

Cuento

Mi salario no me da para tanto.
Mira cada mes la cuenta del arrendo 500 pavos, 100 de los servicios, 300 de la comida, que los transportes 100.
Además mi mujer todos los viernes me pide 100 y el domingo 200. Y yo solo me gano 1.200.
¿Y qué hace tu mujer con el dinero con los 100 del sábado y los 200 de los domingos?
Yo no sé qué hará, pues nunca se los he dado.

Anécdota

Trabajar con la empresa privada es bueno en el sentido que tú sirves a quienes confían en tu información valiosa y donde allí se tienen objetivos claros de progreso. La mayoría de ellas se sostienen por la esperanza de que por causa de las ventas o prestación de servicios, les alcance para sufragar los costos de producción, mercadeo y administración de lo que ofrecen.

Cuando las economías de países se distorsionan por causa de los mercados negros y si éstos son más fuertes y poderosos que los legales, se termina por ceder ante tales fuerzas. En otras palabras muchos clientes exigen que no se les cobre el IVA y además no se declare.

En las economías donde esto se permite, habrá que llevar dos contabilidades y entonces una es con impuestos del IVA, de renta, impuestos municipales y demás responsabilidades y otra es la que no lleva tales tasas, en la suma de los dos, está el consolidado de las ganancias. Hay círculos viciosos que hay que acabar, de lo contrario los países no progresan, y por lo tanto las personas tampoco. Lo correcto es que todas las actividades, sean oficiales, sin embargo en un mercado altamente competitivo, y con pocas garantías para los que mantienen una vía legal, muchos terminan por sucumbir ante tantas presiones. Lo ideal es no hacerlo. Así no tendrás rabo de paja, y saldrás adelante a pesar de las pocas garantías, pero tendrás tu frente en alto, y demás nadie te podrá acusar de nada.

En tanto los usuarios y las personas no se concienticen que los impuestos son necesarios y corran el riesgode aventurarse en ventas por debajo o no declarables, se tendrán que pagar sanciones y multas. Esas empresas que hacen ello, afectan a las demás que pagan lo correcto. Pero también lo hacen las que compran y los usuarios de ello, cuáles pueden ser sancionados.

En esto tienen culpa los líderes políticos que implementan impuestos entre la nación y los municipios que fácilmente rodean el 50%. Ello hace que los empresarios sean esclavos del fisco, y por lo tanto las utilidades, no dan para sostener socios inquietos como las oficinas de impuestos que solo permanecen como buitres esperando errores, para sancionar, cobrar sobretasas, etc.

El día que los líderes políticos entiendan que se requiere bajar al 10% los impuestos de renta y de IVA y destinar un 5% para inversiones forzosas, podrán incentivar la inversión, las personas podrán tener trabajos y las economías recuperarse. No habrá propensión a la evasión, no habrá, tanto político corrupto o funcionarios públicos, y tampoco habrá tanta miseria, ya que cada quien va por su salario en forma honrada, y no como pueden verlo hoy: cobran ahora, pero mañana no porque su empresa se acaba. Muchas empresas no aguantan el ritmo de los altos impuestos, de tal manera que a mediano plazo se revientan y por lo tanto el fisco recaudará menos impuestos.

A cambio de las rebajas hacer que todos los ciudadanos capaces contribuyan con ese impuesto sea en especie o en dinero, habrán abierto, posibilidades para que mediante horas hombre todos paguen, y reciban de ello compensación para los apoyos en: salud, educación, transporte, turismo, seguridad, recreación y por supuesto progreso. Se disminuirá la cola e interés por los puestos públicos, la corrupción, las comisiones, los entuertos, pues de esa mano de obra que se reciba de quien no puede pagar en dinero, podrá disponer para reforzar la seguridad, la educación, la salud, las obras sociales, y públicas, y se podrá castigar a los infractores y delincuencia común, pues estos no sienten temor, por nada, ya que no hay como retenerlos, alimentarlos, ni mucho menos velar por ellos. Ya habrá posibilidades de turismo, crecerán todos los negocios, las posibilidades, y habrá paz, pues cada cual tendrá posibilidades de vivir honradamente y nadie tendrá que vivir a costillas del estado, a no ser que sea un minusválido total. Si todos empujan, todos se benefician.

Es simple, ello y no sé por qué tanto misterio. No se necesita ser un gran sabio, para entenderlo. Si no hay protección arancelaria a las empresas tampoco habrá progreso, pues cada economía es diferente, y primero debes proteger a los tuyos y después a los de afuera.

¿Pero si das más garantías a lo extranjero, como podrás ayudar a tu economía?

Ese es tu salario: la quiebra empresarial, la falta de empleo, la proliferación de grupos de narco-economías y otras cosas, pues los tuyos serán esclavos de lo que otros te traen.

Reclamaras tu salario hoy, pero mañana no.

Esto se los escribí varias veces a los líderes de mi pueblo, En Cali, y en Pereira, pero vivieron su momento y en poco se les acabará su salario. Las industrias y empresas nacionales se acaban y se pasó al comercio de productos extranjeros, y en poco tiempo cada cual tendrá que verse afectado por las leyes que nacieron de la costumbre equivocada.

5.6.6 Salvación

Hace referencia a escaparse de un suceso que le afectaría la vida o la pérdida del juego para disputar un premio ofrecido. Todos los hijos de Dios se salvarán de la muerte física a causa del precio que pago Jesucristo por la resurrección, es decir por la gracia; sin embargo, la condición de esa salvación de la muerte espiritual es distinta y ella dependerá de la obediencia y obras, y los beneficios máximos serán la exaltación, cual significa morar con Dios.

Creer en Jesucristo, es decir la fe, le beneficia por la gracia, pero no será suficiente, para alcanzar el máximo galardón, pues la justicia de Dios demanda obras, ordenanzas, obediencia y servicio a su reino y al prójimo. La expiación de Jesucristo nos limpia, solo si hacemos uso del beneficio que se nos ofrece. En el reino de Dios hay varios grados de gloria, y ellos dependen de nuestro esfuerzo en permanecer fieles, dignos, obedientes y dispuestos a servir, habiéndonos despojado de todo lo que impida vivir con Dios.

Mal.4:2 2 Más para vosotros, los que teméis mi nombre, nacerá el Sol de justicia y en sus alas *traerá* sanidad; y saldréis y saltaréis como terneros del establo.

Romanos 1:16 Porque no me avergüenzo del evangelio de Cristo; porque es poder de Dios para salvación a todo aquel que cree; al judío primeramente y también al griego.

Filipenses 2:12 Por tanto, amados míos, como siempre habéis obedecido, no en mi presencia solamente, sino mucho más ahora en mi ausencia, labrad vuestra salvación con temor y temblor;

Hechos 4:10-12 / 10 sea notorio a todos vosotros y a todo el pueblo de Israel que en el nombre de Jesucristo de Nazaret, a quien vosotros crucificasteis y a quien Dios resucitó de los muertos, por él este hombre está en vuestra presencia sano. 11 Este *Jesús* es la piedra rechazada por vosotros los edificadores, la cual ha llegado a ser cabeza del ángulo. 12 Y en ningún otro hay salvación, porque no hay otro nombre bajo el cielo, dado a los hombres, en que podamos ser salvos.

2 Tesalonicenses. 2:13 Pero nosotros debemos dar siempre gracias a Dios por vosotros, hermanos amados por el Señor, de que Dios os haya escogido desde el principio para salvación, mediante la santificación por el Espíritu y por la fe en la verdad;

Prov.29: 10 Los hombres sanguinarios aborrecen al íntegro, pero los rectos buscan su alma

o Guerra avisada no mata soldado.
o Para algunos esto es una quimera y para otros es una burla, sin embargo está anunciado. El que no oye consejo no llega a viejo.
o La salvación viene solo por los hechos de obediencia, de lo contrario no esperes buen fruto. JCIR
o No hay varios caminos, como te lo hacen ver, ni de San José, ni de Moisés, ni de Pedro, etc… Solo hay un camino es el de Cristo, lo demás no son caminos. Tantas vírgenes y tantos santos no tienen autoridad ni es el proceder ni camino. Escrito está, solo Cristo es el camino. ¿Dónde está el misterio? El único que intercede ante el Padre es Jesús. JCIR

Cuento

Una rana cayó accidentalmente en una sartén con fuego muy lento, y para ella esto se convirtió en una oportunidad para tomar un relajado baño turco. La temperatura le agradó, pero sintió que debía salir, pues algunas incomodidades podrían presentársele después, como no tener tiempo para hacer los deberes, evitar los riesgos que le vieran y le sacrificaran, o quizás, aumentaran la temperatura, o no se sabía lo esperado, pero lo que si sabía es que si le descubrían en ese sartén, yéndole bien le iría muy mal.

No hizo caso de su conciencia, que cada vez le decía salte de allí, pero el relax del agua tibia le impedía tomar la decisión, por lo tanto no salió. Permaneció un buen tiempo, y al cabo de unas dos horas llegó la ama de casa y consideró que su hija había dejado cocinando tal bicho para la cena del gato, por lo tanto así lo hizo, fue entregada a la merienda del gato.

Anécdota

En un paseo que hicimos al rio en 1.974, los compañeros del curso de la universidad debíamos pasar un puente colgante. Ese día parece que el puente estaba algo deteriorado, pues en el piso las tres guaduas estaban sobre montadas lo cual hacia inseguro y peligroso el tránsito. Además de lo anterior quien lo hizo no contó con más materiales que alambres de púas el cual puso, para que las personas mantuvieran el equilibrio con una cuerda de ellas. Pero además el puente se movía cuando uno entraba en él, es decir te tenías que sujetar con la mano a una cuerda peligrosa de alambre de púas y además guardar mucho equilibrio, para pasar los 8 metros de longitud. El puente estaba suspendido a una altura de 10 metros sobre uno de los brazos del rio y abajo este contenía grandes piedras sobre las cuales bajaba parte del mismo.

Al procurar pasar no sé qué fallo tuve, pero me caí, pero luego pude sujetarme de las guaduas y con mucho cuidado y un poco esfuerzo recuperé el equilibrio y volví a pararme sobre las superpuestas guaduas. Las guaduas son trozos de bambú de un diámetro de 10 a 12 centímetros, pero cilíndricas, el largo está condicionado a la altura de la mata y puede alcanzar hasta 12 a 15 metros. Este material puede ser seguro si están sujetas y fijadas con listones por debajo en varios puntos, pero quien construyó el puente no usó listones ni trozos de nada para sujetarlas, lo cual implicaba que ellas tenderían a acomodarse una sobre otra conforme a la presión de las fuerzas que recibiera.

Yo fui el único tonto que caí, pues mis compañeros viendo el riesgo que sufrí, se las ingeniaron para pasar por el rio y abortar el acceso por el puente.

Aquel día me salve de una caída con fracturas y muerte segura, pues las grandes piedras estaban algo listas esperando algún incauto que se atreviera a pasar por tan deteriorado puente.

La expiación es un puente hecho por nuestro hermano mayor: Jesucristo, pero es seguro solo que debes encontrarlo y recorrerlo. Este se reconoce por medio de la búsqueda de la verdad y un bautismo por inmersión en edad de hacer convenios, previos el desarrollo de la fe y el consecuente arrepentimiento, para después ser sellado con el espíritu Santo. Todo ello recibido de quien tiene la autoridad de Dios, es decir el Sacerdocio mayor o de Melquisedec.

Hay muchos puentes dispuestos por el enemigo de Dios a fin de confundir, son construidos con trozos de la verdad, pero no están alineados, para ofrecer seguridad, de hecho ofrecen muchos alambres de púas, sin listones que sujetan los maderos del piso, y seguramente no son amarrados o fijados apropiadamente. Son trampas para buscar evitar que encuentres el mayor grado de gloria a donde mereces y un día te prometiste llegar, sí, antes de la vida premortal. Tienes que poner atención, pues el transitar tales puentes te asegurará un destino diferente, unas caídas sin beneficio de la expiación y perdón, y seguramente estancia en el lugar menos esperado.

La salvación que se nos ofrece por la obediencia a los mandamientos cobija una vida mejor y además vivir en la presencia de nuestros Padres Celestiales. Tienes también la opción de una salvación o restauración de la muerte espiritual, para ser felices por siempre. Otros caminos ofrecen la resurrección del cuerpo, es decir una eternidad, para vivir una vida infernal, puesto que será en ambiente de maldad, o felicidad parcial.

La salvación implica resurrección del cuerpo, que todos la recibirán sean obedientes o no, pero la obediencia a mandamientos de Dios te garantiza por la expiación de Jesucristo perdón y un renacer espiritual para vivir junto a Él con la familia de Dios. La gracia ofrece parte del trayecto, pero nosotros hemos de completar el puente, por medio de las obras. La gracia y las obras se complementan perfectamente.

6.1.1 Saludar, saludable.

Expresar a alguien deseos amistosos por verle, encontrarse o presentarse. Sentimientos cordiales que se manifiestan a otra persona por verle, reconocerle o manifestar alegría por encontrarse con ella. Algunas personas suelen hacer caso omiso de los saludos o las expresiones de respeto que se le suelen manifestar al verle, manifestando orgullo, sin enterarse que tarde o temprano podemos ser objeto de escarnio por tales comportamientos. Los animales manifiestan efusivamente alegría al reencontrarse con aquellos que consideran sus protectores, amigos, o conocidos.

Algo es considerado saludable cuando al ingerir o utilizar se convierte en beneficioso, tanto para quien lo da como para quien lo utiliza. Así también son las cosas que Dios creo, pues las hizo saludables en tanto les demos el uso apropiado, o para el cual fueron creados. El saludar a otro semejante produce alegría, bienestar, buen rollo, pero el negarse a contestar produce mala imagen, percepción, o incluso mal ambiente. No favorece la sana convivencia.

El efecto saludable que produce ello, en nosotros es muy positivo, y nos da felicidad, lo contrario se traduce en infelicidad, aislamiento o incluso pérdida de oportunidades para servir y ser objeto de servicio de parte de otros.

Prov. 22:1-2/1 De más estima es el buen nombre que las muchas riquezas, y la buena fama más que la plata y el oro.2 El rico y el pobre se encuentran;a todos ellos los hizo Jehová.

o   Cada campana suena según del metal que está hecha.

o   Lo cortés no quita lo valiente.

o   Cada cual da de lo que tiene.

Cuento

Juan, ¿Qué es peor, la ignorancia o la indiferencia?
No lo sé, ni me interesa.

Comentario

El salvador Jesucristo enseño por medio de parábolas, y él las
utilizaba a fin de ejemplificar cosas sencillas de la vida cotidiana, para
facilitar el entendimiento y aplicación de la doctrina, sus principios,
y mandamientos. A medida que aprendemos a hacer uso de tales
enseñanzas podemos trasegar la vida con mayor éxito.

El siguiente es un sencillo ejemplo de porque el mando a sus discípulos
a ser pescadores de hombres, pues consideraba que lo mejor de lo mejor
que pudiéramos obtener en el estado de probación terrenal consistía en
ser saludables, para nuestro prójimo.

En el Nuevo Testamento dice que el Señor está al tanto aun de la caída
de un pajarillo. Ahora sé que también está al tanto de la caída de un
colibrí; y Él está al tanto de ti, es la analogía que el utilizo, para indicar
que un pájaro tan diminuto, el más pequeño de todos las aves, representa
para nuestro Padre Celestial gran interés, y que cuanto más es la caída
de uno de sus hijos,

Mateo 10:29-31/29 ¿No se venden dos pajarillos por un cuarto? Con
todo, ni uno de ellos cae a tierra sin saberlo vuestro Padre.30 Pues aun
vuestros cabellos están todos contados.31 Así que no temáis; más valéis
vosotros que muchos pajarillos.

Las características descritas en los libros de animales salvajes se resumen
en que:

Las alas del colibrí se pueden mover hasta 80 veces por segundo. Cuando un macho está tratando de impresionar a una hembra el batido de sus alas puede aumentar hasta 200 veces por segundo.

Los colibríes son la más pequeña de todas las especies de aves en el mundo, sus polluelos son del tamaño de un centavo. El colibrí es también el más pequeño de los animales en el mundo con columna vertebral.

El colibrí no tiene la capacidad de oler, parecen ser atraídos por los colores de las plantas y las flores, el rojo es el color dominante al que se sienten atraídos.

El colibrí es la única especie de ave que tiene la capacidad de volar en todas las direcciones. Son capaces de volar hacia atrás, hacia delante, de arriba hacia abajo, y al revés.

Estas aves tienen el mayor metabolismo natural de todos los animales en el mundo. Las principales fuentes de alimento para el colibrí son el azúcar, la savia, el polen y los insectos. Ellos consumen hasta 3 veces su peso corporal en comida cada día. Los colibríes son muy territoriales, y se pelean entre sí por la comida y la ubicación.

Estas aves desempeñan un papel muy activo en el proceso de polinización de las plantas de las que consumen néctar.

Conforme a lo anterior esta, comparación con el hombre podría ser poco creíble, sin embargo la intención de Jesucristo al referirnos con esta enseñanza, es que Dios ama por lo tanto sufre, y goza por causa de nosotros, con las jugadas malas y buenas respectivamente. No es extraño que él nos diera la oportunidad de vivir en carne propia las vicisitudes que pasa con sus hijos, las cuales debe dejar que pasen, pues es el tiempo de probación, y puede intervenir si lo pedimos y si es favorable y oportuno para nosotros.

6.1.2 Sacerdocio

Es el poder y la autoridad de Dios para obrar, enseñar, trabajar y servir en su Reino. Hay dos: el Aarónico o de Levi y el de Melquisedec. Cada uno tiene varios oficios. Los obreros de la viña que no tengan estos sacerdocios deben apresurarse a obtenerlo de la autoridad correcta. Solo con el sacerdocio mayor o de Melquisedec los varones podrán ver a Dios. Es necesario magnificarlo, para llegar a ser beneficiario de esa autoridad y poder. Ese poder los protegerán de la luz resplandeciente que emanan los cuerpos de Dios y Jesucristo.

Hebreos 7:11-16/11 Si, pues, la perfección fuera por el sacerdocio levítico (porque bajo él recibió el pueblo la ley), ¿qué necesidad habría aún de que se levantase otro sacerdote, según el orden de Melquisedec, y que no fuese llamado según el orden de Aarón? 12 Pues cambiado el sacerdocio, necesario es que se cambie también la ley.13 Porque aquel de quien se dice esto es de otra tribu, de la cual nadie ofició en el altar.14 Porque es evidente que nuestro Señor nació de la tribu de Judá, sobre cuya tribu nada habló Moisés tocante al sacerdocio.15 Y aún es más evidente, si a semejanza de Melquisedec se levanta otro sacerdote,16 que no es hecho conforme a la ley del mandamiento carnal acerca de la descendencia, sino según el poder de una vida indestructible.

o El sacerdocio de Melquisedec se restauró para bien de la humanidad y la voluntad de Dios es que todo varón pueda recibirlo, a fin de que contribuya con la felicidad de su familia y la familia de Dios
o Expresamente por Juan el bautista el 15 mayo de 1.829 se restauró el sacerdocio de Aarón y en los tres meses siguientes el de Melquisedec, por Pedro, Santiago y Juan.
o En 1.820 se le dijo enfáticamente al joven José Smith que la Iglesia de Dios y Jesucristo no estaban sobre la tierra y que él sería un instrumento para restaurar las verdades y autoridad perdidas.

Cuento

Muy bien hermanos hoy hablaremos de un tema delicado y es el de las mentiras en que solemos caer y los falsos testimonios.

En la clase del sacerdocio del domingo el maestro asignó leer los 8 capítulos últimos de Juan.

¿Levanten la mano los que cumplieron en casa la asignación de leer en Juan 22 al 26 que muy claro habla de los mentirosos?

Solo tres levantaron la mano.

¿Quiénes de vosotros alguna vez leyeron estos capítulos en meses o años anteriores?

Muy bien eso me gusta que os acordéis, de tan nobles y significativos hechos.

Ahora tengo algo para deciros: Todos sois embusteros, mentirosos,.......
pues Juan solo contiene 21 capítulos.

Anécdota

El 31 de diciembre de 2.015 me hallaba en casa de la familia de mi esposa, para celebrar el fin de año sin embargo me encontraba un poco indispuesto debido a una gripe contraída días atrás y como no debo hacer uso de medicinas que afecten las vías respiratorias a causa de mi condición de riesgo coronario, la gripa no la podía atacar, solo debía esperar que pasara. Solo podía tomar paracetamol para el malestar. A eso de las 22:00 horas en el momento de la cena, ya me encontraba muy alicaído, pues el dolor de cabeza malestar e indisposición se habían multiplicado.

Tome un comprimido y procedí a pedir una bendición de salud del sacerdocio a mi yerno Itan Bascope. En tal bendición se me prometió la mejoría, además se me bendijo, para que pudiera con mucho ánimo seguir sirviendo en el Barrio Leganés en la Iglesia, trabajar con el entusiasmo requerido en los proyectos que estoy desarrollando y así disfrutar de la autosuficiencia.

Ya a las once me sentí muy mejorado, tanto que invite a todos a participar del tradicional baile de fin de año y fue así como baile muchas canciones propias de la ocasión. Con la buena disposición y animo pude persuadir a mis cuñadas, esposa, hijas, suegra inclusive y sobrinos de mi esposa a unirse al baile. Disfrutamos unas dos horas hasta que decidimos partir a casa, pues mi esposa debía madrugar a trabajar. Transcurridos dos días ya la gripa había desaparecido, y pude reiniciar mi vida cotidiana y cumplir con mis responsabilidades.

Las bendiciones de salud del sacerdocio son un magnifico recurso que funciona solo si: 1- Hay dignidad de quien bendice 2-Se solicita con la fe 3- En realidad se necesita o es pertinente. 4-Es la voluntad de Dios.

He dado muchas bendiciones a muchas personas y para ellos han sido de efecto milagroso, pues así me lo han expresado. A la verdad sé que no se he sido yo, sino el poder de sacerdocio de Dios que se ha manifestado a través de ellas, pues se han cumplido los requisitos referidos.

6.1.3 Sentimiento

Percepción de la mente a causa de un evento visible o no, que le influye o impresiona, trayendo una condición de paz, felicidad, terror o intranquilidad.

Prov.23:11 porque el redentor de ellos es el Fuerte; él defenderá la causa de ellos contra ti.

- o El corazón limpio y la cabeza alta. Insensibilidad es la imbecilidad del alma.
- o La sensibilidad levanta una barrera que no puede salvar la inteligencia. José Martínez Ruiz.
- o Cuando el corazón es bueno, todo puede corregirse. Johann Wolfgang Von Goethe.

Cuento

Un hombre encuentra a su vecino cavando un hoyo en el patio y le preguntó:

¡Hola vecino! ¿Qué haces?

Cavo un hoyo para enterrar a mi pez.

¿Y no es un hoyo demasiado grande para el pez?

¡Quizás!....Es que el pez está dentro del estómago de tu desafortunado gato!

Anécdota

Una misionera de mis primeros días de miembro, la Hna. Rivas, de Neiva, Colombia enseño que en calidad de miembros de la Iglesia no deberíamos participar de las costumbres del mundo, como tomar bebidas alcohólicas, realizar actividades deportivas o festividades los domingos. Tampoco ver programas donde se incitaba a violar la ley de castidad o cosas parecidas, pero comíamos y llorábamos mucho. Ello era una gran verdad. Tan pronto cambiamos de vida, renovamos nuestros cuerpos, mentes y pensamientos, nos hacemos diferentes al mundo, pues debemos mantener nuestro horizonte en satisfacer las demandas de la justicia de Dios a fin de que el espíritu pueda morar en nosotros.

Cuando participamos de chistes, conversaciones o programas que van en contra de los mandamientos de Dios, el Espíritu se retira y quedamos sin la guía de él, hasta que nuestra actitud cambie y nos arrepintamos de tales actitudes.

Para el mundo normal puede parecer ello algo fanático, sin embargo es simplemente que no debemos estar en lugares donde se pone en riesgo nuestro templo de barro, pues eso somos para Dios y su obra se manifiesta por las cosas que hacemos, y la influencia espiritual que podemos ejercer.

De hecho, la expresión de la misionera sobre que comíamos y llorábamos mucho, es cierto. Disfrutamos de las comidas y bebidas sanas, aquellas que nos favorecen la buena salud, y en cuanto a que llorábamos mucho es debido a que nuestro corazón se enternece y fácilmente los sentimientos de gratitud, buena disposición de obediencia y solidaridad con el prójimo nos embargan, de tal forma, que al cantar un himno, contar historias o escucharlas o realizar lecturas de escrituras, fácilmente nos emocionamos, nos llenamos de sentimientos y no podemos evitar derramar lágrimas. Ello es causa de la gratitud y la positiva influencia del espíritu en nosotros.

El Salvador Jesucristo se solidarizó muchas veces con los niños, los enfermos, y los necesitados, y por ello realizo milagros. Era el poder del amor que tenía a sus hermanos lo que permitía que pudiera hacer los milagros. Por ello entre su pueblo de Galicia, los milagros fueros escasos, no podían aceptarlo como el hijo de Dios, inclusive sus propios hermanos no le creían, no le tenían fe y lo veían como un hombre natural.

Como miembros de la Iglesia también hacemos milagros entre la gente. Para poder llevarlos a cabo es preciso que el Espíritu esté en nosotros y si no está las obras de Dios no se pueden manifestar. Así de simple, por esa razón debemos apartarnos de las cosas del mundo, para evitar quedar desprovistos de la influencia de su poder, y su Espíritu.

He sido instrumento en las manos de Dios en la realización muchos milagros, mediante bendiciones de salud, a otras personas. He instruido, y ayudado a otros, pero no por mí sino porque he recibido el poder y la inspiración para hacerlo y ha sido la voluntad de Diosy el espíritu, yo simplemente he sido el instrumento en las manos de Dios. La compensación ha sido un gran gozo que se manifiesta en los sentimientos de gratitud, y buena voluntad.

Mosiah 4:11-13 / 11 Y otra vez os digo, según dije antes, que así como habéis llegado al conocimiento de la gloria de Dios, o si habéis sabido de su bondad, y probado su amor, y habéis recibido la remisión de vuestros pecados, lo que ocasiona tan inmenso gozo en vuestras almas, así quisiera que recordaseis y retuvieseis siempre en vuestra memoria la grandeza de Dios, y vuestra propia nulidad, y su bondad y longanimidad para con vosotros, indignas criaturas, y os humillaseis aun en las profundidades de la humildad, invocando el nombre del Señor diariamente, y permaneciendo firmes en la fe de lo que está por venir, que fue anunciado por boca del ángel.

12 Y he aquí, os digo que si hacéis esto, siempre os regocijaréis, y seréis llenos del amor de Dios y siempre retendréis la remisión de vuestros pecados; y aumentaréis en el conocimiento de la gloria de aquel que os creó, o sea, en el conocimiento de lo que es justo y verdadero. 13 Y no tendréis deseos de injuriaros el uno al otro, sino de vivir pacíficamente, y de dar a cada uno según lo que le corresponda.

6.1.4 Santo

Todo aquel que efectúa convenios con Dios de guardar sus mandamientos, se bautiza por agua, y fuego mediante la autoridad correcta. Es el término que se daba en la antigüedad cuando los apóstoles organizaron la Iglesia establecida por Jesucristo. En la antigüedad JESUCRISTO implemento ese nombre a todo aquel que mantenga firme los convenios de obediencia a sus leyes.

1Corintios 1:1-2 /1 Pablo, llamado a ser apóstol de Jesucristo por la voluntad de Dios, y el hermano Sostenes, /2 a la iglesia de Dios que está en Corinto, a los santificados en Cristo Jesús, llamados a ser santos con todos los que invocan el nombre de nuestro Señor Jesucristo en todo lugar, *Señor* de ellos y nuestro:

o   Por ignorancia, desobediencia y orgullo; los hijos de Dios, desprecian y desaprovechan la oportunidad de ser premiados con la vida eterna en la presencia de sus Padres Celestiales.

o   Las imágenes de santos son falsas interpretaciones de lo que son
     los santos, y tras de esas imágenes muchos se han confundido,
     pues no conocieron el plan de salvación de Dios. Las imágenes
     no reemplazan a Dios.

o   El tiempo perdido. Los santos lo lloran

Cuento

Estos son un abogado y su cliente al final del juicio,

El abogado le dice a su cliente:

- Como verá ha sido declarado inocente gracias a mi defensa. Pero, en
confianza, dígame: ¿Fue usted quién robo el banco?

El cliente le responde:

- Yo creo que lo robé, pero después de oír sus alegaciones ya no estoy
muy seguro...

Comentario

La palabra santo encierra muchas definiciones o pensamientos
tergiversados sobre la manera como se entendía al principio del
cristianismo. Los seguidores de Cristo y sus apóstoles que se bautizaban
se convertían en santos, por tal ordenanza; ése convenio los invitaba
y mandaba a dejar el viejo hombre y convertirse en uno nuevo. Es
decir su actitud, pensamientos, obras, debían estar en armonía con los
mandamientos y las demás enseñanzas de los discursos de su líder. Algo
que invitaba a no criticar, ir mucho más allá de lo interpretado por el
común de la gente:

Filipenses 2:12-16/12 Por tanto, amados míos, como siempre habéis
obedecido, no en mi presencia solamente, sino mucho más ahora en mi
ausencia, labrad vuestra salvación con temor y temblor; 13 porque Dios
es el que en vosotros produce tanto el querer como el hacer, por su buena
voluntad.14 Haced todo sin murmuraciones ni contiendas, 15 para que
seáis irreprensibles y sencillos, hijos de Dios, sin culpa, en medio de
una generación maligna y perversa, entre los cuales resplandecéis como
luminares en el mundo; 16 aferrados a la palabra de vida para que en el

día de Cristo yo pueda gloriarme de que no he corrido en vano, ni he trabajado en vano.

La idea que se forman las personas es que han de ser perfectos, y eso no acontece con ellos, pues la perfección no se alcanza en la tierra, pero si se hacen esfuerzos por mejorar. Tampoco sonsantas las estatuas, ellas solo representan imágenes de alguien, que vivió antes y sirvió al reino de Dios, pero es la voluntad de Dios que no se veneren o se adoren, pues él no desea que ello suceda, dado que algunos lo toman equivocadamente y no van directamente a Dios, sino que suplantan el orden establecido, haciendo de ello altares, etc., considerando que ello es idolatría, pura y dura.

6.1.5 Señales

Son manifestaciones que se muestran a las personas para que vean la aproximación de acontecimientos. También son pistas para guiar a las personas que se quieren dejar ubicar por un mapa o un método.

Lucas 21:29-33 /29 Y también les dijo una parábola: Mirad la higuera y todos los árboles. 30 Cuando veis que ya brotan, vosotros mismos entendéis que el verano ya está cerca.31 Así también vosotros, cuando veáis suceder estas cosas, sabed que está cerca el reino de Dios. 32 De cierto os digo que no pasará esta generación hasta que todo esto haya acontecido.33 El cielo y la tierra pasarán, pero mis palabras no pasarán.

- o Se oye el clamor se ven las señales, del día bendito de luz y verdad.
- o El necio desprecia las señales, pero las justifica con mucha ciencia.
- o La justicia es una señora, que el que ante ella canta, pronto llora.

Cuento

Mi coche es una demostración o señal de fe.
¿Por qué lo dices?
Cada mañana me toca orar, un buen rato para que arranque.

<u>Anécdota</u>

Al compartir con quien conoce las escrituras y percibe por el espíritu las señales de los tiempos finales, se da uno cuenta que en verdad todas las cosas previstas por los profetas tanto de la Biblia, como del libro de Mormón, se han ido cumpliendo poco a poco.

No podemos negar que los profetas recibieron la inspiración en antaño, para exhortar a los hijos de Dios sobre estos tiempos finales donde la segunda venida del Cristo sería una bendición, para los obedientes y una desgracia para los incrédulos y desobedientes.

En un principio cuando llevaba pocos días, en diciembre de 1.979, de ser miembro de la Iglesia de Jesucristo de los S.U.D. Miguel Ángel García López me enseño directamente de la biblia la interpretación de las señales de los tiempos sobre el profeta Daniel y apocalipsis.

Los símbolos explicados por Juan, al entenderlos por el espíritu son evidentes, al fin y al cabo éstos libros son sellados para quien no tenga sabiduría según Dios y el espíritu de revelación. Esta es la compañía del Espíritu de Dios que da testimonio.

Cuando leo las escrituras, en verdad todas estas cosas me parecen tan claras, más que todo porque después de muchos años de permanecer activo como miembro de la Iglesia, he aprendido la voluntad de Dios, sus designios, y las escrituras cobran vida ante mis ojos. Me He deleitado cada noche leyendo los libros canónigos. Casi me ha sido difícil conciliar el sueño si no leo algo de las escrituras y me deleito en ellas. Las ayudas de los mapas, comentarios, y graficas de los manuales de instituto han esclarecido mi entendimiento y han traído conocimiento y paz a mi corazón.

Al observar muchos programas de la "National Geográfic" y otros expositores, me preocupa como distorsionan con su interpretación, las escrituras; tales maestros versados en errores solo hacen confundir a la humanidad con sus absurdas formas de ver la voluntad de Dios. Sus conocimientos adquiridos sin el Espíritu solo han servido para ampliar sus errores.

Aconsejo a quien quiera sinceramente saber y entender la simbología de los escritos referidos, vaya a los manuales de institutos para los jóvenes adultos de la Iglesia y disfrute, aprenda la comprensión de los símbolos y las palabras de los profetas, para que no engañen ni se dejen engañar por falsas interpretaciones de las escrituras.

Recuerden que la gloria de Dios es la inteligencia y está se obtiene por la adquisición del conocimiento de las verdades y no de falsas interpretaciones.

1.1.6 Servicial

Se describe como servicial a la persona que procura satisfacer las necesidades de las demás sin esperar nada a cambio. Quien está atento para ayudar a quien lo necesita, no solo con dinero, sino con su apoyo de brazos y medios, como vehículo, o algún otro bien como teléfono. Etc.

Sant.5:14 ¿Está alguno enfermo entre vosotros? Llame a los ancianos de la iglesia, y oren ellos por él, ungiéndole con aceite en el nombre del Señor.

- o   Quien no vive para servir; no sirve para vivir.
- o   El servicio es la fuente directa para fomentar los ahorros de la eternidad JCIR
- o   La caridad y el servicio van de la mano.

Cuento

En el restaurante:
- Camarero, ¿el pescado viene solo?
- No, no, se lo traeré yo.

<u>Historia</u>

Una de las cosas que más me ha hecho sentir feliz, (he percibido esto también en todas las personas) es que cuando puedo hacer algo por alguien sin esperar nada a cambio, y lo ejecuto, me lleno de gozo. Es como si llenara de poder o energía mi corazón. Yo la llamo llenar la batería de uranio, y los efectos los homologo con la construcción del primer submarino en no operar con combustible diesel. El Nautilus, es el primer submarino nuclear del mundo en hacerlo así. Se construyó en el año 1954, Gracias al uso de la energía nuclear se lograron superar todos los récords tecnológicos de los submarinos hasta la fecha. Disponía de una mayor velocidad y no necesitaba subir con tanta frecuencia a la superficie. Fue el primer submarino en llegar al Polo Norte, en el año 1958.

El Rey Benjamín, líder del pueblo de Zarahenla, en la antigua Américaafirmo: Mosiah 4:16-19 /16 Y además, vosotros mismos socorréis a los que necesiten vuestro socorro; impartiréis de vuestros bienes al necesitado; y no permitiréis que el mendigo os haga su petición en vano, y sea echado fuera para perecer.

17 Tal vez dirás: El hombre ha traído sobre sí su miseria; por tanto, detendré mi mano y no le daré de mi alimento, ni le impartiré de mis bienes para evitar que padezca, porque sus castigos son justos.

18 Mas, ¡oh hombre!, yo te digo que quien esto hiciere tiene gran necesidad de arrepentirse; y a menos que se arrepienta de lo que ha hecho, perece para siempre, y no tiene parte en el reino de Dios.

19 Pues he aquí, ¿no somos todos mendigos? ¿No dependemos todos del mismo Ser, sí, de Dios, por todos los bienes que tenemos; por alimento y vestido; y por oro y plata y por las riquezas de toda especie que poseemos?

6.2.1 Sexualidad

Es el poder de procrear entre el hombre y la mujer. A través de la unión sexual, se tienen hijos. Estos implican responsabilidades de criarlos, enseñarles, protegerlos, y educarlos. Hasta la edad de 18 años, los padres son responsables. Sin embargo nunca se dejan de querer y gracias a ellos, después se recrea esa sagrada experiencia con la crianza de los nietos.

Algunos pueden preferir castrarse para reprimir las pasiones o tentaciones que pueden sobrevenir por tales capacidades, sin embargo ello puede generar otros inconvenientes peores. En la antigüedad se castraba a los servidores allegados del Rey a fin de evitar que las mujeres de su casa no fueran objeto de persecuciones por parte de ellos. Se les conoce en la antigüedad como: los eunucos.

Éste poder de procrear solo ésta permitido usarlo dentro de los vínculos del matrimonio entre el hombre y la mujer, legítimamente y legalmente casados. Ello le da la oportunidad de ser una sola carne: 1 Corintios 11:11-12 /11"Pero en el Señor, ni el varón es sin la mujer, ni la mujer sin el varón. 12 Porque así como la mujer procede del varón, también el varón nace de la mujer; pero todo procede de Dios".

1 Pedro 3:7 "Vosotros, maridos, igualmente, vivid con ellas con comprensión, dando honor a la mujer como a vaso más frágil y como a coherederas de la gracia de la vida, para que vuestras oraciones no sean estorbadas".

- o El poder de la procreación solo es permitido usarlo dentro del matrimonio.
- o El uso de tal poder fuera del matrimonio genera desobediencia al mandamiento séptimo cual dice: No cometerás adulterio. Éxodo 20:14.
- o Aun con los pensamientos rompemos este mandamiento.

Cuento

En una reunión de líderes religiosos un cura después de varias copas expresó: En nuestra religión se nos permite beber varias copas, sin tener que rendir cuentas a nadie. Inclusive tomar whisky, si lo deseamos.

Tomo el turno uno de los líderes bautistas y expresó: también a nosotros se nos permite, inclusive tomar cerveza para soportar los sofocantes calores.

Otro líder de la Iglesia Presbiteriana tomo la palabra, a nosotros también eso y además podemos al levantarnos tomar una taza deliciosa de café en las mañanas y a cualquier hora.

Tomó la palabra otro líder de unadenominación religiosa y expresó, eso no es nada, nosotros todo lo dicho se nos permiten, y además si lo deseamos, podemos fumarnos un puro y aún si no es puro también lo podemos fumar.

Todos esperaban la repuesta del único líder que faltaba hacer alguna observación, cual era un mormón, el cual se levantó y expresó: nada de lo que se os permite a vosotros, que habéis dicho se nos permite a nosotros, sin embargo a nosotros se nos da la oportunidad de casarnos con una buena mujer....., la madre de nuestros hijos, pero la diferencia es que es para toda la vida, y la eternidad inclusive, y a vosotros hasta que la muerte os separe.

Anécdota

Hacer uso de estos poderes por fuera de los lazos del matrimonio trae como consecuencia la desaprobación de Dios, y por ende, la ruptura del mandamiento 7° que indica no cometer adulterio, y al hacerlo trae castigos y pérdidas del espíritu según lo estableció nuestro Padre Celestial.

Antes de ser miembro de la Iglesia mantuve una difícil batalla con mi yo interior, es decir con aquellos espíritus que me susurraban e inducían a violar la ley de castidad. En el cine disfrutaba de algunas escenas de pornografía que recreaban los ambientes. La lectura de las escrituras, concretamente el nuevo testamento me acercaban a Dios, y sentía una cálida influencia, sin embargo durante el día la percepción e invitación de hacer lo correcto se desvanecía y por el contrario las tentaciones eran más frecuentes. Una noche estando en Bogotá tuve un sueño en el cual dos personajes que se declararon como El padre y el hijo me hablaron con severidad, indicándome que si no cambiaba de actitud la sana influencia de su espíritu y las respuestas a mis oraciones ya no las tendrá más.

Curiosamente procuraba hacer después de tal experiencia lo correcto, pero me era difícil. Tal cual se me indicó ya no contaba con las respuestas y ayudas en mis oraciones. Me vi abandonado, por Dios, pero sentía que debía hacer algo, pero las tentaciones se multiplicaban sin buscarlas. Un buen amigo escucho mi situación y percibió que era el momento de presentarme los misioneros de la Iglesia de Jesucristo. No sé si el oraba por mí, pero en esta oportunidad algo me decía que era lo correcto, no como la primera vez tres años atrás cuando felicite a mi cuñado Teodoro, por haberles expresado a los misioneros que no deseaba escucharles más.

A medida que comencé a escuchar los misioneros, todo cambio; el Elder Noel Díaz, fue muy determinante conmigo y me expresó que en tanto yo no abandonara los deseos y tentaciones que me sobrevenían, el espíritu se iría y la sana influencia de él se retiraría.

Ellos me enseñaron sobre la apostasía, la época en la cual se perdieron las verdades, la autoridad de Dios, y los líderes no eran profetas ni apóstoles. Me dejaron folletos, los cuales leì con ansias, y procure en oración saber si lo escrito era lo correcto; la paz interior volvió a mí. Además me enseñaron a orar, a comunicarme apropiadamente con Dios. Me bautice en diciembre 9 de 1.979, una mañana muy especial, para mí, y conocí nuevos amigos que siempre demostraron su interés por mí. Desde aquel día tuve fuerzas para apartarme del mal y depurar otras cosas que reñían con los mandamientos.

Para lograrlo, debí apartarme de cualquier tipo de tentación y por un año casi debí abandonar los estudios de la universidad, hasta que la chica, compañera de curso, con quien yo me veía, se graduara. De esa manera quedó aplazado mi grado, pues para mí era muy importante permanecer aferrado a la barra de hierro que la Iglesia me ofrecía.

Una vez no volví a la universidad, el lugar donde yo me podía encontrar con la chica que se había encaprichado conmigo, como yo de ella, ambos comprendimos que estábamos equivocados. Pasados esos riesgos yo ya me había fortalecido en la Iglesia y pude renovar mis estudios en la Universidad con éxito un año después.

Cada vez que me deje influir de pensamientos, imágenes, conversaciones, o tentaciones, perdí el espíritu y las consecuencias no se hicieron esperar. Todo me salía mal, inclusive en una de ellas sucumbí y fue necesario someterme a un consejo disciplinario, que me mantuvo alejado de mis responsabilidades y deberes, pues perdí los derechos del sacerdocio, la sana influencia del espíritu, y me sentí abandonado. En las noches padecía pesadillas, mis oraciones no llegaban a ningún lado y mis momentos de angustia y desesperación eran permanentes. La inseguridad, y paz interior se habían perdido.

Uno de los consejos que recibí de los líderes fue que debía confesar a mi esposa tal hecho. Para ello debí esperar el momento oportuno y al paso de los meses, pues estaba en mi país y ella se hallaba en España. Solo pude recobrar la paz interior cuando confesé también los hechos a mi buena esposa, quien lloró amargamente y después extendió su perdón tan pronto oró a Dios para pedir fuerzas y orientación. Ello ha sido una de las situaciones más difíciles de mi vida.

No recomiendo a nadie caer, en la trampa de la tentación, pues no sabe uno cuando puede parar, y cuando suceda quizás difícilmente podrá recomponer las cosas. Nunca será igual, por ello lo mejor es mantenerse, puros, dignos y alejados de cualquier tentación. Cuando estas sobrevengan, huir de ellas como si fuera la lepra. Es lo más sensato, sabio y por supuesto lo que espera Dios de nosotros los poseedores del sacerdocio.

6.2.2 Silencio

Condición en que los sonidos y ruidos están ausentes. Es la pausa de la vocifera condición de ruido, que se realiza a causa de un mandato, evento sorpresa o miedo terrorífico.

Prov.30:32 Si neciamente te has enaltecido o has pensado hacer mal, *ponte* la mano sobre la boca.

Prov.23:17 No tenga tu corazón envidia de los pecadores; antes bien, *persevera* en el temor de Jehová todo el día,

Prov.28:14 Bienaventurado el hombre que siempre teme *a Dios,* pero el que endurece su corazón caerá en el mal.

- o El silencio es más elocuente que la palabra.
- o Sufre callando lo que no puedes remediar hablando.
- o No es talento poco hacerse alguna vez el loco.

Cuento

Un vecino le dice al otro:
¡Oye, tú! ¿Por qué abres las cortinas cada vez que tu mujer se pone a practicar las lecciones de canto?
Es simple, para que los vecinos no me vayan a acusar de que yo le estoy pegando.

Anécdota

Mi buen amigo Javier Peláez me contó una anécdota que le ocurrió en un pueblo de Caldas, cuando después de dejar unos enseres a un cliente, se disponía a regresar a Pereira; un hombre le comenzó a insultar y además de invitarlo a pelear;él prefirió guardar silencio. Aquel hombre interpreto que mi amigo intencionalmente le había atravesado su camioneta. Comenta el que después de muchos insultos, el prefirió callar y proseguir caminando a una cafetería, y pedir una gaseosa.

Al cabo de unos minutos el hombre que le ofendió se sentó en su mesa y con respetole preguntó: ¿Por qué no me has contestado nada a mis insultos? Apenado le pidió disculpas y le dijo que en ningún momento había querido atropellarle. Lo que ocurre es que en la conducción fácilmente cometes errores y no te enteras.

El hombre agresor le agradeció, porque no había permitido seguir una discusión que seguramente terminaría mal para ambas partes.

Muchas veces es mejor callar, tal como aconsejó el sabio Salomón.

6.2.3 Simplicidad / Sencillez

Es la virtud de realizar fácilmente las cosas; la ejecución de las tareas sin complicaciones, ni adornos, ni aditivos innecesarios, sino presentarla con claridad y facilidad para ahorrar tiempos, esfuerzos y adornarla con la belleza de lo práctico.

Explicar con ejemplos las cosas era lo que hacía el Salvador, y cuando se entiende la profundidad y simplicidad conjuntas, se percibe que lo hacía con mucho amor. El mensaje era para los incrédulos, y también para los creyentes; al entenderlo se da uno cuenta de lo simple y practico con que explicaba, tomaba de los ejemplos de tareas de labranza de la tierra o la crianza de animales, algo cotidiano entre las personas de ese entonces.

Sant.3:3-4 /3 He aquí nosotros ponemos freno en la boca de los caballos para que nos obedezcan, y dirigimos así todo su cuerpo.
4 Mirad también las naves; aunque tan grandes, y llevadas por impetuosos vientos, son gobernadas con un muy pequeño timón por donde el que las gobierna quiere.

o   Más claro no lo canta un gallo.
o   Entre más amistad más claridad.
o   En la mano están los dedos, pero no todos parejos.

Cuento

Esto es una madre que abre la nevera y se encuentra a su hijo y le dice:
- Hijo ¿qué haces ahí?
- ¡Es que papá me ha dicho, que soy tan bueno,.... que soy la leche!

Comentario

Las enseñanzas de Jesucristo al mundo eran tan sencillas y claras, sin embargo los letrados les ponían mucho problema para comprenderlas. Ocurre hoy día con la sencillez de su doctrina y plan de salvación:

Parábola de como compartió sus enseñanzas primero a los judíos y después al mundo.

Mateo 13:3-23/3 Y les habló muchas cosas por parábolas, diciendo: He aquí, el sembrador salió a sembrar.
4 Y mientras sembraba, parte *de la semilla* cayó junto al camino; y vinieron las aves y se la comieron.
5 Y parte cayó en pedregales, donde no había mucha tierra; y brotó en seguida, porque no tenía profundidad de tierra;
6 más cuando salió el sol, se quemó; y se secó, porque no tenía raíz.
7 Y parte cayó entre espinos, y los espinos crecieron y la ahogaron.
8 Y parte cayó en buena tierra y dio fruto, cuál a ciento, cuál a sesenta y cuál a treinta por uno.
9 El que tiene oídos para oír, oiga.
10 Entonces, acercándose los discípulos, le dijeron: ¿Por qué les hablas por parábolas?
11 Y él, respondiendo, les dijo: Porque a vosotros os es concedido saber los misterios del reino de los cielos, pero a ellos no les es concedido.
12 Porque a cualquiera que tiene, se le dará y tendrá más; pero al que no tiene, aun lo que tiene le será quitado.
13 Por eso les hablo por parábolas; porque viendo no ven, y oyendo no oyen ni entienden.

14 De manera que se cumple en ellos la profecía de Isaías, que dice: De oído oiréis, y no entenderéis; y viendo veréis, y no percibiréis.

15 Porque el corazón de este pueblo se ha engrosado, y con los oídos oyen pesadamente, y han cerrado sus ojos, no sea que vean con los ojos, y oigan con los oídos, y entiendan con el corazón, y se conviertan, y yo los sane

16 Pero bienaventurados vuestros ojos, porque ven; y vuestros oídos, porque oyen.

17 Porque de cierto os digo que muchos profetas y justos desearon ver lo que veis, y no lo vieron; y oír lo que oís, y no lo oyeron.

18 Oíd, pues, vosotros la parábola del sembrador:

19 Cuando alguno oye la palabra del reino y no la entiende, viene el malo y arrebata lo que fue sembrado en su corazón; éste es el que fue sembrado junto al camino.

20 Y el que fue sembrado en pedregales, éste es el que oye la palabra y de inmediato la recibe con gozo.

21 Pero no tiene raíz en sí, sino que es temporal, y cuando viene la aflicción o la persecución por la palabra, en seguida se ofende.

22 Y el que fue sembrado entre espinos, éste es el que oye la palabra; pero el afán de este mundo y el engaño de las riquezas ahogan la palabra, y se hace infructuosa.

23 Más el que fue sembrado en buena tierra, éste es el que oye y entiende la palabra, y el que da fruto; y da uno a ciento, y otro a sesenta y otro a treinta por uno.

6.2.4 Sinceridad

La expresión de las verdades por palabras o por hechos; es la narración de los acontecimientos tal cual sucedieron, sin quitar ni agregar cosas que le distorsionen o sesguen la impresión o favorezcan a nadie, sino se caracterice por la imparcialidad.

Prov.22:11 El que ama la pureza de corazón, *por* la gracia de sus labios, el rey será su amigo.

o   Amistades lisonjeras; no las quieras.

o   Algo debe querer, quien te hace fiestas que no te suele hacer.

o   Concierto claro, amigo claro.

Cuento

Una vez Caperucita Roja fue a visitar a su abuelita sin saber que a su abuelita se la había comido el lobo, entra en casa y dice:
Abuelita, que ojos tan grandes tú tienes.
Y la abuelita dice: son para verte mejor.
Nuevamente, Caperucita mira su abuelita, detenidamente...... uh y dice:
Que orejas tan grandes tú tienes.
Y la abuelita le contesta: Son para escucharte mejor.
Caperucita vuelve a insistir, pues había algo que le llamaba la atención y no se había percatado antes:
Abuelita, que nariz tan grande tú tienes.
Y la abuelita le dice:
¡Es para olerte mejor!
Abuelita, pero sí que estás extraña, que boca tan grande tú tienes.
Y la abuelita: contesta ya cansada de sus preguntas:
¿A qué has venido a visitarme o a criticarme?

Anécdota

Estando en la edad de once años y cuando cursábamos el 5° de primaria siempre llevaba los útiles escolares en una bolsa de tela que mi madre me había hecho con unos retazos de sus costuras.

Una tarde me senté debajo de un árbol frondoso, para protegerme del fuerte sol de las 2:00, aunque todavía faltaban unos 15 minutos para cumplirse esa hora, cuando abríanlas puertas de la escuela. Allí se arrimó mi compañero de curso. Un chico de mi edad, y conversamos varias cosas. Una vez observamos que habían abierto la puerta nos dispusimos a recoger las cosas y encaminarnos a entrar. Al parecer en mis deseos de llegar rápido, olvide o no séquéocurrió, perola bolsa de útiles se me quedó. Cuando me enteré rápidamente regrese para recogerla, pero al llegar al sitio del árbol, ésta ya no estaba.

Le indague al chico si la había visto y él me refirió que había visto a otro joven llevársela, pero que éllereconocería si le viera.

Me senté en mi pupitre o mesa de estudio apesadumbrado, pues había perdido todos mis colores, útiles de escribir, y además las escuadras y transportadores de plástico.

Al cabo de los meses, casualmente al pasar por la mesa de mi compañero que distaba de mi escritorio unos cinco metros, descubrí algunos colores semejantes a los míos. Me dispuse a observar y descubrí que efectivamente aquel joven tenía los elementos que yo había perdido. Rápidamente fui donde mi profesor y le conté la historia de la perdida de los mismos. El profesor Ospina me escucho y se dirigió al alumno y le requirió traer los elementos a su escritorio. También le pidió que trajera sus cuadernos. Igualmente pidió los míos. Alrededor de nosotros se arremolinaron muchos de los otros estudiantes y siguieron cuidadosamente la prueba que se dispuso a hacer el profesor. El indagó cuanto tiempo hacia que se me habían perdido y yo le referí que tres meses. Entonces el procedió a tomar mis cuadernos y remontarse a tres meses antes de la perdida, es decir seis y verificar los dibujos donde estaban las marcas de los colores una a una con los lápices, las cuales coincidían con cada color que verificaba. Tomó el cuaderno de él he hizo lo mismo, los tres primeros meses no coincidían, pero los últimos tres sí. Eso determinó que ellos no coincidían con los registrados meses sexto, quinto ni cuarto atrás con sus pinturas. Tal análisis consistía en corroborar cada pintura con los lápices en discordia, y se demostró que efectivamente que yo decía la verdad, la cual fue confirmada con los alumnos arremolinados alrededor. Aquellos compañeros que se hacían junto al sustractor, le escucharon su versión, y los demás aceptaron lamía.

El profesor procedió a devolverme los elementos, los cuales ya no se guardaban en la bolsa de tela, pues esta no fue devuelta.

Este joven fue sorprendido en su mentira, la cual narro con sutileza, para mantener la explicación y justificación de como perdí los elementos, indicando que era una persona no de la escuela, pero que él lo reconocería.

Aprendí mucho tiempodespués una frase de Néstor Arias Palacios, el ex gerente administrativo de Curtiembres Progreso. "El que miente roba y el que roba mata". La sinceridad es mejor mantenerla, pues el que miente roba, y el que roba después le tocará hacer cosas para mantener sus mentiras, las cuales pueden llegar hasta el asesinato, como muchas veces se ve.

No sé desde cuando deje de mentir, pero no recuerdo sino tres mentiras que dije para protegerme y dos de ellas fueron desveladas con precios muy tristes, para mí. La sinceridad me trajo muchas cosas buenas y malas, sin embargo la paz interior fue más gratificante.

6.2.5 Simpático

Quien inspira aceptación y empatía. Que es aceptado por los demás por su sencillez, locuacidad, o forma de ser agradable al grupo.

Prov.27:2 Que te alabe el extraño, y no tu propia boca;el ajeno, y no tus propios labios.

o   El amor y el dinero. Traen al mundo al retortero
o   El día de más calor. Ese te abriga mejor.
o   El que pega primero pega dos veces.
o   El demonio tiene cara de conejo

Cuento

Estaba una dina asomada a la ventana, le dio un voltio y cayó al vatio. Paso julio que era su ohmio, sacó el faradio y le dio por el culombio.

Cuento

Llega un alumno y le dice con franqueza a su profesor:
¡Profe, usted me cae mal!
Preocupado el profesor le requiere: ¿Y eso porque?
Muy simple, si yo estoy abajo, y usted en el octavo piso, y se cae al vacío, yo me quito cuando usted venga, pues me cae mal. Así de simple.

Comentario

Ser simpático, es semejante a hallar gracia a los ojos de la demás personas. Inclinación instintiva que puede atraer una persona a otra. La definición del diccionario es: la ayuda sobrenatural otorgada por Dios al hombre para que ayude a los demás, o en su obra.

La gracia es justamente la parte que coloca Jesucristo a fin de que mediante ella dispongamos de algo para completar y hallar la salvación. Esa parte es: nuestro esfuerzo, lealtad, servicio, obediencia. La gracia + nuestro esfuerzo y obediencia de todo lo requerido = Tiquete a la vida eterna.

También se interpreta como el caer bien a alguien, hallar gracia a los ojos de alguien, le abre puertas y seguramente le darán buen trato.

Hay que tener cuidado con las primeras impresiones que causamos a las demás personas, pues de ellas dependen las siguientes.

Simpático, etimológicamente se descompone del latín así: sin = con; pathia= pasión. Con pasión.

Efesios 2:8-9/8 Porque por gracia sois salvos por medio de la fe; y esto no de vosotros, pues es don de Dios;
9 no por obras, para que nadie se gloríe.

6.2.6 Sobresaliente

Todo aquel que suele ser admirado, resaltar sobre un grupo, o es calificado como de los mejores.

Resalta entre los demás. Se hace notar.

Prov.17:22 El corazón alegre hace bien como una buena medicina, pero el espíritu triste seca los huesos.

- o la gracia del niño, tanto va en la comadre como en la que lo ha parido.
- o La guerra mil males engendra.
- o La labranza es hermana gemela de la crianza

Cuento

¿Cómo se escribe? ¿Durmiendo o dormiendo?
- Pos ninguna de las dos: se escribe despierto.

Comentario

El Cristo sobresalía entre los pueblos, los creyentes, salían a recibirle con sus enfermos, sus lisiados, sus atribulados. Igual sucedió con Cristóbal Colon y algunos conquistadores de las Américas, pues confundieron a ellos, con la visita anunciada al final de los tiempos, de que el Cristo, volvería. Cuando Cristo los visito por primera vez en el año 34, D.C., o nuestra era, ya resucitado, les sano los enfermos, los enseño a cultivar, a usar las plantas medicinales, les dio autoridad para efectuar sus ordenanzas bautismales y enseño su sana doctrina. De ello dan testimonio los escritos sobreBochica y de otros personajes místicos. (Se pueden buscar por internet). La gente muy ilustrada no cree esta historia de la visita de Jesucristo a las Américas, pero era la forma de ser del Cristo. Igual hizo en el antiguo Israel. Ver capítulos 11 al 30 del 3Nefi libro del mormón y quien quiera saber todo lo acontecido en tal visita podrá leer allí los detalles. Jesús ha sido el hombre más sobresaliente que jamás ha pisado la tierra; sin embargo, el mundo poco lo conoce, por su incredulidad, y aún los cristianos poco hacen su voluntad. Solo unos pocos de algunas iglesias se comportan como fieles seguidores, o por lo menos se esfuerzan por dar la medida.

Mateo 15: 29-38 /29 Y partiendo Jesús de allí, vino junto al mar de Galilea; y subiendo al monte, se sentó allí.

30 Y vino a él mucha gente que tenía consigo cojos, ciegos, mudos, mancos y muchos otros enfermos; y los pusieron a los pies de Jesús, y él los sanó;

31 de manera que la gente se maravillaba viendo a los mudos hablar, a los mancos quedar sanos, a los cojos andar y a los ciegos ver; y glorificaban al Dios de Israel.

32 Y Jesús, llamando a sus discípulos, dijo: Tengo compasión de la gente, porque ya hace tres días que permanecen conmigo y no tienen qué comer; y no quiero despedirlos en ayunas, para que no desmayen por el camino.

33 Entonces sus discípulos le dijeron: ¿Dónde podríamos conseguir nosotros tantos panes en el desierto para saciar a una multitud tan grande?

34 Entonces Jesús les dijo: ¿Cuántos panes tenéis? Y ellos dijeron: Siete, y unos pocos pececillos.

35 Y mandó a la gente que se recostase en tierra.

36 Y tomando los siete panes y los peces, dio gracias, los partió y dio a sus discípulos, y los discípulos a la gente.

37 Y comieron todos y se saciaron; y de lo que sobró de los pedazos recogieron siete cestas llenas.

38 Y los que comieron fueron cuatro mil hombres, sin contar las mujeres y los niños.

6.3.1 Sobriedad

Es el estado de armonía entre cuerpo y espíritu para actuar rectamente o cumplir con las responsabilidades, donde no hay efectos de adormecimiento por alcohol, sustancias psicoactivas o dolor, ira, o impulsos del corazón.

Prov.31:1-5/1 Palabras del rey Lemuel; la profecía que le enseñó su madre:

2¿Qué, hijo mío? ¿Y qué, hijo de mi vientre? ¿Y qué, hijo de mis votos?

3 No des a las mujeres tu fuerza, ni tus caminos a lo que destruye a los reyes.

4 No es de reyes, oh Lemuel, no es de reyes beber vino, ni de príncipes, la bebida fuerte.

5 No sea que bebiendo olviden lo que se ha decretado, y perviertan el derecho de todos los afligidos.

- o Borrachera pintona, todavía no es mona; pero ya lo va siendo la de: escucha…uf,…..perdona….ok….
- o ¿Borracho, y contento?, todo el dinero se lo llevó el viento…. JCIR
- o Borracho no vale, dice Ruperto…. Eh…., pero su mujer lo espera,…….. para dejarlo tuerto.Ajustes. JCIR

Cuento

Un borracho es detenido por un policía a las tres de la mañana. El policía le pregunta:

¿A dónde va usted?

El borracho no escucha.

¿Oiga señor que pretende, para dónde va?

El borracho le responde:

¡Sepa, usted … Y no lo dude!… voy a una magnifica conferencia sobre; el abuso del alcohol, y sus efectos letales en el organismo, el mal ejemplo para los hijos, y las consecuencias nefastas para la familia, el problema que causa en la economía familiar y la irresponsabilidad absoluta…… uf….

El policía, lo mira,….incrédulo…. y le dice:

¿En serio?.. ¿Y quién va a dar esa conferencia a esta hora?

¿Quién va a ser? ¡.. Mi, mujer, cuando llegue a la casa! ¿Le gustaría escucharla a usted, para comprobarlo?

Anécdota

He aprendido que una persona que no se encuentra en sus cabales de coordinación del cuerpo por medio de su espíritu, lo más probable es que sean otros espíritus los que le controlen. Estos espíritus, estarán dispuestos a convertirle en un infeliz, tal cual son ellos a causa de haberse convertido en parte de las legiones de Lucifer.

He visto muchos casos como esos.

Mis recuerdos de infancia me llevan a las escenas que vivieron los hijos y esposa de un dentista, que vivía contiguo a la casa nuestra. Ellos eran mis amigos, de hecho algunas noches me invitaron a ver la televisión, programas como: el caballo que habla, hechizada, los cuales nos agradaban mucho. Además entre mis recuerdos están como este padre de familia disfrutaba de los programas de tv, con su niña de 2 años, observando el correcaminos. Los otros tres hijos eran chicos, de 12,11 y 9 años, eran una familia feliz.

Una madrugada escuché una cantidad de golpes y gritos en la casa de ellos, y percibí que se trataba, del padre de ellos, quien algo reclamaba, pero su voz no era la normal. Los estrujones se hacían cada vez más fuertes, y nadie se atrevía a rechistar, pues ello le provocaba más la furia.

Aquel día aprendí a temer a aquel hombre y ya no quise volver a su casa a ver TV.

Para bien de esa familia las cosas no pasaron a más.

Recuerdo otro hombre que en una fiesta tomó su revólver y comenzó a hacer disparos al aire, no sé si lo hizo con intención de algo, o simplemente porque era una forma de expresar su hombría. Finalmente, de los presentes, algunos lo controlaron y desarmaron. Aquel día, quien conducía el jeep Willis, donde venía toda la familia y dos pasajeros más no avistó un caballo en la vía de Cali a Palmira, y se estrelló, haciendo que el pesado animal pasara al otro contado de la vía y generando un riesgo y trancón a las 11:00 en la noche. Me dio la impresión que con la velocidad que llevaba, quizás en sano juicio podría haber esquivado el obstáculo, pero ello nos averío notablemente el vehículo contratado, multiplicando los gastos de mi padre en hotel y más cosas, pero los resultados pudieron ser peores.

Hace pocos días mostraron en la TV, que un hombre en estado de alicoramiento, mato su mujer y a su hijo. Son historias, muy frecuentes las que se suceden a causa del estado en que los hijos de Dios pierden los estribos y apelan a las armas, la violencia, y hacen estragos que en sano juicio para mal y su desgracia les asombran; convirtiendo a madres, esposas, hijos, amigos, padres, mascotas, etc., en sus víctimas.

6.3.2 Solidaridad

Es la manifestación con hechos y palabras de apoyo que ofrecemos a quien lo necesita originado por una desgracia o calamidad. Es semejante a actuar o servir al prójimo que se encuentra en dificultades.

Prov.22:9 El ojo misericordioso será bendito, porque dio de su pan al indigente.

Prov.31:8-9 / 8 Abre tu boca en favor del mudo, por los derechos de todos los desvalidos.
9 Abre tu boca, juzga con justicia, y defiende la causa del pobre y del menesteroso.

- o El pie del hortelano, a las plantas no hace daño.
- o He recibido caridad, y consideración de muchos, por lo cual también debo seguir haciéndola. JCIR
- o Nadie en buena compañía se siente triste.

Cuento

Una niña estudiante llama a la puerta a su amiga.
Clarita, ¿ya vas a salir a jugar?
No, esta tarde no puedo.
¿Por qué?
Le he prometido a papá que le ayudaría a hacer mis deberes

Comentario

Me agrada mucho la empatía y muestras de solidaridad con los necesitados que manifiesta mi esposa, especialmente con aquellos que por alguna razón, se convierten en inmigrantes de un país.

Ella siempre está dispuesta a comprar productos ofrecidos a estas personas necesitadas a pesar de que se los ofrezcan un poco más caros que lo que pueda encontrar en una tienda.

Ella siempre se solidariza con los más necesitados, incluso hasta con los animales.

Pasaba igual con mi madre, ella siempre estaba pendiente de ver a quién podía auxiliarle con comida. De hecho alguna vez le vi dejando dentro de casa a personas menesterosas dormir cuando había lluvia.

Si las personas tuvieran solidaridad conforme a la que espera Jesucristo y Dios que demos al prójimo, quizás las cosas sería más fáciles por los inmigrantes y desplazados por las guerras.

Dios creó todas las cosas, pero el hombre natural se apropió de las tierras, y de los espacios que hay, creyendo que se los van allevar para la próxima vida.

Ser solidario es auxiliar, a quien se pueda en el momento que se requiere, mostrando consideración, dando apoyo con oportunidades de trabajo, servicio, o proveyendo productos para suplir sus necesidades básicas.

Quien sea solidario, podrá disfrutar de los tesoros de la eternidad.

6.3.3 Sueños

Son vivencias imaginarias en estado de reposo que el espíritu percibe a causa de estados de ánimo, preocupaciones, deseos, ansiedad, o incluso comunicaciones espirituales de la divinidad o de otros espíritus buenos y malos.

Hacer lo que nos gusta es un privilegio, soñar con lo que creemos es sublime, lograr lo que soñamos es una bendición.

Ecles.5:12 Dulce es el sueño del trabajador, ya sea que coma mucho o poco; pero al rico no le deja dormir la abundancia.

Prov.20:13 No ames el sueño, para que no te empobrezcas; abre tus ojos y te saciarás de pan.

- o Mientras el gato duerme, no roba, ni araña, ni muerde.
- o La huella de un sueño no es menos real que la de una pisada. George Duby
- o En la vida humana solo unos pocos sueños se cumplen; la gran mayoría de los sueños se roncan. Jardied Poncela.

Cuento

Entran 2 chicos tarde al aula, y la maestra le dice a uno de ellos:
- Alumno, ¿por qué llegó tarde?
- Es que estaba soñando que viajaba por todas partes, conocí tantos países, y me desperté un poco tarde.
- ¿Y usted, alumno?
- ¡Yo fui al aeropuerto a recibirlo!

Anécdota

Cuando estaba niño solía tener muchas pesadillas acerca de persecuciones de personas que querían hacerme daño, sin embargo la mayoría eran causadas por malos posicionamientos en la cama, la almohada, o porque dormía boca arriba. Con la posición fetal como se le denomina, los sueños pesados o pesadillas, tal vez no se presenten.

En la vida de adulto también ocasionalmente si no duermo en posición fetal es muy posible que ronque y que tenga pesadillas.

A veces también recibo impresiones fuertes de solución de problemas y me levanto con las ideas frescas e inmediatamente las escribo o registro.

Cuando estudiaba en la universidad, solía dormir muy poco, pues con el trabajo, los viajes, la recepción de clases diariamente, y más asuntos cotidianos, el tiempo se repartía difícilmente. Ello ocasionaba que algunas tareas de matemáticas o problemas de materias difíciles las resolviera en los sueños. De hecho las soluciones de varios problemas y asuntos de estudio los resolvía dormido, más por la preocupación y angustia de saber que al día siguiente tenía que dar respuestas de algo, y si el tiempo era corto procuraba dormir poco y después levantarme a las 2:00 a.m. Cantidad de veces debí hacer eso, y antes de las 6:00 dormía 20 minutos o una hora dependiendo de la necesidad de levantarme. Así pasaban los días de la semana. Las horas de sueño solían ser entre 3 a 4 horas diarias, pero a medio día solía tener 20 minutos de siesta para recargar baterías.

Mi madre siempre estaba muy pendiente de nosotros Luis Carlos y yo, pues era la cotidianeidad en la madrugada estar con las lámparas encendidas de la habitación donde estaba la sala de estudio, la cual colindaba con a su dormitorio.

Sacrificaba el sueño, para poder rendir en los estudios, pero valió la pena. Gracias a los sacrificios, pude culminar dos carreras, y además laborar en prestantes empresas donde fui reconocido por dar solución a los problemas que se presentaban.

También tuve muchos sueños donde me daba la impresión que al iniciar la marcha no avanzaba, dificultad para correr con y aún los más lentos y ancianos me ganaban. Yo corría tramos de 3 o más kilómetros sin dificultad y a buen paso, pero en medio de los sueños no era capaz. En tanto yo no podía hacerlo ello se convertía en angustias. No se interpretar los sueños, pero muchas veces venían a causa de preocupaciones por deudas, de problemas en el trabajo, en la familia, sin embargo ellos sobrevenían cuando mis oraciones no habían sido tan fervientes como habían de ser

Solo en los últimos dos años he podido tener algunos días con sueños de 7 horas, pues los de la juventud y siguientes difícilmente pasaban de 5 horas.

6.3.4 Suerte

Ocasionalmente para dirimir pleitos se precisa utilizar la suerte o la moneda, a fin de zanjar diferencias, o escoger rápidamenteentre las partes. Algunos caen en la trampa de pretender ganar su salario o progreso individual y familiar por medio de los juegos de azar o la suerte. Fincar las esperanzas en las loterías para resolver problemas es una ilusión de necios.

Prov.18:18 El echar suertes pone fin a los pleitosy decide entre los poderosos.

- o   La suerte del gavilán no es la del garrapatero.
- o   Al saber le llaman suerte.
- o   Caballo castaño oscuro, para lo plano y lo duro.

Cuento

Una mujer le dice a su esposo:
¿Qué harías si me tocara la lotería?

Pues…..me quedaría con la mitad, me separaría de ti y me iría de casa. Muy bien, pues me han tocado 10 euros; toma tus 5 y ya te estás largando…

Anécdota

En asuntos de suerte, no sé si me fue bien o mal, creo que algunas veces fui favorecido en tal suerte. Mi primer premio fue cuando en primero de primaria el profesor Martínez escogió tres o cuatro alumnos y los puso para participar de un premio, aquel día yo salí favorecido.

Era el único premio que se daba, en los tiempos míos no se repartían medallas, y los diplomas estaban para los de 5° grado.

Aprendí a jugar dominó en una tarde que mi compañero "Prieto" del curso de tercero bachiller, me invitó, por cierto él puso el dinero para que yo participara de cinco juegos; pero lo curioso fue que habían cuatro personas más, y yo pude con habilidad ganar tres de los juegos y salir con tres veces el dinero con que inicié de préstamo. En el parqués tenía mucha confianza. Con el gané algunas monedas, varias veces. Aprendí a no jugar loterías y poner mis esperanzas en juegos de azar.

De lo que si se es que lo mejor que pasó en la vida y el mayor premio recibido fue haber escuchado a dos jóvenes misioneros que me trajeron la mayor verdad predicada sobre la tierra en los últimos tiempos.

6.3.5 Sublime

Dícese de alguien muy bien aceptado, excelso.

Prov17:24 La sabiduría está delante del entendido, pero los ojos del necio, *vagan* hasta el extremo de la tierra.

o   No des paso sin provecho.
o   No perder, ganancia es.
o   Nunca amarga el manjar, por mucha azúcar echar.

Cuento

Drácula entra en la panadería.
- ¿Me da dos panes?
- Pero ¿usted no es Drácula?
- Sí.
- Yo siempre había pensado que Drácula solo bebía sangre.
- Sí correcto. Lo que pasa es que aquí fuera ha habido un accidente y es para untar.

Comentario

Las bendiciones del milenio serán tan excelsas y sublimes que todo será como un gran paraíso, donde los fieles, dignos, y merecedores de esa vida, podrán gozar de la convivencia en paz:

Isaías 11: 1-9 /1 Y saldrá una vara del tronco de Isaí, y un vástago retoñará de sus raíces. 2 Y reposará sobre él el espíritu de Jehová: espíritu de sabiduría y de entendimiento, espíritu de consejo y de fortaleza, espíritu de conocimiento y de temor de Jehová.3 Y su deleite estará en el temor de Jehová. No juzgará según la vista de sus ojos ni reprenderá por lo que oigan sus oídos, 4 sino que juzgará con justicia a los pobres y decidirá con equidad a favor de los mansos de la tierra; y herirá la tierra con la vara de su boca, y con el aliento de sus labios matará al malvado.5 Y será la justicia cinto de sus lomos, y la fidelidad será el ceñidor de su cintura. 6 Morará el lobo con el cordero, y el leopardo con el cabrito se acostará; y el becerro y el leoncillo y la bestia doméstica andarán juntos, y un niño los pastoreará. 7 Y la vaca y la osa pacerán; sus crías se echarán juntas, y el león, como el buey, comerá paja. 8 Y el niño de pecho jugará sobre la cueva del áspid, y el recién destetado extenderá su mano sobre la caverna de la víbora. 9 No harán mal ni destruirán en todo mi santo monte, porque la tierra estará llena del conocimiento de Jehová, como las aguas cubren el mar.

6.3.6 Táctico

Quien emplea métodos bien pensados, estratégicos y exitosos. Quien usa técnicas y tácticas para realizar sus labores.

Las tácticas son necesarias para afrontar los desafíos que presentan los proyectos o cuando se está en competencias, se han de usar, ya que los equipos rivales ya conocen tus fortalezas y debilidades.

En los juegos y actividades deportivas solo ganaunoy ello implica que todos utilicen tácticas específicas para lograr contrarrestar al rival. Se han de usar estas en forma flexible, por cuanto en el transcurso de los juegos es posible que el rival adopte otras estrategias o estratagemas, lo cual implica que el director del equipo rival, debe estar listo para afrontar cualquier modificación durante el transcurso del juego, para contrarrestarlo mediante cambio de tácticas.

Igual puede suceder en las guerras, y en muchas actividades de la vida. Las técnicas y tácticas nos ayudan a ser disciplinados, estar centrados en procedimientos que mantendrán nuestra perspectiva en constante análisis. Sugiero usar el método Roer 7*4 para afrontar técnicamente y tácticamente la mayoría de los problemas, pues allí se nos presentan los logros que consigue el castor en su faena diaria de almacenar y proveer alimento a su familia, en contraste con otros animales como el lobo, y otros depredadores. Este método ejemplifica como se han de enfrentar los problemas tanto empresariales, familiares, y de cualquier tipo; además se presenta un efectivo procedimiento para tomar decisiones, cuando estas nos comen la cabeza, a través de la ponderación de las alternativas.

También debemos considerar que nuestra estadía en la tierra está llena de incertidumbres, y para lograr el éxito hemos de usar tácticas que nos ayuden a lograr el éxito de regresar a la presencia de nuestros padres Celestiales. Las tácticas seguras son: la oración, el ayuno, la lectura de las escrituras, la obediencia a los mandamientos, el servicio, la humildad, la mansedumbre, la misericordia, la perseverancia, el sacrificio, y el escuchar los consejos de los padres, líderes, maestros, profetas, y ante todo al Espíritu.

En los desafíos de la vida muchas veces se han de combinar parte de las tácticas o técnicas dispuestas por el hombre natural que apliquen a las situaciones, en tanto ellas no riñan con las tácticas espirituales. Cuando se usan los conocimientos de la tecnología es posible dar con el chiste, pero cuando son combinadas con las espirituales, se obtiene más éxito, pues Dios todo lo conoce, y sabe, pero el espera que nosotros desarrollemos nuestras capacidades mediante el estudio, el análisis, y la investigación. Todo está condicionado a nuestros esfuerzos. Nada es gratis, por lo tanto a sacrificarnos por el estudio.

De lo que si nadie debería privarse es de hacer uso de las tácticas de hacer oración y si resulta muy difícil reforzarlo con ayuno con iguales propósitos, a fin de que nuestros trabajos, emprendimientos, desafíos sean allanados, pues si hay méritos, para ser ayudado por la Deidad, habrá éxito. Si es conveniente para nosotros, si además hacemos nuestra parte haciendo uso de la meditación, el análisis de las estrategias, y la constancia, el terreno se va recorriendo paso a paso, la claridad, y las soluciones se van dando, a medida que día a día vamos presentando ante nuestro creador nuestro trabajo, y agradeciendo por los apoyos recibidos durante los tramos hechos. Este trabajo es un ejemplo de él, pues cada día que efectué, labores en él, suplicaba a mi hacedor para que lo que escribiera fuera: verdad, agradable, útil, y beneficioso a quienes lo leyeran.

Prov.17:26-28 /26 Tampoco es bueno condenar al justo ni golpear a los nobles por su rectitud. 27 Retiene sus palabras el que tiene sabiduría; de espíritu excelente es el hombre entendido. 28 Aun el necio, cuando calla, es tenido por sabio; el que cierra sus labios, por entendido.

o   Donde tres se juntan, uno hace de judas.
o   Donde hay sal, algo hay que guisar.
o   Donde bien me va, allí mi patria está.

Cuento

Un individuo se presenta en unos grandes almacenes para buscar trabajo de vendedor.

- ¿Es usted buen vendedor?
- De primera
- Tendré que hacerle previamente unas pruebas
- Lo que usted considere
- De momento lo pondré en la sección de ferretería.

Al tío lo pasan a la sección de ferretería. Al día siguiente todo vendido incluidos los mostradores y la caja registradora.

- Usted se ha pasado un poco ¿eh?
- Si es que cuando me pongo a vender me animo ¿sabe?
- Ahora lo pondré en la sección de sastrería, si me vende este traje queda usted admitido.

El traje tenía delito: La chaqueta era verde, con las mangas amarillas, el pantalón rojo con lunares negros. Al día siguiente el traje vendido.

- ¿Se lo habrá vendido a un familiar?
- No, a un cliente.
- A un cliente y ¿qué dijo el cliente?
- Nada, el cliente no dijo nada, eso sí, su perro lazarillo me quería morder.

Historia

Las tácticas o estratagemas son necesarias para llevar a cabo tareas difíciles o casi imposibles, sin embargo cuando las causas son justas estas cosas que parecen imposibles se pueden llevar a cabo con la ayuda de Dios. Será necesario que quien las realiza sea digno, o esté dispuesto a arrepentirse, promete y cumple la palabra de hacer cambios en su corazón. Sí, entonces aquello que pareciera muy difícil, con la ayuda del Dios o creador, tal vez se realice, si se le presenta un plan justo, y estudiado en la mente.

Así ocurrió con los Nefitas y Lamanitas justos que unieron sus fuerzas en el año cuatro antes de Cristo en las Américas, cuando en el momento en que los pobladores se cansaron de los ladrones de Gadianton. Estos a semejanza de las bandas Bacrim (bandas de criminales) de hoy día todo lo roban, corrompen y asesinan a cualquiera que se le interponga en sus planes.

En aquel entonces el líder militar nombrado por el Juez superior, prefirió esperar a los ladrones y congregar al pueblo y prepararlo para defenderse y así no ser ellos quienes iniciaran la contención, sino que se aprovisionaron de alimentos, agua y armas para resistir por siete años:

3 Nefi 3:19-26/19 Y era costumbre entre todos los Nefitas escoger como capitanes en jefe (salvo en sus épocas de iniquidad) a alguno que tuviese el espíritu de revelación y también de profecía; por tanto, este Gidgiddoni era un gran profeta entre ellos, como también lo era el juez superior.
20 Y el pueblo dijo a Gidgiddoni: Ora al Señor, y subamos a las montañas y al desierto para caer sobre los ladrones y destruirlos en sus propias tierras.
21 Pero Gidgiddoni les dijo: No lo permita el Señor; porque si marchásemos contra ellos, el Señor nos entregaría en sus manos; por consiguiente, nos prepararemos en el centro de nuestras tierras y reuniremos a todos nuestros ejércitos; y no saldremos en contra de ellos, sino que esperaremos hasta que vengan contra nosotros; por tanto, así como vive el Señor que si así lo hacemos, él los entregará en nuestras manos.
22 Y sucedió que en el año diecisiete, hacia fines del año, la proclamación de Laconeo había circulado por toda la superficie de la tierra; y habían reunido sus caballos, y sus carros, y su ganado, y todos sus hatos y rebaños, y su grano, y todos sus bienes, y se dirigieron por miles y decenas de miles hasta que todos hubieron llegado al sitio que se había señalado para que se juntasen, a fin de defenderse de sus enemigos.

23 Y el lugar señalado fue la tierra de Zarahenla y la tierra que estaba entre la tierra de Zarahenla y la de Abundancia, sí, hasta la línea que corría entre la tierra de Abundancia y la tierra de Desolación.

24 Y hubo muchos miles de los que se llamaban Nefitas que se congregaron en esta tierra; y Laconeo hizo que se reunieran en la tierra del sur por motivo de la gran maldición que había sobre la tierra del norte.

25 Y se fortificaron contra sus enemigos; y moraron en una región y como un solo grupo; y temieron las palabras que Laconeo había pronunciado, al grado de que se arrepintieron de todos sus pecados, y elevaban sus oraciones al Señor su Dios para que los librara en la ocasión en que sus enemigos vinieran a la batalla contra ellos.

26 Y estaban sumamente afligidos a causa de sus enemigos. Y Gidgiddoni mandó que hicieran armas de guerra de toda clase, y que se fortalecieran con armadura, y con escudos y con broqueles, según sus instrucciones. Vemos que ello fue ventajoso y así destruyeron a los criminales y recuperaron sus tierras y tuvieron motivos de gozo y gratitud para expresarle a su Dios por el apoyo recibido.

6.4.1 Talento

Los talentos son dones para hacer las cosas fácilmente y con gracia. Estos deben ser multiplicados a fin de sacarles el mejor provecho, pues se dan de parte de Dios para beneficiar a otras personas o la obra de Dios en la tierra. Cuando tales dones se abandonan se consideran un desperdicio.

Ecles.8:1 ¿QUIÉN como el sabio? ¿Y quién sabe la interpretación de las cosas? La sabiduría del hombre hace relucir su rostro y cambia la tosquedad de su semblante.

o   Talento y belleza, todo en una pieza, gran rareza.
o   La belleza atrae, el talento retiene, y el corazón sostiene.
o   Más vale maña que fuerza, y más a quien Dios esfuerza.
o   En toda piedra hay una estatua; el lance es sacarla.
o   Maña y saber para todos es menester.

- o Con modo y maneras lograras cuanto quieras.
- o El amor y la guadaña, quieren fuerza, y quieren maña.
- o La espada y la sortija, según la mano que las dirija.
- o La necesidad es madre de la habilidad.
- o El pescar con caña, requiere paciencia y maña.
- o No cosa tan bien repartida como el talento; cada cual con lo suyo está contento.

Cuento

En un coche hay tres ingenieros: uno es mecánico, otro electrónico y el último es informático.
De repente el coche se para, y el mecánico dice:
- Me bajo y le echo un vistazo a ver qué pasa.
El ingeniero mira el motor, aprieta las tuercas, revisa la gasolina...
- Pues yo no he encontrado nada raro, dice.
- Espera que me bajo yo a ver si le falla algo eléctrico, dice el segundo.
El electrónico, mira la conexión entre cables, la batería...
- Pues yo me he quedado igual, dice.
Y a esto salta el informático:
- Oye, ¿qué tal si probamos a bajarnos y a subirnos otra vez?

Anécdota

Cuando estudiaba en los últimos años de secundaria tuve dos etapas. Una en que debía valerme completamente solo para solucionar los problemas y asignaciones escolares. Muchas veces no pude resolverlas, porque no tenía a quien consultarlas, pero el esfuerzo personal de procurar terminar las responsabilidades me sirvió, para que aprendiera a ser autosuficiente. En aquel tiempo no contaba con textos de ayuda, pues no teníamos dinero para adquirir todos los textos asignados y menos otros. En el último año pase a otro colegio, donde conté con un amigo que era muy adelantado y el de por si podía inducirme fácilmente y así entender los temas difíciles, éste era Hoover Reyes.

Lo que más me ayudó fue durante una huelga de tres meses del colegio, me dedique a resolver problemas de matemáticas de varios textos. Aquello, despertó el entendimiento, y pude apasionarme un poco más por la física y las matemáticas, aunque no era lo mejor, pero me defendía, procuraba leer la teoría, los ejemplos y poco a poco discernir los temas. Me costaba un poco más que los alumnos aventajados, pero no me quedaba tan atrás.

Cuando llegué a la universidad, aprendí que la observación, la práctica y la persistencia eran buenos complementos, para alcanzar el éxito, y logré de esa forma convertirme en un estudiante práctico, pues a pesar de los problemas de tiempo lograba salir adelante tanto en el trabajo como en los estudios.

En una ocasión por asuntos de trabajo me ausente de la universidad por más de quincedías, y cuando regrese ya habían iniciado los exámenes finales, y el primero era el de costos III que veíamos en el 9° semestre. Al llegar a eso de las ocho de la noche a la universidad, indague sobre la fecha del examen al único compañero de curso que localice, pues todos mis compañeros estaban dispersos preparando el examen siguiente. El me indicó que era mañana, cosa que me alarmó. Le pregunté cuál había sido el examen del diurno, pues ocasionalmente ello podría servir de referencia en cuanto a la forma del cuestionario.

Cortésmente mi compañero me facilitó el temario y yo procedí a fotocopiarlo y regresárselo inmediatamente. Eran dos problemas algo complejos y procuré marcharme rápidamente para al menos resolverlos en la madrugada, pues comenzaba a trabajar a las 8; 00 a.m., pero debía viajar y ello implicaba como todos los días levantarme a las 5:00 o antes sino lograba dar con el chiste de los ejercicios.

Debí presentarme al examen sin trasegar los materiales, ni resolver más que esos dos problemas, pero yo me tenía mucha confianza con esa materia, pues ya me había sacado un cinco en el examen II parcial.

Al día siguiente, estuve allí como los demás para el examen, y logre resolver los ejercicios dispuestos los cuales era parecidos a los ejercicios del examen del curso diurno; sin embargo, estos tenían una trampa que si no se entendía todo te quedaría mal. Entregue y me marché una vez los hice, no fui el primero en hacerlo, pues me tomaba un poco de tiempo, después de terminar. Estaba tranquilo en cuanto a ello.

A los dos días regresé para indagar sobre la nota y mi sorpresa fue que era el único cinco, los demás compañeros habían estado por debajo del 3.5 y mi compañero que era profesor de matemáticas de la misma universidad, sacó 1.5. Yo me mantenía muy liado con el trabajo, pues viajaba mucho a Bogotá, y otras ciudades, pero también perdía tiempo entre 4 y 5 horas yendo y viniendo a la universidad, pero el tema de los costos era algo que dominaba, pues en mi trabajo debí implementar un sistema de costos que satisfaciera las necesidades de rentabilidad de la empresa y a la verdad surtió efectos muy positivos. Ello me había implicado estudiar muchos libros de costos, entre ellos el "Manual de costos estándar de Vásquez" lo cual me capacito y mejoró el talento.

En circunstancias semejantes me sucedió con la materia de tributaria III, de noveno semestre, la cual yo había solicitado al concejo de la facultad en carta permitírseme verlo, no obstante ser del sexto semestre. La carta fue dirigida a las autoridades universitarias al principio del semestre, sin embargo la respuesta la recibí solo al mes y medio. Cuando ya me había olvidado de ello. Tan pronto la recibí me dirigí al salón del noveno semestre e indague el horario, y coincidió con clase aquella noche. Se me informó además que en la clase siguiente tendríamos el examen parcial I.

A un buen compañero solicite sus apuntes para fotocopiarlos y así ponerme al tanto de los materiales expuestos para el tema del examen. Era una cantidad difícil de trasegar en tan corto tiempo, y más aún para alguien que trabajaba en otra provincia y vivía en otra también. Sin embargo me presente al examen, después de recorrer en la madrugada los temas de estudio. Al terminar el examen me fui, para continuar con mis otras clases, y regresar a casa. Sucedió que una semana después las notas ya estaban en la cartelera, y observe que fue el único alumno que había sacado un cinco, es decir la nota más alta. Mi compañero extrañado, me comentó: usted, viene faltando un día para el examen, sin apuntes, sin asistir a ninguna clase, y además es de tres semestres inferiores a nosotros y nos supera en nota, no sé cómo lo hace. Asípasó también en el examen final, pues por las dificultades de asistencia, solo había estado en tres clases y saque igualmente el único cinco de aquel último examen. Todo se debía a que también para resolver las vivencias laborales, había madurado y tenido necesidad de investigar, sobre muchos temas, lo cual me permitía con facilidad que los términos, no me asustaran y por el contrario con facilidad me ubicaba en el asunto.

En otra oportunidad, me sucedió con una exposición de un trabajo, donde mi compañera de curso, Silvia Cárdenas, se solidarizó conmigo y me incluyo en el trabajo final, pues me había ausentado casi un mes de la universidad, sin embargo al solicitarnos la exposición de los temas trajinados en el trabajo, fui requerido como primer expositor del grupo, lo cual salto las alarmas, pues el tema era largo, y en los cinco minutos que tuve el material no pude más que ojearlo. Ello implicó, que hiciera uso de mi experiencia en el trabajo. El tema correspondía al valor agregado comercial de los productos, solo que yo me enfoque en lo que significaba en cálculo de los mismos con las fórmulas que usaba el Incomex para determinar el efecto de los mismos en la balanza comercial y los beneficios que implicaba la producción de los mismos en terreno nacional al inscribirlos como productos fabricados en suelo nacional. Así pude sorprender a mi profesor, y no hacer quedar mal a mi grupo que se asustaron ante tal evento. En aquel tiempo no combinaba el conocimiento con la oración, pues no era aún miembro de la iglesia, de hecho hoy no hubiere aceptado ser incluido en tal trabajo, pero me valió la capacitación en muchos temas que no aprende uno en la universidad.

Varias veces acudí a mi experiencia en el trabajo, para contestar exámenes que me cogían a quemarropa y pude sortearlos exitosamente, entre ellas materias de tributaria III, Finanzas II, administración financiera II, auditoría III, Costos II y III, contabilidad administrativa. Yo vivía en el trabajo muchos de los complejos problemas a los cuales nos enfrentábamos en clase, y para fortuna salía avante, pero sacrificaba televisión, deportes, cine, bailes y muchas cosas.

Cuando inicie a trabajar en Confamiliar Risaralda, una gran entidad, tuve dificultades con el horario de clases de la universidad, pues cuando salía del trabajo y procuraba llegar a las clases, estas ya habían transcurrido en casi dos de ellas, lo cual hacia que dudara de desplazarme para tomar las otras dos, pues a algunos profesores les fastidiaba que yo llegara a mitad de clase y me lo hacían saber con preguntas inmediatas. Ello terminó por hacerme renunciar del trabajo y aceptar el ofrecimiento de laborar nuevamente con la antigua empresa que decidieron, pagarme el mismo sueldo que me ganaba allí, y se me daba la facilidad de disponer del tiempo necesario, para mis obligaciones educativas, cuando fuera necesario, entre ellas salir a las cuatro de la tarde, para poder abordar el transporte que me llevara a la universidad.

Durante mi estadía de tres meses, en Confamiliar, logré gracias a mi experiencia establecer nuevos procedimientos contables que redujeron los tiempos de reconstrucción de los hechos contables, y facilitar ordenadamente los registros. Además determine un gran problema en el supermercado de Dosquebradas, en el cual había algunos problemas antiguos que no habían sido detectados por los diez auditores internos, que conformaban tal departamento.

Al pasar la carta de renuncia, el jefe de la dirección financiera me ofreció el doble de sueldo de lo que me ganaría en la otra empresa, sin embargo ello implicaba que echarían del cargo a mi compañero de trabajo, quien ejercía como contador general, pero a causa de ello no quise aceptarlo, pues no podía quitar el puesto a mi compañero, pues a mí me parecía que el hacía su trabajo lo mejor que podía.

Tan pronto me bautice en la iglesia, reforcé, mis tácticas para afrontar los problemas con oración y así las cosas se hicieron mejor y con más rapidez.

También cada mañana antes de iniciar mi trabajo me iba para el baño, allí me arrodillaba y clamaba por el éxito de mis labores en el trabajo. Una mañana olvide hacerlo, y alas diez de la mañana comprendí que nada salía bien, y me cuestioné: ¿Qué sucede que no doy pie con bola?, inmediatamente recordé que la oración matutina había sido omitida, rápidamente fui al baño, implore a Dios perdón y pedí apoyo. Al salir de allí, la confianza, seguridad y entendimiento de las cosas de mi trabajo se visualizaron con facilidad ante la sencillez forma de resolverlas.

El consejo que doy a los lectores, es que no vacilen jamás en acudir al creador por ayuda, sin dejar de hacer su parte, es decir su esfuerzo, pues ante cualquier desafió la ayuda llega, por la vía en que mejor se nos pueda apoyar.

6.4.2 Templado

Aquel que enfrenta los problemas con determinación. Osadía, no se detiene por los primeros episodios de frustración sino que arremete con dinamismo.

No se llena de nervios ante el peligro o dificultad.

Un célebre pensador llamado el principito, enseño que a veces la vida nos pone pruebas no para mostrar nuestras debilidades, sino para descubrir nuestras fortalezas.

Prov12:1 El que ama la disciplina ama el conocimiento, pero el que aborrece la represión es un necio.

o   Puede ser un héroe lo mismo el que triunfa que el sucumbe; pero jamás el que abandona el combate.
o   Hay dos cosas que siempre hacen hablar: el coraje y la vanidad.
o   La unión hace la fuerza y la permanencia la resistencia.

Cuento

Un atraco a una joyería La policía, como no siempre, acude rápidamente al lugar de los hechos, tras varias horas
inspeccionando la zona, ni una sola pista. En esto que comenta el guardia a su compañero:
- No podemos presentarnos ante el jefe con las manos vacías, ya sabes que tiene muy mala leche ¿qué hacemos?
El compañero se queda mirando un rato el lugar, y en un portal cercano ve durmiendo plácidamente un borracho, y dice:
- ¡Ya está!, principal sospechoso el borracho
Se lo llevan a comisaría. Una vez allí, comienza el interrogatorio por parte del "cabreado" inspector:
- Muy bien simpático ¿dónde están las joyas? (el borracho ni palabra)
- ¿Que dónde están las joyas, no disimule? (y el borracho medio dormido, ni palabra)
Tras preguntarle unas 10 veces, y lógicamente no encontrar respuesta, dice:
- ¡Guardia tráigame un caldero de agua fría, verá cómo se espabila éste!
Le coge la cabeza al borracho y comienza a meterla en el caldero mientras le pregunta una y otra vez:
- ¿Dónde están las joyas? ¡Colabore! ¿Dónde están las joyas?
El borracho comienza a despertar, y tras unos minutos, y sin entender nada de lo que pasaba, grita:
- ¡Contraten un buzo por favor, que yo no las encuentro!

Comentario

Los discípulos de Jesucristo ocasionalmente no entendían algunas de las cosas enseñadas y solían disputar entre sí por quien sería el más importante, y él observando ello, con templanza quiso dar una aclaración contundente:

Mateo 18:1-9 1 EN aquel tiempo se acercaron los discípulos a Jesús, diciendo: ¿Quién es el mayor en el reino de los cielos?

2 Y llamando Jesús a un niño, lo puso en medio de ellos,

3 y dijo: De cierto os digo que si no os volvéis y os hacéis como niños, no entraréis en el reino de los cielos.

4 Así que, cualquiera que se humille como este niño, ése es el mayor en el reino de los cielos.

5 Y cualquiera que reciba en mi nombre a un niño como éste, a mí me recibe.

6 Y cualquiera que haga tropezar a alguno de estos pequeños que creen en mí, mejor le fuera que se le colgase al cuello una piedra de molino de asno y que se le hundiese en lo profundo del mar.

7 ¡Ay del mundo por los tropiezos! Porque es necesario que vengan tropiezos, pero, ¡ay de aquel hombre por quien viene el tropiezo!

8 Por tanto, si tu mano o tu pie te fuere ocasión de caer, córtalo y échalo de ti; mejor te es entrar en la vida cojo o manco que, teniendo dos manos o dos pies, ser echado al fuego eterno

9 Y si tu ojo te fuere ocasión de caer, sácalo y échalo de ti; mejor te es entrar con un solo ojo en la vida que, teniendo dos ojos, ser echado al infierno de fuego.

6.4.3 Tesoros

Son riquezas escondidas por el dueño para beneficio o usufructo posterior.

Los mayores tesoros están en la actitud de refinarse espiritualmente y en la autosuficiencia temporal.

Mateo 13: 44-46/44 Además, el reino de los cielos es semejante a un tesoro escondido en un campo, el cual un hombre halla y lo esconde *de nuevo;* y lleno de gozo por ello, va y vende todo lo que tiene y compra aquel campo.

45 También el reino de los cielos es semejante al mercader que busca buenas perlas,

46 y que, habiendo hallado una perla de gran precio, fue y vendió todo lo que tenía y la compró.

- o   Se tan fuerte que nada pueda turbar la paz de tu mente.
- o   Piensa solo en lo mejor, trabaja solo por lo mejor y espera siempre lo mejor.
- o   Dedica todo el tiempo a tu adelanto personal; que no te quede un momento para encontrar defectos en los demás.

Cuento

Abuelita, cierra los ojos.
¿Y porque quieres que cierre los ojos?
Porque papá ha dicho que cuando tu cierres los ojos, seremos, millonarios.

Anécdota

Al meditar sobre qué es lo más importante que tenemos, mis pensamientos se centraron en que es relativo a nuestras necesidades inmediatas:

Los tesoros los tenemos a nuestra vista y podemos disponer de ellos en la medida que los cuidemos: La salud, es quizás el mayor, pero la paz para disfrutarla puede ser primordial, pero si no hay compañía del espíritu esta paz deja de ser plena.

También en la familia hay riquezas: una buena esposa, padre, hermanos y por supuesto excelentes hijos hacen la riqueza.

En cuanto al trabajo, profesión, u oficio, se puede tener riqueza, pues donde tú gozo de saber que lo que: vendes, produces, o haces, es bueno, necesario, saludable y agradable a tu prójimo, familia y demás personas, lo entregas al precio justo, ello también es un tesoro.

Lo que comemos y bebemos puede ser un tesoro en tanto ello sea naturalmente agradable, sano, necesario, y no te enfermes, pues lo que esté contaminado con suciedad, o te degenere lentamente tu cuerpo nunca será un tesoro. Por eso come vegetales, carnes magras, buenas frutas y vive del gozo de saborear las maravillas que tu Dios te puso en la tierra para que las disfrutes a plenitud, y aprendas a ser agradecido con el que las creo, las cultivó, o las proveyó.

También es la oportunidad de hacer deportes y ante todo el aprender a disfrutar con otras personas la sana competencia, pues sino toleras, perder, errores de los demás, convertirás en una pelea cada oportunidad de disfrutar de los juegos de conjunto. Si no hay con quien jugar ¿cómo disfrutaremos el futbol, el basquetbol y otras actividades?. Las competencias nos hacen mejores, pero no han de ser una batalla, para ofender, romper y ganar enemigos. Si entramos en ello, no servimos para el deporte, y por lo tanto debemos abandonar, hasta que aprendamos a disfrutar de los deportes sanamente en conjunto.

La libertad, el respeto, también el estudio, buenos amigos y por supuesto una familia buena y sociedad, donde nosotros hagamos parte de la solución de problemas en vez de convertirnos en parte de los problemas, podrán hacer de nuestro país, ciudad, casa, y tierra un paraíso, por lo tanto una bendición.

Los tesoros los construimos, y valoramos si solo entendemos lo que es la gratitud.

6.4.4 Tesoros en el cielo

El Salvador muchas veces refirió la necesidad de dar más importancia (prioridad) a tener una vida providente, justa, equitativa, digna, a fin de acumular lo méritos necesarios para heredar el Reino de Dios y la eternidad, en vez de los tesoros (interesantes) de la tierra.

Ser rico no es malo, de hecho es sano luchar por las riquezas, inclusive así generamos empleo, y apoyo a las familias nuestras, pero si también compartimos con los necesitados, cuando este nos lo requiere, construimos así en la eternidad.

La parábola del rico insensato.

Lucas 12:13-21/ 13 Y le dijo uno de la multitud: Maestro, di a mi hermano que divida conmigo la herencia.

14 Más él le dijo: Hombre, ¿quién me ha puesto como juez o partidor sobre vosotros?

15 Y les dijo: Mirad, y guardaos de toda avaricia, porque la vida del hombre no consiste en la abundancia de los bienes que posee.

16 Y les refirió una parábola, diciendo: Las tierras de un hombre rico habían producido mucho;

17 y él pensaba dentro de sí, diciendo: ¿Qué haré, porque no tengo dónde guardar mis frutos?

18 Y dijo: Esto haré: derribaré mis alfolíes y los edificaré mayores, y allí guardaré todos mis frutos y mis bienes;

19 y diré a mi alma: Alma, muchos bienes tienes almacenados para muchos años; descansa, come, bebe, diviértete.

20 Pero le dijo Dios: Necio, esta noche van a pedir tualma; y lo que has guardado, ¿de quién será?

21 Así es el que hace para sí tesoro y no es rico para con Dios.

- o Rico es el que tiene la vida eterna. Jesucristo
- o Las riquezas mayores son las verdades que nos permiten saber que soy un hijo de Dios, que me ama y que desea lo mejor para mí.
- o Las riquezas de la eternidad tienen varias tonalidades, y por ellas luchamos, pero vale la pena luchar por merecerlas las mejores.

Cuento

En el restaurante se encuentra Epaminondas:
¡Camarera! ¿El baño?
- Al fondo a la izquierda. Haga el favor: cuando termine, tire la cadena.
Se va. Regresa a los cinco minutos.
Camarera: debo confesarle algo: La cadena la tiré, pero la medallita de la Virgen del Rocío no, porque es un recuerdo de mi madre...

Anécdota

Leí un muy buen libro, "La vida Sempiterna" donde refiere a que alguien que fue declarado clínicamente muerto o no recuerdo en que circunstancia, o pasado al otro lado del velo, es decir al mundo de los espíritus temporalmente, y se le permitió observar las mansiones que habían construido allá algunos de los habitantes de tal mundo. Al visitante le impresionó mucho una gran mansión con bellos jardines, y color del mármol que predominaba, que invitaba a la paz, y agradable permanencia en tal sitio. El visitante pregunto a su guía de quien era esa formidable construcción, a lo cual esté señalo una señora de mirada tranquila, que cuidaba entretenida las plantas de su jardín.

El visitante quedo maravillado, y el guía le informó que esa señora había construido tal casa, en la tierra. El sorprendido inquirió ¿Cuándo y cómo? Si, efectivamente ella lo hizo con las buenas obras que hizo a su prójimo, el servicio que presto a las personas, su familia y a su Iglesia.

Allí recordé la invitación que hizo Jesucristo a sus discípulos: Haceos tesoros en los cielos, donde el hollín y el moho no los corrompen.

En verdad si creyéramos, e hiciéramos la voluntad de Dios y siguiéramos las enseñanzas de Jesucristo, podremos tener todo eso y mucho más en la vida venidera, pues sé que ellos desean lo mejor para nosotros.

1.1.5 Testimonio

Es la expresión personal: de lo que se siente, sabe, entiende y ha vivido, sobre algo, es decir la convicción de que lo que expresa es verdad. Quien ha visto, o ha vivido experiencias ya no cree, pues una vez se vive, se deja de creer, y se pasa al conocimiento, pues lo ha experimentado.

Muchos de mis hermanos creen en Dios, pero no lo conocen en su magnitud, se han privado del gozo de percibir su paz interior, su compañía, y su guía. Hay muchos cristianos que creen estar seguros de conocerlo, sin embargo poco saben, pues solo conocen fragmentos sobre la historia del Cristo. Tal pérdida de oportunidad se da al creer que el bautismo infantil les es suficiente, sin enterarse de que nunca hicieron: convenios, pues no entendían; que eran limpios de pecado, no se podían arrepentir, se les engañó toda la vida, etc., por lo tanto aún llegan a la tumba creyendo estar bautizados, sin enterarse que lo recibido no es válido, por qué no fue realizado bajo la autoridad competente, la forma, propósito, no hubo convenios entre las dos partes, y por lo tanto no se enteró, ni supo de qué se trataba, y como tal no recibió el privilegio de ser perdonado, mediante la expiación de Cristo.

Según Dios, el testimonio que recibimos de las verdades doctrinales, se percibe a través del Espíritu Santo, pues esa es la función del tercer personaje de la trinidad, cual no tiene cuerpo sino solo espíritu ahora, pues posteriormente lo tendrá; de tenerlo no podría cumplir la función de entrar en nosotros para guiarnos. Solo se recibe por el bautismo de fuego.

o   Un testimonio es la manifestación expresa de lo que sabe, ha vivido, sentido o percibido sobre la deidad. JCIR

o   Cuando se descubren las verdades de la obra de Dios sobre la tierra, nuestra forma de explicarlo y darlo a conocer es mediante el testimonio. JCIR

o   A buenas experiencias espirituales, y conocimiento de las verdades de la eternidad, la gratitud y solidaridad nos obligan a compartir nuestro gozo y descubrimiento. JCIR

Cuento

Llega un hombre a la puerta del Ayuntamiento y le pregunta al de seguridad:
- Perdone..... ¿Por la tarde no trabajan?
y el de seguridad le responde:
- No…. Por la tarde no vienen, cuando no trabajan es por la mañana.

Anécdota

Mi testimonio personal es que el 9 de diciembre de 1.979 hice convenios, previa preparación de enseñanza, compromiso de vivir una nueva vida, efectuar los cambios en hábitos de vivencias que no concordaban con los mandamientos en su plenitud, y recibir las ordenanzas del bautismo y confirmación en la Iglesia de Jesucristo de los S.U.D., y desde aquel tiempo poco a poco he procurado ser mejor. Errores he cometido a través del tiempo, pero he confesado a mis líderes, y mantenido el interés de permanecer, aunque no me ha sido fácil, sin embargo he dado la batalla, he perdido fuerza con mis errores, pero he emprendido siempre la recuperación mediante el ayuno, la oración el servicio, confesión, etc., obteniendo la paz interior cada vez que he hecho mi parte, conforme a lo requerido, si, así he alcanzado perdón por la expiación de Jesucristo que me ha confirmado su complacencia, aceptación, y bendición. He gozado de su Espíritu, su conocimiento, su autoridad, oportunidades de servicio, disfrutado de su convivencia con su pueblo, y sentido su apoyo al testificar y enseñar a otros y también las cotidianas reuniones dominicales y demás.

Sé que su sacerdocio es real, su iglesia es verdadera, sé que el conocimiento recibido es el correcto, sé que sus profetas modernos y apóstoles son escogidos por él, el libro de Mormón, el Libro de Doctrina y convenios y la Biblia hasta donde está correctamente traducida son la palabra de Dios dada a los hombres para que las lean, las aprendan, las vivan, y se guíen por medio de ellas; además sé que sus templos son lugares sagrados para hacer ordenanzas por los muertos y los vivos. También se sin ninguna duda que su Iglesia es el Reino de Dios sobre la tierra, establecido para preparar la segunda venida de Jesucristo en los días postreros. No me cabe la menor duda y lo digo, escribo y manifiesto con gozo, en el nombre de Jesucristo amen.

6.4.6 Tiempo

Es una magnitud de la física que se mide por intervalos descritos en acontecimientos o sucesos. Son las oportunidades para hacer aquello que debemos realizar prontamente.

El tiempo nos va demostrando que lo bueno puede llegar en cualquier momento.

El tiempo de Dios no es lento. Es perfecto. Sé paciente y confía.

Ecles. 3:2-9 / 2 Tiempo de nacer y tiempo de morir; tiempo de plantar y tiempo de arrancar lo plantado;
3 tiempo de matar y tiempo de curar; tiempo de destruir y tiempo de edificar;
4 tiempo de llorar y tiempo de reír; tiempo de lamentar y tiempo de bailar;
5 tiempo de esparcir piedras y tiempo de juntarlas; tiempo de abrazar y tiempo de abstenerse de abrazar;
6 tiempo de buscar y tiempo de perder; tiempo de guardar y tiempo de desechar;
7 tiempo de rasgar y tiempo de coser; tiempo de callar y tiempo de hablar;
8 tiempo de amar y tiempo de aborrecer; tiempo de guerra y tiempo de paz.
9 ¿Qué provecho saca el que trabaja de aquello en que se afana?

Ecles.3:17-21 / 17 Dije yo en mi corazón: Al justo y al malvado juzgará Dios, porque hay un tiempo para todo lo que se quiere y para todo lo que se hace.
18 Yo dije en mi corazón, con respecto al estado de los hijos de los hombres, que Dios los prueba, para que vean que ellos mismos no son sino bestias.
19 Porque lo que sucede a los hijos de los hombres y lo que sucede a las bestias es lo mismo: como mueren los unos, así mueren las otras, y un

mismo aliento tienen todos; no tiene preeminencia el hombre sobre la bestia, porque todo es vanidad.

20 Todo va a un mismo lugar; todo es hecho del polvo, y todo al polvo volverá.

21 ¿Quién sabe si el espíritu de los hijos de los hombres sube a lo alto, y si el espíritu del animal desciende a lo hondo de la tierra?

o   El tiempo es tan valioso que es imposible atesorarlo.

o   El tiempo perdido los santos lo lloran.

o   A todo marrano le llega su hora.

Cuento

Los indios de una remota reserva preguntaron a su nuevo jefe si el próximo invierno iba a ser frío o apacible.

Dado que el jefe había sido educado en una sociedad moderna, no conocía los viejos trucos indios.

Así que, cuando miró el cielo, se vio incapaz de adivinar qué iba a suceder con el tiempo...

De cualquier manera, para no parecer dubitativo, respondió que el invierno iba a ser verdaderamente frío, y que los miembros de la tribu debían recoger leña para estar preparados.

No obstante, como también era un dirigente práctico, a los pocos días tuvo la idea de telefonear al Servicio Nacional de meteorología.

- ¿El próximo invierno será muy frío? - preguntó.

- Sí, parece que el próximo invierno será bastante frío - respondió el meteorólogo de guardia.

De modo que el jefe volvió con su gente y les dijo que se pusieran a juntar todavía más leña, para estar aún más preparados.

Una semana después, el jefe llamó otra vez al Servicio Nacional de meteorología y preguntó:

- ¿Será un invierno muy frío?

- Sí - respondió el meteorólogo- va a ser un invierno muy frío.

Honestamente preocupado por su gente, el jefe volvió al campamento y ordenó a sus hermanos que recogiesen toda la leña posible, ya que parecía que el invierno iba a ser verdaderamente crudo.

Dos semanas más tarde, el jefe llamó nuevamente al Servicio Nacional de Meteorología:

- ¿Están ustedes absolutamente seguros de que el próximo invierno habrá de ser muy frío?
- Absolutamente, sin duda alguna - respondió el meteorólogo - va a ser uno de los inviernos más fríos que se hayan conocido.
- ¿Y cómo pueden estar ustedes tan seguros?
- ¡Pues claro, porque los indios están recogiendo leña como locos!

Anécdota

Cuando estaba joven, quizás de 11 años, fui a ver un campeonato nacional de atletismo que se celebró en la ciudad donde yo residía, y allí conocí a atletas varios que compitieron por mi país, en los juegos olímpicos, y en los juegos panamericanos de Winnipeg.

Para mi ello era apasionante, y al entusiasmo que tenía por el atletismo se sumó una nueva motivación cual era la velocidad en la pista. Cuando competía en los 100 metros planos no ganaba, pero si llegue de segundo. Pocas competencias gané, tampoco corrí muchas, sin embargo sentía atracción por tal deporte, pero si conocí a Lubin Martínez, mi compañero de curso de 5° de primaria, en mi escuela donde en una competencia de inter-escolares de varias escuelas públicas de la ciudad, el ganaba con mucha facilidad todas las competencias. Los 100, los 200, los 400 metros planos, con y sin obstáculos, y otras más como los 800 y 1.500, el, las dominaba a su antojo.

El tiempo que llegue a tener en los 100 metros fue un registro de 12.7, pero como no era mi deporte que practicaba continuamente, no pude mejorar, además estaba muy joven cuando lo hice.

En los deportes de velocidad una fracción de segundo se hace una eternidad, o significan mucho.

El tiempo lo solemos medir con nuestros relojes, cronómetros, o diferentes medios, pero también lo podemos calcular teniendo datos del espacio o distancia recorrida, y la velocidad adquirida. Basta como todos recuerdan dividir, la distancia entre la velocidad y tendremos esa cantidad de segundos, minutos u horas. Así: T = E/V

En el espacio el tiempo según las leyes de la física, se conjuga en una sola unidad de medida con el espacio.

Según las escrituras, para lo que los hombres cuentan como 1.000 años, para Dios es solo un día, puesto que en la dimensión en que él vive todo está presente, y el tiempo solo cuenta para el hombre. (2 Pedro 3: 8 "Pero, oh amados, no ignoréis esto, que para el Señor un día es como mil años y mil años como un día")

Ojalá podamos aprovechar estas oportunidades de ahora para recomponer nuestra eternidad, pues después serán perdidas todas las cosas que nuestras vivencias conllevan; además haremos muy seguramente infelices a los que nos rodean, pues igual que el cometa, arrastramos una gran cola.

6.5.1 Tolerancia

Una de las difíciles virtudes de encontrar entre nosotros, los hijos de Dios, pero tan necesaria e importante.

Parábola del siervo injusto y la deuda.

Mateo 18:21-35/21 Entonces Pedro, acercándose a él, dijo: Señor, ¿cuántas veces perdonaré a mi hermano que peque contra mí? ¿Hasta siete?
22 Jesús le dijo: No te digo hasta siete, sino aun hasta setenta veces siete.

23 Por lo cual, el reino de los cielos es semejante a un rey que quiso hacer cuentas con sus siervos.

24 Y cuando comenzó a hacer cuentas, le fue presentado uno que le debía diez mil talentos.

25 Mas como éste no podía pagar, mandó su señor venderlo a él, y a su mujer e hijos, con todo lo que tenía, para que se *le* pagase.

26 Entonces aquel siervo, postrado, le suplicaba, diciendo: Señor, ten paciencia conmigo, y yo te lo pagaré todo

27 El señor, movido a misericordia por aquel siervo, le soltó y le perdonó la deuda.

28 Pero saliendo aquel siervo, halló a uno de sus consiervos que le debía cien denarios; y tomándole del cuello, le ahogaba, diciendo: ¡Págame lo que me debes!

29 Entonces su consiervo, postrándose a sus pies, le rogaba, diciendo: Ten paciencia conmigo, y yo te lo pagaré todo.

30 Más él no quiso, sino que fue y lo echó en la cárcel hasta que pagase la deuda.

31 Y viendo sus consiervos lo que pasaba, se entristecieron mucho, y fueron y declararon a su señor todo lo que había pasado.

32 Entonces llamándole su señor, le dijo: ¡Siervo malvado! Toda aquella deuda te perdoné, porque me rogaste.

33 ¿No debías tú también haber tenido misericordia de tu consiervo, así como yo tuve misericordia de ti?

34 Entonces su señor, enojado, le entregó a los verdugos hasta que pagase todo lo que le debía.

35 Así también hará con vosotros mi Padre celestial, si no perdona de corazón cada uno a su hermano sus ofensas.

- o Toda tolerancia llega a ser, a la larga, un derecho adquirido. George Clemenceau.
- o Se flexible como un junco, no tieso como un ciprés. Talmud.
- o Solo por el respeto a si mismo se logra el respeto de los demás. Fiodor Dostoievski

Cuento

Queridos alumnos; mi deber es enseñaros a respetar a la gente y fomentar
la tolerancia entre vosotros.
Una pregunta profe.
¡Dime, gordo!

Anécdota

Al igual que la lactosa a algunos les hace mal en el organismo, si la
ingieren, también algunas personas solemos caer mal a otras con solo ser
observadas, y si hacemosalgún ademán, o adoptamos alguna postura,
desaprobada por otras personas, seguramente no seremos aprobados por
ello. Recuerdo ami buen amigo, Mapura, q.e.p.d., cuando me vio por
primera vez, le desagradé, y si me veía con el cordón que sostenía mis
lentes, mayor intolerancia le producía. El después que me conoció llegó
a ser un agradable amigo, con el cual compartimos, trabajo, futbol,
chistes, noches de hogar, y otras actividades. El me confesó en una
charla que no me podía tragar.

Confieso que a varias personas con facilidad tengo la peculiaridad de
caerles de entrada mal y de a poco a medida que me van conociendo
me van aprendiendo a tolerar. Algunos se han tardado más de la cuenta,
pero no los culpo: Si me lo lanzan desde un octavo piso, y yo estoy en
el primero, yo me quito, pues me cae mal. Era un chiste, ojalá pudiera
hacer algo para remediar, no ha sido intencional.

Recuerdo a una señora cuando abordé un autobús con un helado en
la mano saboreándolo, en tanto buscaba la forma de sostenerme con
los bruscos movimientos del autobús cada vez que este cambiaba de
dirección. Ella me miraba con una cara de desaprobación que ya me
pegaba, sin embargo comprendí que era una imprudencia mía, pues a
causa de ello, podría refregar tal helado en el vestido de otra persona.
Yo no entendía que no era el sitio ni la hora, para comer un delicioso
helado con el infernal sol que hacía. Con tal señora quede maldito para

toda la vida. Así ocurre con las primeras impresiones que nos formamos de las personas, y con ello enjuiciamos los siguientes actos que hagamos.

En la iglesia se nos enseña amar a todos como a nosotros mismos, ojalá pueda poner en práctica tal enseñanza, y ante todo enterarme de a quien desagrado, que son todavía muchos, a fin de hacer algo positivo por ellos y así ser aceptado.

6.5.2 Trabajo

Es la valoración del esfuerzo o actividad laboral tendiente a buscar un beneficio económico por la compensación o venta del producto realizado, o por los servicios prestados.

Prov.24:10 Si flaqueas en el día de angustia, tu fuerza es limitada.

o   Trabajo deprisa para vivir despacio. Monserrat Caballe
o   El trabajo no da riquezas, pero te mantiene: favorecido, ocupado en cosas positivas, te da lo oportunidad de ser libre, y ante todo ser respetado. JCIR
o   En tanto estés en el trabajo no critiques, nada; si no te conviene: ni el pago, ni el trato, ni las formas; calladamente déjalo y cámbialo por uno que se amolde más a tus gustos. JCIR

Cuento

Un chino entra en un bar y dice:
- Buena venía palo del tlabajo.
Y el dueño le responde:
- Aquí el trabajo que hay es de lunes a domingo de 12 de la mañana a 12 de la noche.
Y responde el chino:
- Eso, lo que yo taba buscando..., medlia jolnada.

Anécdota

Mi primer trabajo remunerado lo hice quizás cuando tenía 15 años cuando con mi hermano decidimos ir de vacaciones a la finca de mi padre. Un domingo en que nos visitó nos pidió que podáramos las matas de moras, pues estaban bastante frondosas y cubiertas de bejucos que ya no darían más frutos. La limpieza era bastante difícil, porque las espinas se clavaban fácilmente en todas partes y donde te agarraban eran varias partes las que te tomaban., sin embargo contábamos con una tijera podadora, con guantes, podíamos ponernos en los brazos protectores de tela, y cubrirnos la cara para evitar cualquier sorpresa.

Al domingo siguiente notamos que agradó la limpieza, el plateo alrededor de las misma, además la podada, de las ramas ya muertas, y por supuesto cualquier otra maleza que solía enredar entre ellas. No era sencillo, pues el terreno era inclinado, sin embargo una vez comprendimos mejor como hacer la tarea, fuimos disfrutando de ejecutarla.

El dinero recibido no era mucho, pues el no disponía de él en abundancia, pero unas monedas para nosotros eran suficientes para comprar dulces, o cualquier cosa de comer con una gaseosa.

Cuando comencé en la universidad tuvimos la oportunidad de recibir cada alumno un talonario de boletas para la rifa de un auto Renault 4, para contribuir con la universidad, y recibir a cambio una comisión. Al principio no vendí sino 3 de las 100 boletas. Mis compañeros estaban igual, en cambio Agudelo, había logrado vender todas y ya había pedido otro talonario. Comprendí que no estaba haciendo un esfuerzo real, para ayudar y tampoco para beneficiarme con la comisión.

Decidí entonces ponerle entusiasmo y observar su metodología y así logre vender 150 boletas. Ya no me ruborizaba por ofrecer una boleta, sino que de forma natural podía entablar una conversación y ofrecerla a amigos y a extraños.

Esa experiencia valió para que se me diera la oportunidad de trabajar con las empresas públicas, en un contrato de unas encuestas de la demanda telefónica, para una ampliación de la red en la ciudad. Allí cumplí las expectativas y logré ganar unos pesos en un esfuerzo en tiempo y zonas difíciles, pero lo hice; lo cual me demostró que no importaban las dificultades, sino la voluntad y deseo de cumplir apropiadamente con mi responsabilidad.

Cuando estaba en cuarto semestre le propuse a mi profesor de costos: lléveme a trabajar no importa que no me pague, pues deseaba aprender a aplicar lo que había asimilado en los semestres previos, y él lo aceptó, llevándome a una de las empresas que asesoraba. Allí tuve éxito al final, aunque al principio no me fue fácil, pero agradezco a mi profesor José Cenit López la confianza en mí. Allí inicie mi formación profesional, con lo que sería mi trabajo por 35 años.

6.5.3 Ubicado. Ubicuidad

Quien se logra acondicionar con rapidez y actuar conforme a lo esperado, a pesar de la sorpresa o poca preparación para enfrentar los desafíos.

Cuando se sabe de qué se trata cada asunto y los enfrentas con altura, o con sabiduría.

Prov.12:8 Según su sabiduría será alabado el hombre, pero el perverso de corazón será despreciado.

- o   El discreto hace cada día un yerro, el necio ciento.
- o   El caballo bueno, malo te parecerá si le mudas el freno.
- o   En mi harnero y mi zaranda nadie manda.
- o   La mujer honesta, el hacer algo es fiesta.

Cuento

Un hombre está haciendo el examen para entrar en la marina:
- A ver, ¿cuántas anclas tiene un barco?

- mmmmmm... pues tiene once, señor.
- ¿Once? ¿Está usted seguro de eso?
- ¡Por supuesto señor! Por eso siempre dicen "eleven anclas"

Comentario

Recuerdo una ex misionera, y gran joven, por cierta hermosa, (como todas las hijas de Dios) alta y muy agradable en su dialogo, llamada Melba Rosa Pulgarín, que en algún discurso nos compartió una formidable fábula, que consistía en un poderosa águila que se crío en un gallinero, a causa de que había sido llevada allí desde pequeña. Ella creció comiendo el cuido que se les suministraba a las demás aves de corral, y así permaneció hasta que fue adulta. Una mañana un hombre visitó el corral para hacer una inspección sanitaria en las aves, porque así se requería. El hombre observo detenidamente al animal y rápidamente concluyó que ese no era el lugar apropiado, para tan magnífico ejemplar. Aquello lo dejó impresionado, e indagó: ¿no es esa ave de color marrón oscuro con plumas más claras en la cabeza y cuello, un águila real? Comentó su cuidador, ¡no, esa es una gallina, usted la confunde!, porque tiene el pico diferente, pero es una gallina, además cuando le trajeron polluela, se adaptó fácilmente al ambiente de las demás gallinas de su color parecido.¿Sabe volar?, por supuesto que no, ¿no debería dársele una oportunidad?; y replicó su cuidador, no serviría de nada, se moriría.

El hombre se acercó a ella, y dimensionó lo que esa ave es capaz de hacer e indicó: Esta es una águila real, o águila caudal, ave de presa y de gran liderazgo entre las rapaces, de gran fuerza, símbolo de tres países, como México, Albania, y Alemania; En ingles se le denomina "Golden Eagle" o águila dorada, ave majestuosa que puede medir los 66 a 102 cm con envergaduras de 234 cm y un peso entre los 2,5 y 6,35 kilos, además se caracteriza por sus garras, que pueden ejercen una presión sobre sus presas 15 veces más de lo que una mano humana masculina, puede hacerlo; de vuelo muy rápido y vista muy potente.

El hombre fascinado con el ave, visitó la granja muchas veces hasta que persuadió a su dueño de darle una oportunidad para que aprendiera a volar, y le ofreció dinero, el cual rechazó su dueño, y le dijo: si usted es capaz de hacerla volar, le permitiremos partir a su libertad. Ante tal desafió el hombre se propuso enseñarle a volar, primero un poco, después 10 metros, después 40, y después 200, hasta que por fin desarrolló confianza y voló tan alto como pudo, y regresó. Al día siguiente se le dio alimento, de carne y lo acepto, y se le exhorto a volar y buscar su libertad. Así fue como un águila, a la cual se le consideraba una gallina, se le encaminó a ser lo que realmente era.

Muchos de los hijos de nuestro Padre Celestial, ignoran, rechazan y por supuesto no se enteran que son dioses en potencia, son valiosos hijos de un Dios, que les ama y como tal tienen tales características, y por las persuasiones de los espíritus de Lucifer, se dejan influenciar mal, permitiendo que sus vidas en la tierra de probación transcurran sin ton ni son, arrastrándose en los vicios, pornografía, perdición, o gran conocimiento de ciencia, pero sin reconocerse como espíritus que en otro tiempo apoyaron el plan de probación terrenal, y pierden la oportunidad de identificarse como dioses en potencia. Al igual que aquella águila real, ha sido mal ubicada en cuanto a su lugar de preparación, enseñanza, y aprendió a menospreciar su capacidad, de tal forma que no ha aprendido que tiene derechos a convertirse en un preciado hijo de Dios, a recibir el sacerdocio, que le permitirá desarrollar las capacidades, para lo cual fue traído a tierra, pues al fin y al cabo las mujeres por su preeminencia por ser madres, nos llevan delantera, y nosotros los hombres hemos de equipararles en servicio, a su Reino sobre la tierra, para rescatar a los demás y enseñar sus verdades.

Los hechos de nuestra vida ahora determinaran el futuro próximo, y si hay algo por resolver, ha de hacerse ya, no sea que el tiempo no alcance y no haya oportunidad. Por tanto ubíquese cada uno en posición de combate, para zanjar y resolver cada asunto, pendiente, a fin de retomar el camino correcto:

Parábola del mayordomo sabio y fiel

Lucas 12:41-48 / 41 Entonces Pedro le dijo: Señor, ¿dices esta parábola a nosotros, o también a todos?

42 Y dijo el Señor: ¿Quién es el mayordomo fiel y prudente a quien el señor pondrá sobre su casa, para que a tiempo les dé su ración?

43 Bienaventurado aquel siervo a quien, cuando su señor venga, le halle haciendo así.

44 En verdad os digo que él le pondrá sobre todos sus bienes.

45 Pero si aquel siervo dice en su corazón: Mi señor tarda en venir, y comienza a golpear a los criados y a las criadas, y a comer y a beber y a embriagarse,

46 vendrá el señor de aquel siervo el día en que no espera y a la hora en que no sabe, y le castigará y pondrá su parte con los incrédulos.

47 Porque aquel siervo que sabía la voluntad de su señor y no se preparó ni hizo conforme a su voluntad recibirá muchos azotes.

48 Pero aquel que no la sabía, e hizo cosas dignas de azotes, será azotado poco, porque a todo aquel a quien se le haya dado mucho, mucho se demandará de él; y al que se le haya encomendado mucho, más se le pedirá.

6.5.4 Varonil

Aquel que actúa como un gen del sexo masculino o que sus acciones denotan que se trata de un hombre.

Prov.12:21 Ningún mal le acontecerá al justo, pero los malvados serán colmados de males

- o   Un solo amigo te librará del abismo; tú mismo.
- o   Un veneno saca otro.
- o   Tiempo al pez, que el picará alguna vez

Cuento

A mí antes me perseguían las mujeres.
- ¿Y por qué ya no?
- Es que ya no robo bolsos.

Comentario

En los animales se observa que el macho lleva los colores llamativos, pues a él corresponde sobresalir por encima de la hembra; ello para distraer a los depredadores y así conservar la especie; es decir al macho o varón le corresponde evitar que las crías y la hembra sean perseguidos, en cambio los colores de ellas son más dispuestos al camuflaje, entre el follaje el medio. El papel del varón es pues la protección de la manada o familia.

El Santo Varón fue uno de los muchos nombres con que se le reconoció a Bochica, por parte de los indios del continente americano, cuando él les visito, es decir Jesucristo y conforme a ello resaltemos entonces quien fue este personaje:

Entre lo que se enseña acerca del Cristo se puede decir que fue reconocido entre los Israelitas como el Gran Jehová, bajo la dirección del Padre todo fue creado en la tierra y por fuera de ella; fue digno en todo aspecto, pues era obediente y respetuoso con su Padre. Vino a la tierra para expiar nuestros pecados, enseñarnos como hacer las cosas, a organizar su iglesia, a corregir las normas que se habían distorsionado, es decir los mandamientos de Dios.

Además por su causa somos libres de las muertes tanto en espíritu, como en cuerpo, pues abrió las puertas para la resurrección; también nos enseña la paciencia, la humildad, la necesidad de ayudar al prójimo, para que así también alcancemos misericordia. A preocuparnos por la vida eterna y no para hacer bienes en la tierra, sino para conocerle, comprender su doctrina y practicarla.

No solo saber quien fue, sino entender el porqué, para que y en especial adquirir un testimonio de que es el único Camino, que es la Luz, la Roca, nuestro Salvador, Abogado. Quien sepa quién es, habrá aprendido que él es Todo y la Verdad Absoluta.

6.5.5 Valentía

Es la gran determinación para enfrentarse a situaciones difíciles; cuando se combina la verdad con la valentía, quizás no se sobreviva, pero se obtiene la paz interior.

Prov.30:29-31/ 29 Tres cosas hay de hermoso andar, y aun cuatro que pasean muy bien:
30 El león, fuerte entre todos los animales, que no retrocede ante nada;
31 el ceñido de lomos, asimismo el macho cabrío, y el rey cuando tiene un ejército con él.

- o Puede ser un héroe, tanto el que triunfa como el que sucumbe, pero jamás el que abandona el combate. Thomas Carlyle
- o El valor espera, el miedo va a buscar. José Bergamín.
- o El tacto en la audacia es saber hasta dónde se puede ir demasiado lejos. Jean Cocteau

Cuento

La verdadera valentía del hombre está en llegar a casa borracho, de madrugada a punto de salir el sol, ver a la esposa esperando en la puerta con una escoba en la mano y tener el coraje de preguntarle:

"¿Vas a barrer, o vas a volar?"

Anécdota

No sé si fue valentía o torpeza cuando en Bogotá casi me agarro a pelear con un ladrón quien me sustrajo una cantidad pequeña de dinero de uno de mis bolsillos. El hombre tanpronto vio que yo le trate de reclamar, me hizo saber que estaba armado y me amenazaba con una cantidad de palabras que yo no le escuchaba, pero sí sé, que estaba en posición de combate, pero a distancia de dos metros encubierto por varias personas y no sabía cuántos eran sus amigos.

Yo finalmente no me lance hacia él para cogerle, pues no tenía ningún tipo de arma, y él se dispuso a correr por la calle, la cual estaba llena de personas que iban y venían. También corrí tras élcomo 80 metros, y finalmente se escabulló entre la multitud.

No fue una cantidad significativa de dinero, algo así como$2.500, que hoy en día equivalen como a$20.000, sin embargo lo que me hizo reaccionar fue el factor sorpresa. Uno no sabe cómo va a reaccionar en una situación semejante. He visto muchos casos de personas quedar sin vida por reaccionar ante un atraco, y no atender el consejo que dio el Salvador Jesucristo, cual es si alguien te quita tu manto, déjale también tu túnica. El asunto es que eso es lo ideal, sin embargo cuando el ataque se da infraganti, y con ofensas, tú no sabes cómo puedes reaccionar y multiplicar los problemas, pues de seguro con recuperar, $2.500 nada resolvería, pero en cambio sí me podría haber sometido a un riesgo innecesario de una o varias puñaladas por el ladrón o su compinche, el cual no distinguí.

6.5.6 Valor

El valor es una cantidad de atributos o razones por las que se pondera a alguien o algo, respecto de otras. Es la calificación que se le da alguien, previa tabulación de puntos, o caracteres calificativos. También es una cualidad que identifica a quien se somete ante el peligro y demuestra arrojo para llevar cabo una tarea asignada.

No es lo que tienes en el bolsillo lo que te hace valioso, sino lo que tienes en el corazón.

Ecles.3:11-15 /11 Todo lo hizo hermoso en su tiempo. También ha puesto lo eterno en el corazón de ellos, sin lo cual el hombre no alcanza a percibir la obra que ha hecho Dios desde el principio hasta el fin.

12 Yo sé que no hay nada mejor para ellos que alegrarse y hacer bien en su vida,

13 y también que es don de Dios que todo hombre coma y beba, y goce del bien de toda su labor.

14 Sé que todo lo que Dios hace será perpetuo; sobre aquello no se añadirá, ni de ello se disminuirá. Y lo hace Dios para que delante de él teman los hombres.

15 Lo que ha sido, ya es; y lo que ha de ser, ya fue; y Dios restaura lo que ha pasado.

Prov.19:23 El temor de Jehová lleva a la vida; y *el que lo tiene* vivirá lleno de reposo; no será visitado por el mal.

- o   Valientes por los dientes, conozco yo más de veinte.
- o   Aunque estés con las tripas colgando, no vayas a casa llorando.
- o   A quien nada teme, nada le espanta.

Cuento

¡Arriba las manos, todos, he dicho. Esto es un atraco!
¿Tienes algo de valor?
No, nada de nada,….soy un cobarde.

Cuento

Hace mucho tiempo vivió un hombre de mar, el Capitán Bravo. Era muy valiente y jamás mostró temor ante un enemigo. Una vez, navegando los siete mares, el vigía vio que se acercaba un barco pirata, y la tripulación del barco se volvió loca de terror. El capitán Bravo gritó
- ¡Traigan mi camisa roja!

y llevándola puesta instigó a sus hombres al ataque, y vencieron a los piratas. Unos días más tarde, el vigía vio dos barcos piratas. El capitán pidió nuevamente por su camisa roja, y la victoria volvió a ser suya.

Esa noche, sus hombres le preguntaron por qué pedía la camisa roja antes de entrar en batalla, y el capitán contestó:

- Si soy herido en combate, la camisa roja no deja ver mi sangre, y mis soldados continúan peleando sin miedo.

Todos los hombres quedaron en silencio, maravillados por el coraje de su capitán.

Al amanecer del día siguiente, el vigía vio no uno, no dos sino DIEZ barcos piratas que se acercaban. Toda la tripulación dirigió en silencio sus ojos al capitán, que con voz potente, sin demostrar miedo, gritó:

- ¡Tráiganme mis pantalones marrones!

Anécdota

Vi una película de la vida real, denominada Ecos de la Guerra, donde se narran algunos hechos o secuelas de la guerra de la secesión de los Estados Unidos, y en ella se mostraba a dos familias terriblemente afectadas por aquellas malas decisiones de los demás:

En una un padre de familia se observa muy cauteloso, muy sumiso, y dejar en Dios la esperanza de que cambiaran las cosas para bien. Su vecino se aprovechaba de la condición de humildad y paz que él buscaba. Le juzgaban de cobarde, por no haber ido a laguerra. Su esposa que murió en difíciles circunstancias dejando dos hijos un chico de nueve años y otra joven de doce. Cuando termina la guerra, ellos aún no se recuperaron debido a que las condiciones económicas del país no se estabilizan. Ahora los hijos tienen cinco años más. Una chica de diez y siete y un chico de catorce años. El padre se las ingenia para enseñarles valores religiosos, y les lee las escrituras a diario.

La otra familia corresponde a un ganadero que perdió todo su ganado, porque las tropas siempre echaban mano de él; perdieron el hijo mayor, que murió como oficial en la guerra, los otros hijos, uno era autista, y el menor apenas aprendió algunas cosas, pues su padre poco le enseño, ya que su táctica era robar a los demás, con la excusa de estar en guerra, cosa que siempre desaprobó su hijo menor. El padre siempre se sentía orgulloso de que sus hijos portaran un arma, para matar a quien le ofendiera. La madre de ellos tan pronto supo de la muerte de su hijo mayor en el ejército, sufrió una conmoción cerebral que la desquició.

Esta familia tampoco mejoró de hecho estaban peor que la otra, pues esta no se esforzaba por trabajar sino por buscar en rio revuelto, y así sustentarse.

Pasada la guerra, regreso de esta, el hermano de la esposa de la primera familia, es decir el cuñado del padre de familia o tío de los dos jóvenes. A éste se le permitió estar unos días con ellos, sin embargo noto y desaprobó los métodos de paz establecidos por su cuñado, respecto de los abusos del padre de la otra familia, los cuales eran vecinos por supuesto.

Este soldado regresado, quiso emplear los métodos aprendidos en el ejército, los cuales eran devolver mal por mal, es decir la guerra. Quiso cambiar las cosas a su manera, y recibió por ello una visita de la familia contrincante. Se le invitó a que respondiera por haber golpeado al hijo menor; el soldado regresado acepto ello y además vociferó indicándoles que los criaba como niñas. Ello acabo de ofender los ánimos del padre, quien procedió a disparar, pero antes de ello, su hijo menor desaprobó el método y quiso impedirlo, ocasionando que el disparo fuera a darle al chico menor de la familia visitada.

Al ver los sucesos se fueron a casa arrepentidos, por el desenlace, pues no era eso lo que habían ido a buscar.

El tío del joven herido procuro auxiliarlo, al igual que su padre, y su hermana. Pero rápidamente murió.

El tío busco el arma, y salió a caballo rumbo a la casa del agresor, y allá los encontró, disparó al padre, después al hijo especial quien empuñaba al igual que su padre armas, y se direccionó al hijo menor el joven de diez y siete años, que por cierto era el pretendiente de su sobrina. Este chico procuro también dispararle, pero el ex soldado le esquivo, y el abrió fuego contra el joven. Después lo hizo contra la madre, que estaba presente y prendió fuego a la casa.

Cuando se disponía a salir de casa, su cuñado (padre de los jóvenes el primer muerto y la chica)había corrido con una escopeta y su hija atrás. Esta le recriminó por haber asesinado a su novio, y el padre de ella mató al soldado.

Así murieron en cosa de menos de una hora 6 personas, todo porque se devolvió mal por mal, por quien en su mente refutaba los procedimientos de buscar la paz, de perdonar, y de ayudar a tu enemigo.

¿Quién de estos mostró más valor? Eso lo determina Dios, y por lo que hayamos hecho se nos tomarán cuantas. Ojalá, el valor que tengamos no sea aquel para devolver mal por mal, sino bien por mal.

6.6.1 Velar

Es ejercer la acción de vigilar con esmero. Consejo de estar alerta por parte de quien se da o a quien se encomienda una tarea de cuidar, vigilar, sin que se deje vencer del sueño que causa el cansancio, la noche, o se entretenga en cosas diferentes.

Marcos 13:34-37 /34 Es como el hombre que, yéndose lejos, dejó su casa y dio autoridad a sus siervos, y a cada uno su tarea, y al portero mandó que velase.
35 Velad, pues, porque no sabéis cuándo vendrá el señor de la casa; *si* al atardecer, o a la medianoche, o al canto del gallo o a la mañana;
35 para que cuando venga de repente, no os halledurmiendo.
36 Y lo que a vosotros digo, a todos *lo* digo: Velad.

- o   Camarón que se duerme se lo lleva la corriente.
- o   En tierra de ciegos, el tuerto es rey.

o   Junta de lobos, muerte de ovejas.

Cuento

Dos guardas de fronteras rusas, están de vigilancia.
Uno mira a lo lejos y sonríe.
El otro le dice: ¿Qué estás pensando?
Lo mismo que tú.
Entonces, es mi deber arrestarte.

Anécdota

Como en 1.987 en el distrito de Pereira, programamos una convención
de jóvenes en el recinto de Codelmar, que nos ayudó a conseguir el
profesor Mario Álvarez. Se hizo un campamento, y se expusieron
algunos mensajes por parte de los líderes, entre los cuales sobresalían
el Elder Roberto García, y su esposa. En aquella ocasión, se me asignó
un tiempo de dos horas para velar el campamento durante la noche.
Debíamos recorrer con los ojos bien abiertos, que no hubiera perros,
husmeando en las carpas, y que personas ajenas tampoco se acercaran.
Además tampoco deberíamos dejar de cuidar que los jóvenes estuvieran
por fuera de sus lugares asignados.

Aquella madrugada, puedo decir que casi la pase en vela, pues en tanto,
esperaba el turno de las 2 a las 4, no concilié el sueño, y ya muy a las 6
A.m... Logré dormir un poco.

Realizamos además varias pruebas deportivas, obviamente en las
cuales participe sin excepción. En aquel tiempo yo participaba en cada
actividad con los jóvenes de mi unidad, El Lago Pereira, la cual yo
presidía. Muchos jóvenes, atendían mi llamado para participar, y en
aquel tiempo no se contaba con las facilidades de apoyo presupuestal
por parte de Iglesia, pues eran tiempos de sacrificio, para los miembros,
pero hacíamos muchas actividades, que terminaron por fortalecer los
testimonios de los miembros.

Sin embargo se presentó un accidente con una joven, lo cual nos hizo interrumpir y alargar nuestra estadía, pues nos descuidamos los responsables ya que en un juego alrededor de la piscina ella se golpeó la pierna haciéndose una herida considerable. En algunos recintos no se permiten juegos peligrosos en tanto se toman baños en las piscinas, por cuanto la piel es más sensible romperse que en condiciones diferentes. Algunos jóvenes y adultos por el forcejeo de no dejarse lanzar a la piscina, fácilmente puede ocasionar un accidente. No recuerdo que pasó, pero el accidente seguramente se presentó por no dejar las reglas claras, y no velar por la seguridad.

6.6.2 Veraz

Hace alusión a quien no miente, que siempre expresa la verdad, sin agregar, ni quitar acontecimientos. Una verdad de 99% con una falsedad del 1%, da como resultado una mentira.

Es quien no se inclina ni a derecha ni a izquierda, sino que refiere las cosas tal cual suceden. Los periódicos procuran decir la verdad, sin embargo su color político, o de preferencia o inclinación a su equipo de preferencia, puede más que la realidad.

Prov.16:6 Con misericordia y verdad se corrige la iniquidad, y con el temor de Jehová los hombres se apartan del mal.

Prov. 20:28 Misericordia y verdad guardan al rey, y con clemencia se sustenta su trono.

Prov.12:22 Los labios mentirosos son abominación a Jehová, pero los que actúan con verdad son su deleite.

Prov.14:25 El testigo veraz salva las almas, pero el falso dirá mentiras.

Prov.23:23 Compra la verdad y no la vendas; *también* la sabiduría, la enseñanza y el entendimiento.

o   La verdad es el resultado de aplicar la ley de los signos:
$+^*+ = +$ o verdad; $+^*- = -$, o mentira; $-^*+ = -$, o mentira;
sin embargo como en toda regla hay una excepción $-^*- = +$, pero es una gran mentira. JCIR

o   Verdades a medias son mentiras completas.

o   Él que dice la verdad, ni peca ni es embustero.

Cuento

Una vez en una cárcel un preso le dijo a un gendarme:
Oiga mi gendarme, anteayer deje mi cepillo de dientes en la cama y me lo robaron. Ayer deje mi peine en la cama, y otra vez me lo robaron, y hoy resulta que dejo mis calcetas, y también me la robaron, ¿Sabe de lo que sospecho?
Y el gendarme dice: No, ¿De qué?
Entonces el preso le responde: Pues empiezo a sospechar que aquí en la cárcel hay ladrones.

Cuento

En el manicomio:
¡Mi perro tiene ocho patas! Le dice un loco a otro.
¡No, no puede ser!
- Sí, sí: dos delante y dos detrás; dos a un lado y dos al otro.

Anécdota

Cuando mi ex esposa servía como misionera en la ciudad de Neiva, su primera área, le fue difícil soportar las pruebas a las que se enfrentan los siervos de Dios. Las personas hacen eco fácilmente de las verdades a medias que algunos celosos líderes de iglesias opositoras hacían. A causa de un fallo en un miembro de la Iglesia, líder de la misma, por cierto, algunos líderes desde los púlpitos de otras iglesias o credos diferentes aprovecharon, para propagar rumores falsos, caldear el ambiente y catalogar a la Iglesia del Salvador Jesucristo por los mismos juicios merecidos del miembro.

En la Iglesia se les enseñan principios correctos a las personas, pero ellos deben gobernarse solos, fue lo que enseño el profeta José Smith. En la Iglesia se le invita al infractor a devolver lo ajeno, si es que ha sustraído, y asumir las consecuencias que ello implique con la ley civil. Si el problema es de ley de castidad, la persona es llamada a confesar y si es grave la falta perderá los derechos de miembro por un tiempo; si se arrepiente y cambia, pero allí no hay restitución posible, pero si hay necesidad de confesar a los ofendidos. La ofensa consistía en que un líder se había enredado con la esposa de otra persona.

Parece que en aquella ciudad se presentó un problema con la ley de castidad, y ello conmocionó a un sacerdote, el cual cada domingo aprovechaba la oportunidad para enjuiciar a todos los feligreses de su parroquia, donde el hombre pertenecía e invitaba a los de su Iglesia a expulsar de la ciudad a los misioneros, lo cual ocasionaba que algunos les arrojaran piedras a los misioneros en la calle, pues al fin y al cabo eran los más visibles representantes.

Tales agresiones se hicieron cada vez más notables y en una ocasión alguien se abalanzo con un puñal en contra de uno de los jóvenes misioneros haciendo temer por su vida, y a su compañero correr y buscar el auxilio de la policía. Cuando su compañero llegó, para el auxilio en compañía de la policía, el joven agredido había sufrido daños en las ropas internas especialmente las cuales visiblemente estaban traspasadas, pero su cuerpo no sufrió daños. El agresor se dio a la fuga.

El mal ambiente hacía que las personas tiraran la puerta a sus narices, o piedras a las misioneras igualmente. La situación se hizo difícil y mi esposa tomó la difícil situación de arreglar la maleta, para marcharse, pues eran insostenibles las agresiones. A la mañana siguiente el presidente de la misión, por revelación, llamó para informarle que ella había sido trasladada, para la zona de Bogotá. No fue para ella fácil aquella zona donde solo tuvo dos bautismos. Ella culminó con éxito su servicio misional teniendo siempre muchos bautismos donde servía.

La invitación es que los miembros de la iglesia debemos en lo posible, dar buen ejemplo, pues las represalias de las personas que no conocen las verdades, serán visibles, pueden quedar mal influenciadas o afectadas por nuestros malos ejemplos. Hemos de no olvidar y recordar a todos que luchamos contra potestades y legiones de Lucifer, para que las verdades de la eternidad su evangelio, pueda llegar a muchos con la claridad que se merece.

6.6.3 Verdad

Es la expresión de los hechos tal cual ocurrieron sin dejarse influenciar por favores, odios, ni intereses que le predispongan a agregar o quitar parte, sino referir todos los hechos con la exactitud que deben caracterizar a los hombres o mujeres valientes.

Una verdad es la historia de un acontecimiento conforme a lo ocurrido en el tiempo, pasado, o en el presente ni importando que cueste decir o duela en los oídos, o se ruboricen otros, o aún el que la expresa.

Verdad es la expresión de las cosas cómo fueron, como son y cómo serán. José Smith

Prov. 3:3-4 /3 Nunca se aparten de ti la misericordia y la verdad; átalas a tu cuello. Escríbelas en la tabla de tu corazón,
4 y hallarás gracia y buena opinión ante los ojos de Dios y de los hombres.

Prov-14:5 El testigo veraz no mentirá, pero el testigo falso hablará mentiras.

Prov.23:23 Compra la verdad y no la vendas; *también* la sabiduría, la enseñanza y el entendimiento.

Ecles.8:16-17 / 16 Por mí gobiernan los príncipes y los nobles, todos los jueces de la tierra.

17 Yo amo a los que me aman, y me hallan los que temprano me buscan.

o La verdad es el suplemento de la virtud más sublime. Píndaro.

o Una verdad sin interés, puede ser eclipsada por una falsedad emocionante. Aldous Husley.

o La política se diferencia de la alpargata en que da lo mismo la

o izquierda que la derecha.

o Lo importante no es ganar. Lo que importa es competir, sin perder, ni empatar.

o La verdad no es lo que importa... ¡Sino tener razón!

Cuento

¡Este año podemos decir que con el presidente Donald Trump entraremos en una etapa de fuerte consumismo...!

- ¿De qué consumismo hablas? ¡Si no hay dinero!

- Verá usted cómo transcurre el año y seguirá con-su-mismo sueldo, con-su-mismo traje, con-su-mismo coche...

Cuento

Doctor, doctor, que me encuentro mal.

- A ver, ¿se ha roto usted algún hueso últimamente?

- No.

-¿Ha tenido algún accidente? ¿Hemorragias?

- No.

- ¿Alguna rotura de ligamentos? ¿Desgarros musculares? ¿Agujetas? ¿Algún tobillo torcido?

- No.

- ¿Ampollas infectadas? Insolaciones?¿Dificultad al respirar? Ataques de alergia causados por picaduras de insectos? ¿Esguinces? ¿Golpes? ¿Caídas?

- No, no, no, no, no, no, no.
- Pues a ver si hacemos algo más de ejercicio, eh?

<u>Anécdota</u>

Cuando realizaba las secciones de fisioterapia, para recuperarme de los cateterismos que me hicieron en Cali, en el Hospital había una fisioterapeuta muy escéptica, es decir creía solo en su ciencia. Le exprese que la medicina que formularon para la presión era la que me bajaba la presión arterial, pues al tomarla la halló en 50. Ella de por si no daba crédito a que el café enfermaba, y para corroborar su versión me presentó una doctora, bastante delgada, que afirmaba que se tonaba 3 tazas de café por día y que no le afectaba. Una vez descubrió que mi presión arterial era 50, a pesar de haberme venido caminando una distancia de 1.4 kilómetros que era la distancia entre el hospital y mi residencia, decidió no permitirme más terapias hasta que el médico me analizara, previas las pruebas de esfuerzo. En el hospital estaban en huelga parcial y la sección donde se hacían estas pruebas, era una de ellas, por lo tanto ni prueba, ni análisis médico ni tampoco más terapias, pude seguir teniendo; lo que hizo que por mi cuenta comenzara a hacer los ejercicios que dieron más satisfacción personal, en el sentido que fui de a poco incrementando el nivel hasta lograr bajar a 76 kilos es decir casi 7 kilos.

Al igual que algunos profesionales y científicos, hay cantidad de personas mal informadas u orientadas. Hay verdades que se pueden demostrar matemáticamente, y otras por indicios y demostraciones de fósiles, vestigios, ruinas y escritos de los que vivieron en aquellos tiempos. Las pruebas de verdades con ruinas, vestigios, etc., no dejan de ser supuestas teorías, pues ellas de por si permiten a la persona obtener una evidencia de que pudo haber sido, pudo haber ocurrido, y simplemente partir de la suposición, de entretejer una explicación que ayude a justificar entre si un comportamiento o un suceso.

Hay verdades escritas por los que vivieron en esos tiempos, solo que se encuentran en idiomas no comunes o entendibles para nosotros, sino que requiere la investigación de los escritos y formas de comunicarse en la antigüedad, pero si ello se hace seguramente los escritos serán entendibles y tendremos verdades expresadas conforme a la narración que esos antiguos pobladores nos den.

En el caso de la escritura por ejemplo solo hay vestigios desde hace 4.000 años antes de Cristo. Ellos hablan del principio de los tiempos, y de la forma de actuar, pero son escasos. Los que más se aceptan son los escritos el libro de pentateuco de Moisés. También hay unos escritos de 2.000 años a.C., que dan cuenta de una civilización que pobló las Américas. Esta información es una narración de un hombre llamado Éter que refirió el origen, las vivencias y la destrucción de tal civilización entre un poco después del 2.000 hasta el año 600. A.C. aproximadamente, pero ello no es aceptado por los científicos, pues de aceptarlo grandes teorías y suposiciones se caerían, además de que son escritos de profetas, gente que exhorta a ser mejores e invitan a cambiar de hábitos, pensamientos y aceptar a un Dios creador, y como ya hay mucho escrito y referido por científicos que han hablado del origen de las cosas desde millones de años, pues simplemente van en polos opuestos, y no se aceptan.

Igual sucede con los escritos de los pobladores de las Américas, se basan en referencias de pobladores de que pasaron por el estrecho de Bering, y que así de Europa pasaron a América, pero los escritos de los Nefitas que contiene el libro de Mormón, que data 600 años A.C., hasta el 423 D.C., no se aceptan, pues son escritos religiosos, y poco crédito hay que darle a ello. Además si se acepta ello, implicaría destapar una olla podrida que no conviene para muchos, que han mantenido encubiertas muchas cosas oscuras y con fundamento del demonio, tal cual lo profetizaron Isaías, Daniel, y Juan el apóstol.

Por mucho que se desee opacar, ignorar, o desacreditar los escritos referidos de los Jaretitas, y los Nefitas, ellos son la mejor fuente correcta de información de los pobladores de las Américas, así de simple, gústele o no a algunos científicos, y algunos sabios confundidos, pues al final todo será demostrado, y solo la verdad prevalecerá, y todas aquellas suposiciones se caerán, pues la verdad suplantará lo que partió como suponen algunos muy informados que pretenden enseñar a Dios lo que ellos no saben.

Eter 4:4-17/4 He aquí, he escrito sobre estas planchas las mismas cosas que vio el hermano de Jared; y jamás se manifestaron cosas mayores que las que le fueron mostradas al hermano de Jared.

5 Por tanto, el Señor me ha mandado que las escriba; y las he escrito. Y me mandó que las sellara; y también me ha mandado que selle su interpretación; así que he sellado los intérpretes, de acuerdo con el mandamiento del Señor.

6 Porque el Señor me dijo: No irán a los gentiles sino hasta el día en que se arrepientan de su iniquidad, y se vuelvan puros ante el Señor.

7 Y el día en que ejerzan la fe en mí, dice el Señor, así como lo hizo el hermano de Jared, para que se santifiquen en mí, entonces les manifestaré las cosas que vio el hermano de Jared, aun hasta desplegar ante ellos todas mis revelaciones, dice Jesucristo, el Hijo de Dios, el Padre de los cielos y de la tierra, y de todas las cosas que en ellos hay.

8 Y el que contienda contra la palabra del Señor, maldito sea; y el que niegue estas cosas, maldito sea; porque a estos no mostraré cosas mayores, dice Jesucristo; porque yo soy el que habla.

9 Y por mi mandato se abren y se cierran los cielos; y por mi palabra temblará la tierra; y por mi mandato sus habitantes pasarán, como si fuera por fuego.

10 Y el que no cree mis palabras no cree a mis discípulos; y si es que yo no hablo, juzgad vosotros; porque en el postrer día sabréis que yo soy el que habla.

11 Pero al que crea estas cosas que he hablado, yo lo visitaré con las manifestaciones de mi Espíritu, y sabrá y dará testimonio. Porque por mi Espíritu sabrá que estas cosas son verdaderas; porque persuade a los hombres a hacer lo bueno.

12 Y cualquier cosa que persuada a los hombres a hacer lo bueno viene de mí; porque el bien de nadie procede, sino de mí. Yo soy el mismo que conduce a los hombres a todo lo bueno; el que no crea mis palabras, tampoco me creerá a mí: que yo soy; y aquel que no me crea, no creerá

al Padre que me envió. Pues he aquí, yo soy el Padre, yo soy la luz, y la vida, y la verdad del mundo.

13 ¡Venid a mí, oh gentiles, y os mostraré las cosas mayores, el conocimiento que se ha ocultado a causa de la incredulidad!

14 ¡Venid a mí, oh casa de Israel, y os será manifestado cuán grandes cosas el Padre ha reservado para vosotros desde la fundación del mundo; y no han llegado a vosotros por motivo de la incredulidad!

15 He aquí, cuando rasguéis ese velo de incredulidad que os hace permanecer en vuestro espantoso estado de iniquidad, y dureza de corazón, y ceguedad de mente, entonces las cosas grandes y maravillosas que han estado ocultas de vosotros desde el principio del mundo, sí, cuando invoquéis al Padre en mi nombre, con un corazón quebrantado y un espíritu contrito, entonces sabréis que el Padre se ha acordado del convenio que hizo con vuestros padres, oh casa de Israel.

16 Entonces serán manifestadas a los ojos de todo el pueblo mis revelaciones que he hecho que sean escritas por mi siervo Juan. Acordaos, cuando veáis estas cosas, sabréis que el tiempo está cerca en que efectivamente serán manifestadas.

17 Por tanto, cuando recibáis esta historia, sabréis que la obra del Padre ha empezado sobre toda la faz de la tierra.

6.6.4 Vida providente

Es la actitud de vivir con lo que se gana, sin endeudarse, y sin adquirir cosas de marca para alardear de ellas, sino por el contrario adquirir aquello que necesita solo dentro de las posibilidades y mirando si es necesario e indispensable.

Ecles.5:12-15/12 Dulce es el sueño del trabajador, ya sea que coma mucho o poco; pero al rico no le deja dormir la abundancia.

13 Hay un gran mal que he visto debajo del sol: las riquezas guardadas por sus dueños para su propio mal,

14 las cuales se pierden en malos negocios; y al hijo que engendran, nada le queda en la mano.

15 Como salió del vientre de su madre, desnudo, así vuelve, yéndose tal como vino; y nada de su trabajo.

o El trabajo nunca dejes, aunque no ganes lo que mereces.
o El uso hace diestro, y la destreza al maestro.
o Espinacas, comida sana, y, sobre todo, barata.

Cuento

¿Cuáles son los chinos más pobres?
Los chin luz, los chingas y los chin agua.

Cuento

Buenos días, quería una camiseta de un personaje inspirador.
- ¿Gandhi?
- No, mediani!

Anécdota

Consejo del Elder Robert D, Hales. En su discurso 10 axiomas para gobernar tu vida. Liahona feb. 2.007. Del Quórum de los Doce Apóstoles.

"Si quieren ser ricos, ahorren lo que obtengan. El tonto puede ganar dinero, pero se requiere un hombre sabio para ahorrarlo y aprovecharlo ventajosamente"1.

Nos conviene cultivar la verdadera felicidad en la vida. El profeta José Smith enseñó que esta "felicidad es el objeto y el propósito de nuestra existencia"2. Lamentablemente, vivimos en una época de codicia, de un apetito insaciable y esclavizante de cosas temporales.

Recuerda: temporal significa "provisional"; y las cosas temporales no nos proporcionan una felicidad eterna.

Mira hacia delante. Desarrolla una perspectiva amplia. Ten paciencia. Paga tus diezmos y ofrendas y ahorra el dinero. No intentes tener de inmediato lo que tus padres tardaron años de paciente ahorro en adquirir.

Felices son las personas que viven de acuerdo con sus ingresos y hallan gozo en ello.

6.6.5 Virtud

Es la capacidad de actuar conforme a los principios de justicia, equidad, transparencia y dignidad. También se considera virtud la propiedad de reflexionar, considerar la practicidad ante la teoría y por supuesto aquel que puede asimilar con facilidad, entender con rapidez, y ajustarse a las realidades y entorno en que se desenvuelve, sin dejarse contaminar.

Prov.23: 23-24/23 Compra la verdad y no la vendas; *también* la sabiduría, la enseñanza y el entendimiento.
24 Mucho se alegrará el padre del justo, y el que engendra hijo sabio se regocijará con él.

- o   Virtud hace casa, y vicio la arrasa.
- o   Quien siembra virtud, coge fama.
- o   Más vale la virtud que la multitud.

Cuento

En los tiempos de elecciones, el padre le dijo a su joven hijo:

Si vas a escoger un líder entre vosotros, elige uno que te ayude a ser honrado, defienda tus derechos, sea trabajador, sea servicial, además sea integro en virtudes. Que siempre mantengan esos principios arriba, para que también tu estés arriba, donde mereces.

Al cabo de dos días preguntó su padre al hijo por quien se había decidido.

Este respondió con mucha seguridad y gozo, si papá. He escogido a: Ali Baba.

<u>Anécdota</u>

Cuando era un chico de ocho años vivía en la misma calle donde mi amigo cucharita, también lo hacía. En su casa había un hombre especial de unos treinta y cinco o más años que cumplía una labor importante con su familia. El hacia todos los mandados de la familia y no sé qué más. Él era autista, en lo que aparentaba, sin embargo, yo poco podía entender ello. Solo recuerdo que las personas le molestaban preguntándole: ¿Tulio los papeles?, no sé qué querían significar con ello, si era porque se le exigían que llevara consigo los documentos para ser identificado y como poco era capaz de comunicarse, pues seguramente en su casa le indagaban sobre si estaba o no preparado con ellos.

Lo recuerdo como un hombre muy humilde, algo encorvado, y tez oscura, cuerpo grueso y musculoso, pero tartamudo. Los chicos siempre le estaban preguntando por los papeles. No recuerdo que él se enojara por ello, o si lo hacía mantenía la calma, sonreía y se iba.

Estos espíritus especiales vinieron a cumplir su papel de prueba, la cual de por si es superior en exigencia a cualquiera de los muchos listos que habremos, pues nosotros, hablamos normalmente, escuchamos y podemos valernos con facilidad. A ellos en ese tiempo poco se les dedicaba para ayudarles, pues la medicina era para los normales y a los subnormales no se les procuraban dar instrucción; nadie o pocos se preocupaban por sus necesidades, aparte de la familia que lo adoptó, nadie estaba para mitigar un dolor o una pena.

Me avergüenza hoy día por si acaso yo alguna vez importune a este buen hombre preguntándole sobre sus papeles, solo sé que él era especial, sí, mucho más valioso por sus actos de nobleza y sufrimiento en silencio. Quizás, se preguntó muchas veces porque era diferente a los demás y tal vez nadie le contesto acertadamente como en realidad era. Si, pues eran espíritus selectos que procuraron una prueba mayor y difícil o simplemente porque no se les sometió a pruebas de dignidad, pues ya eran exentos de examen. Solo sé que Dios en su infinita justicia les dará muchas cosas que nosotros no merecemos y que él desde antes ya los había merecido. La gran virtud de este buen hombre era, que aceptó ser probado de esa forma y por lo tanto fue más valiente, y además seguramente fue exento de eximen sobre la obediencia a las leyes de Dios, pues ya antes de la vida premortal demostró que era muy superior y obediente.

6.6.6 Voluntarioso

Quien presta servicio, hace las tareas o ejecuta sus labores con entusiasmo, y además está presto a ayudar a los demás. Con magnifica disposición.

Prov.12:24-26 /24 La mano de los diligentes gobernará, pero la negligencia será tributaria.
25 La congoja en el corazón del hombre lo abate, pero la buena palabra lo alegra.
26 El justo es guía para su prójimo, pero el camino de los malvados los hace errar.

- o   El buen vinagre del buen vino sale.
- o   Estese el viejo muriendo, y cada día aprendiendo.
- o   Un hombre diligente vale más que muchos protestantes.

Cuento

Un funcionario está hablando con otro:
- Pues nuestro jefe es un tirano, nos hace trabajar por diez
- ¿Y cuántos sois en vuestro departamento?
- Veinticinco empleados

Cuento

Un pastuso es contratado para delinear carreteras
El gobierno contrata a un hombre para que pinte las líneas de la calle.
El primer día, el pinta 10 Km. y el jefe queda contento.
El segundo día, el, pinta 5 Km. y el jefe no dice nada.
El tercer día, el, pinta 2 Km. y el jefe no dice nada.
El cuarto día sólo pinta 10 metros y el jefe enojado le pregunta:
¿Cómo es posible que el primer día, pinte 10 kilómetros y hoy solo diez metros?
"Pues es natural", contesta el hombre "cada día el bote de pintura me queda más lejos"

Historia

Mi padre me enseño que había un dicho "el acomedido come de lo que está escondido", también se lo escuche a mi tía Alba. Una gran maestra del colegio los Ángeles de Cali en el Norte.

Recuerdo a Fernando Chiquito, un labriego que laboró para mí durante aproximadamente tres años en una parcela que tenía en Pereira. Este hombre era muy buen trabajador, además de honrado, siempre se mostraba muy acomedido, el no permitía que yo cargara los bultos de hortalizas que recogíamos, sino que él se los echaba en sus hombros, a pesar de que yo le insistía en que se quedará que como era el camino en bajada, yo los podría llevar, sin embargo el impedía que sucediera tal cosa.

Me agradaba emprender actividades agrícolas con él, porque con gran entusiasmo y diligencia efectuaba su trabajo. Mi ex esposa igualmente le reconocía la humildad, respeto y buen ánimo que le ponía a todas las actividades. Algunas veces nos acompañó a la conferencia de Estaca en Pereira, y aunque era de otra iglesia, nunca entró en polémicas conmigo, y mucho menos dejó de escucharme. Siempre me respeto, y no recuerdo de enterarme que una aguja faltare en casa, ni me enteré de cosas indebidas. Era en realidad un hombre intachable.

Ojalá la vida le hubiere tratado como merecía y podamos volver a vernos en el más allá, pues tengo muchas cosas por agradecerle, por lo honrado, y comedido que siempre fue para conmigo y mi familia.

<u>Historia del hno. Luis Castellanos, del Barrio Leganés, Madrid Oeste España.</u>

Cuando él tenía doce años, era monaguillo de la iglesia Católica. Se convirtió en ello con su vecino, a causa de la invitación y consejo que dio un líder de tal congregación, ante la necesidad y deseo de ellos de estudiar en el colegio de la Paz en Menéndez Pelayo. Eran tiempos del año 1.944, escasos 5 años de la postguerra civil española que había terminado en 1.939. Tales tiempos eran de escasez y mucha necesidad, y ante tal necesidad de estudiar y oportunidad no dudaron en cumplir los requisitos, pues se les exigió que debían asistir todos los días a la misa de 7:a.m. en la capilla cercana del colegio y después a la 9: 00 podrían ingresar al colegio, sin costos.

El colaboraba con su compañero vecino, además de la misa a los eventos como matrimonios, bautizos, primeras comuniones, etc., donde algunos feligreses en gratitud por el trabajo que desempeñaban les obsequiaban algunas monedas, cosa que le motivaba más para servir. Un buen día un hombre padrino de la ceremonia, saco dos puros (tabacos) y les pago su servicio con ello. Ellos ni cortos ni perezosos los guardaron sigilosamente. Al cabo de un tiempo procedieron a darse la gran vida, dirigiéndose a un trigal cercano en un recóndito lugar, para saborear el humo de los tabacos. Al cabo de absorber varias bocanadas de humo se sintieron "muy bien.........enfermos" con dolor de cabeza, náuseas, y por supuesto ante tanto mareo, vomitaron una agua verde que les, revolcó el estómago, ya aburridos y constreñidos, decidieron nunca más procurar poner un cigarro en sus labios.

El compartió su historia de cómo desde aquel momento, sin saberlo comenzó a guardar la palabra de sabiduría y aplicó muy bien la lección aprendida en cuanto a que el tabaco, etc., solo trae malluga duras, malestar, y no le hacían más listo.

Al reflexionar sobre el premio recibido por ser tan voluntarioso y acomedido con las tareas de las misas y labores de monaguillo, en su iglesia, se pregunta uno: ¿Cómo hace un hombre para premiar por algo a un niño con semejante cosa?

CONCLUSIÓN DE LOS TÉRMINOS USADOS PARA DENOTAR A LOS SABIOS

Aquí detallamos en forma variada, algunos de los criterios que nos formamos de aquellos que suelen tener los caracteres definidos respecto de actuaciones consideradas con el prójimo, el ambiente, su casa, o incluso su planeta.

Las jugadas buenas o términos de sabios nos permiten vivir en convivencia sana, agradable, y consideración hacia las cosas, personas, o medios donde nos desenvolvemos cotidianamente.

Las definiciones están orientadas hacia actuaciones humanas. Los proverbios, y escrituras apoyan las definiciones o resaltan tales desempeños.

Algunos refranes se han procurado adaptar, aunque no siempre en apariencia concuerde con lo interpretado, pero de todas formas lo que se busca es enriquecer también la filosofía de los hombres con los pensamientos de algunos que se han atrevido a referir formas y definir tales comportamientos.

Los chistes y cuentos han sido tomados de algunos libros, o de internet y también se han buscado la familiaridad de tales términos, a fin de recrear un poco la lectura o el juego didáctico.

Las anécdotas, historias, comentarios, etc., buscan complementar las ideas, afin de que se amplié la definición y las consecuencias buenas y malas de nuestros comportamientos habituales.

Prov.19:18 Corrige a tu hijo mientras haya esperanza, mas no se altere tu alma para destruirlo.

Prov.15:2 La lengua del sabio emplea bien el conocimiento, más la boca de los necios profiere sandeces.

Prov.19:20 Escucha el consejo y acepta la corrección, para que seas sabio en tu vejez.

Printed in the United States
by Baker & Taylor Publisher Services